史家之绝唱,无韵之离骚。

白话彩图典藏版

经典读本 理想藏书

精编精注 全彩读本

图解·史记

史家之绝唱，无韵之离骚

（西汉）司马迁 ◎著　笠翁 ◎编

中国华侨出版社

图书在版编目（CIP）数据

图解史记 /（西汉）司马迁著；笠翁编 .—北京：中国华侨出版社，2016.11
ISBN 978-7-5113-6426-5

Ⅰ. ①图… Ⅱ. ①司… ②笠… Ⅲ. ①中国历史—古代史—纪传体②《史记》—图解
Ⅳ. ① K204.2-64

中国版本图书馆 CIP 数据核字（2016）第 253003 号

图解史记

著　　者：	（西汉）司马迁
编　　者：	笠　翁
出 版 人：	方　鸣
责任编辑：	浦　约
封面设计：	中英智业
文字编辑：	子　轩
美术编辑：	刘　佳
经　　销：	新华书店
开　　本：	720 毫米 ×1040 毫米　1/16　印张：29　字数：885 千字
印　　刷：	三河市万龙印装有限公司
版　　次：	2017 年 6 月第 1 版　2017 年 6 月第 1 次印刷
书　　号：	ISBN 978-7-5113-6426-5
定　　价：	68.00 元

中国华侨出版社　北京市朝阳区静安里 26 号通成达大厦 3 层　邮编：100028
法律顾问：陈鹰律师事务所
发 行 部：（010）88866079　　传　真：（010）88877396
网　　址：www.oveaschin.com
E-mail：　oveaschin@sina.com

如发现印装质量问题，影响阅读，请与印刷厂联系调换。

前言

《史记》是我国古代第一部通史。它保存、整理了自史前传说的五帝时代到西汉中叶三千年间丰富的历史资料，为中国历史学奠定了最初的坚实而宏伟的基础。无论是过去、现在，还是将来，我们若要从原典上学习和研究中国历史，就不能不读《史记》。

中国是具有五千年辉煌文明的古国，中华文明是世界上唯一没有中断过的文明，它不仅博大精深，而且神奇瑰丽、历久弥新。《史记》详实、严谨而生动地记述了中华文明的起源、发展，记述了我们祖先在创造文明过程中那些感人至深的故事。读《史记》，会使我们对我国已往的历史、悠久的文明和伟大的祖先，怀有一种深深的温情与敬意。

《史记》还告诉我们，历史发展是有规律的，司马迁著《史记》，其目的就是要"究天人之际，通古今之变，成一家之言"。读《史记》，我们可以学到许多历史的智慧。它会帮助我们了解中国历史的过程与特点，使我们明了其兴盛、中衰、复兴的奥秘，让我们知晓中华文明具有无与伦比的包容和再生力，让我们充满自信——中华文明完全可以与时俱进，实现自身的创新和发展，并推动世界文明的整体进程。鉴往知今，我们如果懂得了历史，自然就会尊重历史，并懂得如何选择前进的合理途径，以创造更加美好的明天。

《史记》不仅是一部伟大的史学巨著，它还是一部伟大的文学巨著。司马迁运用高瞻远瞩的卓越思想、准确而又敏锐深刻的观察力和独具匠心的艺术手法，于书中记述、描写了一个个栩栩如生、风采各异的历史人物，开创了我国传记文学的伟大传统。这些生动的文学形象永恒地给人以思想的启迪和美的享受，他们中有政治家、军事家、经济家、哲学家、文学家，有贵族、官僚、策士、隐士、商人、医士，也有刺客、游侠、占卜者、伶优，可以说遍及社会的各个阶层。他们当中那些英雄和杰出人物的优秀品质，如项羽的英雄气概、张良的超人智慧、李广的勇气与机智等，早已融入了我们民族的血液，对后来中国人的精神世界产生了深远影响。所以，鲁迅先生称赞《史记》为"史家之绝唱，无韵之离骚"。

《史记》在世界史学史上也占有重要地位，因为它保存了许多丰富的史料。司马迁十分重视生产活动、学术思想以及普通人的生活,这种对历史活动记述的全面性,与同时期的希腊史学名著只重视政治军事相比,显然更加具有合理性和进步性。全世界都瞩目《史记》的成就,它的主要篇章被译成了俄、法、英、德等文字,产生了极其广泛而深远的影响。

《史记》的作者司马迁,字子长,诞生在今天陕西省韩城市的龙门,公元前145年至公元前90年左右在世。他生活在西汉王朝最强盛的时代,是我国古代伟大的思想家、史学家和文学家。《史记》倾注了司马迁的毕生精力,全书共130篇,526500余字,包括12本纪、10表、8书、30世家和70列传。"本纪"实质上是各朝代的编年大事记,是《史记》的总纲;"世家"记述了各封国的王侯、开国功臣和有重要地位、巨大影响的人物;"列传"是各种杰出人物的传记,并有关于少数民族和国外的记载;"表"以谱列的体例简要记载了历史大事;"书"则概述了政治、经济、文化等方面的成就。

《史记》的写作方法、文章风格、语言技巧,一直是历代作家学习的典范。汉代学者称赞《史记》说:"百代以下,史官不能易其法,学者不能舍其书。"唐宋以来的散文家没有不熟读《史记》的。号称"文起八代之衰"的韩愈十分推崇司马迁,他的雄健文风即学自《史记》。宋代文坛领袖欧阳修的文章简明、流畅、生动,也是深得《史记》的神韵。清代的《聊斋志异》以及后世各类小说戏剧,或在创作上学习《史记》,或取材于《史记》,更是不胜枚举。所以,我们今天学习语言和写作,选读《史记》的重要篇章依然十分必要。

本书整理选编了《史记》中有代表性的篇章,综合了历代研究《史记》的学者的学术成果,对原文作了详细而准确的注释,并且对照以明白浅显的译文,使读者阅读《史记》的时候毫无障碍。我们还特别请画家专为本书绘制了大量的插图,这些彩色插图有助于读者理解《史记》,兴趣盎然地阅读《史记》。

目录

司马迁其人 1
司马迁的家世对《史记》创作的影响 2
司马迁忍辱著书 3
《史记》产生的历史条件 4
《史记》的取材途径与取舍标准 5
《史记》的历史价值 6
《史记》的语言特点 7
《史记》的五体结构 8
《史记》的实录精神 9
《史记》的思想内容 10
司马迁的人物塑造 11
《史记》中的女性形象 12
《史记》的叙事艺术 13
《史记》的悲剧意义 14
《史记》与《春秋》 15
《战国策》对《史记》的影响 16
《史记》史学的影响 17
《史记》与文学 18
《史记》的传播 19
历代名家评《史记》 20
《史记》之注本与入门必读 21
史书的体例 22

本 纪

五帝本纪 24
秦本纪 40
秦始皇本纪 53
项羽本纪 65

高祖本纪	71
吕太后本纪	75
孝景本纪	79
孝武本纪	85

世家

齐太公世家	100
鲁周公世家	106
宋微子世家	114
楚世家	120
越王勾践世家	127
赵世家	132
孔子世家	141
陈涉世家	163
外戚世家	166
萧相国世家	171
留侯世家	177
梁孝王世家	191

列 传

老子韩非列传	202
司马穰苴列传	211
孙子吴起列传	215
伍子胥列传	220
仲尼弟子列传	226
商君列传	239
苏秦列传	248
张仪列传	255
白起王翦列传	263
孟子荀卿列传	271
孟尝君列传	278
平原君虞卿列传	283
魏公子列传	292
范雎蔡泽列传	297
乐毅列传	301
廉颇蔺相如列传	303

篇目	页码
田单列传	310
屈原贾生列传	314
吕不韦列传	319
刺客列传	325
李斯列传	343
蒙恬列传	350
黥布列传	357
淮阴侯列传	363
韩信卢绾列传	369
袁盎晁错列传	373
扁鹊仓公列传	378
吴王濞列传	383
李将军列传	395
司马相如列传	404
儒林列传	408
酷吏列传	418
大宛列传	423
游侠列传	430
滑稽列传	434
货殖列传	442

司马迁其人

司马迁小档案

姓名：司马迁，字子长。
生卒：公元前145～前87年。
年代：西汉。
职业：史官。
籍贯：西汉中期夏阳（今陕西省韩城南）人。
成就：编著《史记》，开创纪传体史学。

大事年表

时间	事件
公元前145年	出生。
10岁	在故乡过着半耕半读的生活。
19岁	从夏阳迁居长安。
20岁	游历各地。
33岁	为郎中。
38岁	为**太史令**。
42岁	正式开始了《史记》的写作。
48岁	因"李陵事件"而遭受腐刑。
公元前87年	59岁，去世。

《太史公自序》："耕牧河山之阳，年十岁，则诵古文。"

官职名，相传夏代末已有此职。西周、春秋时太史掌管起草文书，策命诸侯卿大夫，记载史事，编写史书，兼管国家典籍、天文历法、祭祀等，为朝廷大臣。

伟大的史学家司马迁

《史记》是由司马迁撰写的中国第一部纪传体通史。记载了上自上古传说中的黄帝时代，下至汉武帝太史初四年间3000多年的历史。《史记》最初没有书名，或称"太史公书""太史公传"。"史记"本是古代史书的通称。

司马迁的家世对《史记》创作的影响

司马迁忍辱著书

事件简介

司马迁于天汉三年（公元前98年），因为替为匈奴俘获而投降的李陵辩解，触怒了好大喜功的汉武帝，被捕入狱，受到极不人道的"宫刑"，史称"李陵之祸"。

司马迁选择宫刑的原因

- 死有"轻重"的生死观。
- 《史记》"草创未就"的责任感。
- 籍文章立名。
- 后世自有理解他的坚强信念。

官，即"丈夫割其势，女子闭于宫"，就是对男性施以阉割，割除破坏阴囊和睾丸。女性的宫刑称为幽闭，具体方法上目前无一致说法。

"宫刑"对司马迁创作《史记》的影响

《史记》是一部发愤而成的著作，渗透了司马迁强烈的个人情感。司马迁遭受宫刑之后，激起司马迁强烈的愤怒情绪。

司马迁的不幸一方面是因为李陵之祸，另一方面是因为世态炎凉。在《史记》中，多处流露出作者对世态炎凉的感慨。

司马迁是一个受害者，也是一个弱者。所以在《史记》中，他流露出对弱者的同情倾向。

宫刑这场灾祸使司马迁蒙受人间的奇耻大辱而导致了重大的思想转变，直接影响到《史记》的创作。司马迁抒愤寄托，强烈地表达了他的是非观点和爱恨感情，从而升华了《史记》的主题。

《史记》产生的历史条件

　　《史记》产生在西汉盛世汉武帝时代,这绝不是偶然的。西汉经过高、惠、文、景四代人的治理,中央集权日益巩固。政治稳定,经济繁荣,必然带来文化学术的高涨。

《史记》成书的客观条件

《史记》产生的历史条件:

- 如何巩固西汉王朝的统治,需要总结历史的经验,作出学术的综合。
- 文景之世开明政治的流风余韵,启迪了司马迁自成"一家之言"。
- 西汉的文化发展提供了修史条件。司马迁修纂《史记》,是长期的历史研究成果的集中体现。
- 雄才大略的汉武帝,加强了中央集权的统治。宏阔昂扬的时代,是《史记》成书的直接背景。
- 汉武帝后期阶级矛盾尖锐化,为司马迁"原始察终,见盛观衰"的方法论提供了现实的依据。

早在高帝即位之初,这位马上得天下的开国皇帝,就总结历史的经验,寻求长治之术。

汉文帝刘恒

汉文帝即位,发动了对秦王朝暴政的批判,鼓励臣民直言极谏。

汉武帝刘彻

汉武帝击胡攘越,开拓疆土;内兴功作,改革了上层建筑,加强了大一统的皇权统治。

《史记》成书的主观条件

- **才** → 司马迁聪颖勤奋,十岁诵古文,养育了他的才。
- **学** → 得天独厚的家学渊源和师承,培植了他的学。
- **识** → 少年游学与受祸锤炼了他的识。
- **德** → 司马谈尽忠尽孝的诱导教育,涵育了他的德。

司马迁见识超卓,才能追寻历史之变,不断升华述史主题。

《史记》的取材途径与取舍标准

司马迁研读史料

历史著作，应当作到言有所据，事有所托，字字句句，均有来历。司马迁正是从这一原则出发，他广博地搜求史料和抉择史料，并把自己的见解和实践一一载入《史记》论赞中，留下了宝贵的史论遗产。

搜求史料的途径

- 阅读皇家所藏图书档案。 → 《史记》中司马迁记载的书共103种，这仅仅是司马迁因事论及的一部分。
- 取资金石、文物、图像及建筑。
- 游历访问，实地调查。 → 司马迁足迹遍于全国，他搜集了有关上古历史的传说，考实了西周建国经营洛邑的情况，纠正了学者所传之误。
- 接触当事人或他人的口述材料。
- 采集歌谣诗赋，俚语俗谚。
- 搜求被秦始皇焚灭了的古诸侯史记。

秦始皇焚书坑儒是为了维护统一的集权政治。

取舍材料的标准

- 推崇孔子，以六艺经传和孔子之言作为鉴别是非的标准。
- 以雅正的古文献作为述史依据，具有科学精神。
- 对虚妄荒诞之说加以摈斥或揭露。
- 选择塑造人物的典型形象以反映历史的本质。
- "信以传信，疑以传疑"的原则写作。
- 以自己的见解来回答历史怎样发展变化。

孔子开创了儒家之风，仁学派创始人。

《史记》

史家之绝唱，无韵之离骚。

5

《史记》的历史价值

1 司马迁对先秦的历史资料广泛地进行了收集、汇总，并将其谱列成一个完整的体系，使中国第一次有了科学、系统、完整的古代历史书。

2 《史记》是传记体的史书，又由于《史记》具有很强的文学性，于是研究传记文学的人们很自然地就把《史记》称作中国"传记文学"的开山之作。

3 司马迁整理、谱写了秦朝统一以来，以及秦末农民起义、楚汉战争和刘邦立国以后的西汉王朝前期的历史。

司马迁云游、采访

4 《史记》对先秦与汉代所流行的儒家与法家两个重要学派都有所批判，也都有所继承。

5 《史记》里歌颂、赞扬了一种积极而又奋发有为的生死观和价值观。《史记》所歌颂的英雄人物一般都有积极上进，勇于为国家、为社会作贡献，都想要轰轰烈烈干一番事业的特点。

《史记》的语言特点

《史记》的语言

- **《史记》语言的散文化和口语化**
  - 按照语言的自然音节，曲折舒展，伸缩自如。
  - 口语化，坚持汲取和吸纳民间活的口头语言。

- **个性化的人物语言**
  - 切合身份的个性语言。
  - 捕捉场景、对话、心理独白，提示人物个性的语言。
  - 情态描写人的个性化语言。

- **对民间语言的吸收与提炼**
  - 《史记·陈涉世家》："见殿屋帷帐，客曰：'夥颐！涉之为王沉沉者。'" —— 方言，叹词。表示惊羡。

- **语言风格**
  - 雄健
  - 峻洁
  - 婉曲
  - 司马迁在叙述中始终是倾注情感的，根据不同的场面，出于不同的心情，语调有时短截急促，有时疏缓从容，有时沉重，有时轻快，有时幽默，有时庄肃，具有很强的感染力。

《史记》中句式举例

- **长句**：赐天下鳏寡孤独穷困及年八十以上孤儿九岁以下布帛米肉各有数。（《孝文本纪》28字）

- **短句**：广令诸骑曰："前！"前，未到匈奴阵二里所，止。（《李将军列传》）

- **长短相间，参差错落**：项羽乃悉引兵渡河，皆沈船，破釜甑，烧庐舍，持三日粮，以示士卒必死，无一还心。於是至则围王离，与秦军遇，九战，绝其甬道，大破之，杀苏角，虏王离。涉闲不降楚，自烧杀。当是时，楚兵冠诸侯。（《项羽本纪》）

- **对称**：贵上极则反贱，贱下极则反贵。贵出如粪土，贱取如珠玉。财币欲其行如流水。（《货殖列传》）

《史记》的五体结构

《史记》的五体构成

- **本纪** — 序帝王：以主宰天下政局的帝王为纲，以编年的形式，提纲挈领地记载各个时期的国家大事。
- **世家** — 记侯国：主要叙述侯王和有特殊功勋人物的历史。
- **列传** — 志人物：主要是各种不同类型、不同阶层代表性历史人物的传记。
- **表** — 系时事：以谱牒形式，用清晰简明的表格，概括排列各个历史时期的大事。
- **书** — 详制度：专门记述礼乐、军事、历法、天文、祭祀、水利、经济等社会政治制度。

项羽堪称中国最强的武将之一。

陈胜吴广起义，是秦末农民战争的一部分，沉重打击了秦朝。

五体篇数及序列义例

- 《本纪》十二，象岁十二月也。
- 《世家》三十，象一月三十日，以记世禄之家辅弼股肱之臣忠孝得失也。
- 《列传》七十，象一行七十二日，以记王侯将相英贤略立功名于天下，可序列也。
- 《表》十，象天之刚柔十日，以记封建三代终始也。
- 《书》八，象一岁八节，以记天地日月山川礼乐也。

五体篇数与岁时联系，象征历史的无尽运行，意思是说司马迁是把古今人物编织在五行运动的历史哲学体系中进行论述。

联络五体的互见法

- 互见法详此略彼，叙述史事条理分明，避免重复。
- 互见法集中史事，使历史事件的叙述首尾呼应。
- 互见法正名实，于回护之中不失历史之真。

互见法是司马迁为适应纪传五体的需要而创造的叙事方法，它的基本精神是将一人事迹、一件史事，分散在数篇之中参错互见，彼此相补，互文相足。

《史记》的实录精神

司马迁是汉武帝时期的一位执掌天时星历，记录、搜集保存典籍文献的史官。

实录要求史家作史有据，要全面地占有材料，承认客观事实的存在。

司马迁写历史，展现社会生活，他写了各色人物的传记，反映了历史的本质。司马迁捕捉事件和人物的典型性，它表现为一个史家高远的识见，反映在史例史体中。

司马迁论载史事人物，一般不作全盘肯定或全盘否定，而是原原本本讲清楚人物行事和客观事物的变化和发展，依据事实给以恰如其分的评价，不虚美，不隐恶。

司马迁深刻地揭露了汉武帝时代的社会矛盾，批评时政。司马迁首先写汉承秦之弊，经过七十年间休养生息，以此为铺垫与汉武帝大肆兴作由盛转衰作对照。

《史记》褒贬，突破了不及君亲的饰讳藩篱，"贬天子，退诸侯，讨大夫"，敢于揭露现存统治秩序下的种种黑暗，创造了崭新的直笔境界，是一个划时代的进步。

项羽

秦始皇

汉武帝

孔子

司马迁为项羽、吕太后作纪，为孔子、陈涉、后妃立世家……

司马迁反对秦朝的暴政，却肯定秦朝的统一之功和制度体系……

《酷吏列传》集中批判残酷黑暗的官僚政治……

《十二诸侯年表序》中说，对孔子"不书见"的隐讳则是致以微辞……

《史记》的思想内容

汉高祖刘邦

在《高祖本纪》写其虚伪、猜忌、残酷无情和流氓无赖品质。

战国著名刺客荆轲

在《游侠列传》中，司马迁主要写朱家、郭解等人，寄托了封建社会中人民期望摆脱被侮辱、被损害处境的善良愿望。

对最高统治集团的讽刺和揭露。

写了一系列下层人物。

《史记》作为一部历史著作，比较全面、客观地反映了历史面貌。

司马迁愤写《史记》

司马迁在《史记》中寄托了表达了他对于历史和现实的清醒的认识和强烈的爱憎。

描写了广大人民对封建暴政的反抗。

写了一系列爱国的英雄人物。

陈涉、吴广密谋

在《陈涉世家》中作者详细地叙述了陈涉、吴广发动起义。

飞将军李广

在《李将军列传》说李广"悛悛如鄙人，口不能道辞"，以敬佩的感情为这位勇敢机智、体恤士兵的爱国英雄立传。

司马迁的人物塑造

使人物性格形成发展富有逻辑性。如樊哙早年以屠狗为业，所以即使是当了将军之后，也不脱当年草莽英豪的气质。

作者往往把项羽放在历史的大背景下，如项羽的形象主要是通过钜鹿之战、鸿门宴、垓下之围来塑造的。

从生活细节的小事入手来表现人物性格，预示人物日后的发展。如李斯从厕中鼠与仓中鼠不同的处境出发有所领悟之事。

性格形成 — 樊哙

人物故事 — 项羽

细节描写 — 李斯

人物塑造

面貌神情 — 张良

通过描写人物的外貌和神情，来揭示人物的性格。

矛盾冲突 — 荆轲刺秦

《史记》在紧张的矛盾冲突中，人物的个性往往表现得格外鲜明。

命运变化 — 刘邦

写刘邦、苏秦这些建功立业的大人物，常写他们在卑贱时如何受人轻视。

《史记》中的女性形象

一个贪婪自私,前倨后恭,丑态尽显的势利眼。

苏秦嫂

一个替父赎罪、有胆有识的孝女。

缇萦

楚平王姬,一个玩偶、政治牺牲品。

楚平王姬

刻薄势力、自私贪财型　　**良母贤妻孝女型**　　**玩偶、牺牲品型**

《史记》中的女性形象

追求爱情婚姻幸福型　　**蛇蝎心肠型**　　**淫糜、乱伦型**

卓文君

吕后

赵姬

一个大胆追求爱情婚姻幸福的叛逆者。

一个专横跋扈、蛇蝎心肠的刽子手。

一个不守妇道、荒淫无耻的荡妇。

《史记》描写了不同阶级、阶层的众多女性形象,她们风姿有别,其中多数处于中下层地位。司马迁通过精谋巧构,将众多女性附列于别人的列传之中,并善于通过特定环境来塑造女性。

《史记》的叙事艺术

司马穰苴　孙武

廉颇　蔺相如

《史记》各层次人物传记的排列基本是以时间为序，但又兼顾各传记之间的内在联系，遵循着以类相从的原则。

《史记》的人物传记有分传，有合传。分传即人各一传，合传是把几个人的传记在一起，写成一篇传记。

《史记》的叙事记述

《史记》的叙事没有停留于对表面现象的陈述，而追根溯源，揭示出隐藏在深层的起决定作用的因素。

《史记》叙事有详略之分，司马迁对于事情发展的起因，往往都详写；而对于所引发的最终结果，往往是略写。

项羽

司马迁批判项羽"天之亡我，非战之罪"的说法。

商鞅

司马迁认为「任法」是决定商鞅命运的根本原因，他的成功源于变法，他的人生悲剧也由此而引发。

陈胜、吴广起义

司马迁有很强的驾驭材料的能力，无论是头绪众多的历史事件，还是人物错杂的重大场面，他写起来都条理清晰，显得游刃有余。如《陈涉世家》，把秦末农民起义风起云涌的形势、千头万绪的事件非常清晰地勾勒出来。

《史记》的悲剧意义

《史记》

《史记》全书写悲剧人物大大小小有120多个。这些人物或自杀,或被杀,或终生遭遇坎坷,或晚年抑郁而终。其中有很多正面英雄人物,但也不乏道德意义上的恶人或可怜的牺牲品,《史记》的悲剧精神在于都具有不同程度的抗争,悲剧意义则不可一概而论。

谴责天道不公

不慕荣华的伯夷

《伯夷列传》中就伯夷叔齐之饿死、颜渊之早夭、盗跖之竟以寿终而发议论,文章展开来揭示败类当道,贤人多悲的普遍规律,并谴责天道不公,联想孔子厄于陈蔡,屈原自沉汨罗,信陵君郁郁而死,李将军饮剑而亡,本传便具有了不凡的历史和社会意义。

激励人生奋斗

博览群书的司马迁

司马迁的人生观以立德、立功、立言的三不朽精神为基调,《史记》中的悲剧英雄人物贯穿着三不朽精神。

- 坚守高风亮节,为道德理想而死。
- 功勋显著,受诬陷嫉害而死。
- 生存比死亡更艰难,如司马迁本人。

具有锐意进取的精神,顽强奋斗的经历,面对邪恶、不公、灾难和毁灭决不妥协,表现出顽强抗争的悲剧精神。

感慨义利倒置

治国有方的卫康叔

《史记》描写了上层社会内部自相残杀的许多牺牲者,显然并不是英雄的悲剧,却也令人感慨,启迪深思。

《卫康叔世家》中卫太子伋及其弟寿不愿伤害父亲,甘愿赴死以至于争死,死得很冤。故事客观上彰显了卫宣公的荒淫和孝道的弊端,然而缺乏顽强抗争的悲剧精神。

《史记》与《春秋》

- 《史记》
  - 《史记》吸收了许多思想学说。
- 《春秋》最著名的有《左传》《公羊传》《穀梁传》，合称"春秋三传"。
- 《春秋三传》
  - 以《春秋》对《史记》的影响最为深刻。

《春秋三传》

- **《左氏传》**
  - 孔子作《春秋》：《史记》的理论基石。
  - 孔子在《春秋》中寄寓的王道主张。
  - 《史记》继承《春秋》的王道文化。

- **《公羊传》**
  - "纪异而说不书"：《史记》天人观的理论依据。
  - 天命信仰态度决定了司马迁对天人问题的看法。
  - 崇尚天人感应。
  - 批判神仙方术和不合规范的占星术。

- **《穀梁传》**
  - 以公羊学说为内容的政治观。
  - 《史记》在政治观吸收了公羊学许多重要理论。
  - 经权说是公羊家的政治策略。
  - 德治说是公羊家的政治哲学。
  - 君臣纲是公羊家的政治伦理学。

春秋公羊学的代表人物

公孙弘

胡毋生

董仲舒

孔子

《战国策》对《史记》的影响

《战国策》

《史记》对《战国策》的沿袭
- 人物形象塑造
  - 人物形象刻画
  - 个性化语言
  - 对比手法
  - 长于细节描绘

在战国时期的阶级关系中，"士"是非常活跃的阶层。他们的政治态度、思想作风、性格特点因人而异，这在《战国策》中得到了生动的反映。

- 语言
  - 生动形象
  - 语言通俗化

《战国策》的语言明畅通俗。《史记》中司马迁反复锤炼语言，使之口语化、通俗化。不难看出，司马迁在语言通俗化这一点上学习了《战国策》。

《史记》

《史记》对《战国策》的发展

增强故事的完整性
《战国策》记事零散，各段之间互不衔接，即使同一个国家、同一个年代中的事件，也很难让读者弄清其关系次序。但在《史记》中，司马迁就推其因果，加以联缀。使故事有头有尾，本末分明。

增强了故事的生动性
《史记》在使用《战国策》中的旧有史料时，常在无碍于历史真实的前提下，加以发挥想象，经常把《战国策》中轻描淡写的简单内容，铺写得热热闹闹，曲折离奇，富有戏剧性。

车裂之刑

如苏秦之死，在《战国策》中只是捎带提到，没有专门叙述。而到了《苏秦列传》里，情节就展开了。

《史记》史学的影响

1. 建立杰出的通史体裁

《史记》是中国史学史上第一部贯通古今,网罗百代的通史名著。正因为《史记》能够会通古今撰成一书,开启先例,树立了榜样,于是仿效这种体裁而修史的也就相继而起了。通史家风,一直影响着近现代的史学研究与写作。

《史记》

司马迁修成《史记》

2. 建立了史学独立地位

中国古代,史学是包含在经学范围之内没有自己的独立地位的。所以史部之书在刘歆的《七略》和班固的《艺文志》里,都是附在《春秋》的后面。自从司马迁修成《史记》以后,作者继起,专门的史学著作越来越多。

晋朝的荀勖适应新的要求,把历代的典籍分为四部。

| 甲部记六艺小学 | 乙部记诸子兵术 | 丙部记史记皇览 | 丁部记诗赋图赞 |

从而,史学一门,在中国学术领域里才取得了独立地位。这一功绩应该归于司马迁和他的《史记》。

3. 建立了史传文学传统

司马迁的文学修养深厚,其艺术手段特别高妙。往往某种极其复杂的事实,他都措置的非常妥贴,秩序井然,再加以视线远,见识高,文字生动,笔力洗炼,感情充沛,信手写来,莫不词气纵横,形象明快,使人"惊呼击节,不自知其所以然"。

司马迁建立了史传文学传统

《史记》与文学

1 从总体上来说,《史记》作为中国第一部以描写人物为中心的大规模作品,为后代文学的发展提供了一个重要基础和多种可能性。

2 《史记》所写的虽然是历史上的实有人物,但是,通过"互见"即突出人物某种主要特征的方法,通过不同人物的对比,以及在细节方面的虚构,实际把人物加以类型化了。

5 《史记》对古代的小说、戏剧、传记文学、散文,都有广泛而深远的影响。

3 《史记》为中国文学建立了一批重要的人物原型。在后代的小说、戏剧中,所写的帝王、英雄、侠客、官吏等各种人物形象,有不少是从《史记》的人物形象演化出来的。

4 在各民族早期文学中,都有这样的现象,这是人类通过艺术手段认识自身的一种方法。只是中国文学最初的类型化人物出现在历史著作中,情况较为特别。

《史记》对不同文学形式的影响

小说:在武侠小说方面,除了人物类型,它的体裁和叙事方式也受到《史记》的显著影响。

戏剧:戏剧方面,由于《史记》的故事具有强烈的戏剧性,人物性格鲜明,矛盾冲突尖锐,因而自然而然成为后代戏剧取材的宝库。

传记文学:在传记文学方面,由于《史记》的纪传体为后代史书所继承,由此产生了大量的历史人物传记。

《史记》的传播

最早称司马迁这部史著为《史记》的,是东汉桓帝时写的《东海庙碑》。在这以前,《史记》都称为《太史公书》、《太史公记》或简称《太史公》。

西汉:诸侯都没有全版的《太史公书》,东平王向朝廷要求赏赐宫廷中的《太史公书》也遭到拒绝。

东汉:朝廷也曾下诏删节和续补《史记》。《后汉书·杨终传》云,杨终"受诏删《太史公书》为十余万言"。表明东汉皇室依然不愿全部公开《史记》,只让杨终删为十多万字发表。

汉晋时期:对《史记》也有一些积极的评价,西汉刘向、扬雄"皆称迁有良史之材,服其善序事理,辨而不华,质而不俚,其文直,其事核,不虚美,不隐恶,故谓之实录"。

唐朝:由于古文运动的兴起,文人们对《史记》给予了高度的重视,当时著名散文家韩愈、柳宗元等都对《史记》特别推崇。

宋元之后:欧阳修、郑樵、洪迈、王应麟各家,以及明朝的公安派、清朝的桐城派,都十分赞赏《史记》的文笔。

现代、当代:新中国成立前《史记》研究收获颇丰,名人迭出。鲁迅、郭沫若等大家的评论惊世骇俗;新中国成立后《史记》研究高潮迭起,人才济济,如翦伯赞。

意义

司马迁这种不偏不倚的记录方式也含蓄地暗含了其深刻、爱憎分明的价值取向,这正体现了人物传播学"传播什么?传播价值!"的目的。

对于人物传播学的意义。

"不虚美,不隐恶"的记录方式对于舆论监督的借鉴意义。

司马迁也同时给予了它弘扬"真""善""美"的精神内涵。

《史记》再现了真实的历史,这是《史记》精神之真;传递了积极向上的人生观,价值观,这是《史记》精神之善;文字语言简练富有浪漫色彩是《史记》精神之美。

历代名家评《史记》

汉代 扬雄 班固

扬雄是赞扬司马迁实录精神的第一人。他提出的实录与爱奇，为历人者所赞同，直到现在。

班固是汉代系统评论司马迁的第一人。说司马迁"不虚美、不隐恶"。

唐代 韩愈 柳宗元

韩愈十分推崇司马迁的文学才华。他认为司马迁作品的风格是"雄深雅健"。

柳宗元认为《史记》文章写得朴素凝炼、简洁利落；遣词造句，煞费苦心，减一字不能。

宋元 马存 郑樵

马存认为司马迁平生喜游，足迹不肯一日休。

郑樵认为：六经之后，惟有此书。可见郑樵对《史记》评价之高。

明清 金圣叹 梁启超

金圣叹把《史记》作为"六才子书"之一，评论《史记》序赞九十多篇。

梁启超认为《史记》实为中国通史之创始者，是一部博谨严著作。

《史记》之注本与入门必读

《史记》注本 → 集解主要汇聚他人的解释；索隐解释原文时，除了个人的意见外，也引述他人的解释；正义除了解释原文、说明地理之外，还对一些字加了音注。

三家注

《史记集解》

裴骃在徐广《史记音义》基础上所撰《史记集解》，其突出的特点有两个，一是广征博引前人旧书旧注，二是以徐为本，保留了《音义》中大量校勘成果，并且多有补充、案断。

裴骃「文学三裴」之一

《史记索隐》

《史记索隐》由唐代司马贞撰写，共三十卷。运用大量的文献作校勘材料，保存了丰富的历史文献。另外，《索隐》还考证《史记》中的人名、史实、司马迁生平等。

「小司马」司马贞

《史记正义》

《史记正义》由唐代张守节对《史记》正文及前两家注本都有所考辨、继承和发展。同时，吸收了大量其他典籍的相关注释内容，是一部集大成之作。

张守节　开元诸王侍读

入门必读

《太史公自序》
- 自述家世及作史缘起。
- 分叙百三十篇写作之由。

文章气势浩瀚，宏伟深厚，是研究司马迁及其《史记》的重要资料。

《报任安书》
- 司马迁写给其友人任安的一封回信。司马迁陈述了自己的不幸遭遇，抒发了内心的痛苦，提出一种进步的生死观。

《汉书·司马迁传》
- 陈述司马迁之生平、家世、作史历程以及《史记》纲目。
- 录《报任安书》，追记史迁晚年。
- 司马迁其人评述。

史书的体例

《春秋》

1. 编年体
按年月日顺序记载的中国史书体裁。最早起源于中国的春秋时期，数量极多。如《春秋》，我国现存最早的一部编年体史书。

《通典》

2. 纪传体
史书的一种形式，是以本纪、列传人物为纲、时间为纬、反映历史事件的一种史书编纂体例。《史记》是中国历史上第一部纪传体通史。

《史记》

3. 典志体
又叫典制体，典制体史书，以典制为中心，记述历代典章制度及其因革损益。我国古代史学上第一部有影响的典制史是唐代史家杜佑所撰的《通典》。

4. 国别体
以国家为单位，分别记叙历史事件。《国语》是中国第一部国别体史记，又称国记，是一部分国记事的历史散文。

5. 纪事本末体
纪事本末体是以事件为主线，将有关专题材料集中在一起的史书体例。南宋的袁枢的《通鉴纪事本末》就采用这种体例。

《通鉴纪事本末》

《国语》

7. 断代史
主要特点是只记录某一时期或某一朝代的历史。如《汉书》。《汉书》是我国第一部纪传体断代史。

6. 通史
连贯地记叙各个时代的史实的史书称为通史，与断代体史正好相反。司马光的《资治通鉴》，就是著名的通史。

《资治通鉴》

《汉书》

本纪

五帝本纪

【导读】

人们所说的"三皇"是史前传说时代创世神话中的创世伟人;而"五帝",实际上就是原始社会的大氏族部落的杰出首领。关于"三皇",有人说是天皇、地皇、人皇,也有人说是燧人、伏羲、神农,还有人说是伏羲、女娲、神农。关于"五帝",有人说是太昊、炎帝、黄帝、少昊、颛顼;司马迁则认为是黄帝、颛顼、帝喾、尧、虞舜。

《五帝本纪》的文字采自文献,与民间传说大体一致,也与人类文明进步的规律相吻合,具有很高的历史价值。

黄　帝

【原文】

黄帝者①,少典之子②,姓公孙,名曰轩辕。生而神灵,弱而能言③,幼而徇齐④,长而敦敏⑤,成而聪明⑥。

轩辕之时,神农氏世衰⑦。诸侯相侵伐,暴虐百姓,而神农氏弗能征。于是轩辕乃习用干戈,以征不享⑧。诸侯咸来宾从⑨。而蚩尤最为暴⑩,莫能伐。炎帝欲侵陵诸侯⑪,诸侯咸归轩辕。轩辕乃修德振兵⑫,治五气⑬,艺五种抚万民⑭,度四方⑮,教熊罴貔貅䝙虎⑯,以与炎帝战于阪泉之野⑰。三战,然后得其志。蚩尤作乱,不用帝命。于是黄帝乃征师诸侯,与蚩尤战于涿鹿之野⑱,遂禽杀蚩尤。而诸侯咸尊轩辕为天子,代神农氏,是为黄帝。天下有不顺者,黄帝从而征之,平者去之。

【注释】

①黄帝:《五帝本纪》以黄帝、颛顼、帝喾、尧、舜为五帝。黄帝传说为中原各民族的共同祖先。他是有熊部族(住在今河南省新郑市一带)的首领,故号有熊氏;后来,他成为中原各部族联盟的共同领袖,号称黄帝。②少典:国名。当时的所谓"国",实际上只是一个部族集团。③弱:年幼。④徇齐:通"迅疾",机灵的意思。⑤敦:诚实。敏:勤劳敏捷。⑥聪明:见闻广博,明辨是非。⑦神农氏:传说中的古代帝王之一,因他教民耕种,故称神农氏。一说神农氏即炎帝。世衰:指神农氏的后代衰败了。⑧不享:不朝贡的诸侯。⑨咸:都。宾从:归顺。⑩蚩尤:传说中上古时代九黎族部落酋长。⑪炎帝:传说中的古代帝王之一。⑫振兵:训练军队。⑬五气:五行之气。古代以五行配四时,春为木,夏为火,

涿鹿之战

季夏为上，秋为金，冬为水。⑭艺：种植。五种：指黍（黄米）、稷（小米）、稻、麦、菽（豆）等谷物。⑮度（duó）四方：规划丈量四方的土地。⑯罴（pí）：熊的一种。貔（pí）貅（xiū）：虎一类的猛兽。䝙（chū）：比狸猫大而凶猛的野兽。⑰阪泉：地名。在今河北省涿鹿县东。⑱涿（zhuō）鹿之野：涿鹿山前的原野。涿鹿山在今河北省涿鹿东南。

【译文】

　　黄帝是少典氏的后代，姓公孙，名轩辕。他生来特别神异，在襁褓中便会说话，幼小时就很伶俐懂礼，长大了诚实勤敏，成年后睿智通达，明辨是非。

　　轩辕的时候，神农氏后代已经衰弱。诸侯间互相侵伐，侵犯和欺凌百姓，而神农氏无力征讨他们。于是，轩辕便操练士兵，征讨不来朝贡的诸侯。诸侯都归附服从。蚩尤最为残暴，没有谁能征服他。炎帝想欺凌诸侯，诸侯全都归附轩辕。轩辕于是实行德政，整顿军队；研究季节气候，教民种植五谷；安抚百姓，丈量规划四方的土地。他训练了一批如熊、罴、貔、貅、䝙、虎等猛兽一般凶猛的士兵，跟炎帝在阪泉的原野上展开战斗，经过多次交战，取得最后胜利。蚩尤又发动战乱，不顺从黄帝的命令。这时黄帝便向诸侯征调军队，跟蚩尤在涿鹿山前决战，活捉蚩尤，并把他杀死。各地诸侯都尊奉轩辕为天子，取代了神农氏，这就是黄帝。天下有不归顺的，黄帝便去征讨；平服了的地方，黄帝便带兵离开。

黄帝像

【原文】

　　披山通道①，未尝宁居。东至于海，登丸山②，及岱宗③。西至于空桐④，登鸡头⑤。南至于江，登熊、湘⑥。北逐荤粥⑦，合符釜山⑧，而邑于涿鹿之阿⑨。迁徙往来无常处，以师兵为营卫⑩。官名皆以云命⑪，为云师。置左右大监⑫，监于万国。万国和，而鬼神山川封禅与为多焉⑬。获宝鼎、迎日推策⑭。举风后、力牧、常先、大鸿以治民⑮。顺天地之纪⑯，幽明之占⑰，死生之说⑱，存亡之难⑲。时播百谷草木⑳，淳化鸟兽虫蛾㉑，旁罗日月星辰水波土石金玉㉒，劳勤心力耳目，节用水火材物。有土德之瑞，故号黄帝。

【注释】

①披山：开山。②丸山：山名，在今山东省昌乐县西南、临朐县东北一带。③岱宗：泰山。④空桐：山名，即"崆峒"，在今甘肃平凉西北。⑤鸡头：山名。有人说就是崆峒山。⑥熊：熊耳山。在今河南卢氏县南。湘：湘山，即今湖南岳阳洞庭湖中的君山。⑦荤（xūn）粥（yù）：部族名，即秦、汉时的匈奴。⑧合符：验证符契。釜山：在今河北怀来北。⑨邑：都市。此处用作动词，指建立都邑。阿：山脚。⑩以师兵为营卫：叫军队在驻地周围筑营守卫。⑪官名皆以云命：黄帝以云来任命官职。⑫大监：官名。负责监察各地诸侯。⑬封禅：古代帝王登名山，封土为坛曰封，扫地而祭曰禅。⑭迎日：预先推算日、月、朔、望等未来的时辰。策：指蓍（shì）草，古人用它的茎占卜吉凶。⑮风后、力牧、常先、大鸿：都是黄帝的大臣名。⑯天地之纪：天地四季运行的程序或规律。⑰幽明之占：对于阴阳变化的占卜。幽，指阴；明，指阳。⑱死生之说：养生送死的仪制。⑲存亡之难：国家存亡的道理。⑳时播：按季节播种。㉑淳化：驯养。虫蛾：指蚕。传说黄帝的正妃嫘祖教民养蚕缫丝。㉒旁罗：广泛观察。

【译文】

　　黄帝开辟高山，凿通道路，从没有安逸地生活过。他向东达到大海，登上丸山和泰山；向西到达空桐，登上了鸡头山；向南到达长江，登上了熊耳山和湘山；往北驱逐了荤粥，在釜山与诸侯核验符契；在涿鹿山下的平原上，建立了都邑。黄帝率领部下迁徙往来没有固定的居处，驻地让士兵筑起营垒来自卫。百官都用云来命名，军队也称云师。他设立左右大监，监督各地诸侯。各方诸国和顺，在祭祀鬼神山川的大典中，参加黄帝主持盛典的非常多。黄帝又获得了宝鼎和能预先推算节气日辰的蓍草。他拔举风后、力牧、常先、大鸿来治理民众。他顺应天地四季运行的规律，预测阴阳的变化，研究养生送死的制度，考究国家存亡的道理。他按季节种植百谷草木，驯养鸟兽蚕蛾，广泛地研究日月星辰的变化以及水流、土石、金玉的性能。他勤思考，勤实践，多观察，多倾听，有节度地使用山林川泽的物产。他即位时有象征土德的瑞兆，所以称为黄帝。

【原文】

黄帝二十五子，其得姓者十四人。

黄帝居轩辕之丘，而娶于西陵之女①，是为嫘祖。嫘祖为黄帝正妃，生二子，其后皆有天下。其一曰玄嚣②，是为青阳，青阳降居江水③；其二曰昌意，降居若水④。昌意娶蜀山氏女⑤，曰昌仆，生高阳，高阳有圣德焉。黄帝崩，葬桥山⑥。其孙昌意之子高阳立，是为帝颛顼也。

【注释】

① 西陵：部族名。② 玄嚣(xiāo)：黄帝长子，号青阳。③ 降居：下封为诸侯。江水：江国。在今河南安阳。④ 若水：地名。在今四川省。⑤ 蜀山氏：部族名。⑥ 桥山：山名。在今陕西省黄陵县西北。

【译文】

黄帝有二十五个儿子，单独建立姓氏的有十四个。

黄帝居住在轩辕丘，娶了西陵氏的女儿，她就是嫘祖。嫘祖是黄帝的正妃，生了两个儿子，他们的后代都据有天下。第一个儿子叫玄嚣，就是青阳，青阳下封为江国诸侯；第二个儿子叫昌意，下封为若水诸侯。昌意娶了蜀山氏名叫昌仆的女儿，生了高阳，高阳有高尚的德行。黄帝死后，葬在桥山。他的孙子，也就是昌意的儿子高阳继承帝位，这就是帝颛顼。

⊙ 名句精解

劳勤心力耳目，节用水火材物

人的心力耳目是用进废退，勤劳才能有功。曾国藩曾说："精神愈用而愈出，不可因身体素弱过于保惜；智慧愈苦而愈明，不可因境遇偶拂遽而摧沮。"又说："心常用则活，不用则窒；常用则细，不用则粗。"人的精神智慧并不是靠保养留存才能充沛灵活，越是勤奋的人精神状态越好，他的休息质量也越高。美国约克郡大主教加伯评价罗斯福时说他内心好像有一股巨大的复苏的力量。1940年，柯克看见罗斯福疲劳万分、神色憔悴地走进他的游艇。可是一个钟头以后他再出现时，已是一个完全不同的人，看起来好像年轻了二十岁。罗斯福的女儿说："这就是爸爸。自从他染上小儿麻痹症以后，他已养成了一种能够积极休息的本领，让他能一生工作不辍。"自然界的天然资源许多不可再生，必须节用。这两点都有现实意义。

颛顼与帝喾

【原文】

帝颛顼高阳者①，黄帝之孙而昌意之子也。静渊以有谋②，疏通而知事③；养材以任地④，载时以象天⑤，依鬼神以制义⑥，治气以教化，絜诚以祭祀⑦。北至于幽陵⑧，南至于交阯⑨，西至于流沙⑩，东至于蟠木⑪。动静之物⑫，大小之神，日月所照，莫不砥属⑬。

帝颛顼生子曰穷蝉。颛顼崩，而玄嚣之孙高辛立，是为帝喾。

【注释】

①颛（zhuān）顼（xū）：传说中的古代部族首领名，号高阳氏。②静渊：镇定深沉。③疏通：通达，有远见。④养材：养育材物，如栽培五谷、树木。任地：发挥土地的作用。⑤载时以象天：按季节行事来顺应自然。⑥制义：制定礼义。⑦絜：同"洁"。⑧幽陵：幽州。今河北省北部与辽宁省南部一带。⑨交阯：古地区名，泛指今五岭以南和越南北部地区。⑩流沙：古流沙泽。⑪蟠（pán）木：生长之地不详。⑫动静之物：指动物与植物。⑬砥（dǐ）：平定。

帝颛顼亲身耕作

【译文】

　　帝颛顼高阳，是黄帝的孙子，昌意的儿子。他镇静深沉而有智谋，明白通达而知事理；种植各种作物以尽地力，按时行事，顺应自然，调理五行之气，教化民众，斋戒沐浴，虔诚地祭祀天地神灵。他向北达到幽陵，向南达到交阯，向西达到流沙，向东达到蟠木。各种动物植物，各处山岳河流的神，凡是太阳所临临的地方，没有谁不服，没有谁不归附他的。

　　帝颛顼生的儿子叫穷蝉。颛顼逝世，玄嚣的孙子高辛登位，他就是帝喾。

【原文】

　　帝喾高辛者①，黄帝之曾孙也。高辛父曰蟜极②，蟜极父曰玄嚣，玄嚣父曰黄帝。自玄嚣与蟜极皆不得在位，至高辛即帝位。高辛于颛顼为族子③。

　　高辛生而神灵，自言其名④。普施利物，不于其身。聪以知远，明以察微。顺天之义，知民之急。仁而威，惠而信，修身而天下服。取地之材而节用之，抚教万民而利诲之⑤，历日月而迎送之，明鬼神而敬事之。其色郁郁⑥，其德嶷嶷⑦，其动也时，其服也士⑧。帝喾溉执中而遍天下⑨。日月所照，风雨所至，莫不从服。

　　帝喾娶陈锋氏女⑩，生放勋；娶娵訾氏女⑪，生挚。帝喾崩，而挚代立。帝挚立，不善，而弟放勋立，是为帝尧。

【注释】

①帝喾（kù）高辛：喾是名，高辛是他兴起的地方（部族所在地），得天下后用作号。②蟜（jiǎo）：一本作"桥"。③族子：侄子。④自言其名：生下来便叫出自己的名字。《帝王世纪》："帝喾高辛，姬姓也。其母见其神异，自言其名曰夋。"⑤诲：引导。⑥郁郁：通"穆穆"，端庄和悦的样子。⑦嶷嶷（yí）：高峻的样子。指品德高尚。⑧其服也士：衣着俭朴，像一般士人一样。⑨溉：灌溉。一说同"概"，本义指量粮食时用来刮平升斗的工具，引申为公平。⑩陈锋氏：部族名。⑪娵（jū）訾（zī）：部族名。

【译文】

　　帝喾高辛是黄帝的曾孙。高辛的父亲叫蟜极，蟜极的父亲叫玄嚣，玄嚣的父亲便是黄帝。从玄嚣到蟜极都没有登上帝位，到了高辛氏才登上帝位。高辛氏是颛顼的堂侄。

　　高辛氏生下来就神奇灵异，自己说出了自己的名字。他广施恩德，惠及万物，却一点也不为自己打算。他明辨是非，能洞察远方的情况；审事细微，能烛照隐幽。顺从上天的旨意，了解民众的疾苦。仁爱而有威严，慈惠而有信义，修养德行而天下归服。他获取土地的物产而节制使用，安抚教育民众而因势利导。制定历法以掌握日月运行、季节变化的规律,了解鬼神而恭敬地侍奉他们。他神态庄重,德行高尚,举止合乎时宜,衣着如同普通士人。这位帝喾,真像水灌溉大地一样,恩德不偏不倚而遍及天下。因此,凡日月照耀、风雨所及的地方,没有不归附他的。

帝喾娶了陈锋氏的女儿,生了放勋;又娶了娵訾氏的女儿,生了挚。帝喾逝世后,由挚继位。帝挚登位后,治理得不好,他弟弟放勋继位,放勋就是帝尧。

> ⊙ **名句精解**
>
> ### 聪以知远,明以察微
>
> "聪"表示耳朵听,"聪以知远"的意思是耳朵灵敏可以听清楚远处的声音;"明"表示眼睛看,"明以察微"的意思是眼睛很好可以察觉很细微的东西。"聪以知远,明以察微",这是互文见义的手法,表示人的感觉器官十分发达,对周围事物的感知和观察细致入微。"聪以知远,明以察微",实际上强调的是人对事物的认知能力和体察能力。"聪以知远"可以引申为人学习、接受已有的知识和了解远处发生情况的能力;"明以察微"可以引申为人观察、体会身边事物和发现新的知识的能力。这两种能力都是很重要的。

尧 帝

【原文】

帝尧者①,放勋。其仁如天,其知如神②。就之如日,望之如云。富而不骄,贵而不舒③。黄收纯衣④,彤车乘白马⑤。能明驯德⑥,以亲九族。九族既睦,便章百姓⑦。百姓昭明,合和万国。

乃命羲、和⑧,敬顺昊天⑨,数法日月星辰⑩,敬授民时⑪。分命羲仲,居郁夷⑫,曰旸谷⑬。敬道日出⑭,便程东作。日中,星鸟,以殷中春⑮。其民析⑯,鸟兽字微⑰。申命羲叔,居南交⑱。便程南为⑲,敬致。日永,星火,以正中夏⑳。其民因㉑,鸟兽希革㉒。申命和仲,居西土,曰昧谷㉓。敬道日入,便程西成。夜中㉔,星虚,以正中秋。其民夷易㉕,鸟兽毛毨㉖。申命和叔,居北方,曰幽都㉗。便在伏物㉘。日短,星昴,以正中冬㉙。其民燠㉚,鸟兽氄毛㉛。岁三百六十六日,以闰月正四时。信饬百官㉜,众功皆兴。

帝尧像

【注释】

①尧:古代传说中的帝王。名放勋,号陶唐氏。②知:同"智"。③舒:松懈;傲慢。④黄收:黄色的帽子。收,古代帽子名。纯衣:深黄色衣服。⑤彤(tóng):红色。⑥驯德:恭顺高尚的品德。⑦便(pián)章:辨别彰明。百姓:百官。⑧羲、和:羲氏、和氏。羲、和是世代掌管季节时令的两个部族。⑨昊(hào):深远广大。⑩数法日月星辰:观察日月星辰的运行来制定历数。⑪敬授民时:慎重地教给民众农事季节。⑫郁夷:极东的地方(指山东东部滨海地区)。⑬旸(yáng)谷:传说是太阳升起之处。⑭敬道日出:恭敬地迎接朝阳升起。⑮日中,星鸟,以殷中春:指确定中(仲)春的节候(春分)。日中,春分时昼夜一般长(中指昼夜平分)。星鸟,观察鸟星。鸟指春分黄昏时刻见于中天的朱鸟七宿中的第四星——星宿。古人在初昏时刻观察中天星座以确定节候。殷,正,推定。⑯析:分散,分工。⑰字:产子。微:通"尾",鸟兽虫鱼交配。⑱南交:南方最远的边境。⑲便程:分别次第,使做事有步骤。"便"通"辨",别。⑳日永,星火,以正中夏:指确定中(仲)夏的节候(夏至)。

⊙ 名句精解

富而不骄，贵而不舒

富，是财产多；贵，是地位高，富有而不骄傲，保持纯朴的作风，以诚恳之心待人；地位高了而不放纵自己，保持平常心，以平等之心做事，这是不容易的。帝尧做到了。

帝尧生活俭朴，只食用陶簋盛的粗饭淡汤，只求能饱，绝不浪费百姓的一分一毫。他谦虚谨慎，时刻警醒自己。他设置"谏鼓"，让普通人都能对国事发表意见。他树立"谤木"，鼓励百姓批评自己的过失。

帝尧说："如果有一个人挨饿，就是我饿了他；如果有一个人受冻，就是我冻了他；如果有一个人获罪，就是我害了他。"

帝尧贵为天子，却能恭行节俭、谦虚谨慎、心胸宽阔，又能不贪图虚荣、不惧怕批评，帝尧身上的这种高尚节操，可为万世学习效仿，难怪百姓都十分拥戴他。

孔子对于贫富也有精彩的论述。他的学生子贡问他："贫穷而不去巴结人，富有而不骄傲奢侈，这种人怎么样？"孔子回答说："可以算不错了，只是还不如贫穷仍能乐道，富贵仍然好礼的人啊！"

日永：夏至白昼最长。火：夏至黄昏时刻，见于中天的苍龙七宿中的"心宿"，特指其中的主星"大火"，又名商星。㉑因：沿袭，指继续在田野里干农活。㉒希革：指夏季炎热，鸟兽换毛，皮上羽毛稀少。希，同"稀"。㉓昧谷：西方日落的地方。㉔夜中：秋分时昼夜一般长。㉕夷易：安适怡悦。㉖毨（xiǎn）：鸟兽更生新毛。㉗幽都：北方地名。《山海经》："北海之内有山名幽都。"㉘便在伏物：注意安排好冬天积蓄储藏的事。㉙日短、星昴（mǎo），以正中冬：指确定仲（仲）冬的节候（冬至）。日短：冬至白昼最短。昴：冬至黄昏时刻见于中天的有白虎七宿，星昴指其中第四星"昴宿"。㉚燠（yù）：暖和。指人们穿上冬装，在屋子里避寒。㉛氄（yǒng）：细软的毛。指寒冬鸟兽都密密地生长出细软的毛。㉜信饬（chì）百官：按时命令主管各种事务的官员。

【译文】

帝尧就是放勋。他的仁德像天一样浩大无边，他的智慧像神一样深广莫测；接近他能感受到太阳般的温暖，仰望他就好像望着高洁云朵。他富有而不骄纵，尊贵而不傲慢。他戴着黄帽子，穿着深黄色的衣服，乘坐红色的车子，驾着白色的马。他能修明自己恭顺的德行，把各个部族团结得亲密无间；各个部族已经亲密无间了，再明确百官的职责；百官各尽其职，各地诸侯无不融洽和睦。

尧于是命令羲氏、和氏，恭敬地顺应上天的意志，依据日月星辰的行迹来制定历法，慎重地教导民众耕种的时间。他对羲氏、和氏分别做了任命：羲仲住在叫作旸谷的郁夷之地，恭敬地迎接朝阳的升起，审慎地预报春季耕种的时日。根据春分黄昏时中天鸟星的出现，来确定仲春的季节。这时人们分散到田野破土耕种，鸟兽交尾生育。又命令羲叔住在南交，审慎地预报夏季耕耘的时日。根据夏至黄昏时中天大火星的出现来确定仲夏的季节。这时，民众继续干活，鸟兽也换上稀疏的羽毛。再命令和仲住在名叫昧谷的西方，恭敬地礼送太阳落土，审慎地预报收获的时日。根据秋分黄昏时中天虚星的出现，来确定仲秋的季节。这时，民众生活安适怡悦，鸟兽更换了新毛。再命令和叔住在名叫幽都的北方，审慎地预报储存谷物准备过冬的时日。根据冬至黄昏时中天昴星的出现，来确定仲冬的季节。这时，民众穿上冬装，进入屋内避寒，鸟兽也长出了又密又软的细毛。一年有三百六十六天，用闰月的办法来校正四季的节候。帝尧还按时诫饬百官，各项事业无不兴旺发达。

【原文】

尧曰："谁可顺此事①？"放齐曰："嗣子丹朱开明②。"尧曰："吁！顽凶，不用③。"尧又曰："谁可者？"讙兜曰："共工旁聚布功，可用④。"尧曰："共工善言，其用僻，似恭漫天，不可⑤。"尧又曰："嗟，四岳⑥！汤汤洪水滔天⑦，浩浩怀山襄陵⑧。下民甚忧。有能使治者？"皆曰："鲧可⑨。"尧曰："鲧负命毁族，不可。"岳曰："异哉⑩！试不可用而已。"尧于是听岳用鲧。九岁，功用不成。

尧曰："嗟！四岳！朕在位七十载，汝能庸命，践朕位⑪？"岳应曰："鄙德，忝帝位⑫。"尧曰："悉举贵戚及疏远隐匿者。"众皆言于尧曰："有矜在民间⑬，曰虞舜。"尧曰："然，朕闻之。其何如？"岳曰："盲者子。父顽，母嚚⑭，弟傲，能和以孝，烝烝治，不至奸⑮。"尧曰："吾其试哉！"于是尧妻之二女⑯，观其德于二女。舜饬下二女于妫汭⑰，如妇礼⑱。尧善之，乃使舜慎和五典⑲，五典能从；乃遍入百官，百官时序⑳；宾于四门㉑，四门穆穆㉒，诸侯远方宾客皆敬。尧使舜入山林川泽，暴风雷雨，舜行不迷㉓。尧以为圣，召舜曰："女谋事至而言可绩，三年矣。女登帝位。"舜让于德不怿。正月上日㉔，舜受终于文祖㉕。文祖者，尧大祖也㉖。

【注释】

①顺：继承。此事：治理天下的大事。②放齐：尧的大臣。嗣子：继承人。丹朱：尧的嫡长子。③顽凶：顽指不讲道德。凶，通"讻"，指好争辩。④谨（huān）兜（dōu）：尧的大臣。⑤共工：人名；担任工师。⑥四岳：分掌四方的诸侯首领。⑦汤汤（shāng）：即"荡荡"，水波奔腾的样子。⑧浩浩：水势盛大的样子。襄陵：淹没高地。⑨鲧（gǔn）：人名。夏禹的父亲。⑩异：奇异出众。⑪庸命：用命；执行命令，忠于职守。⑫忝：辱没。⑬矜（guān）：同"鳏"，无妻的男子。⑭嚚（yín）：内心险恶，爱说坏话。⑮烝烝：上进，做好事。⑯妻（qì）：作动词用，以女嫁人。⑰妫（guī）：水名。黄河支流，源出于山西省历山，西流至蒲州入黄河。汭（ruì）：河道弯曲处或河流的北岸。⑱如妇礼：用媳妇的礼节来要求二女。⑲五典：五教，指父义、母慈、兄友、弟恭、子孝等伦理道德。⑳遍入百官：总领百官职事。㉑四门：明堂（天子朝会诸侯的地方）的四方之门。㉒穆穆：庄敬和穆的样子。㉓不迷：不误事。㉔上日：朔日，初一。㉕文祖：帝尧的祖庙。㉖大祖：即太祖，开国始祖。

【译文】

尧说："谁可以继承我的事业？"放齐说："继承人丹朱聪明通达。"尧说："唉！他不讲道德又好争讼，不能用。"尧又问："哪一个可以当此重任呢？"谨兜说："共工广泛地聚集民众，做了不少事情，可以用。"尧说："共工言辞巧辩，实际行动却违背正道；外表似乎恭敬，内心却对上天轻慢不恭，不可用。"尧又问："唉！四岳，洪水滔天，浩浩荡荡，包围山岭，淹没高地，百姓忧心忡忡，谁有能力去治理？"都说鲧可以。尧说："鲧违反命令，危害同族，不可任用。"四岳说："他才能突出啊！试一下吧！果真不行再停止。"尧于是听从四岳的意见，任用了鲧。鲧治水九年，毫无成效。

尧说："唉！四岳，我在位已经七十年，你们都能执行命令，接替我的位置吧！"四岳回答说："我们德行浅薄，恐怕玷辱了帝王的职位。"尧说："那就请你们推举所有有名望的贵族以及在遥远处隐居的人。"大家都对尧说："民间有个尚未娶妻的人，名叫虞舜。"尧说："对，我听说过。他究竟怎样？"四岳说："他是个盲人的儿子。父亲不讲道德，后母爱说他坏话，弟弟骄纵凶狠，但是他能够用孝行与他们和睦相处，使他

帝尧问政于四岳

们人心向善，免于邪恶。"尧说："让我考验一下他吧。"在这种情况下，尧把两个女儿嫁给舜，通过她们来观察舜的德行。舜将她们安置在妫水北岸，遵守做媳妇的礼节。尧很赞赏他这样做，于是让舜担任司徒慎重地推行五教，人民都遵从五教；尧又让他总领百官的职事，各种职事都处理得井井有条；让他到四门主持接待各方宾客，四门充满了庄重和睦的气氛，来朝贡的诸侯和远方客人都敬重他。尧又让舜进入密林大泽办事，遇上暴风雷雨，舜仍能前行，不迷失方向。尧认为舜德行伟大，召见他说："你考虑事情周到，说过的事能办得有成效，已经过了三年了。你登上帝位吧。"舜一再推让，认为自己的德行不足以胜任帝位，心中十分不安。正月初一，舜在文祖庙接受尧的禅让。文祖是尧的始祖。

【原文】

于是，帝尧老，命舜摄行天子之政①，以观天命。舜乃在璇玑玉衡②，以齐七政③。遂类于上帝④，禋于六宗⑤，望于山川⑥，辩于群神⑦。揖五瑞⑧，择吉月日，见四岳诸牧⑨，班瑞。岁二月，东巡狩⑩，至于岱宗，祡⑪，望秩于山川⑫。遂见东方君长，合时月⑬，正日，同律度量衡⑭。修五礼⑮，五玉、三帛、二生、一死为挚⑯，如五器⑰，卒乃复⑱。五月，南巡狩；八月，西巡狩；十一月，北巡狩：皆如初。归，至于祖祢庙⑲，用特牛礼。五岁一巡狩，群后四朝。遍告以言，明试以功，车服以庸⑳。肇十有二州㉑，决川㉒。象以典刑㉓，流宥五刑㉔，鞭作官刑㉕，扑作教刑㉖，金作赎刑。眚灾过㉗，赦；怙终贼㉘，刑。钦哉㉙，钦哉，唯刑之静哉㉚。讙兜进言共工㉛，尧曰"不可"，而试之工师㉜，共工果淫辟。四岳举鲧治鸿水，尧以为不可，岳强请试之，试之而无功，故百姓不便。三苗在江淮、荆州数为乱㉝。于是舜归而言于帝，请流共工于幽陵，以变北狄㉞，放讙兜于崇山㉟，以变南蛮；迁三苗于三危㊱，以变西戎；殛鲧于羽山㊲，以变东夷。四罪而天下咸服。

【注释】

①摄：代理。②在：专注地观察。璇（xuán）玑玉衡：用玉装饰的观察天文的仪器。一说"璇玑玉衡"即北斗七星。③齐七政：即观察日月星辰来校正历法。或认为"七政"指下面讲的祭祀、班瑞、东巡、南巡、西巡、北巡、归祖等七件政事。齐，整齐，校正。七政，指日月五星（金、木、水、火、土）。④类于上帝：举行特殊祭祀，把事类报告上天。类，祭祀名。⑤禋（yīn）：祭祀名。升烟祭天以求福。⑥望：祭祀名，遥望名山大川举行祭祀。⑦辩：同"遍"，普遍地祭祀。⑧揖：同"辑"，收集。五瑞：公、侯、伯、子、男五等爵位的诸侯所执的瑞信（即形状上圆下方的玉圭，是表示诸侯等级的符信）。⑨见：召见。诸牧：各地诸侯。⑩巡狩（shòu）：帝王巡察各地，检查诸侯政绩。⑪祡（chái）：一作"柴"，祭祀名，焚柴以祭祀天神。⑫望秩：按次序遥祭。⑬合时月：统一协调季节、月份。⑭同律：统一音律。⑮五礼：指吉礼（用于祭祀）、凶礼（用于丧葬）、宾礼（用于礼宾）、军礼（用于军事）和嘉礼（用于冠婚）。修明五礼是为了统一全国的风俗习惯。⑯五玉：即"五瑞"。三帛：荐玉的丝织品，有三种不同颜色。二生：指活的羔羊与雁。卿与大夫用作进见的礼物。一死：指死雉（野鸡），士进见的礼物。挚：通"贽"。拜见时的礼物。⑰五器：即五玉。⑱复：交还。⑲祢（nī）：奉祀死父的宗庙。⑳车服以庸：对于政绩卓著的诸侯，则用车服作赏赐。庸，功劳。㉑肇（zhào）：开始，此指建立。㉒川：疏通河道。㉓象：刻画。典：常。㉔宥（yòu）：宽恕，从宽发落。五刑：墨（刺字）、劓（割鼻）、剕（fèi，断足）、宫（阉割）、大辟（杀头）。㉕鞭：皮鞭。㉖扑：戒尺。㉗眚（shěng）：灾过。㉘怙（hù）：倚仗。㉙钦：慎重。㉚唯刑之静：静刑，希望减少用刑。㉛进言：推荐。㉜工师：管理工程建筑的官。㉝三苗：南方的一个部族，散居于今湘、鄂、赣、皖毗邻地区，可能是苗族的祖先。㉞以变北狄：叫他改变北狄的风俗。㉟崇山：在今湖南大庸西南。㊱三危：山名。在今甘肃敦煌东。㊲殛（jí）：这里是流放的意思。羽山：在山东省蓬莱市东南。一说在今江苏连云港一带。

【译文】

这时，帝尧已经年迈，让舜代行天子之政，以观察天意。舜便使用璇玑玉衡来观测天象，定准日月五星的位置。他祭祀上帝，祭祀六类神祇，举行望礼遥祭名山大川，遍祭群神。他收集五种玉制瑞信，选择吉月吉日，召见四岳诸侯，再给他们颁发瑞信。二月，他到东方巡察，到达泰山，烧柴祭天，又举行望礼遥祭名山大川。这时他召见了东方的诸侯，校正历法，同他们核对季节、月份，定准了一天的时刻，统一了音律和度量衡。制定了五类礼仪。规定诸侯用五玉三帛，卿大夫用二牲，士用野鸡为相见所执的礼物；对于五玉，会见结束后便退还给诸侯。五月，他到南方视察；八月，到西方视察；十一月，到北方视察。都像开始视察东方一样。回来后，到祖庙和父庙里祭祀，举行隆重的特牲之礼。舜每五年到各方视察一次，各地诸侯每四年来京师朝见一次。对于每个诸侯，舜都告诉他们治理国家的方法，公开地考察他们的政绩，对政绩突出的赏赐车骑、衣服。舜开始在全国设立十二个州，疏通河道。他把正常的刑律刻在器物上，用流放的办法来减免五刑；用鞭子作为官府的刑罚，学校中用戒尺处罚学生，不是故意犯罪的人可以用金钱赎罪。无心或灾害造成的过失予以赦免；只有作恶不改的人才及时惩处。"慎重啊，慎重啊，努力做到不用刑罚啊！"谨兜向尧推荐共工，尧说："不可以。"但还是试用他做工师；共工果然放纵邪僻。四岳推荐鲧治洪水，尧认为不行，四岳坚决请求试用；结果毫无成绩，百官都认为鲧不恰当。三苗在江淮流域荆州一带屡次作乱。这时，舜正视察回来，便向尧报告，请求把共工流放到幽陵，让他治理北方的狄族；把谨兜流放到崇山，让他治理南方的蛮族；把三苗驱逐到三危，让他治理西方的戎族；把鲧远远地贬到羽山，让他治理东方的夷族。惩处这四个罪人，天下的人都心悦诚服。

【原文】

尧立七十年得舜；二十年而老，令舜摄行天子之政，荐之于天。尧辟位凡二十八年而崩①。百姓悲哀，如丧父母。三年，四方莫举乐，以思尧。尧知子丹朱之不肖，不足授天下，于是乃权授舜。授舜，则天下得其利而丹朱病；授丹朱，则天下病而丹朱得其利。尧曰："终不以天下之病而利一人。"而卒授舜以天下。尧崩，三年之丧毕，舜让辟丹朱于南河之南②。诸侯朝觐者不之丹朱而之舜③，狱讼者不之丹朱而之舜，讴歌者不讴歌丹朱而讴歌舜。舜曰："天也！"夫而后之中国践天子位焉④，是为帝舜。

【注释】

① 辟位：退位。辟，通"避"。② 南河：指黄河自潼关以下西东流向的一段。③ 朝觐(jìn)：诸侯在春秋两季拜见天子。春曰朝，秋曰觐。④ 中国：这里指国都之中。

尧禅位于舜

【译文】

尧在位七十年得到舜,又过了二十年告老,让舜代理天子的政务,并向上天荐举舜。尧让位二十八年后就去世了。百姓很悲痛,好像失去了亲生父母一样。尧死后的三年中,天下都停止奏乐以表示对帝尧的悼念。当初,尧知道儿子丹朱不成器,不能授天下给他,于是尧采取权变措施禅位给舜。禅位给舜,天下人得到好处,只有丹朱不称意;传给丹朱,便使天下人受害,只有丹朱得利。尧说:"绝对不能使天下人受害而让一人得利。"他终于把天下传给了舜。帝尧去世,三年的丧期结束后,舜把帝位让给丹朱,自己退避到南河的南岸。但朝见天子的诸侯不到丹朱那里去,却来朝见舜;争讼告状的人不到丹朱那里去,却来找舜;歌颂功德的人不歌颂丹朱,却歌颂舜。舜说:"这是天意啊!"这以后,他才去了都城,登上天子之位。这就是帝舜。

⊙ 名句精解

授舜,则天下得其利而丹朱病;授丹朱,则天下病而丹朱得其利

自古以来,帝位继承一直都是关系重大的问题。帝尧年事已高,由谁继位的问题开始提到议事日程。任亲还是任贤,关乎国家安危和人民福祉。所谓知子莫若父,儿子丹朱的能力和德行都不配执掌天下,而舜德才兼备,天下信服。因此,帝王让给舜,利在天下而不利于丹朱一人;传位给丹朱,利在丹朱一人而不利于天下。帝尧圣明,"终不以天下之病而利一人",开启了传贤不传后的禅让制度。

"终不以天下之病而利一人"的伟大之处,正在于提出了一个光辉的政治文明理念:国家是天下人的国家,不是一家人或者一个人的国家,大公无私、德才兼备者才有资格代表人民行使公权。执政者应该具备高度的责任感,以全社会民众的福祉为己任。

虞　舜

【原文】

虞舜者①,名曰重华。重华父曰瞽叟②,瞽叟父曰桥牛,桥牛父曰句望,句望父曰敬康,敬康父曰穷蝉,穷蝉父曰帝颛顼,颛顼父曰昌意,以至舜七世矣。自从穷蝉以至帝舜,皆微为庶人。

舜父瞽叟盲,而舜母死。瞽叟更娶妻而生象,象傲。瞽叟爱后妻子,常欲杀舜,舜避逃;及有小过,则受罪。顺事父及后母与弟,日以笃谨,匪有解。

舜,冀州之人也③。舜耕历山,渔雷泽④,陶河滨,作什器于寿丘⑤,就时于负夏⑥。舜父瞽叟顽,母嚚,弟象傲,皆欲杀舜。舜顺适不失子道,兄弟孝慈。欲杀,不可得;即求,尝在侧。

舜年二十以孝闻。三十而帝尧问可用者,四岳咸荐虞舜,曰可。于是尧乃以二女妻舜以观其内,使九男与处以观其外。舜居妫汭,内行弥谨⑦,尧二女不敢以贵骄事舜亲戚,甚有妇道。尧九男皆益笃⑧。舜耕历山,历山之人皆让畔⑨;渔雷泽,雷泽上人皆让居;陶河滨,河滨器皆不苦窳⑩。一年而所居成聚,二年成邑,三年成都。尧乃赐舜衣绨与琴⑪,为筑仓廪,予牛羊。瞽叟尚复欲杀之,使舜上涂廪,瞽叟从下纵火焚廪。舜乃以两笠自扞而下,去,得不死。后瞽叟又使舜穿井,舜穿井为匿空⑫,旁出⑬;舜既入深,瞽叟与象共下土实井,舜从匿空出,去。瞽叟、象喜,以舜为已死。象曰:"本谋者象。"象与其父母分,于是曰:"舜妻尧二女与琴,象取之。牛羊、仓廪予父母。"象乃止舜宫居,鼓其琴。舜往见之。象鄂不怿⑭,曰:"我思舜正郁陶⑮。"舜曰:"然,尔其庶矣!"舜复事瞽叟爱弟弥谨。于是尧乃试舜五典、百官,皆治。

【注释】

①虞：重华，舜名。据说舜目为重瞳子，故名重华。②瞽（gǔ）叟：舜父名。瞽，瞎眼。③冀州：古九州之一。相当于今山西、河南北部、河北省大部及辽宁西部一带。④雷泽：一名雷水。古泽名。在今山西省永济南。或说即雷夏泽，在今山东省菏泽市东北。《括地志》："雷夏泽在濮州雷泽县郭外西北。"⑤什器：饮食器皿。寿丘：在今山东省曲阜市东北。⑥就时：乘时。负夏：邑名。在今山东省兖州北。⑦内行：家内的行为。⑧笃：真诚，纯朴。⑨畔：田地的边界。⑩苦窳（yǔ）：粗劣。⑪絺（chī）：用葛纤维制成的细布。⑫匿空：在井壁上打的洞。⑬旁出：从井壁旁通向外面。⑭鄂：同"愕"，吃惊。⑮郁陶：愁闷痛苦。

舜跳伞以逃生

【译文】

虞舜名叫重华。重华的父亲叫瞽叟，瞽叟的父亲叫桥牛，桥牛的父亲叫句望，句望的父亲叫敬康，敬康的父亲叫穷蝉，穷蝉的父亲叫颛顼，颛顼的父亲叫昌意。到舜已是七代。从穷蝉到帝舜，都是地位低微的普通百姓。

舜的父亲瞽叟眼瞎了，舜的母亲死后，瞽叟又娶了继室，生了个儿子名叫象，象骄纵凶狠。瞽叟溺爱后妻的儿子，常常想杀掉舜，舜都躲过了；遇到自己有小过失，舜便接受惩罚。他恭顺地侍奉父亲、后母和弟弟，对待他们诚恳谨慎，日日如一，没有懈怠过。

舜是冀州人，他曾在历山种过田，在雷泽捕过鱼，在黄河边上烧制过陶器，在寿丘做过各种生产工具和生活用具，在负夏做过生意。舜的父亲瞽叟不讲道德，后母爱说坏话，弟弟象骄纵凶狠，都要杀掉舜。舜总是很恭顺，不放弃作为儿子的职责，对弟弟尽兄道，对父母尽孝道。父母想要杀他，总是办不到；如果有事找他，却常在身边。

舜二十岁时，因为孝顺而闻名。三十岁时，帝尧询问可以重用的人，四岳都推荐舜，说他可以。于是，尧便把两个女儿嫁给舜，来观察他怎样治家，又派了九个男儿与舜相处，来观察他于家庭之外怎样待人接物。舜住到妫水北岸，在家里行为越发谨严。尧的两个女儿不敢因为出身高贵而以傲慢的态度对待舜的亲属，严格遵守做媳妇的礼节。尧派去的九个男儿更加淳朴厚道了。舜在历山种田，历山的人都互让田地边界；在雷泽捕鱼，雷泽四周的人都互让居住的地方；在黄河边制作陶器，生产的陶器没有粗制滥造的。他住过一年的地方，便形成了村落；住过两年的地方，便形成了集镇；住过三年的地方，便形成了都市。尧于是赐给舜细葛布做的衣服，又赠给他琴，还给他修筑仓库，送他牛羊。瞽叟还是想杀掉舜，他叫舜上屋顶用泥涂抹谷仓，自己却在屋下纵火烧仓，舜就拿着两顶斗笠护住自己向下跳，脱了险，没被烧死。后来，瞽叟又让舜凿井，舜在井壁上另凿了一个可以藏身和外出的空洞。舜凿到深处，瞽叟和象一同倾土填井，舜从藏身的空洞中走出，又脱了险。瞽叟和象很高兴，认为舜已经死了。象说："原来出主意的是我。"象与父母分舜的财物，这时他说："舜的妻子——尧的两个女儿，还有那张琴，我收取了；牛羊、仓廪留给父母。"于是象留在舜的居室中住下，弹着舜的琴。舜前去见他。象愕然失色，装作伤心的样子说："我想念你，正想得伤心难过！"舜说："是这样，对于兄弟情义，你还差不多！"舜以后侍奉瞽叟，友爱弟弟，越发恭谨了。于是尧便试用舜，让他推行五教，到各个官府去工作，舜都处理得很妥善。

【原文】

昔高阳氏有才子八人①,世得其利,谓之"八恺"。高辛氏有才子八人②,世谓之"八元"。此十六族者③,世济其美,不陨其名④。至于尧,尧未能举。舜举八恺,使主后土⑤,以揆百事⑥,莫不时序。举八元,使布五教于四方⑦,父义,母慈,兄友,弟恭,子孝;内平外成⑧。

昔帝鸿氏有不才子⑨,掩义隐贼,好行凶慝⑩,天下谓之"浑沌"⑪。少暤氏有不才子⑫,毁信恶忠,崇饰恶言⑬,天下谓之"穷奇"。颛顼氏有不才子,不可教训,不知话言,天下谓之"梼杌"⑭。此三族世忧之。至于尧,尧未能去。缙云氏有不才子⑮,贪于饮食,冒于货贿⑯,天下谓之"饕餮"⑰。天下恶之,比之三凶。舜宾于四门,乃流四凶族,迁于四裔⑱,以御螭魅⑲,于是四门辟,言毋凶人也。

【注释】

① 高阳氏:指颛顼的后代。② 高辛氏:指帝喾的后代。③ 十六族:指上述十六人的后代繁衍,形成十六个民族。④ 不陨(yǔn)其名:没有损伤到他们祖先的美好名声。⑤ 后土:掌管水土的官。⑥ 揆(kuí):管理,计划安排。⑦ 布五教:传布五伦之教。⑧ 内平:指诸侯各族(国内)团结安定。外成:指边外族向往教化,亲善华夏。⑨ 帝鸿氏:即黄帝。⑩ 凶慝(tè):凶暴、邪恶。⑪ 浑沌:不开化,野蛮无知。⑫ 少暤(háo)氏:黄帝以后的一位帝王,又称金天氏。⑬ 崇饰恶言:宣扬和粉饰各种恶言恶语。饰,粉饰。⑭ 梼(táo)杌(wù):顽凶无比的样子。⑮ 缙云氏:炎帝的后代。⑯ 冒于货贿:贪爱财物。冒,贪。⑰ 饕(tāo)餮(tiè):贪婪无厌的样子。⑱ 裔:指边远的地方。⑲ 螭(chī)魅(mèi):传说中山林里害人的怪物。

帝舜像

【译文】

以前,高阳氏出了八个有才能的子孙,世人得其利,都称他们为"八恺";高辛氏出了八个有才能的子孙,世人称他们作"八元"。这十六个家族,世世代代都能增益他们的美德,没有毁损他们祖先的名声。在尧的时代,尧没有起用他们。舜任用八恺,让他们掌管水土,他们安排各种事务,没有不处理得井井有条的。舜任用八元,指派他们到四方传布教化,他们使得父亲威严,母亲慈爱,哥哥友善,弟弟恭敬,儿子孝顺;国内太平,外族向往。

从前,帝鸿氏有一个不成器的后代,不行仁义,阴毒残忍,专好行凶作恶,天下人称他为"浑沌"。少暤氏有个不成器的后代,毁弃诚信,憎恶忠直,爱讲邪恶的话,天下人称他为"穷奇"。颛顼氏有个不成器的后代,不可教训,不懂得好话坏话,天下的人称他为"梼杌"。对于这三个家族,世人都感到忧虑。在尧的时代,尧没能除掉他们。缙云氏有个不成器的后代,沉溺酒食,贪图财物,天下人称他为"饕餮"。天下人都讨厌他,把他同上面的三凶并列。舜在四门主持接待宾客时,放逐了这四个凶恶的家族,把他们迁徙到四方最偏远的地方,用以警戒恶人。于是四门畅通,都说再也没有恶人了。

【原文】

舜入于大麓①,烈风雷雨不迷,尧乃知舜之足授天下。尧老,使舜摄行天子政,巡狩。舜得举用事二十年,而尧使摄政。摄政八年而尧崩。三年丧毕,让丹朱,天下归舜。而禹、皋陶、契、后稷、伯夷、夔、龙、倕、益、彭祖,自尧时而皆举用,未有分职。于是舜乃至于文祖,谋于四岳,辟四门,明通四方耳目,命十二牧论帝德②:行厚德,远佞人,则蛮夷率服。舜谓四岳曰:"有能

35

奋庸美尧之事者③，使居官相事。"皆曰："伯禹为司空④，可美帝功。"舜曰："嗟，然！禹，汝平水土，维是勉哉！"禹拜稽首⑤，让于稷、契与皋陶。舜曰："然，往矣！"舜曰："弃，黎民始饥，汝后稷播时百谷⑥。"舜曰："契，百姓不亲，五品不驯⑦，汝为司徒，而敬敷五教⑧，在宽。"舜曰："皋陶，蛮夷猾夏⑨，寇贼奸轨⑩，汝作士。五刑有服，五服三就⑪；五流有度⑫，五度三居⑬。维明能信⑭。"舜曰："谁能驯予工⑮？"皆曰垂可。于是以垂为共工⑯。舜曰："谁能驯予上下草木鸟兽⑰？"皆曰益可。于是以益为朕虞⑱。益拜稽首，让于诸臣朱虎、熊罴⑲。舜曰："往矣，汝谐⑳。"遂以朱虎、熊罴为佐。舜曰："嗟！四岳，有能典朕三礼㉑？"皆曰伯夷可。舜曰："嗟！伯夷，以汝为秩宗㉒。凤夜维敬㉓，直哉维静絜㉔。"伯夷让夔、龙。舜曰："然。以夔为典乐㉕，教稚子，直而温，宽而栗，刚而毋虐，简而毋傲㉖。诗言意，歌长言㉗，声依永，律和声，八音能谐㉘，毋相夺伦，神人以和。"夔曰："於！予击石拊石，百兽率舞。"舜曰："龙，朕畏谗说殄伪，振惊朕众。命汝为纳言，夙夜出入朕命，惟信。"舜曰："嗟！女二十有二人敬哉㉙，惟时相天事。"三岁一考功，三考绌陟㉚，远近众功咸兴。分北三苗㉛。

舜不迷途

此二十二人咸成厥功㉜：皋陶为大理㉝，平，民各伏得其实㉞；伯夷主礼，上下咸让；垂主工师㉟，百工致功；益主虞，山泽辟；弃主稷㊱，百谷时茂；契主司徒，百姓亲和；龙主宾客，远人至，十二牧行而九州莫敢辟违；唯禹之功为大，披九山，通九泽，决九河，定九州，各以其职来贡，不失厥宜。方五千里，至于荒服㊲。南抚交阯、北发㊳，西戎、析枝、渠廋、氐、羌㊴，北山戎、发、息慎㊵，东长、鸟夷㊶，四海之内咸戴帝舜之功。于是禹乃兴《九招》之乐㊷，致异物㊸，凤皇来翔。天下明德皆自虞帝始。

【注释】

①大麓：管理山林的官。②十二牧：十二州的长官。③庸：用，用命。④司空：主管水利土木工程的官员。⑤稽首：叩头致敬。⑥时：通"蒔（shì）"，种植。⑦五品：即五伦，指君臣、父子、夫妇、兄弟、朋友等五种伦常关系。驯：和顺。⑧五教：即君臣有义、父子有亲、夫妇有别、长幼有序、朋友有信五种伦理道德。⑨猾：扰乱，侵略。⑩轨：通"宄"，在外作恶。⑪三就：往三处地方执行。⑫五流：五刑改为流放，仍分五等。⑬度：指流放处所。三居：三等流放区。⑭维明能信：明白宣布罪行，便能使人信服。⑮工：百工，如金工、木工、石工、陶工等。⑯共工：管理百工的官名。⑰上：指高原山林。下：指低地川泽。⑱虞：管理山林川泽的官。⑲朱虎、熊罴：人名。⑳谐：合适。㉑典：主管。三礼：祭天神、祭地祇（qí）、祭鬼的三种礼仪。㉒秩宗：主管祭祀的礼官。㉓夙夜：朝夕，日夜。㉔静絜：肃静而清洁。㉕典乐：掌管音乐的官。㉖简而毋傲：简略而不放纵。㉗长言：拖长节拍。㉘八音：指金、石、丝、竹、匏、土、革、木八类乐器。㉙二十有二人：指此次任命的禹、后稷、契、皋陶、垂、益、朱虎、熊、伯夷、夔、龙、彭祖等十人与十二牧。㉚三考绌陟：根据三次考察的优劣而贬降或升升。绌，通"黜"，贬退与撤换。陟，提升。㉛北：同"背"。㉜厥：其。㉝大理：主管刑法的官。㉞伏：拜伏，信服。得其实：断狱符合实际情况。㉟工师：官名。㊱稷：这里以稷借代农业生产。㊲荒服：指距王畿最荒远的地方。㊳北发：地名。㊴戎、析枝、渠廋（sōu）、氐（dī）、羌（qiāng）：皆西部族名。㊵山戎、发、息慎：皆北方部族名。㊶长夷、鸟夷：东方部族名，一说鸟夷指今日本。"鸟"

一作"岛"。㊷《九招》：乐曲名。招，或作"韶"。㊸致异物：招致珍奇的动植物。

【译文】

　　舜担任管理山林的官，遇到暴风雷雨，也从不误事。尧于是知道舜是足以传授天下的。尧老了，叫舜代替他处理天子的政务，到四方视察。舜被推荐担任职务二十年，尧便让他代行天子职事。又过了八年，尧去世了。服丧三年以后，舜让位给丹朱，天下的人都归服于舜。大禹、皋陶、契、后稷、伯夷、夔、龙、倕、益、彭祖这班人，从尧在的时候起便被推举任事了，但没有分配给专门的职务。这时，舜来到文祖庙，征询四岳的意见，并大开四门，畅通言路。他命令十二州的长官讨论帝王应有的德行，他认为只要广施恩德，疏远诸侯的小人，那么，即使外族也会相率归服的。舜对四岳说："有谁能奋发用命，光大帝尧的事业，我将任命他官职，辅佐我治理天下。"他们都说："伯禹担任司空，可以光大帝尧的事业。"舜说："嗯！禹，你负责平治水土吧，你可要努力办好这件事啊！"禹跪地拜谢，要推让给稷、契和皋陶。舜说："虽说如此，还是你去吧！"舜又对后稷说："弃！百姓开始闹饥荒了，你这位农官，应教他们播种各种粮食作物。"对契说："契！百官不相亲睦，君臣、父子、夫妇、长幼、朋友五者相处尚未达到和顺的程度，你担任司徒，认真施行五教，慢慢去感化他们。"舜对皋陶说："皋陶！外族侵扰中国，内外贼寇作恶闹事，你去做主管刑罚的长官，执行五刑要轻重适中，判刑后要在三个不同的场所执行；五刑改用流放，须有流放的地点，五种流放处所按远近分为三等。只有刑罚公正严明，才能取信于民。"舜说："谁能为我管教各种工匠？"大家都说垂可以。于是任命垂altına共工。舜说："谁管理山泽中的草木鸟兽？"大家都说益可以。于是任用益作虞官。益拜谢，要让给朱虎、熊罴等大臣。舜说："还是你去吧！你合适。"便任用朱虎、熊罴作益的助手。舜说："唉，四岳！有谁能为我主持三种祭祀？"大家都说伯夷可以。舜说："喂，伯夷！命你担任秩宗，每天从早到晚都要恭谨，内心要纯净、安静、公正无私。"伯夷让给夔和龙。舜说："好，我任命夔主管音乐，教导贵族子弟。你要正直而温和，宽厚而严格，刚强而不暴虐、简约而不傲慢。用诗表达思想，用歌咏来延长诗的音节，依照歌来制定乐曲，用音律使乐曲和谐。八种乐器的声音都能和谐，互不干扰，这样，神灵与世人听了才会安宁和睦啊。"夔说："啊！我敲打起各种石制乐器来，大家随着我的节拍跳狩猎舞吧。"舜说："龙，我痛恨诬害别人的坏话和伤天害理的行为，它蛊惑惊扰我的人民。我任命你为纳言，你每天传达我的旨意，收集民众的意见，可一定要坚守信用。"舜说："啊！你们这二十二个人，认真办事吧，希望及时辅佐我处理好天下的大事。"舜每三年考察一次大家的工作成绩，根据三次考察的成绩分别给予贬降或提升。于是，无论远近，各种事都兴办起来。又把三苗部族分别隔离开来。

　　这二十二位大臣，都取得了各自的成就。皋陶担任法官，判断公平，实事求是，百姓信服；伯夷主持礼仪，上上下下的人都谦恭礼让；垂管理工匠，各种工匠都有所成就；益管理山泽，山泽都开发了；弃管理农事，各种谷物都长得茂盛；契主管教化，百官都团结和睦；龙主管迎宾送客的礼仪，远方的诸侯和外族都来朝贡；十二个地区的地方长官出巡，全国各地的百姓没有一个敢逃避和违抗的。尤其是禹的功劳最大，他开辟了九条山脉，治理了九个湖泽，疏通了九条大河，划定了九州地界，各地都把自己的特产拿来进贡，没有不符合规定的。疆域方圆五千里，延伸到辽远的不毛之地。向南安抚了交阯、北发；向西安抚了戎族、析枝、渠廋、氐族、羌族；向北安抚了山戎、发族、息慎；向东安抚了长夷、鸟夷。四海之内，都感念帝舜的功德。于是，禹创作《九招》乐曲，招来

> **⊙名句精解**
>
> **披九山，通九泽，决九河，定九州**
>
> 　　这四个三字句，极度浓缩了大禹治水的主要功绩。"九"极言多，不可拘泥于实数。大禹在治理洪水过程中，开辟了众多的荒山，治理了众多的湖沼，疏通了众多的河流，划分了管理区域，使人民得以正常进行生产劳动，过上安居乐业的生活。

了珍奇异物,凤凰飞到国都上空盘旋。天下的文明德政都始自虞帝时代。

【原文】

舜年二十以孝闻,年三十尧举之,年五十摄行天子事,年五十八尧崩,年六十一代尧践帝位;践帝位三十九年,南巡狩,崩于苍梧之野①。葬于江南九疑,是为零陵②。

舜之践帝位,载天子旗,往朝父瞽叟,夔夔唯谨③,如子道。封弟象为诸侯。舜子商均亦不肖,舜乃豫荐禹于天④。十七年而崩。三年丧毕,禹亦乃让舜子,如舜让尧子。诸侯归之,然后禹践天子位。尧子丹朱,舜子商均,皆有疆土,以奉先祀⑤。服其服,礼乐如之。以客见天子;天子弗臣⑥,示不敢专也。

自黄帝至舜、禹,皆同姓而异其国号,以章明德⑦。故黄帝为有熊,帝颛顼为高阳,帝喾为高辛,帝尧为陶唐,帝舜为有虞。帝禹为夏后而别氏⑧,姓姒氏。契为商⑨,姓子氏。弃为周⑩,姓姬氏。

【注释】

①苍梧:地区名。指今湖南南部、广西东北部和广东西北部一带。②零陵:古地名。在今湖南省宁远县南。③夔夔:和顺恭敬的样子。④豫:通"预",事先。⑤奉先祀:奉行祖先的祭祀。⑥弗臣:不把他们当臣下看待。⑦章:彰明。明德:光明的德行。⑧夏后:禹的国号。⑨契为商:契的国号是商。其后代子孙灭夏后建立商朝。⑩弃为周:弃(后稷)的国号是周。其后代子孙灭商而建立周朝。

【译文】

舜二十岁的时候以孝顺而闻名于世,三十岁的时候尧推举他,五十岁的时候代天子行政事,五十八岁的时候尧帝驾崩,六十一岁的时候舜继承尧帝登上天子之位。舜做帝王做了三十九年,去南方巡游狩猎,在苍梧的郊野去世。人们把他安葬在江南的九疑,安葬之地即零陵。

舜登上帝位时,车上插着天子的旗帜去拜见父亲瞽叟,舜态度和悦恭敬,很合乎做儿子的礼节。封弟弟象为诸侯。舜的儿子商均也不成才,舜预先向上天推荐禹。以后十七年,舜去世了。服丧三年后,禹把帝位让给舜的儿子,像舜让位给尧的儿子一样。但诸侯都归附禹,然后禹才登上天子之

大禹治水

位。尧的儿子丹朱、舜的儿子商均都有封地,用来祭祀他们的祖先;他们的服饰都保持着本部族的传统,礼乐制度也照旧。他们以宾客的身份拜见天子,天子也不把他们当臣下看待,以表示自己不敢独占天子的威严。

从黄帝到舜、禹,都同出一姓,但国号不同,以显示各自光明的德行。所以黄帝号有熊,帝颛顼号高阳,帝喾号高辛,帝尧号陶唐,帝舜号有虞。帝禹号夏后而另有姓氏,姓姒。契是商代祖先,姓子;弃是周代祖先,姓姬。

禹王像

【原文】

　　太史公曰①:学者多称五帝,尚矣②。然《尚书》独载尧以来;而百家言黄帝,其文不雅驯③,荐绅先生难言之。孔子所传《宰予问五帝德》及《帝系姓》,儒者或不传。余尝西至空桐,北过涿鹿④,东渐于海,南浮江淮矣;至,长老皆各往往称黄帝、尧、舜之处,风教固殊焉。总之,不离古文者近是⑤。予观《春秋》《国语》,其发明《五帝德》《帝系姓》章矣,顾弟弗深考,其所表见皆不虚。《书》缺有间矣,其轶乃时时见于他说。非好学深思,心知其意,固难为浅见寡闻道也。余并论次,择其言尤雅者,故著为本纪书首。

【注释】

①太史公:司马迁自称。②尚:通"上",久远之意。③雅驯:正确可信。④涿鹿:山名,在今河北涿鹿东南。⑤古文:汉代称以先秦文字写成的经书为古文经。近是:比较正确。

【译文】

　　太史公说:读书的人常常称道五帝,这由来已久了。但是,《尚书》只记载了尧以后的事情,诸子百家虽然都提到了黄帝,但他们的记述往往并不准确,文辞也不优美,所以士大夫们也很难说清楚。孔子传下来的《宰予问五帝德》和《帝系姓》,儒生中有人认为并非出自圣人之手而不加传习。我曾经西至空桐山,北过涿鹿山,东至大海,南渡长江和淮河。每到一个地方,年长的人往往都各自称说那里是黄帝、尧、舜曾经居住过的地方,但这些地方的风俗教化原本彼此不同。总体来说,那些不背离古代文字记录的说法比较接近史实。我看《春秋》《国语》,它们对《五帝德》和《帝系姓》的阐发是很明白的,只不过是儒生们没有深入研究罢了,那《五帝德》和《帝系姓》中反映的情况其实都是真实的。《尚书》早就残缺不全了,可是它散失的内容却常常能在其他著作中见到。除非好学深思,从内心领悟书中的意思,这实在是难以对见识浅薄、孤陋寡闻的人说清楚。我把五帝的资料综合起来,加以论定编排,选择其中记载正确的内容,写成《五帝本纪》,作为全书的开头。

⊙文史知识

禅　让

　　尧帝为部落联盟的首领时,四岳推举舜为继承人,尧对舜进行三年考核后,让他代行天子之政。尧死后,舜继位,后来他用同样方式,经过治水考验,推举禹为继承人。禹继位后,又举皋陶为继承人,皋陶早死,又以伯益为继承人。这种古代部落联盟推选领袖的制度,史称"禅让"。禹死后,他的儿子启以父传子的方式继承了王位,以后历代相沿。禅让制遂废。

　　司马迁根据《尚书·尧典》而写成的尧舜禅让,反映了原始社会末期的民主制度,更为重要的,则是揭示了上古帝王天下为公的伟大精神。道德完美的尧禅让给道德同样完美的舜,通过政德建设,舜把尧开创的政治文明推向了新的高峰。帝王天下为公的高尚品德和伟大精神,决定了国家的命运和人民的福祉。

39

秦本纪

【导读】

　　秦最初是处在西部地区的部落，它的远祖擅长驯兽驾车，从虞舜时期一直到周代，屡立战功：五帝时代，其先祖柏翳辅佐大禹治水，舜帝赐他嬴姓；夏末商初，费昌为汤驾车，在鸣条击败桀；中潏在西戎保护殷商的西部边境；造父为周缪王驾车，日驱千里解救周朝的内乱。周宣王时，秦襄公救周难，又率兵护送周平王东迁洛邑，被封为诸侯，建立了秦国。秦国初始只是一个西方小国，后来逐步发展成为强国，这主要得益于几代励精图治、开明能干的君王，如缪（穆）公、孝公、惠文王、昭襄王等，他们招贤纳士，知人善任，使秦国最终笑傲群雄，并最终促成秦始皇的一统天下。

　　《秦本纪》主要取材于《左传》《国语》和《战国策》。本篇节录了秦国历史上三位重要君王（即缪公、孝公、惠文王）的事迹。

○秦缪公争霸○

【原文】

　　缪公任好元年①，自将伐茅津②，胜之。四年，迎妇于晋③，晋太子申生姊也。其岁，齐桓公伐楚，至邵陵④。

　　五年，晋献公灭虞、虢，虏虞君与其大夫百里傒，以璧马赂于虞故也⑤。既虏百里傒，以为秦缪公夫人媵于秦⑥。百里傒亡秦走宛⑦，楚鄙人执之⑧。缪公闻百里傒贤，欲重赎之，恐楚人不与，

百里傒见秦缪公

乃使人谓楚曰："吾媵臣百里傒在焉,请以五羖羊皮赎之⑨。"楚人遂许,与之。当是时,百里傒年已七十余。缪公释其囚,与语国事。谢曰："臣亡国之臣,何足问！"缪公曰："虞君不用子,故亡,非子罪也。"固问,语三日,缪公大说,授之国政,号曰五羖大夫。百里傒让曰："臣不及臣友蹇叔,蹇叔贤而世莫知。臣常游⑩,困于齐,而乞食烁人⑪,蹇叔收臣。臣因而欲事齐君无知,蹇叔止臣,臣得脱齐难⑫,遂之周,周王子颓好牛,臣以养牛干之⑬。及颓欲用臣,蹇叔止臣,臣去,得不诛;事虞君,蹇叔止臣。臣知虞君不用臣,臣诚私利禄爵,且留。再用其言⑭,得脱;一不用,及虞君难。是以知其贤。"于是缪公使人厚币迎蹇叔⑮,以为上大夫。

【注释】

①任好:缪公的名字。②自将:亲自带兵。茅津:地名,今名茅津渡。在今山西省平陆县西南。③迎:迎亲。④邵陵:地名。在今河南郾城东。⑤赂:赠送(财物)。⑥媵:古代指随嫁或陪嫁的人。⑦亡:逃亡。宛:地名。在今河南省南阳市境内。⑧鄙:边境。⑨羖羊:黑色的公羊。⑩常:通"尝",曾经。游:外出求学,求官。⑪烁:烁,一作"铚",地名。在今安徽宿县西南。⑫齐难:指雍廪等杀无知而立齐桓公事。⑬干:求见。⑭再:两次。⑮厚币:重币,厚礼。币,用作礼物的玉、马、皮、帛等。

【译文】

秦缪公任好元年,缪公率军攻打茅津,取得胜利。四年,迎娶晋国的女子,她是晋太子申生的姐姐。在同一年,齐桓公讨伐楚国,一直打到了邵陵。

五年,晋献公灭掉虞国和虢国,俘虏了虞国君主和大夫百里傒,这是晋献公先用璧玉和良驹贿赂虞君(使其麻痹)的缘故。晋献公俘虏百里傒之后,把他作为秦缪公夫人的陪嫁奴隶送到秦国。百里傒逃出秦国去往宛国,在楚国边境被人抓住。秦缪公听说百里傒有圣贤之才,想用重金赎买他,但是又怕楚人不放他,就派人与楚国交涉说:"我国的陪嫁奴隶百里傒在你们楚国,我们想用五张黑羊皮赎回他。"楚人答应了,将百里傒交给秦国。当时,百里傒已经七十多岁。秦缪公释放他,还和他一起讨论国家大事。百里傒推辞说:"我是亡国之臣,有什么值得询问的呢？"缪公说:"虞君不重用你,所以导致国家灭亡。这并非你的过错。"缪公坚持向他请教。两人谈了三天,缪公十分高兴,将国家的政事托付给百里傒,还称他为"五羖大夫"。百里傒辞让说:"我比不上我的好朋友蹇叔,蹇叔贤明但世人却不知道。我曾经在外游历,在齐国陷入困境,向烁地的人讨饭,蹇叔收留了我。我想侍奉齐王无知,蹇叔阻止我,我离开了,这才在齐国的灾祸中幸免。我到了周朝,周王子颓喜欢牛,我就凭借自己高明的养牛术求见他。子颓打算用我的时候,蹇叔劝阻我,我又离开了,这样才免于被诛杀的命运。我侍奉虞君,蹇叔劝阻我。我了解到虞君不能重用我,但私心贪恋薪俸和官职,就留了下来。我两次听了蹇叔的劝阻,得以逃脱灾难;一次没有采纳他的意见,就赶上了虞君的灾祸。所以我知道蹇叔是很有才能的。"于是秦缪公派人以重礼聘请蹇叔,任命他为上大夫。

【原文】

秋,缪公自将伐晋,战于河曲①。晋骊姬作乱②,太子申生死新城③,重耳、夷吾出奔。

九年,齐桓公会诸侯于葵丘④。

晋献公卒。立骊姬子奚齐,其臣里克杀奚齐。荀息立卓子,克又杀卓子及荀息。夷吾使人请秦,求入晋⑤。于是缪公许之,使百里傒将兵送夷吾。夷吾谓曰："诚得立,请割晋之河西八城与秦⑥。"及至,已立,而使丕郑谢秦⑦,背约不与河西城,而杀里克。丕郑闻之,恐,因与缪公谋曰:"晋人不欲夷吾,实欲重耳。今背秦约而杀里克,皆吕甥、郤芮之计也。愿君以利急召吕、郤,吕、郤至,则更入重耳便。"缪公许之,使人与丕郑归,召吕、郤。吕、郤等疑丕郑有间⑧,乃言夷吾杀丕郑。丕郑子丕豹奔秦,说缪公曰:"晋君无道,百姓不亲,可伐也。"缪公曰:"百姓苟不便⑨,何故能诛其大臣？能诛其大臣，此其调也⑩。"不听，而阴用豹。

【注释】

①河曲：地名。在今山西省永济市。②骊姬作乱：指骊姬害死太子申生，迫使公子重耳、夷吾出走。③新城：晋国为太子筑的新城。④葵丘：宋国地名。在今河南省兰考县东北。⑤求入晋：请求秦派兵送他回晋国即位。⑥河西八城：指同州、华州等地。⑦谢：道歉。⑧间：离间，这里指诈谋。⑨不便：认为不合适。⑩调：协调。

【译文】

这年秋天，缪公亲自率兵讨伐晋国，双方在河曲交战。晋国正赶上骊姬作乱，太子申生在新城自杀，公子重耳和夷吾逃离晋国。

九年，齐桓公在葵丘与诸侯会盟。

晋献公去世。立骊姬的儿子傒齐为王，晋国的大臣里克杀死傒齐。荀息拥立卓子为晋王，里克又杀死卓子和荀息。夷吾派人请求秦国助他回到晋国。秦缪公答应了夷吾的请求，派百里傒率兵护送夷吾。夷吾许诺缪公说："如果我真能回到晋国登上王位，我就割让晋国河西地区的八座城池给秦国。"等他回到晋国，当了晋君之后，派丕郑去秦国拜谢，但是却违背诺言不把河西的城池割给秦国，还杀了大臣里克。丕郑听说之后，十分害怕，就与秦缪公商量道："晋人不想让夷吾为王，而是想立重耳为君主。现在夷吾违背与秦国的约定，还杀了里克，这些都是吕甥、郤芮的主意。希望大王您能用重利将吕甥、郤芮招揽到秦国，吕、郤两人投靠秦国，再让重耳回到晋国争夺王位便容易多了。"缪公表示赞成，派人跟随丕郑回到晋国，召唤吕甥、郤芮到秦国。吕、郤二人怀疑丕郑有什么阴谋，就进言夷吾杀掉丕郑。丕郑的儿子丕豹逃往秦国，游说缪公道："晋君昏庸暴虐，百姓都不亲附，您可以讨伐他。"缪公说："百姓如果真不拥护夷吾，又怎么能够随便诛杀大臣呢！能够诛杀自己的大臣，这正表示晋国还是可以协调的。"没有听从丕豹的话，但是却暗地里重用丕豹。

【原文】

十二年，齐管仲、隰朋死。

晋旱，来请粟。丕豹说缪公勿与，因其饥而伐之①。缪公问公孙支，支曰："饥穰更事耳②，不可不与。"问百里傒，傒曰："夷吾得罪于君，其百姓何罪？"于是用百里傒、公孙支言，卒与之粟。以船漕车转③，自雍相望至绛④。

十四年，秦饥，请粟于晋。晋君谋之群臣。虢射曰："因其饥伐之，可有大功。"晋君从之。十五年，兴兵将攻秦。缪公发兵，使丕豹将，自往击之。九月壬戌，与晋惠公夷吾合战于韩地。晋君弃其军⑤，与秦争利，还而马骛⑥。缪公与麾下驰追之⑦，不能得晋君，反为晋军所围。晋击缪公，缪公伤。于是岐下食善马者三百人驰冒晋军⑧，晋军解围，遂脱缪公而反生得晋君。初，缪公亡善马⑨，岐下野人共得而食之者三百余人⑩，吏逐得，欲法之⑪。缪公曰："君子不以畜产害人⑫。吾闻食善马肉不饮酒，伤人。"乃皆赐酒而赦之。三百人者闻秦击晋，皆求从。从而见缪公窘，亦皆推锋争死⑬，以报食马之德。于是缪公虏晋君以归，令于国："齐宿⑭，吾将以晋君祠上帝。"周天子闻之，曰"晋我同姓⑮"，为请晋君⑯。夷吾姊亦为缪公夫人，夫人闻之，乃衰绖跣⑰，曰："妾兄弟不能相救，以辱君命⑱。"缪公曰："我得晋君以为功，今天子为请，夫人是忧⑲。"乃与晋君盟，许归之，更舍上舍⑳，而馈之七牢㉑。十一月，归晋君夷吾，夷吾献其河西地，使太子圉为质于秦㉒。秦妻子圉以宗女㉓。是时，秦地东至河。

【注释】

①因：趁。饥：饥荒,年成不好。②穰：丰收。更事：交替出现的事。③漕：水运。④雍：秦国国都。绛：晋国国都。

相望：相互望见。这里指车船阵势浩大。⑤弃其军：指甩下部队独自向前冲。⑥还：通"旋"。骘：车马陷于泥中。⑦麾下：部下。⑧冒：不顾险恶。⑨亡：丢失。⑩野人：乡下人。⑪法之：法办他们。⑫畜产：牲畜。⑬推：举。锋：指兵刃。争死：争着为缪公献身。⑭齐宿：斋戒独宿。齐，通"斋"。⑮同姓：周与晋同为姬姓。⑯为请晋君：因此为晋君请，替晋君求情。⑰衰绖：泛指丧服。衰，古代用粗麻布制成的毛边的丧服。绖，古代服丧期间结在头上或腰间的葛麻布带。跣：赤脚。⑱辱君命：委屈您下命令。⑲是忧："忧是"，为这事忧虑。⑳更舍：改住。上舍：上等房舍。㉑七牢：牛、羊、猪各一头叫作一牢。七牢是指规格很高的饮食。㉒为质：做人质。㉓妻：以女嫁人。宗女：同宗族的女儿。

【译文】

十二年，齐国管仲、隰朋去世。

晋国遇上大旱，于是向秦国借粮食。丕豹劝说秦缪公不要借给晋国粮食，应当趁晋国闹饥荒而去攻打他们。秦缪公向公孙支征求意见，公孙支说："饥荒和丰收是交替出现的，不能不救济它。"又去询问百里傒，百里傒说："夷吾确实得罪了大王，但是晋国的百姓又有什么过错呢？"缪公就采纳了百里傒和公孙支的意见，将粮粟送到晋国。用船漕运，用车转运，从秦国的雍城直到晋国的绛城，一路络绎不绝。

十四年，秦国遭遇饥荒，请求晋国接济粮粟。晋君与大臣们商量此事，虢射说："趁这个机会攻打秦国，可以取得很大的成功。"晋君听从了他的意见。十五年，晋国兴兵攻打秦国。缪公立即派兵迎击，以丕豹为大将，亲自前去迎战。九月壬戌，与晋惠公夷吾在韩地交战。晋君脱离他的军队，与秦军争战，结果车马深陷泥沼。缪公和部下奔驰追来，未能捉到晋君，反被晋军包围。晋军攻击缪公，缪公受了伤。就在这时，曾在岐下偷吃良马的那三百个人赶来迎战晋军，冲破了晋军的包围，缪公得以解围，而晋惠公被抓住了。当初，秦缪公曾丢失了良马，被岐山下的三百个乡野之人捉来吃掉了，秦国官吏抓捕他们，打算依法处置。缪公说："君子是不会因为畜生而伤害人的。我听说，吃了良马的肉而不喝酒，对身体会有害的。"于是赐酒给他们喝，还赦免了他们。这三百个人听说缪公迎击晋军，都请求随军参战。后来看到缪公被围困，就争相冲锋陷阵，不畏生死，以此报答吃马肉被赦免的恩德。秦缪公虏获晋惠公还朝，向全国宣布说："大家都斋戒独宿，我打算用晋国的君主为上天祭祀。"周天子听说此事，说"晋君和我同姓"，为晋君求情。夷吾的姐姐是秦缪公的夫人，夫人听说此事，披着麻衣黑巾赤着脚对缪公说："我不能救我的兄弟，救了他就辱没了你的命令。"

秦缪公释放晋惠公

缪公说："我以俘获晋君作为大功一件，现在周天子为他求情，夫人也为此事忧虑。"于是与晋君订立盟约，同意放他回去，还把他安置在上好的宾馆住宿，供给他牛羊猪各七头。十一月，把夷吾送回晋国，夷吾将河西之地献出，派太子圉去秦国当人质。缪公把宗族里的女子嫁给太子圉为妻。这时，秦国的领土东边已经到达黄河了。

【原文】

十八年，齐桓公卒。二十年，秦灭梁、芮。

二十二年，晋公子圉闻晋君病，曰："梁，我母家也①，而秦灭之。我兄弟多，即君百岁后②，秦必留我，而晋轻，亦更立他子。"子圉乃亡归晋。二十三年，晋惠公卒，子圉立为君。秦怨圉亡去，乃迎晋公子重耳于楚，而妻以故子圉妻。重耳初谢，后乃受。缪公益礼，厚遇之③。二十四年春，秦使人告晋大臣，欲入重耳。晋许之，于是使人送重耳。二月，重耳立为晋君，是为文公。文公使人杀子圉，子圉是为怀公。

秦缪公派人送重耳回晋国

【注释】

①母家：子圉的母亲是梁伯的女儿。②即：如果。百岁后：死的委婉说法。③遇：待。

【译文】

十八年，齐桓公去世。二十一年，秦国灭了梁国、芮国。

二十二年，晋公子圉听说晋惠公患病，心里想："梁国，那是我母亲的家，而秦国却灭了它。我的兄弟很多，倘若国君去世了，秦国一定会让我留下不让我走，这样晋国就会轻视我，也一定会改立其他人为太子的。"于是太子圉逃回晋国。二十三年，晋惠公去世，太子圉即位。秦国怨恨太子圉逃离秦国，便把晋公子重耳从楚国迎接过来，又把太子圉原先的妻子嫁给重耳为妻。重耳最初推辞，后来便接受了。缪公对重耳更加以礼相待。二十四年春天，秦国派人告诉晋国的大臣，想让重耳回晋国。晋人答应了，缪公派人送重耳回晋国。二月，重耳被立为晋君，他就是晋文公。晋文公派人杀了太子圉，太子圉也就是晋怀公。

【原文】

其秋，周襄王弟带以翟伐王①，王出居郑。二十五年，周王使人告难于晋、秦。秦缪公将兵助晋文公入襄王，杀王弟带。二十八年，晋文公败楚于城濮。三十年，缪公助晋文公围郑。郑使人言缪公曰："亡郑厚晋②，于晋而得矣，而秦未有利。晋之强，秦之忧也。"缪公乃罢兵归。晋亦罢。三十二年冬，晋文公卒。

【注释】

①翟：指狄人。②厚晋：使晋厚，意思是加强了晋国的实力。

【译文】

这年秋天，周襄王的弟弟姬带率领翟国攻打周朝，周襄王逃出周朝，居住在郑国。二十五年，周王派人到晋国和秦国通报祸乱。秦缪公派兵帮助晋文公护送周襄王回周朝，杀死周襄王的弟弟姬带。二十八年，晋文公在城濮击败楚国。三十年，秦缪公帮助晋文公围攻郑国。郑国派人对缪公说："灭亡郑国而使晋国的实力加强，晋国是得利的，而秦国却没有一点好处，晋国的强大，这是秦国的忧患啊。"缪公罢兵而回。晋国也撤了军。三十二年冬，晋文公去世。

【原文】

郑人有卖郑于秦曰："我主其城门，郑可袭也。"缪公问蹇叔、百里傒，对曰："径数国千里而袭人①，希有得利者②。且人卖郑，庸知我国人不有以我情告郑者乎？不可。"缪公曰："子不知也，吾已决矣。"遂发兵，使百里傒子孟明视，蹇叔子西乞术及白乙丙将兵。行日，百里傒、蹇叔二人哭之。缪公闻，怒曰："孤发兵，而子沮哭吾军③，何也？"二老曰："臣非敢沮君军。军行，臣子与往；臣老，迟还恐不相见，故哭耳。"二老退，谓其子曰："汝军即败，必于殽阨矣④。"三十三年春，秦兵遂东，更晋地⑤，过周北门。周王孙满曰⑥："秦师无礼，不败何待！"兵至滑，郑贩卖贾人弦高，持十二牛将卖之周，见秦兵，恐死虏，因献其牛，曰："闻大国将诛郑，郑君谨修守御备，使臣以牛十二劳军士。"秦三将军相谓曰："将袭郑，郑今已觉之，往无及已⑦。"灭滑。滑，晋之边邑也。

当是时，晋文公丧尚未葬。太子襄公怒曰："秦侮我孤⑧，因丧破我滑。"遂墨衰绖⑨，发兵遮秦兵于殽，击之，大破秦军，无一人得脱者。虏秦三将以归。文公夫人⑩，秦女也，为秦三囚将请曰："缪公之怨此三人入于骨髓，愿令此三人归，令我君得自快烹之。"晋君许之，归秦三将。三将至，缪公素服郊迎，向三人哭曰："孤以不用百里傒、蹇叔言，以辱三子，三子何罪乎？子其悉心雪耻，毋怠。"遂复三人官秩如故⑪，愈益厚之。

三十四年，楚太子商臣弑其父成王代立。

缪公于是复使孟明视等将兵伐晋，战于彭衙⑫。秦不利，引兵归。

【注释】

①径：经过，穿行。②希：通"稀"，少。③沮：败坏、阻止。④殽阨：崤山险要的地方。⑤更：经过。⑥王孙满：周大夫。过天子门不卷甲束兵，是为无礼。⑦及：赶不上。⑧孤：丧父。⑨墨衰绖：染黑丧服。丧服是白色的，不利行军作战，所以染成黑色。⑩文公夫人：文嬴，晋文公在秦时所娶的之秦国宗女，晋襄公的嫡母。⑪官秩：官爵与俸禄。⑫彭衙：古邑名。

【译文】

郑国有人向秦国出卖郑国说："我守着郑国的城门，秦国可以前来偷袭。"缪公向蹇叔和百里傒征询意见，他们回答说："经过几个国家、几千里的路程去袭击他国，很少有得到益处的。况且有人出卖郑国，又怎么能知道秦国没有人把我们的情况告诉郑国呢？不可以这么做。"缪公说："你们不知道，这事我已经决定了。"于是发兵攻打郑国，派百里傒的儿子孟明视、蹇叔的儿子西乞术以及白乙丙统领大军。出发那天，百里傒和蹇叔二人大哭起来。缪公听见了，生气地说："我马上就要出兵,然而你们却号啕大哭影响军队士气,这是为什么呢?"二人说:"我们并不敢破坏军队士气。大军出发时,我们的儿子也一同出征;我们已经老了,恐怕他们回来得太晚,没法再见到他们,所以才哭泣的。"二人告退之后回来对儿子说:"你们的军队如果战败,一定是败在崤山的险要之处。"三十三年春,秦军向东面进发,经过晋国的疆域,路过周朝的北门,周朝的大臣王孙满说:"秦国军队太无礼了,不失败还等什么呢!"秦军到达滑邑时,郑国的商贩弦高正赶着十二头牛到周朝的市集上去卖,他看到秦国的大军,担心自己被捉去或被杀掉,于是把牛献给秦军,说:"听说秦国讨伐郑国,郑君很恭谨地准备防务,还派我送来十二头牛犒劳贵军将士。"秦国的三位将军相互说:"我们偷袭郑国,而郑国已经觉察到了,再往前也不会有什么好结果了。"于是灭掉滑邑。滑邑是晋国的边邑。

这个时候,晋文公刚刚去世,还没有安葬。太子襄公生气地说:"秦国欺负我父王刚去世,趁大丧之际攻占了我国的滑邑。"于是染黑丧服,发兵在崤山阻击秦军,晋军发动攻势,大败秦军,秦军没有一个能够逃脱的。晋军俘虏秦军的三位将军而还。晋文公的夫人是秦国的宗室之女,她为秦国的三位将军求情道:"缪公对这三个人恨之入骨,希望让这三个人回去,使秦王亲自烹杀他们。"晋襄公同意了,将秦军三将送回秦国。三位将军回到秦国,缪公穿着丧服到郊外去迎接他们,向三人哭泣说:"我由于没听百里傒、蹇叔的话,以致三位将军受辱,你们三位又有什么过错呢?你们应当尽心准备一雪前耻,千万不要松劲泄气。"于是恢复三人的官职,更加优待他们。

三十四年,楚国太子商臣杀其父楚成王而自立为王。

这时缪公再派孟明视等将领率兵讨伐晋国,双方交战于彭衙。秦军形势不利,孟明视等人引兵回国。

【原文】

戎王使由余于秦。由余,其先晋人也,亡入戎,能晋言。闻缪公贤,故使由余观秦。秦缪公示以宫室、积聚。由余曰:"使鬼为之,则劳神矣①;使人为之,亦苦民矣。"缪公怪之,问曰:"中国以诗书礼乐法度为政,然尚时乱②,今戎夷无此,何以为治?不亦难乎!"由余笑曰:"此乃中国所以乱。夫自上圣黄帝作为礼乐法度,身以先之③,仅以小治。及其后世,日以骄淫。阻法度之威④,以责督于下⑤,下罢极则以仁义怨望于上⑥,上下交争怨而相篡弑,至于灭宗,皆以此类也。

夫戎夷不然。上含淳德以遇其下,下怀忠信以事其上,一国之政犹一身之治,不知所以治⑦,此真圣人之治也。"于是缪公退而问内史廖曰:"孤闻:邻国有圣人,敌国之忧也。今由余贤,寡人之害,将奈之何?"内史廖曰:"戎王处辟匿⑧,未闻中国之声⑨。君试遗其女乐⑩,以夺其志⑪;为由余请,以疏其间;留而莫遣,以失其期。戎王怪之,必疑由余。君臣有间,乃可虏也。且戎王

由余对秦王问

好乐，必怠于政。"缪公曰："善。"因与由余曲席而坐，传器而食，问其地形与其兵势，尽察。而后令内史廖以女乐二八遗戎王。戎王受而说之，终年不还⑫。于是秦乃归由余。由余数谏不听，缪公又数使人间要由余⑬，由余遂去，降秦。缪公以客礼礼之，问伐戎之形。

【注释】

①"使鬼"二句：这些宫室积蓄，如果是叫鬼神建造，就会使鬼神感到劳累。②时：时常，常常。③身以先之：等于说"以身先之"，意思是亲自带头去实行。④阻：恃，凭仗。⑤责督：责备和监督。⑥罢极：罢，通"疲"。以仁义怨望其上：怨恨上面不行仁义。⑦所以治：治理得好的原因。⑧辟匿：指偏僻之地。⑨声：指音乐。⑩遗：赠送。女乐：歌舞伎女。⑪夺其志：意思是丧失他的心志。⑫不还：乐而不返。⑬间：暗中，秘密。要：通"邀"，邀请。

【译文】

　　戎王派由余出使秦国。由余，祖先为晋国人，后来逃到戎地，但是依旧会说晋语。戎王听说缪公贤明，所以派由余到秦国朝见。秦缪公向由余炫耀宫室和积聚的财物。由余说："（这些东西）若是让鬼创造出来，那就太劳烦鬼神了；若是让人创造出来，那就太劳苦百姓了。"缪公听了他的话，觉得很奇怪，便问："中原各国以诗书礼乐法度来施行政事，即便这样还时常发生祸乱。现在戎夷之地没有这些东西，你们的国君依靠什么治理国家呢？这不是很困难吗？"由余笑着回答说："这正是中原各国之所以发生祸乱的原因。上古的圣人黄帝制作了礼乐制度，他亲身实践，也仅仅是使天下达到小治的地步。到了后世，天下的君主日益骄奢淫逸。他们倚仗着法度的威严责罚监督下面的臣民，下面的臣民处在极度疲困之中，便会责骂主上不行仁义，上下相互埋怨相互屠杀，甚至到了诛灭全族的地步，都是这个缘故啊。戎夷不是这样的。居上位的人心怀淳朴之德对待他的臣民，居下位的人心怀忠信之德侍奉主上，一个国家的政事好比治理一个人的事情，却不知道治理得好的原因，这才是圣人的治国之道啊。"于是缪公回去对内史廖说："我听说邻国有圣人，这是与它敌对的国家的忧患。现在由余贤明，他是我的心腹大患啊，我该怎么对付他呢？"内史廖说："戎王处在偏僻之所，不曾听到中原的音乐，您不妨送他一些歌伎，以改变他的心志；然后我们再为由余请功，以离间疏远他们君臣之间的关系；我们留下由余不让他回国，使由余延误归期，戎王感到奇怪，一定会怀疑由余。他们君臣有了间隙，那样他们就会成为我们的俘虏。况且戎王喜好音乐，一定会对政事有所懈怠。"缪公悦："很好。"于是缪公和由余挨着坐，彼此传递菜肴而进餐，缪公询问戎国的地势与兵力分布，一切都问得清清楚楚。然后命令内史廖将十六名歌姬送给戎王。戎王接受，并且非常喜欢，整整一年乐而不返。这时候，秦国才让由余回国。由余多次向戎王进谏，戎王都不听，缪公又多次派人私密邀请由余，由余于是离开戎王，投靠了秦国。缪公以宾客之礼相待，对他非常尊敬，向他询问在什么样的形势下应该讨伐戎族。

⊙文史知识

生活在河洛地区的少数民族

　　春秋时期分布于河洛地区的少数民族，主要是以戎、狄为主的一些部落。他们虽然与中原华夏族交错杂居，但其生活水平远远无法与华夏族相比，生活方式以游牧为主。《太平御览》中有这样的记载：西方曰戎，被发，衣皮，不粒食者矣。北方曰狄，衣羽毛，穴居，有不粒食者。说的是戎人披散头发，穿动物皮革，不食谷物。狄人则穿羽毛，穴居，不食谷物。在诸侯们的眼里，戎狄人野蛮落后，贪得无厌。晋悼公曾言："贪戾好利无信，不识礼仪德行。"之所以产生这样的看法，是因为作为偏远地方的少数民族对中原文明有所向往，多次以武力抢劫的缘故。但也有少数民族依附于强大诸侯国以求安庇。随着社会以及生产力的不断发展，河洛地区的蛮荒之地不断得到开发，而戎狄部落本身的生活方式显得愈加不合时宜，各诸侯国常常感到有掣肘之患，所以纷纷着手消灭，戎狄部落从此转向衰亡。

【原文】

三十六年，缪公复益厚孟明等，使将兵伐晋，渡河焚船①，大败晋人，取王官及鄗②，以报殽之役。晋人皆城守不敢出③。于是缪公乃自茅津渡河，封殽中尸④，为发丧，哭之三日。乃誓于军曰："嗟，士卒！听无哗，余誓告汝。古之人谋黄发番番⑤，则无所过。"以申思不用蹇叔、百里傒之谋⑥，故作此誓，令后世以记余过。君子闻之，皆为垂涕⑦，曰："嗟乎！秦缪公之与人周也⑧，卒得孟明之庆。"

【注释】

①焚船：表示死战的决心。②王官：在今山西闻喜东南。鄗：在今山西永济。③城守：在城墙上守卫。④封：筑坟，给坟添土。⑤黄发番番：指老年人。黄发，老年人的头发白了以后还会变黄。番番，白发苍苍的样子。⑥申思：反复思考。申，重复。⑦涕：眼泪。⑧与人：成全人。

【译文】

三十六年，缪公更加厚待孟明视等人，派他们去讨伐晋国，渡过黄河后就焚烧了船只，大败晋军，夺取了王官和鄗地，报了崤山之役的仇。国人都守着城池不敢出来。于是缪公从茅津渡过黄河，埋葬了崤山之役中殉国的将士，并为他们发丧，全国百姓为他们哀悼三天。缪公向将士们发誓说："唉！将士们，你们仔细听我说，不要喧哗，我告诉你们，古代的人向老年人虚心请教，便不会做错事情。"缪公再次检讨自己当初不听蹇叔、百里傒的建议（致使兵败的往事），故而写下这篇誓词，让后世记住自己的过错。君子听到这件事，都感动地流下眼泪，说："唉！秦缪公对待人真是优厚周到啊，终于能够得到孟明视等人的报答。"

【原文】

三十七年，秦用由余谋伐戎王，益国十二，开地千里，遂霸西戎。天子使召公过贺缪公以金鼓①。三十九年，缪公卒，葬雍。从死者百七十七人，秦之良臣子舆氏三人，名曰奄息、仲行、针虎，亦

秦缪公起誓

在从死之中。秦人哀之,为作歌《黄鸟》之诗。君子曰:"秦缪公广地益国,东服强晋,西霸戎夷,然不为诸侯盟主,亦宜哉!死而弃民,收其良臣而从死。且先王崩尚犹遗德垂法②,况夺之善人良臣百姓所哀者乎③?是以知秦不能复东征也。"

【注释】

①金鼓:古代军队中用以指挥发信号的用具。金,指金属制成的钲,鸣金表示止兵;鼓是战鼓,擂鼓表示进击。②先王:指远古有德之王。遗德垂法:留下来好的道德和法度。垂,流传,留下。③哀:同情。

【译文】

三十七年,秦缪公用由余的计谋攻打戎国,兼并了十二个国家,拓展了千里的土地,于是秦国成为西戎地区的霸主。周天子派召公拿着金鼓向秦缪公表示祝贺。三十九年,缪公去世,埋葬在雍邑。跟随缪公一起死的有一百七十七人,秦国的良臣子舆氏三人,即奄息、仲行、针虎,也在陪葬者的行列之中。秦国人哀悼他们,为他们作了一首《黄鸟》诗。君子说:"秦缪公使秦国地域广阔、国家强大,东边征服了强大的晋国,在西边成为戎夷的霸主,但他终究没能成为中原诸侯的盟主,这也是应该的啊!他死了之后就抛弃百姓,还让良臣为他殉葬。况且先王驾崩还要留给后世道德和法度,何况是夺去了百姓同情的善良之人和贤良之臣呢?从这里就能够知道秦国不能向东继续发展了。"

◎孝、惠强国◎

【原文】

孝公元年,河山以东强国六①,与齐威、楚宣、魏惠、燕悼、韩哀、赵成侯并②。淮泗之间小国十余③。楚、魏与秦接界。魏筑长城,自郑滨洛以北有上郡④。楚自汉中,南有巴、黔中。周室微,诸侯力政⑤,争相并。秦僻在雍州,不与中国诸侯之会盟,夷翟遇之⑥。孝公于是布惠,振孤寡⑦,招战士,明功赏。下令国中曰:"昔我缪公自岐雍之间,修德行武。东平晋乱,以河为界;西霸戎翟,广地千里,天子致伯,诸侯毕贺,为后世开业,甚光美。会往者厉、躁、简公、出子之不宁,国家内忧,未遑外事⑧,三晋攻夺我先君河西地,诸侯卑秦⑨,丑莫大焉⑩。献公即位,镇抚边境,徙治栎阳,且欲东伐,复缪公之故地,修缪公之政令。寡人思念先君之意,常痛于心。宾客群臣有能出奇计强秦者,吾且尊官⑪,与之分土⑫。"于是乃出兵东围陕城⑬,西斩戎之獂王⑭。

【注释】

①河山:黄河与崤山。②与……并:此处疑有脱衍。③小国十余:指鲁、宋、卫、郑、薛等国。④自郑滨洛以北有上郡:从郑县开始,西北过渭河,沿洛河东岸,向北直抵上郡。⑤力政:以武力相征伐。政,通"征"。⑥夷翟遇之:像对待夷狄一样对待秦国。⑦振:通"赈",救济。⑧未遑:无暇顾及。遑,闲暇。⑨卑秦:轻视秦国。⑩丑:耻。⑪尊官:提高他的官职。⑫分土:指赐给封地。分,通"颁"。⑬陕城:在今河南省陕县。⑭獂:地名。当时是戎族聚居的地方。

【译文】

孝公元年,黄河和崤山以东的强国有六个,秦孝公与齐威王、楚宣王、魏惠王、燕悼侯、韩哀侯、赵成侯并称于当世。淮河与泗水之间的小国有十多个。楚国、魏国与秦国接壤。魏国修筑长城,从郑县起,顺着洛河向北,直到上郡。楚国从汉中开始,往南有巴郡、黔中。周室衰微,诸侯相互以武力征伐,争相兼并。秦国处在偏僻的雍地,不参与中原诸侯的会盟,诸侯都视秦国为夷狄。孝公于是广布恩惠,救助孤寡,招募兵士,明确立战功受奖赏的法令。并对全国百姓下令说:"当初先王缪公在岐山、雍邑一带,广布德惠,推行武功。在东面平定晋国的内乱,以黄河为疆界;在西面称霸戎翟之地，拓展疆土千里。周天子封他为伯，各国诸侯都来向他祝贺，为后世开创了基业，十分光辉美好。恰好之前的厉公、躁公、简公、出子接连几代不安宁，国家内有忧患，无暇顾及对外的事务，晋国攻取了先君留下来的河西之地，各国诸侯都轻视秦国，再没有比这更大的耻辱了。献公即位之后，镇抚边境之地，迁都栎阳，且有心东征，想恢复缪公时拥有的土地，重修缪公时施行的政令。我思念先君的心志，内心感到十分悲痛。宾客群臣之中有能献奇策使秦国强大的，我就封他做高官，并分封土地给他。"于是发兵向东围困陕城，向西斩杀戎国的獂王。

【原文】

　　卫鞅闻是令下，西入秦，因景监求见孝公①。

　　二年，天子致胙②。

　　三年，卫鞅说孝公变法修刑，内务耕稼，外劝战死之赏罚③，孝公善之④。甘龙、杜挚等弗然，相与争之。卒用鞅法，百姓苦之；居三年，百姓便之⑤。乃拜鞅为左庶长⑥。其事在《商君》语中⑦。

　　七年，与魏惠王会杜平⑧。八年，与魏战元里⑨，有功。十年，卫鞅为大良造⑩，将兵围魏安邑，降之。十二年，作为咸阳⑪，筑冀阙⑫，秦徙都之。并诸小乡聚⑬，集为大县，县一令，四十一县。为田开阡陌⑭。东地渡洛⑮。十四年，初为赋⑯。十九年，天子致伯。二十年，诸侯毕贺。秦使公子少官率师会诸侯逢泽⑰，朝天子。

　　二十一年，齐败魏马陵⑱。

　　二十二年，卫鞅击魏，虏魏公子卬。封鞅为列侯，号商君。

　　二十四年，与晋战雁门⑲，虏其将魏错。

【注释】

①因：通过。景监：名叫景的宦官。监，宦官。②致胙：送来祭肉。胙，祭肉。③劝：鼓励。④善：以为善，认为好。⑤便之：以之为便，认为它合适。⑥左庶长：秦爵第十级。⑦"其事"句：是说这件事记载于《商君列传》中。⑧杜平：邑名。在今陕西澄城东。⑨元里：邑名。在今陕西澄城南。⑩大良造：秦爵第十六级。⑪作为：建造。⑫冀阙：也叫象魏、象阙，古代廷外公布法令的门阙。⑬乡聚：乡邑和村落。乡，一万二千户为乡。⑭为田：意思是说开辟农田，废除纵横交错的路。⑮东地渡洛：东部地界过了洛水。⑯初为赋：开始制定新的赋税制度。⑰逢泽：地名。在今河南省开封市南。⑱马陵：地名，在今河南省范县西南。⑲晋：指魏。雁门：据《索隐》考证，雁门应为岸门。

【译文】

　　卫鞅听到孝公下的诏令，便向西进入秦国，借助景监的引荐来求见孝公。

　　孝公二年，周天子送给孝公祭肉。

　　三年，卫鞅劝说孝公变更法制，整饬刑罚，对内提倡农耕为本，对外鼓励力战效死的各种奖罚，孝公觉得很好。甘龙、杜挚等人则不以为然，与卫鞅相互争论。最终孝公采纳了卫鞅的新法，百姓感到很困苦；又过了三年，百姓感到新法很好。孝公就任命卫鞅为左庶长。这些事迹都记录在《商君列传》之中。

　　七年，孝公在杜平会见魏惠王。八年，与魏国大战于元里，取得很大的成功。十年，卫鞅做了大良造，率兵围攻魏国的安邑，使安邑投降了秦国。十二年，建造咸阳城，修筑高大的冀阙，秦国迁都咸阳。合并许多小乡村，把它们聚合为大县，每个县设一名县令，总共有四十一个县。开辟农田，废除纵横交错的道路。此时秦国的土地在东边已经过了洛水。十四年，开始征收赋税。十九年，天子封孝公为伯。二十年，诸侯都向孝公朝贺。秦国派公子少官率领军队在逢泽之地与诸侯会盟，朝见周天子。

二十一年，齐国在马陵击败魏国。

二十二年，卫鞅率兵进攻魏国，俘虏了魏公子卬。孝公封卫鞅为列侯，号商君。

二十四年，秦国与魏国战于雁门，俘虏了魏将魏错。

【原文】

孝公卒，子惠文君立。是岁，诛卫鞅。鞅之初为秦施法，法不行，太子犯禁。鞅曰："法之不行，自于贵戚①。君必欲行法，先于太子。太子不可黥②，黥其傅师。"于是法大用，秦人治。及孝公卒，太子立，宗室多怨鞅，鞅亡，因以为反，而卒车裂以徇秦国③。

【注释】

①贵戚：与国君同姓的亲属。②黥：墨刑，以刀刻面涂墨。③车裂：古代酷刑之一，把犯人绑在五辆车上，拖裂肢体。徇：示众。

【译文】

孝公去世，他的儿子惠文君即位。在同一年，惠王诛杀了卫鞅。卫鞅最初在秦国施行新法的时候，法令还不能顺利推行，太子违犯法令，卫鞅说："新法之所以不能施行，根源在于居上位的贵戚。倘若大王您真想施行新法，应当先实施用在太子身上。太子不能施刑，可以用墨刑来处罚太子的师傅。"于是新法大行，秦国大治。等孝公去世、太子即位以后，秦国的宗室中有很多怨恨卫鞅的，卫鞅逃走，秦王就判他反叛之罪，最终在都城以车裂之刑将他五马分尸示众。

【原文】

惠文君元年，楚、韩、赵、蜀人来朝。二年，天子贺。三年，王冠①。四年，天子致文武胙。齐、魏为王②。

五年，阴晋人犀首为大良造。六年，魏纳阴晋，阴晋更名宁秦。七年，公子卬与魏战，虏其将龙贾，斩首八万。八年，魏纳河西地。九年，渡河，取汾阴、皮氏③。与魏王会应④。围焦⑤，降之。十年，张仪相秦。魏纳上郡十五县。十一年，县义渠。归魏焦、曲沃⑥。义渠君为臣。更名少梁曰夏阳。十二年，初腊⑦。十三年四月戊午，魏君为王⑧，韩亦为王⑨。使张仪伐取陕⑩，出其人与魏。

【注释】

①冠：古代男子二十岁行加冠仪式，表示成年。②齐、魏为王：指齐威王、魏惠王。③汾阴：邑名，在今山西省万荣县西。皮氏：邑名，在今山西省河津市西。④会：会晤。应：邑名，在今河南省鲁山县东。⑤焦：邑名，在今河南省三门峡市西。⑥归：归还。曲沃：邑名，在今河南省陕县西南。⑦初腊：初次举行腊祭。腊，古代阴历十二月举行的一种祭祀。⑧魏君：魏襄王。⑨韩亦为王：指韩宣惠王。⑩陕：地名，属魏国。

秦军所向披靡

【译文】

惠文君元年，楚国、韩国、赵国、蜀国派使节朝见秦王。二年，天子朝贺秦王。三年，惠文君行冠礼。四年，天子赐给秦王祭祀文王、武王的祭肉。齐国、魏国称王。

五年，任命阴晋人犀首做大良造。六年，魏国将阴晋献给秦国，秦国把阴晋改名为宁秦。七年，公子卬和魏国交战，俘虏魏将龙贾，斩杀魏军将士八万。八年，魏国将河西地区献给秦国。九年，秦军横渡黄河，夺取汾阴、皮氏之地，与魏王会晤于应城。围攻焦城，焦城投降。十年，张仪做了秦相。魏将上郡十五县献给秦国。十一年，将义渠划为县。归还焦城、曲沃给魏国。义渠君向秦国称臣。少梁改名为夏阳。十二年，开始行腊祭。十三年四月戊午，魏君称王，韩君也称王。秦王令张仪攻取陕县，把陕县的百姓驱逐到魏国。

【原文】

十四年，更为元年①。二年，张仪与齐、楚大臣会啮桑②。三年，韩、魏太子来朝。张仪相魏。五年，王游至北河③。七年，乐池相秦。韩、赵、魏、燕、齐帅匈奴共攻秦。秦使庶长疾与战修鱼④，虏其将申差，败赵公子渴、韩太子奂，斩首八万二千。八年，张仪复相秦。九年，司马错伐蜀，灭之。伐取赵中都、西阳⑤。十年，韩太子苍来质。伐取韩石章。伐败赵将泥。伐取义渠二十五城。十一年，樗里疾攻魏焦⑥，降之；败韩岸门，斩首万，其将犀首走。公子通封于蜀。燕君让其臣子之⑦。十二年，王与梁王会临晋⑧。庶长疾攻赵，虏赵将庄。张仪相楚。十三年，庶长章击楚于丹阳，虏其将屈匄，斩首八万；又攻楚汉中，取地六百里，置汉中郡。楚围雍氏⑨，秦使庶长疾助韩而东攻齐，到满助魏攻燕⑩。十四年，伐楚，取召陵⑪。丹、犁臣⑫，蜀相壮杀蜀侯来降。

惠王卒，子武王立⑬。韩、魏、齐、楚、越皆宾从⑭。

【注释】

①元年：指后元元年。②啮桑：魏地。③北河：指黄河以北的支流乌加河。④修鱼：地名，属韩国。⑤中都：在今山西平遥西南。西阳：在今山西省中阳县。⑥樗里疾：秦将名。⑦让：禅让。子之：人名。⑧临晋：地名，在今陕西省大荔县。⑨雍氏：韩地。⑩到满：秦将名。⑪召陵：在河南省郾城县东。⑫丹、犁：戎族中的两支。臣：称臣。⑬武王：名荡。⑭宾从：归服。

【译文】

十四年，又更改为后元元年。二年，张仪和齐国、楚国的大臣会盟于啮桑。三年，韩国、魏国的太子到秦国朝见秦王。张仪做了魏相。五年，惠王巡游至北河地区。七年，乐池出任秦相。韩国、赵国、魏国、燕国、齐国率领匈奴一起攻伐秦国。秦国派庶长疾与联军交战于修鱼之地，俘获了将军申差，击败了赵公子渴、韩太子奂，斩杀联军将士八万二千人。八年，张仪再次担任秦相。九年，司马错讨伐蜀国，并将蜀国灭掉。又夺取赵国的中都、西阳。十年，韩国派太子苍到秦国当人质。夺取韩国的石章。打败了赵国将军泥。攻取了义渠的二十五座城池。十一年，樗里疾进攻魏国的焦城，使焦城投降。于岸门大败韩军，斩杀敌军一万，韩将犀首逃走。公子通被分封在蜀国。燕王把自己的王位让给大臣子之。十二年，秦王与梁王相会于临晋。庶长疾攻打赵国，俘虏赵国将军庄。张仪做了楚相。十三年，庶长章在丹阳进攻楚军，俘虏楚将屈匄，斩杀楚军将士八万人。又进攻楚国的汉中之地，攻占土地六百里，在那里设置了汉中郡。楚国围攻雍氏之地，秦国派庶长疾协助韩国向东进攻齐国，又派到满地协助魏国进攻燕国。十四年，讨伐楚国，攻取召陵之地。丹、犁两国向秦国称臣。蜀相陈壮将蜀侯杀死，并投降了秦国。

惠王去世，他的儿子武王即位。韩国、魏国、齐国、楚国、越国都归服秦国。

秦始皇本纪

【导读】

秦国在几代人的苦心经营下,逐渐形成了对山东六国的绝对优势。秦王嬴政顺应时事,奋发图强,终于兼并六国。统一天下后,嬴政在政治、经济、军事、文化诸方面实施了一系列措施,包括议帝号,改历法,定服色,分天下为三十六郡,统一法律、度量衡、文字,巡游刻石,南取陆梁地,北击匈奴,修筑长城,咸阳宫关于学古与师今的辩论,焚书坑儒等。这些记载,表现了秦始皇的卓越才能。同时,秦始皇滥用民力,横征暴敛,对百姓施严刑峻法,这也体现了他的暴虐凶残。秦二世继位后,延续了始皇帝的暴政,并且变本加厉。不久,天下诸侯纷纷起兵反秦,秦朝最终历三世而亡。

○嬴政掌权○

【原文】

　　秦始皇帝者,秦庄襄王子也①。庄襄王为秦质子于赵②,见吕不韦姬③,悦而取之④,生始皇。以秦昭王四十八年正月生于邯郸⑤。及生,名为政,姓赵氏。年十三岁,庄襄王死,政代立为秦王。当是之时,秦地已并巴、蜀、汉中⑥,越宛有郢⑦,置南郡矣;北收上郡以东⑧,有河东、太原、上党郡⑨;东至荥阳⑩,灭二周⑪,置三川郡⑫。吕不韦为相,封十万户,号曰文信侯。招致宾客游士,欲以并天下。李斯为舍人⑬。蒙骜、王齮、麃公等为将军。王年少,初即位,委国事大臣。

　　晋阳反⑭,元年,将军蒙骜击定之。二年,麃公将卒攻卷⑮,斩首三万。三年,蒙骜攻韩,取十三城。王齮死。十月,将军蒙骜攻魏氏畼、有诡⑯。岁大饥⑰。四年,拔畼、有诡⑱。三月,军罢。秦质子归自赵,赵太子出归国。十月庚寅,蝗虫从东方来,蔽天。天下疫。百姓内粟千石⑲,拜爵一级。五年,将军骜攻魏,定酸枣、燕、虚、长平、雍丘、山阳城⑳,皆拔之,取二十城。初置东郡㉑。冬雷。六年,韩、魏、赵、卫、楚共击秦,取寿陵㉒。秦出兵,五国兵罢。拔卫,迫东郡㉓,其君角率其支属徙居野王㉔,阻其

嬴政登基

山以保魏之河内㉕。七年，彗星先出东方，见北方，五月见西方。将军骜死。以攻龙、孤、庆都㉖，还兵攻汲。彗星复见西方十六日。夏太后死。八年，王弟长安君成蟜将军击赵，反，死屯留㉗，军吏皆斩死。迁其民于临洮㉘。将军壁死㉙，卒屯留、蒲鹝反，戮其尸。河鱼大上㉚，轻车重马东就食。

【注释】

① 庄襄王：名子楚，公元前249年至公元前247年在位。② 质子：被派到订约国作人质的国王的儿子或要人。③ 吕不韦：卫国人，后为秦相国。④ 取：通"娶"。⑤ 邯郸：今河北省邯郸市。⑥ 巴、蜀：国名。巴在今四川省东部，湖北省西北部。蜀在四川省中部偏西。汉中，郡名，在今陕西省汉中市东。⑦ 越：越过。宛：县名。有：占有。郢：春秋战国时，楚国国都。⑧ 上郡：在今陕西榆林东南。⑨ 河东：郡名，在今山西省夏县西北。太原：郡名，在今太原市西南。上党郡：在今山西省长治市北。⑩ 荥阳：县名，在今河南省荥阳市东北。⑪ 二周：指西周、东周两个小国。⑫ 三川郡：在今洛阳市东北。⑬ 舍人：古代豪门贵族家里的门客。⑭ 晋阳：邑名，公元前247年被秦攻取，在今山西省太原市。⑮ 将卒：率领兵士。卷：魏国邑名，在今河南省原阳县西。⑯ 畼、有诡：都是魏国邑名。⑰ 岁：一年的收成。饥：庄稼收成不好。⑱ 拔：攻取。⑲ 内：通"纳"。⑳ 酸枣：邑名，在今河南省延津县西南。燕：邑名，在今河南省延津北。长平：在今河南省西华县东北。雍丘：在今河南省杞县境内。山阳城：邑名，在今河南省焦作市东南。㉑ 东郡：在今河南濮阳西南。㉒ 寿陵：邑名，原属赵国。㉓ 迫：逼近。㉔ 野王：邑名。在今河南省沁阳市。㉕ 阻：依恃。河内：地区名，指黄河以北地区。㉖ 龙、孤、庆都：地名，三地相距较近。在今河北省行唐县、望都县一带。㉗ 屯留：在今山西省屯留县。㉘ 临洮：在今甘肃省岷县。㉙ 壁：军营。㉚ 河鱼大上：黄河的鱼大量涌上岸。

【译文】

　　秦始皇，秦庄襄王的儿子。庄襄王在赵国做人质的时候，见到吕不韦的一个姬妾，很喜欢便娶了她，还生下了始皇。秦始皇于秦昭王四十八年正月出生在邯郸。出生之后，取名为政，姓赵氏。他十三岁的时候，庄襄王去世，嬴政继位做了秦王。在这个时候，秦国已经兼并了巴、蜀和汉中，越过宛城占据郢都，设置了南郡；向北夺取上郡以东的地区，占据河东、太原、上党郡；向东到达荥阳，灭掉二周，设置三川郡。任命吕不韦为相国，封十万户，赐给他文信侯的封号。招揽天下的宾客游士，想凭借这些人兼并天下。李斯担任舍人，蒙骜、王龁、麃公等人担任将军之职。秦王年少，刚刚登位，将国家的政事交给大臣处理。

　　晋阳反叛，元年，将军蒙骜出兵平定了晋阳的叛乱。二年，麃公率领兵卒进攻卷邑，斩杀敌军三万人。三年，蒙骜进攻韩国，夺得十三座城池。王龁战死。十月，将军蒙骜进攻魏国的畼邑、有诡。这年发生了大饥荒。四年，攻下畼邑和有诡。三月，罢兵。秦国的质子从赵国回归秦国，赵国太子从秦国回归赵国。十月庚寅，蝗虫从东面飞来，把天都遮蔽了。天下发生了大瘟疫。老百姓只要向朝廷纳粟一千石，就能封爵一级。五年，将军蒙骜攻打魏国，攻下酸枣、燕、虚、长平、雍丘、山阳这些城邑，秦国夺取了二十座城池。开始设置东郡。这年冬天打雷。六年，韩、魏、赵、卫、楚等国一起讨伐秦国，攻下了寿陵。秦国出兵，五国这才罢兵。秦军攻占卫国，逼近东郡，卫国的君主角率领他的部属迁居到野王之地，凭借山险才保住了魏国的河内之地。七年，彗星出现，先是出现在东方，后来又出现在北方，五月又出现在西方。将军蒙骜死了。秦军进攻龙、孤、庆都等地，之后调回军队攻打汲县。彗星又出现在西方十六天。夏太后去世。八年，秦王弟长安君成蟜率军袭击赵国，图谋造反，死于屯留，手下的将军都被杀死，把那一带的百姓迁徙到临洮。将军壁死了之后，屯留的蒲鹝率领士兵谋反，鞭戮了将军壁的尸首。黄河中的鱼大量被冲到河岸的平地上来，秦国的百姓便轻车重马到东方寻觅食物。

【原文】

　　嫪毐封为长信侯①。予之山阳地，令毐居之。宫室车马衣服苑囿驰猎恣毐。事无大小皆决于毐。

又以河西太原郡更为毐国。

九年，彗星见，或竟天②。攻魏垣、蒲阳③。四月，上宿雍。己酉，王冠④，带剑⑤。长信侯毐作乱而觉，矫王御玺及太后玺以发县卒及卫卒、官骑、戎翟君公、舍人⑥，将欲攻蕲年宫为乱⑦。王知之，令相国昌平君、昌文君发卒攻毐。战咸阳，斩首数百，皆拜爵，及宦者皆在战中，亦拜爵一级。毐等败走⑧。即令国中：有生得毐，赐钱百万；杀之，五十万，尽得毐等。卫尉竭、内史肆、佐弋竭、中大夫令齐等二十人皆枭首⑨。车裂以徇⑩，灭其宗⑪。及其舍人，轻者为鬼薪⑫。及夺爵迁蜀四千余家，家房陵⑬。是月寒冻，有死者。杨端和攻衍氏⑭。彗星见西方，又见北方，从斗以南八十日⑮。

十年，相国吕不韦坐嫪毐免⑯。桓齮为将军。齐、赵来置酒。齐人茅焦说秦王曰："秦方以天下为事，而大王有迁母太后之名，恐诸侯闻之，由此倍秦也⑰。"秦王乃迎太后于雍而入咸阳，复居甘泉宫⑱。

【注释】

① 嫪毐：吕不韦送进后宫的假宦官。② 或竟天：有时划过整个天空。竟，从头至尾。③ 垣、蒲阳：邑名。垣在今山西省垣曲县东南。蒲阳在今河南省长垣县。④ 冠：古代贵族子弟到二十岁时举行加冠仪式，表示成年。⑤ 带剑：带剑以显威仪。⑥ 矫：假托，盗用。县：古代天子所管辖之地，在京都千里以内，即王畿。戎翟：少数民族部落。君公：首领。⑦ 蕲年宫：当时为始皇住处。⑧ 走：逃跑。⑨ 卫尉：宫廷卫队长官。内史：管理京城政事的长官。佐弋：掌管皇帝射猎的副长官。枭首：古代酷刑之一，割下犯人的头，悬挂在木竿上。⑩ 车裂：古代酷刑之一，把犯人绑在五辆车上，拖裂肢体。徇：示众。⑪ 宗：同祖，同族。⑫ 鬼薪：拾柴以供王家宗庙之用，秦代的徒刑之一，刑期三年。⑬ 家：安家。房陵：县名，在今湖北省房县。⑭ 衍氏：魏邑名。在今河南省郑州市北。⑮ 斗：北斗星。⑯ 坐：因。免：免官。⑰ 倍：同"背"，违背，背叛。⑱ 甘泉宫：咸阳南宫。

诛杀嫪毐同党

【译文】

嫪毐被封为长信侯,秦王还赐予他山阳之地,让嫪毐居住在那里,所有的宫室、车马、衣服、花园、畜圈、围猎等都顺着嫪毐自己的意思置办。事情不论大小都由嫪毐自己决定。又以河西太原郡作为嫪毐的封国。

九年,彗星出现,有的时候光芒照遍整个天空。进攻魏国的垣和蒲阳。四月,秦王斋戒于雍城。己酉,秦王行冠礼,佩剑。长信侯嫪毐造反而被察觉,他假造皇帝和太后的印信,调集县里的士卒及卫队、官骑、戎狄族首领、家臣等等,打算进攻蕲年宫。秦王知道了,命令相国昌平君、昌文君率军进攻嫪毐。与嫪毐大战于咸阳城,斩杀敌人数百人,参战功臣都授予爵位,参加这次战斗的宦官,也都获封爵位一级。嫪毐失败逃走。秦王立即通令全国:有活捉嫪毐的,赏赐钱财百万;有杀死嫪毐的,赏赐钱财五十万,结果嫪毐等人都被活捉。卫尉竭、内史肆、佐弋竭、中大夫令齐等二十人被斩首处死,还以车裂之刑示众,诛灭他们的宗族。嫪毐的门下宾客,罪行轻的为宗庙打柴三年,至于被剥夺官爵、迁徙到蜀地的有四千余家,他们都住在房陵。这个月天气寒冷,有不少人被冷死。杨端和进攻衍氏。彗星在西方出现,又在北方出现,从北斗附近向南移动八十天。

十年,相国吕不韦因受嫪毐一案的牵连而被免职。封桓齮为将军。齐国和赵国的使节备酒向秦王祝贺。齐人茅焦对秦王说:"秦国正要以天下为事业,而大王却有流放太后的罪名,恐怕诸侯听说之后,会因此而背叛秦国的。"秦王于是从雍地将太后接回咸阳,让她仍旧居住在甘泉宫。

废分封,行郡县

【原文】

秦初并天下,令丞相、御史曰①:"异日韩王纳地效玺②,请为藩臣③,已而倍约,与赵、魏合从畔秦④,故兴兵诛之⑤,虏其王。寡人以为善,庶几息兵革⑥。赵王使其相李牧来约盟,故归其质子。已而倍盟,反我太原,故兴兵诛之,得其王。赵公子嘉乃自立为代王,故举兵击灭之。魏王始约服入秦,已而与韩、赵谋袭秦,秦兵吏诛,遂破之。荆王献青阳以西⑦,已而畔约,击我南郡⑧,故发兵诛,得其王,遂定其荆地。燕王昏乱,其太子丹乃阴令荆轲为贼⑨,兵吏诛,灭其国。齐王用后胜计,绝秦使,欲为乱,兵吏诛,虏其王,平齐地。寡人以眇眇之身⑩,兴兵诛暴乱,赖宗庙之灵,六王咸伏其辜⑪,天下大定。今名号不更,无以称成功⑫,传后世。其议帝号。"丞相绾、御史大夫劫、廷尉斯等皆曰⑭:"昔者五帝地方千里⑮,其外侯服夷服诸侯或朝或否⑯,天子不能制。今陛下兴义兵,诛残贼,平定天下,海内为郡县⑰,法令由一统,自上古以来未尝有,五帝所不及。臣等谨与博士议曰:'古有天皇,有地皇,有泰皇⑱,泰皇最贵。'臣等昧死上尊号,王为'泰皇'。命为'制',令为'诏',天子自称曰'朕'。"王曰:"去'泰',著'皇',采上古'帝'位号,号曰'皇帝'。他如议。"制曰:"可。"追尊庄襄王为太上皇。制曰:"朕闻太古有号毋谥⑲,中古有号,死而以行为谥。如此,则子议父,臣议君也,甚无谓⑳,朕弗取焉。自今以来,除谥法。朕为始皇帝。后世以计数,二世三世至于万世,传之无穷。"

秦始皇像

【注释】

① 御史：御史大夫，掌管文书、记事，管监察、执法。② 异日：往日，先前。效：献。③ 藩臣：为朝廷守边的属臣。④ 畔：通"叛"。⑤ 诛：讨伐。⑥ 庶几：也许，或许。息兵革：停止战争。兵革，本为兵器和甲胄，这里借指战争。⑦ 青阳：县名。在今湖南省长沙市境内。⑧ 南郡：在今湖北省江陵县东北。⑨ 阴：暗中。贼：杀人者，即刺客。⑩ 眇眇：渺小，微小。自谦之词。眇，同"渺"。⑪ 六王：指齐、楚、燕、韩、魏、赵等六国诸侯。咸：都。伏：受到（应有的惩罚）。辜：罪。⑫ 称：称扬，显扬。⑬ 其：表示祈使，命令。⑭ 御史大夫：为秦代最高的监察官。廷尉：九卿之

秦始皇与群臣议政

一，掌管刑法。⑮ 五帝：《史记》所指的是：黄帝、颛顼、帝喾、尧、舜。⑯ 侯服、夷服：按照周制，天子所居京城以外直径一千里的地方为王畿，再往外分为九服，由近及远，每隔五百里为一服，依次是：侯服、甸服、男服、采服、卫服、蛮服、夷服、镇服、藩服。⑰ 郡县：古代两级行政区划，秦始皇统一中国后，分全国为三十六郡，郡下设县。⑱ 天皇，地皇，泰皇：即所谓"三皇"，传说中的三个帝王。⑲ 毋：同"无"。谥：封建时代，皇帝和达官贵族死后，对其生前事迹评定，然后追认的称号。⑳ 无谓：没有意义。

【译文】

秦王刚刚吞并天下，便向丞相、御史下命令说："前些时候韩王献出土地，交出传国之玺，请求作为秦国的藩臣，后来又违背诺言，和赵国、魏国联合起来一起对付秦国，所以兴兵讨伐韩国，俘虏了韩王。我认为这样就很好了，大概可以停止战争了。赵王派他的相国李牧前来缔结盟约，所以我归还了赵国的质子。不久之后赵王就违背盟约，在太原反叛我，所以我兴兵讨伐他，俘虏了赵王。赵公子嘉自立为代王，所以我发兵消灭了他。魏王当初约臣服秦国，不久又与韩国和赵国一起图谋袭击秦国，秦国又兴兵讨伐魏国，将它消灭了。楚王献给我们青阳以西的地区，随后又背叛约定，进攻我国的南郡，所以我发兵诛灭楚国，俘虏了楚王，平定了荆楚之地。燕王昏庸无道，太子丹竟然暗中命令荆轲刺杀我，于是派兵讨伐燕国，并消灭了它。齐王用后胜的计策，断绝与秦国的邦交，想要作乱，我派兵讨伐齐国，俘虏了齐王，将齐地平定。我凭着这区区不足道的身躯，兴兵诛灭暴乱，仰赖祖先宗庙的威灵，六国的君王都向我臣服认罪，天下于是安定下来。如今若是不改变名号，就无法称颂我的功绩，流传后世，希望你们讨论一下帝王的称号。"丞相王绾、御史大夫劫、廷尉李斯等人说："当初五帝的疆土绵延千里，另外还有侯服、夷服等诸侯，他们有的称臣入贡，有的却不臣服，天子不能控制他们。如今陛下您兴正义之师，诛灭暴乱的贼子，平定天下，在全国设立郡县，法律政令统一，这是自上古以来不曾有过的功绩，连五帝都赶不上啊。我们与博士们商议说：'古代有天皇，有地皇，有泰皇，其中最尊贵的是泰皇。'我们冒死呈上尊号，王称为'泰皇'。天子之命称为'制'，天子之令称为'诏'，天子自称为'朕'。"秦王说："去掉'泰'字，留用'皇'字，再采用上古帝王的名号，称为'皇帝'。其他的就按照你们的建议执行吧。"于是即以天子之命说道："可以。"同时追赠庄襄王为太上皇。又颁布命令说："我听说上古的时候只有号没有谥，中古的时候有号，死了之后又根据生平的事迹追加一个谥。这样一来，做儿子的可以议论父亲，做臣子的可以议论君主，那就没意思了，我认为不能那么做。从现在开始，取消谥法。我就是始皇帝。后世就按照数目计算，从二世、三世，一直传到万世，传到无穷尽。"

【原文】

始皇推终始五德之传①，以为周得火德，秦代周德，从所不胜②。方今水德之始，改年始③，朝贺皆自十月朔④，衣服旄旌节旗皆上黑⑤。数以六为纪⑥，符、法冠皆六寸⑦，而舆六尺⑧，六尺为步⑨，乘六马⑩。更名河曰德水，以为水德之始。刚毅戾深⑪，事皆决于法，刻削毋仁恩和义⑫，然后合五德之数⑬。于是急法⑭，久者不赦⑮。

【注释】

①推：推求，推论。终始五德：战国时阴阳学家驺衍的学说。以水、火、木、金、土五种物质德性相生相克，终而复始地循环变化来说明王朝的兴废更替，就是所谓"终始五德"。传：次第。②从所不胜：取周德抵不过的属性，即水德。③改年始：也叫"改正朔"或"改正"，即更改一年的岁首，以此表示受命于天。周以建子之月（夏历十一月）为岁首，秦以建亥之月（夏历十月）为岁首。④朔：阴历每月初一。⑤旄旌：用旄牛尾或五色羽毛装饰的旗。节：符节，使者所持的凭证。上黑：崇尚黑色。上，同"尚"，崇尚。五行说以黑色象征水德。⑥纪：基础。⑦法冠：御史所戴之冠。本为楚王之冠，秦灭楚，以此赐给御史，称法冠。后来汉使节、执法者也戴此冠。⑧舆：车。六尺：指两轮间的距离。⑨步：古以两举足以步，即今所谓两步，作为长度单位，秦代以六尺为一步。⑩乘六马：一辆车驾六匹马。⑪戾深：严厉，狠毒。⑫刻削：刻薄。⑬合五德之数：这是说秦严法不讲仁才合于五行规律。秦以水德，水为阴，阴主杀。数，命数、规律。⑭急法：法令峻急。⑮久者不赦：犯了法久久不能宽赦。

【译文】

秦始皇又推演五行德性终始相次的顺序，认为周朝得到火德而统治天下，秦朝代替周的火德而取得天下，所以一定要采用周德不能胜过的德性。现在是水德的开始，于是更改每年的岁首，群臣入朝庆贺定在每年的十月初一。衣服、符节、旗帜均以黑色为贵。数目以六作为标准，符节和法冠都是六寸，车的宽度有六尺，六尺称为一步，每辆车用六匹马牵引。把黄河的名称更改为德水，用来表示水德的开始。刚强暴虐，一切事务都要依照法律处理，苛刻寡恩，缺少仁爱和道义，认为这样才符合五德的命数。于是致力于严刑峻法，犯罪的人久久不能得到宽恕。

【原文】

丞相绾等言："诸侯初破，燕、齐、荆地远，不为置王，毋以填之①。请立诸子，唯上幸许②。"始皇下其议于群臣③，群臣皆以为便。廷尉李斯议曰："周文武所封子弟同姓甚众，然后属疏远④，相攻击如仇雠⑤，诸侯更相诛伐，周天子弗能禁止。今海内赖陛下神灵一统，皆为郡县，诸子功臣以公赋税重赏赐之，甚足易制⑥。天下无异意，则安宁之术也⑦。置诸侯不便。"始皇曰："天下共苦战斗不休，以有侯王。赖宗庙，天下初定，又复立国，是树兵也⑧，而求其宁息，岂不难哉！廷尉议是⑨。"

分天下以为三十六郡，郡置守、尉、监⑩。更名民曰"黔首"⑪。大酺。收天下兵，聚之咸阳，销以为钟鐻⑫，金人十二，重各千石⑬，置廷宫中。一法度衡石丈尺。车同轨⑭。书同文字。地东至海暨朝鲜⑮，西至临洮、羌中，南至北向户，北据河为塞，并阴山至辽东⑯。徙天下豪富于咸阳，十二万户。诸庙及章台⑰、上林皆在渭南⑱。秦每破诸侯，写放其宫室⑲，作之咸阳北阪上⑳，南临渭，自雍门以东至泾、渭，殿屋、复道、周阁相属㉑。所得诸侯美人、钟鼓，以充入之㉒。

【注释】

①填：同"镇"，镇压，安定。②唯：希望，敬辞。幸：也是表示希望的敬辞。希望皇上同意。③下：交下。议：建议。④后属：后裔，后代。⑤仇雠：仇敌。⑥足：可以，能够。制：控制。⑦术：方法，手段。⑧树兵：制造战争。⑨是：对，正确。⑩守：郡守。郡的行政长官。尉：郡尉。郡的军事长官。监：监御史。监察长官。⑪黔首：也称"黎首"，指百姓。

黔，黑色。⑫销：熔化（金属）。镶：如钟一类的乐器，夹置在钟旁，像猛兽形，由木或铜制成。⑬石：重量单位。一百二十斤为石。⑭同轨：指车辆两轮之间的距离都相同。⑮暨：和，同。⑯并：傍，沿着。⑰章台：秦故宫名，以宫内有章台而为名。⑱上林：苑名。⑲写：描摹。放：通"仿"。⑳阪：山坡。㉑复道：阁道，天桥。周阁：四周装有窗户和栏杆可供远眺的楼阁。相属：相连。㉒充入：置入。放进去。

【译文】

丞相王绾对始皇说："诸侯刚刚被消灭，燕国、齐国、楚国地方偏远，不在那里设置诸侯王，就很难震慑他们。请求让诸位皇子去担任诸侯王，希望皇上您能应允。"始皇与诸位大臣议论此事，诸位大臣均觉得很好。廷尉李斯却议论说："周文王和周武王分封的子弟及同姓诸侯很多，然而到后来他们的关系疏远，相互攻击，就像仇家一样，诸侯之间互相攻伐，周天子都没有办法禁止他们。如今天下仰赖陛下的神灵而实现统一，全国都设置了郡县，诸子、功臣都用公家的赋税奖赏他们，这样很容易控制。天下没有二心，这是安定天下的方法。设置诸侯是不适当的。"始皇说："天下困苦，战争不止，这是因为有诸侯王存在的缘故啊。现在仰赖祖宗的保佑，天下刚刚平定，如果再分封诸侯，那是制造战争啊！想使天下安宁，岂不是变得很困难了吗？廷尉说得很对啊！"

于是把天下分为三十六郡，每个郡都设置守、尉、监。把老百姓的名称改为"黔首"。赏赐百姓一起饮酒。没收天下的兵器，全部聚集到咸阳，把它们销毁熔化掉，铸成钟镶一类的乐器，还铸造成十二个铜人，每个有千石重，放置在宫廷之内。统一法律制度和测量长度、重量、容量的标准。车辆道路的大小也要统一。另外还统一文字。秦朝的领土东到大海及朝鲜，西到临洮和羌中，南到日南郡的北户，北方据守黄河作为要塞，依傍阴山一直延续到辽东。将天下十二万户豪富之家迁徙到咸阳。祖庙和章台宫、上林苑都在渭水的南岸。秦国每灭掉一个诸侯，便模仿该国的宫室，在咸阳北面的山坡上仿造，南面临靠渭水，从雍门向东一直到泾水和渭水交汇的地方，周围的宫殿和回廊彼此相连。从各国诸侯那里得到的美人和乐器，都放置在宫室之中。

○焚天下之书○

【原文】

始皇置酒咸阳宫，博士七十人前为寿①。仆射周青臣进颂曰②："他时秦地不过千里，赖陛下神灵明圣，平定海内，放逐蛮夷，日月所照，莫不宾服。以诸侯为郡县，人人自安乐，无战争之患，传之万世。自上古不及陛下威德。"始皇悦。博士齐人淳于越进曰："臣闻殷周之王千余岁，封子弟功臣，自为枝辅③。今陛下有海内，而子弟为匹夫，卒有田常、六卿之臣④，无辅拂⑤，何以相救哉？事不师古而能长久者，非所闻

焚天下之书

也。今青臣又面谀以重陛下之过，非忠臣。"始皇下其议。丞相李斯曰："五帝不相复，三代不相袭⑥，各以治，非其相反，时变异也。今陛下创大业，建万世之功，固非愚儒所知。且越言乃三代之事，何足法也？异时诸侯并争⑦，厚招游学。今天下已定，法令出一，百姓当家则力农工⑧，士则学习法令辟禁⑨。今诸生不师今而学古，以非当世，惑乱黔首。丞相臣斯昧死言：古者天下散乱，莫之能一，是以诸侯并作，语皆道古以害今，饰虚言以乱实，人善其所私学，以非上之所建立。今皇帝并有天下，别黑白而定一尊。私学而相与非法教，人闻令下，则各以其学议之，入则心非，出则巷议，夸主以为名⑩，异取以为高⑪，率群下以造谤。如此弗禁，则主势降乎上，党与成乎下⑫。禁之便。臣请史官非秦记皆烧之⑬。非博士官所职⑭，天下敢有藏《诗》、《书》、百家语者⑮，悉诣守、尉杂烧之⑯。有敢偶语《诗》《书》者弃市⑰。以古非今者族⑱。吏见知不举者与同罪。令下三十日不烧，黥为城旦⑲。所不去者，医药卜筮种树之书⑳。若欲有学法令，以吏为师。"制曰："可。"

【注释】

① 为寿：饮酒时献祝寿辞。② 仆射：某一类官员的首长。③ 枝辅：辅助。④ 卒：突然。田常：春秋时齐国大臣，杀简公，拥立平公，自任相国，从此齐国之政尽归田氏。六卿：指春秋后期晋国的范氏、中行氏、知氏、韩氏、赵氏、魏氏六家。六卿互相争斗，晋君不能控制，最终韩、赵、魏三家瓜分了晋国。⑤ 辅拂：辅佐，帮助，拂，通"弼"。⑥ 袭：因袭。⑦ 异时：从前。⑧ 力：努力，致力于。⑨ 辟禁：刑法，禁令。⑩ 夸主：在君主面前夸耀自己。⑪ 异取：追求奇异。取，通"趣"，趋向。⑫ 党与：即朋党。⑬ 记：典籍。⑭ 职：主宰，掌管。⑮ 百家语：诸子百家著作。⑯ 杂：共，全都。⑰ 偶语：相对私语。弃市：古代在闹市执行死刑，表示与众共弃，叫弃市。⑱ 族：灭族，满门抄斩。⑲ 黥：古代刑罚之一，脸上刺字、涂墨。城旦：秦汉时刑罚名。白天守边防寇，晚上筑长城，刑期四年。⑳ 卜筮：占卜。用龟甲称卜，用蓍草为筮。

【译文】

秦始皇在咸阳宫置备酒宴，有七十位博士前来向他祝寿，仆射周青臣颂扬说："以前秦国土地不超过千里，仰赖陛下您的神灵和圣明，才能平定天下，驱逐蛮夷，日月所能光照的地方，没有不臣服的。把诸侯国变为郡县，百姓人人安居乐业，没有战争的祸患，这伟大的功业可以流传后世。上古以来的君主没有人比得上陛下的威德。"秦始皇非常高兴。博士齐人淳于越进言说："我听说殷商和周朝的帝王统治天下一千多年，分封子弟和功臣，作为自己的枝辅。现在陛下您拥有整个天下，而子弟却是一群匹夫，万一突然出现像田常、六卿之类的大臣，没有人辅佐，怎么能挽救危局呢？处理事情不取法古制而能使国家长治久安，我还没有听说过呢。现在青臣又当面奉承您，加重陛下您的罪过，这不是忠臣所为啊。"秦始皇把他们的议论说给群臣听，让群臣一起讨论。丞相李斯说："五帝不相重复，三代也不相承袭，它们各自凭借自己的方法治理国家，这不是有意和前代相反，而是天下的形势变化了。现在陛下开创大的事业，建立万世不拔之功，这本来就不是愚蠢的儒生所能理解的。况且淳于越说的是三代的事，怎么能再取法呢？以前诸侯们互相争斗，用优厚的俸禄招徕天下的贤士。如今天下已经安定了，政令都出自陛下您一人之手，老百姓治家就得致力于农耕，士人则要学习法律政令。现在这些儒生不学习法律政令，而是学习古法，非议当世，蛊惑百姓。所以臣李斯冒死进言：古代天下离散混乱，没有人能统一天下，所以诸侯并起，说的都是道法古代、批评当世、粉饰虚诞的言语。扰乱名实，每个人都赞赏自己所学的学问，非议朝廷颁布的政令。如今皇上您统一了天下，辨别是非黑白，建立至高无上的威势。但是读书人依旧私人讲学，结群成党非议朝廷的法令，一听到朝廷的举措，就依靠自己所学的东西对朝政批评一番，入朝的时候心里觉得反感，退朝的时候就在巷里议论纷纷，他们以浮夸的言语欺骗陛下赚取美誉，做出奇怪的行为以骗取高名，率领下面的大臣和百姓妄造谤言，如果对此不能禁止，那么陛下的权威就会下降，而在朝堂之下就会形成朋党,因此应当禁止他们。我请求皇上您下令史官,把那些并非秦朝编著的典籍统统放火烧掉。除非是博士官掌握,天下有私自收藏《诗经》、《书经》及诸子百家著作的,一律交给地方官焚毁。有敢相聚在一起谈论《诗》、《书》的,就在市集上处死;他们推崇古代、诽谤当世的,诛灭全族。官吏有知道罪行而不检举的,以同罪论处。命令下达三十天后,依旧没有焚书的,就在脸上刺字,发配到边境充军,修筑长城。不必销毁的书籍,只有医药、卜筮、种植等类别。如果有谁想要学习文字法令,必须到官府里向官吏学习。"始皇下诏说:"可以按照这个去做。"

○广修宫室○

【原文】

三十五年,除道①,道九原抵云阳②,堑山堙谷③,直通之。于是始皇以为咸阳人多,先王之宫廷小,吾闻周文王都丰、武王都镐,丰、镐之间,帝王之都也。乃营作朝宫渭南上林苑中,先作前殿阿房,东西五百步、南北五十丈,上可以坐万人,下可以建五丈旗④。周驰为阁道⑤,自殿下直抵南山。表南山之颠以为阙⑥。为复道,自阿房渡渭,属之咸阳,以象天极阁道绝汉抵营室也⑦。阿房宫未成;成,欲更择令名名之⑧。作宫阿房,故天下谓之阿房宫。隐宫徒刑者七十余万人⑨,乃分作阿房宫,或作丽山。发北山石椁⑩,乃写蜀、荆地材皆至⑪。关中计宫三百,关外四百余。于是立石东海上朐界中⑫,以为秦东门。因徙三万家骊邑,五万家云阳,皆复不事十岁⑬。

大兴土木修建阿房宫

【注释】

①除道:修路。除,治。②道:经过。③堑:挖。堙:填塞。④建:立,树立。⑤阁道:即"复道",天桥。⑥表:标志。颠:通"巅",顶。阙:古代宫殿、祠庙、陵墓间的高建筑物。通常左右各一座,建成高台,台上起楼观。⑦阁道:古星名。绝:横渡。汉:天河,银河。营室:古星名。这里把阿房宫比、阁道,渭水比喻成天河,咸阳比喻成营室。⑧令名:美名。令,美好。⑨隐宫:指宫刑。⑩发:开。石椁:作椁的石材。椁,外棺。⑪写:输送。⑫朐:山名。在今江苏省连云港市西南。⑬不事:不服劳役。

【译文】

三十五年,开辟道路,自九原一直抵达云阳,挖山洞,填河谷,使这两个地方相互往来。在这个时候,秦始皇认为:"咸阳的人太多,而咸阳修筑的宫殿太小。我听说周文王在丰这个地方建都,周武王在镐京建都,丰、镐两地之间才是帝王建都的地方。"于是在渭水南岸上林苑中营造朝宫。先盖了正殿阿房宫,东西有五百步宽,南北有五十丈长,殿中可以容纳万人,宫殿的下面可以竖立五丈高的大旗。四周架木为棚以方便车马行走,自阿房宫的殿下直达南山,在南山的山巅建造牌楼,又修建天桥，从阿房渡过渭水延续到咸阳，象征自北极星经过阁道星横渡天河抵达营室星的样子。这时阿房宫尚未筑成；建成之后，再另外找一个名字称呼它。由于宫殿建造在阿房，所以便称作阿房宫。当时受过宫刑的人有七十余万，都被分配去营造阿房宫或骊山。挖掘北山的石料，运输蜀国和荆楚的木材，都输送到这个地方来。关中之地一共建造了三百多个宫殿，关外也有宫殿四百多个。于是在东海之滨的朐县竖立石碑，作为秦朝的东大门，迁徙三万户人家到骊邑居住，再迁徙五万户人家到云阳居住，都免去十年的赋税和徭役。

⊙文史知识

巍巍宫阙

历代帝王宫阙，无不富丽堂皇，闻名于世者费极人力物力，但雄伟壮丽也非同一般。秦统一天下后，秦始皇大兴土木，广建宫宇，最负盛名者当属阿房宫。虽然阿房宫并未建成，但据称阿房宫规模宏大，东西五百步，南北五十丈，殿上可坐万人，殿下可树五丈高的大旗。整个工程征用民工和刑徒达数十万之多，劳役的苛重是激起秦末大起义的直接原因之一。

唐代国势昌盛，重大庆典、朝会以及接受四方的朝拜都在大明宫含元殿举行。含元殿巍峨壮观，居高临下，可以俯瞰长安全城；两边高阁相衬，正面三条"龙尾道"延伸而下，体势威严，气象万千。

◎坑杀方士◎

【原文】

卢生说始皇曰："臣等求芝、奇药、仙者常弗遇，类物有害之者①。方中②，人主时为微行以辟恶鬼③，恶鬼辟，真人至④。人主所居而人臣知之，则害于神。真人者，入水不濡⑤，入火不爇⑥，陵云气⑦，与天地久长。今上治天下，未能恬惔⑧。愿上所居宫毋令人知，然后不死之药殆可得也⑨。"于是始皇曰："吾慕真人，自谓'真人'，不称'朕'。"乃令咸阳之旁二百里内宫观二百七十复道甬道相连，帷帐钟鼓美人充之，各案署不移徙⑩。行所幸⑪，有言其处者，罪死。始皇帝幸梁山宫⑫，从山上见丞相车骑众，弗善也⑬。中人或告丞相⑭，丞相后损车骑⑮。始皇怒曰："此中人泄吾语。"案问莫服⑯。当是时，诏捕诸时在旁者，皆杀之。自是后莫知行之所在。听事⑰，群臣受决事，悉于咸阳宫。

侯生、卢生相与谋曰："始皇为人，天性刚戾自用⑱，起诸侯，并天下，意得欲从⑲，以为自古莫及己。专任狱吏，狱吏得亲幸。博士虽七十人，特备员弗用⑳。丞相诸大臣皆受成事㉑，倚辨于上㉒。上乐以刑杀为威，天下畏罪持禄，莫敢尽忠。上不闻过而日骄，下慑伏谩欺以取容㉓。秦法，不得兼方㉔，不验，辄死。然候星气者至三百人㉕，皆良士，畏忌讳谀，不敢端言其过㉖。天下之事无小大皆决于上，上至以衡石量书㉗，日夜有呈㉘，不中呈不得休息㉙。贪于权势至如此，未可为求仙药。"于是乃亡去。始皇闻亡，乃大怒曰："吾前收天下书不中用者尽去之。悉召文学方术士甚众㉚，欲以兴太平，方士欲练以求奇药。今闻韩众去不报，徐市等费以巨万计，终不得药，徒奸利相告日闻㉛。卢生等吾尊赐之甚厚，今乃诽谤我，以重吾不德也。诸生在咸阳者，吾使人廉问㉜，或为讹言以乱黔首㉝。"于是使御史悉案问诸生，诸生传相告引㉞，乃自除犯禁者四百六十余人㉟，皆坑之咸阳，使天下知之，以惩后㊱。益发谪徒边。始皇长子扶苏谏曰："天下初定，远方黔首未集，诸生皆诵法孔子，今上皆重法绳之㊲，臣恐天下不安。唯上察之。"始皇怒，使扶苏北监蒙恬于上郡。

【注释】

①类：好像。②方中：方寸之中，指心里以为。③辟：避开。④真人：道家称修真得道的人为真人。⑤濡：沾湿。⑥蓺：焚烧。⑦陵：驾，登。⑧恬倓：指清静无为。"恬"、"倓"都是安静的意思。⑨殆：大概。⑩案：通"按"。署：部署。⑪行：巡狩，巡视。幸：封建时代称皇帝亲临为幸。⑫梁山宫：秦宫名，在今陕西乾县东。⑬善：以为善，赞许，喜欢。⑭中人：皇宫中的人，这里指宦官或近臣。⑮损：减少。⑯案问：审问。⑰听事：处理政事。⑱自用：自以为是，凭自己的才力行事。⑲从：同"纵"。⑳特：只是。备员：虚设充数的人员。㉑成事：已经决定的命令。㉒辨：通"办"，办理，办事。㉓愗伏：害怕，畏伏。谩欺：欺骗、蒙骗。取容：曲从讨好，取悦于人。㉔兼方：具有两种以上的方技。㉕候星气：观测星象和云气以判吉凶。候，观察，占验。㉖端言：正言。㉗衡石："衡"指秤杆，"石"指秤锤。意思是一天称一百二十斤文件来看。㉘呈：通"程"，标准，规格。这里指定量、定额。㉙中：符合，这里是达到的意思。㉚文学：指文章博学之士。方术士：指研究天文、历算、医药、农业、技艺等的专门家和从事阴阳、神仙、卜筮、占梦、看相等方面活动的人。㉛奸利：以非法手段谋利。㉜廉：察问。廉，察。㉝或：有人。訞：通"妖"。㉞传：传，辗转。告引：告发。㉟自除：指秦始皇亲判儒生死罪。除，诛杀。㊱惩后：警戒后来者。㊲绳：约束，制裁。

卢生与秦始皇谈寻仙

【译文】

卢生对始皇说："我们寻找灵芝、奇药和仙人，一直没能找到，似乎是有什么东西伤害了它们。我们心想，皇帝应当时常秘密出行，以便驱逐恶鬼，恶鬼避开了，神仙真人就能来了。皇上的住所如果让臣子们知道，那就会妨害神仙。真人入水不会浸湿，入火不会烧伤，能够腾云驾雾遨游，寿命和天地一样长久。现在皇上治理天下，还不能做到清静恬淡。希望皇上居住的宫室别让人知道，这样，不死之药或许能够获得。"始皇说："我倾慕神仙真人，我自己就叫'真人'，不再称'朕'了。"于是下令咸阳四周二百里内的二百七十座宫观都用天桥、甬道相互连接起来；把帷帐、钟鼓和美人安置其中，全部按照所登记的位置不得移动。皇帝所到的地方，如有人说出去，就处以死刑。有一次皇帝幸临梁山宫，从山上望见丞相的随从车马众多，很不赞成。宦官近臣里有人把这件事告诉了丞相，丞相以后就减少了车马的数量，始皇生气地说："这是宫中有人泄露了我的话。"经过审问，没有人认罪，就下诏把当时在场之人抓起来，统统杀掉。自此再也没有知道皇帝行踪的了。处理事务，群臣接受命令，一律均在咸阳宫中进行。

侯生、卢生互相商议说："始皇的为人，天生刚愎自用、刚强暴戾，它以诸侯的身份，兼并天下，凡事任意而为，认为自古至今没有人能赶得上他。始皇专门任用治狱的官吏，这些狱吏得到他的亲近和宠爱。博士的人数虽然有七十个，却不过是为了凑数罢了，并不是真想重用他们。丞相和大臣们仅仅接受已经决定的命令，一切事情都要仰仗皇帝办理。皇上喜欢用严刑和杀戮建立威严，满朝的官吏害怕触犯刑律，为了保住自己的俸禄，没有人敢向皇帝进言。始皇听不到自己的过失，于是一天比一天骄纵，大臣们整日心惊胆战，用虚言敷衍他，苟且求得容身之所。秦朝的法律规定，一

秦始皇派人入海求仙

个人不能同时兼有两种方术,如果不能精于一种方术,就要被处死。然而候望星象的有三百多人,且个个都技术精湛,只是因为畏惧怕事,因此不敢说真话且极尽谄媚,不敢说出皇帝的过失。天下的事情不论大小都由他一个人决定,以致皇上每天阅读的文件多得要用秤子量,白天和夜里均有限额,数量达不到就不去睡觉。贪婪权势到这种地步,这样的人我们不能替他寻找成仙之药。"于是他们逃走了。始皇听到他们逃走的消息,十分愤怒,说道:"我前些时候没收天下的书籍,不合用的都烧毁了。竭力招致一些文学方术之士,想求国家的太平,所以才让这些方士踏访各地,寻丹炼药。现在韩众一干人不回来复命,徐福等人浪费的钱财多得用亿来计算,终究还是没能找到仙丹妙药,每天只听见他们说些营求奸利的无用之言。我对卢生等人十分尊敬,赏赐十分优厚,如今竟敢诽谤我,诬告我不善不仁!居住在咸阳的这些方士,我派人去察问,有些人制造妖言,迷惑百姓。"于是命令御史审问这些术士,他们互相告发,始皇亲自判决触犯法律的术士有四百六十多人,最后在咸阳把他们活埋,还诏告天下,让天下的人都知道,以警戒后人,还增派迁徙之徒戍守边疆。始皇的长子扶苏劝说始皇道:"现在天下刚刚安定,远方的百姓还没有全部归附,儒生们都朗诵诗书,效法孔子,现在皇上用严刑峻法处置他们,我担心天下会不安定,希望皇上您能明察。"始皇听后大怒,于是贬谪扶苏到北方,派他去上郡监督将军蒙恬。

⊙文史知识

徐市入海不归

徐市,又称徐福,齐地琅琊(今山东临沂)人,秦代著名方士。他博学多才,通晓医学、天文、航海等知识,且同情百姓,乐于助人,故在沿海一带民众中名望颇高。

公元前219年,徐市上书始皇帝说,海上有三座仙山,一座叫作蓬莱,一座叫作方丈,一座叫作瀛洲,山上居住着神仙。他请求始皇帝让他带着童男童女到这三座神山上去寻访仙人和不死仙药。嬴政相信了徐市的话,派了几千童男童女,预备了三年粮食、衣履、药品和耕具跟随徐市入海求仙,耗资巨大。但徐市率众出海数年,并未找到神山。公元前210年,秦始皇东巡至琅琊,徐市推托说出海后碰到巨大的鲛鱼阻碍,无法远航,要求增派射手对付鲛鱼。秦始皇应允,派遣射手射杀了一头大鱼。后徐市再度率众出海,并且一去不返,有人说他们到了日本并定居了下来。

徐市并不是要哄骗始皇帝。古代中国东部滨海地区的人民是真的相信海上有神山的,他们所看到的其实是海市蜃楼,因此出现了仙山中有仙人居住,仙人都快乐逍遥、长生不死的传说。由于道家和方士的宣扬,沿海地区不少国君都派人入海寻求长生不死之方。

项羽本纪

【导读】

　　秦朝末年爆发了我国历史上第一次大规模农民起义。项羽（名籍，字羽，战国末年楚国名将项燕之后）在陈胜、吴广起义后，其率领的军队成为反秦武装的主力，并率军进驻关中。鸿门宴上，项羽没有杀掉刘邦；进驻咸阳后，引兵屠城，杀秦降王子婴，烧秦宫室。公元前206年自立为西楚霸王，都彭城，效仿春秋，分封诸侯，以刘邦为汉王。后来楚、汉之间爆发战争。公元前202年，项羽被刘邦围于垓下，突围至乌江自刎而死。

　　本书节录了项羽一生之中颇具代表性的三段故事：巨鹿之战、鸿门宴、垓下之战。前两个故事塑造了处于上升时期的项羽的英豪形象，第三个故事则表现了项羽英雄末路时的悲壮情怀。

○巨鹿之战○

【原文】

　　章邯已破项梁军，则以为楚地兵不足忧，乃渡河击赵，大破之。当此时，赵歇为王①，陈馀为将，张耳为相②，皆走入巨鹿城③。章邯令王离、涉间围巨鹿④，章邯军其南，筑甬道而输之粟⑤。陈馀为将，将卒数万人而军巨鹿之北，此所谓河北之军也。

　　楚兵已破于定陶，怀王恐，从盱台之彭城，并项羽、吕臣军自将之。以吕臣为司徒，以其父吕青为令尹⑥。以沛公为砀郡长，封为武安侯，将砀郡兵。

　　初，宋义所遇齐使者高陵君显在楚军，见楚王曰："宋义论武信君之军必败，居数日，军果败。兵未战而先见败征，此可谓知兵矣。"王召宋义与计事而大说之，因置以为上将军；项羽为鲁公，为次将，范增为末将，救赵。诸别将皆属宋义，号为卿子冠军⑦。行至安阳⑧，留四十六日不进。项羽曰："吾闻秦军围赵王巨鹿，疾引兵渡河，楚击其外，赵应其内，破秦军必矣。"宋义曰："不然。夫搏牛之虻不可以破虮虱⑨。今秦攻赵，战胜则兵罢，我承其敝；不胜，则我引兵鼓行而西，必举秦矣。故不如先斗秦赵。夫被坚执锐⑩，义不如公；坐而运策，公不如义。"因下令军中曰："猛如虎，很如羊⑪，贪如狼，强不可使者，皆斩之。"乃遣其子宋襄相齐，身送之至无盐⑫，饮酒高会，天寒大雨，士卒冻饥。项羽曰："将戮力而攻秦，久留不行。今岁饥民贫，士卒食芋菽⑬，军无见粮⑭，乃饮酒高会，不引兵渡河因赵食，与赵并力攻秦，乃曰'承其敝'。夫以秦之强，攻新造之赵，其势必举赵。赵举而秦强，何敝之承！且国兵新破⑮，王坐不安席，扫境内而专属于将军，国家安危，在此一举。今不恤士卒而徇其私⑯，非社稷之臣。"项羽晨朝上将军宋义，即其帐中斩宋义头，出令军中曰："宋义与齐谋反楚，楚王阴令羽诛之。"当是时，诸将皆慴服，莫敢枝梧⑰。皆曰："首立楚者，将军家也。今将军诛乱。"乃相与共立羽为假上将军⑱。使人追宋义子，及之齐，杀之。使桓楚报命于怀王。怀王因使项羽为上将军，当阳君、蒲将军皆属项羽⑲。

【注释】

① 赵歇：赵国后裔。② "陈馀为将"二句：陈馀、张耳本为刎颈之交，都是魏国人。陈涉起义后，二人随武臣到赵国。后张耳跟随项梁，陈馀留在赵国。③ 巨鹿：县名。治所在今河北省平乡县西南。④ 王离、涉间：都是秦将。⑤ 甬道：两侧筑有墙垣的通道。⑥ 令尹：官名。楚国的军政大臣。⑦ 卿子：当时对男子的美称。冠（guàn）军：诸军之冠。⑧ 安阳：地名。在今山东省曹县东南，非今日河南省的安阳。⑨ 蚳（jī）蚳：虱子的总称。蚳，虱子的卵。⑩ 被：同"披"。坚：指铠甲。锐：指锐利的武器。⑪ 很：通"狠"。⑫ 无盐：地名。西汉置县。治所在今山东省东平县东南。⑬ 芋菽：芋头和豆类。⑭ 见粮：存粮。⑮ 国兵新破：指楚军在定陶失利一事。⑯ 徇其私：指宋义派遣儿子宋襄辅助齐国之事。⑰ 枝梧：抗拒，抵触。⑱ 假：暂时代理。⑲ 当阳君：黥布的封号。当阳，县名，今属湖北当阳。

【译文】

　　章邯已经打垮了项梁的军队，认为楚国的军队不值得忧虑了，于是渡过黄河攻打赵国，打垮了赵军。这时候，赵歇做了国王，陈馀担任大将，张耳担任相国，都逃进了巨鹿城。章邯命令王离、涉间包围巨鹿，章邯的军队驻扎在他们的南边，筑起甬道给他们运送粮食。陈馀担任大将，率领几万士兵驻扎在巨鹿的北边，这就是所谓的河北军。

　　楚军已经在定陶被打垮，怀王恐惧，从盱台跑到彭城，合并项羽、吕臣的部队，亲自统率。他以吕臣为司徒，以吕臣的父亲吕青为令尹。以沛公为砀郡长，封为武安侯，统率砀郡的军队。

　　当初，宋义所遇到的齐国使者高陵君显还在楚军中，见了楚王说："宋义认定武信君的军队一定会失败，过了几天，果然失败了。军队没有交战就预先看到了失败的征兆，这也可以说是懂得兵法啦。"楚王召见宋义，同他商讨大事，非常喜欢他，就安排他担任上将军；项羽称为鲁公，担任次将；范增担任末将，去援救赵国。各部将领都隶属于宋义，号为卿子冠军。行军到安阳，停留四十六天不前进。项羽说："我听说秦军把赵国围困在巨鹿，我们迅速率领部队渡过漳河，楚军攻打他们的外围，赵国在内响应，打垮秦军是一定的了。"宋义说："不对。叮咬牛的牛虻不可用来消灭虱子。现在秦国进攻赵国，打胜了军队就疲惫，我们可趁机利用他们的疲惫；打不胜，我们就率领部队大张旗鼓地西进，一定能够推翻秦朝了。因此不如先让秦、赵两军相斗。披甲执戟，我宋义不如您；坐着运筹决策，您不如我宋义。"于是给军中下达命令说："猛如虎，狠如羊，贪如狼，倔强不听命令的，一律斩首。"随后派他的儿子宋襄去辅助齐王，亲自送到无盐，大摆宴席。当时天气寒冷，天上下着大雨，士兵又冻又饿。项羽说："这时正该并力攻打秦军，他却久留而不前进。如今年成荒歉，人民贫苦，士兵吃芋头、豆子，军中无存粮，他却大摆酒宴，不领兵渡河食用赵国的粮食，和赵国合力攻秦，却说'利用他们的疲惫'。凭借秦朝的强大，进攻新建的赵国，势必会战胜赵国。赵国被占领而秦军就更加强大，哪里还有什么疲惫的机会可以利用呢！况且我国军队最近吃了败仗，国王坐不安席，把全国兵力集中起来交给将军，国家安危，在此一举。现在你不体恤士兵，却去钻营私利，不是国家的栋梁之臣。"项羽早晨进见上将军义时，就在帐中砍下宋义的脑袋，向军中发布命令说："宋义与齐国阴谋反楚，楚王密令我杀死他。"这时，诸将都畏服，没有人敢反抗。都说："首先拥立楚王的是将军家，现在又是将军诛灭了乱臣贼子。"于是大家拥立项羽为代理上将军。派人追赶宋义的儿子，追到齐国把他杀了。项羽派遣桓楚向怀王报告情况，怀王就让项羽担任上将军，当阳君、蒲将军都隶属于项羽。

【原文】

　　项羽已杀卿子冠军，威震楚国，名闻诸侯。乃遣当阳君、蒲将军将卒二万渡河①，救巨鹿。战少利，陈馀复请兵。项羽乃悉引兵渡河，皆沉船，破釜甑②，烧庐舍，持三日粮，以示士卒必死，无一还心。于是至则围王离，与秦军遇，九战③，绝其甬道，大破之，杀苏角④，虏王离。涉间不降楚，自烧杀。当是时，楚兵冠诸侯。诸侯军救巨鹿下者十余壁，莫敢纵兵。及楚击秦，诸将皆从壁上观⑤。楚战士无不一以当十，楚兵呼声动天，诸侯军无不人人惴恐。于是已破秦军，项羽召见诸侯将，入辕门⑥，无不膝行而前，莫敢仰视。项羽由是始为诸侯上将军，诸侯皆属焉。

【注释】

①河：指漳河。②釜甑（zèng）：锅和蒸饭用的瓦罐，泛指炊具。③九战：多次作战。九，泛指多数。④苏角：秦将。⑤壁上观：人家交战，自己站在营垒上观看。比喻坐观成败，不出手帮助。壁，营垒。⑥辕门：古代军队驻扎时以车为营，将车辕相向竖起为门，所以称"辕门"。

楚军所向披靡

【译文】

项羽杀掉卿子冠军宋义之后，威震楚国，名声传遍诸侯。于是他派当阳君、蒲将军统兵二万渡过漳河，援救巨鹿。战事稍微取得一点胜利，陈馀又请求援兵。项羽便统率全部军队渡过漳河，沉掉全部船只，砸毁锅甑，烧掉营垒，携带三天的干粮，借此向士兵表示决一死战、无一点退还的决心。于是一到巨鹿就包围王离，与秦军接战多次，截断他们的甬道，大败秦军，杀了苏角，活捉王离。涉间不投降楚军，自焚而死。这时，楚军雄冠诸侯。巨鹿城下，诸侯援军有十多座营寨，都不敢出兵。等到楚军攻打秦军时，诸侯联军的将领都在壁垒上观看。楚军战士无不以一当十，楚军杀声震天，诸侯联军无不颤慄惊恐。这样打败秦军之后，项羽召见诸侯将领，他们进入辕门时，个个跪着前进，没有人敢仰视项羽。项羽从此开始成为诸侯的上将军，各路诸侯都隶属于他。

○鸿门宴○

【原文】

沛公旦日从百余骑来见项王，至鸿门，谢曰："臣与将军戮力而攻秦，将军战河北，臣战河南，然不自意能先入关破秦①，得复见将军于此。今者有小人之言，令将军与臣有郤。"项王曰："此沛公左司马曹无伤言之；不然，籍何以至此。"项王即日因留沛公与饮。项王、项伯东向坐。亚父南向坐②。亚父者，范增也。沛公北向坐，张良西向侍。范增数目项王，举所佩玉玦以示之者三③，项王默然不应。范增起，出召项庄④，谓曰："君王为人不忍，若入前为寿，寿毕，请以剑舞。因击沛公于坐，杀之。不者，若属皆且为所虏。"庄则入为寿。寿毕，曰："君王与沛公饮，军中无以为乐，请以剑舞。"项王曰："诺。"项庄拔剑起舞，项伯亦拔剑起舞，常以身翼蔽沛公，庄不得击。于是张良至军门，见樊哙⑤。樊哙曰："今日之事何如？"良曰："甚急。今者项庄拔剑舞，其意常在沛公也。"哙曰："此迫矣，臣请入，与之同命。"哙即带剑拥盾入军门。交戟之卫士欲止不内，樊哙侧其盾以撞，卫士仆地，哙遂入，披帷西向立，瞋目视项王⑥，头发上指，目眦尽裂⑦。项王按剑而跽曰⑧："客何为者？"张良曰："沛公之参乘樊哙者也⑨。"项王曰："壮士，赐之卮酒。"则与斗卮酒⑩。哙拜谢，起，立而饮之。项王曰："赐之彘肩⑪。"则与一生彘肩。樊哙覆其盾于地，加彘肩上,拔剑切而啖之⑫。项王曰:"壮士,能复饮乎?"樊哙曰:"臣死且不避,卮酒安足辞!夫秦王有虎狼之心,杀人如不能举,刑人如恐不胜,天下皆叛之。怀王与诸将约曰:'先破秦入咸阳者王之'。今沛公先破秦入咸阳,豪毛不敢有所近,封闭宫室,还军霸上,以待大王来。故遣将守关者,备他盗出入与非常也。劳苦而功高如此,未有封侯之赏,而听细说⑬,欲诛有功之人。此亡秦之续耳,窃为大王不取也。"项王未有以应,曰:"坐。"樊哙从良坐。坐须臾,沛公起如厕,因招樊哙出。

【注释】

①自意:自料。②亚父:尊称,尊敬他仅次于父亲。一说亚父是范增的别名。③玉玦(jué):玉器名。圆形而有缺口。④项庄:项羽的堂弟。⑤樊哙:沛人。吕后的妹夫。原以屠狗为业,和刘邦一同起兵,屡立战功。后为左丞相,封舞阳侯。⑥瞋(chēn)目:瞪着眼睛。⑦眦(zì):眼角。⑧跽(jì):长跪。古人席地而坐,双膝着地,上身挺直,股不着脚跟为"跽"。⑨参乘:也叫陪乘,乘车时立于车右,相当于卫士。⑩卮:古代盛酒的器皿。⑪彘(zhì)肩:猪腿。⑫啖(dàn):吃。⑬细说:小人的谗言。

【译文】

沛公第二天一早就带着一百多名骑兵来见项王,到达鸿门,道歉说:"我与将军协力攻秦,将军在河北作战,我在河南作战,然而没有料到自己能够率先进入关中灭掉秦朝,所以能在这里再次见到将军。现在有小人散布流言蜚语,使将军对我产生了隔阂。"项王说:"这是沛公左司马曹无伤说的;不然,我项籍怎么会这样?"项王当天就留沛公喝酒。项王、项伯向东坐,亚父向南坐。亚父就是范增。沛公向北坐,张良向西陪坐。范增多次瞅着项王,多次举起他所佩带的玉玦暗示项王,项王默然,没有反应。范增起身出去召唤项庄,对他说:"君王为人不够狠心,你进去,上前敬酒,敬完酒就请求舞剑,趁势在座席上刺杀沛公。否则,你们这些人都要被他们俘虏了。"项庄就进去敬酒,祝酒结束后,说:"君王和沛公饮酒,军营中没有什么取乐,请允许我舞剑吧。"项王说:"好。"项庄拔剑起舞,项伯也拔剑起舞,常用身子遮护沛公,项庄无法行刺。这时,张良走到军门,见到樊哙。樊哙问:"今天的情形如何?"张良说:"很危急,项庄现在正拔剑起舞,他的用意常在沛公身上。"樊哙说:"事情紧迫了,让我进去,和他拼命。"樊哙立即拿着剑和盾闯进军门。矛戟交叉的卫士想阻止樊哙,不让他进去,樊哙侧过盾一撞,卫士倒仆在地上,樊哙进去,掀开帷帐,向西站立,瞪眼看着项王,头发竖起,两边眼角都裂开了。项王按剑起身,说:"来客是干什么的?"张良说:"是沛公的参乘,名叫樊哙。"项王说:"这是壮士,赐他一杯酒。"左右的人就给他一大杯

项庄舞剑,意在沛公

⊙文史知识

座次与心理战

历史上著名的鸿门宴实际上是宴会上的战场,项羽和刘邦进行了心理战,座次,其实就是"战阵"。

项羽摆的鸿门宴中,座次是这样安排的:"项王、项伯东向坐;亚父南向坐,亚父者,范增也;沛公北向坐;张良西向侍。"当时宴会在军帐中进行,座次按古代室内礼仪活动形式安排,以东向为尊,其次是南向、北向,最卑的是西向。

一般认为,这是项羽妄自尊大、骄横无礼、以势压人的表现。实际上,这是当时在座各人真实地位和处境的反映。项羽固然自负,但刘邦安于北向座的位置,以及在宴会前所表现出来的谦卑与服从,使项羽平息了愤怒、祛除了疑虑,触发了项羽性格中"仁而爱人"、"温柔慈祥"的一面。如此一来,本来危机四伏的"鸿门宴",变成了项羽的诚心宴请。

酒。樊哙拜谢,起身站着喝了。项王说:"赐给他猪腿。"左右的人又给他一条生猪腿。樊哙把盾牌扣在地上,把猪腿放上,拔剑切了就吃。项王说:"壮士,能再喝酒吗?"樊哙说:"我连死都不躲避,一杯酒难道还值得推辞吗?那秦王有着虎狼般的狠心肠,杀人唯恐不完,用刑唯恐不尽,天下人都叛离了他。怀王和诸将约定:'先打败秦军进入咸阳的,在关中为王。'现在沛公打败秦军进入咸阳,毫毛一般大的东西也不敢沾边,封闭宫室,回军霸上,等待大王到来。沛公之所以派将领把守关口,是为了防备强盗出入和非常情况。如此劳苦功高,没有封侯的奖赏,大王却听信谗言,要杀有功之人。这不过是继续走秦朝灭亡的老路罢了。我私下认为,大王的这种做法是不可取的。"项王没话回答,说:"坐。"樊哙在张良身边坐下。坐了一会儿,沛公起身上厕所,趁机招呼樊哙出来。

【原文】

　　沛公已出,项王使都尉陈平召沛公①。沛公曰:"今者出,未辞也,为之奈何?"樊哙曰:"大行不顾细谨,大礼不辞小让。如今人方为刀俎②,我为鱼肉,何辞为。"于是遂去。乃令张良留谢。良问曰:"大王来何操③?"曰:"我持白璧一双,欲献项王,玉斗一双④,欲与亚父,会其怒,不敢献。公为我献之。"张良曰:"谨诺⑤。"当是时,项王军在鸿门下,沛公军在霸上,相去四十里。沛公则置车骑,脱身独骑,与樊哙、夏侯婴、靳强、纪信等四人持剑盾步走⑥,从郦山下,道芷阳间行⑦。沛公谓张良曰:"从此道至吾军,不过二十里耳。度我至军中,公乃入。"沛公已出,间至军中,张良入谢,曰:"沛公不胜桮杓⑧,不能辞。谨使臣良奉白璧一双,再拜献大王足下;玉斗一双,再拜奉大将军足下。"项王曰:"沛公安在?"良曰:"闻大王有意督过之,脱身独去,已至军矣。"项王则受璧,置之坐上。亚父受玉斗,置之地,拔剑撞而破之,曰:"唉!竖子不足与谋。夺项王天下者,必沛公也,吾属今为之虏矣。"沛公至军,立诛杀曹无伤。

【注释】

①陈平:阳武(今河南兰考)人。陈平原是项羽的部下,后来成为刘邦的谋士,官至相国。②俎(zǔ):砧板。③操:持执。这里指带礼物。④玉斗:玉制的大酒杯。⑤谨诺:遵命的意思。⑥夏侯婴:沛人。随刘邦起义,后封汝阴侯。靳强:曲沃人,刘邦部属,后封汾阳侯。纪信:刘邦的将领,后为掩护刘邦脱险而被项羽烧死。⑦芷阳:县名。在今陕西省西安市东北。间(jiàn)行:抄小路走。⑧桮杓(sháo):饮酒用的器皿。

【译文】

　　沛公出来后,项王派都尉陈平召唤沛公。沛公说:"刚才出来,没有告辞,怎么办呢?"樊哙说:"干大事不拘小节;行大礼不避小的责备。现在人家是屠刀和砧板,我们是鱼肉,为什么还要告辞呢?!"

于是就这样走了,让张良留下致谢。张良问:"大王来时带了什么没有?"沛公说:"我带了一双白璧,想献给项王;一双玉斗,想献给亚父,赶上他们发怒,没敢进献。您代我献上吧。"张良说:"遵命。"当时,项王驻军在鸿门,沛公驻军在霸上,相隔四十里。沛公便撇下车马,脱身独自骑马,樊哙、夏侯婴、靳强、纪信等四人手持剑、盾,快步随行,从骊山下,抄芷阳小路走。沛公临行前对张良说:"从这条路到我们军营,不过二十里。估计我已到军营中,您再进去。"沛公离去后,由小路回到了军营。张良进去致谢,说:"沛公不胜酒力,不能前来告辞,谨派小臣张良捧上一双白璧,敬献大王足下;一双玉斗,敬奉大将军足下。"项王说:"沛公在哪里?"张良说:"听说大王有意责罚他,他脱身独自离开,已经回到军营里了。"项王便接受了玉璧,放在坐席上。亚父接过玉斗,放到地上,拔剑击碎了。说道:"唉,这小子不值得与他共谋大事,夺取项王天下的,一定是沛公,我们这些人眼看要成他的俘虏了。"沛公回到军中,立刻诛杀曹无伤。

垓下之战

【原文】

项王军壁垓下,兵少食尽,汉军及诸侯兵围之数重。夜闻汉军四面皆楚歌,项王乃大惊曰:"汉皆已得楚乎?是何楚人之多也!"项王则夜起,饮帐中。有美人名虞,常幸从①;骏马名骓②,常骑之。于是项王乃悲歌忼慨③,自为诗曰:"力拔山兮气盖世,时不利兮骓不逝④。骓不逝兮可奈何,虞兮虞兮奈若何!"歌数阕⑤,美人和之⑥。项王泣数行下,左右皆泣,莫能仰视。

【注释】

①幸从:因宠幸而侍从。②骓(zhuī):毛色苍白相杂的马。③忼慨:同"慷慨"。④逝:行。⑤数阕(què):几遍。⑥和(hè):跟着唱。

【译文】

项王军队在垓下筑起营垒,兵少粮尽,汉军及诸侯兵重重包围。晚上听到汉军四面都唱着楚歌,项王大惊道:"汉军都已经得到楚国的土地了吗?为什么楚人这么多呢?"项王于是连夜起来,在营帐中饮酒。有位美人名叫虞姬,经常受宠幸随从;有匹骏马名叫骓,项王经常骑它。这时项王慷慨悲歌,自己作诗吟唱道:"力拔山兮气盖世,时不利兮骓不逝。骓不逝兮可奈何,虞兮虞兮奈若何!"歌唱了好几遍,美人从旁伴唱。项王泪下数行,侍从人员也都哭泣,不忍抬头观看。

霸王别姬

高祖本纪

【导读】

西汉高祖刘邦（公元前256～前195年），沛郡丰邑中阳里人，字季。刘邦在兄弟四人中排行第三。秦朝末年，参加农民起义，并率先进入咸阳。项羽自封西楚霸王后，封刘邦为汉王。后与项羽争夺天下，并最终取得胜利，国号定为"汉"，定都洛阳，后迁都长安。本篇重点讲了高祖与功臣论得天下及高祖还乡的故事。前一个故事说明高祖重视人才所以取得天下。后一个故事表现了高祖取得天下后志得意满的情怀。

◎汉高祖家世◎

【原文】

高祖，沛丰邑中阳里人，姓刘氏，字季。父曰太公，母曰刘媪。其先刘媪尝息大泽之陂①，梦与神遇。是时雷电晦冥，太公往视，则见蛟龙於其上。已而有身②，遂产高祖。高祖为人，隆准而龙颜③，美须髯④，左股有七十二黑子。仁而爱人，喜施，意豁如也⑤。常有大度，不事家人生产作业。及壮，试为吏，为泗水亭长，廷中吏无所不狎侮，好酒及色。常从王媪、武负贳酒⑥，醉卧，武负、王媪见其上常有龙，怪之。高祖每酤留饮⑦，酒雠数倍。及见怪，岁竟，此两家常折券弃责⑧。

高祖常繇咸阳，纵观，观秦皇帝，喟然太息曰："嗟乎，大丈夫当如此也！"

【注释】

①其先：早先，起初。②已而：不久。有身：怀孕。③隆准：高鼻梁。准，鼻梁。龙颜：像龙一样的面貌。后代称皇帝的面貌为"龙颜"。④须髯：胡子。⑤豁如：豁达豪放的样子。⑥贳（shì）：租赁，赊欠。⑦酤：买酒。⑧折券弃责(zhài)：折断债据，不再讨债。责，通"债"。

【译文】

高祖是沛郡丰邑县（今江苏丰县）中阳里人，姓刘，字季。他的父亲是太公，母亲是刘媪（ǎo）。刘媪曾经在大泽的岸边休息，梦中与神相遇。那时候电闪雷鸣，太公去找刘媪，看见一条蛟龙趴在她的身上。刘媪就有了身孕，产下高祖。高祖长得很有帝王之相，额头高高隆起，鬓角和胡须很漂亮，左边大腿有七十二颗黑痣。仁义而爱人，喜好施舍，态度大方豪爽。曾经有远大的抱负，不跟老百姓一样做生产之事。到壮年时通过考试成为了一名官吏，当泗水的亭长，亭中的小吏没有不被他欺侮的。喜好喝酒和美色。常常到武负、王媪的酒肆赊酒喝。醉了就睡，武负和王媪看到高祖的上方常常有龙盘旋，觉得很奇怪。高祖每次留在酒肆里喝酒，买酒的人就会增加，售出去的酒达到平常的几倍。等到看见了有龙出现的怪现象，到了年终，这两家常常毁掉欠据，免除债务。

高祖曾经到咸阳去服徭役，有一次秦始皇出巡，允许人们随意观看，他看到了秦始皇，长叹一声说："唉，大丈夫就应该像这样！"

【原文】

单父人吕公善沛令，避仇从之客，因家沛焉①。沛中豪桀吏闻令有重客②，皆往贺。萧何为主吏，主进，令诸大夫曰："进不满千钱，坐之堂下。"高祖为亭长，素易诸吏，乃绐为谒曰"贺钱万"③，实不持一钱。谒入，吕公大惊，起，迎之门。吕公者，好相人，见高祖状貌，因重敬之，引入坐。萧何曰："刘季固多大言，少成事。"高祖因狎侮诸客，遂坐上坐，无所诎④。酒阑⑤，吕公因目固留高祖。高祖竟酒，後。吕公曰："臣少好相人，相人多矣，无如季相，愿季自爱。臣有息女⑥，愿为季箕帚妾⑦。"酒罢，吕媪怒吕公曰："公始常欲奇此女，与贵人。沛令善公，求之不与，何自妄许与刘季？"吕公曰："此非儿女子所知也⑧。"卒与刘季。吕公女乃吕后也，生孝惠帝、鲁元公主。

【注释】

①家：安家。②桀：同"杰"。重客：贵客。③绐：欺骗。谒：名帖。④诎：同"屈"，谦让。⑤酒阑：酒快吃完了。阑，残尽。⑥息女：亲生女儿。⑦箕帚妾：谦词，指妻子。⑧儿女子：等于说妇孺之辈，有蔑视之意。

【译文】

单父人吕公与小沛的县令要好，为躲避仇人投奔到县令这里来作客，于是就在小沛安了家。沛中的豪杰、官吏们听说县令有贵客，都前往祝贺。萧何当时是县令的属官，掌管收贺礼事宜，他对那些送礼的宾客们说："送礼不满千金的，让他坐到堂下。"高祖做亭长，平素就看不起这帮官吏，于是在进见的名帖上谎称"贺钱一万"，其实他一个钱也没带。名帖递进去了，吕公见了高祖大为吃惊，赶快起身，到门口去迎接他。吕公这个人，喜欢给人相面，看见高祖的相貌，就非常敬重他，把他领到堂上坐下。萧何说："刘季一向满口说大话，很少做成什么事。"高祖就趁机戏弄那些宾客，干脆就坐到上座去，一点儿也不谦让。酒喝得尽兴了，吕公于是向高祖递眼色，让他一定留下来，高祖喝完了酒，就留在后面。吕公说："我从年轻的时候就喜欢给人相面，经我给相面的人多了，没有谁能比得上你刘季的面相，希望你好自珍爱。我有一个亲生女儿，愿意许给你做你的洒扫妻妾。"酒宴散了，吕媪对吕公大为恼火，说："你起初总是想让这个女儿出人头地，把他许配给个贵人。小沛县令跟你要好，想要这个女儿你不同意，今天你为什么随随便便地就把她许给刘季了呢？"吕公说："这不是女人家所懂得的。"终于把女儿嫁给刘季了。吕公的女儿就是吕后，生了孝惠帝和鲁元公主。

汉高祖论得天下

【原文】

高祖置酒雒阳南宫。高祖曰："列侯诸将无敢隐朕，皆言其情。吾所以有天下者何？项氏之所以失天下者何？"高起、王陵对曰①："陛下慢而侮人，项羽仁而爱人。然陛下使人攻城略地，所降下者因以予之②，与天下同利也。项羽妒贤嫉能，有功者害之④，贤者疑之，战胜而不予人功，得地而不予人利，此所以失天下也。"高祖曰："公知其一，未知其二。夫运筹策帷帐之中⑤，决胜于千里之外，吾不如子房⑥；镇国家，抚百姓，给馈饷⑦，不绝粮道，吾不如萧何；连百万之军，战必胜，攻必取，吾不如韩信。此三者，皆人杰也，吾能用之，此吾所以取天下也。项羽有一范增而不能用，此其所以为我擒也。"

【注释】

①高起：人名。②降下者：指归降的和攻克的城地。③天下：这里指刘邦的部属。④害：嫉恨。⑤运筹策帷帐之中：

在营中定计决策。筹策，古代计算用具，引申为计策。帷帐，帐幕，用以指军营。⑥子房：即张良，表字子房。⑦馈（kuì）饷：粮饷。

【译文】

　　高祖在洛阳南宫举行酒宴。他说："各位列侯，各位将军，请大家不要瞒我，都坦率地说一说心里话，我之所以能得到天下是什么缘故，项羽之所以失去天下又是什么缘故？"高起、王陵回答说："陛下性情傲慢，喜欢侮辱别人；项羽性情仁厚，注意爱护他人。然而陛下派人攻城略地，攻下了城邑就分封给他，与大家同享利益；而项羽却妒贤嫉能，对有功的人加以伤害，对贤能的人随便怀疑，打了胜仗而不论功行赏，得了土地而不给人好处，这就是他失去天下的原因。"高祖说："你只知其一，不知其二。讲到运筹策划于帷帐之中，决定胜利于千里之外，我不如张良；镇定国家，安抚百姓，供应粮饷，使运输畅通无阻，我不如萧何；统率百万大军，战而必胜，攻而必克，我不如韩信。这三位，都是人中之杰，而我却能够任用他们，这就是我之所以取得天下的缘故。项羽尽管有一个范增却不信任他，这就是他被我打败的原因。"

汉高祖还乡

【原文】

　　高祖还归，过沛，留。置酒沛宫，悉召故人父老子弟纵酒①，发沛中儿得百二十人，教之歌。酒酣，高祖击筑②，自为歌诗曰：

　　"大风起兮云飞扬，威加海内兮归故乡，安得猛士兮守四方！"

　　令儿皆和习之③。高祖乃起舞，慷慨伤怀，泣数行下。谓沛父兄曰："游子悲故乡。吾虽都关中，万岁后吾魂魄犹乐思沛。且朕自沛公以诛暴逆，遂有天下，其以沛为朕汤沐邑④，复其民，世世无有所与⑤。"沛父兄诸母故人日乐饮极欢，道旧故为笑乐⑥。

　　十余日，高祖欲去，沛父兄固请留高祖。高祖曰："吾人众多，父兄不能给。"乃去。沛中空县皆之邑西献⑦。高祖复留止，张饮三日⑧。沛父兄皆顿首曰："沛幸得复，丰未复，唯陛下哀怜之。"高祖曰："丰吾所生长，极不忘耳，吾特为其以雍齿故反我为魏。"沛父兄固请，乃并复丰，比沛。于是拜沛侯刘濞为吴王。

【注释】

①纵酒：开怀饮酒。②筑：古代的一种弹拨乐器。外形像筝，有十三弦，演奏时左手按弦，右手以竹尺击弦发音。③和（hè）习之：跟着学唱。④汤沐邑：原指古代天子在自己的领地内，赐给诸侯以供其朝拜天子时住宿、斋戒、沐浴的封地，后用以称天子、诸侯、皇后、公主等人的私邑。⑤无有所与：与徭役没有关系，即不服任何徭役。⑥道旧故：谈论往事。⑦空县：意谓全县出动。献：指献酒食。⑧张（zhàng）饮：在郊外设帷帐饯饮。张，通"帐"。

汉高祖刘邦

【译文】

　　高祖从前线回京，路过沛县时，停留下来，在沛宫举行宴会，将家乡老熟人和父老子弟全部请来，纵情痛饮，还挑选了沛县的一百二十名儿童，教他们唱歌。酒意正浓的时候，高祖击筑而歌，他唱道：

"大风卷起啊，白云飞扬；皇威普及海内啊，我终于衣锦还乡；可又怎么才能招致勇士啊；来守卫四方的边疆！"

高祖让儿童们也都跟着学唱。他又跳起舞来，心中感慨万千，激动得淌下行行热泪。他对沛县父老兄弟们说："远行的游子，总是怀念故乡的。我虽然建都关中，可千秋万岁之后，我的魂魄还会想念着沛地。并且我从做沛公开始，讨伐暴君逆贼，最终取得天下。现在就将沛县作为我的汤沐邑，免除沛县人民的赋税劳役，让他们世世代代不要纳税服役。"沛县的父老兄弟、婶子大娘和亲朋好友天天陪着高祖开怀畅饮，笑谈往事，高祖极为高兴。

过了十多天，高祖要离开了，沛县的父老乡亲们执意挽留。高祖说："我的随从众多，父兄们负担不起。"于是离开了。这天沛县人倾城而出，都赶到西郊来敬献酒食。高祖又留下来，搭起帐篷，再痛饮了三天。沛县的父老兄弟们都叩头请求说："我们沛县有幸能够免除劳役，丰邑人却没有免除劳役，请陛下可怜他们。"高祖说："丰邑是我生长的地方，我决不会忘记，只因为先前丰邑人跟着雍齿背叛我而倒向魏王。"沛县的父老兄弟再三请求，高祖才答应照沛县的样子，一并免除丰邑赋税劳役。在这时封沛侯刘濞为吴王。

◎高祖驾崩◎

【原文】

高祖击布时，为流矢所中①，行道病。病甚，吕后迎良医。医入见，高祖问医。医曰："病可治。"于是高祖嫚骂之曰②："吾以布衣提三尺剑取天下③，此非天命乎？命乃在天，虽扁鹊何益④！"遂不使治病，赐金五十斤罢之。已而吕后问⑤："陛下百岁后⑥，萧相国即死⑦，令谁代之？"上曰："曹参可。"问其次，上曰："王陵可。然陵少戆⑧，陈平可以助之。陈平智有余，然难以独任。周勃重厚少文⑨，然安刘氏者必勃也，可令为太尉。"吕后复问其次，上曰："此后亦非而所知也⑩。"

四月甲辰，高祖崩长乐宫⑪。

【注释】

①流矢：飞箭。②嫚骂：辱骂。嫚，轻慢，侮辱。③布衣：平民。因平民穿布制衣服，故以布衣借指平民。④虽：即使，纵然。⑤已而：不久。⑥百岁后：也是死的避讳说法，等于说百年之后。⑦即：如果，一旦。⑧少：稍微。戆（zhuàng）：愚而刚直。⑨少文：缺少文才。⑩而：你。⑪长乐宫：西汉皇家宫殿群。与未央宫、建章宫同为汉代三宫。汉高祖之后为太后居所。因其位于未央宫东，又称东宫，意为"长久快乐"。

【译文】

高祖讨伐黥布时，被飞箭射中受伤，在返回的途中生了病。病情很严重，吕后请来一位良医。医生进宫为高祖看病，高祖向他询问病情。医生说："陛下的病可以治得好。"于是高祖大骂道："我只凭着一个平民的身份，提着三尺宝剑得到天下，这难道不是因为天命吗？人的命运由上天掌握着，即使你是神医扁鹊又有什么用处呢！"因此不让那位医生治病，赏赐他五十斤黄金，打发他走了。不久，吕后问高祖："陛下百年之后，如果萧相国也死了，让谁来接替他呢？"高祖说："曹参可以。"又问曹参以后还有谁适合，高祖说："王陵可以。不过他有点莽撞刚直，陈平可以帮助他。陈平才智有余，但是很难独自担当大任。周勃深沉厚道，缺少文才，但是安定刘氏天下的一定是周勃，可以让他担当太尉一职。"吕后再问后面的人选，高祖说："再以后的事，也不是你所能知道的了。"

四月甲辰日，高祖驾崩于长乐宫。

吕太后本纪

【导读】

　　吕后，名雉，字娥姁，是刘邦的发妻。刘邦死后，吕后培植吕氏势力，残害刘邦宠姬和诸子。后来，周勃、陈平等元老大臣联合刘氏宗室诛灭了诸吕，才使这场外戚之乱终结。王诸吕和诛诸吕是关系汉室存亡兴替的大事，司马迁紧紧扣住这个关键问题谋篇布局，成功地塑造了残忍刻毒、权欲熏心的乱政后妃的形象。

○嫉妒施淫威○

【原文】

　　吕太后者，高祖微时妃也①，生孝惠帝、女鲁元太后②。及高祖为汉王，得定陶戚姬③，爱幸，生赵隐王如意。孝惠为人仁弱，高祖以为不类我④，常欲废太子，立戚姬子如意，如意类我。戚姬幸，常从上之关东⑤，日夜啼泣，欲立其子代太子。吕后年长，常留守，希见上⑥，益疏。如意立为赵王后，几代太子者数矣⑦，赖大臣争之，及留侯策⑧，太子得毋废。

　　吕后为人刚毅，佐高祖定天下，所诛大臣多吕后力⑨。吕后兄二人，皆为将。长兄周吕侯死事⑩，封其子吕台为郦侯，子产为洨侯；次兄吕释之为建成侯。

【注释】

①微时：贫贱的时候。妃：配偶。②孝惠帝：刘盈。鲁元太后：刘盈的姐姐。其子张偃被封鲁王，其夫张敖谥鲁元王。所以称鲁元太后。③定陶：县名。在今山东省定陶县西北。④类：像、似。⑤之：到。关东：泛指函谷关或潼关以东。⑥希：通"稀"。⑦几：差不多，几乎。⑧留侯策：留侯即张良。指刘盈用了张良的计策，把高祖一直招而不来的四皓先请过来了，所以高祖不再废太子刘盈了。⑨所诛大臣：指韩信、黥布、彭越等被杀。⑩周吕侯：即吕泽。死事：死于战争。

【译文】：

　　吕太后，高祖微贱之时的妻子，生了惠帝和女儿鲁元太后。到高祖为汉王时，又娶了定陶戚夫人，高祖十分宠爱她，戚夫人生下了赵隐王如意。孝惠帝为人仁义软弱，高祖觉得不像自己，常常想废掉太子，改立戚夫人的儿子如意，因为如意的个性比较像他。戚夫人受到宠幸，经常跟随高祖皇帝到关东，她日夜在高祖面前哭泣，目的是想让高祖立自己的儿子为太子。吕后年纪较长，经常留守在关中，与高祖很少见面，所以关系越来越疏远。如意被立为赵王之后，有好几次差点就被立为太子了，幸

吕后参佐朝政

亏有大臣劝阻，又采用了张良的计策，太子这才没有遭到罢黜。

吕后为人刚强坚毅，辅佐高祖平定天下，诛灭大臣的策略多出自吕后之手。吕后有两个哥哥，他们都是大将军。大哥周吕侯吕泽死于战事，朝廷封他的儿子吕台为郦侯，吕产为浇侯；封他的二哥吕释之为建成侯。

【原文】

高祖十二年四月甲辰①，崩长乐宫②，太子袭号为帝。是时高祖八子：长男肥，孝惠兄也，异母，肥为齐王；余皆孝惠弟，戚姬子如意为赵王，薄夫人子恒为代王，诸姬子恢为梁王，子友为淮阳王，子长为淮南王，子建为燕王。高祖弟交为楚王，兄子濞为吴王。非刘氏功臣鄱君吴芮子臣为长沙王③。

【注释】

①高祖十二年：公元前195年。甲辰：二十五日。②崩：古代帝王或王后死叫崩。③鄱君吴芮：吴芮秦时曾为鄱阳县令，故称鄱君。刘邦起兵时，吴芮曾派兵相助。

【译文】

高祖十二年四月甲辰日，高祖在长乐宫驾崩。太子继承帝位。当时高祖共有八个儿子：长子刘肥，孝文帝的异母哥哥，被封为齐王；剩下的都是惠帝的弟弟，戚夫人的儿子如意被封为赵王，薄夫人的儿子刘恒被封为代王，其他妃嫔所生的儿子也有分封，如刘恢被封为梁王，刘友被封为淮阳王，刘长被封为淮南王，刘建被封为燕王。高祖的弟弟刘交被封为楚王，高祖哥哥的儿子刘濞被封为吴王。非刘姓的功臣鄱君吴芮被封为长沙王。

【原文】

吕后最怨戚夫人及其子赵王，乃令永巷囚戚夫人①，而召赵王。使者三反②，赵相建平侯周昌谓使者曰："高帝属臣赵王③，赵王年少。窃闻太后怨戚夫人，欲召赵王并诛之，臣不敢遣王。王且亦病，不能奉诏。"吕后大怒，乃使人召赵相。赵相征至长安④，乃使人复召赵王。王来，未到。孝惠帝慈仁，知太后怒，自迎赵王霸上⑤，与入宫，自挟与赵王起居饮食⑥。太后欲杀之，不得间⑦。孝惠元年十二月，帝晨出射。赵王少，不能蚤起。太后闻其独居，使人持鸩饮之⑧。犁明⑨，孝惠还，赵王已死。于是乃徙淮阳王友为赵王。夏，诏赐郦侯父追谥为令武侯。太后遂断戚夫人手足，去眼，煇耳⑩，饮瘖药⑪，使居厕中⑫，命曰"人彘"⑬。居数日，乃召孝惠帝观人彘。孝惠见，问，乃知其戚夫人，乃大哭，因病，岁余不能起。使人请太后曰⑭："此非人所为。臣为太后子，终不能治天下。"孝惠以此日饮为淫乐，不听政，故有病也。

【注释】

①永巷：即永巷令。永巷本是后宫女使所居，后来也用来幽禁有罪的妃嫔。②反：同"返"。③属臣赵王：把赵王托付给我。属，托付，交给。④征：召，特指君召臣。长安：西汉都城。在今陕西省西安市西北。⑤霸上：地名。在今陕西省西安市东南。⑥自挟：亲自携同、守护。⑦间：空隙，机会。⑧鸩：这里泛指毒酒。饮：喝，这里是使动用法。⑨犁：通"黎"，等到。王念孙认为"明"字是衍文。⑩煇：通"熏"，用火烧灼。⑪瘖药：使人变哑的药。瘖，哑。⑫厕：猪圈。⑬彘：猪。⑭请：告诉。

【译文】

吕后最忌恨的是戚夫人和她的儿子赵王，于是命令永巷令把戚夫人囚禁在永巷之中，另外还派人召赵王如意回京城。使者去了好几次，也没能召来。赵相建平侯周昌对使者说："高祖皇帝把赵王嘱托给我，赵王年幼，我私下里听说吕后痛恨戚夫人，想把赵王召进宫中杀掉，我不敢让赵王去啊。况且赵王有病，不能奉诏入京。"吕后十分生气，就把赵相周昌召到京城。周昌来到长安，吕后又派人召赵王入京。赵王来了，但还没有进京城。孝惠帝十分仁厚，他知道吕后想杀掉赵王，就亲自到霸上迎接赵王，与赵王一起入宫，与赵王一起饮食起居。吕后想杀赵王，却一直没有机会。惠帝元年十二月，惠王拂晓出猎，赵王年幼不能早起。吕后听说赵王独自在宫中，便派人给他毒酒喝。等到天明惠帝赶回来的时候，赵王已经死了。于是改封淮阳王刘友为赵王。这一年的夏天，惠帝又下诏追封郦侯之父为令武侯。

戚夫人惨遭迫害

吕后让人斩断戚夫人的手和脚，挖掉她的眼睛，用火灼烧她的耳朵，还给她灌了哑药，让她住在厕所里，称她为"人彘"。过了几天，吕后叫惠帝去看"人彘"，惠帝见了之后，一问，这才知道是戚夫人，便放声大哭，因此病了一年多而无法起身。惠帝派人对吕后说："这不是人所能做出来的事情。我身为太后的儿子，终究是再无脸面治理天下了。"之后惠帝终日沉溺于酒色，不理政事，所以一直患病。

【原文】

　　二年，楚元王、齐悼惠王皆来朝①。十月，孝惠与齐王燕饮太后前②，孝惠以为齐王兄，置上坐，如家人之礼③。太后怒，乃令酌两卮鸩④，置前，令齐王起为寿⑤。齐王起，孝惠亦起，取卮欲俱为寿。太后乃恐，自起泛孝惠卮⑥。齐王怪之，因不敢饮，详醉去⑦。问，知其鸩，齐王恐，自以为不得脱长安，忧。齐内史士说王曰："太后独有孝惠与鲁元公主。今王有七十余城，而公主乃食数城⑧。王诚以一郡上太后⑨，为公主汤沐邑⑩，太后必喜，王必无忧。"于是齐王乃上城阳之郡⑪，尊公主为王太后⑫。吕后喜，许之。乃置酒齐邸⑬，乐饮，罢，归齐王⑭。三年，方筑长安城，四年就半，五年六年城就。诸侯来会。十月朝贺。

【注释】

①楚元王、齐悼惠王：指刘交和刘肥。"元""悼惠"分别是他们的谥号。②燕饮：安闲快乐，不讲礼仪的宴饮。燕,安闲。③如：按照。④卮：酒器。⑤为寿：献酒祝寿。⑥泛：翻，覆。⑦详：通"佯"，假装。⑧食：受、享，指享受封地的赋税物产。⑨上：献上。⑩汤沐邑：古代诸侯入京朝见天子，天子赐给他一小块领地，以供其斋戒沐浴的费用，称汤沐邑。后世用以指皇室收取赋税的私邑。⑪城阳：在今山东莒县一带。⑫尊公主为王太后：齐王与鲁元公主为异母兄妹，不得以母礼事之，今尊公主为王太后，是为了取悦于吕后。⑬齐邸：齐王在京的官邸。按汉法，诸侯王可在京筑府舍，以供入朝时使用。⑭归齐王：让齐王回国。

【译文】

　　孝惠帝二年，楚元王刘交、齐悼惠王刘肥来朝见天子。十月，惠帝与齐王刘肥在吕后的酒宴上饮酒，惠帝认为齐王是自己的兄长，所以就让他坐在上座，这是依照了家人的礼节。吕后很生气，就让人倒了两杯毒酒，摆在齐王的面前，叫齐王起身为她饮酒祝寿。齐王站起来，惠帝也跟着站起来，端起酒杯一起为吕后祝寿。吕后大惊，连忙起身打翻惠帝的酒杯。齐王觉得很奇怪，便不敢喝酒，假装喝醉了离席而去。后来询问别人，他才知道那是毒酒。齐王很惊恐，以为无法脱身离开长安了，感到十分忧虑。齐国的内史对齐王说："太后只生了孝惠皇帝和鲁元公主两个人。现在大王您受封了七十多座城池，而鲁元公主才只有几座城池而已。如果大王您把一个郡献给太后，使之成为鲁元公主的汤沐邑，太后一定会高兴的，那样您也没有忧患了。"于是齐王把城阳郡献给太后，还尊公主为王太后。吕后很高兴，答应了齐王的建议。吕后在齐王的府邸设宴，喝得十分痛快，酒宴结束后，让齐王回国。孝惠帝三年，开始修筑长安城，孝惠帝四年的时候，工程完成了一半，到五年、六年，便全部竣工了。十月，诸侯们都来到京城祝贺。

◎掌握朝政◎

【原文】

七年秋八月戊寅①，孝惠帝崩。发丧，太后哭，泣不下②。留侯子张辟彊为侍中③，年十五，谓丞相曰④："太后独有孝惠，今崩，哭不悲，君知其解乎⑤？"丞相曰："何解？"辟彊曰："帝毋壮子，太后畏君等。君今请拜吕台、吕产、吕禄为将，将兵居南北军⑥，及诸吕皆入宫，居中用事⑦，如此则太后心安，君等幸得脱祸矣。"丞相乃如辟彊计⑧。太后说⑨，其哭乃哀。吕氏权由此起。乃大赦天下。九月辛丑⑩，葬。太子即位为帝，谒高庙⑪。元年，号令一出太后⑫。

【注释】

①七年：公元前188年。八月戊寅：八月十二日。②泣：眼泪。③侍中：官名。侍从皇帝左右，以备参谋之用。④丞相：这里指左丞相陈平。⑤解：解释，这里指道理、原因。⑥将：率领。南北军：西汉高祖时所建，用来保卫两宫的卫队。长乐宫在东，为北军；未央宫在西，为南军。⑦用事：执政，当权。⑧如：顺从，依照。⑨说：同"悦"。⑩九月辛丑：九月五日。⑪谒高庙：到祖庙里祭拜。⑫一：一概，完全。

吕后听政

【译文】

七年秋八月戊寅，孝惠帝驾崩。发丧期间，只听到吕后的哭声，却不见她落眼泪。留侯之子张辟彊此时正出任侍中之职，年纪才十五岁，他对丞相说："太后只有孝惠帝一个儿子，如今皇上驾崩了，她却只哭不落泪，您知道这是什么原因吗？"丞相反问道："您说这是什么缘故呢？"张辟彊说："皇帝没有年纪较大的儿子来继承帝位，现在太后害怕你们这些老臣。你们应该请求太后拜吕台、吕产、吕禄等人为大将军，让他们统领南北之军，并且让吕氏诸人入宫做事，这样太后就能心安了，而你们也能免于祸患。"丞相便按照张辟彊的策略行事，太后很高兴，这才哀伤地掉下眼泪。吕氏掌握汉室大权，便是从这个时候开始的。于是太后大赦天下。九月辛丑，安葬了惠帝。太子即位做了皇帝，随后拜谒高祖的庙堂。少帝元年以后，朝廷所发号的命令，一律出自太后之口。

孝景本纪

【导读】

本篇主要叙述了汉景帝刘启在位十六年间的功业。景帝在位时,平定"七国之乱",北拒匈奴,而且多次减免赋税,历史上称其与文帝的统治为"文景之治"。

◎ 轻徭薄赋,与民休息 ◎

【原文】

孝景皇帝者,孝文之中子也①。母窦太后。孝文在代时,前后有三男,及窦太后得幸,前后死,及三子更死②,故孝景得立。

【注释】

①中子:排行居中的儿子。②更:相继地,接连地。

【译文】

孝景皇帝,是孝文帝诸多儿子中排行居中的一个。孝景帝的母亲是窦太后。孝文帝做代王的时候,前一个王后生下三位王子,后来窦太后得到宠幸,前一个王后去世,而她的三个儿子也相继去世,所以景帝得以被立为太子。

【原文】

元年四月乙卯,赦天下。乙巳①,赐民爵一级。五月,除田半租②。为孝文立太宗庙③。令群臣无朝贺④,匈奴入代,与约和亲⑤。

【注释】

①乙巳:据梁玉绳《史记志疑》考证此二字衍。②除田半租:减去一半田租。文帝时田租十五而税一,景帝再减收一半,即三十而税一。③太宗:文帝的庙号。古代帝王世系中,一般称开国皇帝为"祖",称第一个治理天下有功绩的皇帝为"宗"。"太"是尊称。④无:同"毋",不要。⑤和亲:指与匈奴议和,结为姻亲。

【译文】

前元元年四月乙卯日,天下大赦。乙巳日,赏赐民众每户爵位一级。五月,减去田地一半的租税。为孝文帝修建太宗庙,诏令群臣不要上朝拜贺。同年匈奴入侵代地,朝廷与匈奴定约和亲。

【原文】

二年春,封故相国萧何孙系为武陵侯。男子二十而得傅①。四月壬午,孝文太后崩②。广川、长沙王皆之国。丞相申屠嘉卒。八月,以御史大夫开封侯陶青为丞相。彗星出东北。秋,衡山雨雹③,大者五寸,深者二尺④。荧惑逆行⑤,守北辰⑥。月出北辰间。岁星逆行天廷中⑦。置南陵及内史、祋祤为县。

【注释】

①"男子二十"句：指男子二十岁开始服兵役。傅，著。指著于名籍，给公家服徭役。得，应该，必须。②孝文太后：文帝的母亲薄太后。崩：古代帝王或王后死叫崩。③雨雹：下雹子。④深者二尺：《会注考证》引王念孙曰："深下'者'字衍。"⑤荧惑：火星的别名。因其隐现不定，令人迷惑，所以叫荧惑。⑥北辰：北极星。⑦岁星：木星。天廷：古代把星空分为三个区域，叫三垣，即紫微垣、太微垣、天市垣。天廷即太微垣。也写作"天庭"。

【译文】

　　二年春，封原先的相国萧何的孙子萧系为武陵侯。规定男子满二十岁开始服兵役。四月壬午日，薄太后去世。广川王刘彭祖、长沙王刘发都回了自己的封国。丞相申屠嘉去世。八月，任命御史大夫开封侯陶青为丞相。彗星在天空的东北方出现。秋天，衡山地区下冰雹，最大的雹子直径达到了五寸，最深的地方达到了二尺。火星逆向运行，一直运行到北极星所在的位置。月穿过北极星的星空。木星逆向运行至太微垣区域。下诏设置南陵、内史、祋栩三个县。

○内平诸侯，外拒匈奴○

【原文】

　　三年正月乙巳，赦天下。长星出西方①。天火燔雒阳东宫大殿城室②。吴王濞、楚王戊、赵王遂、胶西王印、济南王辟光、菑川王贤、胶东王雄渠反③，发兵西向。天子为诛晁错④，遣袁盎谕告，不止，遂西围梁。上乃遣大将军窦婴、太尉周亚夫将兵诛之。六月乙亥，赦亡军及楚元王子艺等与谋反者。封大将军窦婴为魏其侯。立楚元王子平陆侯礼为楚王。立皇子端为胶西王，子胜为中山王。徙济北王志为菑川王，淮阳王馀为鲁王，汝南王非为江都王。齐王将庐、燕王嘉皆薨。

汉景帝大赦天下

【注释】

①长星：彗星的一种。②天火：指由雷电或物体自燃引起的大火。燔（fán）：焚烧。此事指景帝三年淮阳王刘余的宫殿被大火焚毁。③"吴王濞……反"句：以刘濞为首的同姓诸侯王进行武装叛乱，就是历史上所说的吴、楚七国之乱。这次叛乱的借口是"清君侧，诛晁错"，因为晁错主张"削藩"，即削弱诸侯王的势力。④为诛晁错：为安抚反叛的诸侯王而杀了晁错。

【译文】

　　三年正月乙巳日，大赦天下。流星在西方出现。天火焚毁了洛阳东宫大殿和城楼。吴王刘濞、楚王刘戊、赵王刘遂、胶西王刘印、济南王刘辟光、菑川王刘贤和胶东王刘雄渠造反，发兵向西进攻。景帝为此而诛杀晁错，派遣袁盎通告，但是七国仍然不肯罢兵，接着向西围困梁国。皇上于是遣派大将军窦婴、太尉周亚夫率军讨伐叛军。六月乙亥日，赦免逃亡的叛军以及和楚元王的儿子刘艺等一起谋反的人。封大将军窦婴为魏其侯。封楚元王的儿子平陆侯刘礼为楚王。立皇子刘端为胶西王，皇子刘胜为中山王，迁徙济北王刘志为菑川王，淮阳王刘馀为鲁王，汝南王刘非为江都王。齐王刘将庐、燕王刘嘉都去世了。

【原文】

四年夏，立太子①。立皇子彻为胶东王。六月甲戌，赦天下。后九月，更以易阳为阳陵②。复置津关③，用传出入④。冬，以赵国为邯郸郡。

【注释】

① 太子：指栗太子刘荣，栗姬所生。② "更（gēng）以"句：指景帝决定在易阳为自己修建陵墓，并将易阳更名为阳陵。更，改。③ 复置津关：津关，设在水陆要道的关卡。文帝十二年曾颁布通关梁的法令，允许人们自由出入关隘。景帝在平息了吴、楚七国之乱以后，恢复了凭证出入关隘的制度。④ 传：一种出入关隘的凭证。

【译文】

四年夏，册立太子。立皇子刘彻为胶东王。六月甲戌日，大赦天下。闰九月，更改易阳的名称为阳陵。命令在水陆要道重新设置关卡，手拿出入关隘的凭证才能自由出入。冬天，改赵国为邯郸郡。

【原文】

五年三月，作阳陵、渭桥。五月，募徙阳陵，予钱二十万。江都大暴风从西方来，坏城十二丈。丁卯，封长公主子蛴为隆虑侯①。徙广川王为赵王。

【注释】

①长公主：指皇帝的姐姐刘嫖，窦太后所生。汉代称皇帝的女儿为公主，皇帝的姊妹为长公主，皇帝的姑姑为大长公主。

【译文】

五年三月，修建阳陵和渭桥。五月，招募百姓迁移至阳陵，总共拨款二十余万。从西方而来的大风暴席卷江都，摧毁城墙十二丈。丁卯日，封长公主的儿子陈蛴为隆虑侯。迁徙广川王刘彭祖到赵国做了赵王。

【原文】

六年春，封中尉绾为建陵侯，江都丞相嘉为建平侯，陇西太守浑邪为平曲侯，赵丞相嘉为江陵侯，故将军布为鄃侯。梁楚二王皆薨。后九月，伐驰道树①，殖兰池②。

【注释】

① 驰道：秦代修建的供帝王行驶车马的道路。② 殖：《集解》引徐广曰："殖，一作'填'。"兰池：池名。秦始皇时所建，在今陕西咸阳市东北。

【译文】

六年春，封中尉卫绾为建陵侯，江都国丞相程嘉为建平侯，陇西郡太守公浑邪为平曲侯，赵国丞相苏嘉为江陵侯，原先的将军栾布为鄃侯。梁王、楚王都去世了。闰九月，砍伐驰道两旁的树木，把兰池填平。

【原文】

七年冬，废栗太子为临江王①。十一月晦②，日有食之。春，免徒隶作阳陵者③。丞相青免。二月乙巳，以太尉条侯周亚夫为丞相。四月乙巳，立胶东王太后为皇后④。丁巳，立胶东王为太子。名彻。

【注释】

① 废栗太子：栗太子被废，因后宫争宠引起。② 晦：阴历每月的最后一天。③ 徒隶：服劳役的犯人和奴隶。④ 胶东王太后：景帝之妃，刘彻的母亲，姓王。这时刘彻还是胶东王，所以称为胶东王太后。

【译文】

　　七年冬,废掉栗太子,改封他为临江王。十一月底,天上出现日食。春天,赦免并释放修筑阳陵城的囚犯和奴隶。丞相陶青遭到罢免。二月乙巳日,任命太尉条侯周亚夫为丞相。四月乙巳日,立胶东王的母亲为皇后。丁巳日,立胶东王为太子。名叫刘彻。

【原文】

　　中元年,封故御史大夫周苛孙平为绳侯,故御史大夫周昌孙左车为安阳侯。四月乙巳,赦天下,赐爵一级。除禁锢①。地动。衡山、原都雨雹,大者尺八寸。

【注释】

① 禁锢:这里是指限制不准做官的法令。西汉初年曾规定,商人、入赘女婿不准做官,犯罪的官吏不准重新做官。

【译文】

　　中元元年,封原先的御史大夫周苛的孙子周平为绳侯,又封原先的御史大夫周昌的孙子周左车为安阳侯。四月乙巳日,大赦天下,赏赐每户爵位一级。废除不准商人、上门女婿做官以及不准犯过罪的官吏重新当官的法令。发生地震。衡山、原都下大冰雹,最大的冰雹直径达一尺八寸。

【原文】

　　中二年二月,匈奴入燕,遂不和亲。三月,召临江王来,即死中尉府中①。夏,立皇子越为广川王,子寄为胶东王。封四侯②。九月甲戌,日食。

【注释】

①"召临江王来"二句:临江王即被废掉的栗太子刘荣。因利用文帝庙外的空地扩建王宫,被人指控侵占宗庙罪,景帝召来京城,由掌管京城治安的中尉郅都责讯。刘荣畏罪,即在中尉的府第中自杀。② 封四侯:吴、楚七国叛乱时,楚国丞相张尚、太傅赵夷吾,赵国丞相建德、内史王悍因劝阻楚王刘戊、赵王刘遂不要反叛,结果被杀。所以景帝封张尚之子张当居、赵夷吾之子赵周、建德之子横、王悍之子王弃为侯。

【译文】

　　中元二年二月,匈奴入侵燕地,朝廷决定不再与匈奴和亲。三月,召临江王刘荣来到京城,刘荣在中尉郅都的府中畏罪自杀。夏天,立皇子刘越为广川王,立刘寄为胶东王。封了四个列侯。九月甲戌日,发生日食。

【原文】

　　中五年夏,立皇子舜为常山王。封十侯①。六月丁巳,赦天下,赐爵一级。天下大潦②。更命诸侯丞相曰相。秋,地动。

【注释】

① 封十侯:据《惠景间侯者年表》载,这年夏天封五侯,不是十侯。② 潦:同"涝",雨多成灾。

【译文】

　　中元五年夏,立皇子刘舜为常山王。分封十个列侯。六月丁巳,大赦天下,赏赐民户爵位一级。全国发生大的洪涝灾害。把诸侯国的丞相名称改为相。秋天,发生地震。

【原文】

　　后元年冬,更命中大夫令为卫尉。三月丁酉,赦天下,赐爵一级,中二千石、诸侯相爵右庶长。

四月,大酺①。五月丙戌,地动,其蚤食时复动②。上庸地动二十二日,坏城垣。七月乙巳,日食。丞相刘舍免。八月壬辰,以御史大夫绾为丞相,封为建陵侯③。

【注释】

①酺(pú):命令特许的大聚饮。秦汉时三人以上无故聚饮,罚金四两。②蚤:通"早"。③封为建陵侯:《会注考证》引卢文绍说,此五字衍。

【译文】

后元元年冬,更改中大夫令的名称为卫尉。三月丁酉,大赦天下,赏赐每户爵位一级。封赐中二千石一级的官员和诸侯相以右庶长的爵位。四月,特许民众会宴饮。五月丙戌,发生地震,吃早饭的时候再次发生地震。上庸县地震前后持续了二十二天,把城墙都震毁了。七月乙巳,发生日食。丞相刘舍遭到罢免。八月壬辰,任命御史大夫卫绾为丞相,封赐卫绾建陵侯的爵位。

【原文】

后二年正月,地一日三动。郅将军击匈奴。酺五日。令内史、郡不得食马粟①,没入县官②。令徒隶衣七緵布③。止马舂④。为岁不登⑤,禁天下食不造岁⑥。省列侯⑦,遣之国。三月,匈奴入雁门。十月,租长陵田。大旱。衡山国、河东、云中郡民疫⑧。

【注释】

①食(sì)马粟:即"食马以粟",意思是用粮食喂马。②县官:这里是朝廷、官府的代称。按:这句当是违者没入县官的意思。③七緵(zōng)布:一种很粗糙的布。④止马舂:禁止以马舂粟。朝廷规定不许用马而用人力舂粮食,可以使贫民得到一些粮食。⑤为:因为。岁,年成。不登:歉收。登,庄稼成熟。⑥食不造岁:意思是口粮吃不到收获时节。造,到。⑦省:减少。⑧疫:瘟疫。这里指发生瘟疫。

【译文】

后元二年正月,一天之内地震了三次。郅都将军出击匈奴。特许民众聚会饮酒五日。命令内史和诸郡不得以粮食喂马,违者马匹由官府没收。规定服役的罪犯和奴隶穿七緵布做的衣服。不得用马舂粟米。这是因为那年粮食歉收,禁止天下的百姓不到粮食收获时节就把口粮吃完。减少驻京的列侯,遣送他们回到自己的封国。三月,匈奴入侵雁门。十月,租给百姓长陵附近的官田耕种。天下大旱。衡山国、河东郡和云中郡有大的瘟疫。

匈奴侵扰边境

【原文】

后三年十月，日月皆赤五日。十二月晦，雷①。日如紫。五星逆行守太微②。月贯天廷中。正月甲寅，皇太子冠③。甲子，孝景皇帝崩。遗诏赐诸侯王以下至民为父后爵一级④，天下户百钱。出宫人归其家⑤，复无所与⑥。太子即位，是为孝武皇帝。三月，封皇太后弟蚡为武安侯，弟胜为周阳侯。置阳陵⑦。

北击匈奴

【注释】

①雷：《会注考证》引焦竑曰："'䨓'即'雷'字。"②五星：即金、木、水、火、土五个行星。太微：即太微垣。③冠：冠礼。这里指举行冠礼。古代男子二十岁时，结发戴冠，举行加冠典礼，表示已经成年。④民为父后：指百姓中继承父业的人。⑤出：使出，即放出。归：使归，即遣送回家。⑥复无所与：《会注考证》释此句为"复终身"。复，免除（赋税徭役）。与，使，用。⑦置阳陵：指把景帝的灵柩安葬在阳陵。

【译文】

后元三年十月，太阳、月亮接连五天呈现红色。十二月底，雷声隆隆。太阳呈现为紫色。五大行星逆行至太微垣区域。月亮穿过太微垣星的区域。正月甲寅日，皇太子刘彻举行加冠仪式。甲子日，孝景皇帝驾崩。遗诏赐给诸侯王以下至平民应该继承父业的人每人爵位一级，天下每户一百钱。遣散后官的宫人回家，而且免除其终身的赋税。太子即位，是为孝武皇帝。三月，封皇太后的弟弟田蚡为武安侯，田胜为周阳侯。在阳陵安葬了景帝的灵柩。

【原文】

太史公曰：汉兴，孝文施大德，天下怀安①。至孝景，不复忧异姓②，而晁错刻削诸侯③，遂使七国俱起，合从而西向④，以诸侯太盛，而错为之不以渐也⑤。及主父偃言之⑥，而诸侯以弱，卒以安。安危之机⑦，岂不以谋哉？

【注释】

①怀安：指人民怀念帝王的德政而安居乐业。②"不复忧"句：不再担心异姓诸侯王的反叛。刘邦与项羽争天下时，先后封了九个异姓诸侯王。取得天下后，刘邦逐个铲除了异姓王，改封同姓王。到景帝时，仅存的一个异姓王长沙国吴氏因无后而国除，就再没有异姓王了。③刻削诸侯：指削藩政策。刻削：削减，削夺。④合从：本指战国时期六国联合进攻秦国，这里借指吴、楚七国联合起兵反叛朝廷。从，同"纵"。⑤以：用。渐：渐进，逐步进行。⑥主父偃言之：武帝元朔二年（公元前127年），中大夫主父偃建议，允许诸侯分封自己的子弟为侯。目的是为使诸侯国的封地愈来愈小，以削弱诸侯的势力。汉武帝采纳了这一建议，对巩固中央集权起到了积极作用。⑦机：关键。

【译文】

太史公说：汉兴以来，孝文帝广施恩德，天下太平安定。至孝景帝的时候，不再担忧异姓诸侯谋反了，但是晁错建议削夺同姓诸侯，导致吴、楚七国起兵造反，联合向西进发。因为诸侯的势力很盛，而晁错又没有制定出逐渐削减诸侯封地的方法。后来主父偃提出允许诸侯王可以分封子弟为侯的建议，这才使诸侯王的势力渐趋衰弱，天下终得安定。国家安危的关键，难道不在于谋略吗？

孝武本纪

【导读】

《孝武本纪》主要记载了汉武帝即位后四十多年间祭祀天地山川鬼神的活动。它以汉武帝为中心,通过描写李少君、齐人少翁、栾大和公孙卿等方士以方术行骗的事迹,嘲讽了方士的伪诈与武帝的愚昧。这篇本纪的讽刺手法表现出一种冷峻的风格和犀利深刻的效果,体现了司马迁对武帝滥祭淫祀的不满。

○巡游郊祀○

【原文】

其秋,上幸雍,且郊。或曰"五帝,泰一之佐也,宜立泰一而上亲郊之"。上疑未定。齐人公孙卿曰:"今年得宝鼎,其冬辛巳朔旦冬至①,与黄帝时等。"卿有札书曰②:"黄帝得宝鼎宛朐,问于鬼臾区。区对曰:'帝得宝鼎神策③,是岁己酉朔旦冬至,得天之纪④,终而复始。'于是黄帝迎日推策⑤,后率二十岁得朔旦冬至⑥,凡二十推,三百八十年,黄帝仙登于天。"卿因所忠欲奏之。所忠视其书不经⑦,疑其妄书,谢曰⑧:"宝鼎事已决矣,尚何以为!"卿因嬖人奏之⑨。上大说⑩,召问卿。对曰:"受此书申功,申功已死。"上曰:"申功何人也?"卿曰:"申功,齐人也。与安期生通,受黄帝言,无书,独有此鼎书⑪。曰'汉兴复当黄帝之时⑫,汉之圣者在高祖之孙且曾孙也⑬。宝鼎出而与神通,封禅。封禅七十二王,唯黄帝得上泰山封'。申功曰:'汉主亦当上封,上封则能仙登天矣。黄帝时万诸侯,而神灵之封居七千⑭。天下名山八,而三在蛮夷⑮,五在中国⑯。中国华山、首山、太室、泰山、东莱,此五山黄帝之所常游,与神会。黄帝且战且学仙。患百姓非其道⑰,乃断斩非鬼神者。百余岁然后得与神通。黄帝郊雍上帝,宿三月。鬼臾区号大鸿,死葬雍,故鸿冢是也。其后黄帝接万灵明廷。明廷者,甘泉也。所谓寒门者⑱,谷口也。黄帝采首山铜,铸鼎于荆山下。鼎既成,有龙垂胡髯下迎黄帝⑲。黄帝上骑,群臣后宫从上龙七十余人,龙乃上去。余小臣不得上,乃悉持龙髯,龙髯拔,堕黄帝之弓。百姓仰望黄帝既上天,乃抱其弓与龙胡髯号⑳,故后世因名其处曰鼎湖,其弓曰乌号。'"于是天子曰:"嗟乎㉑!吾诚得如黄帝,吾视去妻子如脱躧耳㉒。"乃拜卿为郎,东使候神于太室。

汉武帝像

【注释】

①朔：朔日，即每月初一。且：天明时，早晨。②札书：写在木简上的文字。札，古代书写用的小木简。③策：古代占卜用的蓍（shī）草。④纪：古以岁、日、月、星辰、历数为五纪。这里指历数，即推算节气之度。⑤迎日推策：指观测太阳的运行用蓍草推算历法，预知日月朔望节气等。迎，预测。⑥率：大致。⑦经：正常。⑧谢：辞谢，推辞。⑨嬖人：受宠幸的人。⑩说：同"悦"，高兴。⑪鼎书：关于宝鼎的书。⑫当黄帝之时：指与黄帝时的历日相同。⑬且：或，或者。⑭神灵之封：指为祭祀神灵而建立的封国。居：占。⑮蛮夷：指中原地区以外的四方各少数民族。⑯中国：指中原地区。⑰非：以为非，反对。⑱寒门：《集解》引徐广曰："寒，一作'塞'。"⑲胡：兽颈下的垂肉。髯：两颊上的胡子。⑳号：大声哭喊。㉑嗟乎：叹词。㉒蹝（xǐ）：同"屣"，鞋。

【译文】

这年秋天，皇上幸临雍县，将要到郊外去祭祀五帝。这时有人说道："五帝，乃是泰一之神的辅佐，应该于此处立上一座泰一神坛，而且由皇帝亲自主持郊祀。"皇上迟疑不定。齐人公孙卿说："今年得到了宝鼎，这年仲冬辛巳日是朔日，早晨又交冬至中气，与黄帝得到宝鼎的时间吻合。"公孙卿有一篇写在木简上的文章，上面写道："黄帝在宛朐得到宝鼎，向他的大臣鬼臾区询问此事。鬼臾区回答说：'您获得宝鼎和占卜用的神策，这年己酉日是朔日，早晨又交冬至，合乎天道的历数，天道历数是周而复始的。'于是黄帝依照日月推算历法，以后大致每二十年就能碰上朔日早晨交冬至，总共推算了二十次，一共三百八十年，黄帝成仙而登天。"公孙卿通过所忠将此事奏知皇上。所忠看到木简上的话不合情理，怀疑那是荒诞的伪书，多次推脱说："宝鼎的事情已经定下来了，你还想做什么呢！"公孙卿又通过皇帝宠幸之人把木简呈奏给皇帝了。皇上看后十分高兴，就把公孙卿召来询问。公孙卿回答说："我是从申公那里接受这木简的，他已经死了。"皇上问："申功是什么人啊？"公孙卿说："申功，是齐人。他与安期生有私交，接受过黄帝教诲，没有留下什么文书，只剩下这部关于宝鼎的书。书中说：'汉代的兴盛时期应该与黄帝得鼎的时节相同；汉代的圣贤之君将出现在高祖皇帝的孙子或曾孙那一代。宝鼎出现了就可以与神仙相通，应当举行封禅典礼。古代进行过封禅的帝王共有七十二个，唯独黄帝登上了泰山进行封禅。'申功说：'汉代的皇帝也应该登上泰山举行封禅大典，登上泰山行祭天礼就能够成仙升天。黄帝的时候有上万个诸侯，为主持祭祀而建立的封国就有七千个。天下的名山有八座，而其中的三座位于蛮夷境内，其余的五座位于中原地区。中原的名山有华山、首山、太室山、泰山和东莱山，这五座山是黄帝经常去巡游的地方，在这些山上能够与神仙相会。黄帝一边征战一边学习仙术。黄帝担心百姓非议他所学的仙道，所以就杀掉了非议鬼神的人。一百多年过后才得以跟神仙沟通相会。黄帝当年在雍县郊祀上帝，在那里住了三个月。鬼臾区别号称为大鸿，死后葬在雍县，鸿冢就是他的坟墓。那以后黄帝在明廷接见了上万名神仙。明廷，就是现在的甘泉山。所谓寒门，就是现在的谷口。黄帝开采首山的铜矿，在荆山的下面铸鼎。鼎铸成之后，有一条垂着长须的龙从天上下来迎接黄帝。黄帝骑着龙背，群臣及后宫的妃子跟着去的也有七十多人，龙这才飞上了天。剩下的小臣上不去，于是都拉着龙须，龙须被小臣们扯断了，黄帝的弓也掉了下来。百姓们仰着头看着龙飞天而去，便抱着弓和龙须嚎啕大哭，因此后世把这个地方叫作鼎湖，称那张弓为乌号。'"于是天子感慨地说道："啊！要是我能像黄帝那样，那么我看离开妻子和子女，就像脱掉鞋子那么容易了。"封公孙卿为郎官，向东去太室山等候神仙。

【原文】

上遂郊雍，至陇西，西登空桐，幸甘泉。令祠官宽舒等具泰一祠坛①，坛放薄忌泰一坛②，坛三垓③。五帝坛环居其下，各如其方④，黄帝西南，除八通鬼道⑤。泰一所用，如雍一畤物，而加醴枣脯之属⑥，杀一犛牛以为俎豆牢具⑦。而五帝独有俎豆醴进⑧。其下四方地，为餟食群神从者及北斗云⑨。已祠，胙余皆燎之⑩。其牛色白，鹿居其中，彘在鹿中，水而洎之⑪。祭日以牛，祭月以羊彘特⑫。泰一祝宰则衣紫及绣。五帝各如其色，日赤，月白。

本纪

武帝祭祀

【注释】

①具：准备，备办。②放：通"仿"，仿照。③陔：同"阶"，台阶的层次。④方：方位。⑤除：修，修筑。⑥醴：甜酒。脯：干肉。⑦氂（lí）牛：一种长毛牛。俎豆：祭祀时盛牛羊等祭品的礼器。⑧独有俎豆醴：是说只有牛羊等和甜酒，而没有氂牛。⑨餟（chuò）：连续祭祀。⑩胙（zuò）：祭祀用的肉。⑪洎（jì）：浸泡。⑫特：一头牲称"特"。

【译文】

皇上于是去了雍县郊祀，又到了陇西，西行攀登崆峒山，又幸临甘泉宫。命令祠官宽舒等人供设泰一神的祭坛。祭坛效法亳人谬忌所说的泰一坛的样式进行建造，分作三层，五帝的祭在泰一坛的下面环绕，各自占着自己所属的方位。黄帝坛位于西南方，修了八条鬼神所走的道路。泰一坛所有的祭品，和位于雍县的一时相同，外加甜酒、枣果和干肉之类，另杀一头氂牛当作全套的祭品。而五帝坛只进献牺牲和甜酒。祭坛下面的四方设下神座，是连续祭祀随从的神仙以及北斗星的。祭祀完毕后，鬼神享用过的祭品要全部烧掉。祭祀时所用之牛色彩呈白色，把鹿放到牛的腹腔里，再把猪放到鹿的腹腔里，之后放到水里浸泡。祭祀日神应当用牛，祭祀月神应该用羊或是猪，且都只能用一头。祭祀泰一神的祝官要身穿紫色的绣衣，祭祀五帝的祝官所穿礼服的颜色应根据五帝所属的颜色而定，祭祀日神穿红衣，祭祀月神穿白衣。

【原文】

十一月辛巳朔旦冬至，昧爽①，天子始拜泰一。朝朝日②，夕夕月③，则揖；而见泰一如雍礼。其赞飨曰④："天始以宝鼎神策授皇帝，朔而又朔⑤，终而复始，皇帝敬拜见焉。"而衣上黄。其祠列火满坛，坛旁烹炊具。有司云"祠上有光焉"。公卿言"皇帝始郊见泰一云阳，有司奉瑄玉嘉牲荐飨⑥。是夜有美光，及昼，黄气上属天"。太史公、祠官宽舒等曰："神灵之休，祐福兆祥，宜因此地光域立泰畤坛以明应⑦。令太祝领，秩及腊间祠⑧。三岁天子一郊见。"

【注释】

①昧爽：拂晓。②朝（zhāo）朝（cháo）日：早晨朝拜日神。③夕夕月：傍晚祭祀月神。夕月，古代帝王祭月称"夕月"。④赞飨：祭神时献祝辞以劝食。⑤朔：月复出。"朔"为每月初一，表示前月已死，新月复生。⑥瑄玉：祭祀所用的大璧，直径六寸。嘉牲：美牲。指毛色纯，年岁合乎要求，体美膘肥的。⑦光域：指神光所照的地域。⑧腊：夏历十二月。

【译文】

　　十一月辛巳朔日清晨交冬至，天还没有全明的时候，天子就开始在郊外祭祀泰一神。早晨朝拜太阳，傍晚祭祀月亮，行揖礼；而祭祀泰一神则与在雍县的郊祀仪式相同。祭祀时的祝词说："上天开始把宝鼎神策传授给皇帝，使他的天下日复一日、年复一年地周而复始，皇帝在这里恭敬地祭拜。"祭祀时所穿的礼服是黄色的。祭坛上列满火炬，坛旁设置烹煮器物。主管官员说"祠坛上面有灵光呈现"。公卿大臣们说"皇帝最初在云阳宫郊祀祭拜泰一神的时候，司祭的官员手里捧着大璧瑄玉、膘肥毛纯的牺牲奉给神灵享用。这晚天上出现了美丽的光彩，到白天的时候，黄色的云气还在上升与天相连"。太史公、祠官宽舒等人说道："神灵展现出的美好景象，这是保佑福禄，预兆吉祥的迹象，应该在这出现光彩的地方设置泰畤坛，以显示上天神明的瑞应。命令太祝负责此事，每年秋天和腊月间进行祭祀。每三年天子亲自郊祀一次。"

【原文】

　　其冬①，公孙卿候神河南，见仙人迹缑氏城上，有物若雉，往来城上。天子亲幸缑氏城视迹。问卿："得毋效文成、五利乎②？"卿曰："仙者非有求人主，人主求之。其道非少宽假③，神不来。言神事，事如迂诞④，积以岁乃可致。"于是郡国各除道，缮治宫观名山神祠所，以望幸矣。

【注释】

①其冬：《会注考证》引王先谦说："据《汉书·武纪》则元鼎六年也，当云'明年冬'。"②得毋：莫非，该不是。③宽假：宽容。指时间上放宽一些。"宽"、"假"同义。④迂诞：迂阔荒诞，指不切合实际，没有事实根据。

【译文】

　　这年冬天，公孙卿在河南等候神仙，据说在缑氏城上寻到仙人的踪迹，有个外形像山鸡的神物，在城上来来往往地走。天子亲自幸临缑氏城查看踪迹。他向公孙卿询问道："你不会是像文成和五利那样在欺骗我吧？"公孙卿回答道："仙人并没有求助于皇帝，而是皇帝您有求于仙人。求仙的方法如果不稍稍放宽时间，神仙是不会降临的。说起求仙这件事，似乎是迂阔荒诞、不切实际的，实际上只有经年累月的祷告，才能把天神求来。"于是各郡国都修筑并清扫道路，修缮宫殿楼台和名山上的神庙，以期望天子幸临。

【原文】

　　其年，既灭南越，上有嬖臣李延年

公孙卿陈述遇仙之事

以好音见。上善之，下公卿议①，曰："民间祠尚有鼓舞之乐②，今郊祀而无乐，岂称乎③？"公卿曰："古者祀天地皆有乐，而神祇可得而礼④。"或曰："泰帝使素女鼓五十弦瑟⑤，悲，帝禁不止，故破其瑟为二十五弦⑥。"于是塞南越⑦，祷祠泰一、后土，始用乐舞，益召歌儿⑧，作二十五弦及箜篌瑟自此起⑨。

【注释】

①下：下交。②鼓舞：合乐而舞。③称：相称，配得上。④神祇（qí）：天神和地神。⑤素女：传说中的神女名，长于音乐。⑥破：剖分。⑦塞南越：指武帝因平定了南越而举行酬神祭祀。塞，也写作"赛"，酬神的祭祀。⑧歌儿：歌手。⑨箜篌：一种拨弦乐器，有竖式、卧式二种。

【译文】

这年，灭了南越之后，皇上有个宠臣李延年以优美的音乐进献给皇上。皇上听着很好听，就把这件事交给大臣商讨，说："民间祭祀尚有鼓、舞的音乐，但是朝廷祭祀时却没有音乐，这怎么合适呢？"公卿们说："古代祭祀天地的时候都有音乐，这样天地神灵才可以享受祭祀。"有人说："泰帝让女神素女弹奏五十弦的瑟，音调悲切，泰帝禁受不住，所以将她的弦改为二十五弦。"因此在为平定南越而酬祭泰一、后土神的仪式上，开始采用音乐歌舞，增加歌手，二十五弦瑟和箜篌瑟就是在这个时候开始流行的。

【原文】

其来年冬，上议曰："古者先振兵泽旅①，然后封禅。"乃遂北巡朔方，勒兵十余万②，还祭黄帝冢桥山，泽兵须如。上曰："吾闻黄帝不死，今有冢，何也？"或对曰："黄帝已仙上天，群臣葬其衣冠。"既至甘泉，为且用事泰山③，先类祠泰一④。

【注释】

①振兵泽（shì）旅：意思是停止用武。振，整顿。泽：通"释"，解散，遣散。②勒：统领。③用事：行事。多指行祭之事。④类：通"禷"，祭名，以特别事故祭祀天神。

【译文】

第二年冬天，皇上提议说："古代帝王首先要停止战事、遣散军队，然后才可以进行封禅。"因此北上巡视朔方，率领着十余万军队，归来之时在桥山黄帝陵墓前祭祀，在须如解散了军队。皇上说："我听说黄帝并没死，而现在却有坟冢，这是为什么呢？"有人回答说："黄帝飞天成仙，权臣把黄帝的衣冠埋在坟冢里，所以才有了陵墓。"皇上到了甘泉之后，为了要去泰山举行封禅大典，所以就先去祭祀泰一神。

○封禅泰山○

【原文】

自得宝鼎，上与公卿诸生议封禅。封禅用希旷绝①，莫知其仪礼，而群儒采封禅《尚书》、《周官》、《王制》之望祀射牛事②。齐人丁公年九十余，曰："封者，合不死之名也③。秦皇帝不得上封④。陛下必欲上，稍上即无风雨，遂上封矣。"上于是乃令诸儒习射牛，草封禅仪。数年，至且行。天子既闻公孙卿及方士之言，黄帝以上封禅，皆致怪物与神通，欲放黄帝以尝接神仙人蓬莱士，高世比德于九皇⑤,而颇采儒术以文之⑥。群儒既以不能辩明封禅事,又牵拘于《诗》、《书》古文而不敢骋⑦。上为封祠器示群儒,群儒或曰"不与古同",徐偃又曰"太常诸生行礼不如鲁善",周霸属图封事⑧,于是上绌偃、霸⑨,尽罢诸儒弗用。

【注释】

①用:因为,由于。希:同"稀"。少,这里指封禅很少举行。旷绝:断绝。旷,阻隔。②《周官》:即《周礼》。《王制》:指《礼记·王制》。射牛:古代帝王祭祀时,为表示"亲祭",要亲自用箭射牛以备祭。③合:合当,应当。④上封:指登上泰山封禅。⑤高世:超乎世俗,高于一般人。九皇:传说中远古时的九个帝王。⑥颇:稍微。文:修饰。⑦古文:指古文经。汉武帝时使用隶书,用隶书书写的经书叫今文经,用春秋、战国文字书写的经书叫古文经。骋:尽情施展,不受拘束。⑧属:聚集,聚会。图:谋划,策划。⑨绌:通"黜",废,贬退。

【译文】

自从得了宝鼎,皇上便与公卿诸生一起商议封禅一事。封禅大典以前很少举行过,时间隔得太久了,已经失传,没有人知道进行封禅大典时该用什么礼仪,众儒生认为封禅时应该采用《尚书》、《周官》、《王制》中所载的天子望祀射牛的仪式。齐人丁公这时年纪已经九十多岁,他说:"封禅之事,应当留下永垂不朽的盛名。秦始皇没能在泰山行封禅之礼。陛下若是想去泰山封禅,稍微攀登一点就没有风雨阻挡了,也就可以登上泰山行封禅之礼了。"皇上于是下令儒生练习射牛,草拟封禅的仪式。几年后,将要去封禅。天子听了公孙卿和方士的话,说黄帝以前的帝王进行封禅,都招致怪物与神明沟通,所以就想模仿黄帝,也曾接待神仙的使者蓬莱方士,借此超乎世俗,与九皇比肩德行,并且还广泛采用儒术对此加以修饰。儒生们既不能明辨封禅的具体事宜,又受制《诗》《书》等古文经籍的束缚,不敢尽情发挥自己的学问。皇上将封禅用的礼器展示给儒生们看,儒生们有的说"跟古代不一样",徐偃也说"太常祠官们行礼没有古代鲁国的好",这时周霸正在聚集群儒一起策划封禅的事宜,皇上贬退徐偃、周霸,罢黜了全部儒生不再任用。

【原文】

三月,遂东幸缑氏,礼登中岳太室。从官在山下闻若有言"万岁"云。问上①,上不言②;问下,下不言。于是以三百户封太室奉祠,命曰崇高邑。东上泰山,山之草木叶未生,乃令人上石立之泰山颠③。

【注释】

①上:指山上的人。②不言:指不曾呼喊。③上石:把石碑运上山。

【译文】

三月,皇上向东幸临缑氏县,在中岳太室山上进行祭祀。跟随的官员在山下听到有人高呼"万岁"。询问山上的人,他们说没有喊;询问山下的人,他们也说没喊。于是皇上把三百户封赐给太室山以供祭祀,命名为崇高邑。往东登上泰山,山上草木的叶子还没有长出,皇上下令派人把石碑运到山上,立在泰山之巅。

【原文】

上遂东巡海上,行礼祠八神①。齐人之上疏言神怪奇方者以万数②,然无验者。乃益发船③,令言海中神山者数千人求蓬莱神人。公孙卿持节常先行候名山,至东莱,言夜见一人,长数丈,就之则不见④,见其迹甚大⑤,类禽兽云。群臣有言见一老父牵狗⑥,言"吾欲见巨公⑦",已忽不见⑧。上既见大迹,未信,及群臣有言老父,则大以为仙人也⑨。宿留海上,与方士传车及间使求仙人以千数⑩。

【注释】

①八神：《索隐》根据《汉书·郊祀志》解释为"天主、地主、兵主、阴主、阳主、月主、日主、四时主"。一说指八方之神。②疏（shù）：给的奏议。③益：增加。④就：走近，靠近。⑤迹：脚印。⑥老父（fǔ）：对老年人的尊称。⑦巨公：《索隐》引《汉书音义》曰："巨公谓武帝。"⑧已：不久。⑨大：很。⑩与：给予。传（zhuàn）车：古代驿站供传递公文或传送消息用的车辆。间（jiàn）：暗中，秘密。使：派出使者。

【译文】

接下来皇上向东巡视海上，行礼祭祀天主、地主、兵主、阴主、阳主、月主、日主和四时主八神。齐人上书说神仙鬼怪及奇方异术的数以万计，却没有一个能够灵验的。于是皇上增添船只，命令那些说海上有神山的几千人去访求蓬莱仙人。公孙卿手执符节先去名山等候仙人，到东莱的时候，说晚上看到一个人，这人身长数丈，靠近了看却又看不到了。看到他留下的足迹很大，与禽兽的脚印相似。群臣中又有人说看见一个老人牵着狗，那老人说"我想见天子"，一会儿又突然不见了。皇上看见那个大脚印，不肯相信，等到群臣说到老翁的事迹，这才深信那老翁是仙人了。皇上于是留在海上，把驿车分配给方士，派出数以千计的使者去寻找仙人。

大臣向武帝陈述遇仙之事

【原文】

四月，还至奉高。上念诸儒及方士言封禅人人殊，不经，难施行。天子至梁父，礼祠地主。乙卯，令侍中儒者皮弁荐绅①，射牛行事。封泰山下东方，如郊祠泰一之礼。封广丈二尺②，高九尺，其下则有玉牒书③，书秘。礼毕，天子独与侍中奉车子侯上泰山，亦有封。其事皆禁④。明日，下阴道⑤。丙辰，禅泰山下址东北肃然山⑥，如祭后土礼。天子皆亲拜见，衣上黄而尽用乐焉。江淮间一茅三脊为神藉⑦。五色土益杂封⑧。纵远方奇兽蜚禽及白雉诸物⑨，颇以加祠。兕牦牛犀象之属弗用⑩。皆至泰山然后去。封禅祠，其夜若有光，昼有白云起封中。

【注释】

①皮弁（biàn）：古冠名。用白鹿皮制作，为祝朝的常服。②封：指祭天的坛。③玉牒：古代帝王封禅所用的文书。④禁：指禁止泄露。⑤阴道：指山北的道路。古山之北、水之南为阴。⑥址：山脚。⑦一茅三脊：一种有三条脊棱的茅草。即菁茅，又叫灵茅。藉：草编的垫子。⑧五色土：代表东西南北中五方的五种颜色的土。⑨纵：放。白雉：白毛野鸡。⑩兕（sì）：兽名。古书中常拿兕和犀对举。《尔雅·释兽》认为兕似牛，犀似猪。一说兕就是雌犀。

【译文】

四月，返回奉高。皇上念及儒生和方士们对封禅仪式的说法各不相同，又没有古书依据，实在是很难施行。天子到了梁父山，祭祀地神。乙卯日，命令侍中官儒生头戴白鹿皮帽，身穿插笏官服，天子射牛进行祭祀仪式。天子又在泰山下面的东方设坛祭天，与郊祀泰一神的仪式相同。祭坛宽一丈二，高九尺，下面置有封禅的文书，封禅的祭文内容保密，没有人知道写些什么。祭礼结束之后，天子单独和侍中奉车都尉霍子侯登临泰山，也设置祭坛祭天封禅。所有这些事情都禁止泄露。第二天，顺着山北的道路下山。丙辰日，在泰山脚下东北方的肃然山祭祀地神，与祭祀后土的礼仪相同。上

武帝封禅

面的封禅，皇上都亲自拜见天神、地神，穿黄色礼服，而且全部使用音乐伴奏。又采用出产自江淮一带的灵茅作神垫，用五色泥土填满祭坛。放出远方出产的奇兽飞禽和白毛野鸡等动物，仪式十分隆重。没有用犎牛、旄牛、犀牛、大象这些动物。天子和随从人员都是到了泰山，然后离去的。举行封禅大典的那天晚上，天空中好似有灵光闪现，到了第二天又有白云从祭坛中升起。

【原文】

　　天子从封禅还，坐明堂，群臣更上寿①。于是制诏御史："朕以眇眇之身承至尊②，兢兢焉惧弗任③。维德菲薄④，不明于礼乐。修祀泰一，若有象景光⑤，屑如有望⑥，依依震于怪物⑦，欲止不敢，遂登封泰山，至于梁父，而后禅肃然。自新，嘉与士大夫更始⑧，赐民百户牛一酒十石，加年八十孤寡布帛二匹。复博、奉高、蛇丘、历城⑨，毋出今年租税。其赦天下，如乙卯赦令。行所过毋有复作⑩。事在二年前，皆勿听治⑪。"又下诏曰："古者天子五载一巡狩，用事泰山，诸侯有朝宿地。其令诸侯各治邸泰山下。"

【注释】

①寿：祝寿。②眇眇：微小。眇，同"渺"。③兢兢焉：小心戒慎的样子。④维：句首语气词。菲薄：微薄。⑤景光：瑞祥之光。⑥屑（xiè）：同"屑"，不安。⑦依依：茂盛的样子，这里有大、深的意思。震：震慑，害怕。⑧嘉与：奖励，勉力。更始：重新开始。⑨复：免除赋税徭役。⑩复作：汉刑律名。驰刑再犯的轻罪徒。一说指按刑律服劳役的妇女，犯者不服刑具，刑期三月至一年。⑪听治：治理，处理。"听"和"治"同义。

【译文】

　　天子从泰山封禅归来，坐在明堂上，群臣轮流上前祝寿。天子下诏给御史说："我以渺小的身躯继承九五之尊，向来小心谨慎，唯恐无法胜任。我德行微薄，不懂得礼乐制度。祭泰一神时，天上好像出现了吉祥的光彩，连绵在望，我被这奇异景象深深震撼了，想中间停下来却无法做到，终于登上泰山筑坛祭祀天神了，到了梁父山，然后在肃然山祭祀地神。我想完善自己的道德，希望能和大夫们重新开始。赏赐百姓每百户一头牛、十石酒，年龄在八十岁以上的老人以及孤儿寡妇，额外再赐二匹布帛。免除博县、奉高、蛇丘和历城等地的赋税，不必交纳今年的租税。大赦天下，与乙卯年的大赦令相同。我巡行所经过的地方，不再执行监外劳役。如果犯罪的时间是在两年以前，那就不再追究处理了。"又下诏说："古时帝王每五年巡视一次，去泰山进行祭祀，诸侯们都设有封禅朝拜的住所。命令诸侯在泰山脚下各自修建官邸。"

【原文】

天子既已封禅泰山，无风雨灾，而方士更言蓬莱诸神山若将可得。于是上欣然庶几遇之①，乃复东至海上望，冀遇蓬莱焉。奉车子侯暴病，一日死。上乃遂去，并海上②，北至碣石，巡自辽西，历北边至九原③。五月，返至甘泉。有司言宝鼎出为元鼎④，以今年为元封元年⑤。

【注释】

①庶几：希望，或许可以。②并：同"傍"，沿着。③历：经过。④元鼎：汉武帝的第五个年号。⑤元封：武帝的第六个年号。

【译文】

天子在泰山封禅结束后，没有遇上风雨等灾害，方士们又声称蓬莱等神山可能找到了。于是皇上很高兴，认为自己也许能遇到仙人，便东行去海边眺望，希望在海边能看到蓬莱神山。奉车都尉霍子侯突然生病，不久就死了。皇上这才离开，沿海往北到达碣石。又从辽西巡行经过北方边境抵达九原县。五月，回到甘泉宫。主管官员说，宝鼎出现时，那年的年号是"元鼎"，今年皇上到泰山封禅，年号遂改为"元封"。

【原文】

其秋，有星茀于东井①。后十余日，有星茀于三能②。望气王朔言："候独见其星出如瓠③，食顷复入焉④。"有司言曰："陛下建汉家封禅，天其报德星云⑤。"

【注释】

①茀（bó）：通"孛"。光芒四射的样子。按："孛"也指彗星。《晋书·天文志》：孛星，彗之属也。偏指曰彗，芒气四出曰孛。"东井：星宿名，有主星八颗，属双子座。②三能（tái）：即"三台"，星名。分上台、中台、下台共六星，两两并列。能，通"台"。③候：观测。瓠（hù）：葫芦瓜。④食顷：一会儿，不久，相当于一顿饭的工夫。⑤其：或许，可能。德星：象征吉祥有福的星星。这里大约是指前面出现的彗星。

【译文】

这年秋天，有彗星出现在东井宿天区，光芒四射。十几天后，彗星又出现在三台宿天区，光芒四射。有个望气的名叫王朔的人说："我观测时，只见那星出现时形状像葫芦瓜，一会儿就又消失了。"主管官员说道："陛下创建了汉家封禅礼制，上天大概是用象征吉祥的德星出现来报答您。"

【原文】

其来年冬，郊雍五帝，还，拜祝祠泰一。赞飨曰："德星昭衍①，厥维休祥②。寿星仍出③，渊耀光明④。信星昭见⑤，皇帝敬拜泰祝之飨。"

【注释】

①昭：明亮。衍：漫延。②厥：其，那。指"德星昭衍"。维：乃。表示确认。休祥：吉祥。③寿星：《索隐》云："南极老人星也。见则天下理安，故言之也。"仍：接着。④渊：深，远。⑤信星：镇星，即土星。

【译文】

第二年冬天，皇上去雍县郊祀五帝，回来后以拜祝的礼仪拜祭泰一神。祝辞上说："德星光芒四射，这象征着吉祥美好。寿星接着出现，光辉普照四方。信星明亮显现，皇帝为此敬拜诸神福泽无量。"

【原文】

其春，公孙卿言见神人东莱山，若云"见天子"①。天子于是幸缑氏城，拜卿为中大夫，遂至东莱，宿留之数日，毋所见，见大人迹。复遣方士求神怪采芝药以千数②，是岁旱。于是天子既出毋名，乃祷万里沙，过祠泰山。还至瓠子，自临塞决河③，留二日，沉祠而去④。使二卿将卒塞决河，河徙二渠，复禹之故迹焉。

【注释】

①见天子：《封禅书》和《汉书·郊祀志》均作"欲见天子"。②芝：灵芝。古人把它看作瑞草。③自临塞决河：据《河渠书》记载，当时黄河决于瓠子口，武帝派兵万堵塞决口，令从臣将军以下的官员都负薪填决。武帝也亲临现场，并写了《瓠子歌》。④沉祠：把祭品（白马、玉璧）沉于河中，以祭祀河神。

【译文】

这年春天，公孙卿说去东莱山的时候碰到了神仙，那位仙人好像说了一句"想见天子"。皇上于是驾临缑氏城，任命公孙卿为中大夫。后来去了东莱，在那里逗留几天，没有看到什么，只看到很大的脚印。皇上又派数千名方士去寻找神奇的事物，采集灵芝仙药。这年干旱，皇上没有出巡的正当名义，便前往万里沙求雨，经过泰山时再次祭祀。返回朝中时到了瓠子口，皇上亲自组织堵塞黄河决口，在那里逗留两天，把祭品投入河中以祭河神，不久就离去了。皇上又派两名将军率兵堵塞黄河决口，使黄河分隔成两条河渠，恢复了大禹治水时的风貌。

【原文】

是时既灭南越，越人勇之乃言"越人俗信鬼，而其祠皆见鬼，数有效。昔东瓯王敬鬼，寿至百六十岁。后世谩怠①，故衰耗②"。乃令越巫立越祝祠，安台无坛，亦祠天神上帝百鬼，而以鸡卜③。上信之，越祠鸡卜始用焉④。

【注释】

①谩怠：指怠慢鬼神。谩，通"慢"，怠慢。②衰耗（hào）：衰老，衰微。耗，同"耗"。③以鸡卜：《正义》："鸡卜法用鸡一，狗一，生，祝愿讫，即杀鸡狗煮熟，又祭，独取鸡的两眼骨，骨上自有孔裂，似人物形则吉，不足则凶。今岭南犹此法也。"④用：采用。这里有流行、推广的意思。

【译文】

朝廷灭亡南越之后，越人勇之对皇上进言说："越人有信鬼的习俗，他们祭祀时能见到鬼，常常见效应。以前东瓯王敬鬼，活了一百六十岁。后来他的子孙怠慢了鬼，所以便衰败下来。"皇上便命令越地的巫师建立越祠，修筑祭台却不设祭坛，也祭祀天神上帝百鬼，还使用了用鸡骨占卜的方法。皇上对此十分相信，因此越祠和鸡骨占卜的方法就逐渐流行起来了。

【原文】

公孙卿曰："仙人可见，而上往常遽①，以故不见。今陛下可为观②，如缑氏城，置脯枣，神人宜可致。且仙人好楼居。"于是上令长安则作蜚廉桂观③，甘泉则作益延寿观④，使卿持节设具而候神人。乃作通天台。置祠具其下，将招来神仙之属。于是甘泉更置前殿，始广诸宫室⑤。夏，有芝生殿防内中⑥。天子为塞河，兴通天台，若有光云，乃下诏曰："甘泉防生芝九茎⑦，赦天下，毋有复作。"

【注释】

①遽：匆忙，仓促。②观：台阁。③蜚廉、桂观：二观名。④益延寿观：观名。梁玉绳《史记志疑》以为"益"是衍文，《新证》以为不衍。⑤广：扩充。⑥防：《封禅书》《汉书·郊祀志》皆作"房"，《会注考证》认为是因古字体相似而误将"房"写成"防"。⑦芝九茎：灵芝长有九株菌柄。

公孙卿向武帝言说神仙之事

【译文】

公孙卿说："神仙是可以遇上的，但是皇上去求仙的时候，总是有些仓促，所以没能见到仙人。现在陛下可以在京城修建一座台阁，仿照缑氏城所建的那样，供上干肉、枣果等祭品，仙人应该可以招来。况且仙人喜欢住在楼阁之上。"于是皇上命令在长安建造蜚廉观和桂观，在甘泉宫修建益延寿观，派公孙卿手持符节摆设祭品等候神仙。又修建通天台，在台下摆设祭品，希望能把仙人招来。又在甘泉宫建造前殿，扩建宫室。夏天，殿内长出灵芝草。天子因为堵塞了黄河决口，又修筑通天台，天上隐约出现神光的瑞应，于是颁布诏书说："甘泉宫殿内长有九株菌柄的灵芝，特此大赦天下，免除复作的监外劳役。"

【原文】

其明年，伐朝鲜。夏，旱。公孙卿曰："黄帝时封则天旱，干封三年①。"上乃下诏曰："天旱，意干封乎？其令天下尊祠灵星焉②。"

【注释】

①干封：《正义》引颜师古曰："三岁不雨，暴所封之土令干。"②灵星：《正义》以为是龙星，主农业。《会注考证》引中井积德曰："祠灵星，盖祈雨也。"

【译文】

第二年，征伐朝鲜。夏天，天下出现旱灾。公孙卿说："黄帝的时候封坛祭天，天就会干旱，为了使封坛里的土晾干，要连续干旱三年。"皇上下诏书："天下大旱，也许是为了使封土干燥吧？命令百姓祭祀主宰农业的灵星。"

【原文】

其明年，上郊雍，通回中道，巡之。春，至鸣泽，从西河归。

其明年冬，上巡南郡，至江陵而东。登礼潜之天柱山①，号曰南岳。浮江②，自寻阳出枞阳，过彭蠡，祀其名山川。北至琅邪，并海上。四月中，至奉高修封焉。

【注释】

①登：登山。礼：祭祀。②浮江：指在长江上乘船。浮，乘船走水路。

【译文】

又过了一年，皇上去雍县郊祀，然后通过回中谷道，沿路巡行。春天，来到鸣泽，接着从西河返回京城。

次年冬天，皇上到南郡巡视，到江陵后又向东行。登上潜县的天柱山进行祭祀，称这座山为南岳。接着乘船顺江而下，从寻阳到达枞阳，途中经过彭蠡泽，顺便祭祀各地的名山大川。进而北上到达琅邪郡，再沿海而上。四月中旬，抵达奉高县，在那里举行了封禅典礼。

武帝巡狩

【原文】

初，天子封泰山，泰山东北址古时有明堂处，处险不敞。上欲治明堂奉高旁，未晓其制度①。济南人公玊带上黄帝时明堂图②。明堂图中有一殿，四面无壁，以茅盖，通水，圜宫垣为复道③，上有楼，从西南入，命曰昆仑，天子从之入，以拜祠上帝焉。于是上令奉高作明堂汶上，如带图。及五年修封，则祠泰一、五帝于明堂上坐④，令高皇帝祠坐对之⑤。祠后土于下房，以二十太牢⑥。天子从昆仑道入，始拜明堂如郊礼。礼毕，燎堂下。而上又上泰山，有秘祠其颠。而泰山下祠五帝，各如其方，黄帝并赤帝，而有司侍祠焉。泰山上举火，下悉应之。

【注释】

①制：形制，样式。度：尺度。②公玊（sù）带：人名。公玊是复姓。③圜（huán）：围绕。复道：即天桥，楼阁间架空的通道。④上坐：尊贵的位置。坐，同"座"。⑤祠坐：指神主灵位。⑥太牢：祭礼时牛、羊、猪三牲齐备叫太牢。后来也专指牛。

【译文】

最初，皇上封禅泰山的时候，泰山脚下的东北方有一个遗址是古时的明堂，明堂的旧址险窄而不开敞。皇上想在奉高另修一座明堂，但是不知道明堂的形状和规模大小。济南人公玊带向皇上进献黄帝时的明堂图。明堂图中画有一座殿堂，殿堂的四围不设墙壁，堂顶是用茅草覆盖的，殿堂四面通水，环绕宫墙，修有复道，殿的上面有走楼，从西南方深入殿堂的部分名为昆仑道，皇上从这里进入殿堂，然后拜祭上帝。皇上就下令按照公玊带进献的明堂图样在奉高汶上另建新的明堂。等五年之后在这里进行封禅之时，便在明堂的上座供奉泰一神和五帝的神位，把高皇帝的神位立在它们的对面。下房祭祀后土神，祭祀的牺牲是牛、羊、猪各二十头。天子由昆仑道进入明堂，并以郊祀的礼仪祭拜。祭祀结束后，在堂的下面焚烧祭祀。接着皇上登上泰山，在山顶秘密祭祀。在泰山脚下祭祀五帝的时候，依照他们各自所属的方位进行祭祀，只有黄帝和赤帝并排在一处，祭祀时由主管官员参加陪祭。祭祀时在泰山上举火，山下也都烧火呼应。

【原文】

其后二岁，十一月甲子朔旦冬至，推历者以本统①。天子亲至泰山，以十一月甲子朔旦冬至日祠上帝明堂，每修封禅②。其赞飨曰："天增授皇帝泰元神策③，周而复始。皇帝敬拜泰一。"东至海上，考入海及方士求神者④，莫验，然益遣，冀遇之⑤。

【注释】

①推历：推算历法。以本统：意思是认为以夏历十一月朔旦冬至为为推历法的起点是正统。②每：《封禅书》作"毋"。按：封禅五年一修，这时还只两年，所以只祀明堂，不修封禅。③泰元：天的别称。④考：考察。⑤冀：希望。

【译文】

　　两年以后,十一月甲子日是朔日,早晨交冬至,推算历法的人主张这一天是推历的起点。皇上亲自来到泰山,在这一天去明堂祭祀上帝,由于这次祭祀距上次封禅不足五年,故而没有举行封禅大典。祝辞上说:"上天将泰元神策授予皇帝,周而复始,皇帝于此处拜祭泰一神。"天子接着东行,到达海上,考察去海上求仙的人,没有应验,但是皇上依旧增派使者前去,盼望能碰到神仙。

【原文】

　　夏,汉改历,以正有为岁首,而色上黄,官名更印章以五字,因为太初元年。是岁,西伐大宛。蝗大起。丁夫人、雒阳虞初等以方祠诅匈奴、大宛焉。

　　其明年,有司言雍五畤无牢熟具①,芬芳不备②。乃命祠官进畤犊牢具,五色食所胜③,而以木寓马代驹焉④。独五帝用驹,行亲郊用驹。及诸名山川用驹者,悉以木寓马代。行过,乃用驹。他礼如故。

【注释】

　　①牢熟具:烹煮过的牲畜等祭品。具:饭食,酒肴。这里泛指祭品。②芬芳:指祭品的芳香气味。③五色食所胜:指所用牲牢的颜色按照五行相胜原理配置。④木寓(ǒu):木刻偶像。寓,通"偶"。

【译文】

　　夏天,汉朝更改历法,以夏历正月为岁首,官服的颜色崇尚黄色,官印一律更改为五个字,所以这一年定为太初元年。这年,汉朝向西讨伐大宛。蝗灾很重。丁夫人、洛阳虞初等人用方术祭祀鬼神,祈求鬼神对匈奴和大宛降祸。

　　第二年,主管官员说在雍县五畤祭祀时,没有备好芬香的熟牲作祭品。皇上于是命令祠官用熟牛犊作为祭品进献给五畤,所用牲牢的毛色根据五行相克的原理,加以选择。以木偶马代替壮马,唯有祭祀五帝时才用壮马,皇帝亲自进行郊祀时也用壮马。以及祭祀名山大川做壮马的,全都改用木偶马代替。皇帝出巡经过时举行的祭祀才用壮马。其他礼节不变。

【原文】

　　公王带曰:"黄帝时虽封泰山,然风后、封巨、岐伯令黄帝封东泰山,禅凡山合符①,然后不死焉。"天子既令设祠具,至东泰山,东泰山卑小②,不称其声,乃令祠官礼之,而不封禅焉。其后令带奉祠候神物。夏,遂还泰山,修五年之礼如前,而加禅祠石闾。石闾者,在泰山下址南方,方士多言此仙人之闾也③,故上亲禅焉。

【注释】

　　①合符:指与符瑞相合。②卑小:矮小,低矮。③闾:里巷,这里指居住处。

【译文】

　　公王带说:"黄帝虽然在泰山封禅,然而风后、封巨、岐伯等人又要黄帝到东泰山封禅祭天,去凡山祭地辟场,与符瑞相合,然后可以长生不死。"天子于是下令准备好祭祀的器具,去往东泰山,东泰山十分矮小,跟它的名声不符合,因此命令祠官祭祀,但不在这里举行封禅大典。之后命令公王带留在那里供奉祭祀,并迎候神灵。夏天,天子返回泰山,像以前那样在泰山举行五年一次的封禅大典,此外还在石闾山辟场祭祀地神。石闾位于泰山之南,方士中有很多人说这里居住着仙人,因此皇上亲自到这里祭祀。

【原文】

其后五年,复至泰山修封,还过祭常山。

今天子所兴祠,泰一、后土,三年亲郊祠,建汉家封禅,五年一修封。薄忌泰一及三一、冥羊、马行、赤星①,五,宽舒之祠官以岁时致礼②。凡六祠③,皆太祝领之。至如八神诸神,明年、凡山他名祠,行过则祀,去则已。方士所兴祠,各自主④,其人终则已⑤,祠官弗主。他祠皆如其故。今上封禅,其后十二岁而还,遍于五岳、四渎矣。而方士之候祠神人,入海求蓬莱,终无有验。而公孙卿之候神者,犹以大人迹为解,无其效。天子益怠厌方士之怪迂语矣,然终羁縻弗绝⑥,冀遇其真。自此之后,方士言祠神者弥众⑦,然其效可睹矣⑧。

【注释】

①薄忌泰一:指根据亳人缪忌所奏而建的泰一神祠。三一、冥羊、马行、赤星:都是神祠名。②宽舒之祠官:宽舒之类的祠官,即上文所说"祠官宽舒等"。③凡六祠:是上述五座神祠以外,加上后土祠,总共是六祠。④主:指主持祭祀典礼。⑤终:死。⑥羁(jī)縻(mí):笼络。"羁""縻"都有束缚、牵制之义,引申为笼络。⑦弥:更加。⑧睹:这里是想见的意思。

【译文】

此后五年,天子又到泰山行封禅礼,返回途中祭祀了常山。

当今天子所兴建的神祠,泰一祠和后土祠,每三年亲自郊祀一次;建立了汉家封禅制度,每五年举行一次封禅大典。亳人谬忌奏请修建的泰一祠和三一、冥羊、马行、赤星等五座神祠,由宽舒等祠官每年按时祭祀。加上后土祠,总共六座神祠,都由太祝统管。至于像八神中的各神,以及明年、凡山等其他有名的神祠,天子路过时就祭祀,离开后就算了。方士们所兴建神祠,各由他们自己负责祭祀,人死了,祭祀也就终止,祠官不再管祭祀。其他神祠全部依照原来的规定办。当今皇上举行封禅大典,十二年以后来回顾,所祭祀的神灵已遍及五岳、四渎。而方士们迎候祭祀神仙,去海上寻访蓬莱仙山,最终也没有什么结果。公孙卿之类等候神仙的方士,还是用巨大人脚印做托辞来辩解,也是没有效验。这时,天子对方士们的荒唐话越来越厌倦了,然而始终笼络着他们,不肯与他们绝断往来,总希望有一天能遇到真有方术的人。从此以后,方士们谈论祭神的更多,然而效验究竟怎样,就可以想见了。

【原文】

太史公曰:余从巡祭天地诸神名山川而封禅焉①。入寿宫侍祠神语,究观方士祠官之言,于是退而论次自古以来用事于鬼神者②,具见其表里③。后有君子,得以览焉。至若俎豆珪币之详④,献酬之礼,则有司存焉⑤。

【注释】

①从:跟随。②论次:论定次第,评议编次。③表里:指"用于事鬼神"之类事情的里外情形。④至若:至于。珪币:祭祀用的玉和帛。⑤存:保存,这里指记录在案。

【译文】

太史公说:我跟随皇上出巡,祭祀天地众神和名山大川,参加封禅大典。我也曾进寿宫陪侍皇帝祭祀,听神语,观察研究了方士和祠官们的言论,于是回来依次论述自古以来祭祀鬼神的活动,把这些活动的里外情形原原本本地展现出来。后世君子,能够从这里观察到那些情形。至于有关祭祀时所用俎豆等礼器以及玉帛的详情,献祭酬神的礼仪,则有主管官员记录在案。

世家

齐太公世家

【导读】

　　姜姓齐国是春秋时代的强国，起于姜太公立国，亡于大夫田氏代齐。姜太公辅佐周文王和周武王兴周灭商，被封在营丘，建立齐国。齐国地理位置优越，不但依山傍海，而且土地肥沃。齐桓公时期，任用管仲为相，利用鱼盐之利，通工商之业，齐国逐渐成为富庶之国。后来，齐桓公打着"尊王攘夷"的口号，征伐蛮夷，并与诸侯会盟，成为五霸之一。桓公去世之后，齐国渐趋衰落。经过崔杼、庆封之乱，元气大伤，终为大夫田氏所取代。

◎太公佐周灭商◎

【原文】

　　太公望吕尚者①，东海上人②。其先祖尝为四岳③，佐禹平水土甚有功④。虞夏之际封于吕⑤，或封于申⑥，姓姜氏。夏商之时，申、吕或封枝庶子孙⑦，或为庶人，尚其后苗裔也⑧。本姓姜氏，从其封姓，故曰吕尚。

【注释】

①太公望：即姜尚，又称师尚父、吕尚、太公望。因其辅佐周武王灭商有功，封于齐，故称齐太公。俗又称之为姜子牙。②东海上人：东部海边上的人。③四岳：传说为尧舜时的四方部落首领。尧为部落联盟领袖时，四岳推举舜为继承人。舜继位后，四岳又推举禹辅佐舜。④平：治理。⑤虞：即有虞氏，传说中远古部落名，居于蒲坂（今山西永济西蒲州镇），舜为其领袖。夏：即夏后氏，我国历史上第一个朝代，相传为夏后氏部落领袖禹的儿子启所建立。吕：古国名。一作甫，亦称有吕，姜姓，传为四岳之后，封于吕。⑥申：古国名，姜姓。传为伯夷之后，其地在今陕西、山西之间。后来周宣王时，一部分东迁，分封于谢，建立申国。春秋时被楚文王所灭。⑦枝庶：依照中国古代的宗法制度，宗族的嫡长子派系称为正宗，非嫡系则称为枝庶。⑧苗裔：后世子孙。

【译文】

　　太公望吕尚，东海边上的人。太公的祖先曾经做过四岳的官职，辅佐大禹治水，立下很大的功劳。虞夏之际，封在吕城这个地方，也有的被封在申这个地方，姓姜氏。夏商的时候，申地和吕地有的封给了旁支的人，以致后世子孙有很多人沦为平民，吕尚就是他们的后代。吕尚本来姓姜，后来以封地为姓，所以称为吕尚。

【原文】

　　吕尚盖尝穷困，年老矣①，以渔钓奸周西伯②。西伯将出猎，卜之③，曰"所获非龙非彨④，非虎非罴⑤，所获霸王之辅"。于是周西伯猎，果遇太公于渭之阳⑥，与语大说，曰："自吾先君太公曰'当有圣人适周，周以兴'。子真是邪⑦？吾太公望子久矣。"故号之曰"太公望"，载与俱归，立为师⑧。

【注释】

①年老矣：据说当时吕尚已七十二岁。②奸：通"干"，干谒、进见。周西伯：即姬昌。③卜：古人以火灼龟甲，

取龟甲裂纹以测吉凶祸福。④螭：通"螭"，传说中无角的龙。⑤罴：兽名，俗称人熊。似熊而长头高脚，猛悍多力，能拔树木。⑥渭：即今渭水。阳：山之南或水之北为阳，渭阳即渭水北岸。⑦子真是邪：犹言您正是其人吧？真，正。⑧师：师辅之官，辅佐西伯的最高军政长官。

【译文】

吕尚曾经十分贫穷，年纪老的时候，利用钓鱼的机会求见周部落的西伯侯姬昌。西伯侯准备出外打猎，卜了一个卦，卦辞上说："所得到的既不是龙也不是螭，既不是老虎也不是熊，得到的是霸王的辅佐。"于是西伯侯出去打猎，果然在渭水的北岸遇上了太公，西伯侯与太公交谈之后十分高兴，说："我的先君太公曾说'一定有圣人到周国来，周国能依靠他兴盛'。您就是这个人吧？我的太公盼望您已经很久了。"所以称他为"太公望"，西伯侯与他一起坐车回去，还拜吕尚为师辅之官。

渭水垂钓

【原文】

或曰，太公博闻，尝事纣①。纣无道②，去之。游说诸侯③，无所遇，而卒西归周西伯。或曰，吕尚处士④，隐海滨。周西伯拘羑里⑤，散宜生、闳夭素知而招吕尚⑥。吕尚亦曰："吾闻西伯贤，又善养老，盍往焉。"三人者为西伯求美女奇物，献之于纣，以赎西伯。西伯得以出，反国。言吕尚所以事周虽异⑦，然要之为文武师⑧。

【注释】

①事：侍奉。②无道：暴虐不施仁政。③游说：以福祸利害来劝说诸侯。④处士：隐居不仕而有才德的人。⑤羑里：地名。故址在今河南汤阴县北。⑥散宜生：西周初年大臣。与闳夭、太颠等同辅周文王。闳夭：周初大臣。⑦言吕尚所以事周虽异：这句话的意思是说，对于吕尚事周的经过虽然传闻不一样。⑧文武师：周文王和周武王的师辅之臣。

【译文】

有人说，太公见识广博，曾经侍奉商纣王。商纣无道，他就离开了。此后他游说诸侯，没碰上赏识他的人，最终才向西归附了西伯侯。有的人说，吕尚是隐士，隐居在大海之滨。西伯侯被拘禁在羑里，散宜生和闳夭素听说吕尚贤明就把他召请过来。吕尚也说："我听说西伯侯有圣贤之才，又赡养老者，为什么不到那里去呢？"三人为西伯求取美人和珍宝献给纣王，以此赎回西伯侯。西伯侯因此被释放，回到周国。虽然吕尚归附周国的说法各不相同，但是都说他成了周文王和周武王的军师。

【原文】

周西伯昌之脱羑里归，与吕尚阴谋修德以倾商政①，其事多兵权与奇计②，故后世之言兵及周之阴权皆宗太公为本谋③。周西伯政平④，及断虞芮之讼⑤，而诗人称西伯受命曰文王。伐崇、密须、犬夷⑥，大作丰邑⑦。天下三分，其二归周者，太公之谋计居多。

【注释】

① 阴谋修德：暗中议定计谋，施行德政。② 兵权：用兵的谋略。③ 阴权：阴谋权术。宗：推崇。本谋：权谋的主要策划者。这句话的意思是说，后世研究军事以及周代权谋的人，都推崇太公为主要策划者。④ 政平：为政公平持正。⑤ 虞芮之讼：虞、芮二国为疆界产生纠纷，周文王从中调解，并使二国归附于周。虞、芮都是姬姓的诸侯国。⑥ 崇：古国名，其地在今陕西户县东。密须：古国名，其地在今甘肃灵台县西南。犬夷：亦称犬戎，部族名。⑦ 丰邑：西周都城，其地在今陕西长安西北沣河以西。

【译文】

西伯侯姬昌从羑里逃脱之后，和吕尚图谋施行德政以颠覆商朝的统治，这些计策多数是用兵之道和奇谋良策，所以后世谈论用兵之法以及周朝的权术，都推崇姜太公吕尚是主要谋划者。西伯侯政治清平，消除了虞国和芮国的争端，而诗人们都说西伯侯承天命而号为"文王"。文王讨伐崇国、密须、犬夷，大规模修建丰邑。如果把当时的天下分为三份，那么三分之二已经归顺周国，这些多半是出自太公的谋划。

【原文】

文王崩，武王即位。九年，欲修文王业①，东伐以观诸侯集否②。师行，师尚父左杖黄钺③，右把白旄以誓④，曰："苍兕苍兕⑤，总尔众庶⑥，与尔舟楫，后至者斩！"遂至盟津⑦。诸侯不期而会者八百诸侯⑧。诸侯皆曰："纣可伐也。"武王曰："未可。"还师，与太公作此《太誓》⑨。

【注释】

① 欲修文王业：指武王打算实行文王的统一大业。② 东伐以观诸侯集否：武王率军东征，以试探诸侯的态度。集否：是否率军聚集到他的麾下。③ 杖：手持。黄钺：以黄金为饰的铜钺，只有天子才能使用。后世成为帝王的仪仗。有时派大臣出征，亦假以黄钺，以示威重。④ 白旄：旗帜的一种，旗竿顶以牦牛尾为饰。誓：誓师时的誓词。⑤ 苍兕：水兽名，善奔突，能覆舟。这里指职掌舟楫的官员。⑥ 总：统领。众庶：众人。⑦ 盟津：即孟津，古津渡名。其地在今河南省孟津县东北黄河南岸。相传周武王伐纣，在此会盟诸侯渡河，故称盟津。⑧ 不期而会：事前没有约定，到时自动前来会师。⑨《太誓》：《尚书》篇名，也作"泰誓"，是周武王伐纣在孟津的誓词。

【译文】

文王去世以后，周武王即位。九年之后，武王打算实行文王的统一事业。向东面征伐商纣，试探一下诸侯们是否会响应。大军出征的时候，吕尚左手拿着黄金装饰的铜钺，右手拿着白旄誓师道："苍兕啊苍兕，率领你的军队，乘着你的船只，迟到的就要斩首。"到达孟津的时候，诸侯事先没有约定而前来的有八百个。诸侯们都说："可以讨伐商纣了。"武王却说："还不到时候。"接着率领军队返回周国，与太公一起写了《泰誓》一篇。

【原文】

居二年，纣杀王子比干，囚箕子。武王将伐纣，卜龟兆，不吉，风雨暴至。群公尽惧，唯太公强之劝武王①，武王于是遂行。十一年正月甲子②，誓于牧野③，伐商纣。纣师败绩。纣反走④，登鹿台⑤，遂追斩纣。明日，武王立于社⑥，群公奉明水⑦，卫康叔封布采席⑧，师尚父牵牲⑨，史佚策祝⑩，以告神讨纣之罪。散鹿台之钱，发钜桥之粟⑪，以振贫民⑫。封比干墓⑬，释箕子囚。迁九鼎⑭，修周政，与天下更始⑮。师尚父谋居多。

【注释】

① 强之：坚持出征之议。② 甲子：此为甲子日。上古以干支纪日。干支是天干地支的合称。甲乙丙丁戊己庚辛壬癸

为十干，也称天干；子丑寅卯辰巳午未申酉戌亥为十二支，也称地支。天干地支一一相配，六十数为一周，俗称六十花甲子。③牧野：古地名，其地在今河南淇县西南。④反走：即返走，回头逃跑。⑤鹿台：台名。商纣所筑，用以贮藏财物。⑥社：祭祀土神的场所。⑦奉：读为"捧"。明水：古代祭祀时以铜鉴收取的露水。⑧卫康叔：周代晋国的始祖，名封，周武王之弟。初封于康（今河南禹县西北），故称康叔。布：铺设。采席：即彩席。⑨牲：牺牲，做祭物的纯色全体牺畜，如牛、羊之类。⑩史佚：西周初期的史官，名佚，一作逸。史为官名。策祝：读简策上的祝文，向天祷告。⑪钜桥：古仓名。商代的大粮仓。其地在今河北省曲周县东北古衡漳水东岸。⑫振：通"赈"，救济。⑬封：封土增高坟头。⑭九鼎：古代象征国家政权的传国之宝。相传禹收九牧之金，铸九鼎，象九州。成汤迁九鼎于商邑，周武王迁之于洛邑。⑮更始：除旧布新，开始新的纪元。

吕尚带领诸侯伐商

【译文】

　　二年之后，商纣王杀死王子比干，还囚禁了箕子。武王将要讨伐纣王，用龟甲卜卦时显示的卦象是不吉利，暴风雨突然降临。大臣们都很害怕，只有太公坚持劝勉武王讨伐商纣，于是武王出兵伐纣。周武王十一年正月甲子，武王在牧野誓师，讨伐商纣。纣王的军队吃了败仗，纣王逃回朝歌，登上鹿台，被追上来的周军杀死。第二天，周武王站在土地神庙前，公卿们捧着清水，卫康叔布置彩席，吕尚牵着祭祀用的牲畜，史佚奉册书祝禀告神灵，声讨纣王的罪行。周武王又分发鹿台的存钱，发放钜桥的粮食，以救济贫苦百姓。还筑土增高比干的坟墓，释放箕子，迁移象征天子尊位的九鼎，修明周朝的政治，与天下民众一起除旧迎新。以上这些措施多出自吕尚之手。

【原文】

　　于是武王已平商而王天下①，封师尚父于齐营丘②。东就国③，道宿行迟。逆旅之人曰④："吾闻时难得而易失。客寝甚安，殆非就国者也⑤。"太公闻之，夜衣而行，犁明至国⑥。莱侯来伐⑦，与之争营丘。营丘边莱⑧。莱人，夷也⑨，会纣之乱而周初定，未能集远方⑩，是以与太公争国。

【注释】

①王天下：统一天下。②营丘：古邑名。其地在今山东淄博市临淄北。③就国：赴封国就位。④逆旅：旅舍、宾馆。⑤殆：大概、恐怕。⑥犁明：即黎明。⑦莱：商代诸侯国，姜姓。春秋时为齐灵公所灭。其地在今山东黄县东南。⑧边：作动词用，靠近。⑨夷：远古时称东部落后部族为夷。⑩集：通"辑"，和睦。

【译文】

　　此时武王已经平定了商朝，称王于天下，便封吕尚于齐国的营丘。吕尚向东去了自己的封国，在路上住宿，走得很慢。旅舍的主人说："我听说时机很难得到却很容易失去。客人睡得很安心，实在不像是到封国就任的人啊。"太公听说之后，半夜穿好衣服上路，黎明的时候到达封国。正好遇上莱侯前来攻打，和吕尚争夺营丘。营丘的旁边是莱国。莱人是夷族，适逢纣王乱政而周朝初定天下，周还没有来得及安定远方的国家，所以莱人来和太公争夺营丘。

103

【原文】

太公至国，修政，因其俗，简其礼，通商工之业，便鱼盐之利，而人民多归齐，齐为大国。及周成王少时，管蔡作乱①，淮夷畔周②，乃使召康公命太公曰③："东至海，西至河，南至穆陵④，北至无棣⑤。五侯九伯⑥，实得征之。"齐由此得征伐⑦，为大国。都营丘。

【注释】

①管：即管叔，名鲜，周武王之弟。武王灭商后，封于管（今河南郑州）。蔡：即蔡叔，周武王之弟，武王灭商后，封于蔡（今河南上蔡西南）。②淮夷：部族名。商周时活动于淮河流域一带。畔：通"叛"。③召康公：姬奭，周代燕国的始祖。因其采邑在召（今陕西岐山县西南），故称召公或召伯。武王灭商后，封召公于燕。④穆陵：古邑名。其地在今山东临朐县南。⑤无棣：古邑名。其地在今山东无棣县北。⑥五侯：即公、侯、伯、子、男五等诸侯。九伯：九州之长。⑦得征伐：有权征伐其他诸侯之罪。

【译文】

太公到了齐国，修明政治，顺应当地的风俗，简化礼仪，开放工商各个行业，再加上鱼盐带来的利益，百姓多归顺齐国，齐国成为大国。到周成王幼年登基的时候，管叔和蔡叔作乱，淮夷背叛周朝，周王室派召公命令太公说："东到大海，西至黄河，南达穆陵，北抵无棣。在这个范围之内的五侯九伯，如果他们犯了错，你都可以征伐。"齐国得到了征伐诸侯的权力，成为大国，定都营丘。

○齐桓公争位○

【原文】

桓公元年春①，齐君无知游于雍林②。雍林人尝有怨无知，及其往游，雍林人袭杀无知，告齐大夫曰："无知弑襄公自立，臣谨行诛。唯大夫更立公子之当立者，唯命是听。"

初，襄公之醉杀鲁桓公，通其夫人，杀诛数不当③，淫于妇人，数欺大臣，群弟恐祸及，故次弟纠奔鲁。其母鲁女也。管仲、召忽傅之④。次弟小白奔莒⑤，鲍叔傅之⑥。小白母，卫女也，有宠于釐公。小白自少好善大夫高傒⑦。及雍林人杀无知，议立君，高、国先阴召小白于莒⑧。鲁闻无知死，亦发兵送公子纠，而使管仲别将兵遮莒道，射中小白带钩⑨。小白详死⑩，管仲使人驰报鲁。鲁送纠者行益迟，六日至齐，则小白已入，高傒立之，是为桓公。

【注释】

①桓公：名小白，齐襄公弟。公元前685年至公元前643年在位。任用管仲，富国强兵。以"尊王攘夷"为号召，多次大会诸侯，成为春秋时第一个霸主。②雍林：地名。其地当在临淄附近。③不当：罪不当死。④管仲：名夷吾，字仲，齐颍上人。辅佐齐桓公进行改革，富国强兵，使之成为春秋霸主之首。召忽：齐大夫，为辅佐子纠而自杀。⑤莒：古国名。西周分封，公元前431年被楚灭掉。⑥鲍叔：即鲍叔牙，春秋时齐国大夫，以知人著称。他向齐桓公保举管仲，齐用管仲，国力日强。⑦高傒：齐国正卿。⑧国：国懿仲。国氏亦为春秋时齐国贵族，世代为上卿。⑨带钩：束腰皮带上的金属钩。⑩详：通"佯"，假装。

【译文】

齐桓公元年的春天，齐国国君无知游玩于雍林。雍林人曾与无知结怨，等他到这里游玩的时候，雍林人杀死了无知，并告诉齐国的大夫说："无知杀襄公而自立为王，臣等将他诛杀，希望大夫重新拥立一位应当继位的公子，我们一定听从他的命令。"

当初，齐襄公将鲁桓公灌醉并把他杀死，和桓公的夫人私通，诛杀臣民多有不当，贪恋女色，多次欺侮大臣，他的兄弟怕惹祸上身，所以公子纠投奔鲁国，这是因为他的母亲是鲁君之女。管仲、召忽辅佐他。小白投奔莒国，鲍叔辅佐他。小白的母亲是卫君之女，受到卫釐公的宠爱。小白自小就亲近大夫高傒。雍林人杀死无知、商讨另立新君的时候，高傒和国氏二人先暗中到莒国把小白迎接回国。鲁君听说无知死了，也派兵护送公子纠回国，还派管仲率领军队拦住从莒国到齐国的通道，管仲用弓箭射中了小白腰带上的钩子。

管仲劫杀公子小白

小白假装被射死，管仲派人飞快地将这一消息告诉鲁君。鲁君护送公子纠的军队就不着急赶路，走了六天才到达齐国，这个时候小白早已到达，高傒拥立他即位，小白就是齐桓公。

【原文】

　　桓公之中钩，详死以误管仲①，已而载温车中驰行②，亦有高、国内应，故得先入立，发兵距鲁③。秋，与鲁战于乾时④，鲁兵败走，齐兵掩绝鲁归道⑤。齐遗鲁书曰："子纠兄弟，弗忍诛，请鲁自杀之。召忽、管仲仇也，请得而甘心醢之⑥。不然，将围鲁。"鲁人患之，遂杀子纠于笙渎⑦。召忽自杀，管仲请囚⑧。桓公之立，发兵攻鲁，心欲杀管仲。鲍叔牙曰："臣幸得从君，君竟以立。君之尊，臣无以增君。君将治齐，即高傒与叔牙足也。君且欲霸王⑨，非管夷吾不可。夷吾所居国国重，不可失也。"于是桓公从之。乃详为召管仲欲甘心，实欲用之。管仲知之，故请往。鲍叔牙迎受管仲，及堂阜而脱桎梏⑩，斋祓而见桓公⑪。桓公厚礼以为大夫，任政。

【注释】

①详死以误管仲：装死以延误管仲的行动。②温车：又称辒车、辒凉车。本是古代一种卧车，有篷有窗，可以调节冷热。③距：通"拒"，抵抗。④乾时：齐地名。其地在今山东益都县境。⑤掩绝：阻绝、切断。⑥醢：把人剁成肉酱。⑦笙渎：又名句渎，鲁地。其地在今山东菏泽市北。⑧管仲请囚：管仲请求把自己囚禁起来。⑨霸王：成就霸王之业。⑩堂阜：地名，其地在今山东蒙阴县西北。桎梏：脚镣手铐。⑪斋祓：斋为沐浴更衣素食，祓为除灾祈福的仪式。

【译文】

　　桓公被射中腰带的钩子，以装死骗了管仲之后，接着就坐上带有帐篷的车子飞快地前进，又有高傒和国氏等人的接应，所以先回到齐国而得以即位，他派兵抵挡住鲁国的军队。这年秋天，齐国与鲁国在乾时大战，鲁军败退，齐军断绝了鲁军撤退的道路。桓公送信给鲁君说："公子纠是我的兄弟，我不忍心杀他，请鲁国自己把他杀了吧！召忽和管仲是我的仇人，请把他们交给我，我非得把他们剁成肉酱才甘心。如果你们做不到的话，我就派军队去围攻鲁国。"鲁人十分害怕，就在笙渎之地杀死了公子纠。召忽自杀，管仲请求把他囚禁起来。桓公即位之后，发兵攻打鲁国，心里本想杀了管仲。这个时候鲍叔牙对桓公说："臣有幸能跟从您，现在您终究登上了王位。您的地位尊贵，臣无法使您的地位更加荣耀。您如果治理齐国，用高傒和叔牙就足够了。您如果想称霸，那么非得用管仲辅佐不可。管仲所在的国家一定会有威望，此人不可或缺啊。"桓公听从了鲍叔牙的意见，假装说得到管仲后把他杀掉才甘心，实际上是想重用他。管仲知道他的用意，所以就请求前往齐国。鲍叔牙亲自去迎接管仲，到达堂阜的时候替他卸下镣铐，让他斋戒祭祀之后去拜谒齐桓公。桓公用很隆重的礼仪接待他，并任命他为大夫，主持政务。

鲁周公世家

【导读】

　　周公是周文王之子,周武王的弟弟。他帮助武王灭商,由此开创了周朝八百多年的基业。周朝建立伊始,周公被封在鲁国。这时,正好赶上成王刚刚即位,四周还未平定,周公为稳定局面,故而辅佐年幼的成王处理朝政。在辅佐成王期间,他平定叛乱,教育成王大兴礼治,使西周形成了重伦理、轻逸乐、好俭朴、乐献身的君子风尚。周公之子伯禽代父立国,后来历经隐桓之事、庆父之乱、襄仲杀嫡立庶、三桓攻伐公室等事件,鲁国势力逐渐衰微,成了诸侯争夺的对象,最终在战国后期被楚国灭掉。鲁国先后传二十五世、经历三十六位国君,享国八百年。

○周公吐哺,天下归心○

【原文】

　　周公旦者①,周武王弟也②。自文王在时③,旦为子孝,笃仁,异于群子。及武王即位,旦常辅翼武王,用事居多。武王九年,东伐至盟津④,周公辅行。十一年,伐纣⑤,至牧野⑥,周公佐武王,作《牧誓》⑦。破殷,入商宫。已杀纣,周公把大钺⑧,召公把小钺⑨,以夹武王,衅社⑩,告纣之罪于天,及殷民。释箕子之囚⑪。封纣子武庚禄父,使管叔、蔡叔傅之⑫,以续殷祀⑬。遍封功臣同姓戚者。封周公旦于少昊之虚曲阜⑭,是为鲁公。周公不就封,留佐武王。

【注释】

① 周:地名。在今陕西岐山县北。其地本为太王所居,后为周公采邑。② 周武王:姬姓,名发。继承其父文王遗志,灭商,建立西周。③ 文王:名昌,周武王之父。为西伯,又称伯昌。④ 盟津:又名孟津。古黄河津渡。在今河南孟州市西南。相传周武王伐纣,在此盟会诸侯并渡河,故名盟津。⑤ 纣:商朝最后一位君主。名受,号帝辛,史称纣王。⑥ 牧野:在今河南淇县西南。⑦《牧誓》:《尚书》篇名,记载周武王在牧野率军同商纣作战的誓辞。⑧ 钺(yuè):古代兵器。青铜制,圆刃,木柄,形状似斧。⑨ 召公:又作邵公、召康公。周朝燕国始祖。与周同姓。⑩ 衅:以牲血祭祀。衅社:以牲血祭社之礼。⑪ 箕子:纣王的叔父。官太师。封于箕(今山西太谷东北)。⑫ 管叔、蔡叔:管叔,名鲜;蔡叔,名度。二人都是周武王的弟弟。⑬ 殷祀:殷商的祭祀。⑭ 少昊:传说中古代东夷族首领。曲阜:今山东曲阜。

周公留佐武王

【译文】

　　周公旦是周武王的弟弟。文王健在的时候,旦身为人子很孝顺,忠厚仁爱,不同于其他的儿子。等到武王即位,周公旦时常辅佐武王,许多政事都需要靠他来处理。武王九年,向东征伐到达孟津,周公辅佐跟随。十一年,讨伐商纣,到达牧野,周公辅佐武王,一起作了一篇《牧誓》。攻破殷都,进入商宫。杀了商纣之后,周公拿着大钺,召公拿着小钺,在左右两旁夹辅武王,并以牲畜的鲜血祭祀土神,把纣王的罪行报告给上天,及殷商的百姓。释放被囚禁的箕子。分封商纣的儿子武庚禄父,派管叔、蔡叔从旁辅佐监督,以延续殷商的祭祀。普遍封赏有功之臣以及同姓的亲族。把周公旦分封在少昊的故墟曲阜,留在京城辅佐武王。

【原文】

　　武王克殷二年,天下未集①,武王有疾,不豫②,群臣惧,太公、召公乃缪卜③。周公曰:"未可以戚我先王④。"周公于是乃自以为质,设三坛⑤,周公北面立⑥,戴璧秉圭⑦,告于太王、王季、文王⑧。史策祝曰⑨:"惟尔元孙王发,勤劳阻疾。若尔三王是有负子之责于天⑩,以旦代王发之身。旦巧能,多材多艺,能事鬼神。乃王发不如旦多材多艺,不能事鬼神。乃命于帝庭,敷佑四方,用能定汝子孙于下地,四方之民罔不敬畏。无坠天之降葆命⑪,我先王亦永有所依归。今我即命于元龟⑫,尔之许我,我以其璧与圭归,以俟尔命。尔不许我,我乃屏璧与圭。"周公已令史策告太王、王季、文王,欲代武王发,于是乃即三王而卜。卜人皆曰吉,发书视之⑬,信吉。周公喜,开籥⑭,乃见书遇吉。周公入贺武王曰:"其王无害。旦新受命三王,维长终是图。兹道能念予一人⑮。"周公藏其策金縢匮中⑯,诫守者勿敢言。明日,武王有瘳⑰。

【注释】

①集:通"辑",意为辑睦、安定。②豫:安适。③太公:即吕尚。缪卜:诚敬地占卜。④戚:使……忧虑。⑤坛:土筑的高台。古时用于祭祀及朝会、盟誓等大事。⑥北面立:朝北方站着。⑦璧:古玉器,璧平圆、正中有孔;圭:古玉器,长条形,上端作三角状。璧和圭皆为古代用于朝聘、祭祀、丧葬等活动的礼器。⑧太王:古公亶父,周文王的祖父,周族的领袖。⑨史:史官,或称作册。掌管祭祀和记事、册命等事。策,通"册",即简册,周公所作。祝,即宣读简书,以告三王。⑩负子之责:意为周公愿替武王担当这个责任。⑪葆:通"宝"。⑫元龟:大龟。古人占卜的工具。⑬书:卜兆的记录,即占兆之辞。⑭籥(yuè)锁钥。⑮予一人:古代帝王的自称。本作"余一人"。此处当为周公自称。⑯金縢:金质封缄。⑰瘳(chōu):病愈。

【译文】

　　武王灭掉商朝后两年,天下还未安定,武王患病,不舒服,群臣担心,太公、召公问卜。周公说:"不可以使我们的先王忧虑。"周公就以自身为人质,设置三个祭坛,周公朝着北面站立,头上顶着璧,手里拿着圭,向太王、王季、文王祷告。史官将祷告的辞令记了下来,上面记载:"你们的长孙姬发,积劳成疾。如果你们三位对上天有保护子孙的责任,那就请以我姬旦的生命代替姬发吧。旦灵巧而且有能力,还多才多艺,能侍奉鬼神。而姬发却没有我那么多才多艺,不能侍奉鬼神。但是他受命于上天,坐拥天下,能让你们的子孙都能平平安安地生活于世上,天下的百姓没有不敬畏他的。不要坠毁上天赐予他的宝贵生命,我们的先王也将永远地依托于他。现在我就要通过元龟听从你们的命令。如果你们答应我,我就把璧和圭奉给你们,来听候你们的命令;如果你们不答应我,我就把璧和圭藏起来。"周公让史官向太王、王季和文王说明自己的想法,打算代替武王姬发,便在三王面前问卜。占卜的人都说吉利,把占卜书打开一看,果然是大吉大利。周公很高兴,打开收藏占兆之书的柜子,见到的卜辞也是吉利的。周公入宫向武王贺喜道:"大王不会有事的。旦刚刚接受了三王的命令,你将要为周作长远打算。这样你就可以好好地考虑自己的职责了。"周公把策书藏在用绳索缠绕、用金属缄封的匣子里，并告诫看管者不要乱说话。第二天，武王的病就好了。

【原文】

其后武王既崩，成王少，在强葆之中①。周公恐天下闻武王崩而畔②，周公乃践阼代成王摄行政当国③。管叔及其群弟流言于国曰："周公将不利于成王。"周公乃告太公望、召公奭曰："我之所以弗辟而摄行政者④，恐天下畔周，无以告我先王太王、王季、文王。三王之忧劳天下久矣，于今而后成。武王蚤终⑤，成王少，将以成周，我所以为之若此。"于是卒相成王，而使其子伯禽代就封于鲁⑥。周公戒伯禽曰："我文王之子，武王之弟，成王之叔父，我于天下亦不贱矣。然我一沐三捉发，一饭三吐哺⑦，起以待士，犹恐失天下之贤人。子之鲁，慎无以国骄人。"

管、蔡、武庚等果率淮夷而反⑧。周公乃奉成王命，兴师东伐，作《大诰》⑨。遂诛管叔，杀武庚，放蔡叔。收殷余民，以封康叔于卫⑩，封微子于宋⑪，以奉殷祀。宁淮夷东土，二年而毕定。诸侯咸服宗周⑫。

【注释】

①强葆：通"襁褓"，包裹小孩、系于背上的用具。②畔：通"叛"。③阼（zuò）：古代庙、寝堂前两阶，主阶在东（即阼），天子诸侯进行各种活动，皆由东阶升降。践阼，引申为天子登位，又作"践祚"。摄：代理。④辟：通"避"。⑤蚤：通"早"。⑥伯禽：周公的长子，亦称禽父。⑦一沐三捉发，一饭三吐哺：洗头时三次抓起头发，吃饭时三次吐出嘴里的食物，起身接待来朝见的人。这里喻指政务繁忙，治事勤勉，待人恭敬。⑧淮夷：古民族名。居于淮河下游一带。西周时曾与徐戎等族多次联合抗周。⑨《大诰》：《尚书》篇名。为周公东征前对诸侯和王朝官吏发表的讲话，经史官笔录而成。诰，古代一种训诫勉励的文告，用于上对下。⑩康叔：名封，周武王之弟，初封于康（今河南禹县西北）。⑪微子：名启，商纣的庶兄。初封于微。因见商朝将亡，多次劝谏纣王，纣王不听，于是出走。宋，微子封国。⑫宗周：周为诸侯所宗仰，故王都所在称宗周。

【译文】

后来武王驾崩，成王年少，仍在襁褓之中。周公担心天下人听说武王驾崩而叛乱，便代成王行摄政之职，主持国事。管叔和其他的兄弟在国中散布谣言说："周公将会对成王不利。"周公告诉太公望和召公奭说："我之所以不加避讳而行摄政之职，那是因为害怕天下背叛周朝，无法告慰我们的先王太王、王季和文王。三王为天下已经忧劳很久了，现在才取得成功。武王早死，成王年少，为了成就周朝未来的大业，我才这样做的。"最后辅佐了成王，又派自己的儿子伯禽代他受封于鲁国。周公告诫伯禽说："我是文王的儿子，武王的弟弟，成王的叔叔，我在天下的身份已经不算卑贱了。然而，往往我洗一次头要抓起三次头发，吃一顿饭要三次吐出食物，匆忙地起身接待士人，这样是怕失去天下的贤能之士。你到鲁国，千万不要以国君的身份骄纵轻视他人。"

管叔、蔡叔、武庚等人果然率领淮夷造反。周公奉成王之命，兴师东伐，作了一篇《大诰》。诛灭管叔，杀死武庚，流放蔡叔。降伏殷商的遗民，又封康叔于卫国，封微子于宋国，以延续殷商的祭祀。安抚东边的淮夷地区，用了两年的时间才平定。诸侯都臣服于周朝。

> ⊙ 名句精解
>
> **一沐三捉发，一饭三吐哺**
>
> 东汉末年，曹操在赤壁大战之前"酾酒临江，横槊赋诗"，写下一篇千古绝唱《短歌行》，此诗末尾两句写道："周公吐哺，天下归心。"充分显示了曹操的壮志雄心，即效法周公"一饭三吐哺"，争取天下贤才。

一沐三捉发，一饭三吐哺

【原文】

　　天降祉福①，唐叔得禾②，异母同颖③，献之成王，成王命唐叔以馈周公于东土④，作《馈禾》。周公既受命禾，嘉天子命，作《嘉禾》。东土以集，周公归报成王，乃为诗贻王，命之曰《鸱鸮》。王亦未敢训周公⑤。

　　成王七年二月乙未，王朝步自周，至丰⑥，使太保召公先之雒相土⑦。其三月，周公往营成周雒邑，卜居焉，曰吉，遂国之。

【注释】

①祉：福。②唐叔：名虞，字子于，周成王之弟。周朝晋国始祖。③颖：带芒的谷穗。④馈：馈赠。⑤训：责问。⑥丰：丰京。⑦太保：官名。

【译文】

　　上天降下福祉，唐叔得到了特异的禾穗，献给了成王，成王命令唐叔到东方把它献给周公，写了一篇《馈禾》。周公接受禾穗后，赞赏天子的赏赐，作了一篇《嘉禾》作为答谢。东土平定之后，周公回朝禀报成王，写了一首诗送给成王，诗的名字叫《鸱鸮》。成王也没敢责问周公。

　　成王七年二月乙未，成王从镐京步行至武王庙，到达丰京，派太保召公到洛邑考察环境。这年三月，周公前往营建成周洛邑，占卜择定建都之地，卜辞上说大吉，便在那里建都。

【原文】

　　成王长，能听政。于是周公乃还政于成王，成王临朝。周公之代成王治，南面倍依以朝诸侯①。及七年后，还政成王，北面就臣位②，匔匔如畏然③。

　　初，成王少时，病，周公乃自揃其蚤沉之河④，以祝于神曰："王少未有识，奸神命者乃旦也。"亦藏其策于府⑤。成王病有瘳。及成王用事，人或谮周公⑥，周公奔楚。成王发府，见周公祷书，乃泣，反周公。

【注释】

① 南面倍依以朝诸侯：古代以北位最尊，为天子所居。此时周公在王位，故位北面南而朝诸侯。倍，负。② 北面：古代臣子朝见君主时居南位，面向北。所以"北面"即指向人称臣的意思。③ 恫恫：恭敬谨慎。④ 自揃其蚤：剪掉自己的指甲。揃，修剪。蚤，通"爪"。⑤ 藏其策于府：将祝告的册文藏于府中。府，古代帝王藏书的场所。⑥ 譖（zèn）：进逸言。

【译文】

　　成王长大之后，能够处理政事。周公便将国家政事交给成王，成王临朝执政。周公代替成王治理国家，面向南背靠着屏风朝见诸侯。七年之后，把政事交还给成王，面朝北回到臣子的位置，态度谨慎恭敬，像是畏惧的样子。

　　当初，成王年少的时候，生病，周公剪断自己的指甲，使之沉入河中，向鬼神祈祷说："帝王年少不懂事，违犯神命的是我周公旦。"祷告完毕后也把策书收藏到内府之中。结果成王病愈。后来成王处理政事的时候，有人进逸言污蔑周公，周公逃到楚国。成王打开内府，看到周公为他祈祷的策书，感动得哭泣，便迎接周公回朝。

【原文】

　　周公归，恐成王壮，治有所淫佚，乃作《多士》①，作《毋逸》②。《毋逸》称："为人父母，为业至长久，子孙骄奢忘之，以亡其家，为人子可不慎乎！故昔在殷王中宗③，严恭畏天命，自度治民④，震惧不敢荒宁，故中宗飨国七十五年⑤。其在高宗⑥，久劳于外，为与小人⑦，作其即位，乃有亮闇⑧，三年不言⑨，言乃欢，不敢荒宁，密靖殷国⑩，至于小大无怨，故高宗飨国五十五年。其在祖甲⑪，不义惟王，久为小人于外，知小人之依，能保施小民，不侮鳏寡⑫，故祖甲飨国三十三年。"《多士》称曰："自汤至于帝乙⑬，无不率祀明德，帝无不配天者⑭。在今后嗣王纣，诞淫厥佚，不顾天及民之从也⑮。其民皆可诛。""文王日中昃不暇食⑯，飨国五十年。"作此以诫成王。

　　成王在丰，天下已安，周之官政未次序，于是周公作《周官》⑰，官别其宜。作《立政》⑱，以便百姓⑲。百姓说。

周公拟定国家制度

【注释】

①《多士》：《尚书》篇名。内容为周公告诫殷商贵族。②《毋逸》：《尚书》篇名。又作《无逸》、《无佚》。③ 殷王中宗：即商王祖乙。④ 度：法度。⑤ 飨国：当政，在位。飨，通"享"。⑥ 高宗：商王武丁。⑦ 小人：对平民百姓的蔑称。⑧ 闇："亮暗"，又作"亮阴"、"谅暗"、"梁暗"等。一说是帝王居丧，沉默不语。一说为凶庐，梁即楣，暗即庐，守丧之处。⑨ 三年不言：有两种解释。一说新王守丧三年，其间不问政事。一说武丁三年之中默以思道，以图殷之复兴，旁求四方贤士，终得傅说。⑩ 密：安定。靖：也是安定的意思。⑪ 祖甲：商朝第二十五个王。武丁之子。⑫ 鳏寡：老而无妻为鳏；老而无夫为寡。引申指年老而穷苦无告者。⑬ 汤：成汤。子姓，名履，又称天乙。商代开国之君。传十七代，三十一王，至纣为周所灭。帝乙：商纣之父。⑭ 配天：不与天意悖违。古代帝王以为自己是天的儿子，行为受天帝意旨支配。⑮ 不顾天及民之从：不顾及天命和百姓的依从。⑯ 日中昃：过了中午之后。昃，日西斜。⑰《周官》：《尚书》篇名。内容为叙述官制，已佚。现存《尚书》中的是东晋所造伪篇。⑱《立政》：

《尚书》篇名。"政"同"正",意为官长。"立政"即建立官长。⑲百姓:百官。古代民无姓,有姓者都有封地有官爵。其后民亦有姓,因此庶民也称百姓。

【译文】

　　周公回到朝中,担心成王年轻气盛,治国时会放纵荒淫,就写了《多士》和《毋逸》两篇(以作告诫)。《毋逸》中说:"为人父母的,创业的时间都很长久,子孙骄奢淫逸,忘记了祖先创业的艰难,因而使家业败亡,身为人子的难道不应该谨慎吗!所以当初殷王中宗,严谨谦恭,敬畏天命,治理百姓时也严守法度,戒慎恐惧,不敢荒废自安,所以中宗当政长达七十五年。到了高宗,长时间居住在民间,与百姓一起生活,到他即位的时候,认真为先王守丧,三年之间不曾说话,他一说话,百姓都很欢喜,不敢荒淫安逸,全心全意治理殷商,无论做大事还是小事,都不会招人怨恨,所以高宗当政五十五年。到祖甲的时候,他觉得代替兄长为王是不合理的,所以长时间逃到外边做平民百姓,深知百姓的需求,能够惠于民。不欺侮鳏寡之人,所以祖甲当政三十三年。"《多士》中说:"从商汤一直到帝乙,没有一个不恭敬地祭祀鬼神,帝王的德行没有与天意悖违。到今天他们的后代纣王继位,荒淫纵欲,不顾上天和百姓的意愿。百姓都认为应当诛杀他。""文王从早晨到中午,抽不出时间吃饭,当政五十年。"周公做这两首诗目的是告诫成王。

　　成王在丰京,天下已经安定,周朝的国家制度还没有固定下来,周公便写了一篇《周官》,分别规定了各级官吏的职责。又作了一篇《立政》,以说明方便百姓的道理,百姓都很高兴。

【原文】

　　周公在丰,病,将没,曰:"必葬我成周,以明吾不敢离成王。"周公既卒,成王亦让,葬周公于毕①,从文王,以明予小子不敢臣周公也②。

【注释】

①毕:毕原。在今陕西咸阳、西安渭水两岸。②予小子:古代帝王自谦之称,对先王或长辈而言。

【译文】

　　周公在丰京,生病,将要死去,说:"一定要把我埋葬到成周,以表明我不敢离开成王。"周公去世以后,成王也心怀谦让,埋葬周公于毕原,挨着文王,以表明自己不敢把周公看作臣子。

○庆父之难○

【原文】

　　八年,齐公子纠来奔①。九年,鲁欲内子纠于齐,后桓公,桓公发兵击鲁,鲁急,杀子纠。召忽死。齐告鲁生致管仲②。鲁人施伯曰:"齐欲得管仲,非杀之也,将用之,用之则为鲁患。不如杀,以其尸与之。"庄公不听,遂囚管仲与齐③。齐人相管仲。

　　十三年,鲁庄公与曹沫会齐桓公于柯,曹沫劫齐桓公④,求鲁侵地,已盟而释桓公。桓公欲背约,管仲谏,卒归鲁侵地。十五年,齐桓公始霸。二十三年,庄公如齐观社⑤。

【注释】

①"齐公子"句:齐襄公被杀后国内大乱,襄公之子公子纠母是鲁国之女,因此来避难并寻求援助。②生致:得到活的。③与:给。④劫:劫持。⑤观社:参观祭祀社神之活动。按齐国祭社,聚男女以游观,本身不合于周礼。鲁庄公去观看别国诸侯祭社,也不合于周礼。

【译文】

（鲁庄公）八年冬，齐国公子纠逃到鲁国。九年，鲁国想送公子纠返回齐国继承王位，但是落在齐桓公的后面，桓公发兵攻打鲁国，鲁国危急，杀死公子纠，召忽也跟随死了。齐人告诉鲁国要把管仲活着送回齐国。鲁人施伯说："齐想得到管仲，不是想杀他，而是要重用他，管仲被重用一定会成为鲁国的心腹大患。不如杀死管仲，把他尸体交给齐国。"庄公不听，把管仲押解交给齐国。齐人任命管仲做了齐相。

十三年，鲁庄公与大夫曹沫与齐桓公盟会于柯地，曹沫劫持齐桓公，索要鲁国被侵占的土地，盟誓后释放桓公。桓公想毁约，管仲劝谏他，终究归还鲁国被侵的土地。十五年，齐桓公开始称霸。二十三年，庄公到齐国去参加祭祀社神的活动。

【原文】

三十二年，初，庄公筑台临党氏①，见孟女②，说而爱之，许立为夫人，割臂以盟。孟女生子斑③。斑长，说梁氏女④，往观。圉人荦自墙外与梁氏女戏⑤。斑怒，鞭荦。庄公闻之，曰："荦有力焉，遂杀之，是未可鞭而置也。"斑未得杀。会庄公有疾。庄公有三弟，长曰庆父，次曰叔牙，次曰季友。庄公取齐女为夫人曰哀姜。哀姜无子。哀姜娣曰叔姜⑥，生子开⑦。庄公无适嗣，爱孟女，欲立其子斑。庄公病，而问嗣于弟叔牙。叔牙曰："一继一及⑧，鲁之常也。庆父在，可为嗣，君何忧？"庄公患叔牙欲立庆父，退而问季友。季友曰："请以死立斑也。"庄公曰："曩者叔牙欲立庆父⑨，奈何？"季友以庄公命命牙待于鍼巫氏⑩，使鍼季劫饮叔牙以鸩⑪，曰："饮此则有后奉祀；不然，死且无后。"牙遂饮鸩而死，鲁立其子为叔孙氏⑫。八月癸亥，庄公卒，季友竟立斑为君，如庄公命。侍丧，舍于党氏。

【注释】

①党氏：鲁大夫。②孟女：党氏之女。③斑：公子斑。④梁氏：鲁大夫。⑤圉(yǔ)人：官名，掌管养马放牧等事。⑥娣：古时称姐姐的妹妹为娣。⑦开：或作开方，即鲁闵（湣）公。⑧一继一及：古代王位继承的两种方式。继，父死子继。及，兄终弟及。⑨曩者：以往，从前。⑩鍼(zhēn)巫氏：鲁大夫。⑪鸩：鸟名。其羽毛有毒，古人用以制成毒酒杀人。所以用毒酒杀人也称为"鸩"。⑫叔孙氏：鲁桓公之子叔牙的后裔。春秋后期掌握鲁国政权的三家贵族（三桓）之一。

【译文】

三十二年，最初，庄公修筑一座高台正好俯视党氏之家，看到孟女，十分喜欢，答应立她为夫人，割破手臂订下誓约。孟女生了姬斑。姬斑长大后，喜爱梁氏之女，前往她家探视。名叫荦的养马人从墙外与梁氏女嬉戏。姬斑大怒，用鞭子抽打荦。庄公听说此事，说："荦很有力气，应该杀掉他，这人不能鞭打几下就给放掉。"姬斑没来得及杀掉荦。正好赶上庄公有病。庄公有三个弟弟，长名庆父，次名叔牙，幼名季友。庄公娶齐女为夫人名叫哀姜。哀姜没有生儿子。哀姜的妹妹名叫叔姜，所生的儿子名叫开。庄公的正夫人没有儿子，所以宠爱孟女，想立她的儿子姬斑。庄公病，向他弟弟叔牙询问谁可以继承君位。叔牙说："父死子继，兄死弟及，这是鲁国恒常不变的规矩。现在有庆父，可以立为嗣君，您担忧什么呢？"庄公担心叔牙要立庆父为君，叔牙退下后庄公又询问季友。季友说："请让我拼死立姬斑为君。"庄公曰："刚才叔牙想立庆父，那该如何是好？"季友以庄公的名义命令叔牙待命于鍼巫氏家中，让鍼季强迫叔牙喝毒酒，说："你喝了这个，还有后人祭祀；不然的话，你死了也没有后代。"叔牙就喝毒酒而死，鲁国立叔牙之子为叔孙氏。八月癸亥，庄公去世，季友终于立姬斑为君，正合了庄公的心意。姬斑守丧时，住在党氏的家中。

【原文】

先时庆父与哀姜私通，欲立哀姜娣子开。及庄公卒而季友立斑，十月己未，庆父使圉人荦杀鲁公子斑于党氏。季友犇陈①。庆父竟立庄公子开，是为湣公。

湣公二年，庆父与哀姜通益甚。哀姜与庆父谋杀湣公而立庆父。庆父使卜齮袭杀湣公于武闱[2]。季友闻之，自陈与湣公弟申如邾[3]，请鲁求内之。鲁人欲诛庆父。庆父恐，奔莒[4]。于是季友奉子申入，立之，是为釐公[5]。釐公亦庄公少子。哀姜恐，奔邾。季友以赂如莒求庆父，庆父归，使人杀庆父，庆父请奔，弗听，乃使大夫奚斯行哭而往[6]。庆父闻奚斯音，乃自杀。齐桓公闻哀姜与庆父乱以危鲁，乃召之邾而杀之，以其尸归，戮之鲁[7]。鲁釐公请而葬之。

【注释】

①陈：古国名。周初所封。建都宛丘（今河南淮阳县）。春秋末年为楚所灭。②卜齮（yǐ）：鲁大夫。武闱：王宫之侧门。闱，宫中小门。③邾（zhū）：春秋诸侯国，曹姓。国都在驺（今山东驺县）。战国时为楚所灭。④莒（jǔ）：古国名。周初所封。己姓，一说曹姓。春秋初年迁都于莒（今山东莒县）。战国时为楚所灭。⑤釐公：又作僖公。⑥奚斯：鲁公子鱼。⑦戮：陈尸示众。

【译文】

　　当初庆父与哀姜私通，庆父想立哀姜妹妹的儿子开为君主。到庄公去世，季友立了姬斑，十月己未，庆父派养马人荦在党氏家中杀死了姬斑。季友逃到陈国。庆父终究立了庄公的儿子开，就是鲁湣公。

庆父自杀

　　湣公二年，庆父与哀姜私通更加放纵。哀姜与庆父商量杀死湣公而立庆父为国君。庆父派卜齮在武闱杀死湣公。季友听说后，和湣公的弟弟申从陈国到达邾国，请求鲁人接纳公子申。鲁人想杀庆父，庆父害怕，逃到莒地。于是季友拥戴公子申回到鲁国，立为国君，就是釐公。釐公也是庄公的少子。哀姜害怕，逃到邾国。季友贿赂莒人索要庆父，庆父回到鲁国，季友派人杀庆父，庆父请求流亡国外，季友不同意，派大夫奚斯一路哭着去通知庆父。庆父听到奚斯的哭声，就自杀了。齐桓公听说哀姜与庆父淫乱危害鲁国，就把哀姜从邾国召回，杀死了她，把她尸体送归鲁国示众。鲁釐公请求埋葬了哀姜。

【原文】

　　季友母陈女，故亡在陈，陈故佐送季友及子申[1]。季友之将生也，父鲁桓公使人卜之，曰："男也，其名曰'友'，间于两社[2]，为公室辅[3]。季友亡，则鲁不昌。"及生，有文在掌曰"友"，遂以名之，号为成季。其后为季氏，庆父后为孟氏也。

【注释】

①佐送：帮助护送。②间于两社：位于两社之间，意指成为执政大臣。古诸侯库门之内、雉门之外为外朝，左右有周社、亳社。③公室：即国君之家族。

【译文】

　　季友母亲是陈国女子，所以先前逃亡到了陈国，陈国帮助护送季友和子申。季友将要出生时，父亲鲁桓公让人给他占卜，占卜的人说："这是一个男孩，他的名字叫'友'，将来会站在两社之间，成为国君家族的辅弼之臣。季友死后，鲁国就不能昌盛了。"出生以后，手掌心有个"友"字，就以友为名，取号为成季。他的后人就是季氏，庆父的后人就是孟氏。

宋微子世家

【导读】

商朝末年，商纣王残忍无道，庶兄微子启、箕子向其劝谏，结果一个被迫逃走，一个佯狂为奴。王子比干苦谏纣王，结果剖腹而死。这三人被孔子称为"殷之三仁"。商朝灭亡后，周武王封微子于宋国，封箕子于朝鲜。《宋微子世家》记载了周武王问箕子、箕子答洪范九等以及宋国的兴衰史。

○微子弃商纣而封宋○

【原文】

微子开者①，殷帝乙之首子而帝纣之庶兄也②。纣既立，不明，淫乱于政，微子数谏，纣不听。及祖伊以周西伯昌之修德③，灭阢国④，惧祸至，以告纣。纣曰："我生不有命在天乎？是何能为！"于是微子度纣终不可谏⑤，欲死之；及去，未能自决，乃问于太师、少师曰⑥："殷不有治政，不治四方⑦。我祖遂陈于上⑧，纣沉湎于酒⑨，妇人是用，乱败汤德于下⑩。殷既小大好草窃奸宄⑪，卿士师师非度⑫，皆有罪辜⑬，乃无维获⑭，小民乃并兴，相为敌仇。今殷其典丧！若涉水无津涯⑮。殷遂丧，越至于今。"曰："太师，少师，我其发出往？吾家保于丧？今女无故告予⑯，

纣王宠妲己

颠跻⑰，如之何其⑱？"太师若曰⑲："王子，天笃下灾亡殷国，乃毋畏畏⑳，不用老长㉑。今殷民乃陋淫神祇之祀㉒。今诚得治国，国治身死不恨。为死㉓，终不得治，不如去。"遂亡。

【注释】

①微：殷京都地区的封国名。子：爵号。开：微子本名启，为避讳汉景帝刘启，改"启"为"开"。②殷：即商朝。首子：长子。庶兄：微子是商纣的同母庶兄。庶：旁支，与"嫡"相对。③祖伊：殷纣王的臣子。④阢：一作"黎"，古国名。其地在今山西省长治市西南。⑤度：推测，估计。⑥太师：三公之一，为王之师，此处指箕子。少师：太师之佐，为孤卿。此处指比干。⑦四方：四面八方。⑧我祖：指商汤。陈：贡献。上：上世。⑨沉湎：毫无节制，深深迷恋。⑩下：下世。⑪宄：《国语·鲁语》韦昭注："乱在内为宄。"⑫卿士：又称相，朝廷的执政官。师师：转相师效。非度：

不合法度。⑬辜：罪。⑭维获：常得。⑮津：渡口。涯：水边。⑯女：通"汝"。无故：无意。⑰颠跻：坠落。⑱其：语助词。⑲若：顺。⑳乃毋畏畏：《集解》引孔安国云："上不畏天灾，下不畏贤人，违戾耇老之长，不用其教。"㉑老长：元老中的长者。㉒陋淫：轻秽。神祇：天称为神，地称为祇。㉓为：假如。

【译文】

微子启，殷商帝乙的长子，商纣王的庶兄。纣王即位以后，昏庸无道，政治混乱，微子多次劝谏，但纣王始终不听从。祖伊因为周部落的西伯侯姬昌修明德治，灭掉了阢国，故而担心灾祸降临殷商，把此事告诉了商纣王。纣王说："我生在这个世上，不就是有天命吗？他能做出点什么来呢！"微子料定纣王不能接受劝谏了，因此打算一死了之；等他离开商纣王之后，自己不能决断，便向太师和少师询问道："殷商没有修明的政治，没办法治理国家。我们的先祖已经在前世完成了功业，纣王沉溺于饮酒，听信妇人的话，败坏商汤的德政于后世。我们殷商不论大人还是小孩，都喜欢抢掠和作乱。朝廷的大臣也互相仿效违背法度，都有罪行。所有犯罪之人，竟然一个也捕捉不到。于是四方的百姓也纷纷作乱，相互仇视。现在殷商的典章制度马上就要灭亡了啊！就好像准备渡河却没有渡口一样。殷商将要灭亡，那么恐怕就要发生在当下吧！"他又说道："太师，少师啊，我是不是应该去国远行呢？我们的国家能够保存下来吗？现在倘若你们不能指点我，倘若陷于非议，那该怎么办呢？"太师顺着他的话回答道："王子啊，上天重重地降下灾难，想灭亡殷商，然而纣王却不感到畏惧，不听从前辈的谆谆教导。现在连殷商的百姓都竟然轻蔑、亵渎对天地神明的祭祀。倘若今后能够治理好国家，国家能够大治，那么就算是死也没有什么遗恨的。但是如果自己死了，而国家还是不能大治，那还不如离去呢。"微子便逃离了殷商。

【原文】

箕子者①，纣亲戚也。纣始为象箸，箕子叹曰："彼为象箸②，必为玉杯；为杯，则必思远方珍怪之物而御之矣③。舆马宫室之渐自此始，不可振也。"纣为淫泆④，箕子谏，不听。人或曰："可以去矣。"箕子曰："为人臣谏不听而去，是彰君之恶而自说于民，吾不忍为也。"乃被发详狂而为奴⑤。遂隐而鼓琴以自悲，故传之曰"箕子操"。

【注释】

①箕子：名胥余，为纣王佰父，官太师，封于箕（今山西太谷东北）。曾劝谏纣王，纣王不听，把他囚禁。周武王灭商后被释放。②象箸：象牙筷子。③御：用。④淫泆：纵欲放荡。⑤被发：披散着头发。被，通"披"。

【译文】

箕子，商纣王的亲属。商纣王开始使用象牙筷子时，箕子就叹息地说："他既然使用了象牙筷子，一定会使用玉杯；使用玉杯，就一定会渴望那远方的珍奇怪异的物品，以供自己享用。追逐华丽的车马宫室自此就开始了，他也就不能振作了。"商纣王纵欲放荡，箕子劝谏他，但是他听不进去。有人对箕子说："你可以离开了。"箕子说："身为人臣的，进谏君主而不被采纳，如果这样就离开了，那是彰显国君的丑恶而取悦于百姓的做法，我不忍心这样做。"于是披头散发，假装疯狂做了奴隶。后来被释放出来，隐居不出，鼓琴悲叹自己的遭遇，所以后世把箕子弹奏的乐曲称为"箕子操"。

【原文】

微子曰："父子有骨肉，而臣主以义属①。故父有过，子三谏不听，则随而号之②；人臣三谏不听，则其义可以去矣。"于是太师、少师乃劝微子去，遂行。

周武王伐纣克殷，微子乃持其祭器造于军门③，肉袒面缚④，左牵羊，右把茅，膝行而前以告⑤。于是武王乃释微子，复其位如故。

武王封纣子武庚禄父以续殷祀⑥，使管叔、蔡叔傅相之⑦。

【注释】

① 义：情谊，情义。② 号：大声哭。③ 祭器：祭祀用的各种礼器。造：前往，到达。④ 肉袒面缚：《索隐》云："肉袒者，袒而露肉也。面缚者，缚手于背而面向前也。"⑤ 膝行：用膝着地行走。⑥ 武庚：西周初年分封的殷君。字禄父，商王纣之子。周武王灭商后，继续封他为殷君。他后来勾结三监，联合东方夷族反抗西周，被周公平定。武庚兵败自杀。⑦ 管叔：一作"关叔"。西周初年的三监之一。后和武庚一起叛乱，兵败被杀。蔡叔：周初三监之一。名度，周武王之弟，后与武庚一起叛乱，被周公平定，他被放逐。后成王又封其子胡于蔡，为蔡国始祖。

微子投奔周武王

【译文】

微子说："父子有骨肉之亲，君臣是靠道义联系在一起的。所以倘若父亲有过错，儿子屡次劝说而不听，就跟着大声嚎哭；身为臣子的屡次劝谏君主而不听，那么在道义上就可以离开不管他了。"太师、少师劝说微子离开，微子就离开了商纣王。

周武王讨伐纣王，灭了殷商，微子拿着殷商宗庙的祭器走到周武王的营门之前，袒露上身，把手捆绑在背后，左边让人牵着羊，右边让人拿着茅草，跪着向前行走，以表明自己的意志。于是，武王释放了微子，恢复他原先的爵位。

武王封商纣王的儿子武庚，让他承袭殷商先祖的祭祀，并派管叔和蔡叔辅佐他。

◎箕子答洪范九等◎

【原文】

武王既克殷，访问箕子。

武王曰："於乎①！维天阴定下民②，相和其居③，我不知其常伦所序④。"

箕子对曰："在昔鲧堙鸿水⑤，汩陈其五行⑥，帝乃震怒⑦，不从鸿范九等⑧，常伦所斁⑨。鲧则殛死⑩，禹乃嗣兴。天乃锡禹鸿范九等，常伦所序。

"初一曰五行；二曰五事；三曰八政；四曰五纪；五曰皇极⑪；六曰三德；七曰稽疑；八曰庶征⑫；九曰向用五福，畏用六极⑬。

"五行⑭：一曰水，二曰火，三曰木，四曰金，五曰土。水曰润下⑮，火曰炎上⑯，木曰曲直⑰，金曰从革⑱，土爰稼穑⑲。润下作咸，炎上作苦，曲直作酸，从革作辛，稼穑作甘。

"五事：一曰貌，二曰言，三曰视，四曰听，五曰思。貌曰恭，言曰从，视曰明，听曰聪⑳，思曰睿㉑。恭作肃㉒，从作治，明作智，聪作谋，睿作圣。

"八政㉓：一曰食㉔，二曰货㉕，三曰祀，四曰司空㉖，五曰司徒㉗，六曰司寇㉘，七曰宾㉙，八曰师。

"五纪：一曰岁，二曰月，三曰日，四曰星辰㉚，五曰历数㉛。

"皇极：皇建其有极，敛时五福㉜，用傅锡其庶民㉝，维时其庶民于女极，锡女保极㉞。凡厥庶民，毋有淫朋㉟，人毋有比德㊱，维皇作极。凡厥庶民，有犹有为有守㊲，女则念之。不协于极㊳，不离于咎㊴，皇则受之。而安而色㊵，曰予所好德，女则锡之福㊶。时人斯其维皇之极。毋侮鳏寡而畏高明㊷。人之有能有为，使羞其行㊸，而国其昌。凡厥正人，既富方穀㊹。女不能使有好于而家，时人斯其辜。于其毋好，女虽锡之福，其作女用咎㊺。毋偏毋颇，遵王之义。毋有作好，遵王之道。毋有作恶，遵王之路。毋偏毋党，王道荡荡㊻。毋党毋偏，王道平平㊼。毋反毋侧，王道正直。会其有极，归其有极。曰王极之傅言㊽，是夷是训㊾，于帝其顺。凡厥庶民，极之傅言，是顺是行，以近天子之光㊿。曰天子作民父母，以为天下王。

"三德：一曰正直，二曰刚克，三曰柔克。平康正直，强不友刚克�，内友柔克，沉渐刚克㊾，高明柔克㊽。维辟作福㊹，维辟作威㊻，维辟玉食。臣无有作福、作威、玉食。臣有作福、作威、玉食，其害于而家㊶，凶于而国，人用侧颇辟，民用僭忒㊷。

"稽疑㊸：择建立卜筮人㊹。乃命卜筮，曰雨㊺，曰济㊻，曰涕㊼，曰雾㊽，曰克㊾，曰贞㊿，曰悔㊿，凡七。卜五，占之用二，衍忒㊿。立时人为卜筮，三人占则从二人之言。女则有大疑，谋及女心，谋及卿士，谋及庶人，谋及卜筮。女则从，龟从，筮从，卿士从，庶民从，是之谓大同㊿，而身其康强㊿，而子孙其逢吉㊿。女则从，龟从，筮从，卿士逆，庶民逆，吉。卿士从，龟从，筮从，女则逆，庶民逆，吉。庶民从，龟从，筮从，女则逆，卿士逆，吉。女则从，龟从，筮逆，卿士逆，庶民逆，作内吉，作外凶。龟筮共违于人，用静吉，用作凶。

"庶征㊶：曰雨，曰阳，曰奥，曰寒，曰风，曰时㊷。五者来备，各以其序，庶草繁庑㊸。一极备，凶。一极亡㊹，凶。曰休征㊺：曰肃，时雨若；曰治，时旸若㊻；曰知，时奥若；曰谋，时寒若；曰圣，时风若。曰咎征㊼：曰狂，常雨若；曰僭，常旸若；曰舒，常奥若；曰急，常寒若；曰雾㊽，常风若。王眚维岁㊾，卿士维月，师尹维日。岁、月、日、时毋易㊿，百谷用成，治用明，畯民用章㊿，家用平康。日、月、岁、时既易，百谷用不成，治用昏不明，畯民用微，家用不宁。庶民维星，星有好风，星有好雨。日月之行，有冬有夏。月之从星，则以风雨。

"五福：一曰寿，二曰富，三曰康宁，四曰攸好德㊷，五曰考终命㊸。六极㊹：一曰凶、短、折㊺，二曰疾，三曰忧，四曰贫，五曰恶，六曰弱。"

于是武王乃封箕子于朝鲜而不臣也。

【注释】

①於乎：表示叹息。同"呜呼"。②维：发语词。阴定：默定。③相：帮助。和：和睦。④常伦所序：通常的道理次序。⑤鲧：传说中原始时代的部落首领，他用筑堤防水的方法治水，九年未治平，被舜杀死在羽山。堙（yīn）：堵塞。鸿：通"洪"。⑥汨：扰乱。⑦帝：天。⑧鸿：大。范：法。⑨斁（yì）：败坏。⑩殛（jí）：诛杀，杀死。⑪皇极：帝王的法则。⑫庶征：众多的征验。⑬六极：六种凶恶的事。⑭五行：指金、木、水、火、土，古人认为这五种物质构成世界万物，中医用五行说明生理、病理上的种种现象。⑮润下：滋润下行。⑯炎上：火苗往上冒。炎，通"焰"。⑰曲直：可曲可直。⑱从：顺从。革：改变。⑲稼穑：泛指农业劳动。⑳聪：《楚辞·涉江》王逸注："远听曰聪。"㉑睿：通达。㉒作：就，则。肃：敬。㉓八政：八种政务官员。㉔食：农事。㉕货：财富的总称。包括可穿的布帛和可流通的货币两类。㉖司空：官名。西周始置，主管建筑工程、制造车服器械、监督手工业奴隶，为六卿之一。㉗司徒：官名。春秋时沿置，治理民事，掌握户口、官司籍田、征发徒役和收敛财赋。㉘司寇：官名。西周始置。主管刑狱，为六卿之一。㉙宾：官名，负责诸侯朝觐礼仪。这里指各种接待外宾事务。㉚星辰：星的总称。星，指二十八宿。辰，指十二辰。㉛历数：太阳和月亮运行经历的周天度数。㉜敛：采取。时：这。五福：即下文所说的寿、富、康宁、攸好德、考终命。㉝傅：通"敷"，布施。锡：施予。㉞女：通"汝"。你。㉟淫：邪恶。朋：朋党。㊱比：勾结。

德：行为。㊲犹：谋划。守：操守。㊳协：合。㊴离：通"罹"，遭受、陷入。㊵而：你。㊶福：降福，保佑。这里指爵禄。㊷鳏：老而无妻。寡：老而无夫。高明：宠幸贵显之人。㊸羞：贡献。㊹方：经常。穀：禄位。㊺咎：罪过，过失。㊻荡荡：宽广的样子。㊼平平：治理。㊽傅言：宣扬帝王的言论。傅，通"敷"，宣扬、宣示。㊾夷：常道。训：训从。㊿近：增加，增益。㉛强不友：强暴不顺。㉜沉渐：隐蔽。㉝高明：即君子。㉞辟：君主。㉟作威：掌管刑罚。㊱家：指卿大夫的封邑。偏邪不正。㊲僭忒：越轨为恶。僭，逾越常规。忒，作恶。㊳稽：考察。疑：疑惑。稽疑：稽考疑事。㊴卜：用火烧龟甲或兽骨，看甲骨上的裂痕，借以决定吉凶。筮：用蓍草占卦。㊵雨：兆象似下雨。㊶济：通"霁"，兆象似雨止。㊷涕：兆象似气络绎不绝。㊸雾：兆象似雾气蒙蒙。㊹克：兆象似阴气和阳气互相侵犯。㊺贞：《易》的内卦下三爻。㊻悔：《易》的外卦上三爻。㊼衍：推演。贰：变化。㊽大同：相合，相同。㊾康强：安康强健。㊿逢：大。指后代兴旺。㉛庶征：众多的征验。㉜奥：通"燠"，暖。㉝庑：通"芜"，草木繁茂。㉞极亡：过少。亡，通"无"。㉟休征：善行的征验。㊱旸：日出，晴。㊲咎征：灾难的征兆。㊳雺：昏暗。㊴省：通"省"，视察治理政事。㊵毋易：君臣各顺其常。㊶畯民：贤臣，有才能之人。㊷攸好德：遵行美德。攸，通"由"。㊸考终命：老而善终。考，老。㊹六极：六种凶恶之事。㊺凶：八岁以前死亡。短：二十岁以前死亡。折：三十岁以前死亡。

【译文】

武王灭掉殷商之后，亲自去拜访箕子。

武王说："咦！上天默默地保护世间的民众，使他们和睦相处，我不知道上天有哪些恒常不变的用来保护百姓的道理次序。"

箕子回答说："当初鲧用堵塞河道的方法治理洪水，结果把五行的顺序都给打乱了，上天动了怒气，不给他治国安民的九种方法，故而常道被败坏了。鲧因此被诛杀，大禹继承他的事业而兴起。上天赐给他治国安民的九种方法，常道才稳定下来。

"这九种方法，第一种是五行，第二种是五事，第三种是八政，第四种是五纪，第五种是皇极，第六种是三德，第七种是稽疑（即决断疑难问题的方法），第八种是庶征（即各种征验），第九种是劝导用的五福（即五种幸福的事情）。在惩罚方面，还有六极（即六种不幸的事情）。

"所谓五行指的是：第一种是水，第二种是火，第三种是木，第四种是金，第五种是土。水的常性是向下润泽万物，火的常性是向上燃烧，木的常性是能曲能直，金的常性是可以销熔改变形状，土的常性是可以种植五谷。向下浸润万物的水，味道是咸的；向上燃烧的东西的火，味道是苦的；能曲能直的木，味道是酸的；形状可以改变的金，味道是辣的；能够种植五谷的土，味道是甜的。

"所谓五事指的是：一是仪态，二是言语，三是眼光，四是听觉，五是思想。仪态应当谦恭，言语应当正确并可以遵从，眼光一定要明亮，听觉一定要灵敏，思想一定要睿智。仪态恭敬，内心就能肃敬；言语准确，国家就能得到治理；眼睛观察仔细，就能明辨善恶；善于听取别人建议，就能有计谋；思想通达，就能睿智圣明。

"所谓八政指的是：一是掌管粮食，二是掌管财政，三是掌管祭祀，四是掌管土木建造，五是掌管教育，六是掌管社会治安，七是掌管接待外宾，八是掌管军事。

"所谓五种天象指的是：一是年岁，二是月份，三是日数，四是星辰，五是历数。

"所谓帝王统治的准则指的是：君王施行政教，应当树立法则，聚集五种幸福，普遍地赐予民众，那些民众都会听从你的法则，还会与你一起维持这一法则。这样，所有的民众，都不会结成邪恶的朋党，人与人之间不会曲从勾结，他们的言行都会合乎君王制定的法则。合乎君王的法则，但是不至于陷入罪恶的泥潭，君王也应当宽容地接受他。君王要和颜悦色，若是有人说'我爱好美德'，君王就应当赐予他福泽。这样的人是能够遵守君王的法则的。不要欺侮鳏夫寡妇而畏惧身居高位者。倘若一个人有能力、有作为，那就让他贡献一份力量，那么国家就会昌盛。凡是正直的人，既然已经给他爵禄使他富贵，就要用善道对待他。倘若不能使他们对国家有所帮助，那这就是他们的罪过了。对于那些没有对国家有所帮助的人，即便你给他爵禄，他的行为也会使你受到牵连而有罪过。不要偏邪不正，应当遵守君王的法则。不要偏爱，应当遵循君王的大道。不要偏私，应该遵循君王所规定的正路。不偏不私，君王的道路就会平坦。不偏邪，不背逆，君王的道路就是宽广的。君王聚合遵守法则之人，群臣归附君王，也有其法则。君王应当依照法则做事，通过臣下的传达来教育万民，这是顺应天意的。所有的百姓，都应该顺从法则，以增加君王的光辉。这是因为天子是百姓的父母，是天下人拥戴的圣王。

箕子答洪范九等

"所谓三德指的是：一是中正不邪曲，二是刚强而能立事，三是柔和而能治理。要想使天下平安，必须先端正人的曲直，对那些强硬不友善的人，要用刚硬的态度战胜他们，对那些友善的人，要用柔和的态度对待他们。对乱臣贼子，务必保持强硬；对高明君子，务必保持柔和。只有国君才能赐人爵位赏人俸禄，只有国君才能主持刑罚，只有国君才能享用美食。做臣子的没有权力赐人爵位赏人俸禄，没有权力主持刑罚，也没有权力享用美食。臣子如果也能赐人爵位赏人俸禄，也能主持刑罚，也能享用美食，那就会给你的王室带来灾难，给你的国家带来祸患。人们就会因为这种行为不合王道，百姓也会因此犯上作乱。

"处理疑难的办法是选择善于卜筮的人，委派他们分别用龟甲或蓍草占卜。下令让他们进行卜筮，卜筮的征兆：有的象下雨，有的象雨后初晴，有的象云气连绵，有的象雾气蒙蒙，还有兆相交错，有的明正，有的隐晦。卦象共七种，前五种以龟甲占卜，后两种以蓍草占卜，对复杂多变的卦象进行推演研究。委派这些卜筮之人，如果三个人占卜就听取两个人的话。你如果遇到重大的疑难问题，就首先自己单独深思熟虑，然后与卿士合计，与百姓合计，最后用卜筮结果来作决定。如果你赞成，龟卜赞成，草占赞成，卿士赞成，百姓赞成，这就叫大同，那么你身体就健康强壮，子孙也将大吉大利。如果你自己赞成，龟卜赞成，草占赞成，卿士不赞成，百姓不赞成，这就是吉。如果卿士赞成，龟卜赞成，草占赞成，你不赞成，百姓不赞成，这也是吉。如果百姓赞成，龟卜赞成，草占赞成，你不赞成，卿士不赞成，这还是吉。如果你赞成，龟卜赞成，草占不赞成，卿士不赞成，百姓不赞成，在境内办事就会吉，在境外办事就会遇上危险。如果龟卜、草占与人们的意见都不一致，静守就会吉利，行动就会遇有危险。

"各种征兆：或是雨，或是晴，或是暖，或是寒，或是风，这五种自然现象都应按时发生。如果五种自然现象都具备，而且能按一定规律出现，庄稼就会丰收。如果一种现象发生过多，就会歉收。如果一种现象缺乏，一样也会歉收。关于美好的征兆：天子谦恭，上天就会按时下雨；政治清明，阳光就会充足；天子英明，温暖就会按时来临；天子深谋远虑，寒冷就会应时而生；天子通达，风就会按时吹来。各种凶恶的征兆：天子狂妄，雨水就会过多；天子僭越差错，土地就会干旱；天子贪图享乐，天气就会很炎热；天子暴虐急躁，天气就会十分寒冷；天子昏庸，大风就会不停地刮；天子政策有误，坏天气就会影响一整年；卿士管理有误，坏天气就影响一个月；官吏办事有误，坏天气就会影响一整天。年、月、日都没有异常，各种庄稼就会丰收，政治就会清明，贤能的人也会得到举荐，国家就会平安稳定。相反，年、月、日出现了异常，庄稼就会歉收，政治就会昏暗，贤能的人受到压制，国家就会动乱。百姓像星辰，有的星辰喜欢风，有的星辰喜欢雨。日月依照规律运行，就产生了冬季和夏季。月亮如果顺从星辰，就会有时多风，有时多雨。

"五种幸福：一是长寿，二是富有，三是平安，四是美德，五是善终。六种灾祸：一是早死（八岁以前死亡，二十岁以前死亡，三十岁以前死亡），二是多病，三是多愁，四是贫穷，五是丑陋，六是懦弱。"

武王听完箕子的这番陈述，就把朝鲜封给箕子，没有让他做周朝的臣民。

楚世家

【导读】

楚人的先祖是黄帝之子昌意的后代，后来传到重黎，又传到吴回、季连。季连的后裔熊绎被周成王封到楚蛮，在丹阳定都。周夷王时，楚国首领熊渠不用中国的谥号，称呼自己的儿子为王。春秋时，熊通不顾周王的反对，自称武王。楚国是春秋战国时期的大国。春秋时期，楚曾与中原诸侯及吴、越等国争霸；进入战国后，吴起在楚国变法，楚国不断开疆拓土，一度成为与秦国势均力敌的强国，一时有"合纵则楚王，横成则秦帝"的说法。后来，楚怀王、顷襄王昏庸无能，疏远贤臣，楚国国力渐弱，最终在公元前223年被秦国灭掉。楚国虽处边远之地，却孕育出了璀璨的文化，不但出现了屈原、宋玉等文学家，也出现了老子、庄子等大思想家。

○庄王问鼎中原○

【原文】

庄王即位三年，不出号令，日夜为乐，令国中曰："有敢谏者死无赦！"伍举入谏①。庄王左抱郑姬，右抱越女，坐钟鼓之间。伍举曰："愿有进隐。"曰："有鸟在于阜②，三年不蜚不鸣③，是何鸟也？"庄王曰："三年不蜚，蜚将冲天；三年不鸣，鸣将惊人。举退矣，吾知之矣。"居数月，淫益甚④。大夫苏从乃入谏。王曰："若不闻令乎？"对曰："杀身以明君，臣之愿也。"于是乃罢淫乐，听政，所诛者数百人，所进者数百人，任伍举、苏从以政，国人大说。是岁灭庸。六年，伐宋，获五百乘。

【注释】

①伍举：伍参之子，伍子胥的祖父，亦称椒举。②阜（fù）：土山。③蜚：同"飞"。④淫：过度，无节制。

【译文】

楚庄王即位三年后，没有发布任何政令，日夜不停地寻欢作乐，还命令全国百姓说："有敢向我劝谏的，一律杀无赦！"伍举向他进谏。庄王左手抱着郑姬，右手抱着越女，坐在钟鼓之间。伍举说："我想说一个谜语。"接着说道："有一只鸟待在土山之上，整整三年不飞也不叫，请问这是什么鸟呢？"庄王说："三年不飞，要是飞的话一定能够冲天；三年不叫，叫的话一定能够惊人。伍举你退下吧，我知道什么意思了。"过了几个月，庄王更加荒淫无度了。大夫苏从前来进谏。庄王说："你

伍举谏楚庄王

难道没有听说我的命令吗？"苏从回答说："如果杀了我而使君王明白道理，这正是我的愿望。"于是庄王就停止了淫乐，开始处理政事，被诛杀的奸人有好几百人，选拔上来的人才也有好几百人，把政事委托给伍举、苏从处理。楚国的百姓十分高兴。这一年，楚国灭掉了庸国。六年，又讨伐宋国，获得了战车五百辆。

【原文】

八年，伐陆浑戎①，遂至洛②，观兵于周郊。周定王使王孙满劳楚王。楚王问鼎小大轻重，对曰："在德不在鼎。"庄王曰："子无阻九鼎③！楚国折钩之喙，足以为九鼎。"王孙满曰："呜呼！君王其忘之乎？昔虞夏之盛④，远方皆至，贡金九牧⑤，铸鼎象物⑥，百物而为之备，使民知神奸⑦。桀有乱德，鼎迁于殷，载祀六百⑧。殷纣暴虐，鼎迁于周。德之休明⑨，虽小必重；其奸回昏乱⑩，虽大必轻。昔成王定鼎于郏鄏⑪，卜世三十，卜年七百，天所命也。周德虽衰，天命未改。鼎之轻重，未可问也。"楚王乃归。

【注释】

①陆浑戎：允姓之戎，本居瓜州，在今甘肃敦煌一带。②洛：周都洛邑，在今河南洛阳。③阻：依恃。④虞：古代部族名，即有虞氏，姚姓，居住在蒲坂（今山西运城西南蒲州镇）。⑤贡金：贡献铜。九牧：九州的长官。⑥象物：将各种形象铸在鼎上。⑦神奸：指神鬼之物。⑧载、祀：都是指年的意思。⑨休明：美好清明。⑩奸回：奸恶邪僻。⑪定：奠置。郏：山名，即今河南洛阳北的北邙山。鄏：邑名，即今河南洛阳西。

【译文】

八年，讨伐陆浑戎，顺便到了洛阳，在周朝都城的郊外阅兵示威，周定王派王孙满去犒劳庄王。庄王向王孙满询问鼎的大小和轻重，王孙满回答说："治理国家在于德行而不在于宝鼎。"庄王说："你不要倚仗着九鼎，楚国折断戈戟上的锋刃，就足以铸造九鼎了。"王孙满说："唉！君王难道您忘记了吗？当初虞夏兴盛的时候，远方的人都来表示臣服，九州的长官也进献铜，于是把这些铜铸造成九鼎，然后在上面雕刻山川物象，所有的事物都在上面了，这是为了使老百姓知道神妖鬼怪是什么样的。夏桀昏乱无德，九鼎传到了殷商的手中，一共经历了六百年。殷纣暴虐无道，九鼎又辗转到周朝的手中。德行美善而清明，即便鼎很小也难以移动；天子无德，奸邪而混乱，即便鼎很重也很容易移动。当初成王把鼎安置在郏鄏，曾经占卜过，说周王室可以传三十世，经历七百年，这是上天的命令啊。现在周德虽然衰微，但是天命还没有改变。鼎的轻重，是不可以询问的。"楚庄王就回去了。

【原文】

九年，相若敖氏①。人或谗之王，恐诛，反攻王②，王击灭若敖氏之族。十三年，灭舒。

十六年，伐陈，杀夏徵舒。徵舒弑其君，故诛之也。已破陈，即县之③。群臣皆贺，申叔时使齐来④，不贺。王问，对曰："鄙语曰：牵牛径人田⑤，田主取其牛。径者则不直矣，取之牛不亦甚乎？且王以陈之乱而率诸侯伐之，以义伐之而贪其县，亦何以复令于天下！"庄王乃复国陈后。

十七年春，楚庄王围郑，三月克之。入自皇门⑥，郑伯肉袒牵羊以逆⑦，曰："孤不天⑧，不能事君，君用怀怒，以及敝邑，孤之罪也。敢不惟命是听！宾之南海，若以臣妾赐诸侯，亦惟命是听。若君不忘厉、宣、桓、武⑨，不绝其社稷，使改事君，孤之愿也，非所敢望也。敢布腹心⑩。"楚群臣曰："王勿许。"庄王曰："其君能下人，必能信用其民，庸可绝乎⑪！"庄王自手旗，左右麾军⑫，引兵去三十里而舍，遂许之平⑬。潘尪入盟⑭，子良出质⑮。夏六月，晋救郑，与楚战，大败晋师河上⑯，遂至衡雍而归⑰。

二十年，围宋，以杀楚使也。围宋五月⑱，城中食尽，易子而食，析骨而炊⑲。宋华元出告以情⑳。庄王曰：

郑伯肉袒牵羊迎接楚王

"君子哉！"遂罢兵去。

二十三年，庄王卒，子共王审立。

【注释】

① 若敖氏：若敖之后，即斗氏。据《左传·宣公四年》，此年任令尹者为斗伯棼。② 反：反过来。③ 县：以……为县。④ 申叔时：楚大夫。申氏山是楚公族，又称文氏。⑤ 径：经过。⑥ 皇门：郑国的城门。⑦ 郑伯：郑襄公。肉袒牵羊：袒露身体牵着羊，表示臣服。逆：迎接。⑧ 孤：国君对自己的谦称。不天：不被上天保佑。⑨ 厉、宣、桓、武：即周厉王、宣王，郑桓公、武公。郑始封君为桓公，其子为武公，桓公是周厉王少子，宣王庶弟。⑩ 布：披露。⑪ 庸：岂。⑫ 麾：通"挥"，指挥。⑬ 平：媾和。⑭ 潘尪：楚大夫。⑮ 子良：郑襄公弟。⑯ 河上：这段所述的即是晋楚邲之战，发生在今河南荥阳东北黄河南岸，所以称为"河上"。⑰ 衡雍：郑地，在今河南原阳西。⑱ 围宋五月：从前一年的九月至这一年的五月共为九个月，这里作"五月"可能是因《春秋》经传记楚解围在"夏五月"而产生的误解。⑲ 析骨而炊：把人的骨骸分解开当柴烧。⑳ 告以情：即"告之以情"。

【译文】

　　九年，任命若敖氏为楚相。有人向楚庄王进谗言，说若敖氏的坏话，若敖氏害怕被诛杀，反过来攻打庄王，庄王还击，灭了若敖氏三族。十三年，楚国又灭掉舒国。

　　十六年，讨伐陈国，杀了夏徵舒。夏徵舒杀了陈国的君主，所以楚国诛杀他。攻破陈国之后，就把它设为楚国的一个县。群臣都来向楚庄王祝贺，申叔时从齐国出使回来，没有向庄王祝贺。庄王问他为何不向他祝贺，申叔时说："俗语说，有人牵着牛闯到别人的田地里，田地的主人夺走了他的牛。牵着牛走进别人的田地不对，但是主人抢走了人家的牛，难道这就是对的吗？况且大王您趁着陈国的内乱而率领诸侯去讨伐它，依靠正义之名去讨伐，却又贪图陈国的土地，今后又怎能号令天下呢！"庄王于是恢复了陈国。

　　十七年春天，楚庄王围攻郑国，三个月就攻克了郑国。从郑国的皇门进入，郑伯赤裸上身牵着羊来迎接庄王,说:"我得不到上天的保佑,不能侍奉您,您心怀愤怒地征伐郑国,这是我的过错啊!我怎敢不听从您的命令呢!请把我流放到南海吧,或者把我当作奴隶赏赐给诸侯,我也会听从您的命令。如果您不忘记周厉王、周宣王、郑桓公和郑武公,不使郑国绝灭,能让郑国侍奉您,这是我的希望,但是我不敢有这个奢望!只不过斗胆表达一下我的肺腑之言罢了。"楚国的大臣说:"大王您不要答应啊。"庄王说:"郑国的君主能够屈己下人,一定能够信任他的老百姓,怎么能灭掉郑国呢!"庄王亲自拿着军旗,号令军队后撤,率领军士后退三十里安营驻扎下来,答应和郑国缔结合约。郑国的大夫潘尪前来订立盟约,郑伯的弟弟子良作为人质去了楚国。这年六月,晋国解救郑国,与楚国交战,结果楚国在黄河边把晋军打败,一直打到衡雍才撤军而回。

二十年,楚庄王围攻宋国,因为宋国杀了楚国的使节。楚军围困宋国五个月,城中的粮食断绝,老百姓只好相互交换孩子来吃,砍碎骨头来烧火。宋国的华元出城把实情告诉楚庄王。庄王说:"华元真是个君子啊!"接着罢兵而回。

二十三年,庄王去世,儿子共王审继位。

○灵王乱政失国○

【原文】

灵王三年六月,楚使使告晋,欲会诸侯。诸侯皆会楚于申。伍举曰:"昔夏启有钧台之飨①,商汤有景亳之命②,周武王有盟津之誓③,成王有岐阳之蒐④,康王有丰宫之朝⑤,穆王有涂山之会⑥,齐桓有召陵之师⑦,晋文有践土之盟⑧,君其何用?"灵王曰:"用桓公。"时郑子产在焉⑨。于是晋、宋、鲁、卫不往。灵王已盟,有骄色。伍举曰:"桀为有仍之会⑩,有缗叛之⑪。纣为黎山之会⑫,东夷叛之⑬。幽王为太室之盟⑭,戎、翟叛之⑮。君其慎终⑯!"

【注释】

①夏启:禹之子,夏朝的创立者。钧台:在今河南禹县,夏桀曾把商汤囚禁于此。②景亳:即商汤定都的地方亳,在今河南商丘北。命:册命。③盟津:即孟津,古黄河津渡,在今河南孟州市西南。誓:誓师,武王伐纣前曾两次在孟津誓师。④岐阳:岐山之南,即今陕西岐山周原。蒐:田猎。⑤康王:即周康王,成王之子。丰宫:周都丰京的宫室名。朝:朝见。⑥穆王:周穆王。涂山:在今安徽怀远东南。会:会盟。⑦召陵:楚地,在今河南郾城东。师:指楚成王十六年,齐桓公率诸侯之师伐楚,与楚在召陵会盟。⑧践土:郑地,在今河南原阳西南。⑨郑子产:名侨,事郑简公、定公。⑩有仍:国名,太昊风姓之后,在今山东金乡东南。⑪有缗(mín):国名,帝舜姚姓之后,在今山东金乡东北。⑫黎:子姓国,在今山西黎城。⑬东夷:古代居住在今山东和江淮流域的部族统称。⑭太室:嵩山的东峰,在今河南登封北。⑮翟(dí):通"狄"。⑯慎终:谨慎仔细地考虑结果。

【译文】

楚灵王三年六月,楚国派使节通知晋国,将要会合诸侯。诸侯都与楚国在申地会盟。伍举说:"当初夏启有钧台的宴飨,商汤有景亳的文告,成王有岐阳的田猎,康王有丰宫的朝见,穆王有涂山的会合,齐桓有召陵的誓师,晋文有践土的会盟,大王您打算用哪一种礼节呢?"灵王说:"用桓公的。"当时郑国的子产在场,而晋国、宋国、鲁国、卫国都没有前来参加。灵王会盟之后,显得十分骄傲。伍举说:"夏国在有仍举行集会,有缗背叛了他。商纣参加黎山的集会,东夷背叛了他。幽王参加太室的集会,戎、狄背叛了他。您一定要慎始慎终啊!"

【原文】

七月,楚以诸侯兵伐吴,围朱方①。八月,克之,囚庆封,灭其族。以封徇,曰:"无效齐庆封弑其君而弱其孤,以盟诸大夫!"封反曰:"莫如楚共王庶子围弑其君兄之子员而代之立!"于是灵王使疾杀之②。

七年,就章华台③,下令内亡人实之④。

八年,使公子弃疾将兵灭陈。十年,召蔡侯⑤,醉而杀之。使弃疾定蔡,因为陈、蔡公。

【注释】

① 朱方:吴邑,在今江苏镇江丹徒镇南。② 疾:立刻。③ 章华台:楚台观之名,一说在今湖北监利西北离湖上;一说在今湖北江陵东。④ 内:同"纳"。亡人:逃亡的臣、妾。⑤ 蔡侯:即蔡灵侯,蔡国君主,公元前542年至公元前531年在位。

庆封反唇相讥

【译文】

七月,楚国率领诸侯的军队讨伐吴国,围攻朱方。八月,攻克朱方,囚禁了大夫庆封,诛灭他的全族。楚王带着庆封当众宣示说:"你们都不要效法庆封弑君欺压幼主,以及挟持大夫们支持自己!"庆封反唇相讥道:"不要像楚共王庶子围那样,杀自己哥哥的儿子员来登基为王啊!"楚灵王立刻杀死了庆封。

七年,建造章华台,命令让逃亡之人在这里服徭役。

八年,派公子弃疾率领军队灭掉陈国。十年,召来蔡侯,将他灌醉趁机杀了他。又派弃疾平定蔡国,事后封弃疾为陈公、蔡公。

【原文】

十一年,伐徐以恐吴①。灵王次于乾谿以待之②。王曰:"齐、晋、鲁、卫,其封皆受宝器,我独不③。今吾使使周求鼎以为分④,其予我乎?"析父对曰⑤:"其予君王哉!昔我先王熊绎辟在荆山⑥,荜露蓝蒌⑦,以处草莽,跋涉山林,以事天子,唯是桃弧棘矢以共王事⑧。齐,王舅也;晋及鲁、卫,王母弟也⑨。楚是以无分而彼皆有。周今与四国服事君王,将惟命是从,岂敢爱鼎?"灵王曰:"昔我皇祖伯父昆吾旧许是宅,今郑人贪赖其田,不我予,今我求之,其予我乎?"对曰:"周不爱鼎,郑安敢爱田?"灵王曰:"昔诸侯远我而畏晋,今吾大城陈、蔡、不羹⑩,赋皆千乘⑪,诸侯畏我乎?"对曰:"畏哉!"灵王喜曰:"析父善言古事焉。"

【注释】

① 徐:嬴姓小国,在今安徽泗县。② 次:驻扎。乾谿:楚地,在今安徽亳县。③ 不:同"否"。④ 分:指分器。古代帝王分赐诸侯世代保存的宗庙宝器。⑤ 析父:楚大夫。⑥ 辟:通"僻"。荆山:在今湖北武当山南、汉水西岸。⑦ 荜(bì)露:简陋的车子。蓝蒌:通"褴褛",衣服破烂不堪的样子。⑧ 桃弧棘矢:桃木制的弓、棘枝制的箭。共:通"供"。⑨ 母弟:同一个母亲的弟弟。⑩ 大城:扩大加固城池。⑪ 赋:兵。古代以田赋出兵,所以称兵为赋。

【译文】

  十一年,讨伐徐国以威吓吴国。灵王驻扎在乾谿观察情形。楚灵王说:"齐国、晋国、鲁国、卫国这些国家的君主接受册封的时候,都从周王室那里获得了宝器,唯独我国没有。现在我派使者到周朝索要九鼎作为分封的宝器,他会答应给我吗?"大夫析父回答说:"他会给您的!当初我们先王熊绎住在荆山,乘坐柴车,穿着破衣,居住在草莽荒野之中,很艰难地行走于山水之间,以这样的精神去侍奉周天子,曾把桃木制成的弓以及棘木制成的箭献给周王室。齐侯吕伋是成王的舅舅;晋国、鲁国、卫国的开国之君都是周王母亲的弟弟。楚国因此没有分到任何宝器而他们却都有。周朝现在和这四个国家都来服侍君王,一定会听从您的命令,怎么敢爱惜宝器呢?"灵王说:"当初我的先祖伯父昆吾居住在原来的许地,现在郑人贪恋那块土地,不还给我们,现在我如果想要回来,他会给我吗?"析父回答说:"周朝尚且不吝惜九鼎,郑人怎么会贪恋土地呢?"灵王说:"当初诸侯疏远我国而畏惧晋国,现在我在陈、蔡、不羹等地建造大的城池,都备有千辆战车,诸侯怕我吗?"析父回答道:"当然害怕了!"灵王高兴地说:"析父真是善于讲说古事啊!"

【原文】

  十二年春,楚灵王乐乾谿,不能去也。国人苦役。初,灵王会兵于申,僇越大夫常寿过①,杀蔡大夫观起。起子从亡在吴,乃劝吴王伐楚,为间越大夫常寿过而作乱②,为吴间。使矫公子弃疾命召公子比于晋③,至蔡,与吴、越兵欲袭蔡。令公子比见弃疾,与盟于邓④。遂入杀灵王太子禄,立子比为王,公子子晳为令尹,弃疾为司马。先除王宫,观从从师于乾谿⑤,令楚众曰:"国有王矣。先归,复爵邑田室。后者迁之。"楚众皆溃,去灵王而归。

【注释】

  ①僇(lù):侮辱。②为间:挑拨。③矫:假托。④邓:楚邑,在今河南郾城东南。⑤从师:指追寻楚师。

【译文】

  十二年春,楚灵王在乾谿作乐,不肯离开。国人都苦于徭役。最初,灵王在申地与诸侯会盟,侮辱越国的大夫常寿过,诛杀了蔡国大夫观起。观起的儿子观从逃到吴国,劝说吴王讨伐楚国,挑拨越国大夫常寿过作乱,并让他为吴国做间谍。观从又伪造公子弃疾的命令,召回在晋国的公子比,又到了蔡国,与吴国和越国联合袭击蔡国。让公子比去见弃疾,两人在邓地会盟,他们一起进入楚国都城杀死了楚灵王的太子禄。大家拥立公子比为楚王,任命公子子晳为令尹,委任弃疾担任司马。先清除王宫,然后观从率领军队到达乾谿,向楚军将士宣告说:"现在楚国已经有了新的君主了。先回去的人,恢复原有的爵位以及受封的城邑、田宅。后回去的人,一律流放。"楚军将士都溃散了,离开楚王回到都城。

【原文】

  灵王闻太子禄之死也,自投车下,而曰:"人之爱子亦如是乎?"侍者曰:"甚是①。"王曰:"余杀人之子多矣,能无及此乎?"右尹曰:"请待于郊以听国人。"王曰:"众怒不可犯。"曰:"且入大县而乞师于诸侯。"王曰:"皆叛矣。"又曰:"且奔诸侯以听大国之虑。"王曰:"大福不再②,只取辱耳。"于是王乘舟将欲入鄢③。右尹度王不用其计,惧诛,亦去王亡。

  灵王于是独傍偟山中④,野人莫敢入王⑤。王行遇其故锅人⑥,谓曰:"为我求食,我已不食三日矣。"锅人曰:"新王下法⑦,有敢饷王从王者⑧,罪及三族,且又无所得食。"王因枕其股而卧。锅人又以土自代⑨,逃去。王觉而弗见,遂饥弗能起。芋尹申无宇之子申亥曰⑩:"吾父再犯王命,王弗诛,恩孰

125

大焉!"乃求王,遇王饥于釐泽,奉之以归。夏五月癸丑,王死申亥家,申亥以二女从死⑪,并葬之。

【注释】

① 甚是:超过这样。② 大福:大的福祉。③ 鄢:楚别都,在今湖北宜城西南。④ 傍偟:同"彷徨"。⑤ 野人:古人称贵族所居城邑及环绕城邑的郊区为国,而国以外的乡村为野,野人也就是在野的农民。入:纳,指不敢把王接进家里。⑥ 涓人:涓人是宫中担任洒扫清洁的人。涓,通"湄"。⑦ 新王:指子比。⑧ 饷:用食物款待。⑨ 以土自代:用土块代替自己的大腿。⑩ 芋尹:与田猎有关的官名。⑪ 从死:陪葬。

【译文】

灵王听说太子禄被杀,自己坠到车的下面,说道:"一般的人家疼爱自己的儿子也是这样的吗?"两旁侍奉的人回答道:"超过这样的。"灵王又说:"我杀别人家的儿子已经够多的了,能不落得这个下场吗?"右尹说:"请大王您回到都城的郊外,听听国人的看法是怎样的。"灵王说:"众人的愤怒是不可冒犯的啊。"右尹说:"暂且先躲避到大县去,然后请求诸侯派援兵吧。"灵王说:"所有人都背叛我了。"右尹又说:"暂且投靠别的诸侯,然后听从大国的安排吧。"灵王答道:"大的福祉不会再来了,只能自取其辱了。"楚灵王乘着船想进入鄢城。右尹料想灵王不会采纳自己的建议,害怕跟着会死,就离开他逃亡去了。

楚灵王在山中独自彷徨,乡野的老百姓都不敢收留他。灵王在途中遇上了原来的涓人,向他说道:"请给我一点食物吧,我已经三天没有进食了。"涓人说:"新的君王下达了命令,有谁胆敢给您食物或是跟随您的,都会被诛灭三族,况且这里也没有食物了。"灵王便枕着涓人的大腿躺下睡觉。涓人趁他睡着的时候用土块代替自己的大腿,然后抽出腿来逃跑了。灵王醒了看不到人,饥饿地爬不起来,芋邑长官申无宇的儿子申亥说:"我的父亲两次违反灵王的命令,灵王都没有杀他,这个恩德多么大啊!"便四处寻找灵王,在釐泽遇上了饥饿难当的灵王,把他迎回家中。这年的夏季五月癸丑,灵王死在申亥的家中,申亥让两个女子陪葬,把他们一起埋了。

【原文】

是时楚国虽已立比为王,畏灵王复来,又不闻灵王死,故观从谓初王比曰①:"不杀弃疾,虽得国犹受祸。"王曰:"余不忍。"从曰:"人将忍王。"王不听,乃去。弃疾归。国人每夜惊,曰:"灵王入矣!"乙卯夜,弃疾使船人从江上走呼曰:"灵王至矣!"国人愈惊。又使曼成然告初王比及令尹子皙曰:"王至矣!国人将杀君,司马将至矣!君蚤自图,无取辱焉。众怒如水火,不可救也。"初王及子皙遂自杀。丙辰,弃疾即位为王,改名熊居,是为平王。

【注释】

① 初王:子比在位时间很短,死后没给谥号,所以称为"初王"。

【译文】

这个时候楚国虽然已经拥立公子比做了楚王,因为害怕灵王再回来,又没有听到灵王的死讯,所以观从对新登基的楚初王说:"您不杀掉公子弃疾,即使得到整个楚国,也还会遭受灾祸。"初王说:"我实在不忍心杀他。"观从说:"他会忍心杀掉大王您呢!"初王不听,观从就离开了。弃疾回到都城。都城的百姓夜夜惊慌,说:"灵王回来啦!"乙卯的夜晚,弃疾派人乘着船在江上呼喊:"灵王回来啦!"都城的百姓更加害怕了。弃疾又派曼成然告诉初王和令尹子皙说:"灵王回来了!京城里的百姓将要杀死你们,司马也要到了!您应当早作打算啊,不要自取其辱。众怒就好比水火,没有办法挽救的。"初王和子皙自杀而死。丙辰,弃疾即位为王,改自己的名字为熊居,他就是楚平王。

越王勾践世家

【导读】

勾践（约公元前520～前465年），大禹后裔，春秋末期越国的君主。勾践与吴国作战，退兵至会稽山，用范蠡计策，向吴称臣乞和。勾践归国后，卧薪尝胆，任用范蠡、文种等人，改革内政，休养生息，终灭吴雪耻。随后，与齐、晋诸侯会盟，成为霸主。

范蠡是越王勾践的重要谋臣，他辅佐勾践成就霸业，故太史公司马迁以范蠡传附之。范蠡做官能深谋远虑、运筹帷幄，终使国富民强；理家能辛苦劳作、惨淡经营，终使家产累积数十万，被人们称颂。范蠡救子之事富有哲理性、戏剧性，也有人认为此节"必好事者为之，非实也"。

◎陶朱公◎

【原文】

范蠡事越王勾践，既苦身戮力，与勾践深谋二十余年①，竟灭吴，报会稽之耻，北渡兵于淮以临齐、晋②，号令中国，以尊周室，勾践以霸，而范蠡称上将军③。还反国，范蠡以为大名之下，难以久居④，且勾践为人，可与同患，难与处安⑤，为书辞勾践曰⑥："臣闻主忧臣劳，主辱臣死。昔者君王辱于会稽，所以不死，为此事也。今既以雪耻⑦，臣请从会稽之诛。"勾践曰："孤将与子分国而有之。不然，将加诛于子。"范蠡曰："君行令，臣行意。"乃装其轻宝珠玉⑧，自与其私徒属乘舟浮海以行⑨，终不反。于是勾践表会稽山以为范蠡奉邑⑩。

【注释】

①深谋：周密地谋划。②临：到，进逼。③上将军：官名。古代天子将兵称上将军，其后大将也有称上将军的。④居：维持，占有。⑤处安：共处安乐。⑥辞：辞别，告别。⑦以：通"已"。⑧轻宝：轻便珍贵的东西。⑨私徒属：私家的徒隶。浮海：在海上浮行。⑩奉邑：供给俸禄的封邑。

【译文】

范蠡服侍越王勾践，身经劳苦，勤奋努力，帮助勾践周密地谋划了二十多年，终于灭掉了吴国，雪洗了勾践当年在会稽所受的耻辱。然后又向北进兵，渡过淮河，紧逼齐国和晋国，进而向中原各国发号施令，尊奉周王室。勾践成为霸王，范蠡号称上将军。得胜返回越国后，范蠡认为自己名气大了，难以久留，而且勾践的为人，可以共患难，却难以共处安乐，就写了一封辞职的信对勾践说："我听说主上心忧，臣子就该劳累分忧；主上受侮辱，臣子就该死难。从前君王在会稽受侮辱，我之所以没有死，是为了报仇雪耻。现在已经报仇雪耻，我请求追究使君王受会稽之辱的罪过。"勾践说："我要把越国的江山分给您一半，让我们共同享有。

范蠡像

⊙ 名句精解

大名之下，难以久居

范蠡"大名之下，难以久居"的处世哲学，后来演化为成语"大名难居"，表示盛名之下不易自处。如李白《泽畔吟序》："所谓大名难居，硕果不食。"

古代许多著名的贤臣名将由于功高盖主，最终为盛名所累，不得善终。不幸的是，人在这时候往往容易得意忘形，而看不到潜在的危险。

不然的话，就要惩罚您。"范蠡说："君主执行自己的命令，臣子实行自己的意愿。"于是就装起轻便的珍贵珠玉，与私属随从乘船从海道走了，以后再没有回来。勾践就标记会稽山作为范蠡的奉邑。

【原文】

范蠡浮海出齐①，变姓名，自谓鸱夷子皮②，耕于海畔，苦身戮力，父子治产。居无几何，致产数十万。齐人闻其贤，以为相③。范蠡喟然叹曰④："居家则致千金，居官则至卿相，此布衣之极也。久受尊名，不祥。"乃归相印，尽散其财，以分与知友乡党⑤，而怀其重宝，间行以去⑥，止于陶⑦，以为此天下之中，交易有无之路通，为生可以致富矣⑧。于是自谓陶朱公。复约要父子耕畜⑨，废居⑩，候时转物⑪，逐什一之利。居无何⑫，则致赀累巨万⑬。天下称陶朱公。

【注释】

①出：去到。②鸱（chī）夷：皮制的口袋。吴王夫差杀伍员，用鸱夷装了他的尸体，投之于江。范蠡认为自己的罪同伍员一样，故用"鸱夷子皮"为别号。③相：辅助君主掌管国事的最高官吏。④喟（kuì）然：叹息的样子。⑤乡党：泛指乡里或乡亲。⑥间行：潜行，从小路走。⑦陶：邑名，在今山东省定陶县西北。⑧为生：做生意。⑨约要（yāo）：约定。⑩废居：销售储存。废，出卖。居，屯积。⑪转物：转卖货物。⑫居无何：待了不久。⑬赀：通"资"。

范蠡浮海往齐

【译文】

范蠡沿海路去到齐国,改名换姓,自称"鸱夷子皮"。他耕种于海边,吃苦耐劳,勤奋努力,父子共同治理产业。住了没有多久,弄到了财产数十万。齐国人听到他有才能,就让他做了相国。范蠡叹息说:"住在家里能弄到千金财产,做官做到卿相,一个普通人能这样,也就达到顶点了。长期享受尊贵的名号,是不吉利的。"于是归还了相国的印信,散尽家财,分给相知的好友和乡亲们,带着贵重的财宝,悄悄地离开,到陶地住下来,他认为这里是天下的中心,交易买卖,和各地相通,做生意可以致富。于是他自称为"陶朱公"。又规定父子耕田畜牧,囤积储存,等候时机,转卖货物,追求十分之一的利润。待了不久,就发家积累了巨大的资产。天下都称他为陶朱公。

○范蠡救子○

【原文】

朱公居陶,生少子①。少子及壮,而朱公中男杀人②,囚于楚。朱公曰:"杀人而死,职也③。然吾闻千金之子不死于市④。"告其少子往视之。乃装黄金千溢⑤,置褐器中⑥,载以一牛车。且遣其少子,朱公长男固请欲行,朱公不听。长男曰:"家有长子曰家督⑦,今弟有罪,大人不遣⑧,乃遗少弟,是吾不肖。"欲自杀。其母为言曰:"今遣少子,未必能生中子也⑨,而先空亡长男,奈何?"朱公不得已而遣长子,为一封书遗故所善庄生⑩。曰:"至则进千金于庄生所⑪,听其所为⑫,慎无与争事⑬。"长男既行,亦自私赍数百金⑭。

【注释】

①少子:小儿子。②中男:次子。③职:本分。④千金之子:指富贵人家的子弟。⑤溢:即"镒",二十两或二十四两为一镒。⑥褐器:粗布袋。⑦家督:长子督理家政,故称"家督"。⑧大人:父亲。⑨生:使之得生。⑩故所善:原来相好的朋友。⑪进:进献。⑫听(tìng):任凭。⑬争事:遇事不要发生争执。⑭赍(jī):携带。

【译文】

朱公住在陶地,生了一个小儿子。小儿子长到壮年时,朱公的二儿子杀了人,囚禁于楚国。朱公说:"杀人偿命,这是本分。但是我听说,富贵人家的子弟,不会被杀死在闹市之中示众。"就叫他的小儿子到楚国去看看。小儿子带了一千镒黄金,装在粗布袋中,用一辆牛车载着。朱公将要派小儿子上路,他的大儿子坚决要求前往,朱公不答应。大儿子说:"家中有长子,就叫'家督',现在弟弟犯了罪,父亲不派我去,却派小弟去,那就是我不贤了。"大儿子想要自杀。他的母亲帮他说:"现在派小儿子去,未必能救活二儿子,先白白死了大儿子,那怎么好呢?"朱公不得已,只好派大儿子去。写了一封信要大儿子送给他的老朋友庄先生,嘱咐大儿子说:"到了那里,把这千镒黄金送到庄先生家里,听凭他去办理,遇事千万不要和他争论。"大儿子走时,也私自带了几百镒黄金。

【原文】

至楚,庄生家负郭①,披藜藿到门②,居甚贫。然长男发书进千金③,如其父言。庄生曰:"可疾去矣,慎毋留!即弟出,勿问所以然。"长男既去,不过庄生而私留④,以其私赍献遗楚国贵人用事者⑤。

庄生虽居穷阎⑥,然以廉直闻于国,自楚王以下皆师尊之。及朱公进金,非有意受也,欲以成事后复归之以为信耳。故金至,谓其妇曰:"此朱公之金。有如病不宿诫,后复归,勿动。"而朱公长男不知其意,以为殊无短长也。

庄生间时入见楚王⑦，言"某星宿某，此则害于楚"。楚王素信庄生，曰："今为奈何？"庄生曰："独以德为可以除之⑧。"楚王曰："生休矣，寡人将行之。"王乃使使者封三钱之府⑨。楚贵人惊告朱公长男曰："王且赦。"曰："何以也？"曰："每王且赦，常封三钱之府。昨暮王使使封之。"朱公长男以为赦，弟固当出也，重千金虚弃庄生⑩，无所为也，乃复见庄生。庄生惊曰："若不去邪？"长男曰："固未也。初为事弟⑪，弟今议自赦，故辞生去。"庄公知其意欲复得其金，曰："若自入室取金。"长男即自入室取金持去，独自欢幸。

庄生羞为儿子所卖⑫，乃入见楚王曰："臣前言某星事，王言欲以修德报之。今臣出，道路皆言陶之富人朱公之子杀人囚楚⑬，其家多持金钱赂王左右，故王非能恤楚国而赦，乃以朱公子故也。"楚王大怒曰："寡人虽不德耳，奈何以朱公之子故而施惠乎！"令论杀朱公子，明日遂下赦令。朱公长男竟持其弟丧归⑭。

【注释】

① 负郭：靠近城郭。负，背倚。郭，外城。② 藜藿：草名。③ 发：打开。④ 不过：不再探望。⑤ 献遗（wèi）：赠送。⑥ 穷阎：贫民区。⑦ 间时：适当的时机。⑧ 为：因而。⑨ 封三钱之府：封闭存储三钱（金、银、铜）的库房。⑩ 虚弃：白送给。⑪ 事弟：弟弟的事情。⑫ 儿子：指范蠡长男。⑬ 道路：指路人。⑭ 丧：跟死者有关的事。这里指尸体。

【译文】

到了楚国，看见庄先生的住房靠贴外城，拨开一大片野草，才能到他的门前，居住条件相当贫苦。然而朱公的大儿子拿出书信进送千金，如他父亲吩咐的那样做了。庄先生说："你可以赶快离开了，千万不要停留。即使你弟弟从监牢里放出来，也不要去问所以然。"大儿子离开庄家，不再探望庄先生，而私自居留，把他私下带来的黄金送给了楚国那些当权的贵族。

庄先生虽然住在贫民窟中，但是他的廉洁正直却在全国出了名，从楚王以下，都把他当老师一样尊重。至于朱公送给他的金子，并不是有意接受，只是想在事情办成之后再还给朱公以显示自己守信用罢了。所以金子送到后，他对妻子说："这是朱公的金子。如果我病死了，来不及提前交代你，记着以后归还他，不要动它。"朱公的大儿子不知道他的意思，认为送他黄金不会起到重要作用。

庄先生找了个适当的时机进宫去见楚王，说："天上某星的位置移动到了某处，这对楚国不利。"楚王向来信任庄先生，就问："现在该怎么办呢？"庄先生说："只有做好事，才可以消除它。"楚王说："先生休息吧，寡人这就照办。"于是楚王派遣使者封闭了储存三钱的库房。楚国受贿的贵族惊讶地告诉朱公的大儿子说："大王就要大赦了。"朱公的大儿子问："何以见得？"回答说："大王每次大赦的时

庄先生与楚王言

候，常要先封闭储存三钱的库房。昨天晚上，大王又派使者把三钱库房封闭了。"朱公的大儿子认为：既然大赦，弟弟本当得到释放。他很吝惜那千镒黄金，认为白送给庄先生，毫无意义。就又去见庄先生。庄先生吃了一惊，说："你还没有走吗？"大儿子说："确实没有走。当初是为了弟弟的事情来的，现在听说商议大赦，弟弟自然就会得到释放，所以来向先生辞行。"庄先生明白他的意思是想拿回他的黄金，就说："你自己进屋去取金子吧。"大儿子就自己进屋取出金子走了，还暗自高兴。

庄先生因为被儿辈出卖而感到羞恼，就再次进宫去见楚王，说："我上次说了某星的位置移动那件事，君王说要用做好事来报答它。现在我在外面，听路人纷纷传说陶地的富人朱公的儿子杀了人囚禁在楚国，他家拿了很多金钱贿赂大王身边的人，所以大王并不是为了体恤楚国人民而实行大赦，而是为了朱公的儿子的缘故。"楚王大怒说："寡人虽然无德，又何至于为了朱公儿子的缘故而施恩大赦呢！"就下令判决，杀了朱公的儿子。到了第二天，才下达赦令。朱公的大儿子终于只带着他弟弟的尸首回家了。

【原文】

至，其母及邑人尽哀之①，唯朱公独笑，曰："吾固知必杀其弟也②！彼非不爱其弟，顾有所不能忍者也③。是少与我俱，见苦④，为生难⑤，故重弃财。至如少弟者，生而见我富⑥，乘坚驱良逐狡兔⑦，岂知财所从来，故轻弃之，非所吝惜。前日吾所为欲遣少子，固为其能弃财故也。而长者不能，故卒以杀其弟。事之理也，无足悲者。吾日夜固以望其丧之来也。"

故范蠡三徙⑧，成名于天下，非苟去而已，所止必成名⑨。卒老死于陶，故世传曰陶朱公。

【注释】

①邑人：同邑人，即当地人。②杀：致之于死。③顾：不过。④见苦：受过苦。⑤为生：谋生。⑥生：出生以来。⑦坚：坚车。良：良马。逐狡兔：指打猎。⑧三徙：自越徙于齐，又自齐徙于陶。⑨所止：所到之处。

【译文】

到家以后，他母亲和街坊邻里的人都很悲痛，只有朱公一个人笑着说："我本来知道他一去一定会致弟弟于死地的！他不是不爱他的弟弟，只不过是他有些舍不得花钱。他小时候和我在一起，受过苦，知道谋生的艰难，所以不轻易花钱。至于小弟弟，出生以来就看到我富有，只知乘好车，骑良马，外出打猎赶兔子，哪里知道钱财的来处，所以随便花费，毫不吝惜。原来我要派小儿子去，就是因为他舍得花钱的缘故。而大儿子却做不到，结果使他弟弟被杀。这是事情的常理，没有什么可悲痛的。我本来就日日夜夜等着二儿子的尸体运回来啦。"

范蠡三次迁移，驰名天下。他去哪里并不是随便去的，所到之处，一定有所作为，立功成名。后来终于老死在陶地，所以世人相传叫他陶朱公。

> ⊙ 文史知识
>
> ### 范蠡三迁皆有荣名
>
> 范蠡毅然辞官隐退，驾扁舟泛东海到了齐国，更名鸱夷子皮。这是范蠡一迁。
>
> 范蠡在齐国戮力坚荒耕作，兼营副业并经商，终于创造了巨大的财富。范蠡居齐相国三年，再次急流勇退，归还相印，尽散其财，悄悄地离开了齐国。这是范蠡二迁。
>
> 一身布衣的范蠡第三次迁徙定居之地是"陶"。到"陶"之后，范蠡自称"陶朱公"，勤劳数年，再次积累起数十万家财，又时时分财于民。这是范蠡三迁。
>
> 范蠡三迁，思想开放，包容万物，知进退，识大体，看得透事物本质，放下高官厚禄，能伸能缩，能上能下；范蠡三迁，从政为相，从商为富，自强不息，重义轻利，行善积德。无怪乎司马迁称：范蠡三迁皆有荣名。

赵世家

【导读】

赵氏原是晋国的四卿之一。赵襄子在位时,四卿之一的智伯率领韩、魏二家围攻襄子,襄子固守晋阳,反过来联合韩、魏两家灭掉智伯,赵、魏、韩三家趁机瓜分智氏的领土。公元前403年,周天子正式承认韩、赵、魏三家的诸侯地位,与晋侯并列。三家分晋,始于战国时代。赵国在战国之初国力并不强盛,后来经过赵武灵王"胡服骑射",军事实力增强,在与诸侯的战争中表现强劲,涌现出诸如廉颇、赵奢、李牧等智勇双全的名将。本篇节录了《赵世家》中的两个故事,即"赵氏孤儿"与"胡服骑射"。

○赵氏孤儿○

【原文】

赵盾代成季任国政,二年而晋襄公卒。太子夷皋年少,盾为国多难,欲立襄公弟雍。雍时在秦,使使迎之。太子母日夜啼泣①,顿首谓赵盾曰:"先君何罪?释其适子而更求君?"赵盾患之,恐其宗与大夫袭诛之,乃遂立太子,是为灵公②。发兵距所迎襄公弟于秦者。灵公既立,赵盾益专国政。

灵公立十四年,益骄。赵盾骤谏,灵公弗听。及食熊蹯③,胹不熟④,杀宰人,持其尸出,赵盾见之。灵公由此惧,欲杀盾。盾素仁爱人,尝所食桑下饿人反扞救盾,盾以得亡。未出境,而赵穿弑灵公,而立襄公弟黑臀,是为成公⑤。赵盾复反,任国政。君子讥盾"为正卿,亡不出境,反不讨贼",故太史书曰"赵盾弑其君"⑥。晋景公时而赵盾卒⑦,谥为宣孟,子朔嗣。

赵穿弑灵公

【注释】

①太子母：穆嬴，太子夷皋之母，为秦室宗女。②灵公：名夷皋，公元前620年至公元前607年在位。③蹯（fán）：兽足，此指熊掌，味美而难熟。④胹（ér）：炖，煮。⑤成公：黑臀，公元前606年至公元前600年在位。⑥太史：董狐。⑦晋景公：名据，成公之子，公元前599年至公元前581年在位。

【译文】

赵盾代替成季主持晋国政事，两年后，晋襄公去世。太子夷皋年纪尚小，赵盾以为这样国家会多难，所以想拥立襄公的弟弟雍为晋君。雍当时正在秦国，赵盾派使节去迎接他。太子的母亲日夜哭啼，跪下向赵盾磕头说："先王有什么罪过呢？为何要舍弃他的嫡子而更换君主？"赵盾十分忧虑，他担心太子的宗亲联合大夫们袭击诛杀自己，于是就拥立太子为晋君，就是晋灵公，同时派兵去阻止护送襄公之弟回国的秦兵。灵公即位以后，赵盾更加专擅朝政了。

灵公上台十四年，越来越骄横跋扈。赵盾屡次劝谏，但是灵公都不听从。有一次灵公吃熊掌，熊掌不熟，灵公就杀掉了厨师，卫士们把厨师的尸体抬出，正好让赵盾看到了。灵公因此而感到害怕，想杀掉赵盾。赵盾平时待人宽厚仁爱，曾经给一个饿倒在桑树下的人饭吃，灵公准备杀赵盾的时候，这个人救了赵盾，这样赵盾才得以逃脱。赵盾还没有逃出国境，赵穿就杀了灵公而拥立襄公的弟弟黑臀为晋君，这就是晋成公。赵盾又返回朝中处理国事。君子都讽刺赵盾"身为正卿，逃亡而不出国境，返回来又不讨伐逆贼"，所以史书上说"赵盾杀了晋国的君主"。晋景公的时候，赵盾去世，谥号为"宣孟"，儿子赵朔继位。

【原文】

赵朔，晋景公之三年①，朔为晋将下军救郑②，与楚庄王战河上③。朔娶晋成公姊为夫人。

晋景公之三年，大夫屠岸贾欲诛赵氏④。初，赵盾在时，梦见叔带持要而哭⑤，甚悲；已而笑，拊手且歌⑥。盾卜之，兆绝而后好⑦。赵史援占之，曰："此梦甚恶，非君之身，乃君之子，然亦君之咎。至孙，赵将世益衰。"屠岸贾者，始有宠于灵公，及至于景公而贾为司寇⑧。将作难，乃治灵公之贼以致赵盾，遍告诸将曰："盾虽不知，犹为贼首。以臣弑君，子孙在朝，何以惩辠⑨？请诛之。"韩厥曰⑩："灵公遇贼，赵盾在外，吾先君以为无罪，故不诛。今诸君将诛其后，是非先君之意，而今妄诛。妄诛谓之乱。臣有大事而君不闻，是无君也。"屠岸贾不听，韩厥告赵朔趣亡⑪。朔不肯，曰："子必不绝赵祀⑫，朔死不恨。"韩厥许诺，称疾不出。贾不请而擅与诸将攻赵氏于下宫，杀赵朔、赵同、赵括、赵婴齐，皆灭其族。

【注释】

①晋景公之三年：公元前597年。②下军：三军之一。春秋时大国一般设置三军，即上军、中军、下军。③河上：河畔。④屠岸贾：晋国大夫。⑤叔带：赵氏始迁祖。叔带以后，赵氏递兴。要：通"腰"。⑥拊（fǔ）：拊手、拍手。⑦兆：古以龟占卜，观看坼裂之纹，以定吉凶。绝而后好：即逢凶化吉。⑧司寇：六卿之一，主管刑狱。⑨辠：古"罪"字。⑩韩厥：韩武子之后。⑪趣：疾，快。⑫必：一定。

【译文】

赵朔，在晋景公三年的时候，率领下军解救了郑国，与楚庄王在黄河边交战。赵朔娶了晋成公的姐姐为妻。

晋景公三年，大夫屠岸贾想诛杀赵氏。当初赵盾在世的时候，曾经梦到祖先叔带抱着他的腰哭泣，十分悲伤；一会儿又笑起来，边拍手边唱歌。赵盾占卜了一下，龟甲上灼烧的裂纹断绝，但是后面又呈现好的兆头。赵的史官援看了兆纹解释说："这个梦很不好，并不是应验在你的身上，而是应验在你的儿子身上，但这也是你留下的祸患。到你的孙辈的时候，赵氏的子孙将更加衰微。"屠岸贾，最初受晋灵公的宠幸，到景公的时候，屠岸贾担任司寇之职。他想作乱，就追究杀死灵公的逆贼来牵连赵盾，他通告手下诸将说："赵盾虽然事先不知道弑君之事，但他依旧是叛贼的首领。身为臣子弑杀君主，而且子孙还在朝中为官，这怎么能惩治罪犯呢？请大家诛杀赵氏吧。"韩厥说："灵公遭遇贼害的时候，赵盾在外逃亡。我们的先王认为他没有罪过，所以没有诛杀赵盾。现在诸位想诛杀他的后代，这不是先王的意思而是胡乱诛杀。胡乱诛杀就是犯上作乱。做臣子的有重大事情却不让君主事先知道，这就是眼中没有国君啊。"屠岸贾不听他的劝告，韩厥告诉赵朔赶快逃走。赵朔不肯走，说："您一定不要让赵氏的祭祀断绝，这样即使我死了也没有什么遗恨。"韩厥答应了他，假装生病不出家门。屠岸贾没有请示景公就擅自率领诸位将军在下宫攻击赵氏，杀死了赵朔、赵同、赵括、赵婴齐，灭了赵氏全族。

【原文】

赵朔妻成公姊，有遗腹，走公宫匿。赵朔客曰公孙杵臼，杵臼谓朔友人程婴曰①："胡不死？"程婴曰："朔之妇有遗腹，若幸而男，吾奉之；即女也②，吾徐死耳。"居无何，而朔妇免身③，生男。屠岸贾闻之，索于宫中。夫人置儿绔中④，祝曰："赵宗灭乎，若号；即不灭，若无声。"及索，儿竟无声。已脱，程婴谓公孙杵臼曰："今一索不得，后必且复索之，奈何？"公孙杵臼曰："立孤与死孰难？"程婴曰："死易，立孤难耳。"公孙杵臼曰："赵氏先君遇子厚，子彊为其难者⑤，吾为其易者，请先死。"乃二人谋取他人婴儿负之⑥，衣以文葆⑦，匿山中。程婴出，谬谓诸将军曰："婴不肖，不能立赵孤。谁能与我千金，吾告赵氏孤处。"诸将皆喜，许之，发师随程婴攻公孙杵臼。杵臼谬曰："小人哉程婴！昔下宫之难不能死，与我谋匿赵氏孤儿，今又卖我。纵不能立，而忍卖之乎！"抱儿呼曰："天乎天乎！赵氏孤儿何罪？请活之，独杀杵臼可也。"诸将不许，遂杀杵臼与孤儿。诸将以为赵氏孤儿良已死⑧，皆喜。然赵氏真孤乃反在，程婴卒与俱匿山中。

【注释】

①公孙杵臼、程婴：二人是赵盾、赵朔两代家臣。②即：若。③免：同"娩"，生孩子。④绔：套裤。⑤彊：通"强"，勉强。⑥负之：抚养起来。⑦文葆：绣花的衣服。⑧良：确实。

【译文】

赵朔的妻子是成公的姐姐，腹中怀有孩子，便跑到宫中躲藏起来。赵朔的门客有个叫公孙杵臼的，他对赵朔的朋友程婴说："你为什么不殉难而死呢？"程婴说："赵朔的妻子怀有身孕，如果幸运生了个男孩，我就抚养他长大；如果生下的是个女孩，我慢慢死吧。"没过多长时间，赵朔的妻子分娩，生下一个男孩。屠岸贾听说此事，在宫中搜查这个男孩。赵朔妻子把婴儿藏到套裤里，祈祷说："倘若上天要让赵氏宗族灭绝的话，你就哭出声来；若是不让赵氏灭绝，你一定不要出声啊。"等屠岸贾派人搜查到她身边的时候，婴儿竟然没有发出声音。脱险之后，程婴对公孙杵臼说："现在搜索一次没有查到，屠岸贾一定不会甘心，还会再来搜查的，这该怎么办呢？"公孙杵臼说："抚养孤儿和以死殉难，哪一个更难？"程婴说："死很容易，但是抚养孤儿就很难了。"公孙杵臼说："赵氏先君对您很优厚，您就勉强做困难的

赵氏孤儿

事情，我做容易的，请让我先死吧。"接着两人商量弄来别人的婴儿抚养，然后在婴儿的身上裹上华丽的襁褓，藏匿在山中。程婴走出山，假装对诸位将军说："我程婴没有出息，不能抚养赵氏孤儿。谁能给我千金，我就告诉他赵氏孤儿在什么地方。"诸将听了十分高兴，答应了他，派兵追随程婴去攻击公孙杵臼。公孙杵臼也假装说道："小人啊程婴！当初下宫之难的时候你没有跟着死，和我一起谋划隐藏赵氏孤儿，现在你又出卖我。纵然不能把孩子抚养长大，又怎能忍心出卖呢！"他抱着婴儿说："天啊，天啊！赵氏孤儿有什么罪呢？请让孩子活下来吧，只杀我公孙杵臼一个人就行了！"诸将不答应，便杀了公孙杵臼和赵氏孤儿。诸将以为赵氏孤儿确确实实已经死了，都很高兴。然而真正的赵氏孤儿依旧活着，程婴带着他藏匿在深山之中。

【原文】

居十五年①，晋景公疾，卜之，大业之后不遂者为祟。景公问韩厥，厥知赵孤在，乃曰："大业之后在晋绝祀者，其赵氏乎？夫自中衍者皆嬴姓也。中衍人面鸟噣②，降佐殷帝大戊，及周天子，皆有明德。下及幽厉无道③，而叔带去周适晋，事先君文侯，至于成公，世有立功，未尝绝祀。今吾君独灭赵宗，国人哀之，故见龟策④。唯君图之。"景公问："赵尚有后子孙乎？"韩厥具以实告。于是景公乃与韩厥谋立赵孤儿，召而匿之宫中。诸将入问疾，景公因韩厥之众以胁诸将而见赵孤。赵孤名曰武。诸将不得已，乃曰："昔下宫之难，屠岸贾为之，矫以君命，并命群臣。非然，孰敢作难！微君之疾⑤，群臣固且请立赵后。今君有命，群臣之愿也。"于是召赵武、程婴遍拜诸将，遂反与程婴、赵武攻屠岸贾，灭其族。复与赵武田邑如故。

【注释】

① 居十五年：即晋景公十七年。② 噣（zhòu）：鸟嘴。③ 幽厉无道：周幽王、厉王都是无道昏君。④ 策：古时卜筮工具。⑤ 微：无，没有。

【译文】

晋景公十七年，晋景公患病，占卜了一下，卜筮的结果是大业的后人因为不顺而作怪。景公问韩厥什么意思，韩厥知道赵氏孤儿还活着，便对晋景公说："大业的后裔在晋国断绝祭祀的，不就是赵氏吗？自中衍以来的子孙都姓嬴。中衍长着人一样的脸、鸟一样的嘴，降临到世间辅佐殷帝大戊，一直到周朝建立，他的子孙也还有盛德。到周幽王、周厉王的时候，周天子昏庸无道，叔带离开周朝来到晋国，侍奉先君文侯，到成公的时候，世世代代都立有功业，从来没有断绝祭祀。现在唯独您灭掉了赵氏宗族，国人都十分伤心，所以在龟策上显现出来，希望您好好打算啊！"景公问道："赵氏现在还有子孙吗？"韩厥把实情都告诉了晋景公。景公便和韩厥谋划拥立赵氏孤儿，把他召进宫中藏匿起来。众将进宫探视景公的病情，景公依靠韩厥的部众胁迫诸将来见赵氏孤儿。赵氏孤儿名叫赵武。众将没有办法，只好说："当初的下宫之难，那是屠岸贾一手策划的，他假托君王的旨意，并且命令群臣。不是这样的话，谁敢作乱啊！（如果）不是您患有重病，我们一定会请求君王拥立赵氏的后代的。现在大王您有命令，这正是群臣的心愿啊！"于是景公召来赵武、程婴拜谢诸将，诸将反过来与程婴、赵武一起攻打屠岸贾，灭了屠岸贾的全族。恢复了赵氏原有的田地和封邑。

【原文】

及赵武冠①，为成人，程婴乃辞诸大夫，谓赵武曰："昔下宫之难②，皆能死。我非不能死，我思立赵氏之后。今赵武既立，为成人，复故位，我将下报赵宣孟与公孙杵臼③。"赵武啼泣顿首固请，曰："武愿苦筋骨以报子至死，而子忍去我死乎！"程婴曰："不可，彼以我为能成事，故先我死；今我不报，是以我事为不成。"遂自杀。赵武服齐衰三年④，为之祭邑，春秋祠之⑤，世世勿绝。

【注释】

①冠：古代男子成年时举行加冠礼。②昔下宫之难：指屠岸贾攻杀赵同、赵括之事。③赵宣孟：指赵盾。④齐衰：丧服名，五服之一，是以粗麻布制成的丧服，因其缉边缝齐，故称齐衰，仅次于子女服父母之丧。⑤祠：祭祀。

【译文】

赵武二十岁加冠的时候，程婴向诸位大夫辞别，对赵武说："当初下宫之难，所有的人都死了。我不是不能死，我想着抚养赵氏的后代长大，现在赵武既然已经继承赵氏，长大成人，恢复了原来的官职，我打算到黄泉之下去报告赵宣孟和公孙杵臼了。"赵武哭泣叩头央求说："我愿意劳苦自己的筋骨来报答您一直到死，您怎么能忍心丢下我去死呢！"程婴说："不行啊！他们认为我能做成大事，所以在我之前先死；现在我不去报告他们，他们一定会以为我没有把事情办成功！"说完就自杀了。赵武为程婴守丧三年，还为他设置了专供祭祀的封邑，春秋两季祭祀他，世世代代没有断绝。

⊙ 文史知识
战国时赵国国力与其他国家对比

赵国疆土范围为今河北省南部、山西省中部和陕西省东北隅。战国七雄中赵国无论从疆土、人口，还是从实力上来看均处于中下游。楚国地方千里、带甲百万，地处南方战略地位，可攻可守；齐国雄占东方，国家财富居战国之首，人口众多，粮食资财充足；魏国是最先改革，也是战国初期国势最强的国家；秦国地势险要、兵伍善战。秦国在战国初期比较落后，后经商鞅变法，国力不断强大，到战国中期已成为最强大的国家。只有燕国、韩国实力稍逊。而赵国地处各国之要冲，为兵家必争之地。赵国北有林胡、匈奴、东胡、楼烦，东有强齐，南有悍魏，西有虎狼之国秦国，附近还有小国中山国，可谓处境艰危，直到赵武灵王实行"胡服骑射"的改革，才使赵国军事力量日益强大，从而能西退胡人，北灭中山，成为"战国七雄"之一。

胡服骑射

【原文】

十九年春正月，大朝信宫①。召肥义与议天下，五日而毕。王北略中山之地，至于房子②，遂之代，北至无穷③，西至河，登黄华之上④。召楼缓谋曰："我先王因世之变，以长南藩之地，属阻漳、滏之险⑤，立长城，又取蔺、郭狼⑥，败林人于荏，而功未遂。今中山在我腹心，北有燕，东有胡，西有林胡、楼烦、秦、韩之边⑦，而无强兵之救，是亡社稷，奈何？夫有高世之名，必有遗俗之累。吾欲胡服⑧。"楼缓曰："善。"群臣皆不欲。

于是肥义侍，王曰⑨："简、襄主之烈⑩，计胡、翟之利⑪。为人臣者，宠有孝弟长幼顺明之节，通有补民益主之业⑫，此两者臣之分也。今吾欲继襄主之迹，开于胡、翟之乡，而卒世不见也⑬。为敌弱，用力少而功多⑭，可以毋尽百姓之劳，而序往古之勋⑮。夫有高世之功者，负遗俗之累；有独智之虑者，任骜民之怨⑯。今吾将胡服骑射以教百姓⑰，而世必议寡人，奈何？"肥义曰："臣闻疑事无功，疑行无名。王既定负遗俗之虑，殆无顾天下之议矣。夫论至德者不和于俗，成大功者不谋于众。昔者舜舞有苗，禹袒裸国，非以养欲而乐志也，务以论德而约功也。愚者暗成事，智者睹未形，则王何疑焉。"王曰："吾不疑胡服也，吾恐天下笑我。狂夫之乐，志者哀焉；愚者所笑，贤者察焉。世有顺我者，胡服之功未可知也。虽驱世以笑我，胡地中山吾必有之。"于是遂胡服矣。

【注释】

① 信宫：在今河北临洺。② 房子：赵邑，在今河北武宫。③ 代：在今河北武宫北蔚县一带。无穷：即无终，在今河北蓟县无终故城。④ 黄华：山名，在今山西山阴北。⑤ 滏（fǔ）：即滏阳河，源出河北磁县西北滏山，东流入于漳。⑥ 蔺：在今山西离石西。郭狼：在今山西离石西北。⑦ 楼烦：春秋战国时以游牧为主的民族，精骑射，是匈奴族的一支。⑧ 胡服：匈奴服饰。⑨ 王：武灵王。⑩ 简：赵简子鞅。襄：赵襄子毋恤。烈：功业。⑪ 胡翟：北方匈奴，西陲诸翟。⑫ 通：达。⑬ 卒世：没世。⑭ 用力少而功多：与弱为敌，事半功倍。⑮ 而序往古之勋：不使百姓劳苦，而坐享往古之功。⑯ 骜民：指悍民。⑰ 将：打算。

【译文】

赵武灵王十九年春正月，武灵王在信宫大会群臣。又召见肥义与他一起商讨天下之事，谈了整整五天。武灵王向北方掠取中山国的土地，一直到达房子地区。接着又前往代地，北至无穷，西到黄河之畔，登上了黄华山。又召来楼缓商量说："我的先王趁着时代的变化，称雄于南方藩属之地，连接漳水和滏水之间的险阻要塞，修筑长城，又夺取蔺、郭狼等地，在荏地打败林胡，但是功业并没有完成。现在中山国处在赵国的腹心之中，北边有燕国，东边有东胡，西边有林胡、楼烦、秦、韩两国的边界线，却没有强大军队的守卫，这样会亡国的，该怎么办呢？要做出超出世人的功业，就必定会遭到世俗的牵累。我打算穿胡人的衣服。"楼缓说："很好。"群臣都不愿意。

这个时候肥义在旁侍奉，武灵王说："简王和襄王这两位君主的功业，就在于能够计算抵抗胡人和翟人的好处。为人臣子的，如果受到宠信，就要有孝、悌、长、幼、顺、明的德行；如果通达事理，就要有补助百姓、利于国君的功业，这两样是做臣子的本分啊！现在我有意继承襄主的事业，在胡人和翟人居住的地方开疆拓土。但是怎么也找不到有利于百姓和君主的贤臣辅佐啊。我提倡穿胡服是为了使敌人衰弱，起到事半功倍的效果，可以不必使百姓劳苦，就能继续简、襄二主的事业。凡是有超乎当世功业的人，一定会受到俗世的牵累；有独特谋略的人，也一定会遭到傲慢之民的埋怨。现在我打算教百姓穿胡服、练习骑射，世人一定会非议我的，这该怎么办呢？"肥义说："臣听说事情有了疑惑就不会取得成功，行为有了疑惑就不会获得好的名声。大王既然已经抱定了违背

赵武灵王胡服骑射

世俗的念头，就不必再顾虑天下人的非议了。况且德行至高的人不合于俗世，成就大功业人不会与大众一起商量。当初虞舜为有苗跳舞，大禹裸露上身进入裸国，这不是为放纵欲望而娱乐心志，而是通过以德服众来实现功业啊。愚蠢的人不知道如何做事情能成功，智慧的人能够看明白尚未成形的事情，那么大王您为什么还要犹豫不决呢？"武灵王说："我并不疑惑穿胡服这件事，而是担心天下人耻笑我。狂妄之人快乐，聪明的人感到哀伤；愚蠢之人所耻笑的事情，贤明的人能够看得明白。即使世上有顺从我的人，穿胡服的好处他们也未必知道。即便全天下的人拿这件事嘲笑我，胡人和中山的土地我一定要占有。"于是下令改穿胡服。

【原文】

使王缕告公子成曰①："寡人胡服，将以朝也，亦欲叔服之。家听于亲而国听于君，古今之公行也。子不反亲，臣不逆君，兄弟之通义也。今寡人作教易服而叔不服，吾恐天下议之也。制国有常，利民为本；从政有经，令行为上。明德先论于贱，而行政先信于贵。今胡服之意，非以养欲而乐志也；事有所止而功有所出，事成功立，然后善也。今寡人恐叔之逆从政之经，以辅叔之议。且寡人闻之，事利国者行无邪，因贵戚者名不累，故愿慕公叔之义，以成胡服之功。使缕谒之叔，请服焉。"公子成再拜稽首曰②："臣固闻王之胡服也。臣不佞，寝疾③，未能趋走以滋进也④。王命之，臣敢对，因竭其愚忠。曰：臣闻中国者，盖聪明徇智之所居也⑤，万物财用之所聚也，圣贤之所教也，仁义之所施也，《诗》《书》礼乐之所用也，异敏技能之所试也⑥，远方之所观赴也，蛮夷之所义行也。今王舍此而袭远方之服，变古之教，易古之道，逆人之心，而佛学者⑦，离中国⑧，故臣愿王图之也。"使者以报，王曰："吾固闻叔之疾也。我将自往请之。"

王遂往之公子成家，因自请之，曰："夫服者，所以便用也；礼者，所以便事也。圣人观乡而顺宜，因事而制礼，所以利其民而厚其国也。夫剪发文身，错臂左衽⑨，瓯越之民也⑩。黑齿雕题⑪，却冠秫绌⑫，大吴之国也。故礼服莫同，其便一也。乡异而用变，事异而礼易。是以圣人果可以利其国，不一其用；果可以便其事，不同其礼。儒者一师而俗异，中国同礼而教离，况于山谷之便乎？故去就之变，智者不能一；远近之服，贤圣不能同。穷乡多异，曲学多辩。不知而不疑，异于己而不非者，公焉而众求尽善也。今叔之所言者俗也，吾所言者所以制俗也。吾国东有河、薄洛之水，与齐、中山同之，无舟楫之用。自常山以至代、上党，东有燕、东胡之境，而西有楼烦、秦、韩之边，今无骑射之备。故寡人无舟楫之用，夹水居之民，将何以守河、薄洛之水？变服骑射，以备燕、三胡、秦、韩之边⑬。且昔者简主不塞晋阳以及上党，而襄主并戎取代以攘诸胡，此愚智所明也。先时中山负齐之强兵⑭，侵暴吾地，系累吾民⑮，引水围鄗，微社稷之神灵⑯，则鄗几于不守也，先王丑之，而怨未能报也。今骑射之备，近可以便上党之形，而远可以报中山之怨。而叔顺中国之俗以逆简、襄之意，恶变服之名以忘鄗事之丑，非寡人之所望也。"公子成再拜稽首曰："臣愚，不达于王之义，敢道世俗之闻，臣之罪也。今王将继简、襄之意以顺先王之志，臣敢不听命乎！"再拜稽首。乃赐胡服。明日，服而朝。于是始出胡服令也。

赵武灵王说服公子成

【注释】

① 公子成：成侯之子，灵王之叔。② 稽首：，叩头至地。③ 寝疾：卧病。④ 未能趋走不以滋进也：因病不能行走，乃疏于进谒。⑤ 徇智：即睿智。⑥ 异敏：奇巧。⑦ 佛：通"悖"，违反、悖逆。⑧ 离中国：使中原遭难。离，通"罹"。中国，指中原地区。⑨ 错：涂饰。⑩ 瓯越：广东、海南地区的古称。⑪ 雕题：在额头上刺花纹。题，额。⑫ 却冠：鱼皮帽。《集解》引徐广曰，作"鲑冠"；《战国策·赵策二》作"鳀冠"，鲑和鳀都是鱼名。秫：通"钺"，长针。绌：缝纫。⑬ 三胡：林胡、楼烦、东胡。⑭ 负：仗恃。⑮ 系累：捆绑、拘囚。⑯ 微：无，没有。

【译文】

武灵王派王绁告诉公子成说："我改穿了胡服，打算穿着它朝会群臣，也想让叔父穿上它。在家里顺从父母，在朝廷上听从国君，这是古今以来共通的道理。身为人子的不能冒犯父母，身为人臣的不能背叛君主，这是上古就传下来的道理。现在我发布政令要求百姓改穿胡服，但是叔父却不穿，我担心天下人会非议我们。统御国家有恒常的法则，应当以有利于百姓为根本；参与政事也有原则，那就是以政令能够推行为上。修明道德应当先从教化百姓开始，而处理政事应当先取信于权贵。现在实行改穿胡服的措施，并不是为了放纵欲望以愉悦心志；做事有目标事业才会取得成功，事情成功了，功业建立了，然后才算是完美的。现在我害怕叔父违背治理国家的常理，从而招致旁人对叔父的非议。况且我还听说，事情有利于国家的都不会是邪恶的，依靠贵戚而使事业成功的，名声都不会受到损害，所以我愿意仰仗叔父的威望，以实现改穿胡服的功业。所以我派王绁拜谒叔父，请您改穿胡服。"公子成拜了又拜，说道："臣早就听说大王改穿胡服了。臣没有才能，又抱病在床，不能走到大王的面前向大王进谒。大王命令我改穿胡服，臣斗胆回答您的话，趁机尽一点愚忠。我说：臣听说中原之地，是聪明睿智之人居住的地方，是万物财货汇聚的地方，是圣贤教化百姓的地方，是仁义道德施行的地方，是《诗》《书》礼、乐应用的地方，是绝技异能产生的地方，是远方诸国向往趋附的地方，是蛮夷奉作楷模的地方。现在大王您舍弃这些东西而仿效远方的服饰，改变古时的教化，更易古代的常道，违背众人的心愿，违背学者的想法，使中原遭难。所以我希望大王能好好琢磨一下。"使者把公子成的话告诉了武灵王，武灵王说："我本来就听说叔父病了，我要亲自去请他改穿胡服。"

武灵王于是到了公子成的家中，趁机亲自请他改穿胡服，说："衣服，是为了穿着方便；礼仪，是为了便于行事。圣人观察地方的风俗而顺应它，依照具体事情而创制礼仪，所以礼仪是用来方便百姓而有益于国家的。剪短头发、在身上雕刻花纹，在臂膀上画修饰物、穿左边开襟的衣服，这是瓯越之地的民俗。染黑牙齿、在额头之上刺花纹，戴鱼皮帽、穿粗劣的衣服，这是吴国人的习俗。所以，礼制和衣服虽然不同，但它们为求方便的特点却是一致的。地方不一样，使用的习惯自然也不一样；事情各异，礼法自然也要随之而变。所以圣人认为如果能够有利于他的国家，绝不会专用一种方法；如果可以方便自己行事，不会专用一种礼仪。儒者只有一个师承，但是习俗却千差万别；中原的礼俗相同，但是教化各异，更何况那些偏远的山谷之地呢？所以事物取舍的变化，即使是智者也不能强求一致；远处和近处的服饰，即便是圣贤也不能使其相同。穷乡僻壤风俗多奇异，见解浅薄而且多巧辩。不知道的事情不去怀疑，跟自己不同的意见也不去非议，应当公开出来兼容并蓄而求完善啊。现在叔父所说的是旧的习俗，我所说的是创制新的习俗。我们赵国东面有黄河和薄洛的水道，与齐国和中山共有，但却没有船只的使用。从常山一直到代和上党等地，东边有燕国和东胡等国的边境，西边有楼烦、秦国及韩国的边界，而现在我们却没有骑马射箭的装备。所以，我没有船只的使用，靠水而居的百姓将依靠什么守卫黄河和薄洛的水道呢？改变服饰并训练骑马射箭，以此守备燕国、三胡、秦国、韩国的边界。况且当初简主不堵塞晋阳与上党之间的通道，而襄主兼并戎族、攻占代地以抵抗胡人各部，这是愚蠢的人都能看明白的。以前中山国倚仗着齐国强大的兵力，侵略我们的土地，俘虏我们的百姓，引来河水围灌我们的鄗地，倘若不是托庇于社稷神灵，那么鄗地恐怕就守不住了。先王以此为耻辱，怨恨却一直未能报仇。现在习练骑射，近可以便利上党地区的形势,远可以向中山国报仇。而叔父您为了因循中原的习俗而违背简、襄二主的意愿,厌恶改变服饰的名声而忘记中山国攻打鄗地的耻辱,这可不是我所期望的啊。"公子成拜了又拜,说道:"臣愚钝,不能明白大王的志向,竟敢称道世俗的说法,这是臣的过错啊。现在大王将要继承简、襄的意愿而去顺应先王的志向,臣怎敢不听从呢!"说完就再次拜倒叩头谢罪。武灵王赐给他胡服。第二天,公子成穿上胡服去上朝。武灵王开始发出改穿胡服的命令。

【原文】

赵文、赵造、周袑、赵俊皆谏止王毋胡服,如故法便。王曰:"先王不同俗,何古之法?帝王不相袭,何礼之循?虙戏、神农教而不诛①,黄帝、尧、舜诛而不怒。及至三王②,随时制法,因事制礼。法度制令各顺其宜,衣服器械各便其用。故礼也不必一道,而便国不必古,圣人之兴也不相袭而王,夏、殷之衰也不易礼而灭。然则反古未可非,而循礼未足多也。且服奇者志淫,则是邹、鲁无奇行也③;俗僻者民易,则是吴、越无秀士也。且圣人利身谓之服,便事谓之礼。夫进退之节、衣服之制者,所以齐常民也,非所以论贤者也。故齐民与俗流,贤者与变俱。故谚曰:'以书御者不尽马之情,以古制今者不达事之变。'循法之功,不足以高世;法古之学,不足以制今。子不及也。"遂胡服招骑射。

【注释】

①虙(fú)戏:即伏羲。②三王:即夏禹、商汤、周文王。③且服奇者志淫,则是邹、鲁无奇行也:服正者未必正,服奇者未必淫。若谓服奇者志必淫,则是邹、鲁之士儒冠儒服,必无奇邪之行也。

【译文】

赵文、赵造、周袑、赵俊都劝谏武灵王不要改穿胡服,还是按照旧的礼俗方便。武灵王说:"先王的礼法各不相同,应该效法哪一个古法呢?帝王们都不沿袭前一代的礼法,我们要遵循哪一种礼法呢?伏羲和神农氏重视教化而不施行刑罚,黄帝、尧、舜施用刑罚但是不暴虐。到了三王的时候,随着时代的变化而制定礼法。法度、制度和政令各自顺应当时的需要,衣服和器械也依照各方便而使用。所以礼法不必只有一种方式,使国家方便不必效法古代。圣人的兴起也不是相互因袭而称王于天下的,夏朝和殷商衰败,并没有改变礼法却也灭亡了。如此说来,违反古制无可非议,因循古礼也不值得称道。如果说穿着奇异的人心意淫邪,那么邹、鲁两国就没有怪异邪僻的行为了。如果说习俗邪僻老百姓就会言行轻慢,那么吴越之地就不会有德才兼备的人才了。况且圣人认为有利于身体的才称为'服',方便行事才称为'礼'。进退的礼节、衣服的制作,是用来齐整普通老百姓的,并不是用来品评圣贤的。所以教化民众随着俗世流转,圣贤随着变革而有所改变。故而谚语上说:'依靠书本来驾驶马车的人不能了解马的性情,依靠古制治理现代的人不能通达事理的变迁。'遵循礼法的功绩,不足以超脱世俗;效法古代的学术,不足以治理当今。你们都不明白这些道理啊。"于是穿起胡服,招募训练骑马射箭的士兵。

⊙文史知识

赵宋王朝与"赵氏孤儿"

北宋灭亡后,赵宋皇帝以赵武的直系后裔自称,倡导文武百官像程婴、公孙杵臼那样保存赵氏血脉,于是,程婴被加封为"忠节成信侯",公孙杵臼被加封为"通勇忠智侯",京城临安出现了专祭这两位古人的"祚德庙"。南宋末年,宋臣陆秀夫背负年仅七岁的小皇帝赵昺投海而死,从此宋朝宣告结束。这一壮烈场景,让陷入元代黑暗统治的汉人无比伤感与痛愤。而保存赵氏血脉的故事,无疑是对时人的精神安慰。文天祥被俘北上时曾赋诗云:"英雄未死心为碎,父老相逢鼻欲辛。夜读程婴存赵事,一回惆怅一沾巾。"

孔子世家

【导读】

　　孔子是古代著名的思想家和教育家,儒家学派的创始人。孔子有着极高的政治热情,尽管他不断遭受打击、排斥、嘲讽,甚至围困,这一热情仍然不减。为了宣传自己的政治主张,他用了十四年的时间,带领弟子周游列国、游说诸侯。文章用相当篇幅记述了孔子一生的政治活动,写得形象逼真、生动具体。孔子对中国古代的教育事业也有很大贡献,他是第一个私人授徒讲学的人。孔子兴办私学,广收门徒,使平民也可以接受教育,把文化知识传播到民间,这在当时实在是个创举。孔子具有渊博的知识和高深的修养,他整理和编纂了《诗》、《书》、《易》、《礼》、《春秋》等典籍,并把这些古籍教授给学生,对古文献的传播和保存贡献颇大。

○周游列国○

【原文】

　　定公十四年,孔子年五十六,由大司寇行摄相事,有喜色。门人曰①:"闻君子祸至不惧,福至不喜。"孔子曰:"有是言也。不曰'乐其以贵下人'乎?"于是诛鲁大夫乱政者少正卯②。与闻国政三月,粥羔豚者弗饰贾③;男女行者别于涂④,涂不拾遗;四方之客至乎邑者不求有司,皆予之以归。

　　齐人闻而惧,曰:"孔子为政必霸,霸则吾地近焉,我之为先并矣,盍致地焉⑤?"黎钼曰:"请先尝沮之⑥;沮之而不可则致地,庸迟乎!"于是选齐国中女子好者八十人⑦,皆衣文衣而舞

孔子周游列国

《康乐》⑧，文马三十驷⑨，遗鲁君。陈女乐文马于鲁城南高门外⑩。季桓子微服往观再三⑪，将受，乃语鲁君为周道游，往观终日，怠于政事。子路曰："夫子可以行矣⑫。"孔子曰："鲁今且郊⑬，如致膰乎大夫⑭，则吾犹可以止。"桓子卒受齐女乐，三日不听政；郊，又不致膰俎于大夫。孔子遂行，宿乎屯⑮。而师己送⑯，曰："夫子则非罪。"孔子曰："吾歌可夫？"歌曰："彼妇之口，可以出走；彼妇之谒⑰，可以死败。盖优哉游哉⑱，维以卒岁⑲！"师己反，桓子曰："孔子亦何言？"师己以实告。桓子喟然叹曰⑳："夫子罪我以群婢故也夫㉑！"

【注释】

①门人：门徒，弟子。②乱政者：扰乱国政的人。③粥（yù）：通"鬻"，卖。饰贾：加价，抬高价格。贾，通"价"。④涂：通"途"，道路。下"涂"字同。⑤盍：何不。致：致送，献送。⑥沮：阻止。⑦八十人：《韩非子·内储说下》及《太平御览》卷五七一所引《孔子家语》均作"二八"。⑧文衣：有纹饰的衣服。⑨文马：披着彩色装饰的马。驷：四匹马，古代一车套四马。⑩高门：指鲁国都城正南门。原称"稷门"，鲁僖公时扩建增高，故称高门。⑪微服：穿上平民服装。再三：二三次，多次。⑫夫子：古代对男子的尊称。⑬郊：冬至日在南郊祭天。原为天子之礼，因鲁国为周公之后，周成王特赐鲁国也可举行郊祀。⑭膰：祭祀时作为供品的肉。⑮屯：鲁地名。⑯师己：鲁国大夫。⑰谒：禀告，陈说。⑱优哉游哉：即"优游"，悠闲自在。⑲卒岁：过完岁月，消磨时光。⑳喟（kuì）：叹气声。㉑群婢：指女乐。

【译文】

　　定公十四年，孔子五十六岁，他以大司寇之职行使宰相的职责，脸上露出喜悦的神色。门下的弟子说："我听说君子遇到祸患的时候不惧怕，遇到福祉的时候不欢喜。"孔子说："是有这个话。我不是还说过'乐在身份显贵而礼贤下士'吗？"于是诛杀了扰乱鲁国政事的大夫少正卯。孔子参与国政三个月，贩卖羊和猪的商贩不敢哄抬物价；男女走路的时候分开走，掉在路上的东西也不会有人拾走；四方的旅客来到城里，不必特意向官吏送礼求情，就都会受到照顾，使其满意而归。

　　齐人听说之后十分担心，说："孔子参与政事鲁国一定会称霸，鲁国称霸，我们离得很近，必然会被先吞并。何不送给鲁国一些土地呢？"黎𫓧说："请先尝试一下阻止鲁国称霸；如果不能阻

孔子去鲁适卫

止称霸，再送土地也不迟！"于是在齐国挑选出八十名美女，她们都身着华丽的服饰，跳着《康乐》之舞，又选出三十驾披着彩衣的马车，一起献给鲁定公。先把女乐和身披彩衣的马车安置在鲁城南面的高门之外。季桓子身着便装去观赏了好几回，准备接受，于是告诉鲁定公以外出视察的名义，整天到那里观看，把国家政事都荒废掉了。子路看到这种情形，便对孔子说："夫子我们可以离开了！"孔子说："鲁国将要在郊外祭祀，如果定公能够按照礼法把烤肉分给大夫吃，那么我还可以留下来不走。"桓子终于接受了齐国献来的女乐，整整三天都没有过问政事；而且在郊外进行祭祀的时候，又违背礼法没有把烤肉分给大夫们吃。孔子于是离开鲁国，当天夜里住宿在屯这个地方。鲁国大夫师己前来送行，说："夫子是没有过错的。"孔子说："我可以唱首歌吗？"接着唱道："妇人的一张嘴，可以逼走亲信和大臣；亲近妇人，可以使国家灭亡。悠闲啊悠闲，我唯有这样度过余生了！"师己回去了，桓子说："孔子说了些什么？"师己据实相告。桓子长叹一声说："孔子是怪罪我接受了一群女乐啊！"

【原文】

孔子遂适卫，主于子路妻兄颜浊邹家①。卫灵公问孔子②："居鲁得禄几何③？"对曰："奉粟六万④。"卫人亦致粟六万。居顷之，或谮孔子于卫灵公⑤，灵公使公孙余假一出一入⑥。孔子恐获罪焉，居十月，去卫。

将适陈，过匡⑦，颜刻为仆，以其策指之曰⑧："昔吾入此，由彼缺也。"匡人闻之，以为鲁之阳虎，阳虎尝暴匡人，匡人于是遂止孔子。孔子状类阳虎，拘焉五日⑨。颜渊后，子曰："吾以汝为死矣。"颜渊曰："子在，回何敢死！"匡人拘孔子益急，弟子惧。孔子曰："文王既没，文不在兹乎⑩？天之将丧斯文也，后死者不得与于斯文也⑪。天之未丧斯文也，匡人其如予何⑫！"孔子使从者为宁武子臣于卫⑬，然后得去。

孔子弟子颜回像

【注释】

①主：以……为主人，即寓居。颜浊邹：亦作"颜雠由"，卫国大夫。②卫灵公：名元，卫襄公之子，公元前534年至公元前493年在位。③禄：古代官吏的俸给，一般以发放粮食的数量为标准。④奉：通"俸"，俸禄。⑤谮（zèn）：进谗言，说人坏话。⑥一出一入：一会儿出去，一会儿进来，指出入频繁。⑦匡：卫国邑名，在今河南长垣。⑧策：马鞭。⑨焉：于是。⑩文：泛指周朝的礼乐制度和文献典籍。⑪后死者：指孔子自己。与：闻知。⑫如……何：亦作"奈……何"，对……怎么办，把……怎么样。⑬宁武子：姓宁，名俞，卫国卿大夫。

【译文】

孔子于是去了卫国，寄住在子路妻子的兄长颜浊邹的家中。卫灵公向孔子询问说："您在鲁国时的俸禄是多少？"孔子回答说："官俸是粟子六万小斗。"卫国也给他粟子六万小斗的俸禄。在卫国住了没多久，有人在卫灵公面前说了孔子的坏话。卫灵公派公孙余假带着兵仗在孔子的住所进进出出，孔子害怕获罪，在那里居住了十个月，然后离开了卫国。

孔子打算到陈国去，路过匡地，弟子颜刻替孔子赶车，他用鞭子指着一处说："过去我来这个地方，是从那个缺口进去的。"匡地之人听说有人来，以为是鲁国的乱贼阳虎。阳虎曾经虐待过匡人，匡人就堵住了孔子一行。孔子长得很像阳虎，被围困在那里五天。颜渊这才赶来与孔子会合，孔子说："我以为你在混乱之中被杀死了。"颜渊说："老师您还健在，我怎么敢轻易地死掉呢？"匡人围攻孔子越来越紧，弟子们都十分害怕。孔子说："周文王已经死了，周代的礼乐制度难道就不存在了吗？老天要是打算毁灭这种制度，就不会让我们这些后来死的人负担起传承这种制度的责任。上天没有毁灭这种制度，匡人又能拿我们怎么办！"孔子于是派了一个随行弟子向宁武子称臣，这才逃出了匡人的围困。

【原文】

去即过蒲①。月余，反乎卫，主蘧伯玉家②。灵公夫人有南子者③，使人谓孔子曰："四方之君子不辱欲与寡君为兄弟者④，必见寡小君⑤。寡小君愿见。"孔子辞谢，不得已而见之。夫人在絺帷中⑥。孔子入门，北面稽首⑦。夫人自帷中再拜⑧，环佩玉声璆然⑨。孔子曰："吾乡为弗见⑩，见之礼答焉。"子路不说。孔子矢之曰⑪："予所不者⑫，天厌之！天厌之！"居卫月余，灵公与夫人同车，宦者雍渠参乘，出，使孔子为次乘，招摇市过之。孔子曰："吾未见好德如好色者也。"于是丑之，去卫，过曹⑬。是岁，鲁定公卒。

【注释】

①蒲：卫国邑名，在今河南长垣。②蘧伯玉：姓蘧（qú），名瑗，字伯玉，谥成，蘧庄子无咎之子，卫国大夫，颇受孔子赞扬。③南子：亦称"釐夫人"，宋女。④不辱：不以为辱，谦词。⑤寡小君：诸侯谦称自己的妻子。⑥絺：细葛布。帷：帷帐，帐幔。⑦北面：面朝北。稽首：一种叩头至地的跪拜礼，是古代九拜中最恭敬的。⑧再拜：连行两次拜礼。⑨环佩：佩玉。⑩乡：通"向"，过去，以前。⑪矢：通"誓"，起誓，发誓。⑫所：如果，倘若。不：通"否"，不然。⑬曹：诸侯国名，姬姓，西周初年所封，始封君为周武王弟叔振铎，建都陶丘（在今山东定陶西南），公元前487年为宋国所灭。

【译文】

（孔子）离开匡地后就到了蒲地，在那里住了一个多月，又返回卫国，寄住在蘧伯玉的家里。灵公有位名叫南子的夫人，她派人对孔子说："四方的君子不以为辱，想和我们大王结交友情、称兄道弟的，一定先来求见夫人。现在我国的夫人想见你。"孔子先是推辞告罪，最后不得已而去见南子。会见时，夫人在细葛布做的帷帐中等待孔子。孔子进了屋门，向北面跪拜行礼。夫人在帷帐中拜了两拜，以作答谢，她身上的玉佩首饰相互碰击发出叮叮当当的清脆响声。事后孔子说："我一向是不想去见她的，既然见了面就要以礼答谢。"子路听了很不高兴。孔子发誓说："倘若我做得不对，上天一定会厌弃我的！上天一定会厌弃我的！"在卫国居住了一个多月，灵公与夫人同坐一辆车子，宦官雍渠在旁陪伴，出宫之后，灵公让孔子乘坐第二辆车子跟随，大摇大摆地在街道上经过。孔子说："我还没有见过爱慕德行像这样爱好美色的人呢！"孔子对卫国的事情感到厌恶，离开卫国，往曹国去了。这一年，鲁定公去世。

子路生长在非常贫穷的家庭里，吃得不好，穿得也不好。他怕父母营养不够，想让父母吃到米饭，每次都要到百里之外才能买到米，然后背回家奉养父母。虽然这样辛苦，但是子路甘之如饴，孝敬之心始终没有间断和停止过。后来子路发达了，环境和物质条件好了，他很想报答父母之恩，可是他的父母已经先后过世了，所以他非常痛心。

【原文】

孔子去曹适宋，与弟子习礼大树下。宋司马桓魋欲杀孔子①，拔其树。孔子去。弟子曰："可以速矣。"孔子曰："天生德于予，桓魋其如予何！"

孔子适郑②，与弟子相失③，孔子独立郭东门④。郑人或谓子贡曰："东门有人，其颡似尧⑤，其项类皋陶⑥，其肩类子产，然自要以下不及禹三寸⑦，累累若丧家之狗⑧。"子贡以实告孔子。孔子欣然笑曰⑨："形状，末也⑩。而谓似丧家之狗，然哉，然哉！"

杏坛在山东省曲阜市孔庙的大成殿前，相传此处是孔子讲学之处。

【注释】

①桓魋：宋国司马，亦称"向魋"，系宋桓公后裔，故又称"桓魋"、"桓司马"。公元前481年，桓魋进入曹地反叛，后奔卫，又奔齐，任齐次卿。②郑：诸侯国名，姬姓，始封君为周宣王弟友，即郑桓公。郑武公时，先后攻灭郐和东虢，建都新郑，强盛一时，后逐渐衰落，在公元前375年被韩国灭掉。③相失：互相走失。④郭：外城。⑤颡：额头。⑥皋陶：亦称"咎繇"，偃姓，传说中东夷部族的首领。⑦要："腰"的本字。⑧累累：通"羸羸"，瘦瘠疲惫的样子。⑨欣然：喜悦的样子。⑩末：末梢，枝节。

【译文】

孔子离开曹国去了宋国，他和弟子们在大树底下讲习礼仪。宋国的司马桓魋想杀掉孔子，派人砍掉大树（想砸死他）。孔子离开宋国。弟子们说："可以快点走了。"孔子说："上天既然把传承道德的使命赋予我，桓魋又能把我怎么样呢！"

孔子到了郑国，和弟子们走散了，孔子独自站立在城东门。郑国有人对子贡说："东门站着一个人，他的额头像唐尧，脖子像皋陶，肩膀像子产，然而从腰部以下比禹短了三寸，疲惫不堪的样子活像丧家之犬。"子贡将这些话告诉了孔子。孔子高兴地说道："一个人的形状，那是没什么重要的；要是说我像丧家之犬，那可真是这样啊！那可真是这样啊！"

【原文】

孔子遂至陈，主于司城贞子家①。岁余，吴王夫差伐陈，取三邑而去。赵鞅伐朝歌②。楚围蔡，蔡迁于吴。吴败越王勾践会稽。

有隼集于陈廷而死③，楛矢贯之④，石砮⑤，矢长尺有咫⑥。陈湣公使使问仲尼⑦。仲尼曰："隼来远矣，此肃慎之矢也⑧。昔武王克商，通道九夷百蛮⑨，使各以其方贿来贡⑩，使无忘职业⑪。于是肃慎贡楛矢石砮，长尺有咫。先王欲昭其令德⑫，以肃慎矢分大姬⑬，配虞胡公而封诸陈⑭。分同姓以珍玉⑮，展亲；分异姓以远方职，使无忘服。故分陈以肃慎矢。"试求之故府，果得之。

孔子居陈三岁，会晋、楚争强，更伐陈，及吴侵陈，陈常被寇⑯。孔子曰："归与归与！吾党之小子狂简⑰，进取不忘其初。"于是孔子去陈。

【注释】

①司城贞子：即公孙贞子，陈哀公之孙，为陈国大夫。②赵鞅：名鞅，又名志父，又称"赵简子"、"志父"，晋国上卿，公元前497年至公元前475年当政。他战胜范氏、中行氏，扩大封地，为日后赵国的建立奠定了基础。③隼（sǔn）：一种凶猛善飞的鸟。集：栖止，停留。④楛矢：用楛木制作的箭。贯：贯穿，射穿。⑤砮：石制的箭镞。⑥咫：古长度单位，周制八寸，合今六寸二分二厘。⑦陈湣公：亦作陈愍公、陈闵公，名周，又名越，陈怀公之子，陈国末代君主，公元前501年至公元前479年在位。⑧肃慎：古部族名，亦作"息慎"、"稷慎"，以狩猎为生。⑨九夷

百蛮：此泛指边远地区的少数部族。⑩ 方贿：地方物产。⑪ 职业：分内应尽的义务。⑫ 令：美。⑬ 大姬：周武王的长女。⑭ 配：成婚，这里是嫁的意思。虞胡公：名满，姓妫，相传为舜之后裔。⑮ 同姓：指与周王同宗的姬姓诸侯。⑯ 被：遭受。⑰ 党：古代地方组织，五百家为一党。此指乡党、家乡。小子：指孔子的弟子。狂简：狂妄自大，此指志向远大。

【译文】

孔子于是到了陈国，寄居在公孙贞子的家中。在那里住了一年多，正好赶上吴王夫差讨伐陈国，夺取了三个城邑才撤兵。赵鞅也来攻打卫国的朝歌。楚国围困蔡国，蔡国迁移到吴地。吴国又在会稽打败了越王勾践。

一天，有一只隼落在陈国宫廷的前面死掉了，楛木做的箭贯穿了隼的身子，箭头是用石料做的，箭长一尺八寸。陈湣公派人询问孔子怎么回事。孔子说："隼飞来的地方是很遥远的，这箭是肃慎部族的箭。过去武王灭掉商朝以后，就与四方的蛮夷相互来往，让他们贡献各自的特产，使他们不要忘记自己的职责与义务。于是肃慎把楛木石镞的弓箭贡给周王，长度有一尺八寸。先王想表彰肃慎臣服的美德，就把弓箭分给长女大姬，后来大姬嫁给虞胡公，虞胡公被封到陈国。当初周王室把美玉赐给同姓，用意是为了亲上加亲；把远方的贡品分给异姓诸侯，是为了让他们不忘臣服周王。所以先王才把肃慎族的箭赐给陈国。"陈湣公派人到旧仓库查证了一下，果然找到了这种箭。

孔子在陈国居住了三年，正好赶上晋国和楚国争霸，两国轮番攻打陈国，至于吴国也时常入侵陈国，陈国经常受到侵犯。孔子说："回去吧！回去吧！我们这些人中，有些人志气很大，只是做事的时候稍微疏略一点；他们都很有进取心，没有忘记自己的初衷。"接着孔子就离开了陈国。

【原文】

过蒲，会公叔氏以蒲畔①，蒲人止孔子。弟子有公良孺者②，以私车五乘从孔子。其为人长贤，有勇力，谓曰："吾昔从夫子遇难于匡，今又遇难于此，命也已。吾与夫子再罹难，宁斗而死。"斗甚疾。蒲人惧，谓孔子曰："苟毋适卫，吾出子③。"与之盟，出孔子东门。孔子遂适卫。子贡曰："盟可负邪？"孔子曰："要盟也④，神不听。"

卫灵公闻孔子来，喜，郊迎。问曰："蒲可伐乎？"对曰："可。"灵公曰："吾大夫以为不可。今蒲，卫之所以待晋、楚也⑤，以卫伐之，无乃不可乎⑥？"孔子曰："其男子有死之志⑦，妇人有保西河之志⑧。吾所伐者不过四、五人。"灵公曰："善。"然不伐蒲。

> ⊙ 文史知识
>
> ### 谈"礼"
>
> 礼，原是指祭祀中的仪式，后来演变为人际交往中的礼仪、仪节，等等。周代实行分封，确立起天子、诸侯、大夫、士的等级制度，同时又制礼作乐。通过一系列的礼仪，各个等级的秩序得到固定，而等级成员的权利与义务也有了明白可知的规章可以遵循。礼仪中最重要的自然是策命委质礼。策命，是天子对臣下发布封土、授爵等敕令；委质，是臣下归顺并愿意接受约束。策命委质，就相当于确定君臣关系。《左传·僖公二十二年》中说：晋怀公抓到了狐突，以处死相威胁，要求他召回跟从公子重耳的两个儿子。狐突的答复是："儿子在外做官，父亲教导他忠君，自古以来这是正体。现在，我儿子为重耳做事，如果把他们叫回来，就是教他们背叛。"可见一旦委质，虽死不二。春秋时期，礼崩乐坏，弑君的事情发生过36次，灭亡的国家有52个，天下大乱。
>
> 孔子认为治乱世，必须恢复礼。他在答齐景公时说："君君、臣臣、父父、子子（国君应该符合国君的本分，臣下应该符合臣下的本分，父亲应该符合父亲的本分，儿子应该符合儿子的本分）。"答鲁定公时说："君使臣以礼，臣事君以忠。"强调君臣父子之间相互尊重、相互依存的关系。看来孔子所讲的"礼"，具有朴素的民主精神，起着限制君权的作用。

孔子见卫灵公

灵公老，怠于政，不用孔子。孔子喟然叹曰："苟有用我者，朞月而已⑨，三年有成。"孔子行。

【注释】

①公叔氏：卫献公后裔，卫国大夫。②公良孺：姓公良，名孺，字子正，陈国人，孔子弟子。③出：让……出去，放出。④要：要挟，胁迫。⑤待：对待，对付，抵御。⑥无乃：岂不是，恐怕。⑦死之志：决死的志气，指誓死效忠卫国的决心。⑧西河：地区名，在卫国西部的黄河西岸地区，大概在今河南内黄、浚县、滑县一带。此指代卫国。⑨朞（jī）：一整年或整月。

【译文】

　　路过蒲邑的时候，正好遇上公叔氏占据蒲邑而背叛卫国，蒲人留住了孔子。孔子的弟子中有一个名叫公良孺的，他自己带了五辆车子跟随着孔子。他这个人身材高大，有贤才，有勇气，他对孔子说："我当初追随老师在匡地遇上祸乱，现在又在这里遇上大难，这就是命啊！我与老师再次遇上灾难，宁愿跟他们决一死战！"说完就和蒲人激烈地拼斗起来。蒲人害怕，对孔子说："倘若你不去卫国，我们就让你离开。"孔子发了誓言，蒲人从东门放走孔子。孔子去了卫国。子贡对孔子说："誓言难道可以违背吗？"孔子回答说："因为受要挟而发的誓言，鬼神是不会认可的。"

　　卫灵公听说孔子来了，十分高兴，亲自到郊外迎接他。卫灵公问孔子道："蒲地可以讨伐吗？"孔子回答说："可以。"灵公说："我的大夫认为不能攻打。现在的蒲地，是卫国防御晋国和楚国的屏障，依靠卫国的力量去攻打它，恐怕是不行的吧？"孔子说："那里的百姓，男子都有誓死效忠的决心，女子都有守卫西河的愿望(他们都不愿跟着叛乱)。我认为所要征伐的，不过是那四五个带头的罢了。"卫灵公说："很好。"虽然这样说却不去讨伐蒲地。

　　灵公年老，逐渐怠于政务，也不重用孔子。孔子感叹地说道："倘若有人肯重用我，一年就可以小有成就，三年就会有很大的成绩。"孔子离开了卫国。

【原文】

　　佛肸为中牟宰。赵简子攻范、中行①，伐中牟。佛肸畔②，使人召孔子。孔子欲往。子路曰："由闻诸夫子③：'其身亲为不善者，君子不入也。'今佛肸亲以中牟畔，子欲往，如之何？"孔子曰："有是言也。不曰坚乎，磨而不磷④；不曰白乎，涅而不淄⑤。我岂匏瓜也哉⑥，焉能系而不食？"

孔子击磬⑦。有荷蒉而过门者⑧，曰："有心哉，击磬乎！硁硁乎⑨，莫己知也夫而已矣⑩！"

【注释】

①范：即范氏，亦称"士氏"，为晋国世卿大家之一，传说系陶唐氏后裔。②畔：通"叛"。③由：即子路。诸：之于。④磷：薄。⑤涅：矿物名，古人用来作为黑色染料。淄：通"缁"，黑色。⑥匏瓜：葫芦的变种，俗称"瓢葫芦"。⑦磬：古代乐器名，用玉或石制成，悬挂于架子上，敲击出声。⑧荷（hè）：负，背，扛。蒉（kuì）：草编的筐。⑨硁：击磬发出的声音。⑩莫己知：即"莫知己"，没人知道自己。夫：彼，那。

【译文】

佛肸做了中牟的邑宰。晋国大夫赵简子攻打范氏和中行氏两家。佛肸背叛了赵简子，派人去请孔子。孔子打算前去。子路对他说："我从先生那里听说：'一个本身做了许多坏事的人，君子是不会去他那里的。'现在佛肸占据中牟背叛赵简子，而您想去他那里，这是为什么呢？"孔子说："我是说过这样的话。但我不是也说过真正坚硬的东西，它是怎么磨也磨不薄的吗？我不是也说过真正洁白的东西，它是怎么染也染不黑的吗？我难道只是一个葫芦瓜吗？怎么能只供人挂起来而不能让人吃呢？"

有一次，孔子正敲打石磬。有一个背着草筐从门口经过的人，说："真是有心啊，这个敲击石磬的人！叮叮当当地敲得那么响亮，既然别人不赏识你，那就算了吧！"

【原文】

孔子学鼓琴师襄子①，十日不进②。师襄子曰："可以益矣。"孔子曰："丘已习其曲矣，未得其数也③。"有间④，曰："已习其数，可以益矣。"孔子曰："丘未得其志也。"有间，曰："已习其志，可以益矣。"孔子曰："丘未得其为人也⑤。"有间，有所穆然深思焉⑥，有所怡然高望而远志焉⑦。曰："丘得其为人，黯然而黑，几然而长⑧，眼如望羊⑨，如王四国⑩，非文王其谁能为此也！"师襄子辟席再拜⑪，曰："师盖云《文王操》也⑫。"

【注释】

①鼓：奏，演奏。师襄子：字子京，卫国乐师。②进：指继续往下学。③数：技术，方法。④有间：过了一段时间。

孔子向师襄子学习鼓琴

⑤为人：作曲的人。⑥穆然：默然，沉静深思的样子。⑦怡然：和悦的样子。⑧几（qí）：通"颀"，颀长。⑨望羊：亦作"望洋"、"望阳"，远视的样子。⑩四国：四方，天下。⑪辟席：即避席。古人席地而坐，离座而起，表示敬意。辟，通"避"。⑫《文王操》：周文王作的琴曲名。

【译文】

孔子向师襄子学习鼓琴，一连十天都没有学新的内容。师襄子说："可以增进一层了。"孔子说："我已经熟悉了这首曲子，但是还没有掌握弹奏的技法。"过了一段时间，师襄子说："你已经熟悉了弹琴的技法，现在可以更进一层了。"孔子说："我还没有领悟到乐曲的情感志向。"又过了一段时间，师襄子说："你已经领会到了琴曲里包含的志向，可以更进一层了。"孔子说："我还没领会到作曲者是个怎样的人。"又过了一段时间，孔子神情肃穆，若有所思，随即又怡然自得，表现出高远拔俗的志向。孔子说："我认出了曲中的这个人了！他神情黯然，皮肤黝黑，个头很高，眼光明亮且高瞻远瞩，好像正君临天下四方，这不是文王还能是谁呢！"师襄子离开坐席向孔子拜了又拜，说道："我的老师说这首曲子正是《文王操》啊！"

【原文】

孔子既不得用于卫，将西见赵简子。至于河而闻窦鸣犊、舜华之死也，临河而叹曰："美哉水，洋洋乎①！丘之不济此②，命也夫！"子贡趋而进曰："敢问何谓也？"孔子曰："窦鸣犊、舜华，晋国之贤大夫也。赵简子未得志之时，须此两人而后从政③；及其已得志，杀之乃从政。丘闻之也，刳胎杀夭则麒麟不至郊④，竭泽涸渔则蛟龙不合阴阳⑤，覆巢毁卵则凤皇不翔⑥。何则？君子讳伤其类也。夫鸟兽之于不义也尚知辟之，而况乎丘哉！"乃还息乎陬乡⑦，作为《陬操》以哀之⑧。而反乎卫，入主蘧伯玉家。

【注释】

①洋洋：盛大的样子。②济：渡，渡过。③须：等待。④刳（kū）：剖开而挖取。⑤竭泽：抽干池泽中的水。⑥覆巢：倾覆鸟巢。⑦陬乡：卫国地名，当在卫、晋交界的黄河东岸处。⑧《陬操》：琴曲名。

【译文】

孔子既然不能在卫国获得重用，就打算向西去见赵简子。到达黄河的时候听说窦鸣犊和舜华死了，便在黄河岸边长叹道："壮美啊黄河水，如此盛大浩荡啊！我不能渡过黄河，这就是命啊！"子贡快步向前问道："敢问老师您为什么这么说呢？"孔子说："窦鸣犊和舜华，是晋国贤明的大夫啊。赵简子还没有得志的时候，依靠这两个人才能掌权；现在赵简子得势了，却杀了他们来掌权。我听说：用剖腹取胎的方式杀死刚出生的禽兽，那么麒麟就不会到郊外；用排干池塘的方式捕鱼，那么蛟龙就不会出来调和阴阳，兴云致雨；用弄翻鸟巢的方式毁坏鸟卵，那么凤凰就不会前来飞翔。这是为何呢？君子忌讳杀死自己的同类。鸟兽对于不义的行为尚且还知道躲避，更何况是我孔丘呢！"说完调头回到陬乡歇息，作了一曲《陬操》以哀悼这两个人。接着又返回卫国，寄居在蘧伯玉的家中。

【原文】

他日，灵公问兵陈①，孔子曰："俎豆之事则尝闻之②，军旅之事未之学也③。"明日，与孔子语，见蜚雁④，仰视之，色不在孔子⑤。孔子遂行，复如陈。

夏，卫灵公卒，立孙辄，是为卫出公。六月，赵鞅内太子蒯聩于戚⑥。阳虎使太子绖⑦，八人衰绖⑧，伪自卫迎者，哭而入，遂居焉。冬，蔡迁于州来⑨。是岁鲁哀公三年，而孔子年六十矣。齐助卫围戚，以卫太子蒯聩在故也。

【注释】

①陈：通"阵"。②俎、豆之事：俎豆皆为礼器，"俎、豆之事"泛指礼仪之事。③军旅：古以一万二千五百人为军，五百人为旅，此泛指军队。未之学：即"未学之"，没有学习过军旅之事。④蜚：通"飞"。⑤色：神色，表情。⑥内：通"纳"，接纳，送入。太子蒯聩：卫灵公的太子，即卫庄公。公元前496年因与灵公宠妃南子构恶，被人出卖，逃奔宋国。此时被赵鞅送入戚邑，一直到公元前480年才回国即位。戚：卫国邑名，在今河南濮阳北。⑦绖：古代的一种丧服，脱去冠，用布包裹头发。⑧衰绖：丧服。⑨州来：邑名，在今安徽省凤台。

【译文】

有一天，灵公向孔子问起军队作战的阵法，孔子说："关于祭祀典礼方面的事我倒是听说过，至于排兵布阵的事我还没有学过。"第二天，灵公与孔子交谈，灵公看到有雁群飞过，就抬起头来仰望，神色不在孔子身上。孔子便离开卫国，再次去了陈国。

同年夏天，卫灵公去世，他的孙子辄继位，这就是卫出公。六月，赵鞅把流亡在外的卫灵公太子蒯聩接到戚地。阳虎让太子身穿丧服，又让八个人披麻戴孝，装成是从卫国来接太子回去奔丧的样子，哭着进了戚城，随后住了下来。冬季，蔡国从新蔡迁到州来。这一年是鲁哀公三年，而孔子已经六十岁了。齐国帮助卫国围攻戚城，这是由于卫太子蒯聩住在那里的缘故。

【原文】

夏，鲁桓、釐庙燔①，南宫叔敬救火。孔子在陈，闻之，曰："灾必于桓、釐庙乎？"已而果然②。秋，季桓子病，辇而见鲁城③，喟然叹曰："昔此国几兴矣，以吾获罪于孔子，故不兴也。"顾谓其嗣康子曰："我即死，若必相鲁；相鲁，必召仲尼。"后数日，桓子卒，康子代立。已葬，欲召仲尼。公之鱼曰："昔吾先君用之不终，终为诸侯笑。今又用之，不能终，是再为诸侯笑。"康子曰："则谁召而可？"曰："必召冉求。"于是使使召冉求。冉求将行，孔子曰："鲁人召求，非小用之，将大用之也。"是日，孔子曰："归乎归乎！吾党之小子狂简，斐然成章④，吾不知所以裁之⑤。"子赣知孔子思归⑥，送冉求，因诫曰"即用，以孔子为招"云。

【注释】

①燔（fán）：着火，焚烧。②已而：事后，不久。③辇：这里指乘车。④斐然：富有文采的样子。⑤裁：剪裁，调教。⑥子赣：即子贡。

【译文】

夏天，鲁桓公、釐公的庙堂失火，南宫叔敬前去救火。当时，孔子正在陈国，听说这件事，说："灾祸必定发生在鲁桓公、釐公的庙堂吧？"事实果如孔子所料。

秋天，季桓子生病，乘车望着鲁城，长叹一声道："当初这个国家几乎可以兴盛起来，因为我得罪了孔子，所以不能兴盛啊！"回过头来对他的继承者康子说："我将要死去，你必定会掌握鲁国的政权；执掌鲁国大权，务必要召回孔子啊！"几天后，桓子去世，康子继位，掌握了鲁国的政权。安葬完桓子，打算征召孔子。公之鱼说："当初先君桓子任用孔子但没能坚持下来，以致被诸侯耻笑。现在您又想任用他，如果不能善终，那就会再次被诸侯耻笑。"康子说："那么召谁来才好呢？"公之鱼回答说："一定要召冉求回来。"于是派人去征召冉求。冉求正要前往，孔子说："鲁国征召冉求，不会小用他，必定会重用他。"这一天，孔子又说："回去吧，回去吧！我的这一帮学生都志向远大，行为疏阔，文采斐然，我真不知道该如何调教他们才好！"子赣知道孔子思念家乡，在送别冉求的时候，提醒了"如果受到重用，就设法把老师请回去啊"这样一些话。

【原文】

冉求既去，明年，孔子自陈迁于蔡。蔡昭公将如吴①，吴召之也。前昭公欺其臣迁州来，后将往，大夫惧复迁，公孙翩射杀昭公。楚侵蔡。秋，齐景公卒。

明年，孔子自蔡如叶②。叶公问政③，孔子曰："政在来远附迩④。"他日，叶公问孔子于子路，子路不对。孔子闻之，曰："由，

子路遇丈人

尔何不对曰，'其为人也，学道不倦，诲人不厌，发愤忘食，乐以忘忧，不知老之将至'云尔⑤。"

去叶，反于蔡。长沮、桀溺耦而耕⑥，孔子以为隐者，使子路问津焉⑦。长沮曰："彼执舆者为谁⑧？"子路曰："为孔丘。"曰："是鲁孔丘与？"曰："然。"曰："是知津矣。"桀溺谓子路曰："子为谁？"曰："为仲由。"曰："子，孔丘之徒与？"曰："然。"桀溺曰："悠悠者天下皆是也⑨，而谁以易之？且与其从辟人之士，岂若从辟世之士哉！"耰而不辍⑩。子路以告孔子，孔子怃然曰⑪："鸟兽不可与同群。天下有道，丘不与易也。"

他日，子路行，遇荷蓧丈人⑫，曰："子见夫子乎？"丈人曰："四体不勤，五谷不分，孰为夫子！"植其杖而芸⑬。子路以告，孔子曰："隐者也。"复往，则亡⑭。

【注释】

① 蔡昭公：即蔡昭侯，名申，蔡悼侯之弟，公元前518年至公元前491年在位。② 叶（shè）：楚国县名，在今河南叶县南。③ 叶公：姓沈，名诸梁，字子高，因受封的采邑名叶，故称叶公。④ 来：招徕。远：指远方之人。附：通"抚"，安抚。迩：近，此指附近之人。⑤ 云尔：而已，罢了。⑥ 长沮、桀溺：二隐者名。金履祥《论语集注考证》云："以盖以物色名之，如荷蒉、晨门、荷蓧丈人之类。盖二人耦耕于田，其一人长而沮洳，一人桀然高大而涂足，因以名之也。"⑦ 津：渡口。⑧ 执舆：执辔，手持马的缰绳。⑨ 悠悠：混乱的样子。⑩ 耰：农具名，形似锄头，用来击碎土块，平整田地。⑪ 怃（wǔ）：怅然失意的样子。⑫ 蓧（diào）：古代用来耘田的一种竹器。丈人：老人。⑬ 植：置，立。芸：通"耘"，除草。⑭ 亡：外出，出走。

【译文】

冉求回到鲁国，第二年，孔子从陈国迁到蔡国。蔡昭公正要去吴国，因为吴国召他前去。以前昭公欺骗他的大臣把都城从新蔡迁到吴国的州来，现在将要前往，大臣们担心又要迁都，公孙翩便在途中射杀了昭公。楚国入侵蔡国。秋天，齐景公去世。

第二年，孔子从蔡国去了叶城。叶公向孔子询问治理国家的方法，孔子说："治理国家的道理在于使远方的人归附，使近处的人臣服。"有一天，叶公向子路询问孔子的为人，子路没有回答。孔子听说这件事后，说："仲由，你为何不回答他说'他的为人，不过是学习道理不知疲倦，教导别人不知厌烦，发愤时忘记吃饭，快乐时忘记忧愁，不知道衰老即将到来'而已。"

离开叶城，孔子返回蔡国。在路上看见长沮和桀溺一起耕作，孔子认为他们是隐士，就派子路去向他们打听渡口的位置。长沮问道："那个在车上拽着缰绳的人是谁啊？"子路回答说："是孔子。"

长沮又问:"是鲁国的孔子吗?"子路回答:"是的。"长沮说:"那么他应该知道渡口在什么地方。"桀溺问子路道:"你是谁?"子路回答说:"我是仲由。"桀溺又问:"那你,是孔子的学生吧?"子路回答说:"是的。"桀溺又说:"天下间到处都是一样的动荡不安啊,谁能改变这种状况呢?况且你与其跟随躲避暴君乱臣的人周游列国,还不如跟随躲避乱世的人隐居乡野呢!"说完就不停地耕作。子路把刚才的话告诉孔子,孔子失落地说:"我们不能与鸟兽同伍。天下如果清明太平,那我也不必周游列国去改变这一局面了。"

又有一天,子路在路上行走,遇到一位肩上扛着除草竹器的老者,于是问他道:"您看见我的老师了吗?"那老者说:"你们这些人,手脚不劳动,五谷都分不清楚,我怎么知道谁是你的老师!"说完只管拄着杖除草。子路把这话告诉孔子,孔子说:"这是真正的隐士啊。"等子路再去看的时候,那位老者已经离开了。

【原文】

孔子迁于蔡三岁,吴伐陈。楚救陈,军于城父①。闻孔子在陈、蔡之间,楚使人聘孔子。孔子将往拜礼,陈、蔡大夫谋曰:"孔子贤者,所刺讥皆中诸侯之疾②。今者久留陈、蔡之间,诸大夫所设行皆非仲尼之意③。今楚,大国也,来聘孔子。孔子用于楚,则陈、蔡用事大夫危矣④。"于是乃相与发徒役围孔子于野⑤。不得行,绝粮。从者病,莫能兴。孔子讲诵弦歌不衰。子路愠见曰:"君子亦有穷乎?"孔子曰:"君子固穷,小人穷斯滥矣⑥。"

子贡色作⑦。孔子曰:"赐,尔以予为多学而识之者与⑧?"曰:"然。非与?"孔子曰:"非也。予一以贯之⑨。"

孔子知弟子有愠心,乃召子路而问曰:"《诗》云:'匪兕匪虎⑩,率彼旷野⑪。'吾道非邪?吾何为于此?"子路曰:"意者吾未仁邪⑫!人之不我信也。意者吾未知邪!人之不我行也。"孔子曰:"有是乎!由,譬使仁者而必信,安有伯夷、叔齐?使知者而必行,安有王子比干?"

子路出,子贡入见。孔子曰:"赐,《诗》云:'匪兕匪虎,率彼旷野。'吾道非邪?吾何为于此?"

孔子被围于陈蔡

子贡曰："夫子之道至大也，故天下莫能容夫子。夫子盖少贬焉⑬？"孔子曰："赐，良农能稼而不能为穑⑭，良工能巧而不能为顺。君子能修其道，纲而纪之⑮，统而理之⑯，而不能为容。今尔不修尔道而求为容。赐，而志不远矣！"

子贡出，颜回入见。孔子曰："回，《诗》云：'匪兕匪虎，率彼旷野。'吾道非邪？吾何为于此？"颜回曰："夫子之道至大，故天下莫能容。虽然，夫子推而行之，不容何病⑰？不容然后见君子！夫道之不修也，是吾丑也；夫道既已大修而不用，是有国者之丑也⑱。不容何病？不容然后见君子！"孔子欣然而笑曰："有是哉颜氏之子！使尔多财，吾为尔宰。"

于是使子贡至楚。楚昭王兴师迎孔子⑲，然后得免。

【注释】

①军：军队驻扎。城父：即"北城父"，楚国邑名，在今河南宝丰东、平顶山市西北。②疾：弊端。③设行：措施行动。④用事：主事，执掌政事。⑤相与：共同，一道。发：调发。徒役：服徭役的人。⑥滥：泛滥，此指没有操守节制而为所欲为。⑦色作：脸色改变。⑧识（zhì）：通"志"，记，记住。⑨一以贯之：有一个思想贯穿全部学说。⑩匪：通"非"。兕（sì）：古代犀牛一类的动物。⑪率：循，沿着。旷野：空旷的野地。⑫意：意料，猜想。⑬少：少许，稍微。⑭穑（sè）：收获。⑮纪：疏理，治理。⑯统：统筹。⑰病：患，忧愁。⑱有国者：指当时的诸侯及权臣。⑲楚昭王：名轸，楚平王之子，公元前515年至公元前489年在位。

【译文】

孔子迁到蔡国三年之后，吴国讨伐陈国。楚国援救陈国，军队在城父这个地方驻扎下来。听说孔子在陈国和蔡国的边界上，楚国就派人去聘请孔子。孔子打算接受聘请前去拜礼，陈国和蔡国的大夫商量说："孔子是位圣贤之人，他所指责讥讽的都切中诸侯的弊病所在。现在他长住陈国和蔡国的边境之上，诸位大夫的所作所为多与孔子的心意不合。现在的楚国，乃是大国，他们来聘请孔子。倘若孔子在楚国受到重用，那么陈国和蔡国的掌权大夫就危险了。"于是，双方共同派了一些服徭役的人去围攻孔子，把孔子一行人困在荒野之上。孔子不能动身，粮食也断绝了。随行的弟子饿病了，许多人都不能爬起来。孔子却不停地诵诗、弹琴、唱歌。子路生气地拜见孔子，对他说："君子难道也有困窘的时候吗？"孔子回答说："君子在困窘的时候能坚守节操，小人在困窘的时候什么事都能做得出来。"

子贡的脸色都变了。孔子说："赐啊，你认为我是学了很多东西而把所学的东西牢牢记在心里的人吗？"子贡回答说："是的。难道不是这样吗？"孔子说："不是这样的。我是把一种道理贯穿于全部的知识当中。"

孔子知道弟子们都有愤恨之心，就把子路叫来问道：《诗经》里说：'既不是犀牛也不是老虎，它却偏偏游荡于旷野之中。'我的道理难道不对吗？为什么我会困守在这里呢？"子路说："想必是我们的仁德还不够吧。所以人家不相信我们。想必是我们的智谋还不够吧？所以人家不让我们通行。"孔子说："有这种事吗？仲由，倘若仁德之人一定能够让别人信任，天下怎么会有伯夷和叔齐呢？倘若智谋之人一定能够畅通无阻，天下怎么会有王子比干呢？"

子路退出，子贡进来拜见老师。孔子说："赐，《诗经》里说：'既不是犀牛也不是老虎，它却偏偏游荡于旷野之中。'我的道理难道不对吗？我为什么会困守在这里呢？"子贡说："老师您的道理太精深博大了，所以天下容不下老师。老师您何不降低迁就一下呢？"孔子说："赐，好的农夫善于播种却不一定能得到好的收成，好的工匠有精巧的手艺却不一定能尽合人意。君子能够修炼自己的道，依照法理治国，统筹治理国家，却不一定能合于当世。现在你不去修炼自己的道，而是降低迁就以苟合人意。赐，你的志向不够远大啊！"

子贡退出之后，颜回进来拜见老师。孔子说："回，《诗经》里说：'既不是犀牛也不是老虎，它却偏偏游荡于旷野之中。'我的道理难道不对吗？为什么我会困守在这里呢？"颜回答道："老师的道理博大到了极点，所以天下无法容得下。尽管如此，老师依旧推广自己的大道，不被容纳又有什么弊病呢？不被容纳，然后才能看到真正的君子！不能提出治理国家的大道，这是我们的耻辱。治国之道已经大大地修成，但是却不被天下的君主采用，这是治国者的耻辱啊！不能被容纳有什么弊病呢？不被容纳才能见到真正的君子啊！"孔子听了之后，欣慰地笑了，说道："是这样的啊，颜家的好子弟！倘若你有很多财富，我一定替你管理！"

于是孔子派子贡到了楚国。楚昭王派兵来迎接孔子，孔子这才免去一场灾祸。

【原文】

昭王将以书社地七百里封孔子①。楚令尹子西曰②："王之使使诸侯有如子贡者乎？"曰："无有。""王之辅相有如颜回者乎？"曰："无有。""王之将帅有如子路者乎？"曰："无有。""王之官尹有如宰予者乎③？"曰："无有。""且楚之祖封于周，号为子男五十里④。今孔丘述三、五之法⑤，明周、召之业⑥，王若用之，则楚安得世世堂堂方数千里乎⑦！夫文王在丰，武王在镐，百里之君卒王天下。今孔丘得据土壤，贤弟子为佐，非楚之福也。"昭王乃止。其秋，楚昭王卒于城父。

楚狂接舆歌而过孔子，曰："凤兮凤兮，何德之衰！往者不可谏兮⑧，来者犹可追也⑨！已而已而，今之从政者殆而！"孔子下，欲与之言。趋而去，弗得与之言。

【注释】

①书社地七百里：有名籍的社，其地方圆七百里。社，古代二十五家设置一社，祭祀社神（即土地神）。因此社也成为一级居民组织单位，一社为二十五家。②令尹：楚国官名，为最高军政长官。③官尹：各部门长官。宰予：鲁国人，孔子弟子，以擅长言语著称，曾任齐国临淄大夫。④子男：为周代诸侯封爵的最末二等。周爵依次共分为公、侯、伯、子、男五等。⑤三、五之法：三皇五帝的法度。⑥周：指周公，名旦，姓姬，亦称"叔旦"，周文王之子，周武王之弟，采邑在周（在今陕西岐山北），因称"周公"。⑦堂堂：广大的样子。⑧往：已往，过去。谏：止，挽救。⑨追：追补，补救。

【译文】

楚昭王打算把七百里的土地封给孔子。楚国的令尹子西说："大王的使臣出使到各国的，有

接舆歌而过孔子

人能比得上子贡吗？"昭王说："没有。"子西又问道："大王您的辅弼之臣有人能比得上颜回吗？"昭王说："没有。"子西又问："大王的将帅有人能比得上子路吗？"昭王说："没有。"子西再问："大王的各部主事的大臣有比得上宰予的吗？"昭王说："没有。"子西说："况且楚国的祖先受封于周朝，封号只是个子男爵，封地仅有五十里。如今孔丘讲述三皇五帝的治国之道，申明周公和召公的德业，大王如果任用他，楚国怎么能够世世代代统辖几千里的国土呢？周文王在丰建都，周武王在镐建都，拥有百里土地的君主最终称霸天下。现在孔丘倘若能占据七百里的土地，用他众多的贤能弟子为辅佐，这不是楚国的福气啊。"昭王便打消了原先的打算。这年秋天，楚昭王在城父去世。

有一天，楚国的隐士接舆唱着歌从孔子身边经过，唱道："凤啊！凤啊！你的德行为什么这么衰微呢！过去的事情不能挽回，但是将来的事情是可以避免的啊！罢了！罢了！现在当政的人都是危险的啊！"孔子从车上下来，想与他一起谈谈。接舆却快步离开了，没能和他谈上话。

【原文】

于是孔子自楚反乎卫。是岁也，孔子年六十三，而鲁哀公六年也①。

其明年，吴与鲁会缯②，征百牢③。太宰嚭召季康子。康子使子贡往，然后得已。

孔子曰："鲁、卫之政，兄弟也④。"是时，卫君辄父不得立，在外，诸侯数以为让。而孔子弟子多仕于卫，卫君欲得孔子为政⑤。子路曰："卫君待子而为政，子将奚先？"孔子曰："必也正名乎⑥！"子路曰："有是哉，子之迂也⑦！何其正也？"孔子曰："野哉由也⑧！夫名不正则言不顺，言不顺则事不成，事不成则礼乐不兴，礼乐不兴则刑罚不中⑨，刑罚不中则民无所错手足矣。夫君子为之必可名，言之必可行。君子于其言，无所苟而已矣。"

【注释】

①鲁哀公：名蒋，鲁定公之子，公元前494年至公元前467年在位。公元前468年被三桓所逼，出奔越，第二年死在越国。②缯（zēng）：鲁国邑名，在今山东苍山西北。③牢：古代祭祀用的牲畜。一牛、一猪、一羊为一牢。④鲁、卫之政，兄弟也：此语有两层意思：一谓鲁、卫是兄弟之国，二谓鲁、卫两国当时的政治状况相似。⑤卫君：指当时在位的卫出公辄。⑥正名：端正名称，整顿名分。⑦迂：迂阔，迂腐。⑧野：粗野，鲁莽。⑨中：正，合适。

【译文】

孔子从楚国返回卫国。这一年，孔子六十三岁了，这年正好是鲁哀公六年。

第二年，吴国和鲁国在缯地会盟，吴国打算向鲁国征集一百套供祭祀用的牲畜。太宰嚭征召季康子。季康子派子贡前去，然后才免除献礼。

孔子说："鲁国和卫国的政事，如同兄弟一般。"这个时候，卫出公辄的父亲不能继承王位，正在外面流亡，诸侯纷纷指责这件事情。而孔子有很多弟子在卫国做官，卫君想请孔子处理卫国的政事。子路说："卫君想请您去处理卫国的政事，老师将首先做什么呢？"孔子说："那我一定要先端正名分！"子路说："有这回事吗？老师太迂阔而不切实际了！名分要如何才能端正呢？"孔子说："你真是太粗鲁了，仲由啊！名分不端正那么说出来的话就不顺当，说出的话不够顺当那么做事就不会成功，做事不成功那么礼乐教化就不能推行，礼乐教化不能推行那么量刑就不会准确，量刑不准确那么民众就会手足无措了。君子做事一定要符合名分，说话一定要切实可行。君子对于自己所说的话，要做到没有丝毫的苟且随便才行啊！"

【原文】

其明年，冉有为季氏将师，与齐战于郎①，克之。季康子曰："子之于军旅，学之乎？性之乎②？"冉有曰："学之于孔子。"季康子曰："孔子何如人哉？"对曰："用之有名；播之百姓，质诸鬼神而无憾③。求之至于此道，虽累千社④，夫子不利也。"康子曰："我欲召之，可乎？"对曰："欲召之，则毋以小人固之，则可矣。"而卫孔文子将攻太叔⑤，问策于仲尼。仲尼辞不知，退而命载而行，曰："鸟能择木⑥，木岂能择鸟乎？"文子固止。会季康子逐公华、公宾、公林，以币迎孔子，孔子归鲁。

孔子之去鲁凡十四岁而反乎鲁。

【注释】

①郎：鲁国邑名，在今山东鱼台东北。②性：天性，天生的本能。③质：询问，对质，对证。憾：遗憾。④千社：二十五家为一社，千社即二万五千家，此指赏赐的封地。⑤孔文子：名圉，卫国大夫。⑥鸟：喻孔子。木：喻诸侯国。

【译文】

第二年，冉有为季氏率领军队，与齐国在郎邑交战，大败齐国。季康子说："你的军事才能，是学来的呢，还是天生就具有的呢？"冉有说："是向孔夫子学的。"季康子问道："孔子究竟是怎样的一个人呢？"冉有回答说："他做事合乎名分，无论是把他摆在老百姓那里，还是对质于鬼神的面前，他都是真诚而毫无遗憾的。我依照老师的这种原则做事，即使把千社这么大的地方给他，他也是不会心动的。"康子说："我想征召孔子来朝做官，可以吗？"冉有回答说："您想征召老师来做官，那么就请不要用小人来阻碍他，这样就可以了。"这个时候，卫国的孔文子正打算攻打太叔，他向孔子询问计策。孔子推说不知道，随后吩咐备车离开，说："飞鸟能够选择树林栖息，树林怎么能选择鸟呢？"文子对他再三挽留。这时正好赶上季康子驱逐了公华、公宾、公林这几个人，又用重礼迎接孔子，孔子回到了鲁国。

孔子在离开十四年后返回鲁国。

整理五经

【原文】

孔子之时，周室微而礼乐废，《诗》、《书》缺。追迹三代之礼①，序《书传》②，上纪唐、虞之际③，下至秦缪，编次其事。曰："夏礼吾能言之，杞不足征也④。殷礼吾能言之，宋不足征也。足，则吾能征之矣。"观殷、夏所损益⑤，曰："后虽百世可知也，以一文一质⑥。周监二代⑦，郁郁乎文哉⑧。吾从周。"故《书传》、《礼记》自孔氏⑨。

孔子语鲁大师⑩："乐其可知也。始作⑪，翕如⑫，纵之，纯如⑬，皦如⑭，绎如也⑮，以成。""吾自卫反鲁，然后乐正⑯，《雅》、《颂》各得其所⑰。"

【注释】

①追迹：追踪，探索。三代：指夏、商、周三代。②序：次第，此指整理编撰。③纪：通"记"，记载。唐、虞：指唐尧、虞舜。④杞：国名，西周初年所封诸侯国，姒姓，始封君东楼公，相传为夏禹的后裔。公元前445年为楚国所灭。征：证验，证明。⑤损益：增减，变动。⑥一文一质：指时代的风气一代崇尚文采，一代崇尚质朴。⑦监：通"鉴"，借鉴，参考。二代：指夏、商二代。⑧郁郁：富有文采的样子。⑨《礼记》：传述解说礼制的著作，其内容体制类似后来汉人编集的《礼记》、《大戴礼记》。⑩大（tài）：通"太"。鲁大师，即鲁太师，鲁国乐官之长。⑪作：奏，演奏。⑫翕（xī）如：盛大的样子。翕，聚合，统一。⑬纯如：和谐的样子。⑭皦如：节奏层次分明的样子。皦，清晰，分明。⑮绎如：连续不断的样子。⑯乐正：指审定乐曲的声律音调。⑰雅：指雅乐，即所谓的正声，是周人京畿地区的曲调声律。

【译文】

　　孔子的时候,周王室势力衰微,礼崩乐坏,《诗》、《书》等经典残缺不全。孔子追溯夏、商、周三代以来的礼制,整理《书传》,上起唐尧、虞舜之间,下到秦缪公之时,依照事类秩序编排这段时期的史事。说:"夏代的礼制,我能说个大概,只是杞国未能留下足够的资料来证实这些制度。殷商的礼制我也能知道个大概,只是宋国没能留下充足的文献来证实。如果这两国保存下足够多的文物或文献,我就能证实这些了。"孔子考察殷商和夏代制度的增损演变情况,说道:"这些制度虽已经历了百世,但是依然能够推知出来,其演变过程大体上是文采与质朴的交互替换。周朝参照夏商两代的制度,它呈现出的文化可谓多姿多彩啊!我遵循周代的礼乐制度。"所以《书传》和《礼记》出自孔子之手。

　　孔子对鲁国的乐官说:"乐理是可以知晓的。刚开始演奏的时候,需要协调五音八声,接着乐音慢慢放开,应当和谐清晰、节奏层次分明且连续不断,这样的话,一首曲子才算完成。""我从卫国返回鲁国,订正了残缺不全的音乐,《雅》、《颂》这些诗也都归到了应有的乐部。"

【原文】

　　古者《诗》三千余篇,及至孔子,去其重,取可施于礼义①,上采契、后稷②,中述殷、周之盛,至幽、厉之缺③,始于衽席④,故曰:"《关雎》之乱以为《风》始⑤,《鹿鸣》为《小雅》始⑥,《文王》为《大雅》始⑦,《清庙》为《颂》始⑧。"三百五篇孔子皆弦歌之,以求合《韶》、《武》、《雅》、《颂》之音。礼乐自此可得而述,以备王道,成六艺⑨。

【注释】

①义:同"仪"。②契(xiè):亦作"偰"、"禼",是商人的始祖,帝喾之子。曾助禹治水有功,被舜任为司徒,掌管教化。③幽:即周幽王,周宣王之子,公元前781年至公元前771年在位。厉:即周厉王,名胡,周夷王之子,西周历史上的暴君。公元前842年,国人发难,他逃奔到彘,于公元前828年死去。④衽席:床席、床笫,寝居之处。衽,床席。⑤《关雎》:《诗经》中《国风》第一篇。⑥《鹿鸣》:《诗经》中《小雅》第一篇。⑦《文王》:《诗经》中《大雅》第一篇。⑧《清庙》:《诗经》中《颂》的第一篇。⑨六艺:即六经,指《礼》、《乐》、《书》、《诗》、《易》、《春秋》。或谓指《周礼·地官·保氏》的礼、乐、射、驭、书、术等六种科目。

【译文】

　　古代流传下来的《诗》有三千多首,到孔子的时候,删掉重复部分,选取可以宣扬礼仪教化的部分,上采契、后稷时的事迹,中述殷、周时的盛世,一直叙述到周幽王和周厉王时政治的缺失,这些诗的开始部分写男女伦常及爱情,所以说:"《关雎》作为《风》的开始,《鹿鸣》作为《小雅》的开始,《文王》作为《大雅》的开始,《清庙》作为《颂》的开始。"三百零五篇诗,孔子都入乐歌唱,以求合乎古代《韶》、《武》、《雅》、《颂》的音律。先王的礼乐制度自此恢复旧观而可以称述,以此来充实王道,并完成"六艺"的编纂。

孔子整理五经

【原文】

孔子晚而喜《易》①，序《彖》、《繫》、《象》、《说卦》、《文言》②。读《易》，韦编三绝③。曰："假我数年④，若是，我于《易》则彬彬矣⑤。"

孔子以诗、书、礼、乐教，弟子盖三千焉，身通六艺者七十有二人。如颜浊邹之徒，颇受业者甚众。

【注释】

①《易》：即《周易》，亦称《易经》，后来被奉为儒家经典之一。②《彖》：即《彖传》，亦称《彖辞》，分为上、下二篇，说明各卦的基本观念，属于解说《易经》的《易传》。③韦：通"纬"，原指织物的横线，此指横向编连简册的绳子。绝：断。④假：与，给与。⑤彬彬：文质兼备的样子，这里有融会贯通之意。

孔子与弟子

【译文】

孔子晚年喜欢《易》，阐述了《彖》、《繫》、《象》、《说卦》、《文言》等篇。孔子读《易》书很勤奋，以至于把编书简的皮绳磨断了三次。孔子说："倘若能给我几年的时间，如果真是这样，我对《易》的研究就能做到文辞义理兼备了。"

孔子以诗、书、礼、乐教授学生，学生大概有三千人，能精通"六艺"的有七十二人。如颜浊邹那样受了孔子很多教诲却不在七十二贤之列的不在少数。

【原文】

孔子以四教①：文、行、忠、信②。绝四：毋意③，毋必④，毋固⑤，毋我⑥。所慎：齐、战、疾⑦。子罕言利与命与仁。不愤不启⑧，举一隅不以三隅反⑨，则弗复也。

【注释】

①四教：四种教学内容。②文：文献典籍。③意：意度，猜测。④必：绝对肯定。⑤固：固执。⑥我：自以为是。⑦齐：通"斋"，斋戒。⑧愤：郁结，愤悱，指渴望求知而不得的心理状态。⑨举一隅而不以三隅反：举出一个角落而不能以此类推其他三个角落，由此衍生出"举一隅不以三隅反"，后又演为成语"举一反三"。反，反推，类推。

【译文】

孔子从四个项目入手教育弟子：学问、行为、忠义、诚信。又有四个禁律：不臆测，不绝对肯定，不固执，不自以为是。应当慎重的是：斋戒、战争、疾病。孔子很少把私利、天命和仁德联系在一起讲述。孔子教授弟子时，如果弟子们不是到了想求明白却实在弄不懂的时候，他是不会启发的；不能做到举一反三的，就不再讲述了。

【原文】

其于乡党，恂恂似不能言者①。其于宗庙朝廷，辩辩言②，唯谨尔。朝，与上大夫言③，訚訚如也④；与下大夫言，侃侃如也⑤。

入公门⑥,鞠躬如也;趋进⑦,翼如也⑧。君召使傧⑨,色勃如也⑩。君命召,不俟驾行矣⑪。

鱼馁⑫,肉败,割不正⑬,不食。席不正,不坐。食于有丧者之侧,未尝饱也。

是日哭,则不歌。见齐衰、瞽者⑭,虽童子必变。

洙泗书院旧称孔子讲堂,在曲阜城东北4公里处,相传孔子自卫返鲁后,曾在此删诗书、定礼乐、整理古籍。

【注释】

①恂恂(xún):谦恭谨慎的样子。②辩辩(pián):善于言谈的样子。③上大夫:即卿。后面的"下大夫"指一般的大夫。④訚訚(yín):和悦而敢于直言的样子。⑤侃侃:和谐快乐的样子。⑥公门:君门,朝门。⑦趋进:快步前进。⑧翼如:恭敬的样子。⑨傧(bīn):接引宾客。⑩勃如:矜持庄重的样子。⑪俟(sì):等待。⑫馁:指鱼类臭烂。⑬割:分割,此指猪、牛、羊牲体的分割。正:古人分割牲体有一定的规定,符合规定的为"正"。⑭瞽(gǔ):瞎眼。

【译文】

孔子在自己的乡里,十分谦恭持重,像是一个不善言谈的人。他在宗庙和朝廷里议事时,却是能言善辩,只不过态度依然是恭谨小心罢了。上朝的时候,与上大夫们谈话,态度中正自然;与下大夫们谈话,则是和乐轻松。

孔子进入国君的宫门时,低头弯腰以示恭敬;进门后快步向前,态度恭谨有礼。国君派他接待宾客,他就容色庄重,以礼相待。国君有命召见他,不等车驾备好,就动身前往。

鱼已经腐烂,肉已经变味,不按一定规矩切割的肉,他都不吃。座位不端正,他也不会坐。在有丧事的人身旁吃饭,从来没有吃饱过。

在某一天哭泣过,终日就不唱歌。看到身着丧服的人和眼盲之人,即便这人是个小孩子,也一定要改变面容表示同情。

【原文】

"三人行,必得我师。""德之不修,学之不讲①,闻义不能徙,不善不能改,是吾忧也。"使人歌,善,则使复之,然后和之。

子不语:怪、力、乱、神②。

⊙文史知识

孔子的饮食观

孔子对饮食问题非常重视,最早提出了饮食美感、饮食卫生、饮食礼仪等重要命题,对中国饮食文化产生了极其深远的影响。

"食不厌精"是孔子饮食观的一个重要观点,所表达的是对食物形式精细化、艺术化的要求,目的是形成以味觉美为基础的食物美感。

孔子重视饮食卫生与健康合理的搭配。他提出节制饮食的思想,要求"欲而不贪"。在先秦时期,肉类属于较为珍贵的食品,而孔子主张"肉虽多,不使胜食气",是说肉虽多,也不能多吃,吃的量不能超过谷物的量。这实际上是讲到了膳食结构和膳食平衡的问题。孔子重视饮食卫生,还表现在他所践行的一些具体饮食原则上,例如,食物放置时间长了或者变味了、鱼和肉腐烂了,不食;食物的颜色变了,不食;食物有异味,不食,等等。

此外,孔子还非常重视饮食礼仪。比如孔子主张虽然是糙米饭和菜汤,也要先祭一祭,要像斋戒时那样虔敬严肃。古时候君主吃饭前,要有人先尝一尝,君主才吃。孔子对国君十分尊重,他在与国君吃饭时,都主动尝一下,表明他对礼的遵从。

子贡曰："夫子之文章，可得闻也。夫子言天道与性命③，弗可得闻也已。"颜渊喟然叹曰："仰之弥高④，钻之弥坚⑤。瞻之在前，忽焉在后。夫子循循然善诱人⑥，博我以文，约我以礼，欲罢不能。既竭我才，如有所立，卓尔。虽欲从之，蔑由也已⑦。"达巷党人曰："大哉孔子，博学而无所成名⑧。"子闻之曰："我何执⑨？执御乎？执射乎？我执御矣。"牢曰："子云：'不试⑩，故艺。'"

【注释】

①讲：讲习，练习。②力：强力，暴力。神：鬼神。③天道：自然规律，此指自然和社会之间吉凶祸福的关系。④弥：更加。⑤钻：穿，此引申为钻研。⑥循循然：有次序的样子。⑦蔑：无，没有。⑧无所成名：没有用以成名的专长。⑨执：做，干。⑩试：用，任用。

【译文】

孔子说："三个人同行，里面一定有人可以做我的老师。""品德不去修行，学业不去研究，听到仁义的事情而不去做，身上的缺点及所犯的错误不能改正，这些都是我所忧虑的事情啊！"假如孔子听别人唱歌，而且那人唱得好，就让他再唱，然后自己跟着唱。

孔子不谈论怪异、暴乱、悖乱和有关鬼神的那些事情。

子贡说："老师文采显著，我们是知道的。老师说天道和性命之间的关系，我们就不知道了。"颜渊长叹一声说："对于老师的学问，我越是仰慕久了，越是觉得它无比崇高！越是钻研探究，越是觉得它坚实浑厚！看着它仿佛是在前面，忽然间又在后面了。老师善于有条理地引导人，用典籍文章充实我的知识，用礼仪道德规范我的言行，让我想停下来都不能做到。即便用尽我的全部才力，看上去好像有所成就，可老师的学问却仍旧高高地耸立在我的面前。虽然想追随他，却总也达不到老师教导的境界啊！"达巷这里的人说："伟大啊孔子！博学多才而不专注一家。"孔子听说之后说："我要专于什么呢？专于驾车？还是专于射箭？我看还是专于驾车好了！"子牢说："老师曾说过：'我不为当世所用，故而才有时间学了许多技艺。'"

【原文】

鲁哀公十四年春，狩大野①。叔孙氏车子鉏商获兽②，以为不祥。仲尼视之，曰："麟也。"取之。曰："河不出图③，雒不出书，吾已矣夫！"颜渊死，孔子曰："天丧予！"及西狩见麟，曰："吾道穷矣！"喟然叹曰："莫知我夫！"子贡曰："何为莫知子？"子曰："不怨天，不尤人④，下学而上达⑤，知我者其天乎！"

文史知识

仁者爱人与有教无类

孔子是伟大的思想家、教育家、哲学家。在伦理上，他认为人性大同，不应区别对待，他的以"仁"为核心的思想体系主要有两层含义：一是提倡真正的、无区别的爱（孔子不是三纲五常伦理的提出者）。所谓"仁者爱人"，讲求的是凡事换位思考，体谅关爱他人，"己所不欲，勿施于人"，"己欲立而立人，己欲达而达人"。二是"克己复礼为仁"，这实在是修身做人的箴言。"克己"，也就是要随时注意约束自己，克服种种不良习性和私心，这其实也正是今天我们常说的"战胜自我"。这里说的"礼"，是指社会生活中实行的各种礼仪规范，孔子强调的，是不符合礼的事就不要去做。

孔子首先提出"有教无类"的教育思想。有教无类就是不分贵族与平民，不分富有与贫困，不分聪慧与笨拙，只要有心向学，都可以入学受教。孔子对自己的教育对象不分等级，不分地域，一视同仁，同等对待。在教育过程中，他采用"因材施教"和启发式的方法，培养学生正确的学习方法和良好的品德修养，循循善诱，诲人不倦。

鲁人伤麟

"不降其志,不辱其身,伯夷、叔齐乎!"谓"柳下惠、少连降志辱身矣⑥"。谓"虞仲、夷逸⑦,隐居放言,行中清,废中权"。"我则异于是,无可无不可"。

【注释】

①大野:即大野泽,又名巨野泽,故址在今山东巨野北。②车:指驾车者。③图:即河图,黄河所出之图。④尤:责怪。⑤下:天下、人间,此指人事。上:上天,此指天道、天命。⑥柳下惠:姓展,名获,字禽,谥惠,食邑于柳下,故称"柳下惠",鲁国大夫,曾任士师。⑦虞仲、夷逸:春秋时隐士。

【译文】

鲁哀公十四年的春天,在大野狩猎。给叔孙氏驾车的鉏商捕获了一只稀罕的怪兽,他认为这是不吉利的事情。仲尼看了看,说:"这是麟啊。"就把它运了回去。孔子说:"黄河上再也看不到神龙负图出现了,洛水中也看不到背上有文字的神龟浮现了,我怕是也没什么希望了!"不久,颜渊死了,孔子说:"是老天要亡我吧!"等他见到曲阜西边捕获的麒麟,说:"我的道啊,看来是到尽头了啊!"于是长叹一声说:"看来是没人能够理解我了!"子贡说:"为什么说没有人能理解您了呢?"孔子回答说:"我不埋怨上天,也不怪罪别人。从下面学人事,从上面通晓天命,能够理解我的只有上天了!"

孔子说:"不使自己的志向降低,不使自己的人格受辱,伯夷和叔齐就是这样的人啊!"又说"柳下惠和少连志向降低了,人格也受辱了"。还说"虞仲和夷逸隐居乡野,放纵直言,行事清高纯洁,免于祸患也能权衡得宜","不过我跟他们不一样,我没有什么是绝对可以的,也没有什么是绝对不可以的"。

【原文】

子曰:"弗乎弗乎,君子病没世而名不称焉。吾道不行矣,吾何以自见于后世哉?"乃因史记作《春秋》,上至隐公,下讫哀公十四年①,十二公②。据鲁③,亲周④,故殷⑤,运之三代⑥。约其文辞而指博⑦。故吴、楚之君自称王,而《春秋》贬之曰"子"⑧;践土之会实召周天子⑨,而《春秋》讳之曰"天王狩于河阳"⑩:推此类以绳当世⑪。贬损之义,后有王者举而开之。《春秋》之义行,则天下乱臣贼子惧焉⑫。

孔子在位听讼⑬,文辞有可与人共者⑭,弗独有也。至于为《春秋》,笔则笔⑮,削则削⑯,子夏之徒不能赞一辞。弟子受《春秋》,孔子曰:"后世知丘者以《春秋》,而罪丘者亦以《春秋》。"

孔子作《春秋》

【注释】

①哀公:即鲁哀公。②十二公:指鲁国春秋时代的十二位国君,即隐公、桓公、庄公、闵公、僖公、文公、宣公、成公、襄公、昭公、定公、哀公。③据鲁:以鲁国为根据。④亲周:以周王室为亲承的前朝。⑤故殷:以殷代为隔朝的故旧。⑥运:通,贯通。三代:指鲁、周、殷。或谓夏、商、周。⑦指:通"旨",旨意。⑧贬:贬抑,降低。⑨践土:郑国地名,在今河南原阳西南。践土之会,公元前632年晋文公在践土与诸侯会盟,名义上在此朝见周襄王,实际上是晋文公召来周襄王,藉此来确定自己的霸主地位。⑩天王:周天子,即周襄王。河阳:晋国邑名,在今河南孟州市西。⑪绳:绳正,纠正。⑫乱臣贼子:指犯上作乱的大臣、子弟。《孟子·滕文公下》:"孔子成《春秋》而乱臣贼子惧。"⑬在位:指孔子在鲁司寇之位。听:听理,审理。讼:打官司。⑭文辞:此指判词。⑮笔:用笔书写。⑯削:古时以竹木为书写材料,删改时用刀先刮去竹木上的字,所以称作"削"。

【译文】

孔子说:"不成啊,不成!君子最担心的就是死了之后没能留下好的名声。我的道不行了,我用什么做出点贡献留给后世呢?"便根据鲁国的历史记载作了一部《春秋》,《春秋》的年限上起鲁隐公,下讫鲁哀公十四年,前后一共十二位君主。这部书以鲁国记载的历史为依据,以周王室为正统,还参考殷商时的旧制度,上推继三代的法统。文辞简约而意旨广博。所以吴国和楚国的君主虽然自称为王,但是《春秋》却贬低他们为"子";践土之会实际上是晋侯征召周天子,而《春秋》却避讳说是"周天子去河阳狩猎"。举出这类的事例以矫正当世不合礼法的行为。这种贬损的大义,后代的英明君主进行推广倡导。《春秋》的大义通行天下,那么乱臣贼子都会感到惧怕。

孔子做官的时候处理诉讼案件,文辞上若是有需要和别人商量的,他是不会擅自决断的。至于他写《春秋》,那是该写的时候就写,该删的时候就删,像子夏这些擅长文学的学生,连一个字都不能增删。学生们接受了《春秋》这部书,孔子说:"后世了解我孔丘的,是凭着这部《春秋》;后世认为我孔丘有过失的,也是凭着这部《春秋》。"

⊙文史知识

坐怀不乱

《荀子·大略》中讲述了一个生动感人的故事,故事的主人公就是展禽(即柳下惠)。有一次展禽到外地办事,耽搁了出城时间,此时,客店也已住满了客人,他只好到城门下夜宿。

不久,一位年轻貌美的女子也来到城门下夜宿。展禽见那女子衣服单薄,冻得瑟瑟发抖。展禽恐怕那女子冻死,就用自己的棉衣把她裹在怀里,一直到天亮,丝毫没有淫乱行为。此后,人们就用"坐怀不乱"来形容男子在两性道德方面情操高尚,作风正派。

陈涉世家

【导读】

陈涉出身寒微，贾谊说他是"瓮牖绳枢之子，氓隶之人"，但是他敢于向秦朝的严酷统治率先发难，起义后虽然只做了六个月的王，却为天下亡秦的大业揭开了序幕。所以司马迁评价说："陈胜虽已死，其所置遣侯王将相卒亡秦，由涉首事也。"司马迁看重陈涉的功业，不以成败论英雄，故而将他的事迹列入世家之中。

○ 密 议 ○

【原文】

陈胜者，阳城人也①，字涉。吴广者，阳夏人也②，字叔。陈涉少时，尝与人佣耕③，辍耕之垄上④，怅恨久之⑤，曰："苟富贵⑥，无相忘⑦。"庸者笑而应曰："若为庸耕⑧，何富贵也？"陈涉太息曰⑨："嗟乎，燕雀安知鸿鹄之志哉！"

【注释】

①阳城：县名，治所在今河南登封东南。②阳夏（jiǎ）：县名，治所在今河南太康。③尝：曾经。佣：受雇佣，指受人钱而为别人干活。④辍：停止。之：往，到。垄：田垄，田埂。⑤怅：失意，惆怅。⑥苟：倘若。⑦无：通"毋"，不要。⑧若：你。庸：通"佣"。⑨太息：大声叹气。

【译文】

陈胜，阳城人，字涉。吴广，阳夏人，字叔。陈涉年少的时候，曾经和别人一起被雇佣耕地，有一次他停止耕作到田埂上休息，心里怨愤惆怅了很久，说："如果以后富贵了，彼此不要相互忘记啊！"受雇佣的同伴在旁笑着应答说："你被雇佣耕田，怎么能富贵呢？"陈涉长叹一声说："唉！燕雀这种小鸟怎么能知道鸿鹄的远大志向呢！"

【原文】

二世元年七月①，发闾左適戍渔阳②，九百人屯大泽乡③。陈胜、吴广皆次当行④，为屯长⑤。会天大雨，道不通，度已失期⑥。失期，法皆斩。陈胜、吴广乃谋曰："今亡亦死，举大计亦死，等死，死国可乎⑦！"陈胜曰："天下苦秦久矣⑧。吾闻二世少子也，不当立，当立者乃公子扶苏⑨。扶苏以数谏故，上使外将兵。今或闻无罪，二世杀之。百姓多闻其贤，未知其死也。项燕为楚将⑩，数有功，爱士卒，楚人怜之。或以为死，或以为亡。今诚以吾众诈自称公子扶苏、项燕⑪，为天下唱⑫，宜多应者。"吴广以为然。乃行卜。卜者知其指意⑬，曰："足下事皆成⑭，有功。然足下卜之鬼乎⑮！"陈胜、吴广喜，念鬼，曰："此教我先威众耳。"乃丹书帛曰"陈胜王"⑯，置人所罾鱼腹中⑰。卒买鱼烹食，得鱼腹中书，固以怪之矣⑱。又间令吴广之次所旁丛祠中⑲，夜篝火，狐鸣呼曰"大楚兴，陈胜王"。卒皆夜惊恐。旦日，卒中往往语⑳，皆指目陈胜㉑。

【注释】

① 二世：指秦二世，名胡亥，秦始皇的小儿子，他通过陷害扶苏登上帝位，后被赵高杀死。② 发：征发。闾左：里巷的左边，这里指居住在里巷左边的平民。適：通"谪"，因罪而被责罚。戍：戍守。渔阳：秦郡名，治所在今北京密云西南。当时为秦北方边郡之一。③ 屯：屯驻。大泽乡：时属泗水郡蕲县，在今安徽宿县附近。④ 次：次第，次序。⑤ 屯：戍卒编制单位，五人为一屯。或谓五十人为一屯。⑥ 度（duó）：忖度，估计。⑦ 死国：死于国事。⑧ 苦：用作动词，指遭受苦难。⑨ 公子扶苏：秦始皇长子。公元前212年因进谏而激怒始皇，被派往北边上郡任蒙恬的监军。公元前210年，秦始皇在巡视途中得重病，下玺书召扶苏回京治丧，不久即病死。赵高勾结李斯、胡亥乘机扣压玺书，另造诏书，逼扶苏自杀。⑩ 项燕：楚国将领，项羽祖父，公元前223年在与秦作战中兵败身死。⑪ 诚：果真，如果。诈：假装。⑫ 唱：通"倡"，倡导，号召。⑬ 指：通"旨"。⑭ 足下：对人的敬称。⑮ 鬼：指鬼神。⑯ 丹：朱砂。⑰ 罾：一种捕鱼工具，俗称"板罾"。此用作动词，指用罾捕获。⑱ 以：通"已"，已经。⑲ 间：暗中。次所：即住所。丛祠：丛社神祠。⑳ 往往：处处，纷纷。㉑ 指目：手指目视。

【译文】

　　秦二世元年七月，朝廷征调住在里巷左侧的平民去戍守渔阳，其中有九百人在行进过程中驻屯在大泽乡。陈胜、吴广都被编入这次征调的行列当中，还当了屯长。这时正好赶上天下大雨，道路中断不能通行，他们估量会延误期限。延误期限，依照法令是要被斩头的。于是陈胜、吴广商量说："现在逃亡也是死，起义做一番大事也是死，同样都是死，那么咱们死于国事好吗？"陈胜说："天下人受苦于秦朝的暴政已经很久了。我听说二世是始皇帝的小儿子，不应该由他继位做皇帝，继位的应当是公子扶苏。扶苏因为多次进谏的缘故，始皇帝派他到外边领兵驻守，如今有人听说他没有犯罪，而二世却把他杀掉了。老百姓都听说扶苏十分贤明，还不知道他已经死了。项燕是楚国的将军，多次立下战功，爱护士卒，楚人十分爱戴他。有的人认为他已经死了，有的人认为他逃走躲避起来了。现在如果我们假装是公子扶苏和项燕的队伍，向天下作个号召，应该会有很多人响应。"吴广觉得很有道理。便去卜卦。卜卦的人明白他们的意图，说："你们的大事能够成功，能建立大的功业。然而你们还应当向鬼神问卜啊！"陈胜、吴广听了之后很高兴，就想到问鬼的事情，说："这是教我们（借助鬼神）先在众人面前取得威望啊！"于是，他们用朱砂在帛上写上"陈胜王"三个字，把它放到别人网到的鱼的肚子里。戍卒买来鱼准备烹熟了吃，得到鱼肚子里的帛书，就觉得奇怪。陈胜又暗中让吴广到营地附近树林里的神祠中，夜里点起篝火，模仿狐狸的嗥叫声喊"大楚兴，陈胜王"。戍卒们都在夜里惊恐难安。第二天，戍卒中间纷纷议论这件奇怪的事情，都指指点点看着陈胜。

举　事

【原文】

　　吴广素爱人，士卒多为用者①。将尉醉②，广故数言欲亡，忿恚尉③，令辱之，以激怒其众。尉果笞广④。尉剑挺⑤，广起，夺而杀尉。陈胜佐之，并杀两尉。召令徒属曰："公等遇雨，皆已失期，失期当斩。藉弟令毋斩⑥，而戍死者固十六七。且壮士不死即已⑦，死即举大名耳，王侯将相宁有种乎！"徒属皆曰："敬受命。"乃诈称公子扶苏、项燕，从民欲也。袒右⑧，称大楚。为坛而盟⑨，祭以尉首。陈胜自立为将军，吴广为都尉。攻大泽乡，收而攻蕲⑩。蕲下，乃令符离人葛婴将兵徇蕲以东⑪。攻铚、酂、苦、柘、谯皆下之⑫。行收兵⑬。比至陈⑭，车六七百乘，骑千余，卒数万人。攻陈，陈守令皆不在，独守丞与战谯门中⑮。弗胜，守丞死，乃入据陈。数日，号令召三老、豪杰与皆来会计事⑯。三老、豪杰皆曰："将军身被坚执锐⑰，伐无道，诛暴秦，复立楚国之社稷，功宜为王。"陈涉乃立为王，号为张楚⑱。

【注释】

①为用者：为吴广所用的。②将尉：统领戍卒的武官。③忿恚尉：使将尉愤怒，即激怒将尉。恚，愤怒。④笞：用竹条、木板或皮鞭抽打。⑤挺：拔，举。⑥藉（jiè）：通"借"，假使。弟：通"第"，但，只。⑦即：通"则"。下句"即"字同。⑧袒右：袒露右臂。⑨坛：土筑的高台。⑩蕲（qí）：县名，治所在今安徽宿县东北。⑪符离：县名，治所在今安徽宿县东北。徇：攻取。⑫铚（zhì）：县名，治所在今安徽省宿县西南。酂（cuó）：县名，治所在今河南永城西。苦：县名，治所在今河南鹿邑东。柘（zhè）：县名，治所在今河南柘城西北。谯（qiáo）：县名，治所在今安徽亳（bó）县。⑬行收兵：指在行军途中招收兵马。⑭比：等到。陈：县名，治所在今河南淮阳。⑮守丞：即郡丞，郡守的副手。当郡守不在时，代行其职。⑯三老：掌管教化的乡官，一般由德高望重的老人担任。豪杰：地方上有名望权势的人。⑰被坚执锐：身披坚固的铠甲，手持锐利的武器。此指全副武装参加战斗。被（pī）：通"披"。⑱张楚：意为张大楚国。

【译文】

吴广向来爱护别人，戍卒们多愿听他的使唤。押送戍卒的将尉喝醉了，吴广故意多次扬言要逃走，想借此激怒将尉，让他当着众人的面侮辱自己，以此激起众人的愤怒。将尉果然拿着鞭子抽打吴广。正当将尉拔剑的时候，吴广站起来，把剑夺走杀了将尉，陈胜从旁协助，一起把这两个将尉杀掉了，随即号召手下的戍卒说："现在你们遇上大雨，都已经延误了期限，延误期限依律是要斩头的。就算不被斩杀，戍守而死的人本来就有十之六七。况且大丈夫不死就罢了，要死就得留下名声，王侯将相难道就是天生的吗？"戍卒们齐声高呼："一切听凭差遣！"于是假冒扶苏和项燕的队伍举事，这是为了顺应民意。戍卒们都露出右臂，号称大楚。他们还修筑高坛进行宣誓，用将尉的脑袋祭告天地。陈胜自立为将军，吴广为都尉。先是进攻大泽乡，攻下之后随即攻打蕲县，蕲县攻下之后，就命令符离人葛婴攻打铚、酂、苦、柘、谯等地，全都攻了下来。他们在行进中不断扩充人马。等到了陈地的时候，已经有车六七百辆，骑兵千余人，步兵数万人。攻打陈县的时候，陈县的郡守和县令都不在，唯有守丞在谯门迎战，抵挡不住，守丞战死了，就攻下了陈县。几天之后，义军号令召集县中的三老和乡绅都来集会议事。三老和豪绅都说："将军身披铠甲，手执利器，讨伐无道，诛杀暴秦，又恢复了楚国的江山，论功应当称王。"陈涉于是自立为王，国号"张楚"（意思是张大楚国）。

大泽乡起义

> ⊙ 文史知识
>
> ### 陈涉起义失败
>
> 陈胜、吴广举事之后，起义军很快攻下蕲县，接着又西击荥阳。吴广围困荥阳，却久攻不下，陈胜另派周文西击秦朝腹地。周文的军队进攻函谷关时，被秦将章邯击败，周文自杀。此时，围攻荥阳的起义军将领田臧因与吴广意见不合，竟假借陈胜之命杀死吴广。章邯趁机解除了起义军对荥阳的包围，倾全力进攻陈胜。秦二世二年十二月，陈胜退至下城父（今安徽蒙城西北），被叛徒庄贾杀害。

外戚世家

【导读】

《外戚世家》记述汉高祖至武帝时期后妃及亲族的事迹。朝廷的命运常常跟外戚的好坏密切相关。后妃受到宠幸,她的父母兄弟也会青云直上,这些皇亲国戚往往就成为左右朝廷大事的重要力量。汉高祖死后,诸吕擅权,几乎断送了刘氏的江山。所以,当窦皇后的两位兄弟获封侯爵之后,丞相周勃与灌婴担心窦氏兄弟"又复效吕氏大事",故而为他们选择良师进行教导。司马迁写《外戚世家》的主旨,就是希望外戚能为朝廷作出贡献,而不要成为扰乱朝政的势力。

◎窦太后◎

【原文】

窦太后,赵之清河观津人也①。吕太后时,窦姬以良家子入宫侍太后②。太后出宫人以赐诸王,各五人,窦姬与在行中③。窦姬家在清河,欲如赵近家,请其主遣宦者吏④:"必置我籍赵之伍中。"宦者忘之,误置其籍代伍中。籍奏,诏可,当行。窦姬涕泣,怨其宦者,不欲往,相强⑤,乃肯行。至代,代王独幸窦姬,生女嫖,后生两男。而代王王后生四男。先代王未立为帝而王后卒。及代王立为帝,而王后所生四男更病死。孝文帝立数月,公卿请立太子,而窦姬长男最长,立为太子。立窦姬为皇后,女嫖为长公主⑥。其明年,立少子武为代王,已而又徙梁,是为梁孝王⑦。

【注释】

①清河:汉郡名,治所在清阳(今河北清河东南)。其地战国时属赵,所以说"赵之清河"。观津:县名,属清河郡,治所在今河北武邑东南。②良家子:清白人家的子女。③与(yù):意指列入。④主遣宦者吏:指由宦官担任的负责遣发宫人的官吏。⑤强(qiǎng):强迫,强制。⑥女嫖为长公主:刘嫖封号为馆陶公主。汉制皇帝的女儿称公主,皇帝的姐妹称长公主。刘嫖为长公主,当是文帝死后之事。⑦梁孝王:名武,初封代王,后徙封淮阳王。文帝十二年(公元前168年),又徙封梁王。

【译文】

窦太后,赵国清河观津人。吕太后时,窦姬以良家女子的身份入宫侍奉太后。太后遣送宫女出宫赏赐给诸王,每王各有五个,窦姬就在这些宫女之中。窦姬家在清河,想去赵国以靠近老家,请求遣送她们出宫的宦官说:"请务必把我的名册放到赵国的宫女队伍之中。"宦官把这件事情忘了,误把她的名册放到代国的宫女队伍之中了。名册呈奏上去,下诏批准,应当启程动身了。窦姬哭泣,埋怨宦官,不想前往代国,宦官强制她去,她这才肯走。

窦太后选入宫中

> ⊙ **文史知识**
>
> **汉代妃嫔制度**
>
> 汉兴，因秦之称号，帝母称皇太后，祖母称太皇太后，嫡称皇后，妾皆称夫人。又有美人、良人、八子、七子、长使、少使之号焉。至武帝制婕妤、娙娥、容华、充衣，各有爵位，而元帝加昭仪之号，凡十四等云。昭仪位视丞相，爵比诸侯王。婕妤视上卿，比列侯。娙娥视中二千石，比关内侯。容华视真二千石，比大上造。美人视二千石，比少上造。八子视千石，比中更。充衣视千石，比左更。七子视八百石，比右庶长。良人视八百石，比左庶长。长使视六百石，比五大夫。少使视四百石，比公乘。五官视三百石。顺常视二百石。无涓、共和、娱灵、保林、良使、夜者皆视百石。上家人子、中家人子视有秩斗食云。五官以下，葬司马门外。
>
> ——《汉书·外戚上》

到了代国，代王唯独宠幸窦姬，生了一个女儿名叫嫖，后来又生了两个儿子。而代王的王后生了四个男孩。在代王还没被立为皇帝的时候，王后就死了。到了代王被立为皇帝之后，王后所生的四个男孩相继病死。孝文帝即位后几个月，公卿大臣请求皇帝册立太子，而窦姬的长子年纪最大，被立为太子。立窦姬为皇后，女儿嫖为长公主。第二年，立小儿子武为代王，接着又迁徙到梁国，就是梁孝王。

【原文】

窦皇后亲蚤卒①，葬观津。于是薄太后乃诏有司②，追尊窦后父为安成侯③，母曰安成夫人。令清河置园邑二百家，长丞奉守，比灵文园法。

窦皇后兄窦长君，弟曰窦广国，字少君。少君年四五岁时，家贫，为人所略卖④，其家不知其处。传十余家，至宜阳⑤，为其主入山作炭，暮卧岸下百余人，岸崩，尽压杀卧者，少君独得脱，不死。自卜数日当为侯⑥，从其家之长安。闻窦皇后新立，家在观津，姓窦氏。广国去时虽小，识其县名及姓⑦，又常与其姊采桑堕⑧，用为符信，上书自陈。窦皇后言之于文帝，召见，问之，具言其故，果是。又复问他何以为验。对曰："姊去我西时，与我决于传舍中⑨，丐沐沐我⑩，请食饭我⑪，乃去。"于是窦后持之而泣，泣涕交横下。侍御左右皆伏地泣，助皇后悲哀。乃厚赐田宅金钱，封公昆弟⑫，家于长安。

【注释】

①亲：指父母。蚤：通"早"。②有司：即指有关主管部门的官员。古代设官分职，官吏各有专司，所以称"有司"。③安成：汉县名，属汝南郡，故治在今河南正阳东北。④略：通"掠"。⑤宜阳：汉县名，属弘农郡，故治在今河南宜阳西。⑥卜：占卜。数：术数，谓命相之类。⑦识（zhì）：记得，记住。⑧常：通"尝"，曾经。⑨传舍：驿馆，供出差官吏食宿的处所。⑩丐沐沐我：前"沐"字为名词，指洗米水，用以洗发，可去油腻。后"沐"字为动词，指洗发。⑪饭：用作动词，指用食物喂养人。⑫公昆弟：同祖兄弟，包括亲兄弟和堂兄弟。

【译文】

窦皇后的双亲早死，埋葬在观津。薄太后就诏令有关的官员，追尊窦皇后的父亲为安成侯，母亲为安成夫人。命令在清河设置园邑二百家，派长丞守护，与灵文园的规格相同。

窦皇后的兄长是窦长君，弟弟名叫窦广国，字少君。少君四五岁的时候，家境贫寒，被人抢走出卖，他（年纪太小）不知道自己的家在何处。被转卖了十多家，卖到了宜阳，替他的主人到山中烧炭，晚上睡在山崖下的有一百多人，悬崖崩塌，把睡在下面的人都压死了，唯独少君侥幸逃脱，没有死。他为自己占卜，占卜的结果是过几天他会被封为侯，便从主人家逃到长安。听说刚刚立了个窦皇后，老家是观津的，姓窦。广国离家的时候年纪虽小，但还记得家乡的县名和自己的姓氏，又曾经与姐姐一起去采桑叶，从树上摔了下来，他以此作为凭证上书给皇后。窦皇后把这事告诉了文帝，于是召见广国，还询问他，广国——说明了自己的情况，证明果然是皇后的弟弟。后来又问他怎么可以验证他的身份。他回答说："姐姐离开我西去的时候，与我在驿馆诀别，曾要了一些洗米水为我洗头，又要了饭给我吃，这才离去。"于是窦皇后抱着他痛哭起来，鼻涕眼泪纵横而下。左右的侍者都伏地哭泣，更增加了姐弟相见时的哀伤气氛。朝廷赏赐给广国好多田宅和金钱，还分封皇后的同族兄弟，举家迁到长安。

【原文】

绛侯、灌将军等曰①："吾属不死，命乃且县此两人②。两人所出微，不可不为择师傅宾客，又复效吕氏大事也。"于是乃选长者士之有节行者与居③。窦长君、少君由此为退让君子，不敢以尊贵骄人。

【注释】

①绛侯：即周勃，沛（今江苏沛县）人，秦末随刘邦起兵，转战四方，多立功勋，被封为绛侯。惠帝六年（公元前189年）为太尉，吕后死后与陈平等定策诛诸吕，迎立文帝。文帝初年曾任丞相，死于文帝十一年（公元前169年）。②县："悬"的古字，悬系，掌握。③居：居住，相处。

【译文】

绛侯和灌将军等人说："我们这些人（在吕后擅权的时候）没有死，命运却掌握在这两个人的手里。这两个人出身寒微，不能不给他们选择良师宾客，不然又会效法吕氏闹出大事了。"于是选择年长的士人中品行高尚的与他们相处。窦长君、窦少君由此变成了谦虚逊让的君子，不敢凭借尊贵的地位在旁人面前骄横无礼。

○卫皇后○

【原文】

卫皇后字子夫，生微矣。盖其家号曰卫氏，出平阳侯邑①。子夫为平阳主讴者②。武帝初即位，数岁无子。平阳主求诸良家子女十余人，饰置家。武帝祓霸上还③，因过平阳主。主见所侍美人④，上弗说⑤。既饮，讴者进，上望见，独说卫子夫。是日，武帝起更衣，子夫侍尚衣轩中⑥，得幸。上还坐，欢甚，赐平阳主金千斤⑦。主因奏子夫奉送入宫⑧。子夫上车，平阳主拊其背曰⑨："行矣，强饭⑩，勉之！即贵，无相忘。"入宫岁余，竟不复幸。武帝择宫人不中用者，斥出归之⑪。卫子夫得见，涕泣请出。上怜之，复幸，遂有身，尊宠日隆。召其兄卫长君、弟青为侍中⑫。而子夫后大幸，有宠，凡生三女一男⑬。男名据。

【注释】

①平阳侯：汉初曹参初封平阳侯，其曾孙曹时袭爵，曹时即平阳公主的丈夫。②讴者：歌伎。③祓（fú）：古代有在三月上巳（上旬巳日）去水滨洗濯宿垢以消灾祈福的习俗，称为"祓禊（xì）"或"祓除"，也简称为"祓"。霸上：地名，在长安东郊霸水西岸。④见（xiàn）：引见。⑤说：通"悦"。⑥轩：车。皇帝出行，有车载衣服随行，称"尚衣轩"。⑦斤：汉制一斤约合现在的二百五十八克。⑧奉送：恭恭敬敬地进献。⑨拊：轻轻地拍击。⑩强饭：意指努力加餐。⑪斥：弃逐。⑫卫长君：原名长子，长君是他在卫子夫入宫邀宠后改称的名字。弟青：卫青，字仲卿，卫子夫同母弟。卫青因卫子夫的关系得到武帝重用，后官至车骑将军、大将军，击匈奴有功，封长平侯。侍中：可侍从皇帝左右、出入宫禁的近臣。⑬三女一男：卫子夫所生三女，后封诸邑公主、石邑公主、当利公主。卫子夫所生一男为武帝长子刘据。

【译文】

卫皇后字子夫,出身寒微。她的家号为卫氏,出身于平阳侯的封地。子夫原先是平阳公主的歌女。武帝刚即位的时候,好几年没有儿子。平阳公主挑选良家女子十几个人,打扮好安置在家中。武帝从霸上祭祀回来,顺便看望一下平阳公主。公主进献的用以侍奉的美人,皇上都不喜欢。饮酒完毕后,歌女进来,皇上看了看,只喜欢卫子夫。这一天,武帝起身换衣服,卫子夫在更衣室中侍奉,得到皇上宠幸。皇上坐回原位,十分高兴,赏赐给平阳公主黄金千斤。平阳公主于是奏请送卫子夫入宫。子夫上车入宫的时候,平阳公主抚着她的后背说:"去吧,多吃饭,勤勉励,倘若富贵了,不要忘了我!"可是入宫一年多,竟然不再得到宠幸。武帝选出宫人之中不中用的遣送回家。卫子夫见到皇上,哭哭啼啼地请求出宫。皇上怜惜她,再次宠幸她,于是有了身孕,得到皇上的恩宠一日胜似一日。皇上任命她的兄长长君、弟弟卫青为侍中。而卫子夫后来极为受宠,生了三个女儿一个男孩。男孩名叫刘据。

【原文】

初,上为太子时,娶长公主女为妃。立为帝,妃立为皇后,姓陈氏,无子。上之得为嗣①,大长公主有力焉②,以故陈皇后骄贵。闻卫子夫大幸,恚,几死者数矣。上愈怒。陈皇后挟妇人媚道,其事颇觉,于是废陈皇后,而立卫子夫为皇后。

陈皇后母大长公主,景帝姊也,数让武帝姊平阳公主曰:"帝非我不得立,已而弃捐吾女,壹何不自喜而倍本乎!"平阳公主曰:"用无子故废耳。"陈皇后求子,与医钱凡九千万,然竟无子。

【注释】

①嗣:指皇位继承人。②大长公主:皇帝姑母的称号。景帝姊长公主嫖在武帝时被尊为大长公主,即陈皇后的母亲。

【译文】

当初,皇上为太子的时候,娶了长公主的女儿为太子妃。做了皇帝之后,太子妃被立为皇后,姓陈,没有生子。皇上之所以能够继承皇位,大长公主出了不少力,所以陈皇后十分骄纵。她听说卫子夫受宠,很愤怒,有好几次差点都要气死了。皇上更为生气。陈皇后要挟妇人使用邪媚的道术陷害(子夫),结果被察觉,于是皇上废了陈皇后,改立卫子夫为皇后。

陈皇后的母亲大长公主是景帝的姐姐,多次责备武帝的姐姐平阳公主说:"皇上要不是倚仗我就不能即位,即位后就抛弃我的女儿,这是何等的不自爱和忘本啊!"平阳公主说:"是因为没有生子而被废的。"陈皇后为了求子,花的医药费一共有九千万之多,但是终究没有儿子。

【原文】

卫子夫已立为皇后,先是卫长君死,乃以卫青为将军,击胡有功①,封为长平侯②。青三子在襁褓中③,皆封为列侯④。及卫皇后所谓姊卫少儿⑤,少儿生子霍去病⑥,以军功封冠军侯⑦,号骠骑将军⑧。青号大将军⑨。立卫皇后子据为太子。卫氏枝属以军功起家⑩,五人为侯⑪。

卫子夫受宠

卫子夫立为皇后，后弟卫青字仲卿，以大将军封为长平侯。四子，长子伉为侯世子⑫，侯世子常侍中，贵幸。其三弟皆封为侯，各千三百户，一曰阴安侯⑬，二曰发干侯⑭，三曰宜春侯⑮，贵震天下。天下歌之曰："生男无喜，生女无怒，独不见卫子夫霸天下！"

【注释】

①胡：古代通称北方边地及西域的少数民族为"胡"，这里专指匈奴。②长平：汉县名，属汝南郡，故治在今河南西华东北。③在襁褓中：指年纪幼小。襁褓，用来背负小儿的背带和布兜。④列侯：秦朝有爵位二十等，彻侯位最尊。汉朝为了避武帝讳改称通侯，又称列侯。⑤卫少儿：卫媪有三个女儿，从长到幼依次是君孺、少儿、子夫。⑥霍去病：武帝时名将，击匈奴有功，于元狩六年（公元前117年）去世。⑦冠军：意指战功为诸军之冠。霍去病封冠军侯，当时在南阳郡置冠军县作为他的封地。冠军县故治在今河南邓州市西北。⑧骠骑将军：将军名号，秩禄万石，同大将军。武帝元狩二年（前121）始设，以授霍去病。骠（piào），有骁勇之意。⑨大将军：西汉最高军职，秩禄万石。⑩枝属：宗族亲戚。⑪五人为侯：谓卫青、霍去病及卫青三子。⑫伉：卫伉。据《卫将军骠骑列传》及《建元以来侯者年表》，卫伉初封宜春侯，又为长平侯世子。⑬阴安：汉县名，属魏郡，故治在今河南清丰北。⑭发干侯：名登。发干：汉县名，属东郡，故治在今山东冠县东。⑮宜春侯：即卫伉。宜春：汉县名，属汝南郡，故治在今河南汝南西南。

上林苑是汉武帝刘彻于建元二年（公元前138年）在秦代的一个旧苑址上扩建而成的宫苑，规模宏伟，宫室众多，有多种功能和游乐内容。

【译文】

卫子夫被立为皇后，在此之前卫长君死了，于是任命卫青为将军。卫青抗击匈奴立有战功，被封为长平侯。卫青的三个儿子当时在襁褓之中，都被封为列侯。至于卫子夫所说的姐姐卫少儿，卫少儿生了个儿子名叫霍去病，凭借军功被封为冠军侯，号为骠骑将军。卫青号为大将军。立卫皇后的儿子刘据为太子。卫氏家族依靠军功起家，有五个人被封为侯。

卫子夫立为皇后之后，她的弟弟卫青字仲卿，以大将军的身份被封为长平侯。卫青有四个儿子，长子卫伉为继承爵位的世子，曾任皇帝侍从官侍中，尊贵受宠。卫伉的三个弟弟都被封侯，每人赏赐封地一千三百户，一个叫阴安侯，一个叫发干（阴平）侯，一个叫宜春侯，他们的富贵震动天下。当时流传这样一首歌谣："生儿不必高兴，生女不必怨怒，难道没有看到卫子夫雄霸天下吗！"

> **⊙文史知识**
>
> **金屋藏娇**
>
> 汉武帝幼时，他的姑姑馆陶长公主想把自己的女儿阿娇许配给他，便半开玩笑地去征求他的意见，童稚的刘彻当场答曰："好！若得阿娇作妇，当作金屋贮之也。"长公主大悦，遂力劝景帝促成这桩婚事。这就是"金屋藏娇"一词的来历。小刘彻这次极到位的回答使他从此赢得了长公主强有力的政治支持。
>
> 但可怜的阿娇并没有等来刘彻许诺给她的"金屋"，贵为皇后的她却根本无法让刘彻把注意力放在自己身上。元光五年（公元前130年），汉武帝使有司赐皇后书，以"惑于巫祝"为由夺其玺绶。一场以阿娇终身幸福为筹码的赌博式的政治婚姻结束了。几年后，阿娇郁郁而终。

萧相国世家

【导读】

　　本篇通过描写萧何辅佐刘邦灭秦以及在楚汉之争中留守关中、稳定后方的事迹，表现出他的深谋远虑与卓越才能。

　　同时，司马迁写萧何举荐韩信，后来又合谋杀害韩信的故事，表现出萧何复杂矛盾的性格，使萧何的形象更加立体化。

◎辅助高祖夺天下◎

【原文】

　　萧相国何者，沛丰人也。以文无害为沛主吏掾①。

　　高祖为布衣时，何数以吏事护高祖。高祖为亭长，常左右之②。高祖以吏繇咸阳③，吏皆送奉钱三，何独以五。

　　秦御史监郡者与从事④，常辨之⑤。何乃给泗水卒史事，第一。秦御史欲入言征何⑥，何固请⑦，得毋行。

【注释】

①无害：无比，无人能胜。②左右：帮助。③繇：通"徭"，劳役。这里指服劳役。④监郡：监督、检查郡的工作。⑤辨：辨别。这里指办事有条理，对各种事项分辨得非常清楚。⑥征：征召。⑦请：这里是辞谢的意思。

【译文】

　　萧相国萧何，沛县丰邑人。他由于通晓法律，无人能比，所以做了沛县的主吏掾。

　　汉高祖刘邦还是平民的时候，萧何屡次借着官吏的职权保护他。刘邦当了亭长，萧何也常常帮助他。刘邦以官吏的身份去咸阳服役，官员们都奉送他三百钱，唯独萧何送他五百钱。

　　秦朝的御史到泗水郡督查郡政时，萧何跟着他的属官办理公务，经常把事情办得有条有理。于是萧何被委任为泗水郡卒史，公务考核中名列第一。秦朝的御史打算入朝进言征调萧何，萧何坚决辞谢，才得以获准不被调走。

【原文】

　　及高祖起为沛公，何常为丞督事。沛公至咸阳，诸将皆争走金帛财物之府分之，何独先入收秦丞相御史律令图书藏之。沛公为汉王，以何为丞相。项王与诸侯屠烧咸阳而去。汉王所以具知天下阨塞①、户口多少、强弱之处、民所疾苦者，以何具得秦图书也。何进言韩信，汉王以信为大将军。语在《淮阴侯》事中。

【注释】

①阨（è）塞：险要之地。

【译文】

等到刘邦起兵做了沛公，萧何常做他的辅佐官。沛公到了咸阳，将领们都争着奔向储藏金帛财物的府库分取财物，唯独萧何先进去收取秦朝丞相和御史大夫保管的法律诏令以及各种图书文献，并珍藏起来。沛公做了汉王，任命萧何为丞相。项羽和诸侯在咸阳城屠杀焚烧完毕后就离去了。汉王之所以能够详尽地知道天下的险要关塞，家庭、人口的多少，各地诸方面的强弱，民众的疾苦等，就是因为萧何完好地得到了秦朝的文献档案。萧何向汉王进言举荐韩信，汉王任命韩信为大将军。此事记载在《淮阴侯列传》中。

【原文】

汉王引兵东定三秦，何以丞相留收巴蜀，填抚谕告①，使给军食。汉二年，汉王与诸侯击楚，何守关中，侍太子，治栎阳。为法令约束②，立宗庙社稷宫室县邑，辄奏上，可，许以从事；即不及奏上，辄以便宜施行③，上来以闻。关中事计户口转漕给军④，汉王数失军遁去，何常兴关中卒，辄补缺。上以此专属任何关中事⑤。

【注释】

①填（zhèn）抚谕告：安抚民众，发布政令。填，通"镇"，安定。谕告，发布政令，告知百姓。②约束：规章，法度。③便（biàn）宜：酌情处理。④转漕：运送粮食。古时车运为转，水运为漕。⑤属（zhǔ）：委托。

【译文】

汉王领兵向东平定三秦，萧何以丞相的身份留守巴蜀，安抚民众，发布政令，供给军队粮草。汉王二年，汉王与各路诸侯攻击楚军，萧何守卫关中，服侍太子，治理栎阳。制定法令、规章，建立宗庙、社稷、宫室、县邑，并总是上报给汉王，得到汉王同意，准许施行这些政事；如果来不及上报汉王，就酌情处理，等汉王回来再禀报他知道。萧何在关中管理户籍人口，通过水路和陆路将粮草运送给前方军队。汉王多次兵败而逃，萧何常常征调关中士卒，补充军队的缺额。汉王因此专门委任萧何处理关中事务。

◎明哲保身◎

【原文】

汉王三年，汉王与项羽相距京、索之间，上数使使劳苦丞相①。鲍生谓丞相曰："王暴衣露盖，数使使劳苦君者，有疑君心也。为君计，莫若遣君子孙昆弟能胜兵者悉诣军所②，上必益信君。"于是何从其计，汉王大说③。

【注释】

①劳苦：慰劳。②胜兵：胜任军事，能够打仗。③说：通"悦"。

【译文】

汉王三年，汉王与项羽对峙于京县、索城之间，汉王多次派遣使者慰劳丞相。有个叫鲍生的人对丞相说："汉王在前线风餐露宿，却屡次派使者来慰劳您，这是有怀疑您的心意呀。为您考虑，不如派遣您的子孙兄弟中能打仗的人都到军营中去，汉王必定更加信任您。"于是萧何听从了他的计策，汉王非常高兴。

【原文】

汉五年,既杀项羽,定天下,论功行封。群臣争功,岁余功不决。高祖以萧何功最盛,封为酂侯,所食邑多。功臣皆曰:"臣等身被坚执锐①,多者百余战,少者数十合,攻城略地②,大小各有差。今萧何未尝有汗马之劳,徒持文墨议论,不战,顾反居臣等上,何也?"高祖曰:"诸君知猎乎?"曰:"知之。""知猎狗乎?"曰:"知之。"高帝曰:"夫猎,追杀兽兔者狗也,而发踪指示兽处者人也。今诸君徒能得走兽耳,功狗也。至如萧何,发踪指示,功人也。且诸君独以身随我,多者两三人。今萧何举宗数十人皆随我③,功不可忘也。"群臣皆莫敢言。

【注释】

①被:同"披"。②略:夺取。③宗:宗族。

【译文】

汉王五年(公元前202年),已经消灭了项羽,平定了天下,于是论功行赏。群臣争功,一年多过去功劳的大小还没能决定下来。高祖认为萧何的功劳最显赫,封他为酂侯,给予的食邑最多。功臣们都说:"我们身披战甲,手执兵器,亲自参加战斗,多的身经百战,少的也打了数十场仗,攻夺城池,占领地盘,或大或小都立了不少战功。如今萧何没有立过汗马功劳,只是耍耍笔杆,发发议论,不参加战斗,封赏反倒在我们之上,这是为什么?"高帝说:"诸位知道打猎吗?"群臣回答说:"知道。"高帝又问:"知道猎狗吗?"群臣说:"知道。"高帝说:"打猎时,追咬野兽兔子的是猎狗,但发现野兽踪迹、指出野兽所在地方的是猎人。而今诸位仅能捉到野兽而已,功劳不过如同猎狗。至于萧何,发现踪迹,指明目标,功劳如同猎人。况且诸位只是独自追随我,多的不过一家两三个人。而萧何让自己本族里的几十人都来追随我,功劳是不能忘记的。"群臣都不敢再说什么了。

【原文】

列侯毕已受封,及奏位次,皆曰:"平阳侯曹参身被七十创,攻城略地,功最多,宜第一。"上已桡功臣①,多封萧何,至位次未有以复难之,然心欲何第一。关内侯鄂君进曰:"群臣议皆误。夫曹参虽有野战略地之功,此特一时之事。夫上与楚相距五岁,常失军亡众,逃身遁者数矣。然萧何常从关中遣军补其处,非上所诏令召,而数万众会上之乏绝者数矣。夫汉与楚相守荥阳数年,军无见粮②,萧何转漕关中,给食不乏。陛下虽数亡山东③,萧何常全关中以待陛下,此万世之功也。今虽亡曹参等百数,何缺于汉?汉得之不必待以全。奈何欲以一旦之功而加万世之功哉④!萧何第一,曹参次之。"高祖曰:"善。"于是乃令萧何第一,赐带剑履上殿,入朝不趋⑤。

【注释】

①桡:弯曲,这里指委屈。②见(xiàn):同"现"。③亡:失去。④奈:通"奈"。⑤趋:小步快走,表示恭敬。

【译文】

列侯都已受封完毕,等到奏报位次时,群臣都说:"平阳侯曹参身受七十处创伤,攻城夺地,功劳最多,应该排在第一位。"高祖已经委屈了功臣们,较多地封赏了萧何,到评定位次时就没有理由再反驳大家,然而心里还是想把萧何排在第一位。关内侯鄂千秋进言说:"各位大臣的议论是不对的。曹参虽然有作战夺地的功劳,但这只是一时的

萧何受封

事情。大王与楚军相持五年，常常丧失军队，士卒逃散，只身逃走有好几次了。然而萧何常从关中派遣军队补充缺口，这不是大王下诏让他召集的，数万士卒开赴前线时正值大王最危难的时刻，这种情况已有多次了。汉军与楚军在荥阳对抗数年，军中没有现成的粮草，萧何从关中用车船运来粮食，军粮供应从不匮乏。陛下虽然多次失掉崤山以东的土地，但萧何一直保全关中等待着陛下，这是万世不朽的功勋啊。如今即使没有上百个曹参这样的人，对汉室又有什么损失？汉室得到了这些人也不一定得以保全。怎么能让一时的功劳凌驾在万世功勋之上呢！应该是萧何排第一位，曹参居次。"高祖说："好。"于是确定萧何为第一位，特恩许他带剑穿鞋上殿，上朝时可以不按礼仪小步快走。

【原文】

　　上曰："吾闻进贤受上赏。萧何功虽高，得鄂君乃益明。"于是因鄂君故所食关内侯邑封为安平侯。是日，悉封何父子兄弟十余人，皆有食邑。乃益封何二千户，以帝尝繇咸阳时何送我独赢奉钱二也①。

【注释】

①赢：这里指多。

【译文】

　　高祖说："我听说推荐贤能要受上等的奖赏。萧何的功劳虽然很高，经过鄂君的说明就更加明显了。"于是根据鄂君原来受封的关内侯食邑，加封为安平侯。当天，萧何父子兄弟十多人都受了封赏，都有食邑。后又加封萧何两千户，这是因为高祖到咸阳服役时萧何曾多送给高祖二百钱的缘故。

【原文】

　　汉十一年，陈豨反，高祖自将，至邯郸。未罢，淮阴侯谋反关中，吕后用萧何计，诛淮阴侯，语在《淮阴》事中。上已闻淮阴侯诛，使使拜丞相为相国，益封五千户，令卒五百人一都尉为相国尉。诸君皆贺，召平独吊。召平者，故秦东陵侯。秦破，为布衣，贫，种瓜于长安城东，瓜美，故世俗谓之"东陵瓜"，从召平以为名也。召平谓相国曰："祸自此始矣。上暴露于外而君守于中，非披矢石之事而益君封置卫者，以今者淮阴侯新反于中，疑君心矣。夫置卫卫君，非以宠君也。愿君让封勿受①，悉以家私财佐军，则上心说。"相国从其计，高帝乃大喜。

【注释】

①让：辞让。

【译文】

　　汉高祖十一年，陈豨造反，高祖亲自率军到了邯郸。平叛还没完，淮阴侯韩信又在关中谋反，吕后采用萧何的计策，诛杀了淮阴侯，此事记载在《淮阴侯列传》中。高祖已经听说淮阴侯被杀，派遣使者拜丞相萧何为相国，加封五千户，并令五百名士卒、一名都尉做相国的卫队。众人都来道喜，唯独召平表示哀悼。召平是已亡的秦朝的东陵侯。秦朝被攻破后，他沦为平民，非常贫穷，在长安城东种瓜。他种的瓜味道甜美，所以世人称它为"东陵瓜"，这是根据召平的封号来命名的。召平对相国萧何说："祸患从此开始了。皇上风吹日晒作战在外，而您留守朝中，未遭战事之险，反而增加您的封邑并设置卫队，这是因为目前淮阴侯刚刚在关中谋反，对您的心意有所怀疑。设置卫队保护您，并非是宠信您，希望您辞让封赏不受，把家产全都捐助军队，那么皇上心里就会高兴。"萧相国听从了他的计谋。高帝果然非常欢喜。

【原文】

　　汉十二年秋，黥布反，上自将击之，数使使问相国何为。相国为上在军，乃拊循勉力百姓①，悉以所有佐军，如陈豨时。客有说相国曰："君灭族不久矣。夫君位为相国，功第一，可复加哉？然君初入关中，得百姓心，十余年矣，皆附君，常复孳孳得民和②。上所为数问君者，畏君倾动关中。今君胡不多买田地，贱贳贷以自汙③？上心乃安。"于是相国从其计，上乃大说。

【注释】

①拊（fǔ）循勉力：安抚勉励。②孳孳：勤勉，努力不懈的样子。③贳（shì）贷：赊借。汙：自己败坏自己的名声。

【译文】

汉高祖十二年的秋天，黥布反叛，高祖亲自率军攻伐他，并多次派人来询问萧相国在做什么。萧相国因为皇上在军中，就在后方安抚勉励百姓，倾尽自己所有家财佐助军队，和讨伐陈豨时一样。有门客劝告萧相国说："您灭族的日子不远了。您位居相国，功劳第一，还能够再加功吗？然而您刚到关中就深得民心，至今十多年了，百姓都亲附您，您还是那么勤勉地做事，与百姓关系和谐，受到爱戴。皇上之所以屡次询问您的情况，是害怕您作乱关中。如今您何不多买田地，采取低价、赊借等手段来败坏自己的声誉呢？这样，皇上才会心安。"于是萧相国听从了他的计策，高祖非常高兴。

【原文】

上罢布军归，民道遮行上书①，言相国贱强买民田宅千万。上至，相国谒。上笑曰："夫相国乃利民②！"民所上书皆以与相国，曰："君自谢民③。"相国因为民请曰："长安地狭，上林中多空地，弃，愿令民得入田，毋收稾为禽兽食④。"上大怒曰："相国多受贾人财物，乃为请吾苑！"乃下相国廷尉，械系之⑤。数日，王卫尉侍，前问曰："相国何大罪，陛下系之暴也？"上曰："吾闻李斯相秦皇帝⑥，有善归主，有恶自与。今相国多受贾竖金而为民请吾苑⑦，以自媚于民，故系治之。"王卫尉曰："夫职事苟有便于民而请之，真宰相事，陛下奈何乃疑相国受贾人钱乎！且陛下距楚数岁，陈豨、黥布反，陛下自将而往，当是时，相国守关中，摇足则关以西非陛下有也。相国不以此时为利，今乃利贾人之金乎？且秦以不闻其过亡天下，李斯之分过，又何足法哉。陛下何疑宰相之浅也。"高帝不怿⑧。是日，使使持节赦出相国⑨。相国年老，素恭谨，入，徒跣谢⑩。高帝曰："相国休矣！相国为民请苑，吾不许，我不过为桀纣主，而相国为贤相。吾故系相国，欲令百姓闻吾过也。"

【注释】

①遮：阻拦。②相国乃利民：身为相国竟然如此"利民"。这是高祖说的反语。乃，竟然。③谢：谢罪。④稾：禾秆。⑤械系：用镣铐等刑具拘禁。⑥相：辅佐。⑦贾竖：对商人的鄙称。⑧怿：喜悦。⑨节：使者所持的一种凭证。⑩徒跣（xiǎn）：赤脚步行，是一种请罪的表示。

【译文】

高祖征伐黥布回来，民众拦路上书，说相国低价强买百姓田地房屋数量极多。高祖回到京城，相国进见。高祖笑着说："你这个相国真是为民谋利呀！"高祖把百姓的上书都交给相国，说道："你自己向百姓谢罪吧。"相国趁机为民众请求说："长安土地狭窄不足，上林苑中有很多空地，已经废弃，希望让百姓们进去种田，留下禾秆作为禽兽的饲料。"高祖大怒说："相国大量接受了商人的财物，是为了请求占用我的上林苑！"于是就把相国交给廷尉，用镣铐拘禁了他。几天以后，一个姓王的

萧何进见汉高祖

卫尉侍奉高祖时，上前问道："相国犯了什么重大的罪过，陛下把他拘禁得如此严酷？"高祖说："我听说李斯辅佐秦始皇时，有了功劳归于主上，出了差错自己承担。如今相国大量收受奸商钱财而为百姓请求占用我的苑林，以此向民众讨好，所以把他铐起来治罪。"王卫尉说："在自己职责范围内，如果有利于百姓而为他们请求，这的确是宰相分内的事，陛下为何怀疑相国收受商人钱财呢！况且陛下抗拒楚军数年，陈豨、黥布造反时，陛下又亲自带兵前往，当时相国留守关中，他只要动一动脚函谷关以西就不归陛下所有了。相国不趁着这个时机为己谋利，现在却贪图商人的钱财吗？况且秦始皇正因为听不到自己的过错而失去天下，李斯分担过错，又有什么值得效法的呢？陛下为什么以这么浅陋的眼光来怀疑宰相呢！"高祖听后不高兴。当天，高祖派人持节赦免并释放了相国。相国年老，素来谦恭谨慎，入见高祖，赤脚步行谢罪。高祖说："相国算了吧！相国为民众请求苑林，我不答应，我不过是桀、纣那样的君主，而你则是个贤相。我所以把你用镣铐拘禁起来，是想让百姓们知道我的过错。"

【原文】

何素不与曹参相能①，及何病，孝惠自临视相国病，因问曰："君即百岁后，谁可代君者？"对曰："知臣莫如主。"孝惠曰："曹参何如？"何顿首曰："帝得之矣！臣死不恨矣②！"

何置田宅必居穷处，为家不治垣屋③。曰："后世贤，师吾俭；不贤，毋为势家所夺。"

孝惠二年，相国何卒，谥为文终侯。

后嗣以罪失侯者四世，绝，天子辄复求何后，封续酂侯，功臣莫得比焉。

【注释】

①能：和睦。②恨：遗憾。③垣屋：有矮墙的房舍。

【译文】

萧何一向与曹参不和，等到萧何病重时，孝惠皇帝亲自去探视相国病情，趁便问道："您如果故去了，谁可以接替您呢？"萧何回答说："了解臣下的莫过于君主。"孝惠帝说："曹参怎么样？"萧何叩头说："陛下得到合适的人选了！我死而无憾了！"

萧何购置田地住宅必定处在贫苦偏僻的地方，建造家园不修筑有矮墙的房舍。他说："我的后代贤能，就学习我的俭朴；后代不贤能，也可以不为有权势的人家所夺取。"

孝惠二年（公元前193年），相国萧何去世，谥号为文终侯。

萧何的后代因为犯罪而失去侯爵封号的有四世，每次断绝了继承人时，天子总是再寻找萧何的后代，续封为酂侯，功臣中没有谁能够跟他相比。

【原文】

太史公曰：萧相国何于秦时为刀笔吏，录录未有奇节。及汉兴，依日月之末光①，何谨守管籥②，因民之疾秦法，顺流与之更始。淮阴、黥布等皆以诛灭，而何之勋烂焉。位冠群臣，声施后世③，与闳夭、散宜生等争烈矣④。

【注释】

①日月：喻指帝王。②管籥（yuè）：钥匙，这里喻指职责。③施（yì）：延续。④烈：功业。

【译文】

太史公说：相国萧何在秦朝时仅是个文职小官，平庸而没有什么惊人的作为。等到汉室兴盛，仰仗帝王的余光，萧何谨守自己的职责，根据民众痛恨秦朝苛法这一问题，顺应时代潮流，与他们一起除旧更新。韩信、黥布等都已被诛灭，而萧何的功勋更为显赫。他的地位为群臣之冠，声威延及后世，可以跟闳夭、散宜生等人竞评功业了。

世家

留侯世家

【导读】

"留侯"指的是汉初名臣张良,他的封地在留这个地方,所以称为留侯。张良年少时尚义任侠,为了替韩国报仇,不惜散尽家财而行刺秦始皇。张良在圯上巧遇老人,面对老人的刁难,他能隐忍而不发作,这为他成就大事埋下伏笔。张良追随刘邦以后,处处表现出政治远见和高深谋略,如劝说刘邦争取黥布、彭越,笼络韩信,进而灭楚等;阻止刘邦分封诸侯;建议建都关中;刘邦称帝后,为安定人心,张良建议封赏与刘邦有宿怨的雍齿。张良是刘邦谋臣中的核心人物,刘邦对他很是器重,并评价张良是"运筹策帷帐中,决胜千里外"的大功臣。

○子房志亡秦,曾进桥下履○

【原文】

留侯张良者①,其先韩人也②。大父开地③,相韩昭侯、宣惠王、襄哀王④。父平,相釐王、悼惠王⑤。悼惠王二十三年⑥,平卒。卒二十岁,秦灭韩。良年少,未宦事韩⑦。韩破,良家僮三百人。弟死不葬,悉以家财求客刺秦王⑧,为韩报仇,以大父、父五世相韩故。

良尝学礼淮阳⑨,东见仓海君⑩。得力士,为铁椎重百二十斤。秦皇帝东游,良与客狙击秦皇帝博浪沙中⑪,误中副车⑫。秦皇帝大怒,大索天下,求贼甚急,为张良故也。良乃更名姓,亡匿下邳⑬。

【注释】

①留侯:张良的封爵。张良封于留,所以称为留侯。②韩:古国名,战国七雄之一。春秋时,晋封韩武子于韩原,其后世为晋卿。至韩虔,与魏、赵三分晋国。公元前230年为秦所灭。③大父:祖父。开地:张良祖父之名。④韩昭侯:名武,韩国国君,公元前362年至公元前333年在位。宣惠王:昭侯的儿子,韩国国君从他开始称王,在位二十一年。襄哀王:亦称襄王,名仓,宣惠王的儿子,公元前311年至公元前296年在位。⑤釐王:亦作僖王,名咎,襄哀王的儿子,公元前295年至公元前273年在位。悼惠王:或作桓惠王,釐王的儿子,公元前272年至公元前239年在位。⑥悼惠王二十三年:即公元前250年。⑦未宦事韩:没有在韩国担任过官职。⑧客:门客,食客,此指刺客。秦王:指秦王嬴政(秦始皇)。⑨淮阳:汉郡国名,秦时为陈县,治所在今河南淮阳。⑩仓海君:有两种说法:一、《汉书·张良传》颜师古注云:"盖当时贤者之号。"二、《史记集解》、《索隐》都说仓海君是东夷的君长。⑪博浪沙:古地名,故址在今河南原阳东南。⑫副车:亦称属车,皇帝的侍从车辆。⑬下邳:秦县名,治所在今江苏睢宁西北。

【译文】

留侯张良,他的祖先是韩国人。祖父名叫开地,曾做过韩昭侯、宣惠王、襄哀王的相国。父亲名平,曾是釐王和悼惠王的相国。悼惠王二十三年,张平去世。死后二十年,秦国灭掉韩国。张良当时年少,没有在韩国做官。韩国破亡以后,张良家中有僮仆三百人。这个时候,张良的弟弟死了,但张良并没有花钱埋葬弟弟,而是散尽家财寻求刺客刺杀秦王,为韩国报仇,这是他的祖父和父亲为韩国做了五朝相国的缘故。

张良曾经去淮阳学礼，向东去拜见仓海君。募到了一名大力士，为他铸造了一个重达一百二十斤的铁锤。秦始皇向东巡游，张良与大力士在博浪沙中狙击秦始皇，结果误中跟随的马车。秦始皇大怒，下令在全国大肆搜查，缉拿刺客十分紧急，这全是张良的缘故。张良于是改名换姓，逃亡到下邳隐匿起来。

【原文】

良尝间从容步游下邳圯上①，有一老父，衣褐，至良所，直堕其履圯下②，顾谓良曰："孺子③，下取履！"良鄂然④，欲殴之。为其老，强忍，下取履。父曰："履我！"良业为取履，因长跪履之。父以足受，笑而去。良殊大惊，随目之。父去里所，复还，曰："孺子可教矣。后五日平明⑤，与我会此。"良因怪之，跪曰："诺。"五日平明，良往。父已先在，怒曰："与老人期，后，何也？"去，曰："后五日早会。"

五日鸡鸣，良往。父又先在，复怒曰："后，何也？"去，曰："后五日复早来。"五日，良夜未半往。有顷，父亦来，喜曰："当如是。"出一编书⑥，曰："读此则为王者师矣。后十年兴。十三年孺子见我济北⑦，谷城山下黄石即我矣⑧。"遂去，无他言，不复见。旦日视其书，乃《太公兵法》也⑨。良因异之，常习诵读之。

【注释】

①圯（yí）：桥。②直：特意、故意。③孺子：一种不客气、不礼貌的称呼，有点像今人所说的"年轻人"、"小伙子"等。④鄂：通"愕"，惊讶。⑤平明：与以下的"鸡鸣"、"夜未半"，为秦汉时使用的时辰名称。"平明"即平旦。"鸡鸣"早于"平明"，"夜未半"早于"鸡鸣"。⑥一编书：古代的书籍多写在竹简上，用皮条或绳子编联，所以用"编"来称呼。"一编书"类似现在所说的一册书。⑦济北：即济水之北，这里指谷城山一带。⑧谷城山：也称黄山，在今山东平阴西南。⑨《太公兵法》：相传为姜太公吕尚所作的兵书。

【译文】

张良曾经在闲暇时信步闲游到下邳的一座桥上，桥上有一老者，他穿着件粗布短衣，走到张良的身边，故意把鞋子丢到桥下，转头对张良说："喂，小子，下去把鞋捡上来！"张良感到惊愕，想揍老者一顿。又一想他已经老了，便强忍着怒气下去捡鞋。老者说："给我穿上！"张良已经为他捡来鞋子，就跪下给他穿上。老者伸出脚让他把鞋穿好，大笑而去。张良十分惊讶，随着他离去的方向注视着。老者离开一里多地后，又返回来，说："你这小子可以教导了。五天之后天亮的时候，我们在这里相会。"张良感到很奇怪，下跪说："好的。"

张良为老者穿鞋

五天后天刚亮之时，张良来到这里，老者已经提前到了，老者生气地说："跟老人约会，反而后到，这是为何？"老人离去，说："五天后早点来再来相会吧！"五天之后鸡刚刚打鸣，张良就来了。老者又提前到了，再次生气地说："又迟到了，这是为何？"老者离开，临走时说："五天后再早点过来。"五天以后，张良还没到半夜就赶来了。过了一会儿，老者也赶来了，高兴地说："就应该像这样嘛。"说完掏出一册书，说："读了这册书就可以做帝王的老师了。十年之后你会发迹的。十三年后你到济北来见我，谷城山下的黄石就是我。"接着就离开了，没有说其他话，张良以后再也没见到这个人。第二天看这册书，原来是《太公兵法》。张良觉得这册书非比寻常，常常拿出来研读朗诵。

【原文】

居下邳，为任侠①。项伯常杀人②，从良匿。

后十年③，陈涉等起兵④，良亦聚少年百余人。景驹自立为楚假王⑤，在留。良欲往从之，道遇沛公⑥。沛公将数千人，略地下邳西，遂属焉。沛公拜良为厩将⑦。良数以《太公兵法》说沛公，沛公善之，常用其策。良为他人言，皆不省。良曰："沛公殆天授。"故遂从之，不去见景驹。

张良投奔沛公

【注释】

①任侠：打抱不平、负气仗义的行为。②项伯：秦末下相（在今江苏宿迁西南）人，名缠，字伯。楚贵族的后裔，项羽的叔父。因在鸿门宴上救刘邦有功，西汉建立后封他为射阳侯，赐刘姓。常：同"尝"。③后十年：指博浪沙刺杀始皇未遂后的十年。④陈涉：即陈胜（字涉），阳城（在今河南登封东南）人。二世元年（公元前209年）和吴广在大泽乡起兵反秦。后在陈县建立张楚政权，被推为王。后战败而死。详细事迹见本书《陈涉世家》。⑤景驹：楚国贵族的后裔，秦二世时嘉立他为楚王。假王：暂时代理为王。⑥沛公：即刘邦。刘邦在沛县起兵，被拥立为沛公。⑦厩将：军中管理马匹的官。

【译文】

张良居住在下邳，为人仗义，常常打抱不平，项伯曾经杀人，后来逃到张良那里藏匿起来。

其后十年，陈涉等人起兵抗秦，张良也聚集青年一百多人。景驹自立为楚假王，驻扎在留县。张良想去投奔他，半路遇上沛公。沛公率领数千人，攻占了下邳以西的地方，张良就归附沛公。沛公任命张良为厩将。张良多次对沛公讲《太公兵法》，沛公非常喜欢，常常采用上面的计策。张良对别人讲这册书，都不能领悟。张良说："沛公大概是上天赋予的才能。"于是跟随沛公，不去见景驹。

○佐汉开鸿举，屹然天一柱○

【原文】

汉元年正月①，沛公为汉王，王巴蜀②。汉王赐良金百溢③，珠二斗④，良具以献项伯。汉王亦因令良厚遗项伯，使请汉中地⑤。项王乃许之，遂得汉中地。汉王之国，良送至褒中⑥，遣良归韩。良因说汉王曰："王何不烧绝所过栈道⑦，示天下无还心，以固项王意。"乃使良还。行，烧绝栈道。

良至韩，韩王成以良从汉王故，项王不遣成之国，从与俱东。良说项王曰："汉王烧绝栈道，无还心矣。"乃以齐王田荣反⑧，书告项王。项王以此无西忧汉心，而发兵北击齐。

【注释】

①汉元年：即公元前206年。②巴蜀：古郡名。巴郡在今重庆，蜀郡在今四川成都。③溢：通"镒"，古代重量单位，

179

古以二十两为一溢。一说二十四两为一溢。④斗：容量单位，十升为一斗。⑤汉中：古郡名，在今陕西省汉中东。⑥褒中：古褒国地，汉置县，治所在今陕西勉县东南。⑦栈道：古人在悬崖峭壁上凿孔架桥连阁而成的道路。⑧齐王田荣：齐国贵族的后裔。

【译文】

　　汉王元年正月，沛公为汉王，在巴蜀之地称王。汉王赏赐给张良黄金百镒，珍珠两斗，张良把这些都献给了项伯。汉王也请张良送厚礼给项伯，让项伯代为请求项羽把汉中地区分封给汉王。项羽答应了，汉王得到

张良向项伯献礼

汉中地。汉王到达封国，张良一直送到褒中，汉王送张良回韩国。张良对汉王说："大王何不烧毁您所走过的栈道，明示天下人您绝没有回到关中的意图，这样便可以安定项王的心了！"汉王便让张良走了。汉王回去时一边走，一边烧掉栈道。

　　张良到了韩国，韩王成因为张良跟随汉王的缘故，项王不肯遣送韩王成回到封国，让他跟随自己向东。张良劝说项王道："汉王烧掉了栈道，没有回到关中的心思。"又把齐王田荣谋反之事，书面报告给项王。项王因此不再担忧西边的汉王，而发兵向北进攻齐国。

【原文】

　　项王竟不肯遣韩王，乃以为侯，又杀之彭城①。良亡，间行归汉王，汉王亦已还定三秦矣②。复以良为成信侯③，从东击楚。至彭城，汉败而还。至下邑④，汉王下马踞鞍而问曰⑤："吾欲捐关以东等弃之，谁可与共功者？"良进曰："九江王黥布⑥，楚枭将，与项王有郄⑦；彭越与齐王田荣反梁地⑧。此两人可急使。而汉王之将独韩信可属大事⑨，当一面。即欲捐之，捐之此三人，则楚可破也。"汉王乃遣随何说九江王布⑩，而使人连彭越。及魏王豹反⑪，使韩信将兵击之，因举燕、代、齐、赵⑫。然卒破楚者，此三人力也。

【注释】

①彭城：春秋时宋邑，秦置县，治所在今江苏徐州。②三秦：秦朝灭亡之后，项羽三分秦关中故地，封秦降将章邯为雍王，司马欣为塞王，董翳为翟王，合称三秦。③成信侯：张良的封号。④下邑：秦县名，治今在今安徽省砀山县。⑤踞：踞坐，坐时两脚底和臀部着地，两膝上耸。⑥九江王黥布：本名英布，因犯法黥面，故又称黥布。秦末率骊山刑徒起兵，先属项羽，因有战功，被封为九江王。楚汉战争中归汉，被封为淮南王。后举兵反叛，战败后被长沙王诱杀。⑦郄：通"隙"，嫌隙。这里指裂痕、矛盾。⑧彭越：字仲，昌邑人。秦末聚众起兵，楚汉战争中将兵三万余归属刘邦。高祖十一年因被告发谋反，为刘邦所杀。⑨韩信：汉初大将。楚汉战争中因军功被封为齐王。汉朝建立后改封为楚王。后有人告他谋反，降为淮阴侯，后又被告发与陈豨勾结在长安谋反，为吕后所杀。⑩随何：当时的辩士，与陆贾齐名。⑪魏王豹：即魏豹。项羽分封诸侯时，他被封为西魏王。后被项羽击败俘虏。⑫燕、代、齐、赵：指项羽分封的臧荼、陈余、田荣、赵歇四个诸侯王。

【译文】

项王终究还是不肯遣送韩王回国,任命他为侯,后来又在彭城将其杀死。张良逃亡,抄小路归附了汉王,汉王此时已经平定了三秦之地。又任命张良为成信侯,从东边进攻楚国。到达彭城,汉军大败而还。到达下邑,汉王下马踞坐在马鞍上对众人说:"我想舍弃函谷关以东的地区作为封赏,谁能与我共图大事?"张良进言道:"九江王黥布,是楚国的猛将,但他跟项王有嫌隙;彭越曾与齐王田荣在梁地谋反。这两个人都可以用来救急。而汉王您的大将只有韩信可以委任大事,能够独当一面。如果您想捐弃这些地方,不如封给这三个人,就可以攻破楚军了。"汉王便派随何游说九江王黥布,又派人去联络彭越。后来魏王豹谋反,汉王派韩信率兵打败了他,顺势拿下了燕、代、齐、赵等地。这样最终打败楚国,就是靠着这三个人的力量。

【原文】

张良多病,未尝特将也①,常为画策臣,时时从汉王。

汉三年②,项羽急围汉王荥阳③,汉王恐忧,与郦食其谋桡楚权。食其曰:"昔汤伐桀,封其后于杞④。武王伐纣,封其后于宋⑤。今秦失德弃义,侵伐诸侯社稷⑥,灭六国之后,使无立锥之地。陛下诚能复立六国后世,毕已受印,此其君臣百姓必皆戴陛下之德,莫不乡风慕义,愿为臣妾。德义已行,陛下南乡称霸⑦,楚必敛衽而朝⑧。"汉王曰:"善。趣刻印,先生因行佩之矣。"

食其未行,张良从外来谒。汉王方食,曰:"子房前⑨!客有为我计桡楚权者。"具以郦生语告,曰:"于子房何如?"良曰:"谁为陛下画此计者?陛下事去矣。"汉王曰:"何哉?"张良对曰:"臣请借前箸为大王筹之。"曰:"昔者汤伐桀而封其后于杞者,度能制桀之死命也。今陛下能制项籍之死命乎?"曰:"未能也。""其不可一也。武王伐纣封其后于宋者,度能得纣之头也。今陛下能得项籍之头乎?"曰:"未能也。""其不可二也。武王入殷,表商容之闾⑩,释箕子之拘⑪,封比干之墓⑫。今陛下能封圣人之墓,表贤者之闾,式智者之门乎⑬?"曰:"未能也。""其不可三也。发巨桥之粟⑭,散鹿台之钱⑮,以赐贫穷。今陛下能散府库以赐贫穷乎⑯?"曰:"未能也。""其不可四矣。殷事已毕,偃革为轩⑰,倒置干戈,覆以虎皮,以示天下不复用兵。今陛下能偃武行文,不复用兵乎?"曰:"未能也。""其不可五矣。休马华山之阳⑱,示以无所为。今陛下能休马无所用乎?"曰:"未能也。""其不可六矣。放牛桃林之阴⑲,以示不复输积。今陛下能放牛不复输积乎?"曰:"未能也。""其不可七矣。且天下游士离其亲戚,弃坟墓,去故旧,从陛下游者,徒欲日夜望咫尺之地⑳。今复六国,立韩、魏、燕、赵、齐、楚之后,天下游士各归其主,从其亲戚,反其故旧坟墓,陛下与谁取天下乎?其不可八矣。且夫楚唯无强,六国立者复桡而从之,陛下焉得而臣之?诚用客之谋,陛下事去矣。"汉王辍食吐哺,骂曰:"竖儒㉑,几败而公事!"令趣销印。

【注释】

① 特将:单独领兵。② 汉三年:指汉高祖三年,即公元前204年。③ 荥阳:古县名,治所在今河南荥阳东北。④ 杞:古国名,公元前11世纪时周分封的诸侯国。⑤ 宋:古国名,子姓,始封君为商王纣的庶兄微子启。⑥ 社稷:土地神和谷神,此为国家的代称。⑦ 乡:同"向"。⑧ 敛衽:整理衣襟,表示尊敬。⑨ 子房:张良的字。⑩ 商容:相传为纣时贤人。纣暴虐,他曾想感化纣而没能实现,于是离开了纣而隐居在太行山中。⑪ 箕子:纣王的同宗伯叔,曾封于箕,故称箕子。⑫ 比干:纣王的叔伯父(一说为纣的庶兄)。传说纣淫乱,比干犯颜强谏,纣怒,比干被剖腹挖心而死。⑬ 式:通"轼",车前横木。古人乘车路过长者或贤者门前时俯身按住车前横木,表示尊敬。⑭ 巨桥:故址在今河北曲周东北。⑮ 鹿台:故址在今河南淇县。⑯ 府库:储存财物和兵甲的仓库。⑰ 偃革为轩:废弃了战车,改为有帷帘的载人车,表示今后不再动仗。⑱ 华山:五岳之中的西岳,在今陕西华阴。⑲ 桃林:古地区名,亦称桃林塞,范围大致相当于今河南灵宝以西、陕西潼关以东地区。⑳ 咫:古代长度单位,八寸为一咫。咫尺:表示很近

的意思。㉑竖儒：意思是没有见识的人。

【译文】

　　张良体弱多病，从未独自领兵打仗，常常作为出谋划策之臣，时时跟随在汉王左右。

　　汉朝立国三年，项羽突然把汉王围困在荥阳，汉王十分担忧，与郦食其一起研究如何削弱楚国的力量。郦食其说："当初商汤讨伐夏桀，分封夏桀的后人在杞这个地方。武王讨伐商纣，把商纣的后人分封在宋国。现在秦朝失掉道德、丢弃仁义，侵伐诸侯各国，灭掉六国之后，使六国诸侯的子孙没了立锥之地。陛下如果能重新恢复六国后人的王位，授予他们印信，那么他们的君臣百姓，一定会拥戴陛下的恩德，没有不钦慕陛下的仁义而甘愿臣服陛下的。道德仁义已经施行，那么陛下就可以在南面称霸，楚国也必定会整理衣襟向您朝拜。"汉王说："这主意很好。赶快去刻制印信，先生就可以带着印信出发了。"

　　郦食其还没有出发，张良从外面回来，请求拜谒汉王。汉王刚刚吃过饭，说："子房，请你上前来！有个客人为我想出了削弱楚国权势的办法了。"于是把郦食其所说的话告诉了张良，又接着说道："子房，你认为如何呢？"张良说："谁为陛下策划的这个计谋？那样的话陛下的大事可就完了。"汉王说："为什么这样说？"张良回答说："臣请陛下允许我借用一下您面前的筷子替您筹划一下当前的形势。"接着说："当初商汤讨伐夏桀，分封夏朝的后代于杞国，那是估量能制夏桀于死命。现在陛下您能置项籍于死地吗？"汉王回答说："不能。"张良说："这是这个计谋不可行的原因之一。武王讨伐商纣，分封商的后代于宋国，那是估量能够得到商纣的项上人头。现在陛下您能得到项籍的项上人头吗？"汉王回答说："不能。"张良又说："这是这个计谋不可行的原因之二。武王进入殷都，曾在商容的里门表扬他的德行，释放身处拘禁中的箕子，还整修比干的坟墓。现在陛下能够整修圣人的坟墓，在贤者的里门表彰他的德行，到智者的门前去表示尊敬吗？"汉王回答："不能。"张良接着说："这是这个计谋不可行的原因之三。武王曾经把巨桥粮仓的粮食、储蓄在鹿台库府的金钱散发给穷苦百姓。如今您能够把府库里的粮食和钱财分发给穷苦百姓吗？"汉王说："不能。"张良又说："这是这个计谋不可行的原因之四。殷商的事情结束之后，周武王废弃战车，将其改为普通的车子；把兵器倒转过来，然后用虎皮盖上，以向天下宣告不再动干戈打仗。现在大王您能够舍

张良时时跟随汉王左右

弃武功大行文治，不再大动干戈吗？"汉王回答说："不能。"张良又说："这是这个计谋不可行的原因之五。周武王把战马放在华山的南面，告诉天下人不再骑上战马打仗了。现在陛下您能够让战马休息，不再使用它们吗？"汉王回答说："不能。"张良接着说："这是这个计谋不可行的原因之六。周武王把牛放置在桃林的北面，以表示不再运输军需。现在陛下您能够把牛放置起来，不再运输军需吗？"汉王回答说："不能。"张良接着说："这是这个计谋不可行的原因之七。况且天下的游士远离自己的亲人，抛弃自己的祖坟，舍弃自己的旧友，追随陛下奔走，只是想日后能够获封一点土地。如今恢复六国，拥立韩国、魏国、燕国、赵国、齐国、楚国的后代为王，天下的游士都各自回去侍奉他们的君主，陪伴他们的亲人，回到有他们祖坟和旧友的故乡，那么陛下还能和谁一起夺取天下呢？这是这个计谋不可行的原因之八。况且现在楚国是无敌于天下，您立的六个国家又去依附楚国，陛下怎么能使他们臣服呢？倘若您用那位客人的计谋，那陛下的事业就完了。"汉王停止进食，把吃下去的东西又吐出来，大骂郦食其道："这小子，差点坏了我的大事！"立即下令销毁印信。

【原文】

汉六年正月①，封功臣。良未尝有战斗功，高帝曰："运筹策帷帐中，决胜千里外，子房功也。自择齐三万户。"良曰："始臣起下邳，与上会留，此天以臣授陛下。陛下用臣计，幸而时中，臣愿封留足矣，不敢当三万户。"乃封张良为留侯，与萧何等俱封②。

上已封大功臣二十余人，其余日夜争功不决，未得行封。上在雒阳南宫，从复道望见诸将往往相与坐沙中语③。上曰："此何语？"留侯曰："陛下不知乎？此谋反耳。"上曰："天下属安定④，何故反乎？"留侯曰："陛下起布衣，以此属取天下⑤，今陛下为天子，而所封皆萧、曹故人所亲爱⑥，而所诛者皆生平所仇怨。今军吏计功，以天下不足遍封，此属畏陛下不能尽封，恐又见疑平生过失及诛，故即相聚谋反耳。"上乃忧曰："为之奈何？"留侯曰："上平生所憎，群臣所共知，谁最甚者？"上曰："雍齿与我故⑦，数尝窘辱我。我欲杀之，为其功多，故不忍。"留侯曰："今急先封雍齿以示群臣，群臣见雍齿封，则人人自坚矣。"于是上乃置酒，封雍齿为什方侯⑧，而急趣丞相、御史定功行封⑨。群臣罢酒，皆喜曰："雍齿尚为侯，我属无患矣。"

【注释】

①汉六年：即公元前201年。②萧何：刘邦的重要谋臣，后封侯。③复道：宫中阁道。④属：适才，刚刚。⑤此属：此辈。⑥萧、曹：萧指萧何，曹指曹参。曹参，沛县（今江苏省沛县）人，曾为沛县狱吏，秦末从刘邦起。汉朝建立后，封他为平阳侯。任齐相九年。后曾协助刘邦平定陈豨、黥布等异姓诸侯。惠帝时继萧何为丞相。⑦雍齿：沛

> ⊙ **文史知识**
>
> ### 汉代兵役制度
>
> 汉代兵制是全国皆兵的。一个壮丁，到二十三岁才开始服兵役，这一规定也有其内在的意义。因为二十才始成丁，照理可以独立耕种。就农业经济言，无法多产，只有节用，所谓"三年耕，有一年之蓄"，照一般情形论，年年丰收，是绝对不会的。平均三年中总会有一个荒年。来一个荒年，储蓄就完了。倘使三年不荒的话，六年就该有二年之蓄，九年就该有三年之蓄。而农业社会，也绝对不会连熟到九年以上，也不会连荒到三年以上。一个壮丁，二十受田，可以独立谋生，但要他为国家服兵役，则应顾及他的家庭负担。所以当时规定，从二十三岁起，照理他可以有一年储蓄来抽身为公家服役了。
>
> 汉代的国民兵役，又分几种。一种是到中央作"卫"兵，一种是到边郡作"戍"卒。一种是在原地方服兵"役"。力役是每个壮丁替国家做义务的劳工。全国壮丁按册籍编定，每人每年一个月，替国家义务做工，这在汉代唤做更卒，更是更替轮番的意思。
>
> ——钱穆《中国历代政治得失》

县人。秦末随刘邦起义。魏人周市攻丰邑,他投降魏国。后又复归刘邦。⑧什方:汉县名,治所在今四川什邡。高祖封雍齿于此,故称雍齿为什方侯。⑨御史:官名,指御史大夫,掌管监察。

【译文】

汉高祖六年正月,大封功臣。张良不曾立过战功,高帝说:"在营帐中运筹帷幄,决胜千里之外,这就是子房的功劳。你自己选择齐地的三万户(作为封地)吧!"张良说:"当初臣从下邳起兵,与皇上相会于留县,这是上天把臣送给了陛下。陛下采用臣的计策,侥幸偶尔料中,臣愿意获封留县就足够了,不敢接受三万户的封地。"于是封张良为留侯,与萧何等人一起受封。

皇上封赏立了大功的臣子二十多人,其余的人日夜争功,一时难以决定,未能进行封赏。皇上在洛阳的南宫,从阁子的走廊里看到众将常常三三两两地坐在沙堆里窃窃交谈。皇上问:"他们谈什么呢?"留侯说:"陛下难道不知道吗?他们这是在谋反呢。"皇上说:"天下刚刚安定,为何造反?"留侯说:"陛下以一介布衣起兵,依靠这班人取得天下,现在陛下贵为天子,但您所封赏的都是您所亲近喜爱的萧何、曹参等故人,而诛杀的都是生平怨恨的人。现在将士们计算战功,认为天下的土地不够封赏,这班人害怕陛下不能全部封赏,又担心自己有过失而被诛杀,所以相互聚集在一起图谋造反呢。"皇上担忧地问道:"那该怎么办呢?"留侯说:"皇上平生所憎恨的,群臣都知道的,其中哪个是最憎恨的呢?"皇上说:"雍齿和我是故交,曾多次使我窘困受辱。我想杀他,因为他功劳甚多,所以不忍心。"留侯说:"现在就赶快先封赏雍齿给群臣看看,群臣看到雍齿获封,那么人人都会对自己受封坚信不疑。"于是皇上置备酒宴,封雍齿为什方侯,并紧催丞相和御史论功封赏功臣。群臣饮酒完毕后,都欢喜地说:"雍齿尚且获封侯爵,我们这班人就不必担心了。"

【原文】

刘敬说高帝曰①:"都关中②。"上疑之。左右大臣皆山东人③,多劝上都雒阳:"雒阳东有成皋④,西有殽黾⑤,倍河⑥,向伊雒⑦,其固亦足恃。"留侯曰:"雒阳虽有此固,其中小,不过数百里,田地薄,四面受敌,此非用武之国也。夫关中殽函⑧,右陇蜀⑨,沃野千里,南有巴蜀之饶,北有胡苑之利⑩,阻三面而守,独以一面东制诸侯。诸侯安定,河渭漕镦天下⑪,西给京师;诸侯有变,顺流而下,足以委输。此所谓金城千里,天府之国也,刘敬说是也。"于是高帝即日驾,西都关中。

张良建议定都之事

留侯从入关。留侯性多病，即道引不食谷⑫，杜门不出岁余。

【注释】

① 刘敬：本姓娄，汉初齐人。高祖五年（公元前202年）以戍卒求见刘邦，建议入都关中有功，赐姓刘，拜郎中，号奉春君。后代表刘邦出使匈奴缔结和约。又建议刘邦徙山东诸侯后代及豪强充实关中，以削弱关东旧贵族豪强势力。② 关中：古地区名，一般指函谷关以西、散关以东。③ 山东：战国时泛指秦以外的六国领土。因当时六国都在崤山或华山以东，故称山东。④ 成皋：汉县名，治所在今河南荥阳汜水镇。⑤ 殽：即崤山，在今河南省西部。黾：即渑池水，发源于河南省熊耳山，向东流入洛水。⑥ 倍：同"背"。⑦ 伊：指伊水。雒：洛水，指今河南省境内的洛河。⑧ 函：指函谷关。在今河南灵宝东北。⑨ 陇：指陇山，在今陕西陇县西北。蜀：当指今四川省和甘肃省境内的岷山。⑩ 胡苑之利：当时上郡、北地郡和匈奴相连接，可以牧养牲畜，得到马匹，所以称之为"胡苑之利"。⑪ 渭：指渭水。漕挽：漕运，指从水上运输物资。⑫ 道引：即导引，道家养生之术。不食谷：不吃谷物熟食。

【译文】

刘敬劝说高帝道："定都关中吧。"皇上犹豫不决。左右大臣都是山东地区的人，都劝皇上建都洛阳："洛阳东面有成皋，西面有崤山、渑池，背后是黄河，前面是伊水和洛水，它的坚固足以倚靠。"留侯说："洛阳虽然坚固，但是它的中心地区太小，才不过几百里，土地贫瘠，四面受敌，此处并非用武之地。关中左有崤函，右有陇蜀，肥沃的土地有千里，南边有巴蜀的富饶，北边有草原的便利，有三面的险要可以固守，只留下一面向东控制诸侯。诸侯安定，黄河、渭水可以漕运粮食，向西补给京师；遇有诸侯叛变，可以顺流而下，足以转运军队和物资。这就是所谓的金城千里，天府之国啊！刘敬的意见是很对的。"于是高帝立即动身，向西定都关中。

留侯跟随去了关中。留侯天生多病，便采取道家的导引吐纳之术，不吃谷物，足不出户一年多。

⊙文史知识

悠悠洛阳

洛阳位于河南省西部，北依邙山、黄河、南望洛河、伊河，西据秦岭、潼关之险，东拥虎牢、黑石之固，自古为中原逐鹿之地。历史上东周、东汉、曹魏、西晋、北魏（孝文帝以后）、隋（炀帝）、唐（武后）、五代时的后梁、后唐，先后九个王朝建都于此。唐朝时洛阳是其鼎盛的象征，人口超过百万，城市空前繁荣，精英荟萃，"左右多第宅，参差居将相"，更赢得"洛阳牡丹甲天下"、"天下名园重洛阳"等美誉。然而五代兵火，一扫洛阳盛景，宋代虽然一度恢复，但终于衰落。洛阳浓缩了中国古代文明的精华。儒学渊源于洛阳，道学创始于洛阳，佛学初传于洛阳；《汉书》、《说文解字》、《三国志》、《资治通鉴》等成书于洛阳；浑天仪、地动仪、指南车、造纸术等成就于洛阳。其悠远的历史可以用司马光的一句诗道出：若问古今兴废事，请君只看洛阳城。

◎帮助太子保住尊位◎

【原文】

上欲废太子①，立戚夫人子赵王如意②。大臣多谏争③，未能得坚决者也。吕后恐④，不知所为。人或谓吕后曰："留侯善画计策，上信用之。"吕后乃使建成侯吕泽劫留侯⑤，曰："君常为上谋臣，今上欲易太子，君安得高枕而卧乎？"留侯曰："始上数在困急之中，幸用臣策。今天下安定，以爱欲易太子，骨肉之间，虽臣等百余人何益。"吕泽强要曰："为我画计。"留侯曰："此难以口舌争也。顾上有不能致者，天下有四人⑥。四人者年老矣，皆以为上慢侮人，故逃匿山中，义不为汉臣。

然上高此四人。今公诚能无爱金玉璧帛，令太子为书，卑辞安车，因使辩士固请，宜来。来，以为客，时时从入朝，令上见之，则必异而问之。问之，上知此四人贤，则一助也。"于是吕后令吕泽使人奉太子书，卑辞厚礼，迎此四人。四人至，客建成侯所。

【注释】

①太子：指刘盈，吕后所生，即后来的孝惠帝。②戚夫人：定陶人，刘邦的宠姬。赵王如意：戚夫人所生，高祖九年（公元前198年）封于赵。③争：通"诤"，谏止。④吕后：刘邦的妻子，名雉，字娥姁，秦末单父人。惠帝即位后她掌握实权，惠帝死后，她临朝称制，主政八年，并分封诸吕为王侯，控制南北军。⑤建成侯吕泽：吕释之、吕泽都是吕后之兄，同在高祖六年（公元前201年）受封。⑥天下有四人：即指下文提到的东园公、甪里先生、绮里季、夏黄公。此四人是汉初的隐士，曾隐居于商山（在今陕西商县东南），时称"商山四皓"。

【译文】

皇上想废掉太子，改立戚夫人的儿子赵王如意。大臣有很多人劝谏力争，都没能得到皇上的肯定。吕后很担心，不知该怎么办。有人对吕后说："留侯善于谋划计策，皇上十分相信他。"吕后就派建成侯吕泽去胁迫留侯，说："您曾经是皇上的谋臣，现在皇上想更换太子，您怎么能够垫着枕头睡大觉呢？"留侯说："当初皇上多次处在困难危急之中，才恰好采用我的计策。现在天下安定，因为个人的偏爱而更换太子，这是骨肉之间的私事，纵然我们有一百多人劝谏又有什么用处呢！"吕泽勉强留侯说："务必要替我谋划出计策。"留侯说："这件事是很难用口舌争辩的。考虑到皇上有不能招致的人，天下共有四位。这四个人都已年老，都认为皇上待人傲慢轻侮，所以逃匿到深山之中，坚持节义不做汉朝的臣子。但是皇上很尊重这四个人。现在您如果能不吝惜金玉、财宝、布帛，让太子写一封信，措辞谦卑恭敬，备好舒适安稳的马车，派能言善辩的人去邀请，他们应该会来。来到之后，奉他们为贵宾，让他们常常跟随太子上朝，让皇上见到他们，那么皇上定会感到惊讶而去询问。询问这四个人，皇上知道这四个人贤能，这对太子是一大帮助。"吕后便命令吕泽派人手持太子的书信，以谦卑的辞令、厚重的礼物去迎接这四个人。四人来了，住在建成侯的家中。

吕后向高祖进言

【原文】

汉十一年①，黥布反②，上病，欲使太子将，往击之。四人相谓曰："凡来者，将以存太子。太子将兵，事危矣。"乃说建成侯曰："太子将兵，有功则位不益太子；无功还，则从此受祸矣。且太子所与俱诸将，皆尝与上定天下枭将也，今使太子将之，此无异使羊将狼也，皆不肯为尽力，其无功必矣。臣闻'母爱者子抱'，今戚夫人日夜侍御，赵王如意常抱居前，上曰'终不使不肖子居爱子之上'③，明乎其代太子位必矣。君何不急请吕后承间为上泣言：'黥布，天下猛将也，善用兵。今诸将皆陛下故等夷④，乃令太子将此属，无异使羊将狼，莫肯为用。且使布闻之，则鼓行而西耳。上虽病，强载辎车⑤，卧而护之，诸将不敢不尽力。上虽苦，为妻子自强。'"于是吕泽立夜见吕后，吕后承间为上泣涕而言，如四人意。上曰："吾惟竖子固不足遣，而公自行耳。"于是上自将兵而东，群臣居守，皆送至灞上。留侯病，自强起，至曲邮⑥，见上曰："臣宜从，病甚。楚人剽疾，愿上无与楚人争锋。"因说上曰："令太子为将军，监关中兵。"上曰："子房虽病，强卧而傅太子。"是时叔孙通为太傅⑦，留侯行少傅事。

【注释】

① 汉十一年：即公元前196年。② 黥布反：指刘邦杀死韩信、彭越以后，黥布恐慌，害怕自己落得同样的下场故而反叛。③ 不肖：秦汉之前，专指不如父，后泛指子弟不贤。④ 等夷：同等地位，同辈。⑤ 辎车：古代一种有帷帐的车。⑥ 曲邮：古郡名，故址在今陕西临潼东。⑦ 叔孙通：薛县（在今山东滕县东南）人。曾为秦博士，秦末归顺刘邦，任博士，称稷嗣君。

【译文】

汉高祖十一年，黥布谋反，皇上当时正患病，想派太子带兵前往镇压。这四人相互商量说："我们之所以来到这里，是为了保全太子。太子率兵打仗，事情就危险了。"于是对建成侯说："太子率兵打仗，有战功的话，并不能对太子的权位增加益处；没有战功而回朝，那太子从此就会遭受灾祸。况且跟太子一起出征的诸将，都是曾经追随皇上平定天下的猛将，现在让太子率领他们，这无异于让羊去率领狼，他们是不会为太子尽心效劳的，太子一定不会立战功。臣听说'母亲受宠爱，儿子就常常被抱'，现在戚夫人日夜伺候皇帝，赵王如意常常被抱到皇帝的面前，皇上说'终究不会让那个不肖的儿子居于爱儿之上'，很明显赵王要代替太子的位置了。您何不赶紧请吕后找个机会哭着对皇上说：'黥布，是天下的猛将，善于用兵。现在诸将都是陛下以前的同辈，您叫太子去统领这班人，无异于让羊去统率狼，没有人肯为太子效命。况且倘若让黥布听到这个消息，他就会大张

> **⊙ 文史知识**
>
> ### 张良庙
>
> 张良庙是由张良的十世玄孙汉中王张鲁所建，历经1700年，原址已无从考察。而今的张良庙位于柴关岭南麓，紫柏山东南脚下。相传张良激流勇退后，隐居于此。后人仰慕他"明哲保身"的策略和"功成不居"的风格，在此建庙奉祠。因他曾封"留侯"，故名"留侯祠"，俗称"张良庙"。
>
> 张良庙融名胜、古迹、文物、风景于一体。大殿正中供奉着张良的塑像。右侧南花园的池中有张良"辟谷学仙"的"辟谷亭"。于右任在此处曾写"送秦一椎，辞汉万户"八字，赞扬张良"只做大事，不做大官"的高风亮节。左侧北园建有"洗心池"，清洌一潭，青天白云映入池底。北花园中还有张良拜黄石公为师的"拜师亭"，以及学成自退、返回云山的"回云亭"。由回云亭经翠竹蔽荫的曲径盘道攀援直上，便到了庙中的制高点——人间仙境"授书楼"，它取黄石公给张良授书之意。

旗鼓地向西进犯。皇上尽管生病，还能勉强坐着辎车，躺在车里监督诸将，诸将不敢不尽力。皇上虽然劳苦，为了妻子和儿子，还是应该强打起精神。'"于是吕泽立刻在半夜里去求见吕后，吕后找到机会在皇上面前哭哭啼啼地进言，所说的与四人的意思相同。皇上说："我本来就想这小子派不上用场，还是老子自己去走一趟吧！"于是皇上就亲自率兵向东，群臣留守，都送行到霸上。留侯生病，勉强爬了起来，走到曲邮，见到皇上说："臣应当跟从，但是病得厉害。楚人彪悍，行动敏捷，希望皇上不要和楚人交战。"又趁机对皇上说："请任命太子为将军，让他监督关中的军队。"皇上说："子房虽然病了，躺着也要勉为其难辅佐太子啊。"当时叔孙通为太傅，留侯行使少傅的职权。

【原文】

汉十二年①，上从击破布军归，疾益甚，愈欲易太子。留侯谏，不听，因疾不视事。叔孙太傅称说引古今，以死争太子。上详许之②，犹欲易之。及燕③，置酒，太子侍。四人从太子，年皆八十有余，须眉皓白，衣冠甚伟。上怪之，问曰："彼何为者？"四人前对，各言名姓，曰东园公、角里先生、绮里季、夏黄公。上乃大惊，曰："吾求公数岁，公辟逃我④，今公何自从吾儿游乎？"四人皆曰："陛下轻士善骂，臣等义不受辱，故恐而亡匿。窃闻太子为人仁孝，恭敬爱士，天下莫不延颈欲为太子死者，故臣等来耳。"上曰："烦公幸卒调护太子。"

四人为寿已毕，趋去。上目送之，召戚夫人指示四人者曰："我欲易之，彼四人辅之，羽翼已成⑤，难动矣。吕后真而主矣。"戚夫人泣，上曰："为我楚舞，吾为若楚歌。"歌曰："鸿鹄高飞，一举千里。羽翮已就⑥，横绝四海。横绝四海，当可奈何！虽有矰缴⑦，尚安所施！"歌数阕⑧，戚夫人嘘唏流涕，上起去，罢酒。竟不易太子者，留侯本招此四人之力也。

【注释】

①汉十二年：即公元前195年。②详：通"佯"，假装。③燕：通"宴"，宴会。④辟：通"避"。⑤羽翼：比喻左右辅佐的人。⑥羽翮：羽翼。⑦矰缴：指射具。矰，射鸟的短箭。缴，系箭的绳子。⑧阕（què）：古代一首乐曲为一阕。

【译文】

汉高祖十二年，皇上率大军击败黥布后回来，病情更加厉害，越来越想更换太子。留侯劝谏，不听，留侯称病不理政事。叔孙太傅引古说今进行劝阻，以死力保太子。皇上假装同意，实际上还想换太子。等到宴会置备酒席的时候，太子在旁侍奉。四人跟随太子，年龄都八十多了，须发雪白，衣冠特异。皇上十分奇怪，问道："他们是什么人？"四人上前应答，各自说出自己姓名，叫作东园公、角里先生、绮里季、夏黄公。皇上于是大惊，说："我访求诸公好多年，诸公都躲避我，现在诸公为什么跟随我的儿子一起交游呢？"四人一起说："陛下轻视士人、喜欢谩骂，臣等坚守节义不想遭受侮辱，所以害怕而躲藏起来。私下里听说太子为人仁孝，恭敬待人，喜爱士人，天下人没有不伸出

商山四皓为太子美言

脖子想为太子拼死效劳的,所以臣等就来了。"皇上说:"劳烦诸公有始有终地爱护太子!"

四人敬酒祝福完毕后,很快地离去。皇上目送他们走了,召唤戚夫人过来指着这四个人说:"我想更换太子,但是有他们四个人辅佐太子,太子的羽翼已经丰满,很难变动了。吕后真是你以后的主子了!"戚夫人听后哭泣,皇上说:"你为我跳楚舞,我为你唱楚歌伴奏。"歌里唱道:"鸿鹄飞往高处,一飞好几千里。羽翼已经长成,能够翱翔天下。能够翱翔天下,你能拿他如何?纵有精弓良箭,尚且往何处施展?"歌曲唱了好几遍,戚夫人叹息流泪,皇上起身离去,结束酒宴。最终没能更换太子,就是因为留侯招来的这四个人发挥了作用。

【原文】

留侯从上击代①,出奇计马邑下②,及立萧何相国,所与上从容言天下事甚众,非天下所以存亡,故不著。留侯乃称曰:"家世相韩,及韩灭,不爱万金之资,为韩报仇强秦,天下振动。今以三寸舌为帝者师,封万户,位列侯,此布衣之极,于良足矣。愿弃人间事,欲从赤松子游耳③。"乃学辟谷,道引轻身。会高帝崩④,吕后德留侯,乃强食之,曰:"人生一世间,如白驹过隙⑤,何至自苦如此乎!"留侯不得已,强听而食。

后八年卒⑥,谥为文成侯⑦。子不疑代侯。

【注释】

①代:汉初诸侯国名,治所在今河北蔚县东北。②马邑:古县名,治所在今山西朔县。③赤松子:传说中的仙人。或谓神农氏时的雨师。④崩:古代称帝王死为崩。⑤白驹过隙:形容时间过得很快。⑥后八年:指高祖死后八年。⑦谥:古代帝王、贵族、大臣、士大夫死后,依其生前事迹给予的称号。

【译文】

留侯追随皇上攻打代国,在马邑城下出了一个奇策,以及劝说高帝任命萧何为相国,他所与皇上随便谈论的天下事很多,这些都不关乎天下的兴亡,所以没有记录下来。留侯便说:"我家好几代都做过韩国的相国,后来韩国灭亡,不吝惜万金的资财,为韩国向强秦报仇,天下为之振动。现在凭着三寸不烂之舌成为皇上的军师,获封万户的城邑,位居诸侯之列,这是布衣的极致了,对我张良来说已经足够了。我希望弃人间的事情,只想跟随赤松子去遨游。"于是学习道家的辟谷法,不食五谷,道引轻身。适逢遇上高帝驾崩,吕后感激留侯的恩德,便强行让他留下来吃饭,说:"人生这一世,就像白马过隙一样短暂,何必自寻烦恼到如此地步呢!"留侯拗不过,只好勉强听从太后留下来吃饭。

其后八年,留侯去世,谥号为文成侯。儿子不疑继承了他的侯位。

⊙ 名句精解

白驹过隙

"白驹过隙"这一成语最早见于《庄子》,用来形容人生的短促,还有一句"人生如朝露",是比喻太阳一出来,早晨的露珠就被蒸发了,也是感慨人生的短促,以及劝人把握短暂的人生,激励人们上进。

【原文】

子房始所见下邳圯上老父与《太公书》者①,后十三年从高帝过济北,果见谷城山下黄石,取而葆祠之②。留侯死,并葬黄石。每上冢伏腊③,祠黄石。

留侯不疑，孝文帝五年坐不敬，国除④。

【注释】

①《太公书》：即前面所说的《太公兵法》。②葆祠：作为宝而祭祀。葆，通"宝"。③伏腊：两种祭祀的名称。古代分别在夏季的伏天和冬季的腊月行祭祀之礼，所以称"伏腊"。④国除：削去封爵，废除封国。

【译文】

子房当初在下邳桥上遇见的给他《太公书》的那个老人，十三年后张良跟随高帝路过济北，果然看到谷城山下有一块黄石。张良把它取回家，供奉起来并且祭祀它。留侯死后，连同黄石一起下葬。每次家人上坟以及伏日、腊日祭祀张良的时候，也会祭祀黄石。

张良像

留侯张不疑，孝文帝五年的时候因为犯了不敬之罪，侯爵被剥夺了。

【原文】

太史公曰：学者多言无鬼神，然言有物。至如留侯所见老父予书，亦可怪矣。高祖离困者数矣①，而留侯常有功力焉，岂可谓非天乎！上曰："夫运筹策帷帐之中，决胜千里外，吾不如子房。"余以为其人计魁梧奇伟，至见其图，状貌如妇人好女。盖孔子曰："以貌取人，失之子羽②。"留侯亦云。

【注释】

①离：通"罹"，遭遇。②子羽：姓澹台，名灭明，字子羽。孔子的弟子。相传此人相貌丑陋而贤德。

【译文】

太史公说："学者大都说天下没有鬼神，然而却说有怪物。至于像留侯所遇到的老人赠书，也是十分奇怪的啊！高祖遭遇困难绝境有好几次，而留侯常常在这个时候献计奏功，这难道不是天意吗！皇上说："在军营中运筹帷幄，决胜于千里之外，我是比不上子房的。"我认为他这个人大概是魁梧高大的，等看到他的画像，相貌好像妇人美女。大概正如孔子所说的："倘若以貌取人，我就把子羽看错了。"留侯的情况也是如此。

> ### 文史知识
>
> #### 汉初三杰
>
> 任何一个伟大的时代都需要杰出的人物，也会造就杰出人物。
>
> 从历史事实看，刘邦的总结是完全正确的，正是在张良、萧何、韩信这"汉初三杰"的帮助下，刘邦才得以建立汉朝。
>
> 从军事统帅的角度来说，韩信是千古难得的帅才。他能够把弱小的军事力量的潜能发挥到极致，最后在垓下设下十面埋伏，将不可一世的楚霸王项羽彻底击败，一举奠定了建立汉王朝的基础。"韩信将兵，多多益善"，说的就是他超绝的军事指挥天赋。
>
> 萧何治国能力卓绝，甚至在他死后，其继任者曹参对萧何生前制定的各项法规、方针政策一字不改，竟然也能政绩斐然、国泰民安，这就是"萧规曹随"的典故来源。
>
> 张良更可以算得上完人。刘邦说张良"运筹策帷帐之中，决胜千里外"，是对其智慧的最好诠释；张良敢于和志同道合的力士一起，刺杀由大批卫队护卫的暴君秦始皇，可见其英勇无畏；从张良功成身退、拒受封禄，可见其"富贵不能淫，威武不能屈，贫贱不能移"的大丈夫品质。

梁孝王世家

【导读】

梁孝王刘武（？~公元前 144 年），汉景帝同母弟，母窦太后。封代王、淮阳王、梁王。吴、楚七国之乱期间，曾率兵抵御吴王刘濞，功劳极大。后来倚仗窦太后疼宠和梁国地广兵强，欲继景帝之帝位，但由于袁盎等大臣力阻，梁孝王没能成为王位继承人。刘武怨恨袁盎等议臣，于是派人将他们暗杀。汉景帝追究此事，刘武险遭杀身之祸，后来求助窦太后方才脱险。刘武虽得景帝宽恕，不久之后却郁郁而终。死后谥号孝王，葬于商丘永城邙山。

○平叛有功，僭越有过○

【原文】

梁孝王武者，孝文皇帝子也，而与孝景帝同母。母，窦太后也。

孝文帝凡四男：长子曰太子，是为孝景帝；次子武；次子参；次子胜①。孝文帝即位二年②，以武为代王，以参为太原王，以胜为梁王。二岁，徙代王为淮阳王。以代尽与太原王③，号曰代王。参立十七年，孝文后二年卒④，谥为孝王。子登嗣立，是为代共王，立二十九年，元光二年卒⑤。子义立，是为代王。十九年，汉广关⑥，以常山为限⑦，而徙代王王清河。清河王徙以元鼎三年也⑧。

初，武为淮阳王十年，而梁王胜卒，谥为梁怀王。怀王最少子，爱幸异于他子。其明年，徙淮阳王武为梁王。梁王之初王梁，孝文帝之十二年也。梁王自初王通历已十一年矣⑨。

【注释】

①胜：《汉兴以来诸侯王年表》也作"胜"，《孝文本纪》以及《汉书·文帝纪》、《汉书·诸侯王表》、《汉书·文三王传》等则作"揖"。②孝文帝即位二年：即公元前 178 年。③以代尽与太原王：把代国的封地全部划归太原王。与，给予。④孝文后二年：汉文帝后元二年，即公元前 162 年。⑤元光二年：公元前 133 年。元光，汉武帝的第二个年号。⑥广关：扩展关塞。⑦限：界限。⑧元鼎三年：公元前 114 年。元鼎，汉武帝的第五个年号。⑨通历：共经历。

【译文】

梁孝王刘武，是孝文帝的儿子，与孝景帝同一个母亲。梁孝王的母亲是窦太后。

孝文帝有四个儿子：长子为太子，即孝景帝；次子名叫刘武；第三个儿子名叫刘参；第四个儿子名叫刘胜。孝文帝即位第二年，封刘武为代王，封刘参为太原王，封刘胜为梁王。两年以后，迁移代王为淮南王。把代国的土地全部划给了太原王，称他为代王。刘参做了十七年的诸侯王，于孝文帝后元二年去世，谥号为孝王。孝王的儿子刘登继承王位，他就是代共王。共王在位二十九年，于武帝元光二年去世。儿子刘义继位，就是代王。十九年之后，汉朝扩充关隘，以常山为界限，迁移代王去治理清河。代王成为清河王是在元鼎三年。

起初，刘武做淮阳王的第十年，梁王刘胜去世，谥号为梁怀王。怀王为孝文帝最小的儿子，得到的宠爱要比其他的儿子多。第二年，迁移淮阳王刘武为梁王。梁王最开始治理梁国的时候，是孝文帝十二年。梁王从当初被封为淮南王到现在之改封梁王，前后经历了十一年。

【原文】

梁王十四年，入朝。十七年，十八年，比年入朝①，留②，其明年，乃之国。二十一年，入朝。二十二年，孝文帝崩。二十四年，入朝。二十五年，复入朝。是时上未置太子也。上与梁王燕饮③，尝从容言曰："千秋万岁后传于王④。"王辞谢。虽知非至言⑤，然心内喜。太后亦然。

【注释】

①比年：连年。②留：指留在京师。③燕饮：指较随便的家宴。燕，通"宴"。④千秋万岁：君王死的讳辞。⑤至言：深切中肯的话，真心话。

【译文】

梁王十四年，入朝觐见皇帝。十七年、十八年，连年入朝，留在京城。第二年，回到封国。二十一年，又入朝觐见皇帝。二十二年，孝文帝驾崩。二十四年入朝，二十五年再次入朝。这个时候皇上还没有册立太子。皇上与梁王一起宴饮，曾经随意地说道："千秋万岁之后，我就会把皇位传给你。"梁王谦虚地辞谢。尽管梁王知道这不是真心诚意的话，但心中还是暗自高兴。太后也一样为他高兴。

【原文】

其春，吴、楚、齐、赵七国反①。吴、楚先击梁棘壁，杀数万人。梁孝王城守睢阳②，而使韩安国、张羽等为大将军，以距吴、楚③。吴、楚以梁为限④，不敢过而西，与太尉亚夫等相距三月⑤。吴、楚破，而梁所破杀虏略与汉中分⑥。明年，汉立太子。其后梁最亲，有功，又为大国，居天下膏腴地。地北界泰山⑦，西至高阳，四十余城，皆多大县。

【注释】

①吴、楚、齐、赵七国反：汉景帝三年（公元前154年），吴王刘濞联合楚王刘戊、赵王刘遂、胶西王刘卬、胶东王刘雄渠、济南王刘辟光、菑川王刘贤，为反对朝廷的削藩政策，发动了大规模叛乱。其中的胶西、胶东、济南、菑川四国都是由齐国分出来的，所以这里用"齐"概指这四个诸侯国。详见《吴王濞列传》。②城守：据城守御。③距：通"拒"，抵御。④限：阻隔。⑤相距：相持。⑥略：大约。中分：对半分，相等。⑦界：以……为界。

【译文】

这年春天，吴、楚、齐、赵等七国造反。吴、楚先进攻梁国的棘壁，斩杀数万人。梁孝王据守睢阳，命令韩安国、张羽等人为大将军，抵挡吴、楚两国的军队。吴、楚受到梁国的阻隔，不敢逾越过去向西进兵，与太尉周亚夫等人相持了三个月。吴、楚二国被打败，梁国所斩杀俘获的吴、楚军队的数量与汉朝的战绩大致相同。第二年，汉朝册立太子。以后汉朝与梁国的关系最为亲近，梁国立下大功，又是大国，据有天下富饶肥沃的地方。梁国北边以泰山为界，向西到达高阳，总共有四十余座城池，而且大多都是大县。

【原文】

孝王，窦太后少子也，爱之，赏赐不可胜道。于是孝王筑东苑，方三百余里。广睢阳城七十里。大治宫室，为复道①，自宫连属于平台三十余里②。得赐天子旌旗，出从千乘万骑③。东西驰猎，拟于天子④。出言跸⑤，入言警。招延四方豪桀⑥，自山以东游说之士⑦，莫不毕至，齐人羊胜、公孙诡、邹阳之属⑨。公孙诡多奇邪计，初见王，赐千金，官至中尉，梁号之曰公孙将军。梁多作兵器弩弓矛数十万，而府库金钱且百巨万⑩，珠玉宝器多于京师。

【注释】

① 复道：楼阁间有上下两重通道，其架空者称复道，又名阁道，俗称天桥。② 连属：连接，连续。③ 千乘万骑：古时一车四马谓之"乘"，一人一马谓之"骑"。这里极言出从车辆、人马之多。④ 拟：比拟，类似。⑤ 跸（bì）：亦作"蹕"。古代帝王出行时止人清道谓之"跸"。⑥ 警：警戒。以上两句相互为文，即出入皆警跸。⑦ 桀：通"杰"。⑧ 山：指崤山。⑨ 属：类。⑩ 百巨万：亿万。巨万，一亿。

【译文】

梁孝王，是窦太后的小儿子，十分受宠，得到的赏赐数不胜数。于是梁孝王筑造东苑，方圆三百多里。扩建睢阳城七十里。广修宫室，筑造架空的通道，从宫殿连接到平台长达三十余里。天子赏赐给梁王旌旗，外出的时候有千乘万骑跟随。到处驱车打猎，排场类似天子。外出之时清道禁绝行人，回归之时严加警戒。收揽四方的豪杰，自崤山以东的游说之士，没有不来投奔梁国的，如齐人羊胜、公孙诡、邹阳这些人。公孙诡有很多奇巧诡怪的计谋，初次拜见梁王，就得到了百金的赏赐，官至中尉，梁孝王称他为"公孙将军"。梁国铸造了大量兵器，弓箭、戈矛的数量多达数十万件，府库的金钱亿万，珠玉、宝器比京城里的还多。

【原文】

二十九年十月，梁孝王入朝。景帝使使持节乘舆驷马①，迎梁王于关下。既朝，上疏因留，以太后亲故。王入则侍景帝同辇②，出则同车游猎，射禽兽上林中③。梁之侍中、郎、谒者著籍引出入天子殿门④，与汉宦官无异。

【注释】

① 节：符节，使者所持的信物。乘舆：皇帝和诸侯乘坐的车子。驷马：古时一车套四马，因称四马之车或车之四马为驷。② 辇：这里指辇车，即在宫中乘坐的人拉车，后世称为步辇。③ 上林：苑名。苑内放养禽兽，供帝王射猎。故址在今陕西西安西南。④ 著籍：在名簿上登记。引：导引。

【译文】

二十九年十月，梁孝王入朝觐见景帝。景帝派使者拿着符节、驾着驷马高车，到关下去迎候梁王。

梁孝王射猎上林苑

觐见完毕后，上疏皇帝请求留在京城，这是因为和太后亲爱的缘故。梁孝王进宫就陪侍景帝一起乘坐步辇，出宫则和他一起驱车游猎，到上林苑去射鸟兽。梁国的侍中、郎官、谒者的名字都登记到名簿上，可以随便出入皇帝的殿门，跟宫中宦官的待遇没有什么区别。

【原文】

　　十一月，上废栗太子①，窦太后心欲以孝王为后嗣。大臣及袁盎等有所关说于景帝②，窦太后义格③，亦遂不复言以梁王为嗣事由此。以事秘，世莫知。乃辞归国。

【注释】

①栗太子：刘荣，栗姬所生。②关说：谏阻。③义格：动议受阻。义，通"议"。格，受阻碍。

【译文】

　　十一月，皇上废掉栗太子，窦太后想立孝王为皇位继承者。大臣和袁盎等人劝阻景帝，窦太后的这个想法受阻，以后就不再说让梁王做皇位继承人这件事了。因为此事十分机密，世上没人知道。梁王于是辞别京城回到封国。

【原文】

　　其夏四月，上立胶东王为太子①。梁王怨袁盎及议臣，乃与羊胜、公孙诡之属阴使人刺杀袁盎及他议臣十余人②。逐其贼，未得也。于是天子意梁王③，逐贼，果梁使之。乃遣使冠盖相望于道，覆按梁④，捕公孙诡、羊胜。公孙诡、羊胜匿王后宫。使者责二千石急⑤。梁相轩丘豹及内史韩安国进谏王，王乃令胜、诡皆自杀，出之。上由此怨望于梁王⑥。梁王恐，乃使韩安国因长公主谢罪太后⑦，然后得释。

【注释】

①胶东王：刘彻，即后来的汉武帝。②阴：暗中，暗地里。③意：怀疑。④覆按：反复检验审查。覆，通"复"。按，查验，审查。⑤二千石：汉代官吏俸禄等级，这里用以指代这个等级的官吏。⑥怨望：怨恨，责怪。望，埋怨。⑦长公主：皇帝的姊妹，此指文帝长女馆陶公主刘嫖。

【译文】

　　这年夏天四月，皇上立胶东王为太子。梁王怨恨袁盎和商议立嗣问题的大臣，便与羊胜、公孙诡等人暗中指使人刺杀袁盎和其他参与议嗣的十多位大臣。朝廷抓捕凶手，但没能捕获。于是天子怀疑梁王，捕获到凶手，果然是梁王的幕后主使。于是派使者往返于去梁国的路上，反复查验，决定抓捕公孙诡、羊胜。公孙诡、羊胜在梁王的后宫中藏匿起来。使者责问二千石官员十分紧

命公孙诡、羊胜自杀

急，梁相轩丘豹和内史韩安国进谏梁王，梁王这才让羊胜、公孙诡等人自杀，然后把他们交给了景帝。景帝因此而怨恨梁王。梁王十分害怕，因此派韩安国通过长公主向太后认罪，然后才得到宽恕。

【原文】

上怒稍解，因上书请朝。既至关，茅兰说王①，使乘布车，从两骑入，匿于长公主园。汉使使迎王，王已入关，车骑尽居外，不知王处。太后泣曰："帝杀吾子！"景帝忧恐。于是梁王伏斧质于阙下②，谢罪，然后太后、景帝大喜，相泣，复如故。悉召王从官入关。然景帝益疏王③，不同车辇矣。

三十五年冬，复朝。上疏欲留，上弗许。归国，意忽忽不乐④。北猎良山，有献牛，足出背上，孝王恶之。六月中，病热，六日卒，谥曰孝王。

【注释】

①茅兰：梁孝王的臣子。说：劝说。②斧质：古代杀人刑具。质，通"锧"，杀人时作垫用的砧板。阙：宫阙，帝王居住的地方。此指宫门。③益：逐渐。④忽忽：恍惚不安的样子。

【译文】

皇上的怒气慢慢地消除了，梁王于是上书请求觐见皇帝。到了函谷关，茅兰劝梁王乘坐布车，让他只带两个随从进入京城，躲藏在长公主的园囿之中。朝廷派使者迎接梁王，梁王已经入关，跟随的车马、骑兵都留在了关外，不知道梁王身在何处。太后哭泣道："皇上杀了我的儿子！"景帝因此而担忧害怕。于是梁王背着斧锧俯伏在宫阙门前，向景帝谢罪，太后、景帝十分高兴，相对哭泣，兄弟之间的感情又像以前一样了。然后下令让梁王的随从一起入关。然而景帝渐渐疏远梁王，不再和他同乘一辆车了。

三十五年冬天，（梁王）再次入京觐见景帝。上书请求在京城逗留，皇上不允。梁王回到封国，心神恍惚且闷闷不乐。向北去良山打猎，有人献给梁王一头牛，牛的脚长在背上，梁孝王很厌恶它。六月中旬，患了热病，六天后就病死了，谥号为孝王。

【原文】

孝王慈孝①，每闻太后病，口不能食，居不安寝，常欲留长安侍太后。太后亦爱之。及闻梁王薨，窦太后哭极哀，不食，曰："帝果杀吾子！"景帝哀惧，不知所为。与长公主计之，乃分梁为五国，尽立孝王男五人为王，女五人皆食汤沐邑②。于是奏之太后，太后乃说，为帝加一餐。

梁孝王长子买为梁王，是为共王③；子明为济川王；子彭离为济东王；子定为山阳王；子不识为济阴王。

孝王未死时，财以巨万计，不可胜数。及死，藏府余黄金尚四十余万斤④，他财物称是⑤。

【注释】

①慈孝：孝敬奉养父母。②汤沐邑：汉代称皇帝、皇后、公主等收取赋税的私邑。③共：通"恭"，谥号用字。④藏府：府库，藏存东西的地方。⑤称：相副，相当。

【译文】

梁孝王为人慈孝，每次听说太后生病，都吃不下饭，睡不好觉，常常想留在长安侍奉太后。太后也十分疼爱孝王。窦太后得知孝王病逝之后，哭得十分厉害，吃不下东西，说："皇上果然杀了我的儿子！"景帝哀伤又恐惧，不知如何是好。于是跟长公主商量，把梁国一分为五，分给孝王的五个儿子，五个女儿也都获封汤沐邑。于是把这些措施呈奏给太后，太后这才高兴起来，为景帝特意加了一次餐。

景帝与梁孝王侍奉太后宴饮

梁孝王长子刘买继承了王位，他就是共王；次子刘明为济川王；三子刘彭离为济东王；四子刘定为山阳王；少子刘不识为济阴王。

梁孝王没死的时候，财产以亿万计算，多得不可胜数。等到他死了以后，藏在府库之中的黄金还剩下四十多万斤，其他财物也大致如此。

【原文】

太史公曰：梁孝王虽以亲爱之故，王膏腴之地，然会汉家隆盛①，百姓殷富，故能植其财货②，广宫室，车服拟于天子③。然亦僭矣④。

【注释】

①会：适逢，遇上。②植：通"殖"，增殖，积累。③车服：车马服饰。④僭：超越本分。

【译文】

太史公说：梁孝王虽然因为与景帝亲近、深受太后宠爱的缘故，占得丰饶肥沃之地，然而适逢汉室昌隆，百姓富足，因此能够储蓄财富，广修宫室，车马、服饰与天子的规格相当。然而这是僭越的行为。

○太史公论梁孝王骄横恣睢○

【原文】

褚先生曰：臣为郎时，闻之于宫殿中老郎吏好事者称道之也。窃以为令梁孝王怨望，欲为不善者①，事从中生②。今太后，女主也，以爱少子故，欲令梁王为太子。大臣不时正言其不可状③，阿意治小④，私说意以受赏赐⑤，非忠臣也。齐如魏其侯窦婴之正言也⑥，何以有后祸？景帝与王燕见⑦，侍太后饮，景帝曰："千秋万岁之后传王。"太后喜说。窦婴在前，据地言曰⑧："汉法之约，传子適孙⑨，今帝何以得传弟，擅乱高帝约乎！"于是景帝默然无声，太后意不说。

【注释】

①欲为不善：指企图继承帝位事。②中：指宫中。③时：及时。④阿意：曲从人意。治小：指管一些无足轻重的小事。⑤私说意：指暗地里办些使太后感到满意的事。说，通"悦"。⑥齐：皆，全。正言：指下文应"传子適孙"而不应"传弟"的话。⑦燕见：亦作"宴见"，谓帝王闲暇时召见臣下。燕，通"宴"。⑧据地：指稽首至地。⑨適（dí）孙：嫡长孙。適，同"嫡"。封建宗法制度下称正妻为"嫡"。有时指正妻所生的儿子，有时也专指正妻所生的长子。

【译文】

褚少孙先生说：我做郎官的时候，在宫殿之中听到喜好议论别人是非的老郎官说过梁孝王的事情。我私底下认为，致使梁孝王要图谋造反的缘故，是从宫中惹出来的。当今太后是天下的女主人，因为宠爱小儿子的缘故，想让梁王做太子。朝中大臣没有及时直言说出不可以这样做的情由，而是曲意逢迎，在小的方面讨好，暗中求得太后欢喜以得到赏赐，这并非忠臣所为。倘若大臣们都能像魏其侯窦婴那样直言敢谏，怎么会有以后的祸难呢？景帝与梁孝王一起宴饮，侍奉太后喝酒，景帝说："在我千秋万岁之后，就会把皇位传给梁王。"太后十分高兴。窦婴在宴席前，伏在地上向皇上进言道："汉朝的法令规定，帝位只能传给长子、长孙，现在陛下怎么能把皇位传给弟弟，擅自毁坏高皇帝的规定呢！"于是景帝沉默不语，太后心里也不痛快。

【原文】

故成王与小弱弟立树下①，取一桐叶以与之，曰："吾用封汝。"周公闻之，进见曰："天王封弟，甚善。"成王曰："吾直与戏耳②。"周公曰："人主无过举③，不当有戏言，言之必行之。"于是乃封小弟以应县。是后成王没齿不敢有戏言④，言必行之。《孝经》曰："非法不言，非道不行。"此圣人之法言也⑤。今主上不宜出好言于梁王。梁王上有太后之重，骄蹇日久⑥，数闻景帝好言⑦，千秋万世之后传王，而实不行。

【注释】

①弱：年少。②直：只，但。③过举：错误的、不恰当的举动。④没齿：没世，一辈子。⑤法言：格言。⑥骄蹇（jiǎn）：不顺从，傲慢。⑦数：多次。

【译文】

以前周成王和年幼的弟弟站在树下，他拾起一片桐叶给弟弟说："我把这个封赐给你。"周公听见了，向前进言说："天王分封弟弟，这很好。"成王说："我只不过是和他开玩笑罢了。"周公曰："身为君主不应该有不当的举动，不应该说出开玩笑的话，说了就一定要做到。"于是把应县封给了幼弟。自此成王终生不敢说开玩笑的话，说出就一定做到。《孝经》上说："不合法度的话不说，不合道理的事不做。"这是圣人的格言啊。当初皇上不应该说出诱人的话给梁王听。梁王对上得到太后的重视，骄横傲慢已经很久了，多次听到景帝许诺的话，要千秋万岁之后把帝位传给梁王，但实际上是不可能的。

【原文】

又诸侯王朝见天子，汉法凡当四见耳。始到，入小见①；到正月朔旦②，奉皮荐璧玉贺正月③，法见④；后三日，为王置酒，赐金钱财物；后二日，复入小见，辞去。凡留长安不过二十日。小见者，燕见于禁门内⑤，饮于省中⑥，非士人所得入也⑦。今梁王西朝，因留，且半岁。入与人主同辇，出与同车。示风以大言而实不与⑧，令出怨言，谋畔逆⑨，乃随而忧之，不亦远乎⑩！非大贤人，不知退让。今汉之仪法,朝见贺正月者,常一王与四侯俱朝见,十余岁一至。今梁王常比年入朝见⑪,久留。鄙语曰"骄子不孝"⑫,非恶言也。故诸侯王当为置良师傅,相忠言之士⑬,如汲黯、韩长孺等,敢直言极谏,安得有患害!

【注释】

①小见:即"燕见"。②朔旦:夏历初一早晨。③皮荐:皮垫。④法见:按照礼仪制度所进行的正式朝见。⑤禁门:皇宫门。禁,皇帝居住的地方。⑥省:王宫禁地。⑦士:一般官吏或书生。⑧大言:指继承帝位的话。⑨畔:通"叛"。⑩远:指远离事理。⑪比年:连年。比,接连。⑫鄙语:俗语。⑬相忠言之士:即以忠言之士为相。

【译文】

　　另外,诸侯王朝见天子,汉法规定顶多只能朝见四次。才到京城的时候,入宫小见;正月初一的清晨,捧着皮垫摆上璧玉祝贺正月,这称为"法见";其后三天,皇帝为诸侯摆设酒宴,赏赐给他们金钱和财物;又过两天,再次入宫"小见",之后辞别回国。在长安逗留的时间,前后加起来不超过二十天。所谓"小见",也就是在官廷之内不以礼节相见,在王宫禁地饮宴,这不是一般士人能进入的。现在梁王向西朝见皇上,趁机逗留下来,将近半年。进入皇宫的时候与皇上同辇而坐,出宫的时候与皇上同车而行。皇上说了一些大话但是实际上不兑现,致使梁王口出怨言,图谋造反,所以又随着他一起担惊受怕,这不是背离事理很远了吗?不是大贤大德的人,不懂得谦恭辞让。依照汉朝的礼法制度,朝见皇帝庆贺正月,通常是一王与四侯一起朝见,十多年来一次。如今梁王连年到京城朝见天子,并且长期逗留于京城之中。俗语说:"骄纵的孩子不懂得孝顺。"这不是坏话啊。所以应当为诸侯王设置贤良的老师,以忠直敢言之人辅佐,就像汲黯、韩长孺等人那样,敢于直言劝谏,这怎么会发生祸患呢!

【原文】

　　盖闻梁王西入朝,谒窦太后,燕见,与景帝俱侍坐于太后前,语言私说①。太后谓帝曰:"吾闻殷道亲亲②,周道尊尊③,其义一也。安车大驾④,用梁孝王为寄。"景帝跪席举身曰:"诺。"罢酒出,帝召袁盎诸大臣通经术者曰⑤:"太后言如是,何谓也?"皆对曰:"太后意欲立梁王为帝太子。"帝问其状,袁盎等曰:"殷道亲亲者,立弟。周道尊尊者,立子。殷道质⑥,质者法天⑦,亲其所亲,故立弟。周道文,文者法地,尊者敬也,敬其本始⑧,故立长子。周道,太子死,立適孙。殷道,太子死,立其弟。"帝曰:"于公何如?"皆对曰:"方今汉家法周,周道不得立弟,当立子。故《春秋》所以非宋宣公⑨。宋宣公死,不立子而与弟。弟受国死,复反之与兄之子⑩。弟之子争之,以为我当代父后,即刺杀兄子。以故国乱,祸不绝。故《春秋》曰:'君子大居正,宋之祸宣公为之⑪。'臣请见太后白之。"袁盎等入见太后:"太后言欲立梁王,梁王即终⑫,欲谁立?"太后曰:"吾复立帝子。"袁盎等以宋宣公不立正⑬,生祸,祸乱后五世不绝,小不忍害大义状报太后⑭。太后乃解说,

梁园,又名梁苑、菟园、睢园、修竹园,俗名竹园,为西汉梁孝王刘武所营建的游赏延宾之所,故址位于今河南省商丘市睢阳区。西汉初年,汉文帝封其子刘武于大梁(今商丘),梁孝王在汴梁东南古吹台一带大兴土木,建造了规模宏大、富丽堂皇的梁园。建成后的梁园周围三百多里,宫观相连,奇果佳树,错杂其间;珍禽异兽,出没其中,使这里成了景色秀丽的人间天堂。

即使梁王归就国。而梁王闻其义出于袁盎诸大臣所⑮,怨望,使人来杀袁盎。袁盎顾之曰:"我所谓袁将军者也,公得毋误乎⑯?"刺者曰:"是矣!"刺之,置其剑⑰,剑著身⑱。视其剑,新治。问长安中削厉工⑲。工曰:"梁郎某子来治此剑。"以此知而发觉之,发使者捕逐之。独梁王所欲杀大臣十余人,文吏穷本之⑳,谋反端颇见㉑。太后不食,日夜泣不止。景帝甚忧之,问公卿大臣,大臣以为遣经术吏往治之,乃可解。于是遣田叔、吕季主往治。此二人皆通经术,知大礼。来还,至霸昌厩,取火悉烧梁之反辞,但空手来对景帝。景帝曰:"何如?"对曰:"言梁王不知也㉒。造为之者,独其幸臣羊胜、公孙诡之属为之耳。谨以伏诛死,梁王无恙也。"景帝喜悦,曰:"急趋谒太后。"太后闻之,立起坐餐,气平复。故曰,不通经术知古今之大礼,不可以为三公及左右近臣。少见之人,如从管中阚天也㉓。

袁盎遇刺

【注释】

①语言私说:指他们母子、兄弟之间高兴地说贴心话。说,同"悦"。②亲亲:爱其亲属。③尊尊:尊敬其长辈。④安车大驾:安车,古代一种小车,以其可以坐乘,故名"安车"。又以凡妇人均坐乘,所以太后用以自指。大驾,本指帝王出行的车驾,这里用为死亡的讳称。⑤经术:经学、儒术。⑥质:质朴。⑦法:取法,效法。⑧本始:本原。⑨非:责备。⑩反:同"返"。⑪"君子大居正"二句:引语出自《公羊传·隐公三年》。大,尊崇。居正,遵循正道。⑫即:如果。⑬不立正:指不立嫡长子。⑭小不忍:在小的方面不克制。此句指窦太后如果一味疼爱梁孝王,不克制自己的偏心,将会造成皇族内部争夺继承权的祸乱。⑮义:通"议",主意,建议。⑯得毋:莫不是,该不会。⑰置:放弃,丢弃。⑱著:附着,加……于上。⑲削厉工:制作或磨砺刀剑的工匠。⑳穷本:穷尽本源。㉑见:同"现"。㉒言:衍文。㉓阚:通"窥",从小孔中察看。

【译文】

听说梁王向西朝见天子,拜谒窦太后,家人相见,梁王和孝景帝一起陪侍在太后面前,他们交谈得十分和悦亲热。太后对景帝说:"我听说殷商的制度是亲爱自己的兄弟,周朝的制度是尊重他们的祖先,他们的道理都是一样的。我百年之后,就把梁孝王托付给你吧。"景帝跪下来挺直身子对太后说:"是。"酒宴结束后出宫,景帝召来袁盎等精通经术的大臣说:"太后这么说是什么意思呢?"他们回答说:"太后是想立梁王为太子啊。"景帝询问缘故,袁盎等人说:"殷商的传统是亲近兄弟,所以把帝位传给自己的兄弟。周朝的传统是尊重祖先,所以把帝位传给儿子。殷商的传统是崇尚质朴，质朴须效法上天，亲近他所亲近的人，所以把帝位传给兄弟。周朝的原则是崇尚华美，华美须效法大地，尊就是敬的意思，尊敬它的本源，所以把帝位传给长子。周朝的制度，太子死了，立嫡孙。殷朝的制度，太子死了，立其弟。"景帝说："你们怎么看这个问题呢？"大家回答道："如今汉朝的制度是师法周代，周代的制度是不能立弟弟为帝的，应该立儿子。正因如此，《春秋》才非议宋宣公。宋宣公死后，帝位不传给儿子而传给弟弟。他的弟弟成为国君后死去，又把王位传给了兄长的儿子。但是弟弟的儿子不甘心，要争夺王位，认为自己应当接替父亲的位子，便杀掉了兄长的儿子。这导致国家大乱，灾祸不绝。所以《春秋》说：'君子应尊崇正道，宋国的灾祸是宋宣公造成的。'我们请求拜谒太后向她说明这个道理。"袁盎等人拜谒太后说道："太后说要立梁王为太子，那么梁王死后要立谁为太子呢？"太后说："再立皇帝的儿子。"袁盎等人以宋宣公不立嫡子而发生祸乱、祸乱延续五代而不断绝，以及不克制小私心而造成大灾难的道理告诉太后。太后听后，理解了这一道理，心情也和悦了，即刻让梁王回到封国。梁王听说这个主意出自袁盎以及那一帮大臣，就心存怨恨，派人刺杀袁盎。袁盎回头对刺客说道："我就是人们所说的袁将军，你没有认错人吧？"刺客说："正是你！"于是刺杀了袁盎，并把他的剑丢弃掉，剑插在袁盎的身上。查验那把剑，是新磨砺好的。盘问长安城中磨砺刀剑的工匠，工匠回答说："梁国郎官某人来到这里磨过这把剑。"凭借这个找到了线索，发现了梁王的阴谋，立刻派遣使者去抓捕凶手。单是梁王所要杀的大臣就有十多人，审案的官吏追本溯源，发现梁王谋反的迹象已经很清楚了。太后因此而吃不下东西，日夜不停地哭泣。景帝十分担忧，向公卿大臣询问办法，大臣认为应该派遣精通经术的官吏去处理此案，这样才能解除太后的忧虑。于是派了田叔、吕季主处理这个案件。这两人都精通经术，懂得大礼。审完案子归来，走到霸昌厩，取火把梁王谋反的证词焚烧掉，只空手来见景帝。景帝问："案子处理得怎么样？"回奏说："梁王并不知情。制造这件事的，仅仅是他的宠臣羊胜、公孙诡等人而已。这些人已经伏法受诛，梁王没有受到什么伤害。"景帝听后很高兴，说："快点去拜谒太后，告知她详情吧。"太后知道了情况，立即能坐起来吃饭了，心情也恢复了平静。所以说，不精通经术、不知道古今大礼的人，不可以担任三公及左右的近臣啊。见识浅薄的人，就好像从竹管中窥视天空一样。

⊙名句精解

富贵悲哀，只因生在帝王家

《汉书》卷四十七《梁孝王传》叙述景帝同母弟梁孝王刘武事略，道人伦，叙情谊，充满了浓厚的人情味。梁孝王因为继位之事最终郁郁而终，不免让人唏嘘感叹。文中叙写了他入朝侍母时母子兄弟其乐融融、情亲意切的情形；又写他坚决抗击七国动乱、拱卫朝廷的表现；写他对兄长终究没有反戈插刃，刺杀袁盎败泄，十分害怕，因姊托母求情，取得谅解，以及他从臣之议，贱车入关，躲进主园，伏质阙下最终郁郁而终。用笔重在叙述汉家前期家庭内部生活，所表达的看法也是基于人伦母子与手足之情，哀婉感伤。

天下复平后梁王在封国逾越制度，生活极为奢靡，出入可以用天子仪仗，属地沃野千里，出行千骑万乘，还拥有兵器数万件，直到死时库房还有四十万两黄金。各家对于梁孝王如此放纵无度有很多不同的看法。究其原因，梁王与景帝、窦太后最亲，战功也确实卓著，七国之乱后分得的财物和大城最多。他的放纵不自慎，与母亲窦太后与兄长景帝的娇惯护爱有着直接的关系，景帝在家宴上甚至心血来潮地说出了"千秋万岁后传于王"的亲热话。梁孝王权势已极，又有兄长如此看重，终于有了觊觎帝位的心思举动。然而帝王家的骨肉亲情必须让位于国家的安定、皇权的稳定和皇位的有序继承。当景帝废了栗皇后之后，窦太后有了想要让梁孝王继承皇位的心意，为朝臣袁盎等人所阻，他们推荐刘彻为太子，也就是后来的汉武帝，终于演化出梁王行刺这样的不冷静之举。这一举动，与其说是对抗朝廷，还不如说是对朝臣干涉的报复。但谋刺本身已经触及了帝国的法律，引来了朝廷的查办，于是兄弟之间出现了无法弥合的创伤，并导致孝顺的梁王再也不能承欢太后膝下，最后郁郁而终。

列传

老子韩非列传

【导读】

　　这是一篇关于先秦道家和法家代表人物的传记。司马迁将老、庄、申、韩合为一传，代表了汉人对道家与法术家关系的看法。汉人认为老子的学术是"君人南面之术"，主张无为而有为、多言有无之辩。而庄子主张"天道无为而自然"，其与老子的思想是一脉相承的。韩非所写的《解老》篇和《喻老》篇是从法家的角度讲解"道德"。至于申不害的"术"，思想要旨在于君主驾驭臣子。韩非所说的"法"以申不害的"术"为基础，又掺杂商鞅的"法"、慎到的"势"，形成了"法、术、势"三者合一的统治之道。太史公作四人合传，在当时来说，确实是胸罗道德，纵横概括，是一篇很有气魄的雄文。

○老　子○

【原文】

　　老子者，楚苦县厉乡曲仁里人也①，姓李氏，名耳，字聃，周守藏室之史也②。

　　孔子适周③，将问礼于老子。老子曰："子所言者，其人与骨皆已朽矣，独其言在耳。且君子得其时则驾④，不得其时则蓬累而行⑤。吾闻之，良贾深藏若虚⑥，君子盛德⑦，容貌若愚。去子之骄气与多欲，态色与淫志⑧，是皆无益于子之身⑨。吾所以告子，若是而已。"孔子去⑩，谓弟子曰："鸟，吾知其能飞；鱼，吾知其能游；兽，吾知其能走⑪。走者可以为罔⑫，游者可以为纶⑬，飞者可以为矰⑭。至于龙吾不能知，其乘风云而上天。吾今日见老子，其犹龙邪！"

【注释】

　　①楚：国名。苦县：县名。厉乡曲仁里：地名，在今河南鹿邑境内。②守藏室之史：藏书室的史官。③适：到。④驾：驾车，引申为做官。⑤蓬：草名，风吹则根断而随风飘转。累：转行貌。⑥贾：商人。深藏若虚：深藏货物，不让人知道、看见。⑦盛：大。⑧态色：神态表情。淫：过于，过高。⑨是：这些。⑩去：离开。⑪走：跑。⑫罔：网。⑬纶（lún）：钓丝。⑭矰（zēng）：系着细绳的射鸟用的短箭。

【译文】

　　老子，楚国苦县厉乡曲仁里人，姓李，名耳，字聃，是周朝管理藏书室的史官。

　　孔子到达周都，打算向老子问礼。老子对他说："您所说的礼，制定它的人和那人的骸骨都已经腐朽了，唯有他的言论还在。况且君子生逢其时就该驾车出仕，生不逢时就该如蓬蒿一般飘荡而行。我听说，善于经商者经常深藏自己的货物而表面看上去好像一无所有，君子具有高尚的品德却在容貌上表现得愚钝。摒除您的骄气和多欲，抛弃您的姿态容色及过分高远的志向，这些东西对您来说毫无益处。我所能告诉您的，就只有这一些而已。"孔子离去之后，对弟子说："鸟，我知道它能（在空中）飞翔；鱼，我知道它能（在水里）游耍；兽，我知道它能（在陆上）奔跑。会奔跑的野兽可以用网来捕捉，会游耍的鱼儿可以用线钩来垂钓，会飞翔的鸟类可以用弓箭来射杀。至于龙，我就不知道了，它是乘着风云而上青天的。我今天见到老子，他就像龙一样啊！"

【原文】

老子修道德，其学以自隐无名为务①。居周久之，见周之衰，乃遂去。至关②，关令尹喜曰："子将隐矣，强为我著书③。"于是老子乃著书上下篇，言道德之意五千余言而去，莫知其所终。

【注释】

①务：追求。②关：指大散关，在今陕西宝鸡西南。一说指函谷关，在今河南灵宝东北。③强：勉力。

【译文】

老子讲修道德，他的学问以自身隐逸不求功名为宗旨。老子久居周都，他看到周朝渐趋衰弱，就离开了。等他到达大散关的时候，守关的官吏尹喜说："您即将隐居了，就请您勉为其难为我写一部书吧。"于是老子著述了上下两篇，讲解"道"和"德"的意义，有五千多字，写完后就离开了，之后再没有人知道他的下落。

【原文】

或曰①：老莱子亦楚人也②，著书十五篇，言道家之用，与孔子同时云。

盖老子百有六十余岁，或言二百余岁，以其修道而养寿也。

自孔子死之后百二十九年，而史记周太史儋见秦献公曰③："始秦与周合，合五百岁而离，离七十岁而霸王者出焉④。"或曰儋即老子，或曰非也，世莫知其然否。老子，隐君子也。

老子乘牛出函谷关

【注释】

①或：有的人。②老莱子：春秋时楚国隐士。③史记：一说指史籍或史官记载；一说是秦以前史书的通称。太史：官名，掌管史籍和历法。儋：人名。秦献公：秦国国君，名师隰。④霸王者：指秦始皇。

【译文】

有的人说：老莱子也是楚国人，著书十五篇，讲的是道家的运用，与孔子处于同一时代。

老子大约活到一百六十多岁，也有说活到二百多岁的，这是他通过修习道德来延年益寿的缘故。

自孔子死后一百二十九年，史书上记载周太史儋拜见秦献公说："起初秦与周是合在一起的，相合五百年而分离，分离七十年后有霸王出现。"有的人说儋就是老子，也有的人说不是，世人也不知孰对孰错。老子，是归隐的君子。

【原文】

老子之子名宗，宗为魏将①，封于段干②。宗子注，注子宫，宫玄孙假，假仕于汉孝文帝③。而假之子解为胶西王卬太傅④，因家于齐焉⑤。

203

【注释】

①魏：国名，战国七雄之一，建都安邑。②段干：魏邑名。③汉孝文帝：刘恒。④胶西王卬：胶西为郡、国名。卬：指汉高祖庶子悼惠王的儿子。太傅：官名，古三公之一，职责是辅佐君主。⑤家：居住。齐：国名。

【译文】

老子的儿子名叫宗，做过魏将，受封于段干之地。宗的儿子名叫注，注的儿子名叫宫，宫的玄孙名叫假，假曾在汉孝文帝时出仕做官。假的儿子解乃是胶西王卬的太傅，所以在齐地安了家。

【原文】

世之学老子者则绌儒学①，儒学亦绌老子。"道不同不相为谋"②，岂谓是邪？李耳无为自化，清静自正。

【注释】

①绌：通"黜"，排斥。②道不同不相为谋：主张不同不相互商量。语出《论语·卫灵公》。

【译文】

世上学习老子学说的人一般排斥儒家学说，学习儒学的人一般也排斥老子的学说。有句话叫"道不同不相为谋"，不就是指的这样吗？李耳主张无为而求自然感化，强调清静而求自我归正。

庄　子

【原文】

庄子者，蒙人也①，名周。周尝为蒙漆园吏②，与梁惠王、齐宣王同时③。其学无所不窥④，然其要本归于老子之言⑤。故其著书十余万言，大抵率寓言也⑥。作《渔父》、《盗跖》、《胠箧》，以诋訿孔子之徒⑦，以明老子之术。《畏累虚》、《亢桑子》之属，皆空语无事实。然善属书离辞⑧，指事类情，用剽剥儒、墨⑨，虽当世宿学不能自解免也⑩。其言洸洋自恣以适己⑪，故自王公大人不能器之⑫。

【注释】

①蒙：邑名。战国时属宋，在今河南商丘东北。②漆园：地名。③梁惠王：战国时魏君，名䓨，约公元前 370 年至公元前 319 年在位。齐宣王：战国时齐君，名辟疆，约公元前 320 年至公元前 302 年在位。④窥：窥视、偷看，这里是钻研的意思。⑤要：要旨。本：本源。⑥率：类似。寓言：有所寄托或比喻的话。⑦诋訿：毁谤。⑧离：陈列，这里是铺叙的意思。⑨剽剥：攻击。墨：以墨翟为代表的学派。⑩宿学：学识渊博之人。解免：避免。⑪洸洋：水势浩大的样子，这里比喻议论恣肆。恣：放纵。适己：随自己的心意。⑫器：以之为器，使用，利用。

【译文】

庄子，蒙地人，名叫周。庄子曾做过蒙地漆园的官吏，与梁惠王、齐宣王处在同一时代。庄子学识渊博，他的学说涉猎广泛，无所不包，然而他的理论还是要归宗于老子的学说。所以他虽然著述了十多万字，却多数类似寓言。庄子写了《渔父》、《盗跖》、《胠箧》三篇，用来抨击孔子一派的人，并阐明老子的学术。《畏累虚》、《亢桑子》诸篇，都是空话且毫无事实依据。但是庄子擅长行文措辞和指事类比，以此来批

庄子像

驳儒家、墨家的学说，即便是当世知识渊博的学者，也免不了要受到他的批驳。他的语言汪洋恣肆，随心所欲，所以王公大臣都不愿重用他。

【原文】

楚威王闻庄周贤①，使使厚币迎之②，许以为相。庄周笑谓楚使者曰："千金，重利；卿相，尊位也。子独不见郊祭之牺牛乎③？养食之数岁，衣以文绣④，以入大庙⑤。当是之时，虽欲为孤豚⑥，岂可得乎？子亟去⑦，无污我。我宁游戏污渎之中自快⑧，无为有国者所羁⑨，终身不仕，以快吾志焉⑩。"

【注释】

①楚威王：楚国国君，名商，公元前339年至公元前329年在位。②使使：派使者。币：丝织品或其他物品，用作礼物。③郊祭：古代帝王每年冬至在都城南郊祭天。牺牛：祭祀用的牛。④衣：给穿衣。文绣：有花纹的刺绣。⑤大庙：即太庙，天子的祖庙。⑥豚：小猪。⑦亟：快。⑧渎：水沟。⑨有国者：执掌政权的人。⑩志：心情。

【译文】

楚威王听说庄周有贤能，就派使者以重金相聘，并许诺让他做楚相。庄周笑着对楚使说："千金，这是重利；卿相，这是尊位。然而您难道没见过郊祀祭祖用的牺牲（贡品）牛吗？这些牛被喂养多年，然后人们为它披上彩绣锦缎，送入太庙。这个时候，这只牛即便想做一头孤独的小猪，难道还能实现吗？您还是快离开吧，千万不要玷污我！我宁愿在污水里快快乐乐地游戏，也不愿为当权者所羁绊，我决定终身不仕，以使我的心情保持愉快。"

申不害与韩非子

【原文】

申不害者，京人也①，故郑之贱臣②。学术以干韩昭侯③，昭侯用为相。内修政教，外应诸侯，十五年。终申子之身，国治兵强④，无侵韩者。

申子之学本于黄老而主刑名⑤。著书二篇，号曰《申子》。

【注释】

①京：郑邑名，在今河南荥阳东南。②郑：国名。贱臣：地位卑微的官吏。③干：求官于。韩昭侯：公元前362年至公元前333年在位。④治：安定。⑤黄老：黄老之学，道家的一个流派，黄指黄帝，老指老子。刑名：刑，通"形"，指形体或事实；名，名称，指言论或主张。

【译文】

申不害，京邑人，曾经是郑国的低级官吏。后来研习学术，并向韩昭侯求官。韩昭侯任用他做宰相。申不害（做宰相后）对内修明政教，对外应对诸侯，前后总共十五年。申不害做宰相的时候，韩国国富兵强，诸侯都不敢前来侵犯。

申子的学说归宗于黄老，但还是以刑名之学为主。他写过两篇书，合起来称作《申子》。

【原文】

韩非者，韩之诸公子也①。喜刑名法术之学②，而其归本于黄老③。非为人口吃，不能道说，而善著书。与李斯俱事荀卿④，斯自以为不如非。

非见韩之削弱，数以书谏韩王⑤，韩王不能用。于是韩非疾治国不务修明其法制⑥，执势以御其臣下⑦，富国强兵而以求人任贤，反举浮淫之蠹而加之于功实之上⑧。以为儒者用文乱法⑨，而侠者以武犯禁⑩。宽则宠名誉之人⑪，急则用介胄之士⑫。今者所养非所用，所用非所养。悲廉直不容于邪枉之臣，观往者得失之变，故作《孤愤》、《五蠹》、《内外储》、《说林》、《说难》十余万言。

【注释】

①韩：国名，战国七雄之一。②法术：法度权术。③归：这里指宗旨。④李斯：楚国上蔡人，战国末年入秦，先后任廷尉、丞相等职，后为赵高所忌，被杀。荀卿：荀况，战国赵人，其学以孔子为宗。⑤书：文章、奏章。韩王：指韩王安，公元前238年至公元前230年在位。⑥疾：痛恨。⑦势：权势。御：控制，驾驭。⑧浮淫之蠹：指文学游说之士。蠹，蛀虫。功实：指农耕者和士兵。⑨文：儒家典籍。⑩武：勇猛。⑪宽：指国家太平。名誉之人：有声誉的人。⑫介胄之士：披甲戴盔的战士。

韩非子像

【译文】

　　韩非，韩国的诸公子。韩非喜好刑名法术的学问，而主旨本源于黄老之学。韩非为人口吃，不善言谈，不过长于著书。他与李斯都是荀卿的学生，李斯认为自己不如韩非。

　　韩非眼见韩国国力日渐衰弱，多次上书劝谏韩王，但韩王不采纳他的建议。于是韩非痛恨韩王治理国家时不能致力于修明法制，不能凭借君王的权势统御臣子，不能富国强兵、任人唯贤，反而提拔重用轻浮淫侈之徒而压制有功之臣。韩非认为儒家用文献经典扰乱国家法度，游侠之士以武力违犯国家法令。国家安定时君王就宠爱虚名之士，遇上急难时就想着那些披甲戴盔的武士。如今国家供养的这些人并不是真正需要的，而真正需要的又不是现在所供养的这些人。他哀叹廉直之士不容于奸邪之徒，考察往昔得失的变化，写下了《孤愤》、《五蠹》、《内外储》、《说林》、《说难》等十余万字的著作。

【原文】

　　然韩非知说之难①，为《说难》书甚具②，终死于秦③，不能自脱④。

　　《说难》曰：

　　凡说之难，非吾知之有以说之难也⑤；又非吾辩之难能明吾意之难也；又非吾敢横失能尽之难也⑥。凡说之难，在知所说之心⑦，可以吾说当之⑧。

　　所说出于为名高者也，而说之以厚利，则见下节而遇卑贱⑨，必弃远矣⑩。所说出于厚利者也，而说之以名高，则见无心而远事情⑪，必不收矣⑫。所说实为厚利而显为名高者也⑬，而说之以名高，则阳收其身而实疏之⑭；若说之以厚利，则阴用其言而显弃其身。此之不可不知也。

　　夫事以密成⑮，语以泄败。未必其身泄之也⑯，而语及其所匿之事⑰，如是者身危。贵人有过端⑱，而说者明言善议以推其恶者⑲，则身危。周泽未渥也而语极知⑳，说行而有功则德亡㉑，说不行而有败则见疑，如是者身危。夫贵人得计而欲自以为功㉒，说者与知焉㉓，则身危。彼显有所出事㉔，乃自以为也故㉕，说者与知焉，则身危。强之以其所必不为，止之以其所不能已者，身危。故曰：与之论大人，则以为间己㉖；与之论细人㉗，则以为粥权㉘。论其所爱，则以为借资㉙；论其所憎，则以为尝己㉚。径省其辞㉛，则不知而屈之㉜；泛滥博文㉝，则多而久之。顺事陈意，则曰怯懦而不尽；虑事广肆㉞，则曰草野而倨侮㉟。此说之难，不可不知也。

　　凡说之务㊱，在知饰所说之所敬㊲，而灭其所丑㊳。彼自知其计㊴，则毋以其失穷之㊵；自勇其断，则毋以其敌怒之㊶；自多其力㊷，则毋以其难概之㊸。规异事与同计㊹，誉异人与同行者㊺，则以饰之无伤也㊻。有与同失者，则明饰其无失也。大忠无所拂悟㊼，辞言无所击排㊽，乃后申其辩知焉。此所以亲近不疑，知尽之难也㊾。得旷日弥久㊿，而周泽既渥，深计而不疑，交争而不罪，乃明计利害以致其功㊿，直指是非以饰其身㊿，以此相持㊿，此说之成也。

伊尹为庖㊿，百里奚为虏㊿，皆所由干其上也。故此二子者，皆圣人也，犹不能无役身而涉世如此其污也㊿，则非能仕之所设也㊿。

宋有富人㊿，天雨墙坏。其子曰"不筑且有盗㊿"，其邻人之父亦云，暮而果大亡其财㊿，其家甚知其子而疑邻人之父㊿。昔者郑武公欲伐胡㊿，乃以其子妻之。因问群臣曰："吾欲用兵，谁可伐者？"关其思曰："胡可伐。"㊿乃戮关其思㊿，曰："胡，兄弟之国也，子言伐之，何也？"胡君闻之，以郑为亲己而不备郑。郑人袭胡，取之㊿。此二说者㊿，其知皆当矣㊿，然而甚者为戮，薄者见疑。非知之难也，处知则难矣。

昔者弥子瑕见爱于卫君㊿。卫国之法，窃驾君车者罪至刖㊿。既而弥子之母病㊿，人闻，往夜告之，弥子矫驾君车而出㊿。君闻之而贤之曰㊿："孝哉，为母之故而犯刖罪！"与君游果园，弥子食桃而甘，不尽而奉君㊿。君曰："爱我哉，忘其口而念我！"及弥子色衰而爱弛㊿，得罪于君。君曰："是尝矫驾吾车㊿，又尝食我以其余桃㊿。"故弥子之行未变于初也，前见贤而后获罪者，爱憎之至变也㊿。故有爱于主，则知当而加亲㊿；见憎于主，则罪当而加疏。故谏说之士不可不察爱憎之主而后说之矣㊿。

夫龙之为虫也㊿，可扰狎而骑也㊿。然其喉下有逆鳞径尺㊿，人有婴之㊿，则必杀人㊿。人主亦有逆鳞，说之者能无婴人主之逆鳞，则几矣㊿。

【注释】

①说：游说。②具：完备。③终：结果。秦：国名。④脱：避免。这里指避免灾祸。⑤知之：知道的事理。说之：说服君主。⑥横失：横佚，横逸，指辩说得纵横驰骋，无所顾忌。⑦所说：指所要游说的君主。⑧当：适应。⑨见：被（看作）。下节：节操卑下。遇：待遇。⑩弃远：疏远、抛弃。⑪无心：没头脑。远事情：脱离实际。⑫收：接受、使用。⑬显：公开。⑭阳：表面上。⑮以：由于。密：保密。⑯身：本人，指游说者。⑰匿：隐藏。⑱过端：错误的开端。⑲善议：巧妙的议论。推：推论、推断。⑳周：亲密。泽：恩惠。渥：深厚。极：尽。㉑德：功德。㉒得计：独到的计策。㉓与：参与。㉔出事：做事。㉕也故："也"，疑为"他"。他故：别的事情。㉖间：离间。㉗细人：这里指君主身边的亲近小臣。㉘粥权：卖权，盗用权力。"粥"，通"鬻"，卖。㉙借资：凭借。㉚尝己：指试探自己。㉛径：直接。㉜知：通"智"，认为聪明。屈：使受轻侮。㉝泛滥博文：言谈夸饰、辞藻华丽。㉞广肆：周到、不拘束。㉟草野：粗野。倨侮：轻傲。㊱务：要点。㊲饰：美化。㊳灭：掩盖。㊴自知：自以为高明。㊵穷：使难堪。㊶敌：对立面。㊷多：赞赏。㊸概：这里指限制。㊹规：筹划。异事：其他的事。同计：与君主的筹划相同。㊺同行：与君主的行为相同。㊻无伤：没有害处。㊼拂悟：拂逆、违背。㊽击排：打击排斥。㊾知尽：把知道的全说出来。㊿得：等到。㊿明：权衡、分明。致：达到。㊿饰：修整、端正。㊿持：扶助。㊿伊尹：名挚，商汤的大臣。庖：厨师。㊿百里奚：原为虞国大夫，晋灭虞，百里奚被俘，后作为陪嫁小臣入秦国，帮助秦缪公成就了霸业。虏：奴隶。㊿役身：使身体受劳役。污：卑污。㊿能仕之所设：《韩非子·说难》作"能士之所耻"。能仕：有智慧有能力的人。㊿宋：国名。㊿且：将要。㊿亡：丢失。㊿知：以为聪明。㊿郑武公：姬掘突，公元前770年至公元前744年在位。胡：国名。㊿关其思：郑国大臣。㊿戮：杀。㊿取：攻取。㊿二说者：指邻人之父和关其思。㊿当：恰当、合适。㊿弥子瑕：春秋时卫灵公的宠臣。卫君：卫灵公。㊿刖：古代砍掉脚的酷刑。㊿既而：不久。㊿矫：假称（君命）。㊿贤：以为贤。㊿不尽：没吃完。㊿弛：松，减弱。㊿是：这个人。㊿食：给吃。㊿至：极。㊿当：适当。加亲：更加亲密。㊿爱憎之主：君主的爱憎。㊿虫：古代把龙看做是虫类。㊿扰：驯服。狎：玩弄、亲近。㊿逆鳞：倒逆而长的鳞甲。径尺：一尺左右。㊿婴：触动。㊿杀：伤害。㊿几：差不多。

【译文】

然而韩非知道游说之道的难处，故而所著的《说难》一篇说得十分周详，但是他最终死在秦国，自身还是没能摆脱游说的灾祸。

《说难》上说：

大凡游说的难处，不在于我不能把自己所认识的事理向对方陈说清楚；也不在于因为我口才不好而不能清晰地表达出我的思想；也不在于我不敢纵横驰骋、无所顾忌地把意见表达出来。大凡游说的难处，在于不能把握游说对象的内心活动，然后以我的言语去适应他。

（如果）游说的对象意在获得好的名声，然而游说者却以丰厚的利益去劝说他，那么他就会被认为是志节卑下而遭受卑贱的待遇，游说的人也必定会被抛弃和疏远。（如果）游说的对象意在追求丰厚的利益，然而游说者却用好的名声去劝说他，那么他就会被看做是没有心机且远离现实，游说的人一定不会被对方接纳。（如果）游说的对象本来是想获得丰厚的利益，但表面上却假装谋取好的名声，游说的人若是以好的名声相劝，那么游说的对象表面上会接纳他但实际上会疏远他；如果游说的人以丰厚的利益去劝说对方，那么游说的对象就会暗地里采纳他的建议表面上却弃用游说的人。以上这些都是游说的人不可不知的。

事情都是由于保密而成功，也都是由于言语泄露而失败。这并不一定是游说的人自身泄露了秘密，而是他在游说时无意间说到了隐匿的事，如果这样的话，游说者就危险了。身份显贵的人有过错，如果游说的人直言不讳地陈述、通过巧妙的议论推断他的过错，那么游说的人就危险了。（如果）游说对象对游说者的恩泽还不够深厚，而游说者却以知心之语相告，若是他的建议得以实行且取得功效，那么对方就很容易忘掉他的功劳；若是游说者的建议不能实行或是遭遇失败，那么他就很容易被对方怀疑，如此一来游说者就有危险了。显贵的人已经有了计谋而且打算把它作为自己的功劳，若是游说者预先知道了，那么游说者就危险了。那显贵之人表面上做一件事，暗地里却做另一件事，若是游说者预先知道了，那么游说者就危险了。勉强显贵的人去做他不愿做的事，阻止他做自己不肯罢休的事，那么游说者就危险了。所以说，与显贵的人谈论他的臣子，他会认为你在挑拨他们的君臣关系；与显贵的人谈论身份卑微的人物，他会认为你在卖弄权势；与显贵的人谈论他喜欢的人，他会觉得你想攀附他的权势；与显贵人谈论他讨厌的人，他会觉得你在试探他。如果你的话语直截了当，他会觉得你没有智慧而将你斥退；如果你话语空泛、辞藻华丽，他会觉得你说得太多而将你长期搁置起来；如果你顺着事实陈述意见，他会觉得你胆怯不敢尽言；如果你智谋远大言语无忌，他会认为你粗野傲慢。以上这些都是游说的难处，是不可不知的。

大凡游说的关键，在于知道如何美化对方所推崇的事物，而掩盖他觉得丑恶的事物。对方认为自己得计，你就不要以他的失算让他难堪；如果对方认为自己勇敢决断，你就不要用他的对立面激怒他；对方认为自己力量强大，你就不要用困难限制他。当你筹划的一件事和对方的考虑相同，称赞另一个人的品行和对方的品行相同时，就要用言语粉饰那件事、那个人，使它们没有害处。如果一个人犯有与对方同样的过失，就要用鲜明的语言粉饰，说他没有过失。等到对方觉得你十分忠诚且对你毫无反感，而你所表达的言辞对他来说也没有抵触了，这时你就可以施展智慧和口才了。这就是游说者能够得到对方的亲近和不疑、得以展现智慧的难处。等到以后时间长久了，对方的恩泽足够深厚了，游说者的深谋远虑也不会被怀疑了，争锋辩论不会被治罪了，游说者便可以向对方晓明利害并建功立业了，也可以直指对方的是非来纠正对方的过失了。这样一来，游说的双方真诚相待，游说也就成功了。

伊尹当过厨师，百里傒做过奴隶，他们都是以此获得君王的重用。所以，这两位都是圣贤之人，但是他们尚且不得不役使自身，以卑微的地位来涉世进身，求得君主的信任，那么贤明之士就不以此为耻辱了。

宋国有个富人，遇上下大雨把墙淋坏了。他的儿子说"不修缮就会有盗贼进来"，邻居的父亲也这样说，晚上果然丢失了很多财物，富人全家都认为儿子很聪明却怀疑这件事是邻居的父亲干的。当初郑武公想讨伐胡国，却把自己的女儿嫁给胡国君主为妻。他向群臣询问说："我想对外用兵，可以讨伐哪个国家呢？"大夫关其思说："可以讨伐胡国。"郑武公把关其思杀死，说："胡国，是兄弟之国，而你说要讨伐它，这是为何？"胡君听说了这件事，认为郑国亲近自己就没有对其进行防备。郑国乘机袭击它，攻取了胡国。上面说的这两件事中的邻居之父及关其思，他们的见识都是正确的，但是他们重的被杀戮，轻的遭受怀疑。可见，知晓事理并不困难，如何处理知晓的事理才是困难的。

当初弥子瑕受到卫君的宠爱。卫国的法律规定，偷驾君主车子的人要处以断足之刑。不久弥子瑕的母亲病了，有人听说这个消息，连夜告诉了弥子瑕，弥子瑕便假传君令驾着卫君的车子回家探视母亲。卫君听说此事后认为他很守孝道，说："孝敬啊，为了母亲而甘愿犯受断足之刑！"弥子瑕和卫君在果园游玩，弥子瑕吃到一个桃子而觉得甜，没吃完就把它献给卫君。卫君说："真是爱我啊，宁愿自己不吃却还记挂着我！"等到后来弥子瑕因姿色衰老而受宠程度减退时，卫君治了他的罪。卫君说："此人曾假传命令驾我的车，还把自己吃剩的桃子给我吃。"弥子瑕的行为和最初相比并无改变，之所以当初被认为是贤孝而后来被治罪，其原因就在于君主的爱憎完全改变了。所以，当受到君主宠爱时，君主就会认为他见识正确而更加亲近他；当他被君主厌恶时，君主就觉得他罪有应得而更加疏远他。因此游说之士不可不考察君主的爱憎态度，然后再对其进行劝说。

龙作为一种虫类动物，可以驯养、戏弄和骑坐。然而它的咽喉下面有一尺多长的逆鳞，人若是触动了它，龙就一定会伤害人。君主也有逆鳞，游说者能够不触动君主逆鳞的，那差不多就算善于游说的了。

【原文】

　　人或传其书至秦。秦王见《孤愤》、《五蠹》之书①，曰："嗟乎，寡人得见此人与之游②，死不恨矣③！"李斯曰："此韩非之所著书也。"秦因急攻韩。韩王始不用非④，及急，乃遣非使秦。秦王悦之，未信用。李斯、姚贾害之⑤，毁之曰："韩非，韩之诸公子也。今王欲并诸侯，非终为

韩非发愤著述

韩不为秦，此人之情也。今王不用，久留而归之，此自遗患也，不如以过法诛之⑥。"秦王以为然，下吏治非⑦。李斯使人遗非药⑧，使自杀。韩非欲自陈，不得见。秦王后悔之，使人赦之，非已死矣。

申子、韩子皆著书，传于后世，学者多有。余独悲韩子为《说难》而不能自脱耳。

韩非子受谗下狱

【注释】

①秦王：指秦王嬴政，统一六国后称始皇帝。②寡人：寡德之人，古代帝王的谦称。③恨：遗憾。④韩王：指韩安。⑤姚贾：秦国上卿。⑥过：过错。法：依照法律。诛：杀。⑦下吏：下交给狱吏。⑧遗：送给。

【译文】

有人把韩非的书传到秦国。秦王见到《孤愤》、《五蠹》，说道："唉！我要是能见到书的作者并能与他交往，那真是死而无憾了！"李斯说："这些书都是韩非著的。"秦国于是马上攻打韩国。韩王最初没有任用韩非，等到情况危急之时，才派韩非出使秦国。秦王十分高兴，但并没有完全信任他。李斯、姚贾（趁机）陷害韩非，在秦王面前诋毁韩非道："韩非，他是韩国的诸公子。现在大王您将要吞并诸侯，韩非终究会帮助韩国而不会帮助秦国，这是人之常情。现在大王不启用他，长久地留住他然后再让他回去，这是自己给自己留下祸患啊，不如给他加个罪名把他杀掉。"秦王觉得有理，下令治了韩非的罪。李斯派人送给韩非毒药，让他自杀。韩非想在秦王面前陈述自己的意见，但无法见到秦王。秦王后来感到后悔，派人去赦免他，但韩非已经死了。

申不害、韩非都有著作，也都流传于后世，学者多数都有他们写的书。我唯独悲叹韩非写了《说难》而他自己却未能摆脱游说的灾祸。

【原文】

太史公曰：老子所贵道，虚无，因应变化于无为①，故著书辞称微妙难识。庄子散道德②，放论③，要亦归之自然④。申子卑卑⑤，施之于名实⑥。韩子引绳墨⑦，切事情⑧，明是非，其极惨礉少恩⑨。皆原于道德之意，而老子深远矣。

【注释】

①因应：随着变化。②散：推演。③放论：不拘束的言论。④要：要旨。自然：自然无为。⑤卑卑：自我勉励之意。⑥施：用。⑦引：依据。绳墨：木工用来打直线的工具，比喻规矩、法度。⑧切：决断。⑨惨礉少恩：残酷苛刻，缺少恩惠。

【译文】

太史公说：老子所推崇的是道，虚无缥缈，顺应自然之变化以归于无为，所以他所著的书言辞名称微妙难懂。庄子推演道德，放言高论，其学说之根本也是归于自然。申不害自强不息，实施刑名之学。韩非以法令为准绳，决断事情，辨明是非，他的主张发展到极端便是严酷苛刻、寡恩少德。这些人的思想都来源于道德之意，不过老子的学说更加深远一些。

司马穰苴列传

【导读】

此文围绕司马穰苴"文能附众,武能威敌"这条主线,通过描写诛杀齐王宠臣庄贾、整饬军队,以及与士卒同甘共苦,迫使晋、燕两军不战而屈,成功收复失地的故事,刻画出一位治军严谨、足智多谋的名将形象。

◎斩庄贾,退燕、晋◎

【原文】

司马穰苴者,田完之苗裔也①。齐景公时,晋伐阿、甄,而燕侵河上,齐师败绩②。景公患之③。晏婴乃荐田穰苴曰:"穰苴虽田氏庶孽④,然其人文能附众⑤,武能威敌⑥,愿君试之。"景公召穰苴,与语兵事,大说之⑦,以为将军,将兵扞燕晋之师⑧。穰苴曰:"臣素卑贱,君擢之闾伍之中⑨,加之大夫之上,士卒未附,百姓不信,人微权轻。愿得君之宠臣,国之所尊,以监军,乃可。"于是景公许之,使庄贾往。

【注释】

①苗裔:后代。②败绩:大败。③患:忧虑。④庶孽:妾生的孩子。因其身份低微,就像树的孽生一样,故云。⑤附众:使大家归附、顺从。⑥威敌:使敌人畏惧。威,威服。⑦说:通"悦",愉快。⑧扞(hàn):抵御,保卫。⑨擢(zhuó):选拔,提拔。闾伍:闾与伍都是户籍的基层组织,意思是乡里、民间。按此段与以下两段,中华书局点校本原为一段,今据文意分为三段。

【译文】

司马穰苴,是田完的子孙。齐景公时,晋国攻伐齐国的东阿和甄城,燕国入侵齐国黄河南岸的土地。齐军大败。景公深感忧虑。这时晏婴向景公推荐田穰苴说:"穰苴虽然是田家庶出的子孙,但是这人的文才足以让人归附,武才足以威慑敌人。希望大王您能用他试一试。"景公召见了穰苴,跟他一起商议军事,景公听后很高兴,任命他为将军,率领齐军抵御燕国和晋国的军队。穰苴说:"我向来身份卑微,君主把我从百姓之中提拔上来,地位置于大夫之上,士兵们不会服从,百姓也不会信服,人的资望轻微,权威就无法树立。希望大王能派一位得您宠信且为全国尊敬的大臣做监军,这样才可以。"景公答应了,派庄贾担任监军。

【原文】

穰苴既辞,与庄贾约曰:"旦日日中会于军门①。"穰苴先驰至军,立表下漏②,待贾。贾素骄贵,以为将己之军而己为监,不甚急;亲戚、左右送之③,留饮。日中而贾不至。穰苴则扑表决漏④,入,行军勒兵⑤,申明约束。约束既定,夕时,庄贾乃至。穰苴曰:"何后期为⑥?"贾谢曰:"不佞大夫亲戚送之⑦,故留。"穰苴曰:"将受命之日则忘其家,监军约束则忘其亲,援枹鼓之急则忘其身⑧。

今敌国深侵，邦内骚动，士卒暴露于境，君寝不安席，食不甘味，百姓之命皆悬于君，何谓相送乎！"召军正问曰："军法期而后至者云何？"对曰："当斩。"庄贾惧，使人驰报景公，请救。既往，未及反⑨，于是遂斩庄贾以徇三军⑩。三军之士皆振慄⑪。久之，景公遣使者持节赦贾⑫，驰入军中。穰苴曰："将在军，君令有所不受⑬。"问军政曰："驰三军法何？"正曰："当斩。"使者大惧。穰苴曰："君之使不可杀之。"乃斩其仆、车之左驸，马之左骖⑭，以徇三军。遣使者还报，然后行。士卒次舍、井灶饮食、问疾医药⑮，身自拊循之⑯。悉取将军之资粮享士卒⑰，身与士卒平分粮食，最比其羸弱者⑱。三日而后勒兵。病者皆求行，争奋出为之赴战。晋师闻之，为罢去⑲。燕师闻之，度水而解⑳。于是追击之，遂取所亡封内故境而引兵归㉑。

【注释】

①旦日：明日。日中：正午，中午。军门：军营大门。②立表：在阳光下竖起木杆，根据阳光照射下影子的移动来计算时间。表，指木杆。下漏：把铜壶下穿一小孔，壶中立箭，箭杆上刻有度数，然后铜壶中蓄水，使之徐徐下漏，以箭杆显露出来的刻度计算时间。③左右：指亲近的人。④扑表：把计时的木杆打倒。决漏：把壶里的水放出。⑤行军勒兵：巡行军营，指挥军队。⑥期：约定的时间。⑦不佞：不才，无才。自谦词。⑧援：操起，拿起。枹：鼓槌。鼓：击鼓。⑨反：同"返"，返回。⑩徇：示众。三军：泛指全军。大国军队分为上、中、下三军。⑪振慄：害怕得发抖。⑫节：符节，传达国君命令的信物。⑬"将在军"二句：这二句的意思是说，将领在外边率领部队，国君的命令有的可以不接受，以免牵制军队，贻误战机。⑭驸：通"辅"，夹车木。骖：古代用三匹或四匹马拉车时，两边的马叫"骖"。⑮次舍：宿营。次，停留，也指行军一处停留三次以上。《左传·庄公三年》："凡师一宿为舍，再宿为信，过信为次。"舍，宿营地。⑯拊循：慰问，安抚。⑰享：通"飨"，供食款待。⑱最比：特别照顾到。最，特别，尤其。比，及，到。羸：瘦，弱。⑲罢：撤退。⑳解（xiè）：同"懈"，松弛，懈怠。㉑所亡：所失掉的。封内故境：指封国之内曾经沦陷的土地。

【译文】

穰苴辞行后，与庄贾商定说："明天正午在营门会合。"第二天，穰苴先驱车赶到军门，立起了计时用的木表和漏壶，等待庄贾。庄贾向来骄纵，认为自己率领着军队，而且又是监军，所以并不着急；亲人和左右挽留他一起喝酒饯行。正午时分庄贾依然没有赶来。穰苴就放倒木表，将漏壶里的水放出，进入军营，巡视营地，训练军队，申明军中的规章。一切部署完毕，这时太阳已经落下，庄贾这才赶来。穰苴问："为何超过了约定好的时刻？"庄贾道歉说："亲朋为我送行，因此耽搁了。"穰苴说："身为将领，从接受命令的那一刻起，就应该忘掉家庭；来到军队号令宣布之后，就应该忘掉父母；擂鼓进军战况紧急的时刻，就该忘掉自己的生命。现在敌军深入我国的腹地，国内骚动不安，将士们在

诛杀庄贾

边境暴露,不能隐蔽,国君睡不安稳,食不甘味,百姓的生命安危全都维系在你的身上,还谈什么送行呢!"说罢召来法令官问道:"军法上对迟到的人是怎么处置的?"回答说:"应当斩首。"庄贾很害怕,派人驰马飞奔去禀告景公,请他搭救。报信之人离去后,还没来得及返回,司马穰苴就把庄贾斩首向三军示众了,全军将士都因此而震惊害怕。过了一段时间,齐景公派使者拿着节符来赦免庄贾,使者驰马进入军营。穰苴说:"将在外,君令有所不受。"又问军法官道:"驾车在军营里飞奔,军法上是怎么处理的?"军法官说:"应当斩首。"使者十分恐惧。穰苴说:"国君的使者不可以斩首。"于是斩杀了使者的仆从,砍断左边的夹车木、斩杀左边驾车的马,向三军示众。又让使者回去禀告齐景公,接着就率兵出发了。士兵们的宿营、掘井、立灶、饮食、疾病、医药,等等,田穰苴都亲自过问,而且还亲自抚慰他们。又把自己作为将军享用的资粮全部拿出与士兵们平分,尤其照顾身体羸弱的将士。三天之后统领军队前进。病弱的士兵也要求一起到战场,争先奋勇地为他作战。晋国听到这一情况,马上把兵撤了回来。燕军也得知这一情形,便北渡黄河,撤兵解围而去。于是齐军趁势追击他们,光复了境内的全部国土,然后引兵而回。

○树威于国内,扬名于诸侯○

【原文】

未至国①,释兵旅②,解约束,誓盟而后入邑。景公与诸大夫郊迎,劳师成礼③,然后反归寝。既见穰苴,尊为大司马④。田氏日益尊于齐。

【注释】

①国:指国都。②释兵旅:解除军队的战备。③成礼:按照一定的程式行礼完毕。④尊:尊敬地任命。

【译文】

尚未返回国都,便解除了武装,取消了战时的法令,立誓严守纪律后才进入都城。齐景公率领诸大夫到郊外迎接,依照礼仪慰劳众位将士,这才回到寝宫。接见了田穰苴,尊敬地任命他为大司马。自此田氏在齐国的地位渐渐地尊贵起来。

【原文】

已而大夫鲍氏、高、国之属害之①,谮于景公②。景公退穰苴,苴发疾而死。田乞、田豹之徒由此怨高、国等。其后及田常杀简公,尽灭高子、国子之族。至常曾孙和,因自立,为齐威王,用兵行威,大放穰苴之法③,而诸侯朝齐④。

【注释】

①大夫鲍氏、高国之属:指当时齐国掌握实权的卿大夫鲍牧、高昭氏、国惠子一班人。害,忌妒。②谮:中伤,诬陷。③放:通"仿",仿效,效法。④朝:朝拜。

【译文】

其后大夫鲍氏、高氏、国氏等人忌妒他,在齐景公面前进谗言中伤司马穰苴。景公免除了他的官职,穰苴发病而死。田乞、田豹等人因此而怨恨高氏、国氏等人。后来等到田常杀掉齐简公,便诛灭了高氏和国氏的全族。等到田常的曾孙田和自立为王,称为齐威王。他率兵行使威权,这都是效法司马穰苴的做法,各国的诸侯都来朝拜齐王。

司马穰苴拜将

【原文】

齐威王使大夫追论古者《司马兵法》，而附穰苴于其中，因号曰《司马穰苴兵法》①。

【注释】

①《司马穰苴兵法》：古代兵书名。《汉书·艺文志》谓有百五十篇，今仅存五篇。

【译文】

齐威王派大夫整理古代的《司马兵法》，便把大司马田穰苴的兵法也附在其中，因此定名为《司马穰苴兵法》。

【原文】

太史公曰：余读《司马兵法》，闳廓深远①，虽三代征伐②，未能竟其义③，如其文也，亦少褒矣。若夫穰苴，区区为小国行师，何暇及《司马兵法》之揖让乎④？世既多《司马兵法》⑤，以故不论，著穰苴之列传焉。

【注释】

①闳廓：宏大广博。②三代：指夏、商、周三个朝代。③竟：穷，尽。④揖让：宾主相见的礼仪，以示谦让。这里引申为相提并论。⑤多：推重，赞扬。

【译文】

太史公说：我读《司马兵法》，感到立论宏大深远，即使是夏、商、周三代的战争，都没有完全发挥出这部书的内涵，而如今把《司马穰苴兵法》的文字附在里边，这不免称颂得有点过分。而司马穰苴，仅仅是为小诸侯国领兵打仗，怎么能及得上《司马兵法》呢？世间既然推重《司马兵法》，所以这里也不作评论，只写下这篇《司马穰苴列传》。

孙子吴起列传

【导读】

　　这篇是我国古代三位著名军事家的合传，着重写孙武"吴宫教战"，孙膑以兵法"围魏救赵"、马陵道与庞涓斗智，以及吴起在魏、楚两国一展军事才能，使之富国强兵的事迹。

　　孙武即孙子（约公元前 552 ~ ?），时人尊称其为"孙武子"，后世称其为"武圣"，也称"兵圣"。公元前 527 年，年仅 25 岁的孙武完成旷世圣书《孙子兵法》。该书共十三篇，历来被推崇为"兵经"、"武经"，世代相习，流传至今。

　　孙膑（? ~ 公元前 316 年），本名不传，战国时期军事家，为孙武后代。庞涓对之处以膑刑，故称孙膑。著有《孙膑兵法》，久已失传，1972 年银雀山出土，有一万一千余字。

◎孙子教战斩美姬◎

【原文】

　　孙子武者，齐人也。以兵法见于吴王阖庐。阖庐曰："子之十三篇①，吾尽观之矣，可以小试勒兵乎②？"对曰："可。"阖庐曰："可试以妇人乎？"曰："可。"于是许之。出宫中美女，得百八十人。孙子分为二队，以王之宠姬二人各为队长③，皆令持戟④。令之曰："汝知而心与左右手、背乎⑤？"妇人曰："知之。"孙子曰："前，则视心；左，视左手；右，视右手；后，即视背。"妇人曰："诺。"约束既布⑥，乃设铁钺⑦，即三令五申之⑧。于是鼓之右⑨，妇人大笑。孙子曰："约束不明，申令不熟，将之罪也。"复三令五申而鼓之左，妇人复大笑。孙子曰："约束不明，申令不熟，将之罪也；既已明而不如法者⑩，吏士之罪也⑪。"乃欲斩左、右队长。吴王从台上观，见且斩爱姬，大骇。趣使使下令曰⑫："寡人已知将军能用兵矣。寡人非此二姬，食不甘味⑬，愿勿斩也。"孙子曰："臣既已受命为将，将在军，君命有所不受⑭。"遂斩队长二人以徇⑮。用其次为队长，于是复鼓之。妇人左右、前后、跪起皆中规矩绳墨⑯，无敢出声。于是孙子使使报王曰："兵既整齐，王可试下观之，唯王所欲用之，虽赴水火犹可也。"吴王曰："将军罢休就舍⑰，寡人不愿下观。"孙子曰："王徒好其言⑱，不能用其实。"于是阖庐知孙子能用兵，卒以为将。西破强楚，入郢；北威齐、晋，显名诸侯，孙子与有力焉⑲。

【注释】

① 十三篇：即《孙子兵法》，也叫《孙子》，为我国最早的兵书。现存《孙子》十三篇是《始计》《作战》《谋攻》《军形》《兵势》《虚实》《军争》《九变》《行军》《地形》《九地》《火攻》《用间》。② 小试：以小规模的操演做试验。勒兵：用兵法统率指挥军队。勒，约束、统率。③ 姬：侍妾。④ 戟：古代青铜制的兵器，具有戈和矛的特征，能直刺，又能横击。⑤ 而：你的，你们的。⑥ 约束：用来控制管理的号令、规定。⑦ 设铁钺：设置刑戮之具，表明正式开始执法。铁，铡刀，用作腰斩的刑具。钺，古兵器，刃圆或平，持以砍斫。⑧ 三令五申：多次重复地交待清楚。三、五为虚数。⑨ 鼓：击鼓发令。⑩ 不如法：不依号令去做。⑪ 吏士：指两个队长。⑫ 趣：通"促"，催促。

215

使使：派遣使者。⑬甘味：感觉到味道的甜美。⑭将在军，君命有所不受：将帅领兵打仗，应根据实地情况充分发挥自己的指挥才能，君主的命令可以不接受，以免受到牵制。⑮徇：示众。⑯中：符合。规矩：校正圆形和方形的器具。绳墨：木工用以正曲直的墨线。这里均借指军令、纪律。⑰就舍：回到宾馆。⑱徒：只。⑲与：参与。

【译文】

孙武，是齐国人。因为精通兵法而得到吴王阖庐的召见。阖庐说："您的十三篇兵书，我已经全部看完了，能否小试一下指挥军队吗？"孙子回答说："可以。"阖庐说："可以用女子试试吗？"回答说："可以。"于是阖庐答应了孙武。

孙子教战斩美姬

选出宫中的美女，总共一百八十人。孙子把这些女子分成两队，任命吴王最宠爱的两位侍妾分别担任两支队伍的队长，命令所有选出的美女都手执一支戟。孙子向她们命令说："你们知道自己的心、左右手和背吗？"女子们回答说："知道。"孙子说："向前，你们就看心口所对的方向；向左，你们就看左手所对的方向；向右，你们就看右手所对的方向；向后，你们就看背所对的方向。"女子们回答说："是。"号令交待清楚后，孙子便设置铁钺等刑具，接着又多次重复已经制定的号令。于是击鼓命令女子们向右，结果她们都哈哈大笑。孙子说："纪律不清楚，号令不熟悉，这是将领的过失。"又多次重复已经制定的号令，然后击鼓命令女子们向左，结果她们又都哈哈大笑。孙子说："纪律不清楚，号令不熟悉，这是将领的过失；既然已经明确了法令却不依照号令行事，这就是军官和士兵的过错了。"于是打算斩杀左、右两队的队长。这时吴王正在台上观看，看见孙子将要斩杀自己的爱姬，十分吃惊。急忙派人向孙子下令道："我已经知道将军擅长用兵了。倘若我失去这两个侍妾，就算吃东西也不会有味道，希望您不要斩杀她们。"孙子回答说："我既然已经受命为将军，将军在军队中，君主的命令有时可以不接受。"于是杀掉吴王的两名宠姬并巡行示众。然后按顺序派各队的第二个人为队长，再击鼓发令，女子们不论是向左、向右、向前、向后、跪倒、站起都合乎命令和纪律的要求，没有人再敢出声了。于是孙子派人禀报吴王说："军队已经训练得整整齐齐，大王您可以试着下来观看一下，随便大王怎样使用她们，即使让她们赴汤蹈火也能办得到。"吴王回答说："将军您停下来到宾馆去休息吧，我不愿下去观看了。"孙子说："大王只是欣赏我的兵书罢了，却不能让我亲身实践，发挥我的本领。"于是阖庐知道孙子的确善于用兵，便任命他为将军。后来吴国向西打败了楚国，攻入郢都；向北威震齐国和晋国，在诸侯之间显名，孙子在这一时期出了很多力啊。

孙庞斗智

【原文】

孙武既死，后百余岁有孙膑①。膑生阿、鄄之间②，膑亦孙武之后世子孙也。孙膑尝与庞涓俱学兵法③。庞涓既事魏，得为惠王将军，而自以为能不及孙膑，乃阴使召孙膑。膑至，庞涓恐其贤于己，疾之④，则以法刑断其两足而黥之⑤，欲隐勿见。

【注释】

① 孙膑（bìn）：本名不传，因为他受过膑刑（剔去膝盖骨），所以就用"膑"来称呼他。② 阿：齐邑，位于今山东阳谷东北的阿城。鄄（juàn）：卫邑，后属齐，在今山东鄄城北。③ 庞涓：魏国人，相传曾和孙膑一起在鬼谷子处求学。④ 疾：同"嫉"，妒忌。⑤ 以法：按法律。这里指假借罪名。黥（qíng）：即墨刑。在犯人面上刺字，再涂上墨。

【译文】

孙武死了，一百多年之后出了个孙膑。孙膑生长在阿城、鄄城一带，孙膑也是孙武的后代子孙。孙膑曾经和庞涓一道学习兵法。后来庞涓在魏国做官，有机会做了惠王的将军，可是他知道自己的才能比不上孙膑，就暗地里派人将孙膑找来。孙膑来到，庞涓畏惧他的本领超过自己，因而妒忌他，就假借罪名，施用酷刑砍断了他的两只脚，还在他脸上刺了字，想使他隐藏起来不露面。

【原文】

齐使者如梁，孙膑以刑徒阴见①，说齐使。齐使以为奇，窃载与之齐。齐将田忌善而客待之②。忌数与齐诸公子驰逐重射③。孙子见其马足不甚相远④，马有上、中、下辈⑤。于是孙子谓田忌曰："君弟重射⑥，臣能令君胜。"田忌信然之，与王及诸公子逐射千金。及临质⑦，孙子曰："今以君之下驷与彼上驷，取君上驷与彼中驷，取君中驷与彼下驷。"既驰三辈毕，而田忌一不胜而再胜⑧，卒得王千金。于是忌进孙子于威王⑨。威王问兵法，遂以为师。

【注释】

① 以刑徒阴见：以罪犯的身份暗地里会见齐使。② 田忌：田齐的宗族。姜齐传至康公，被大臣田和夺取了政权，仍号齐国（后人也称田齐，以区别于姜齐）。善：赏识孙膑的才能。客待之：把他作为宾客来对待。③ 驰逐：赛马。重射：数目很大的赌注。射，古时凡赌博争输赢的游戏，都叫射。④ 马足：马的脚力。⑤ 上、中、下辈：上、中、下三等，即下文的上驷、中驷、下驷。辈，等级。⑥ 弟：通"第"。⑦ 临质：面临现场比赛。⑧ 再胜：两次获胜。⑨ 进：推荐。

【译文】

齐国的使者来到大梁，孙膑以受过刑罚的罪犯身份秘密会见他，用言辞打动了齐国使者。齐国使者认为孙膑了不起，就偷偷地把他载到车上和他一道去到齐国。齐国的将军田忌赏识他，用上宾的礼节款待他。

田忌屡次跟齐国的王族们赛马打赌。孙膑看到那些马的脚力差不了多少，而马分为上、中、下三等。于是孙膑对田忌说："您尽管下最大的赌注，我能使您获胜。"田忌听信了孙膑的话，跟齐王和王族们下了千金赌注赛马。等到比赛开始，孙膑说："现在拿您的下等马对他们的上等马，拿您的上等马对他们的中等马，拿您的中等马对他们的下等马。"三个等级的马匹轮流比赛完毕，田忌输一场胜两场，终于赢得了齐王的千金。这时，田忌把孙膑推荐给齐威王。齐威王向

齐使者窃载孙膑往齐

他询问兵法，还尊他为老师。

【原文】

其后魏伐赵，赵急，请救于齐。齐威王欲将孙膑①，膑辞谢曰："刑余之人不可②。"于是乃以田忌为将，而孙子为师，居辎车中③，坐为计谋。田忌欲引兵之赵，孙子曰："夫解杂乱纷纠者不控卷④，救斗者不搏撠⑤。批亢捣虚⑥，形格势禁⑦，则自为解耳。今梁、赵相攻，轻兵锐卒必竭于外⑧，老弱罢于内⑨；君不若引兵疾走大梁，据其街路，冲其方虚⑩，彼必释赵而自救。是我一举解赵之围而收弊于魏也。"田忌从之，魏果去邯郸⑪，与齐战于桂陵⑫，大破梁军。

【注释】

①欲将孙膑：想任孙膑为将。②刑余之人：受刑致残仅仅留下性命的人。③辎（zī）车：古代一种有帷盖的大车。④控卷（quán）：握紧拳头用劲。卷，通"拳"。⑤撠（jǐ）：击刺。⑥批亢捣虚：避实击虚。⑦形格势禁：指受形势的阻碍或限制，事情难于进行。⑧竭：精疲力竭。⑨罢（pí）：通"疲"。⑩方虚：正当空虚的地方。⑪邯（hán）郸（dān）：赵国国都，今河北邯郸。⑫桂陵：魏地名，在今山东菏泽东北。一说在今河南长垣西北。

【译文】

后来，魏国攻打赵国，赵国形势危急，向齐国求救。齐威王想要委任孙膑为主将，孙膑推辞说："受刑致残仅余性命的人，不宜做主将。"于是就用田忌做主将，孙膑做军师，住在有篷帐的车子里出谋划策。田忌打算带领军队往赵国去，孙膑说："想解开杂乱纠纷的人，不能握紧拳头用劲；劝解斗殴的人，不能挺身进去帮着打。避实击虚，敌人感到形势受阻而有所顾忌，自然就会主动解围了。如今魏国猛攻赵国，精锐的士兵必定在国外精疲力尽，老弱残兵在国内疲乏不堪。您不如带领军队火速进击大梁，占据他们的交通要道，攻打他们防务空虚的地方，他们必定放弃赵国，回过头来救自己。这样，我们一举解了赵国之围，又从魏国那里收到了让它自行挫败的效果。"田忌听从了孙膑的意见，魏军果真撤离邯郸，跟齐军在桂陵交战，魏军被打得大败。

【原文】

后十三岁，魏与赵攻韩，韩告急于齐。齐使田忌将而往，直走大梁。魏将庞涓闻之，去韩而归，齐军既已过而西矣。孙子谓田忌曰："彼三晋之兵①，素悍勇而轻齐，齐号为怯；善战者因其势而利导之。兵法：百里而趣利者蹶上将②，五十里而趣利者军半至。"使齐军入魏地为十万灶③，明日为五万灶，又明日为三万灶。庞涓行三日，大喜，曰："我固知齐军怯，入吾地三日，士卒亡者过半矣。"乃弃其步军，与其轻锐倍日并行逐之④。孙子度其行⑤，暮当至马陵⑥。马陵道狭，而旁多阻隘，可伏兵，乃斫大树白而书之曰⑦："庞涓死于此树之下！"于是令齐军善射者万弩，夹道而伏，期曰"暮见火举而俱发"。庞涓果夜至斫木下，见白书，乃钻火烛之⑧。读其书未毕，齐军万弩俱发，魏军大乱相失⑨。庞涓自知智穷兵败，乃自刭，曰："遂成竖子之名！"齐因乘胜尽破其军，虏魏太子申以归⑩。孙膑以此名显天下，世传其兵法。

【注释】

①三晋：春秋末年，晋国为韩、赵、魏三家瓜分，成为战国时的韩、赵、魏三国，历史上称为三晋。这里主要指魏国。②蹶（jué）：挫跌，摔倒。上将：指先锋部队的主将。③为十万灶：筑可以供十万人煮饭用的灶。④轻锐：轻装的精锐部队。倍日并行：两天的路程并作一天走。⑤度（duó）其行：估计庞涓追兵的行程。⑥马陵：魏国地名，在今河北大名东南。⑦斫（zhuó）：砍削。白：削去树干的外皮，使其露出白木。⑧烛：照亮。⑨相失：由于大乱溃散，互相失去联系。⑩太子申：魏惠王的太子。太子申和庞涓同领魏军攻赵，这时正在军中，因而被俘，后死在齐国。

马陵之战

【译文】

十三年之后，魏国和赵国攻打韩国，韩国向齐国告急。齐国派田忌领兵前往，径直进军大梁。魏将庞涓听到这个消息，把军队从韩国撤回来，而齐国军队已经越过边界向西挺进了。孙膑对田忌说："那魏国的士兵向来强悍勇猛，瞧不起齐国人，齐国士兵被称作胆小怕事。善于用兵的人就要利用这样的形势，引导它朝对自己有利的方向发展。兵书上说：用急行军追赶一百里去争利的，前锋主将就有遭受挫折的危险；用急行军追赶五十里去争利的，部队只有一半能够赶到。"命令齐军进入魏境后筑十万人煮饭用的灶，第二天筑五万人煮饭用的灶，第三天筑三万人煮饭用的灶。庞涓行军三天，非常高兴，说："我本来知道齐国军队胆小，进入我国国境才三天，逃跑的士兵已经超过半数了。"于是庞涓丢下他的步兵，只带着他的轻装精锐部队，把两天的路程并作一天走，拼命追赶齐军。孙膑估计庞涓的行程，应当在晚上到达马陵。马陵道路狭窄，两旁多是险要地带，可以埋伏军队。就削去一棵大树的外皮，使它露出白木，在上面写着："庞涓死在这棵树下！"又派齐军中的射箭能手一万人，埋伏在山路两旁，约定说："夜里看见火光亮起，就一齐放箭。"庞涓果然在夜里来到那棵削了皮的大树下面，看见白木上写着字，就叫人取火来照这树上的字。还没读完白木上所写的字，齐国伏兵就万箭齐发。魏军大乱，彼此失去联系。庞涓知道自己一点办法也没有了，失败已成定局，就刎颈自杀，说："今番倒成就了这小子的声名！"齐军因此乘胜进军，彻底打垮魏军，俘虏魏国太子申回国。孙膑因为这次胜利，名扬天下，世上流传着他的兵法著作。

> ⊙ **文史知识**
>
> ### 吴起杀妻求将
>
> 吴起是卫国左氏人，他自小喜好用兵，曾拜曾子、子夏为师。周威烈王十四年（公元前412年），齐国讨伐曾国。鲁君早闻吴起有军事才能，便想用吴起为将，抵御齐军。但由于吴起的妻子是齐人，故而对吴起有所怀疑。吴起为成就大名，毅然杀掉妻子，以表明自己效忠齐国的决心。鲁君终于任命吴起为将，让他率领军队与齐国作战。吴起到达前线后，一方面与兵士同甘共苦，稳定军心；一方面向齐军示弱，以麻痹敌人。齐军果然中计，吴起于是以精壮之师猛攻齐军，齐军仓促应战，一触即溃，鲁军大获全胜。

伍子胥列传

【导读】

伍子胥（？～前484年），名员，字子胥，楚国太傅伍奢次子。楚平王七年，伍奢被杀。伍子胥经宋、郑等国入吴。后助吴公子光刺杀吴王僚，夺取王位，是为吴王阖庐。在伍子胥的帮助下，阖庐整军经武，吴国国势日昌。不久吴军破楚，伍子胥掘楚平王墓鞭尸三百，得报杀父兄之仇。因功被封于申，所以又称申胥。吴王夫差时，因劝王拒绝越国求和，逐渐被疏远。最后，吴王听信太宰伯嚭的谗言，赐属镂剑命伍子胥自杀。

○蒙 难○

【原文】

伍子胥者，楚人也，名员①。员父曰伍奢，员兄曰伍尚。其先曰伍举，以直谏事楚庄王，有显，故其后世有名于楚。

楚平王有太子名曰建②，使伍奢为太傅③，费无忌为少傅。无忌不忠于太子建。平王使无忌为太子取妇于秦，秦女好，无忌驰归，报平王曰："秦女绝美，王可自取，而更为太子取妇④。"平王遂自取秦女而绝爱幸之，生子轸。更为太子取妇。

无忌既以秦女自媚于平王，因去太子而事平王。恐一旦平王卒而太子立，杀己，乃因谗太子建。建母，蔡女也⑤，无宠于平王。平王稍益疏建，使建守城父⑥，备边兵。

顷之，无忌又日夜言太子短于王曰："太子以秦女之故，不能无怨望⑦，愿王少自备也。自太子居城父，将兵，外交诸侯，且欲入为乱矣⑧！"平王乃召其太傅伍奢考问之。伍奢知无忌谗太子于平王，因曰："王独奈何以谗贼小臣疏骨肉之亲乎⑨？"无忌曰："今王不制，其事成矣。王且见禽⑩。"于是平王怒，囚伍奢，而使城父司马奋扬往杀太子⑪。行未至，奋扬使人先告太子："太子急去！不然将诛！"太子建亡奔宋。

【注释】

①员：读yún。②楚平王：熊氏，名弃疾，庄王以后第五个楚王，公元前528年至公元前516年在位。③太傅：也叫太子太傅，辅导太子的官。下句的"少傅"，也是辅导太子的官，地位次于太傅。④更：另外。⑤蔡女：据《左传》记载，楚平王驻防蔡国时，私通鄀（jú）阳地方长官的女儿，生了太子建。⑥城父：当时楚国的边防城镇，在今河南保丰东。⑦望：怨恨，失望。⑧入：指从外地进入都城。⑨独：乃；却；难道，竟然。谗贼：说坏话害人的人。⑩禽：通"擒"。⑪司马：军事长官。

【译文】

伍子胥是楚国人，名叫员。他的父亲叫伍奢，哥哥叫伍尚。他的祖先叫伍举，侍奉楚庄王，因为直言劝谏，很有声望，所以他的后代在楚国很有名气。

楚平王有个太子名叫建，平王派伍奢做太子太傅，费无忌做太子少傅。费无忌对太子建不忠心。

平王给太子建在秦国订了亲事,派费无忌到秦国去迎娶。这个秦国姑娘很漂亮,费无忌急忙跑回来报告平王说:"这个秦国姑娘非常美,大王可以自己娶了她,另外给太子娶个媳妇。"平王就自己娶了这个秦国姑娘,而且非常宠爱她,后来生了个儿子名叫轸。(平王)另外给太子娶了媳妇。

费无忌用这个秦国女子讨好了平王,因此离开太子去侍奉平王。他担心有朝一日平王死了,太子继位,会杀自己,于是在平王面前说太子建的坏话。太子建的母亲是蔡国女子,已不得平王宠爱。因此,平王渐渐疏远太子建,派建去驻守城父,负责边防。

不久,费无忌又日夜不停地在平王面前讲太子建的坏话,他说:"太子因为那个秦国姑娘的缘故,不可能没有埋怨和失望的情绪,希望大王有所防备。自从太子驻守城父以来,统领兵马,对外和各国诸侯交往,将要进入京城来作乱了!"平王就把太子太傅伍奢召来审问。伍奢知道费无忌在平王面前说了太子的坏话,趁势说:"大王为什么竟因为专进谗言的坏人的话,疏远了父子骨肉关系呢?"费无忌说:"如果大王现在不制止,他的阴谋就要得逞了,大王将会被擒拿!"于是平王发怒,把伍奢关进监牢,同时派城父司马奋扬去杀太子。奋扬还没到达,便派人先告知太子:"太子赶快离开!要不然,将会被杀死!"太子建逃到宋国去了。

【原文】

无忌言于平王曰:"伍奢有二子,皆贤,不诛,且为楚忧。可以其父质而召之①,不然,且为楚患!"王使使谓伍奢曰:"能致汝二子,则生;不能,则死。"伍奢曰:"尚为人仁,呼必来。员为人刚戾忍诟②,能成大事,彼见来之并禽,其势必不来。"王不听,使人召二子曰:"来,吾生汝父③;不来,今杀奢也。"伍尚欲往,员曰:"楚之召我兄弟,非欲以生我父也,恐有脱者,后生患,故以父为质,诈召二子。二子到,则父子俱死。何益父之死?往而令仇不得报耳。不如奔他国,借力以雪父之耻;俱灭,无为也④。"伍尚曰:"我知往终不能全父命。然恨父召我以求生而不往⑤,后不能雪耻,终为天下笑耳。"谓员:"可去矣!汝能报杀父之仇,我将归死⑥。"尚既就执⑦,使者捕伍胥⑧。伍胥贯弓执矢向使者⑨,使者不敢进,伍胥遂亡。闻太子建之在宋,往从之。奢闻子胥之亡也,曰:"楚国君臣且苦兵矣!"伍尚至楚,楚并杀奢与尚也。

【注释】

① 质:抵押。这是指扣留人身作为抵押品。② 刚戾(lì):刚强猛烈,难以制服。忍诟(gòu):忍受耻辱。诟,通"诟",耻辱。③ 生:使……生。④ 无为:没有用处,没有意义。⑤ 恨:以此为恨事。⑥ 归死:自首就死。⑦ 就执:接受逮捕。⑧ 伍胥:伍子胥的省称。⑨ 贯(wān)弓:把弓拉满。

【译文】

费无忌对平王说:"伍奢有两个儿子,都有本领,不杀掉将成为楚国的祸害。可以用他们的父亲作人质,把他们召来。不这样,将成为楚国的后患!"平王派人对伍奢说:"能够招来你的两个儿子,就能活命;要是不能,就要处死你。"伍奢说:"伍尚为人仁慈,我叫他,一定来。伍员为人桀骜不驯,忍辱负重,能干大事,他知道来了一并被捉,势必不来。"平王不听,派人去召伍奢的两个儿子,说:"你们来了,我饶你们父亲不死;不来,现在就杀死伍奢。"伍尚打算前往,伍员说:

楚平王勒令伍奢给两个儿子写信

"楚王叫我们兄弟去,并不是想保全我们父亲的生命,而是担心有逃脱的会留下后患,所以拿父亲作为人质,用欺骗的办法来叫我们。两个儿子一到,就会父子一同处死。对于父亲的死,有什么好处?去了,大仇就报不成了!不如逃奔他国,借用国之兵来洗雪父亲的耻辱;一道被处死,没有意义。"伍尚说:"我知道去了终究不能保全父亲的性命。但是,父亲为了保全性命叫我去,我不去,这是一件恨事啊!以后又不能报仇雪恨,终究为天下人所耻笑。"他对伍员说:"你走吧!你能够报杀父之仇,我将去投身就死。"伍尚已经接受拘捕,使者又要逮捕伍子胥。伍子胥拉满弓,搭上箭,对着使者。使者不敢上前,伍子胥就逃跑了。伍子胥听说太子建在宋国,就前去跟随他。伍奢听说伍子胥逃跑了,说:"楚国君臣将要为战争所苦恼了!"伍尚来到楚国京城,楚王把伍奢和伍尚一起杀死了。

【原文】

伍胥既至宋,宋有华氏之乱①,乃与太子建俱奔于郑。郑人甚善之②。太子建又适晋,晋顷公曰③:"太子既善郑,郑信太子。太子能为我内应,而我攻其外,灭郑必矣。灭郑而封太子。"太子乃还郑。事未会④,会自私欲杀其从者⑤,从者知其谋,乃告之于郑。郑定公与子产诛杀太子建⑥。建有子名胜。伍胥惧,乃与胜俱奔吴。到昭关⑦,昭关欲执之。伍胥遂与胜独身步走,几不得脱。追者在后。至江,江上有一渔父乘船⑧,知伍胥之急,乃渡伍胥。伍胥既渡,解其剑曰:"此剑直百金⑨,以与父。"父曰:"楚国之法⑩,得伍胥者赐粟五万石⑪,爵执珪⑫,岂徒百金剑邪⑬!"不受。伍胥未至吴而疾,止中道,乞食。至吴,吴王僚方用事⑭,公子光为将⑮。伍胥乃因公子光以求见吴王。

久之,楚平王以其边邑钟离与吴边邑卑梁氏俱蚕⑯,两女子争桑相攻,乃大怒,至于两国举兵相伐。吴使公子光伐楚,拔其钟离、居巢而归⑰。伍子胥说吴王僚曰:"楚可破也。愿复遣公子光。"公子光谓吴王曰:"彼伍胥父兄为戮于楚⑱,而劝王伐楚者,欲以自报其仇耳。伐楚未可破也。"伍胥知公子光有内志⑲,欲杀王而自立,未可说以外事,乃进专诸于公子光⑳,退而与太子建之子胜耕于野。

【注释】

①华氏之乱:指宋国大夫华亥、向宁、华定发动的政变。②甚善之:对他十分友好。③晋顷公:晋国国君,姓姬名去疾,公元前525年至公元前512年在位。④事未会:事情还没有准备妥当。会,完备。⑤会:正当此时。自私:私事。⑥郑定公:郑国国君,姓姬名宁,公元前529年至公元前514年在位。子产:郑国执政大臣公孙侨的号,春秋时期的大政治家。⑦昭关:楚国的关隘名,故址在今安徽含山西北的小岘山上,是当时吴、楚的交通要道。下句的"昭关"指把守昭关的官兵。⑧渔父(fǔ):渔翁。父,对老年人的尊称。⑨直:同"值"。⑩法:法令。这里指悬赏捉拿的赏格。⑪石:容量单位,古制十斗为一石。⑫爵执珪(guī):封给执珪的官爵。爵,指给予官衔、爵位。珪,是上尖下方的玉,周天子把它赐给各国诸侯,是代表王命的权力象征。后来楚国把"执珪"定为爵位名称,地位相当于小国国君。⑬邪:通"耶"。⑭吴王僚:姓姬,公元前526年至公元前515年在位。用事:掌握政权。⑮公子光:吴王僚的堂兄弟。⑯钟离:县名,在今安徽凤阳东北。卑梁氏:古吴边邑名,在今安徽天长西北。蚕:养蚕,用作动词。⑰居巢:古邑名,在今安徽省巢湖市,后来地陷为巢湖。一说在今安徽寿县东南。⑱为戮:被杀。⑲有内志:有对内的企图,指公子光企图从王姬僚手中夺取吴国的统治权。⑳进:推荐。

【译文】

伍子胥到了宋国,宋国正好有姓华的大臣发动政变,他就和太子建一同转向投奔郑国。郑国君臣对他很友好。太子建又前往晋国,晋顷公说:"太子跟郑国君臣友好,郑国又信任太子。如果太子能够做我的内应,我从它的外面攻打,灭掉郑国是必定的了。灭掉郑国,就封给太子。"太子于是返回郑国。事情还没有准备妥当,恰巧太子建遇着一件个人私事,打算杀死一个跟随他的人。这个人知道他的计划,就去向郑国告密。郑定公和子产把太子建杀了。太子建有个儿子名叫胜。伍子胥害怕了,就和胜一道向吴国逃去。到了昭关,昭关的官兵要捉拿他。伍子胥就跟胜徒步逃跑,几乎不能逃脱。追赶的人在后面紧跟不放。来到江边,江上有个渔翁划着船,看到伍子胥情况危急,就渡伍子胥过江。伍子胥过江后,解下他身上的宝剑说:"这宝剑价值百金,把它送给您老人家吧!"渔翁说:"按照楚国公布的赏格,捉得伍子胥的,赏五万石小米,封给执珪的官爵,难道只是值百金的宝剑吗?"于是不肯接受。伍子胥还没有到吴国京城,就得了病,只得在半路上停下来,讨饭生活。来到吴国京城,吴王姬僚正掌权,公子姬光做将军。伍子胥就通过公子光的关系求见了吴王僚。

伍子胥解佩剑赠渔夫

过了一段时间,楚国的边城钟离同吴国的边城卑梁氏都养蚕,两地的女子因为争夺桑叶而互相打了起来,楚平王就大发雷霆,以致两国起兵互相攻伐。吴国派公子光攻打楚国,占领了楚国的钟离、居巢,胜利回来了。伍子胥劝吴王僚说:"楚国是可以彻底灭掉的,希望再派公子光去。"公子光对吴王说:"那伍子胥的父兄被楚国杀了,他劝大王攻打楚国,不过是想报他自己的私仇罢了。攻打楚国,是不可能灭亡它的。"伍子胥知道公子光对内有野心,想杀吴王僚自己做吴王,因此不能用对外的行动来劝说他,于是向公子光推荐专诸,自己引退,同太子建的儿子胜到乡下种田去了。

○复 仇○

【原文】

　　五年而楚平王卒①。初,平王所夺太子建秦女生子轸,及平王卒,轸竟立为后②,是为昭王③。吴王僚因楚丧,使二公子将兵往袭楚④。楚发兵绝吴兵之后,不得归。吴国内空⑤,而公子光乃令专诸袭刺吴王僚而自立⑥,是为吴王阖庐⑦。阖庐既立,得志,乃召伍员以为行人⑧,而与谋国事。

　　楚诛其大臣郤宛、伯州犁⑨。伯州犁之孙伯嚭亡奔吴⑩,吴亦以嚭为大夫⑪。前王僚所遣二公子将兵伐楚者,道绝不得归。后闻阖庐弑王僚自立⑫,遂以其兵降楚,楚封之于舒⑬。阖庐立三年,乃兴师与伍胥、伯嚭伐楚,拔舒,遂禽故吴反二将军。因欲至郢⑭,将军孙武曰:"民劳,未可,且待之。"乃归。

　　四年,吴伐楚,取六与灊⑮。五年,伐越,败之。六年,楚昭王使公子囊瓦将兵伐吴⑯。吴使伍员迎击,大破楚军于豫章⑰,取楚之居巢⑱。

　　九年,吴王阖庐谓子胥、孙武曰:"始,子言郢未可入,今果何如?"二子对曰:"楚将囊瓦贪,而唐、蔡皆怨之⑲。王必欲大伐之,必先得唐、蔡乃可⑳。"阖庐听之,悉兴师与唐、蔡伐楚,与楚夹汉水而陈㉑。吴王之弟夫概将兵请从,王不听,遂以其属五千人击楚将子常㉒。子常败走,奔郑。于是吴乘胜而前,五战,遂至郢。己卯㉓,楚昭王出奔。庚辰,吴王入郢。

【注释】

①五年:指五年以后,这时是吴王僚在位的第十二年。②立为后:继位为王。后,继承者。③昭王:楚昭王熊轸,公元前515年至公元前489年在位。④二公子:指吴王僚的同母弟掩余、烛庸。⑤内空:军队在外,内部空虚。⑥"公子光乃令专诸"句:吴王僚十二年(公元前515年),公子光设宴请吴王僚,专诸藏匕首于鱼腹中进献,当场刺杀吴王僚,自己也被杀。吴王僚被刺杀后,公子光自立为王。⑦阖(hé)庐:公元前514年至公元前496年在位。⑧行人:官名,掌管朝觐和外交等事务。⑨郤(xì):姓。⑩嚭:读pǐ。⑪大夫:古代国君之下设卿、大夫、士三级,

大夫是高级官吏。⑫弑（shì）：古代称臣杀君、子杀父母为"弑"，含有叛逆行为的意思。⑬舒：地名，在今安徽庐江西南。⑭郢（yǐng）：楚国国都，在今湖北江陵东北。⑮六：地名，即今安徽六安。灊（qián）：地名，在今安徽霍山东北。⑯公子囊瓦：楚公子贞，字子囊；他的孙名瓦，字子常。古人常以祖父的字为氏，所以瓦叫囊瓦。"公子"当为"公孙"。⑰豫章：古地区名，在长江以北淮水以南。⑱取楚之居巢：吴楚相争，此来彼往，居巢前被吴占，后又被楚占，这时再被吴占。⑲"楚将囊瓦贪"二句：唐、蔡是和楚国接界的两个小国。囊瓦曾借故将唐、蔡两国国君扣留，索取贿赂，所以唐、蔡都怨恨他。⑳得：取得一致，结成同盟。㉑陈：同"阵"。㉒子常：即囊瓦。㉓己卯：古代历法，用天干地支记年月日，这是十一月的己卯日。下文的"庚辰"，就是己卯日的第二天。

【译文】

过了五年，楚平王死了。起初平王从太子建那里夺来的秦国女子，生的儿子名叫轸，等到平王死了，轸竟然继位为王，这就是昭王。吴王僚趁楚国有丧事，派自己的两个弟弟带兵去袭击楚国。楚国出兵切断吴兵的后路，吴兵不能退回去。吴国内部空虚，公子光就叫专诸把吴王僚给杀了，自立为王，这就是吴王阖庐。阖庐做了吴王，愿望实现了，就把伍员召来，任命他做行人，国家大事都同他商量。

楚国杀了它的大臣郤宛、伯州犁。伯州犁的孙子伯嚭逃奔吴国，吴国也任命伯嚭做了大夫。之前吴王僚派遣带兵进攻楚国的两个公子，后路被切断不能回来，后来听说阖庐杀了吴王僚自立为王，就带着军队投降了楚国，楚国把他们封在舒地。阖庐为王三年，就出兵和伍子胥、伯嚭去攻打楚国，占领了舒地，把原来吴国的两个公子捉住了。阖庐想趁势进军郢都，将军孙武说："百姓疲惫，不行，暂且等一等吧。"就收兵回国了。

阖庐为王四年，吴国攻打楚国，占领了六地和灊地。阖庐为王五年，进攻越国，打败了它。阖庐为王六年，楚昭王派公子囊瓦带兵攻打吴国。吴国派伍员迎战，在豫章大败楚军，再一次占领了楚国的居巢。

阖庐为王九年，吴王阖庐对伍子胥和孙武说："当初，你们说郢城攻不进，现在怎么样？"两个人回答说："楚国将领囊瓦贪财，唐国和蔡国都恨他。大王一定要大举进攻楚国的话，必须首先取得唐国和蔡国的支持才行。"阖庐听从他们的意见，发动吴国的全部军队，和唐国、蔡国一道进攻楚国，在汉水两岸，吴军和楚军摆开阵势。吴王的弟弟夫概带领部队，请求跟随出征，阖庐没有应允。夫概就用他的部属五千人攻击楚将子常。子常败逃，逃奔郑国。于是吴军乘胜前进，经过五次战役，就打到了楚国的国都郢城。己卯日，楚昭王出逃。庚辰日，吴王进入郢城。

【原文】

昭王出亡，入云梦①，盗击王，王走郧②。郧公弟怀曰③："平王杀我父，我杀其子，不亦可乎！"郧公恐其弟杀王，与王奔随④。吴兵围随，谓随人曰："周之子孙在汉川者，楚尽灭之⑤。"随人欲杀王，王子綦匿王⑥，己自为王以当之。随人卜，与王于吴，不吉；乃谢吴，不与王。

始，伍员与申包胥为交⑦，员之亡也，谓包胥曰："我必覆楚。"包胥曰："我必存之。"及吴兵入郢，伍子胥求昭王。既不得，乃掘楚平王墓，出其尸，鞭之三百⑧，然后已。申包胥亡于山中，使人谓子胥曰："子之报仇，其以甚乎⑨！吾闻之：'人众者胜天，天定亦能破人。'今子故平王之臣，亲北面而事之⑩，今至于僇死人⑪，此岂其无天道之极乎！"伍子胥曰："为我谢申包胥曰：'吾日莫途远⑫，吾故倒行而逆施之。'"于是申包胥走秦告急，求救于秦。秦不许。包胥立于秦廷，昼夜哭，七日七夜不绝其声。秦哀公怜之⑬，曰："楚虽无道，有臣若是，可无存乎！"乃遣车五百乘救楚击吴。六月⑭，败吴兵于稷⑮。会吴王久留楚求昭王，而阖庐弟夫概乃亡归，自立为王。阖庐闻之，乃释楚而归，击其弟夫概。夫概败走，遂奔楚。楚昭王见吴有内乱，乃复入郢。封夫概于堂溪⑯，为堂溪氏。楚复与吴战，败吴，吴王乃归。

后二岁，阖庐使太子夫差将兵伐楚，取番⑰。楚惧吴复大来，乃去郢，徙于鄀⑱。当是时，吴以伍子胥、孙武之谋,西破强楚,北威齐、晋,南服越人。

【注释】

① 云梦:楚王的游猎区,多系沼泽地,今为湖北云梦一带。② 郧(yún):原为小国,后为楚所灭,即今湖北安陆。③ 郧公:楚王所封的公爵,名鬬辛,为郧地最高长官。④ 随:古国名。西周初分封的诸侯国,姬姓,在今湖北省随县。春秋后期成为楚的附庸。⑤ "周之子孙"两句:指周朝封在汉水附近的一些和周天子同姓(姬姓)的国家,都被楚国灭掉。吴和随都是姬姓国家。⑥ 王子綦(qí):楚昭王的哥哥公子结。⑦ 申包胥:楚君蚡冒的后代,姓公孙,因封在申地(在今河南南阳北),所以叫申包胥。交:朋友。⑧ "掘楚平王墓"三句:对于这件事,《年表》、《楚世家》及《季布传》都说是"鞭墓",而《吴世家》、《伍子胥传》却说是"鞭尸"。⑨ 以:通"已"。⑩ 北面:古代君王坐北朝南,叫"南面而王",臣子"北面而朝",所以"北面"指为臣。⑪ 僇(lù):侮辱。⑫ 莫:通"暮"。⑬ 秦哀公:秦国国君,公元前536年至公元前501年在位。⑭ 六月:指阖庐为王十年的六月。⑮ 稷:地名,在今河南桐柏境内。⑯ 堂溪:地名,在今河南西平西。⑰ 番(pó):今江西鄱阳。⑱ 郢(ruò):地名,又名鄀或鄀郢,在今湖北宜城东南。

【译文】

楚昭王出逃,躲进云梦的沼泽地带,强盗袭击昭王,昭王逃到郧地。郧公的弟弟鬬怀说:"平王杀了我们的父亲,我们杀他的儿子,不也是可以的吗!"郧公怕弟弟杀死昭王,跟昭王投奔随地。吴兵包围随地,对随地人说:"在汉川一带的周王子孙,楚国全部消灭了他们。"随地的人想杀掉昭王。王子綦把昭王藏起来,说自己就是昭王,来搪塞他们。随地人占卜,认为把楚王送给吴国,不吉利。于是婉言谢绝了吴国,没有把昭王送给它们。

早先,伍员和申包胥是知心朋友。伍员从楚国逃亡的时候,对申包胥说:"我一定颠覆楚国!"申包胥说:"我一定要把楚国保存下来!"等到吴兵攻入楚国国都郢城时,伍子胥搜寻昭王,没有得到,就挖开楚平王的坟墓,拖出尸体,鞭打了三百下,方才住手。申包胥逃避在山里,派人对伍子胥说:"您这样报仇,未免太过分了吧!我听说:'人多可以胜过天,天的意志也能够毁坏人。'您原来是平王的臣子,亲自称臣侍奉过他,如今到了侮辱死人的地步,这难道不是不讲天理到了极点吗?"伍子胥说:"替我向申包胥表示歉意:'我的处境好像太阳快落了而道路还很遥远,所以,我只能倒行逆施(不能按常规办事了)。'"于是申包胥跑到秦国报告危急情况,向秦国求救。秦国不答应。申包胥站在秦国朝廷上,日夜痛哭,七天七夜没有停止。秦哀公怜悯他,说:"楚王虽然无道,但有这样的臣子,怎能不帮他保全楚国呢?"就派遣五百辆兵车,援救楚国,迎战吴国。六月间,在稷地打败了吴兵。恰逢吴王长时间停留在楚国搜寻昭王,而吴王阖庐的弟弟夫概竟暗自逃回国内,自立为王。阖庐听到这个消息,就不得不把楚国的事放在一边,回兵攻打他的弟弟夫概。夫概败逃,便投奔楚国。楚昭王看到吴国有内乱,就重回郢城。楚王把堂溪封给夫概,称为堂溪氏。楚国再跟吴国作战,打败吴国,吴王就回国了。

两年以后,阖庐派太子夫差领兵攻打楚国,占领了番地。楚国害怕吴国再派大军前来,就离开郢城,把国都迁到鄀邑。就在这个时期,吴国由于伍子胥、孙武的谋划,向西攻破了强大的楚国,向北威慑齐国和晋国,而在南边镇服了越国。

鞭尸三百

仲尼弟子列传

【导读】

孔子首创私人讲学的风气，所授门徒有三千多人，其中留有贤名的七十二人。本传记述孔子门徒事迹时，仍然保留了孔子与弟子的问答形式。本篇节录的部分，重点介绍了孔子的几位弟子：颜渊、子路、子贡，对其他几个弟子也有简单描述。

颜渊是孔子学生之中"德行"的代表。颜渊问孔子怎样才能成为仁德之人，孔子给他开的良方是"克己复礼"。颜渊短暂的一生就是在不断实践这四个字，所以他"陋巷箪瓢亦乐哉"，从中可见颜渊以苦为乐的品质。

子路原来是个粗鲁无礼的人，后来在孔子的调教下，变得崇尚礼节。子路听说蒉聩与孔悝作乱，于是"闻之而驰往"。为了平息暴乱，子路最终结缨而死，这充分体现了子路"食其食者，不避其难"的性格。

司马迁描写子贡时用了很多笔墨。齐国田常作乱，打算进犯鲁国。子贡游说田常，说明利害关系，道理奇特而切中要害。继而往返于吴越之间，各陈利害。最后又到了晋国，说服晋侯对抗吴国。结果，子贡游说诸侯，不但保全了鲁国，还使齐国陷入内乱，越国获得霸主地位，这充分体现了子贡敏锐的思维和出色的口才。后人读到此段时，常说子贡"迹近战国策士之风"，这体现了子贡游说的价值。子贡的说辞，汪洋恣肆，纵横捭阖，有如大江东去，不可挡。

○孔门弟子综述○

【原文】

孔子曰"受业身通者七十有七人"，皆异能之士也①。德行②：颜渊，闵子骞，冉伯牛，仲弓。政事③：冉有，季路。言语④：宰我，子贡。文学⑤：子游，子夏。师也辟⑥，参也鲁⑦，柴也愚⑧，由也喭⑨，回也屡空⑩。赐不受命而货殖焉⑪，亿则屡中⑫。

【注释】

①异能：才能出众。②德行：道德行为。按：自"德行"至"子夏"，是孔子对这十个弟子的评价。德行、政事、言语、文学都是对这十人特长所做的分类归纳。③政事：行政事务。④言语：言辞口才。⑤文学：指文献典籍。⑥师：即颛孙师。辟（pì）：通"僻"，偏僻，偏激。⑦参：曾参。鲁：迟钝。⑧柴：高柴。愚：愚笨。⑨由：仲由，即季路。喭：粗鲁。⑩回：颜回，即颜渊。屡：经常。空：贫穷，匮乏。⑪赐：端木赐，即子贡。命：天命。货殖：居积货物，经营增值。⑫亿：通"臆"，预料，揣度。中：猜中，算中。

【译文】

孔子说弟子"接受学业身通六艺的有七十七人"，都是具有特殊才能的士人。德行优秀的：颜渊，闵子骞，冉伯牛，仲弓。善于处理政事的：冉有，季路。口才好的：宰我，子贡。熟悉文献典籍的：子游，子

孔子像

夏。颛孙师偏激，曾参迟钝，高柴愚钝，仲由粗鲁，颜回屡屡贫穷，端木赐不接受天命的安排而经商，揣测行情，居然常常能够猜中。

○德　行○

【原文】

颜回者①，鲁人也，字子渊。少孔子三十岁。

颜渊问仁。孔子曰："克己复礼②，天下归仁焉③。"

孔子曰："贤哉，回也！一箪食④，一瓢饮⑤，在陋巷⑥，人不堪其忧，回也不改其乐。""回也如愚⑦；退而省其私⑧，亦足以发⑨，回也不愚。""用之则行，舍之则藏⑩，唯我与尔有是夫⑪！"

回年二十九，发尽白，蚤死⑫。孔子哭之恸⑬，曰："自吾有回，门人益亲⑭。"鲁哀公问⑮："弟子孰为好学⑯？"孔子对曰："有颜回者好学，不迁怒⑰，不贰过⑱。不幸短命死矣，今也则亡⑲。"

颜回像

【注释】

①颜回：孔子最得意的弟子，后被尊为"亚圣"、"复圣"。②克：克制，约束。复：归复，归依。礼：指周代以宗法制度为核心的道德规范。克己复礼：按《左传》昭公十二年云："仲尼曰：'古也有志：克己复礼，仁也。……'"可见"克己复礼"是"仁"的一项内容。③归：与，称许。④箪：古代一种竹制的盛饭容器。⑤瓢：剖开葫芦制作而成的舀水器或盛酒器。饮：饮料，汤水。⑥陋：狭小，狭窄。⑦回也如愚：《论语·为政》云："子曰：'吾与回言终日，不违，如愚。……'"⑧省：省察，考察。⑨发：发明，发挥。⑩舍：舍弃，此指不用。⑪是：这，此。指称上面所说"用之则行，舍之则藏"。⑫蚤：通"早"。⑬恸：形容极其悲痛、悲痛之极。⑭门人：门徒，弟子。益：更，更加。⑮鲁哀公：名蒋，鲁定公之子，公元前494年至公元前469年在位。⑯孰：谁，哪个。⑰迁：迁徙，转移。⑱贰：再，重复。过：过失，过错。⑲亡：通"无"。

【译文】

颜回，鲁国人，字子渊。比孔子小三十岁。

颜渊向孔子询问什么是仁。孔子说："克制自己，使自己的言行归依礼制，天下的人就会称赞你是具有仁德的人。"

孔子说："贤德啊，颜回！一竹筐饭，一瓜瓢水，住在简陋狭小的巷子里，旁人不能忍受这种痛苦，颜回却不改变他原有的快乐！""颜回默不作声，像个愚人；退下去观察他私下里研读，也足以发挥，颜回不是真的愚钝。""重用我就去做，舍弃我就隐藏起来，只有我和颜回是这样的啊！"

颜回二十九岁时，头发全白了，早死。孔子哭得很伤心，说："自从我有了颜回，门下的学生更加亲近我。"鲁哀公问道："您的弟子中谁最好学？"孔子回答说："颜回最喜欢学习，他从不向别人发泄怒气，不重复犯同样的错误。很不幸寿命短死掉了，现在没有他那样的人了！"

【原文】

闵损，字子骞。少孔子十五岁。

闵损像

孔子曰："孝哉，闵子骞！人不间于其父母昆弟之言①。"不仕大夫，不食污君之禄②。"如有复我者③，必在汶上矣④。"

冉耕⑤，字伯牛。孔子以为有德行。

伯牛有恶疾⑥，孔子往问之，自牖执其手⑦，曰："命也夫！斯人也而有斯疾⑧，命也夫⑨！"

【注释】

①间：非间，非议。昆弟：兄弟。②污君：污秽的君主。禄：俸禄，古代多以粮食作为俸禄。③复：指再次征召。④汶：水名，即今大汶河。源自山东莱芜北，向西南流至梁山东南汇入济水。汶上：即汶阳，汶水之北。汶阳之地原为鲁地，后被齐国夺占。⑤冉耕：姓冉，名耕，鲁国人。⑥恶疾：痛苦难治的疾病。⑦牖（yǒu）：窗户。执：持，握。⑧斯：这，这样的。⑨"命也夫"三句：出自《论语·雍也》。

【译文】

闵损，字子骞。比孔子小十五岁。

孔子说："孝顺啊，闵子骞！人们对他父母和兄弟称赞他的话没有任何不同看法。"不出仕做大夫，不食昏庸之君的俸禄。闵子骞说："如果有人再来征召我，我就逃到汶水的北面！"

冉耕，字伯牛。孔子认为他很有德行。

伯牛患有难以治愈的病，孔子前去慰问他，从窗户里伸手进去握住他的手，说："这是命啊！这样（有德行）的人竟然得了这种病，这就是命啊！"

冉耕像

【原文】

冉雍①，字仲弓。

仲弓问政②。孔子曰："出门如见大宾③，使民如承大祭④。在邦无怨⑤，在家无怨⑥。"

孔子以仲弓为有德行，曰："雍也可使南面⑦。"

仲弓父，贱人⑧。孔子曰："犁牛之子骍且角⑨，虽欲勿用⑩，山川其舍诸⑪？"

【注释】

①冉雍：姓冉，名雍，鲁国人，比孔子小二十九岁，生于公元前522年。②问政：询问政事。③大宾：重要宾客，贵宾。④使：役使，使用。承：承受，担当。⑤在邦：指在诸侯国中任职。⑥在家：指在卿大夫家中任职。⑦南面：面南，面向南。坐北朝南，为古人尊位，因此"南面"常用以指称天子、诸侯、卿大夫等各级尊长。⑧贱：地位卑贱。⑨犁牛：耕牛，或者指毛色不纯的牛。骍：毛色纯赤。角：指牛角长得周正。⑩虽：纵然，即使。用：使用，此处指用作祭祀的供品。⑪山川：此指山川神灵。其：通"岂"，难道。诸：之乎。

【译文】

冉雍，字仲弓。

仲弓向孔子询问治国之道。孔子说："出门做事就像是去迎接贵客，差遣百姓好像是承担大的祭祀。在邦国之内不结怨，在卿大夫的封地也不结怨。"

孔子认为仲弓有德行，说："冉雍啊，可以让他做大官。"

仲弓的父亲，是地位很低的人。孔子说："杂色牛生的牛犊毛色纯红，而且两只角长得很周正，即使不想用它来祭祀，但是山川之神难道会舍弃它吗？"

冉雍像

政　事

【原文】

　　冉求①，字子有。少孔子二十九岁。为季氏宰②。

　　季康子问孔子曰③："冉求仁乎？"曰："千室之邑④，百乘之家⑤，求也可使治其赋⑥。仁则吾不知也。"复问："子路仁乎⑦？"孔子对曰："如求。"

　　求问曰："闻斯行诸⑧？"子曰："行之。"子路问："闻斯行诸？"子曰："有父兄在，如之何其闻斯行之⑨？"子华怪之⑩："敢问问同而答异？"孔子曰："求也退⑪，故进之⑫；由也兼人⑬，故退之⑭。"

冉求像

【注释】

①冉求：姓冉，名求，鲁国人。②季氏：即季孙氏，鲁国世卿。宰：家宰，家臣之长。③季康子：姓季孙，名肥，谥康，所以也称他为"季孙肥"，是季桓子的儿子、鲁国卿大夫，公元前491年至前468年执政。④室：家室，民户。邑：都邑，古代居民聚居的地方。这里指卿大夫用来征收赋税的采邑。⑤乘：车乘，兵车。古代以一车四马为一乘。百乘之家，即指拥有兵车一百辆的卿大夫之家。⑥赋：指军税和田税。⑦子路：即仲由，仲由字子路。⑧斯：则，那么。诸：之乎。⑨如之何：如何，怎么。⑩子华：即公西赤，孔子的弟子。怪，用作动词，感到奇怪。⑪退：拘禁，退缩。⑫进：促进，鼓励。⑬兼人：指做事争强好胜。⑭退：贬退，抑制。

【译文】

　　冉求，字子有。比孔子小二十九岁。是季氏的家宰。

　　季康子询问孔子说："冉求仁义吗？"回答说："千户人家的城邑，百辆兵车的采邑，可以派冉求在那里治理军事。至于他的仁义，我就不知道了。"又问："子路仁义吗？"孔子回答说："和冉求一样。"

　　冉求问孔子说："听到就要行动吗？"孔子说："行动起来。"子路问："听到就要行动吗？"孔子说："父亲和兄长还在，怎么能听到就行动起来呢？"子华感到很奇怪，说道："大胆地问一下，问题相同怎么回答却不一样呢？"孔子说："冉求做事退缩犹豫，所以鼓励他；仲由做事争强好胜，所以抑制一下他。"

【原文】

　　仲由，字子路，卞人也①。少孔子九岁。

　　子路性鄙②，好勇力，志伉直③，冠雄鸡④，佩猳豚⑤，陵暴孔子。孔子设礼，稍诱子路⑥，子路后儒服委质⑦，因门人请为弟子。

【注释】

①卞：或作"弁"，鲁国邑名，在今山东泗水东。②鄙：鄙朴，质朴。③伉：通"亢"，刚强。直：直率，刚直。④冠雄鸡：戴形似雄鸡的冠。⑤猳：公猪。豚：小猪。⑥稍：逐渐。⑦儒服：儒生穿戴的衣帽。委：致送。质：通"贽"，古代初次求见时所送的礼物，也可指致送老师的礼物。委贽即指致送见面礼，这里指致送拜师礼。

【译文】

　　仲由，字子路，卞人。比孔子小九岁。

　　子路生性质朴，爱好勇力，志气刚直，头上戴着雄鸡式的帽子，佩戴着用猪皮装饰的剑，欺侮孔子。孔子以礼节慢慢地教导子路，子路后来穿着儒服，带着拜师的礼物，通过孔子的门人请求做孔子的弟子。

【原文】

子路问政。孔子曰："先之①，劳之②。"请益③。曰："无倦。"

子路问："君子尚勇乎④？"孔子曰："义之为上⑤。君子好勇而无义，则乱；小人好勇而无义⑥，则盗。"

子路有闻，未之能行⑦，唯恐有闻⑧。

【注释】

①先之：即带头做示范。②劳（lào）：使……变得勤劳。③请益：请求增益，即请求多回答一些。④君子：指有身份有地位的人。尚：崇尚。⑤义：指行为合乎礼法和道德规范。⑥小人：指相对于"君子"而言的没有身份地位的平民百姓。⑦未之能行：即"未能行之"。⑧有：又。

子路像

【译文】

子路向孔子询问治理国家的道理。孔子说："先以身作则，再使百姓辛勤地劳作。"子路请求孔子再多说一些。孔子说："永远不要懈怠。"

子路问："君子崇尚勇武吗？"孔子说："义是最为可贵的。君子喜好勇武而不讲仁义，那就会作乱；小人喜好勇武而不讲仁义，就会做盗贼。"

子路在听到这个道理还没有去做，害怕又听到新的道理。

【原文】

孔子曰："片言可以折狱者①，其由也与②！""由也好勇过我，无所取材③。""若由也，不得其死然④。""衣敝缊袍与衣狐貉者立而不耻者⑤，其由也与！""由也升堂矣⑥，未入于室也⑦。"

季康子问："仲由仁乎？"孔子曰："千乘之国可使治其赋⑧，不知其仁。"

【注释】

①片言：片言只语。或指一面之辞。折：断，判决。狱：诉讼案件。②其：副词，大概，恐怕。与：通"欤"，表示推测的语气词。③材：此指制造渡海木筏的材料。④不得其死：不得好死。然：句末语气词。⑤衣（yì）：动词，穿。敝：坏，破旧。缊袍：以乱麻作絮的破袍。貉（hé）：亦称"狗獾"，其毛皮可做皮衣。⑥堂：厅堂。⑦室：内室。⑧千乘之国：即拥有一千辆兵车的国家。

【译文】

孔子说："根据单方面的言辞可以判决诉讼案件，大概只有仲由能做得到吧！""仲由喜好勇武的精神胜过我，这没什么可取的。""像仲由这样的人，会不得好死。""穿着破烂的旧丝棉袍和穿着狐皮大衣的人站在一起而不感到羞耻，大概只有仲由能做得到！""仲由的学问就好比人刚进入正厅，还没有进入内室那样。"

季康子问孔子："仲由有仁德吗？"孔子说："拥有千辆兵车的国家可以派他担任军事后勤工作，我不知道他有仁德。"

【原文】

子路喜从游，遇长沮、桀溺、荷蓧丈人①。

子路为季氏宰②，季孙问："子路可谓大臣与？"孔子曰："可谓具臣矣③。"

子路为蒲大夫④，辞孔子。孔子曰："蒲多壮士，又难治。然吾语汝：恭以敬，可以执勇⑤；宽以正，可以比众⑥；恭正以静，可以报上。"

【注释】

① 长沮、桀溺：二隐者名。《论语·微子》云："长沮、桀溺耦而耕,孔子过之,使子路问津焉。……" ② 季氏宰：季氏家宰。③ 具臣：备位充数之臣,指一般的臣僚。④ 蒲：卫国邑名,在今河南长垣。⑤ 执：驾驭。⑥ 比：亲近,安抚。

【译文】

子路喜欢跟着孔子出游,遇到过长沮、桀溺和扛着除草器的老人。

子路担任季氏的家宰,季孙氏问孔子道："子路可以说是大臣吗？"孔子说："可以说是只能备用的一般臣子。"

子路做了蒲邑的大夫,向孔子辞行。孔子说："蒲邑有很多壮士,难以治理。但我还是要叮嘱你：恭敬谦谨,可以驾驭勇猛；宽厚严正,可以亲近大众；恭谨清静,就能够报效上级。"

【原文】

初,卫灵公有宠姬曰南子①。灵公太子蒉聩得过南子②,惧诛出奔③。及灵公卒而夫人欲立公子郢④。郢不肯,曰："亡人太子之子辄在⑤。"于是卫立辄为君,是为出公。出公立十二年,其父蒉聩居外,不得入。子路为卫大夫孔悝之邑宰⑥。蒉聩乃与孔悝作乱,谋入孔悝家,遂与其徒袭攻出公。出公奔鲁,而蒉聩入立,是为庄公。方孔悝作乱⑦,子路在外,闻之而驰往。遇子羔出卫城门⑧,谓子路曰："出公去矣,而门已闭,子可还矣,毋空受其祸。"子路曰："食其食者不避其难⑨。"子羔卒去。有使者入城,城门开,子路随而入。造蒉聩⑩,蒉聩与孔悝登台。子路曰："君焉用孔悝？请得而杀之。"蒉聩弗听。于是子路欲燔台⑪,蒉聩惧,乃下石乞、壶黡攻子路⑫,击断子路之缨⑬。子路曰："君子死而冠不免。"遂结缨而死⑭。

孔子闻卫乱,曰："嗟乎,由死矣！"已而果死⑮。故孔子曰："自吾得由,恶言不闻于耳。"是时子贡为鲁使于齐。

【注释】

① 卫灵公：名元,卫襄公之子,公元前534年至公元前493年在位。② 蒉聩：亦作"蒯聩",即卫庄公。得过：得罪。③ 惧诛出奔：指襄公于卫灵公三十九年(公元前496年)因谋杀南子不成而逃到宋国。④ 公子郢：卫灵公庶子,名郢,或作"遥",字子南,谥昭。⑤ 亡人太子：指蒉聩,当时逃亡在外。辄：卫灵公之孙,卫庄公之子,于公元前492年至公元前481年、公元前476年至公元前469年两度在位。⑥ 孔悝：亦称"孔叔",孔文子圉之子,母孔伯姬为蒉聩之姊,他是卫国的执政大夫。⑦ 方：当,正方。⑧ 子羔：即高柴,孔子弟子,时为卫国大夫。⑨ 食其食：即得到孔悝发给的俸禄。⑩ 造：往,到。⑪ 燔(fán)：焚烧。⑫ 下：使动用法,让……下台。石乞、壶黡：二人均为蒉聩侍臣。⑬ 缨：系在颔下的冠带。⑭ 结：打结。⑮ 已而：事后,不久。

【译文】

最初,卫灵公有个宠妾名叫南子。灵公的太子蒉聩得罪了南子,害怕被诛杀就逃走了。灵公死后,夫人打算立公子郢为王。公子郢不答应,说："有逃亡太子的儿子辄在。"于是卫国立辄为君主,这就是出公。出公继位十二年,他的父亲蒉聩住在外国,不能回到卫国。子路担任卫国大夫孔悝的邑宰。蒉聩就和孔悝一起作乱,用计潜入孔悝的家中,于是和他的同党一起袭击出公。出公逃到鲁国,蒉聩入朝立为卫君,他就是卫庄公。当孔悝作乱时,子路在外面,听说之后奔驰前往。遇上子羔从卫国的城门出来,对子路说："出公逃走了,大门已经关闭,你还可以回去,不要平白无故地遭受祸殃。"子路说："吃别人的饭,就不能躲避人家遭受的灾难。"子羔终于离开了。(正好)有使者要进入都城,城门打开了,子路随着进去,找到蒉聩。蒉聩与孔悝都在台上。子路说："您怎么能任用孔悝呢？请让我捉拿他把他杀掉。"蒉聩不听。子路想焚台,蒉聩害怕,就命令石乞、壶黡攻打子路,砍断了子路的帽带。子路说："君子死的时候,帽子是不能脱去的。"于是系好帽子被杀死。

孔子听说卫国内乱，说："唉，仲由这下死了！"不久仲由果然死了。所以孔子说："自从我收仲由为徒，侮慢的言语就再也听不到了。"这时子贡正为鲁国出使齐国。

> ⊙ **文史知识**
>
> ### 杏 坛
>
> 　　杏坛，据说是孔子聚徒讲学的地方。孔子教育思想一大特色是"有教无类"，即不分贫富，不分贵贱，不分老少，不分国籍，兼收并蓄。这一天，孔子带领一群学生垒土筑坛，并移来一棵小银杏树栽在坛边。孔子抚摸着银杏树说："银杏多果，象征着弟子满天下。树干挺拔直立，绝不旁逸斜出，象征弟子们的正直品格。果仁既可食用，又可入药治病，象征弟子们学成后可以有利于社稷民生。此讲坛就取名杏坛吧！"此后，孔子每日在杏坛讲学，四方弟子云集。后来，人们在曲阜孔庙大成殿前为之筑坛、建亭、书碑、植杏。北宋时，孔子后代又在曲阜祖庙筑坛，种植杏树，遂以"杏坛"为名。

○言　语○

【原文】

　　宰予①，字子我，利口辩辞②。既受业，问："三年之丧不已久乎③？君子三年不为礼④，礼必坏；三年不为乐，乐必崩。旧谷既没⑤，新谷既升⑥，钻燧改火⑦，期可已矣⑧。"子曰："于汝安乎？"曰："安。""汝安则为之。君子居丧，食旨不甘⑨，闻乐不乐⑩，故弗为也。"宰我出。子曰："予之不仁也！子生三年，然后免于父母之怀⑪。夫三年之丧，天下之通义也⑫。"

　　宰予昼寝。子曰："朽木不可雕也⑬，粪土之墙不可圬也⑭。"

　　宰我问五帝之德⑮。子曰："予非其人也⑯！"

　　宰我为临菑大夫⑰，与田常作乱⑱，以夷其族⑲，孔子耻之⑳。

宰予像

【注释】

①宰予：姓宰，名予，鲁国人。②利口辩辞：即口利辞辩，嘴快而言辞雄辩。③三年之丧：儒家主张父母死亡，子女应服丧三年。已：太。④为：行，举行。⑤旧谷：旧粮，陈粮。没：这里指吃尽。⑥新谷：新粮。升：登场，收获。⑦钻燧：古时取火的一种方法，分别用木制成钻和燧，然后以钻木钻燧木，通过强烈摩擦取得火种。⑧期（jī）：一年。⑨旨：味美，这里指美味的食物。⑩闻乐不乐：前一个"乐"指音乐；后一个"乐"指快乐、高兴。⑪免：脱离。怀：怀抱。⑫通义：即"通仪"，通行的丧仪。⑬朽：腐朽，腐烂。雕：雕琢。⑭粪土：秽土，脏土。圬（wū）：通"杇"，涂饰墙壁的工具，俗称瓦刀。这里用作动词，意为用杇涂饰墙壁。⑮五帝：即指黄帝、颛顼、帝喾、唐尧、虞舜，远古传说中的五位圣王。⑯予非其人也：宰予不是能说明五帝之德的人。⑰临菑：即临淄，齐国都城，即今山东淄博东北的旧临淄。⑱与：参预。田常：也称"陈恒"、"田成子"、"陈成子"等，齐国大夫，陈釐子乞之子。公元前481年，田常杀死齐简公，拥立齐平公，被任命为相国。⑲夷：夷灭，杀灭。⑳耻：以……为耻。

【译文】

　　宰予，字子我，口齿伶俐，擅长雄辩。接受学业之后，问孔子道："父母去世，为他们守三年丧不是太久了吗？君子有三年的时间不去学礼仪，礼仪必定败坏；三年不演奏音乐，音乐必定荒废。（一年间）陈旧的谷物已经吃光，而新的谷物又收获了；取火用的木头更换了一遍，服丧一年就可以了。"孔子说："这样你觉得心安吗？"回答说："心安。""你心安的话就这么做吧。君子在服丧期间，吃味美的食物感觉不到甘甜，听到美妙的音乐不会感到喜悦，所以不这样做。"宰予出去。孔子说："宰予为人不仁义啊!儿女生下来三年,然后离开父母的怀抱。为逝去的父母居丧三年,这是天下通行的礼仪呀!"

宰予白天睡觉。孔子说:"腐朽的木头不能雕琢,粪土一样的土墙不能粉刷。"

宰予向孔子询问五帝的德行。孔子说:"你不是询问这种事情的人啊!"

宰予担任临菑大夫,和田常一起作乱,所以被灭了族,孔子以这件事为耻辱。

【原文】

端木赐①,卫人,字子贡②。少孔子三十一岁。

子贡利口巧辞,孔子常黜其辩③。问曰:"汝与回也孰愈④?"对曰:"赐也何敢望回⑤!回也闻一以知十,赐也闻一以知二。"

子贡既已受业,问曰:"赐何人也?"孔子曰:"汝器也。"曰:"何器也?"曰:"瑚琏也⑥。"

陈子禽问子贡曰⑦:"仲尼焉学?"子贡曰:"文武之道未坠于地⑧,在人。贤者识其大者,不贤者识其小者。莫不有文武之道。夫子焉不学⑨?而亦何常师之有⑩!"又问:"孔子适是国必闻其政。求之与?抑与之与⑪?"子贡曰:"夫子温、良、恭、俭、让以得之。夫子之求之也,其诸异乎人之求之也⑫。"

子贡问曰:"富而无骄,贫而无谄⑬,何如?"孔子曰:"可也;不如贫而乐道,富而好礼。"

端木赐像

【注释】

① 端木赐:姓端木,名赐。② 子贡:或作子赣。③ 黜:通"绌",屈,亏屈。④ 愈:胜,胜过。⑤ 望:通"方",比。⑥ 瑚琏:即"簠簋",古代祭祀时盛放粮食的器皿,属于宗庙重器,簠形方,簋形圆。⑦ 陈子禽:即陈亢,名亢,字子禽。⑧ 文武之道:周文王、周武王的修身治国之道。坠:坠落,失落。⑨ 夫子:对孔子的尊称。⑩ 常师:固定的老师。"何常师之有"即"有何常师"。⑪ 抑:还是。⑫ 其诸:表示推测、不肯定的语气,意为恐怕。⑬ 谄:谄媚,巴结。

【译文】

端木赐,卫国人,字子贡。比孔子小三十一岁。

子贡口齿伶俐,能言善辩,孔子常常压制他的言辞。问他道:"你和颜回谁更好些?"子贡回答说:"我怎么敢跟颜回比呢!颜回听说一个道理就能推演出十个道理,而我听到一个道理只能推演出两个道理。"

子贡接受学业之后,问孔子道:"我是什么样的人呢?"孔子说:"你像是一个器皿。"子贡问:"什么样的器皿?"回答说:"宗庙里祭祀时装粮食用的瑚琏。"

陈子禽问子贡道:"仲尼的知识是从哪里学来的?"子贡说:"文王、武王的治国之道没有坠落到地上,还在人间流传。圣贤之人记住它的根本,愚钝的人只记住它的细枝末节。没有哪个地方缺少文王、武王的治国理论。老师怎能不学呢?又怎么会有固定不变的老师呢!"又问道:"孔子到一个国家必定知道这个国家的政事。这是求别人告诉他的呢?还是别人主动告诉他的?"子贡说:"这是老师凭借温良和善、恭谨简朴以及谦让得来的。老师这种求得的途径,与别人求得的途径恐怕不一样。"

子贡问道:"富贵而不骄纵,贫穷而不谄媚,这样的人怎么样?"孔子说:"可以,但是还比不上安贫乐道及富贵而爱好礼仪的人。"

【原文】

田常欲作乱于齐,惮高、国、鲍、晏①,故移其兵,欲以伐鲁。孔子闻之,谓门弟子曰:"夫鲁,坟墓所处，父母之国，国危如此，二三子何为莫出②？"子路请出，孔子止之。子张、子石请行③，孔子弗许。子贡请行，孔子许之。

遂行，至齐，说田常曰："君之伐鲁过矣。夫鲁，难伐之国，其城薄以卑④，其地狭以泄，其君愚而不仁，大臣伪而无用，其士民又恶甲兵之事，此不可与战。君不如伐吴。夫吴，城高以厚，地广以深，甲坚以新⑤，士选以饱⑥，重器精兵尽在其中⑦，又使明大夫守之，此易伐也。"田常忿然作色曰⑧："子之所难，人之所易；子之所易，人之所难。而以教常，何也？"子贡曰："臣闻之，忧在内者攻强，忧在外者攻弱。今君忧在内。吾闻君三封而三不成者，大臣有不听者也。今君破鲁以广齐，战胜以骄主，破国以尊臣，而君之功不与焉，则交日疏于主。是君上骄主心，下恣群臣⑨，求以成大事，难矣。夫上骄则恣，臣骄则争，是君上与主有郤⑩，下与大臣交争也。如此，则君之立于齐危矣。故曰不如伐吴。伐吴不胜，民人外死，大臣内空，是君上无强臣之敌，下无民人之过⑪，孤主制齐者唯君也。"田常曰："善。虽然，吾兵业已加鲁矣，去而之吴，大臣疑我，奈何？"子贡曰："君按兵无伐，臣请往使吴王，令之救鲁而伐齐，君因以兵迎之。"田常许之，使子贡南见吴王⑫。

【注释】

①惮：害怕，畏惧。高：即高氏，姜姓，齐国公族，受周天子策命，世代担任齐国的上卿。国：即国氏，姜姓，齐国公族，受周天子策命，世代为齐国上卿。鲍：即鲍氏，姒姓，齐国大夫世家。晏：即晏氏，姜姓，齐国大夫世家。②二三子：诸子，各位。莫：没有谁。③子张：即颛孙师，字子张，孔子弟子。④以：而。卑：低，矮。⑤甲：铠甲，这里指武器装备。⑥选：挑选，选拔，这里是精良的意思。⑦重器：宝器。精兵：精良的武器。⑧忿：通"愤"，愤怒。作色：改变脸色。⑨恣：恣肆，放纵。⑩郤（xì）：通"隙"，缝隙，隔阂。⑪过：责备，怪罪。⑫南：向南行，南下。吴王：指吴王夫差，吴王阖闾之子，曾一度大败齐、越，与晋争霸，后被越灭国，自杀身亡。

【译文】

田常想在齐国作乱，忌惮高、国、鲍、晏四个家族，所以想调动他们的军队攻打鲁国。孔子听说后，对门下弟子说："鲁国，是祖先坟墓的所在之地，是父母之国，国家已经危险到这个地步，你们这几个人为什么不挺身而出呢？"子路主动请缨，孔子制止了他。子张、子石请求行动，孔子也不答应。子贡请求行动，孔子同意了。

于是出发，到达齐国，对田常说："您讨伐鲁国是错误的。鲁国，那是难以讨伐的国家，它的城墙又薄又矮，它的护城河又窄又浅，它的君主愚蠢而且不仁义，它的大臣虚伪而且毫无用处，它的百姓厌恶打仗，这样的国家不能与它交战啊。您不如讨伐吴国。吴国，城墙又高又厚，护城河又广又深，兵器又坚又新，军士齐整而充足，贤士精兵都在那里，又派贤明的大夫镇守，这是很容易讨伐的。"田常脸上立刻露出愤怒的神色，说道："你所说的很难办到的事，别人却认为它很容易；你所说的很容易办到的事，别人却认为它很困难。而你用这个来指教我，这是为什么呢？"子贡说："我听说，忧患来自国内，那就攻打强大的国家；忧患来自外部，那就攻打弱小的国家。现在您的忧患来自国内。我听说您三次受封却三次没能成功，这是因为有大臣反对。现在您攻破鲁国使齐国增加领土，战胜敌国使君主骄纵，打败敌国而使大臣的地位尊贵，但是您的功劳却不在其中啊，那么就会一天天地被君主疏远。这是您上使君主骄横放纵，下使群臣放纵无忌，您想成就大的事业，很困难啊。君主骄横就会放纵，群臣骄横就会争斗，这是您上与君主产生嫌隙，下与群臣互相争夺啊。这样一来，您在齐国就很危险了。所以说不如讨伐吴国。讨伐吴国不能取胜，百姓死在外面，大臣势力空虚，这是您在上没有群臣的反对，在下没有百姓的非议，孤立君主、掌控齐国的只有您了。"田常说："很好。纵然这样，我的军队已经前往鲁国了，现在撤回来攻打吴国，大臣怀疑我，那该怎么办呢？"子贡说："您按兵不动，不要攻打鲁国，请允许我出使吴国，让它救助鲁国而讨伐齐国，您趁机派军队迎击它。"田常答应了，派子贡去南方拜见吴王。

【原文】

说曰："臣闻之，王者不绝世①，霸者无强敌，千钧之重加铢两而移②。今以万乘之齐而私千乘之鲁③，与吴争强，窃为王危之。且夫救鲁，显名也；伐齐，大利也。以抚泗上诸侯④，诛暴齐以服强晋，利莫大焉。名存亡鲁，实困强齐，智者不疑也。"吴王曰："善。虽然，吾尝与越战，栖之会稽⑤。越王苦身养士⑥，有报我心。子待我伐越而听子。"子贡曰："越之劲不过鲁，吴之强不过齐，王置齐而伐越，则齐已平鲁矣。且王方以存亡继绝为名，夫伐小越而畏强齐，非勇也。夫勇者不避难，仁者不穷约⑦，智者不失时，王者不绝世，以立其义。今存越示诸侯以仁，救鲁伐齐，威加晋国，诸侯必相率而朝吴⑧，霸业成矣。且王必恶越⑨，臣请东见越王，令出兵以从，此实空越，名从诸侯以伐也。"吴王大说，乃使子贡之越。

【注释】

① 王者：实行王道的人。② 钧：古代重量单位，三十斤为一钧。铢、两：均为古代很小的重量单位。③ 万乘：拥有一万辆兵车的国家，这里指齐国。私：私有，占为己有。④ 泗上：泗水之滨。⑤ 会稽：即会稽山，在今浙江绍兴、嵊州市、诸暨、东阳间。⑥ 越王：即越王勾践，越王允常之子，公元前497至公元前465年在位。⑦ 穷：困厄。约：缠缚。⑧ 相率：相从，相继。⑨ 且：句首语助词，表示提起下文。恶（wù）：憎恨，讨厌，这里是担心的意思。

【译文】

（子贡）劝说吴王道："我听说，行王道的人不断绝与世人的交往，行霸道的人没有强大的敌人，千钧重的物体加上一铢一两的重量就会导致位移。现在以拥有万辆兵车的齐国占有拥有千辆战车的鲁国，与吴国争夺霸权，私底下为大王感到担忧。况且援助鲁国，能够使名声显扬；讨伐齐国，有很大的利益。可以安抚泗水以北的诸侯，诛灭暴虐的齐国，慑服强大的晋国，

子贡劝说吴王

没有比这更大的好处了。名义上保存即将灭亡的鲁国，实际上使强大的齐国困窘，智慧的人是不会犹豫不决的。"吴王说："很好。纵然这样，我曾经与越国交战，使越王栖身在会稽山。越王使自己身体劳苦，优待兵士，有向我报仇的决心。你等我讨伐完越国后再听你的劝告。"子贡说："越国的国力超不过鲁国，吴国的强大超不过齐国，大王舍弃齐国而攻打越国，到时齐国就已经平定鲁国了。况且大王现在以保存并延续即将灭亡的国家为口号，讨伐弱小的越国而畏惧强大的齐国，这不是勇武。勇猛的人不躲避困难，仁义的人不使别人处于困境，智慧的人不失掉时机，行王道的人不断绝与世人的交往，凭此来树立自己的仁义。现在保全越国向诸侯展示吴国的仁德，救助鲁国讨伐齐国，向晋国施压，诸侯一定争相来到吴国朝见您，这样霸业就会成功。倘若大王果真厌恶越国，我请求向东去拜见越王，让他派兵跟随您一起出征，这样实际上是使越国兵力空虚，名义上是跟随诸侯讨伐齐国。"吴王听了很高兴，就派子贡到越国去。

【原文】

越王除道郊迎①，身御至舍而问曰："此蛮夷之国，大夫何以俨然辱而临之②？"子贡曰："今者吾说吴王以救鲁伐齐，其志欲之而畏越，曰'待我伐越乃可'。如此，破越必矣。且夫无报人之志而令人疑之，拙也③；有报人之志，使人知之，殆也；事未发而先闻，危也。三者，举事之大患。"勾践顿首再拜曰④："孤尝不料力，乃与吴战，困于会稽，痛入于骨髓⑤，日夜焦唇干舌，徒欲与吴王

越大夫文种上书吴王

接踵而死⑥,孤之愿也。"遂问子贡。子贡曰:"吴王为人猛暴,群臣不堪;国家敝以数战⑦,士卒弗忍;百姓怨上,大臣内变;子胥以谏死⑧,太宰嚭用事⑨,顺君之过以安其私:是残国之治也⑩。今王诚发士卒佐之以徼其志⑪,重宝以说其心,卑辞以尊其礼,其伐齐必也。彼战不胜,王之福矣。战胜,必以兵临晋,臣请北见晋君,令共攻之,弱吴必矣。其锐兵尽于齐,重甲困于晋,而王制其敝,此灭吴必矣。"越王大说,许诺。送子贡金百镒⑫,剑一,良矛二。子贡不受,遂行。

报吴王曰:"臣敬以大王之言告越王,越王大恐,曰:'孤不幸,少失先人⑬,内不自量,抵罪于吴⑭,军败身辱,栖于会稽,国为虚莽⑮,赖大王之赐,使得奉俎豆而修祭祀⑯,死不敢忘,何谋之敢出!'"后五日,越使大夫种顿首言于吴王曰⑰:"东海役臣孤勾践使者臣种,敢修下吏问于左右⑱。今窃闻大王将兴大义,诛强救弱,困暴齐而抚周室,请悉起境内士卒三千人,孤请自被坚执锐,以先受矢石。因越贱臣种奉先人藏器,甲二十领⑲,铁、屈卢之矛、步光之剑⑳,以贺军吏。"吴王大说,以告子贡曰:"越王欲身从寡人伐齐,可乎?"子贡曰:"不可。夫空人之国,悉人之众,又从其君㉑,不义。君受其币,许其师,而辞其君。"吴王许诺,乃谢越王。于是吴王乃遂发九郡兵伐齐。

【注释】

①除道:清扫道路。郊迎:到郊外迎接。②俨:恭敬庄重。辱:受辱,屈尊。临:光临,来到。③拙:笨拙,拙劣。④顿首:头叩地而拜。再拜:连拜两次。⑤骨髓:这里比喻最深的地方。⑥接踵:足踵相接,即跟随、随从的意思。⑦敝:困,困乏。数:屡次,多次。⑧子胥:即伍子胥。⑨太宰嚭:吴国太宰,深得吴王夫差宠信。吴破越后,他接受贿赂,许越媾和,并进谗言杀害伍子胥。吴亡后,降越为臣。用事:主事,执政。⑩残:残余,将尽,将要灭亡。⑪诚:确实,果真。徼(yāo):通"邀",迎候,迎合。⑫镒:古代重量单位,二十两为一镒。或说二十四两为一镒。⑬少:年少,年幼。先人:即先父,指已故去的父亲。⑭抵:冒犯。⑮虚:大丘,土山。莽:草丛。⑯奉:捧。俎豆:古代祭祀时盛放食物的礼器。俎(zǔ):载放牲体的长方形容器。豆:形似高足盘的容器。修:修行,举行。⑰种:文种,越国大夫,辅助勾践灭亡吴国。后因勾践听信谗言,被赐剑而自杀。⑱修:修书,写信。下吏:手下官吏。问于左右:问候吴王左右侍臣。⑲领:件。⑳铁(fū):通"斧"。步光:剑名。㉑从:这里为使动用法,使……相从。

【译文】

越王打扫道路到郊外迎接子贡,亲自驾着马车载他到达接待外宾的馆舍,向他问道:"越国是蛮夷之国,大夫怎么使自己的庄严受辱,屈尊来到这里呢?"子贡说:"现在我游说吴王援救鲁国讨伐齐国,他心里想去但是畏惧越国,说'等我讨伐完越国就可以了'。这样一来,攻破越国那是一定的了。况且没有报复旁人的心思却让人对自己产生怀疑,这很笨拙;有报复别人的心思,却让人知晓,这很危险;事情还没有做却让对方先知道,这也很危险。这三种情况是做事情的大患啊。"勾践叩头向他拜了两拜说:"我曾不自量力,和吴国交战,困守在会稽山,痛入骨髓,日日夜夜唇焦舌干,只想跟吴王决一死战,这是我的愿望。"便向子贡询问计策。子贡说:"吴王为人勇猛残暴,群臣不能忍受;国家因为多次打仗而民生凋敝,士卒不堪忍受;百姓埋怨君主,群臣发生内乱;伍子胥因为劝谏被杀,太宰伯嚭掌权,顺应君主的过错使自己的私利得以安定:这是濒临灭亡的政事啊。现在大王倘若派兵辅佐吴王以迎合他的志向,拿贵重的宝物以讨他的欢心,以卑贱的言辞表示对他的尊重,他一定会去讨伐齐国的。倘若他不能取胜,这正是您的福祉啊。倘若他能够取胜,一定会出兵到达晋国,我请求向北拜见晋君,让他联合您一起攻打吴国,削弱吴国一定会成功的。吴国的精锐部队全都在对齐国的战争中消耗掉了,重兵被牵制在晋国,而大王利用它的疲惫去攻击它,那样灭亡吴国就是一定的了。"越王很高兴,同意了子贡的请求。送给子贡黄金百镒,利剑一柄,良矛两支。子贡没有接受就走了。

子贡禀报吴王说:"我敬重地把大王的话告诉了越王,越王很害怕,说:'我十分不幸,年少的时候死了父亲,不自量力,冒犯了吴国应该受到惩罚,军队失败了,自身也受到屈辱,栖身于会稽山上,国家沦为废墟荒地,现在仰赖大王的恩赐,使我能够捧着俎豆祭祀祖先,这种恩德即使我死了也不会忘记,怎么还敢有所图谋呢?'"五天以后,越国派大夫文种叩首对吴王说:"东海之滨供您驱使的臣子勾践的使者文种,胆敢托您的下吏询问您左右的近臣。现在听说大王将要兴仁义之师,诛灭暴强救助孤弱,围困暴虐的齐国而安抚周王室,请求出动越国境内所有的士卒三千人,越王请求自己身披铠甲,手执锋锐的武器,冲锋陷阵,通过越国的卑贱臣子文种奉上先人珍藏的宝器,铠甲二十件,斧子、屈卢矛、步光剑,以此作为对将士们的贺礼。"吴王很高兴,把这些告诉子贡说:"越王想亲自跟随我讨伐齐国,这样可以吗?"子贡说:"不可以。使别人的国家空虚,调动它所有的军队,又让它的君主跟随出征,这是不仁义的。您接受了它的礼物,允许它的军队跟随,辞谢它的君主。"吴王答应了,就辞谢越王。于是吴王出动九个郡县的军队讨伐齐国。

【原文】

子贡因去之晋,谓晋君曰:"臣闻之,虑不先定不可以应卒,兵不先辨不可以胜敌。今夫齐与吴将战,彼战而不胜,越乱之必矣;与齐战而胜,必以其兵临晋。"晋君大恐,曰:"为之奈何?"子贡曰:"修兵休卒以待之。"晋君许诺。

【译文】

子贡去了晋国,对晋君说:"我听说,计谋不率先制定好就不能应付突然发生的事情,兵士不率先准备好就不能战胜敌人。现在齐国将要和吴国交战,倘若它不能取胜,越国叛乱是一定的;倘若与齐国交战能取胜,必定会发兵到晋国。"晋君很害怕,说:"这该怎么办?"子贡说:"铸造兵器,休养军队,等待它。"晋君答应了。

【原文】

子贡去而之鲁。吴王果与齐人战于艾陵①,大破齐师,获七将军之兵而不归,果以兵临晋,与晋人相遇黄池之上②。吴、晋争强。晋人击之,大败吴师。越王闻之,涉江袭吴③,去城七里而军④。吴王闻之,去晋而归,与越战于五湖⑤。三战不胜,城门不守⑥,越遂围王宫,杀夫差而戮其相。破吴三年,东向而霸⑦。

【注释】

①艾陵:齐国地名,在今山东莱芜东北。②黄池:鲁国地名,在今河南封丘西南。③涉:渡水。江:松江,即今吴淞江,亦称苏州河。④军:驻军,驻扎。⑤五湖:即今太湖。或谓泛指太湖流域一带的湖泊。⑥不守:失守。⑦东向而霸:面向东而称霸。

【译文】

子贡离开晋国去了鲁国。吴王果然与齐军在艾陵交战,大败齐军,俘获了齐国七位将军的军队却不还师,果然发兵进攻晋国,与晋国军队在黄池之上相遇。吴国与晋国争强斗胜。晋军攻击吴军,大败吴军。越王听说后,渡过松江袭击吴国,把军队驻扎在距离吴国都城七里的地方。吴王听说后,离开晋国班师回国,与越国在五湖交战。交战三次没有取胜,城门没有守住,越军于是包围了吴宫,杀死了夫差以及吴国的相国。灭掉吴国后三年,越国成为东方的霸主。

文　学

【原文】

言偃①，吴人，字子游。少孔子四十五岁。

子游既已受业，为武城宰②。孔子过，闻弦歌之声③。孔子莞尔而笑曰④："割鸡焉用牛刀？"子游曰："昔者偃闻诸夫子曰⑤：'君子学道则爱人，小人学道则易使。'"孔子曰："二三子，偃之言是也。前言戏之耳。"孔子以为子游习于文学。

卜商⑥，字子夏。少孔子四十四岁。

子夏问："'巧笑倩兮⑦，美目盼兮⑧，素以为绚兮⑨。'何谓也？"子曰："绘事后素⑩。"曰："礼后乎⑪？"孔子曰："商始可与言《诗》已矣。"

子贡问："师与商孰贤⑫？"子曰："师也过⑬，商也不及⑭。""然则师愈与⑮？"曰："过犹不及。"

子谓子夏曰："汝为君子儒⑯，无为小人儒。"

孔子既没⑰，子夏居西河教授⑱，为魏文侯师。其子死，哭之失明。

言偃像

【注释】

① 言偃：姓言，名偃，字子游。② 武城：亦称南武城，鲁国邑名，在今山东费县西南。③ 弦歌：演奏琴瑟等弦乐器作为伴奏来歌唱。④ 莞尔：微笑的样子。⑤ 诸："之于"的合音。⑥ 卜商：姓卜，名商，对儒学经典的整理、传授起过重要作用。⑦ 巧：美好。笑：笑容。倩：面颊长得好，笑起来有酒窝。⑧ 盼：眼睛黑白分明。按以上两句见《诗·卫风·硕人》。⑨ 素：白色的生绢。绚：华丽多彩的样子。⑩ 绘事：绘画的工作。后素：后于素绢的编织。⑪ 礼后乎：礼仪的产生在后吧。孔子认为"仁"为"礼"之本，所以礼仪应当产生在仁的后面。⑫ 师：即颛孙师。⑬ 过：超过，指过分、过头。⑭ 不及：没有赶上，没有达到。⑮ 愈：胜，胜过。⑯ 君子儒：具有君子气质的儒。按"君子"和"小人"原指贵族和平民，到春秋后期又成为"有德者"与"无德者"的称谓。⑰ 没（mò）：通"殁"，死。⑱ 西河：魏国地区名，在今河南安阳，其时黄河流经安阳之东，西河意即河西。或谓在今陕西东部黄河西岸，魏文侯在此设置西河郡，亦称河西郡。

【译文】

言偃，吴国人，字子游。比孔子小四十五岁。

子游接受学业之后，担任武城的邑宰。孔子路过，听到弹琴唱歌的声音。孔子微笑着说道："杀鸡焉用牛刀？"子游说："当初我听老师说：'君子学习道理，就会爱护别人；小人学习道理，就容易听别人的使唤。'"孔子说："徒弟们，言偃的话说得很有道理。我刚才说的那些话不过是开玩笑罢了。"孔子认为子游对古代的文献很熟悉。

卜商，字子夏。比孔子小四十四岁。

子夏问孔子道："'微微一笑露出美妙的酒窝啊，美丽的眼睛黑白分明啊，再敷上脂粉就更加美丽动人了。'这句诗是什么意思？"孔子说："绘画完毕再敷上白粉。"子夏又说："礼仪产生在仁义的后面吗？"孔子说："子夏啊，现在可以和你一起谈论《诗经》了。"

子贡问孔子道："颛孙师和卜商比起来，哪一个更优秀？"孔子说："颛孙师做事有些过分，而卜商做事赶不上。"子贡又问："然则这样的话是颛孙师更强一些了？"孔子说："过分和赶不上是一样的。"

孔子对子夏说："你要做有德的儒者，不要做无德的儒者。"

孔子死了之后，子夏居住在西河教授学生，做了魏文侯的老师。子夏的儿子死了，子夏为他哭得眼睛都失明了。

商君列传

【导读】

　　卫鞅本是卫国庶出的公子，曾在魏国当过中庶子，但没能得到重用。卫鞅听说秦国求贤，就只身前往秦国，与秦孝公会谈几次，凭着强国之术打动孝公，便在秦国进行变法。变法内容主要是重农耕、奖军功、实行郡县制等。变法施行后，曾一度失去支持。商鞅于是一方面立木悬赏，取信于民；一方面对违法的太子老师施刑，以肃新法。新法施行了十年，"秦民大悦"，"家给人足"。但是，商鞅的新法刻薄寡恩，也给自己带来灾祸。秦惠王即位后，商鞅被逼叛乱，最终事败被车裂灭族。

○商鞅在秦国变法○

【原文】

　　商君者，卫之诸庶孽公子也①，名鞅，姓公孙氏②，其祖本姬姓也。鞅少好刑名之学③，事魏相公叔痤为中庶子④。公叔痤知其贤，未及进⑤。会痤病⑥，魏惠王亲往问病⑦，曰："公叔病有如不可讳⑧，将奈社稷何？"公叔曰："痤之中庶子公孙鞅，年虽少，有奇才，愿王举国而听之。"王嘿然⑨。王且去，痤屏人言曰⑩："王即不听用鞅，必杀之，无令出境。"王许诺而去。公叔痤召鞅谢曰："今者王问可以为相者，我言若，王色不许我⑪。我方先君后臣，因谓王即弗用鞅，当杀之。王许我。汝可疾去矣⑫，且见禽⑬。"鞅曰："彼王不能用君之言任臣，又安能用君之言杀臣乎？"卒不去。惠王既去，而谓左右曰："公叔病甚，悲乎，欲令寡人以国听公孙鞅也，岂不悖哉⑭！"

　　公叔既死，公孙鞅闻秦孝公下令国中求贤者⑮，将修缪公之业⑯，东复侵地⑰，乃遂西入秦，因孝公宠臣景监以求见孝公。孝公既见卫鞅，语事良久，孝公时时睡，弗听。罢而孝公怒景监曰："子之客妄人耳，安足用邪！"景监以让卫鞅⑱。卫鞅曰："吾说公以帝道⑲，其志不开悟矣。"后五日，复求见鞅。鞅复见孝公，益愈⑳，然而未中旨。罢而孝公复让景监，景监亦让鞅。鞅曰："吾说公以王道而未入

商鞅少好刑名之学

卫鞅进见秦孝公

也㉑。请复见鞅。"鞅复见孝公，孝公善之而未用也。罢而去。孝公谓景监曰："汝客善，可与语矣。"鞅曰："吾说公以霸道㉒，其意欲用之矣。诚复见我，我知之矣。"卫鞅复见孝公。公与语，不自知跀之前于席也㉓。语数日不厌。景监曰："子何以中吾君㉔？吾君之欢甚也。"鞅曰："吾说君以帝王之道比三代㉕，而君曰：'久远，吾不能待。且贤君者，各及其身显名天下，安能邑邑待数十百年以成帝王乎㉖？'故吾以强国之术说君，君大说之耳㉗。然亦难以比德于殷、周矣㉘。"

孝公既用卫鞅，鞅欲变法，恐天下议己。卫鞅曰："疑行无名㉙，疑事无功。且夫有高人之行者，固见非于世；有独知之虑者，必见敖于民㉚。愚者暗于成事㉛，知者见于未萌。民不可与虑始而可与乐成。论至德者不和于俗，成大功者不谋于众。是以圣人苟可以强国，不法其故㉜；苟可以利民，不循其礼。"孝公曰："善。"甘龙曰㉝："不然。圣人不易民而教㉞，知者不变法而治。因民而教，不劳而成功；缘法而治者，吏习而民安之。"卫鞅曰："龙之所言，世俗之言也。常人安于故俗，学者溺于所闻㉟。以此两者居官守法可也㊱，非所与论于法之外也。三代不同礼而王，五伯不同法而霸。智者作法，愚者制焉㊲；贤者更礼，不肖者拘焉㊳。"杜挚曰㊴："利不百，不变法；功不十，不易器㊵。法古无过，循礼无邪。"卫鞅曰："治世不一道，便国不法古。故汤、武不循古而王㊶，夏、殷不易礼而亡㊷。反古者不可非，而循礼者不足多㊸。"孝公曰："善。"以卫鞅为左庶长㊹，卒定变法之令。

【注释】

①卫：国名。庶孽：旁支侧出或妾生之子。②姓公孙氏：以公孙为姓。③刑名之学：刑，通"形"。指形体或事实。名，指言论或主张。战国时以申不害为代表的法家一派。主张循名责实，以推行法治，强化上下关系。④中庶子：大夫家中的管事人员。⑤进：推荐。⑥会：适逢，正赶上。⑦魏惠王：魏国国君，公元前369年至公元前319年在位。⑧有如不可讳：死亡的婉转说法。讳，忌讳，隐瞒。⑨嘿：通"默"。⑩屏：屏退。⑪色：神色。⑫疾去：快速离开。⑬禽：通"擒"拘捕。⑭悖：荒唐，糊涂。⑮秦孝公：嬴渠梁。战国时秦国国君。⑯缪公：指秦缪公。⑰侵地：指原属晋国的河西地区。⑱让：责备。⑲说：规劝，劝说。帝道：相传为尧舜等五帝治理国家的方法。⑳益愈：反复前日之论，稍加修正。㉑王道：即三王之道。一般指夏禹、商汤、周文王之道。㉒霸道：即五霸之道。说法不一，一般认为是秦缪公、晋文公、齐桓公、宋襄公、楚庄王。他们多凭借武力威势治理国家，开拓疆土。㉓跀之前于席：身体跪在席子上向前膝行。跀，通"膝"。㉔中：使中意。㉕三代：指夏、商、周三个朝代。㉖邑邑：同"悒悒"，郁闷不乐的样子。㉗说：同"悦"，愉快，喜悦。㉘比德：比量德行。㉙疑：犹豫不定。㉚敖：通"謷"，嘲笑。㉛暗：不清楚，不明白。㉜故：指成法。㉝甘龙：秦国大臣。㉞易民：改变民风民俗。㉟溺：沉浸。㊱此两者：指"常人"和"学者"。㊲制：被制约。㊳不肖：不成材，没出息。拘：约束。㊴杜挚：秦国大臣。㊵器：指古代标志名位、爵号的器物。㊶汤：商汤。武：周武王。㊷夏：夏桀。殷：殷纣。㊸多：推重，赞扬。㊹左庶长：秦国的爵位共二十等。由下而上，左庶长列第十一。

【译文】

商君，卫国公室庶出的公子，名鞅，姓公孙，他的先祖原本姓姬。公孙鞅年少时喜欢刑名之学，曾在魏相公叔痤府中做过中庶子。公叔痤知道他贤能，但还没来得及向魏王推荐。正好公叔痤患了场病，魏惠王亲自前往探视他的病情，说："公叔要是有个三长两短，国家社稷可怎么办啊？"公叔痤说："我的中庶子公孙鞅，年纪虽轻，却有杰出的才能，希望大王您能将国家大事托付于他。"惠王缄默不语。惠王将要离开，公孙痤屏退身旁的人，单独对惠王说："假若大王您不用公孙鞅，那就一定要杀掉他，莫要让他踏出国境。"惠王答应一声就走了。公叔痤叫来公孙鞅告诉他道："今天大王问我谁可以担当相位，我说你可以，我看大王的表情不会答应。我应当先忠于国君再顾及臣子，所以我劝大王如果不任用你，就把你杀掉。大王应允了。你可得赶紧离开这里，不然的话你就要被抓起来了。"公孙鞅说："大王他既然不采纳您的话任用我，又怎么会听您的话杀掉我呢？"结果没有离开。惠王从公叔痤家离去后，对两旁的人说："公叔痤病得很严重，我很悲伤啊，他想让我把国家大事交给公孙鞅，这难道不是很荒唐么！"

公叔痤已死，公孙鞅听说秦孝公下令在全国求贤，准备重新建立缪公时的霸业，去东方收复以前的失地，于是他向西到了秦国，借助孝公宠臣景监的引荐以求得到孝公召见。孝公立即召见了卫鞅，交谈政事谈了很久，孝公时不时地打瞌睡，没有听他的言论。谈完后卫鞅退去，孝公生气地对景监说："你引荐的这人不过是个无知狂妄的人罢了，怎么能够任用呢！"景监于是责备卫鞅。卫鞅说："我用五帝之道劝说他，他的心不能领悟啊。"过了五天，景监再次请求孝公接见卫鞅。卫鞅又来进见孝公，这次说得比上次更多，但依旧没能中孝公的意。卫鞅谈完离开后，孝公又责备景监，景监也再次责备了卫鞅。卫鞅说："我用三王之道劝说大王，但他还是没能听进去啊。请求您让大王再次召见我。"卫鞅又一次进见孝公，孝公觉得他说得很好但没有采纳他的意见。卫鞅说完后就退出去了。孝公对景监说："你推荐的客人很好，我可以同他交谈了。"卫鞅说："我用霸道之说与大王交谈，看来他的意思是要采纳了。要是再召见我，我知道该说什么了。"卫鞅又进见孝公。孝公与他谈话，不知不觉膝盖在垫席上向前移动靠近卫鞅。一连谈了好几天也不觉得厌烦。景监对卫鞅说："您依靠什么中了我们大王的意呢？大王听得很高兴啊！"卫鞅说："我用帝王之道以及夏、商、周三个朝代的兴衰对比劝说大王，但是君王却说：'时间太长，我没办法等待。况且贤明的君王，都希望自己在位时能够名满天下，怎么能够默默无闻地等待几十年甚至几百年之后才成就王业呢？'所以我用富国强兵之术说服大王，大王听了之后很高兴。但这样就很难跟殷、周比量德治了。"

孝公立即任用卫鞅，卫鞅打算变法，但是孝公害怕天下人非议自己。卫鞅说："行动犹豫不决就不会名扬天下，事业上迟疑不定就不会取得成功。况且有着超常举动的人，本来就会被世俗非议；有独到见解的谋划者，必定会被百姓诋毁。愚蠢的人对于已经完成的事情还会感到疑惑不解，聪慧之人在事情未发生之前就能预知。对于百姓，不可以跟他们筹划事业之开始，只能与他们分享事业之成功。论说高深道德的人不合于世俗，成就大业者不能与百姓谋划商讨。所以圣人假若可以强国，就不要沿袭陈规；假若可以利于百姓，就不必因循守旧。"孝公说："很好。"甘龙说："不可以。圣人不改变民俗而施教，智慧的人不变法就可以使国家大治。遵循民俗进行施教，可以不费力就能取得成功；因袭法度而使国家大治，官吏感到舒适，百姓也觉得安定。"卫鞅说："甘龙所说的，是世俗的说法。寻常人安于旧俗，学者们局限于自己的见识。这两类人做官守法是可以的，但不足以与他们讨论常法之外的事情。三代礼制不同，却都实现了王业；五伯的法度不同，但都实现了霸业。智慧的人创立法度，愚笨的人受制于法度；贤明的人更改礼制，庸碌的人受制于礼制。"杜挚说："利益没有现在的百倍，就不可变更法度；功用没有现在的十倍，就不要变换旧的器物。沿袭古法，就不会有过失；遵循旧礼，就不会出现偏差。"卫鞅说："治理国家不只有一个途径，只要有利于国家，就不必遵循古法。所以商汤和周武王不因循古法而成就王业；夏桀、殷纣不改变旧礼而招致灭亡。反对古制者不应该非议，因循旧礼者也不应该赞扬。"孝公说："说得好。"于是任命卫鞅为左庶长，终于决定实施新法。

【原文】

令民为什伍①，而相牧司连坐②。不告奸者腰斩，告奸者与斩敌首同赏，匿奸者与降敌同罚。民有二男以上不分异者③，倍其赋。有军功者，各以率受上爵④；为私斗者，各以轻重被刑大小。僇力本业⑤，耕织致粟帛多者复其身⑥。事末利及怠而贫者⑦，举以为收孥⑧。宗室非有军功论⑨，不得为属籍⑩。明尊卑爵秩等级，各以差次名田宅⑪，臣妾衣服以家次⑫。有功者显荣，无功者虽富无所芬华⑬。

令既具⑭，未布⑮，恐民之不信，已乃立三丈之木于国都市南门⑯，募民有能徙置北门者予十金。民怪之，莫敢徙。复曰"能徙者予五十金"。有一人徙之，辄予五十金，以明不欺。卒下令。

令行于民期年⑰，秦民之国都言初令之不便者以千数⑱。于是太子犯法⑲。卫鞅曰："法之不行，自上犯之。"将法太子⑳。太子，君嗣也，不可施刑，刑其傅公子虔，黥其师公孙贾㉑。明日，秦人皆趋令㉒。行之十年，秦民大说，道不拾遗，山无盗贼，家给人足。民勇于公战，怯于私斗，乡邑大治。

【注释】

①什伍：户籍编制，十家为什，五家为伍。②牧司：检举，监督。连坐：一人犯法，其他人连带治罪。③分异：分家另过。④率：标准。⑤僇力：即"戮力"。尽力，致力于。⑥复其身：复，免除。免其本身劳役或赋税。⑦事末利：从事工商业。古代以农业为本，以工商业为末。⑧收孥：拘挚他们的妻子儿女，没收为官奴。⑨宗室：此指王族。⑩属籍：家族的名册，谱牒。⑪差次：等级次序。名：占有。⑫臣妾：男女奴婢。⑬芬华：比喻显荣。即显赫荣耀。⑭具：准备好。⑮布：发布。⑯国都市南门：都城后面市场的南门。⑰期年：一整年。⑱初令：新法令。⑲于是：在这个时候。⑳法：依法惩办。㉑黥：墨刑。用刀锥在犯人额颊等处刺字，再涂上墨。㉒趋：尊奉。

【译文】

下令百姓五家为一伍、十家为一什，各家之间互相检举监视，一家犯法，十家连坐。不告发奸恶之人的要处以腰斩之刑，告发奸恶之人的与斩杀敌人的人享有同样的赏赐，窝藏奸恶之人的与投降敌人的给予相同的处罚。百姓家中有两个男子以上却不分家的，要加倍征收他们的赋税。立有军功的，按规定接受更高的爵位；私下打斗的，视情况的轻重给予大小不同的处罚。努力务农，精耕勤织因而送交粮食多的人，可以免除本人的徭役。从事工商末利以及因懒散而贫穷的人，他们的妻

立木南门

子儿子要收入官府为奴。宗室中没有军功记录的,名字不得录入宗室的名册。明确尊卑爵禄贵贱之等级,各自按照其等级享有田宅,奴婢、衣着也须依照等级享用。有功之人显赫而荣耀,没有功劳之人即使富贵也无法炫耀显示。

法令已经准备就绪,但没有公布,(卫鞅)担心百姓不相信,就立了一根三丈长的木头在都城市集的南门,招募百姓中有能把这根木头搬至北门的赏赐十金。百姓奇怪这件事,但没有人敢去搬。卫鞅又说"能把它搬去的赏赐五十金"。有一个人去把木头搬走了,结果赏赐给他五十金,以表明没有欺骗百姓。接着就下达了实施新法的政令。

新法在民间实施了一年,秦国百姓到国都来陈说新法给他们带来诸多不便的数以千计。这个时候太子触犯了新法。卫鞅说:"新法之所以不能施行,是因为上面的人违犯了它。"打算处罚太子。太子,王位的继承者,不能对他实施刑罚,于是便处罚了太子傅公子虔,还以黥刑处罚了太子的老师公孙贾。第二天,秦国人都服从了法令。新法施行了十年,秦国百姓皆大欢喜,路不拾遗,山中没有盗贼,家家自给自足。百姓勇于为国征战,不敢私斗,城乡大治。

【原文】

于是以鞅为大良造①,将兵围魏安邑②,降之。居三年,作为筑冀阙宫庭于咸阳③,秦自雍徙都之④。而令民父子兄弟同室内息者为禁。而集小乡邑聚为县,置令、丞⑤,凡三十一县。为田开阡陌封疆⑥,而赋税平。平斗桶权衡丈尺⑦。行之四年,公子虔复犯约,劓之⑧。居五年,秦人富强,天子致胙于孝公⑨,诸侯毕贺。

【注释】

①大良造:秦国的第十六等爵位。②安邑:魏国国都。③作为:建造。冀阙:古代宫殿朝廷前面的城楼和阙门。④雍:秦国故都。⑤丞:县丞。⑥阡陌:南北叫阡,东西称陌。纵横交错的田塍。封:聚土为标志。疆:划定疆界。⑦平斗桶权衡丈尺:桶,量器名;权,秤锤;衡,秤杆。指统一度量衡。⑧劓:古代割掉鼻子的刑罚。⑨致胙:天子把祭祀用的肉赐给诸侯,表示荣宠的特殊礼遇。

【译文】

孝公任命卫鞅做大良造,卫鞅率领军队围攻魏国的安邑,使其投降。过了三年,秦国在咸阳大兴土木、广修宫殿,还把都城从雍州迁到了咸阳。同时下令禁止老百姓父子兄弟居住在一起养育后代。把小的乡邑村落合并为县,各县设县令、县丞,全国总共三十一个县。在田地上并立阡陌以作地界,从而使赋税征收平衡。统一斗桶、权衡、丈尺的标准。这些措施实施了四年,公子虔又触犯了法令,结果被处以割鼻的刑罚。又过了五年,秦人国富兵强,天子赐给孝公祭肉,诸侯都来秦国向孝公祝贺。

【原文】

其明年,齐败魏兵于马陵,虏其太子申,杀将军庞涓。其明年,卫鞅说孝公曰:"秦之与魏,譬若人之有腹心疾,非魏并秦,秦即并魏。何者?魏居领厄之西①,都安邑,与秦界河而独擅山东之利②。利则西侵秦,病则东收地③。今以君之贤圣,国赖以盛。而魏往年大破于齐,诸侯畔之④,可因此时伐魏。魏不支秦⑤,必东徙。东徙,秦据河山之固,东乡以制诸侯⑥,此帝王之业也。"孝公以为然,使卫鞅将而伐魏。魏使公子卬将而击之⑦。军既相距⑧,卫鞅遗魏将公子卬书曰⑨:"吾始与公子欢,今俱为两国将,不忍相攻,可与公子面相见,盟,乐饮而罢兵,以安秦、魏。"魏公子卬以为然。会盟已,饮,而卫鞅伏甲士而袭虏魏公子卬,因攻其军,尽破之以归秦。魏惠王兵数破于齐、秦,国内空,日以削,恐,乃使使割河西之地献于秦以和⑩。而魏遂去安邑,徙都大梁⑪。梁惠王曰:"寡人恨不用公叔座之言也。"卫鞅既破魏还,秦封之於、商十五邑⑫,号为商君。

【注释】

① 领厄：山岭险要处。领，通"岭"。厄，狭隘，险要。② 都安邑：建都安邑，亦即以安邑为都城。界河：以黄河为界。山东：指华山以东或崤山以东。③ 收：收取。④ 畔：通"叛"。⑤ 支：抵抗得住。⑥ 乡：通"向"。⑦ 公子卬：魏国公族。⑧ 相距：两军接近，尚未交战。距，通"拒"。⑨ 遗：致送，赠予。书：信。⑩ 河西之地：在今陕西省境内。⑪ 大梁：今河南省开封市。⑫ 於、商：在今陕西省商县一带。

【译文】

第二年，齐国在马陵打败魏国，俘虏魏太子申，杀了将军庞涓。又过一年，卫鞅劝孝公说："秦国和魏国，就好像一个人患有心腹之病，不是魏国兼并秦国，就是秦国兼并魏国。这是为什么呢？魏国居于山岭险要的西边，建都安邑，与秦国以黄河为界而独占崤山以东的地利。情况有利就向西侵犯秦国，情况不利就向东方发展。如今依靠大王的贤明，国家富强了。而魏国去年却被齐国杀得大败，诸侯纷纷背离它，可以乘此机会进攻魏国。魏国无法抗击秦国，一定会向东迁移。魏国东迁，秦国就占有黄河和崤山的天险，向东可以控制诸侯，这正是帝王的千秋大业啊！"孝公觉得很有道理，就命令卫鞅领兵进攻魏国。魏国派公子卬率兵迎战秦军。两军对峙以后，卫鞅送给公子卬一封信说："我当初跟公子交好，如今都是两国的将军，我不忍心咱们互相攻伐，可以同公子当面相见，结盟订约，痛饮一番而撤兵，使秦国、魏国均得以安宁。"公子卬信以为真。会盟结束后，设宴对饮，而卫鞅暗中设伏兵突然袭击公子卬，把公子卬俘虏了，并趁机进攻魏军，将魏军打得大败，继而返回秦国。魏惠王的军队多次被齐国和秦国打败，国内十分空虚，国势日益削弱，感到很恐慌，就派使者割让河西的土地献给秦国讲和。魏国于是舍弃安邑，迁都大梁。魏惠王说："我真后悔没能采纳公叔座的意见。"卫鞅击败魏国归来，秦国封给他於、商等十五个城邑，故而称其为商君。

◎被逼造反，车裂灭族◎

【原文】

商君相秦十年，宗室贵戚多怨望者①。赵良见商君②。商君曰："鞅之得见也，从孟兰皋③。今鞅请得交，可乎？"赵良曰："仆弗敢愿也。孔丘有言曰：'推贤而戴者进④，聚不肖而王者退。'仆不肖，故不敢受命。仆闻之曰：'非其位而居之曰贪位，非其名而有之曰贪名。'仆听君之义，则恐仆贪位贪名也。故不敢闻命。"商君曰："子不说吾治秦与？"赵良曰："反听之谓聪⑤，内视之谓明⑥，自胜之谓强⑦。虞舜有言曰：'自卑也尚矣⑧。'君不若道虞舜之道⑨，无为问仆矣。"商君曰："始秦，戎、翟之教⑩，父子无别，同室而居。今我更制其教，而为其男女之别，大筑冀阙，营如鲁、卫矣⑪。子观我治秦也，孰与五羖大夫贤⑫？"赵良曰："千羊之皮，不如一狐之掖⑬；千人之诺诺⑭，不如一士之谔谔⑮。武王谔谔以昌，殷纣墨墨以亡⑯。君若不非武王乎，则仆请终日正言而无诛⑰，可乎？"商君曰："语有之矣，貌言华也⑱，至言实也⑲，苦言药也⑳，甘言疾也㉑。夫子果肯终日正言，鞅之药也。鞅将事子㉒，子又何辞焉！"赵良曰："夫五羖大夫，荆之鄙人也㉓。闻秦缪公之贤而愿望见，行而无资，自粥于秦客㉔，被褐食牛㉕。期年，缪公知之，举之牛口之下，而加之百姓之上㉖，秦国莫敢望焉㉗。相秦六七年，而东伐郑，三置晋国之君㉘，一救荆国之祸㉙。发教封内㉚，而巴人致贡㉛；施德诸侯，而八戎来服㉜。由余闻之㉝，款关请见㉞。五羖大夫之相秦也，劳不坐乘㉟，暑不张盖㊱，行于国中，不从车乘，不操干戈，功名藏于府库㊲，德行施于后世。五羖大夫死，秦国男女流涕，童子不歌谣㊳，春者不相杵㊴。此五羖大夫之德也。今君之见秦王也，因嬖人景监以为主㊵，

袭魏凯旋

非所以为名也。相秦不以百姓为事，而大筑冀阙，非所以为功也。刑黥太子之师傅，残伤民以骏刑㊶，是积怨畜祸也。教之化民也深于命，民之效上也捷于令。今君又左建外易㊷，非所以为教也。君又南面而称寡人㊸，日绳秦之贵公子㊹。《诗》曰：'相鼠有体，人而无礼；人而无礼，何不遄死㊺。' 以《诗》观之，非所以为寿也㊻。公子虔杜门不出已八年矣，君又杀祝欢而黥公孙贾㊼。《诗》曰：'得人者兴，失人者崩㊽。' 此数事者，非所以得人也。君之出也，后车十数，从车载甲，多力而骈胁者为骖乘㊾，持矛而操闟戟者旁车而趋㊿。此一物不具，君固不出。《书》曰：'恃德者昌，恃力者亡。'(51) 君之危若朝露，尚将欲延年益寿乎？则何不归十五都(52)，灌园于鄙(53)，劝秦王显岩穴之士(54)，养老存孤(55)，敬父兄，序有功，尊有德，可以少安(56)。君尚将贪商、於之富，宠秦国之教，畜百姓之怨，秦王一旦捐宾客而不立朝(57)，秦国之所以收君者(58)，岂其微哉？亡可翘足而待(59)！"商君弗从。

【注释】

①怨望：怨恨。望，埋怨责备。②赵良：秦国隐士。③从孟兰皋：经由孟兰皋的介绍。④推贤：推贤荐能。戴者：爱百姓并且有才能的人。⑤反听：自问。⑥内视：自我省察。⑦自胜：自我克制。⑧自卑：谦虚，卑下自守。尚：尊重。⑨道：前一"道"为遵循。后一"道"为主张、道理。⑩戎、翟：指落后民族。⑪鲁、卫：西周时期，文化先进的国家。⑫五羖大夫：即秦名相百里傒。⑬掖：通"腋"，胳肢窝。⑭诺诺：答应之声，有顺从、附和的意思。⑮谔谔：直言的样子。⑯墨墨：通"默默"，不言，无声息。⑰诛：责怪。⑱貌言：表面的话。⑲至言：真实的话。⑳苦言：逆耳的话。㉑甘言：献媚奉承的话。㉒事：师事。㉓鄙人：鄙陋的人。㉔粥：通"鬻"，卖。㉕被：通"披"。褐：粗布衣服。食：通"饲"。㉖加：凌驾。百姓：指百官。㉗望：埋怨。㉘三置晋国之君：秦缪公九年（公元前651年），晋献公去世，发生里克之乱，百里傒将兵送夷吾归国为君，是为晋惠公。秦缪公二十二年，在秦国做人质的晋公子圉听说晋君病，逃离秦国归晋。后谥为怀公。秦缪公二十四年，秦迎送当时流亡在楚的另一位晋公子重耳归国为君，是为晋文公。㉙一救荆国之祸：指晋楚城濮之战。秦国帮忙击败了楚国，阻止了楚国北进之祸。㉚发教：实施教化。封内：境内。㉛巴：本是周朝的一个封国。秦设巴郡。㉜八戎：泛指少数民族部落。㉝由余：人名。原是晋人，逃至西戎。后来去戎投秦。㉞款关：叩关。款，叩，敲。㉟坐乘：古代设有座位的车。㊱盖：车上的帷幔。㊲府库：藏史籍的档案库。㊳歌：合音乐而唱的歌。谣：随口而唱的歌。㊴相杵：捣米时发出相应的呼声。㊵嬖：宠爱，宠幸。主：荐主，保荐的人。㊶骏：通"峻"。㊷左建外易：左，失正。外，失中。违情背理地建立权威，改变法制。㊸南面：

245

古代君王坐北朝南。寡人：君之谦称。指商鞅被封商、於之地，号商君。㊹绳：约束，纠正。引申为逼迫。㊺遄：快，迅速。㊻为寿：敬酒，致礼。此引申为褒扬，恭维。㊼祝欢：大概也是太子师傅。㊽"得人者兴"二句：这两句《诗》上没有，大概是逸诗。㊾骈胁：肌肉壮健，不显肋骨。骖乘：乘车时居于右者，即陪乘。㊿闟：长戟。旁：通"傍"，依傍，靠近。㉛《"书"》曰"二句：《尚书》里没有。㉜十五都：指商、於十五邑。㉝鄙：边邑。此指偏僻远的地方。㉞显：显扬。引申为重用。岩穴之士：隐居山林的贤能之士。㉟存：存问，抚恤。㊱少：稍。㊲捐宾客：舍弃宾客。这是对死亡的委婉说法。㊳收：逮捕。㊴翘足而待：翘，抬起。比喻时间短暂。

【译文】

　　商君担任秦相十年，宗室贵戚中有很多怨恨埋怨他的人。赵良会见商君。商君说："我能够见到您，是通过孟兰皋，现在我想与您结交，不知可以吗？"赵良说："我不敢抱这样的奢望啊！孔丘有句话这样说：'推荐贤能的人，爱民且有才能的人就会前来；招揽不贤的人，崇尚王道的人就会引退。'我不才，所以不敢从命。我听说过这样的话：'不该有的地位而占据着它叫作贪位；不该有的名声而享有着它叫作贪名。'假如我听从了您的建议，那么恐怕我就是贪位贪名了。因此我不敢从命。"商君说："难道您不满意我治理秦国吗？"赵良说："能扪心自问叫作聪，能自我反省叫作明，能约束自己叫作强。虞舜曾说：'自我谦卑是很高尚的。'您不如效法虞舜之道，那样就不必询问我了。"商君说："秦国最开始的时候，通行戎、翟的风俗，父子之间没有区别，在同一屋内居住。现在我改变了这种习俗，明确了男女的区别，又大筑悬挂政教法令的门阙，把秦国营造得跟鲁国和卫国一样。您看我治理秦国，跟五羖大夫相比谁更贤明？"赵良说："一千只羊的皮，比不上一只狐狸的腋毛；一千人的随声附和，比不上一个直士的直言争辩。周武王提倡直言而使国家兴盛，殷纣王因为众人随声附和而使国家灭亡。您倘若不非议排斥武王那样的态度，那我就整天跟您说直话而不要杀掉我，怎么样？"商君说："有这样的说法，浮华空虚的言语好比花朵，真实的言语跟果实相似，逆耳之言好比药石，甜言蜜语如同疾病一般。您若是愿意整天对我直言，那您可真成了为我治病的良药了啊。我将认您做老师，您何必推辞呢！"赵良说："五羖大夫，乃是楚国的郊野之人。他听闻秦缪公是位贤德明君便想去拜见，但是想去却没有路费，便把自己卖给秦国商客，身穿粗布短衣喂牛。过了一年，缪公知道此事，从牛口之下将他提拔起来，让他凌驾于众人之上，秦国没有人敢埋怨他。五羖大夫做秦相做了六七年，向东征讨郑国，三次立起晋国的君主，一次解救荆国的祸患。他在国内广施教化，（就连）巴国人也来秦国朝贡；广施恩德于诸侯，四境各族都来臣服。由余听说以后，叩关前来请求召见。五羖大夫担当秦相，即便劳累也不乘坐安车，即使遇上酷暑的天气也不张开伞盖，即便在国中行走，也不让车辆随从，不携带武器。他的功名载入史册保存于府库之中，他的德行恩泽于后世。五羖大夫死了之后，秦国的男女都痛哭流涕，小孩不唱歌谣，舂米的人也不哼唱小调。这就是五羖大夫的德行啊。如今您拜见秦王，是通过宠臣景监的引荐，这就说不上有名望了。做秦相不以百姓为重，却广修宫殿门阙，这并不是功业。对太子的师傅动用黥刑，以严刑峻法残害百姓，这是在积累怨恨存储祸患啊。（您的）政令教化对民众的影响比君王的命令还要厉害，民众效法上司的号召比执行君王的命令还要迅捷。现在您又利用权谋使国君权力旁落，这可不是实施政教的办法。您又坐北朝南自称寡人，日日用法令约束秦国的贵族。《诗经》里说：'相鼠尚有礼貌，人却没有礼仪；人没了礼仪，为什么不快点死呢。'由这几句话可以看出，您的所作所为，并不足以善终长寿啊。公子虔闭门不出已经有八年之久了，您又杀了祝欢还以墨刑施加于公孙贾。《诗经》里说：'得到人心的人就会兴旺发达，失去人心的人就会土崩瓦解。'您做的这些事，并没有得到人心啊。您出门的时候，后面有十多辆车跟随，车上还载着甲士，以力量强壮且肌肉发达的人做随从，手执长矛和长戟的武士紧紧守卫在您的车旁向前行进。这中间若是有一样东西不齐备，您就不肯出门。《尚书》里说：'依靠德行的人就会昌盛，依靠暴力的人就会灭亡。'您的生命危险得就像早晨的露珠一样很容易消失，还想如何延年益寿呢？那么为什么不交还受封的十五个城邑，在僻静偏远的乡下灌溉菜园，规劝秦王任用长居山林的贤才，赡养老人，抚养孤儿，尊敬父兄，让有功之人得到应有的地位，尊崇仁德之人，这样您才可以稍微求得平安。如果您还想贪恋商、於的富庶，专擅秦国的政教法令，积蓄百姓的怨愤，秦王一旦舍弃宾客而不再临朝，秦国想要抓捕您的人，难道还会少吗？您的灭亡之期只要翘一下脚的工夫就能等到了。"商君没有听从。

商鞅临刑

【原文】

　　后五月而秦孝公卒，太子立①。公子虔之徒告商君欲反，发吏捕商君。商君亡，至关下②，欲舍客舍。客人不知其是商君也③，曰："商君之法，舍人无验者坐之④。"商君喟然叹曰："嗟乎，为法之敝一至此哉⑤！"去之魏。魏人怨其欺公子卬而破魏师，弗受。商君欲之他国。魏人曰："商君，秦之贼⑥。秦强而贼入魏，弗归，不可。"遂内秦⑦。商君既复入秦，走商邑，与其徒属发邑兵北出击郑⑧。秦发兵攻商君，杀之于郑黾池。秦惠王车裂商君以徇⑨，曰："莫如商鞅反者！"遂灭商君之家。

　　太史公曰：商君，其天资刻薄人也⑩。迹其欲干孝公以帝王术⑪，挟持浮说，非其质矣⑫。且所因由嬖臣，及得用，刑公子虔，欺魏将卬，不师赵良之言，亦足发明商君之少恩矣⑬。余尝读商君《开塞》、《耕战》书，与其人行事相类。卒受恶名于秦，有以也夫⑭！

【注释】

①太子：名驷。立为文惠王。②关下：泛指秦国的边关。③客人：旅店主人。④舍人：住店的人。验：凭证。路引一类的身份证件。坐之：即店主人与住店的人一起判罪。⑤敝：通"弊"，弊病，害处。⑥贼：此处指逃犯。⑦内：通"纳"，交纳。⑧徒属：封邑中的部属。⑨车裂：古代酷刑，以车撕裂人体。俗叫五马分尸。徇：示众。⑩天资：天性。刻薄：残忍少恩。⑪迹：考察，追究。干：求，这里是游说的意思。⑫质：实。⑬发：证明，说明。⑭有以：有缘故，有因由。

【译文】

　　五个月之后秦孝公去世，太子即位。公子虔一伙告发商君想要谋反，于是派人抓捕商君。商君逃亡，逃到边境之口，打算到客店住下。客栈的人不知他是商君，说："商君的新法规定，收留没有证件的人住宿是要被判连坐之罪的。"商君长叹一声说："唉，制定法令的弊害竟然到了这种程度了！"于是逃往魏国。魏人怨恨他欺骗公子卬而大败魏军，不肯收留他。商君想逃往其他国家。魏人说："商君，秦国的叛贼。秦国强大而它的叛贼逃到魏国，不送回去不可行。"就将商君遣送回秦国。商君回到秦国，跑到商邑，与他的部属党羽征发邑中士兵向北攻打郑邑。秦国发兵进攻商君，在郑地黾池将其杀死。秦惠王以车裂之刑将商君五马分尸示众，说："不要学商鞅造反！"灭了商君满门。

　　太史公说：商君，生性刻薄。考察他打算用帝王之术游说孝公，只是为了操持浮夸之说罢了，并不是出于他的本意。况且他通过宠臣的引荐而得到拜见的机会，等到被任用之后，施刑于公子虔，欺骗魏将公子卬，不听从赵良的劝说，这也足以说明商君的寡恩少德了。我曾经读过商君的《开塞》、《耕战》等篇，内容跟他的行为处事极其相似。最后在秦国得到恶名，的确是有缘由的啊！

苏秦列传

【导读】

战国时期出现了一群能言善辩的士人,他们与儒、墨、法、道诸家不同,没有明确的政治理想,以追逐利益为至上,他们是新兴的策士。战国中后期,随着秦国渐强、东方六国渐弱,策士们为从中获得好处,就形成了两派,一派是离间六国的,称为连横派;一派是合六国之力抗秦的,叫作合纵派。很多策士并不固定属于哪一派,而是在哪边得到的好处多,就倾向哪一派。苏秦就是这群策士中较典型的一个,他先是主张连横,但不为秦王欣赏,于是改而支持合纵,终于获得成功,名声也显赫于诸侯。本文节录了两个故事:一个是苏秦游说秦王失败后,以合纵联合诸侯的故事;一个是苏秦为燕国而离间齐国的故事。

◎连横不成转而合纵◎

【原文】

苏秦者,东周雒阳人也①。东事师于齐②,而习之于鬼谷先生③。

出游数岁,大困而归④。兄弟嫂妹妻妾窃皆笑之,曰:"周人之俗,治产业,力工商,逐什二以为务⑤。今子释本而事口舌⑥,困,不亦宜乎!"苏秦闻之而惭,自伤,乃闭室不出,出其书遍观之。曰:"夫士业已屈首受书⑦,而不能以取尊荣,虽多亦奚以为!"于是得《周书阴符》⑧,伏而读之。期年⑨,以出揣摩⑩,曰:"此可以说当世之君矣。"求说周显王⑪。显王左右素习知苏秦⑫,皆少之⑬。弗信。

【注释】

① 东周:这里指战国时的一个小封国。周考王曾分封西周诸侯国,后西周分为西周、东周两个小国。雒阳:洛阳。② 事:侍奉。齐:诸侯国,姜姓。③ 鬼谷先生:居于鬼谷,号鬼谷子。战国时纵横家。④ 困:窘迫,不如意。⑤ 逐什二:从事工商获十分之二的利润。⑥ 本:此指手工业、商业。口舌:指游说。⑦ 屈首:低头,埋头。受书:从师受教。⑧《周书阴符》:古兵书名,已佚。⑨ 期年:一整年。⑩ 揣摩:此指悉心求其真意,以相比合。⑪ 周显王:姬扁。公元前368年至公元前321年在位。⑫ 素:平时,向来。习:熟。⑬ 少:轻视。

【译文】

苏秦,东周洛阳人。他曾往东到齐国去拜师,跟着鬼谷先生学习。

在外游历几年,苏秦遇到很大的困难而回到家中。哥哥、弟弟、嫂子、妹妹以及妻妾都私下里嘲笑他,说道:"周人的生活习俗,大都安安稳稳地治理产业,努力从事工商,以追逐十分之二的利润为本业。现在你丢弃本业而专事卖弄口舌的事情,落得

苏秦以锥刺骨苦读

个穷困的境地,这不是理所当然的吗!"苏秦听了之后十分惭愧,暗地里自己伤心,关闭房门不踏出房门一步,搬出自己的书籍全部看过一遍,说道:"一个读书人既然已经决心接受书本上的学问,却不能凭借书本的学问取得尊贵荣耀的地位,这样书即使读得再多又有什么用呢!"于是他找出一本《周书阴符》,埋头苦读起来。读了一年,他逐渐找出了揣摩君主心意的窍门,说道:"用这套理论足以游说当世的君主了。"于是请求游说周显王。显王的左右大臣向来熟知苏秦的名声,都十分轻视他,周显王也不信任他。

【原文】

乃西至秦。秦孝公卒①。说惠王曰:"秦四塞之国②,被山带渭③,东有关河④,西有汉中⑤,南有巴蜀⑥,北有代马⑦,此天府也⑧。以秦士民之众,兵法之教,可以吞天下,称帝而治。"秦王曰:"毛羽未成,不可以高蜚⑨;文理未明⑩,不可以并兼。"方诛商鞅,疾辩士⑪,弗用。

乃东之赵⑫。赵肃候令其弟成为相⑬,号奉阳君。奉阳君弗说之⑭。

【注释】

①秦孝公:嬴渠梁。公元前337年~公元前311年在位。②四塞之国:秦国四面有山关之固,形势险要,可为屏障,所以叫四塞之国。③被山带渭:谓秦国为群山所环抱,中有渭水流过。被,通"披"。带,带子。以动用法。④关:函谷关。河:黄河。⑤汉中:郡名。在今陕西省秦岭以南地区。⑥巴蜀:巴郡和蜀郡。在今四川省境内。⑦代马:代,郡名。马,县名。在今河北省西北部、山西省东北部。⑧天府:地势险要,土地肥沃,物产丰富,自然条件优越的地方。府,府库。⑨蜚:同"飞"。⑩文理:文,礼乐制度。理,道理法则。⑪疾:憎恶、忌恨。⑫之:到。赵:赵国。战国七雄之一。⑬赵肃候:赵语。公元前349年~公元前326年在位。⑭说:通"悦"。

【译文】

苏秦向西去了秦国。秦孝公去世。他游说秦惠王说:"秦国是一个四周都有天险要塞的国家,有群山的遮掩,有渭河的环绕,东面有关河,西面有汉中,南面有巴郡和蜀郡,北面有代郡、马邑,这是天然的府库啊。凭借秦国众多的军士与民众,以及军事上的严格训练,足以吞并天下,称帝而建立王业。"秦惠王说:"秦国的羽毛还没有长好,不能高高地飞起;秦国的政事还没有确定下来,不能兼并天下。"这时秦国刚刚处死了商鞅,憎恨游说之人,所以不肯任用苏秦。

又向东去了赵国。赵肃候任命自己的兄弟赵成为赵相,并赐给他"奉阳君"的封号。奉阳君不喜欢苏秦。

【原文】

去游燕,岁余而后得见。说燕文候曰①:"燕东有朝鲜②、辽东③,北有林胡、楼烦④,西有云中、九原⑤,南有嘑沱、易水⑥,地方二千余里⑦,带甲数十万⑧,车六百乘⑨,骑六千匹,粟支数年。南有碣石、雁门之饶⑩,北有枣栗之利,民虽不佃作而足于枣栗矣⑪。此所谓天府者也。

"夫安乐无事,不见覆军杀将⑫,无过燕者。大王知其所以然乎?夫燕之所以不犯寇被甲兵者⑬,以赵之为蔽其南也。秦、赵五战,秦再胜而赵三胜。秦赵相毙⑭,而王以全燕制其后,此燕之所以不犯寇也。且夫秦之攻燕也,逾云中⑮、九原,过代、上谷⑯,弥地数千里⑰,虽得燕城,秦计固不能守也。秦之不能害燕亦明矣,今赵之攻燕也,发号出令,不至十日,而数十万之军军于东垣矣⑱。渡嘑沱、涉易水,不至四五日而距国都矣⑲。故曰秦之攻燕也,战于千里之外;赵之攻燕也,战于百里之内。夫不忧百里之患,而重千里之外,计无过于此者。是故愿大王与赵从亲⑳,天下为一,则燕国必无患矣。"

文侯曰:"子言则可,然吾国小,西迫强赵㉑,南近齐。齐、赵,强国也。子必欲合从以安燕,

苏秦说燕文侯

寡人请以国从㉒。于是资苏秦车马金帛以至赵。

【注释】

①燕文侯：燕文公。公元前361年至公元前333年在位。②朝鲜：今朝鲜半岛。③辽东：今辽东半岛。④林胡、楼烦：北方部族名。⑤云中、九原：都是郡名。在今内蒙古自治区境内。⑥嘑沱、易水：水名。在河北省西部。⑦方：见方。⑧带甲：指披甲的战士。⑨乘：古代一车四马为一乘。⑩碣石：山名。在今河北省境内。雁门：郡名，在今山西省北部和内蒙古自治区南部。⑪佃作：从事耕作。⑫覆军杀将：军队覆灭、将领被杀。⑬寇：入侵的外敌。犯寇：被外敌侵犯。披甲兵：这里指战争。⑭相毙：相互残杀，彼此灭亡。⑮云中：郡名。在今内蒙古自治区东南部。⑯上谷：郡名。在今河北省北部。⑰弥：满，遍布。⑱军：第二个"军"，是驻扎的意思。东垣：赵国邑名。在今河北省石家庄市东。⑲距：到达。⑳从亲：合纵相亲。㉑迫：逼近。㉒国从：倾国相从。从，相从，听从安排。

【译文】

　　苏秦又游历到了燕国，在这里待了一年之后受到燕国君主的召见。他游说燕文侯道："燕国的东面有朝鲜、辽东，北面有林胡、楼烦，西面有云中、九原，南面有嘑沱、易水，国土有两千多里，士兵有几十万，兵车有六百辆，战马有六千匹，粮食足以支撑全国好几年。南面有富饶的碣石、雁门之地，北面有枣子和栗子的收益，民众即使不耕作凭借枣子和栗子也可以过上丰衣足食的生活。这是天然的府库啊！"

　　"安乐无事，看不到军队覆灭、将领被杀，没有哪个能比得上燕国了。大王知道这是什么原因吗？燕国之所以不受外敌的侵犯，不受战争的摧残，是因为有赵国在它的南面做屏障。秦国与赵国交战五次，秦国胜了两次而赵国胜了三次。秦国和赵国彼此都受到伤害，而大王却能以一个完整的燕国在后面制约它们，这就是燕国不被侵犯的缘故。况且假设秦国攻打燕国，还要逾越云中、九原；走过代、上谷，距离有几千里，即使能够攻下燕国的城池，秦国也不能永久地固守住。秦国无法祸害燕国已经是很明了的事情了，倘若现在赵国进攻燕国，赵王只要一发布命令，不到十天，赵国的数十万大军就能到达东垣了。接着便会渡过滹沱河，涉过易水，不到四五天就能抵达燕国的国都。所以说秦国进攻燕国，那是在千里之外作战；赵国进攻燕国，那是在百里之内作战。不忧虑百里之内的祸患，而担心千里之外的秦国，策略上的错误没有比这更严重的了。所以我希望大王能与赵国亲善，使天下结为一体，这样燕国就没有祸患了。"

燕文侯说："您的话很有道理，但是我的国家很小，西边迫近强大的赵国，南边靠近齐国。齐国和赵国，均是强国。现在您打算用合纵之计使燕国安定，我愿意把燕国托付给您。"于是资助苏秦车马和金帛去赵国游说。

⊙文史知识

使我有洛阳两顷田，安能佩六国相印？

苏秦成功说服赵、韩、燕、齐、楚、魏六国君王，采取"合纵"策略，一致对抗秦国。他也因此被推为"纵约长"，身兼六国宰相之职。苏秦身佩六国相印衣锦还乡，六国君主纷纷派车马相送。其浩浩仪仗连绵十多公里，显赫堪比王侯。连周天子都专门派人打扫街道迎接他，洛阳百姓更是箪食壶浆，望尘而拜。当初苏秦落魄的时候，他的嫂子对他不理不睬、冷眼相向，而此刻却战战兢兢地跪拜道旁不敢抬头。面对如此显赫的威仪，回想自己当初的寒酸窘迫之状，苏秦感慨万端，于是便有了这句流传千古的话："使我有洛阳两顷田，安能佩六国相印？"

◎对齐国施反间计◎

【原文】

秦惠王以其女为燕太子妇①。是岁，文侯卒，太子立，是为燕易王。易王初立，齐宣王因燕丧伐燕，取十城。易王谓苏秦曰："往日先生至燕，而先王资先生见赵②，遂约六国从③。今齐先伐赵，次至燕，以先生之故为天下笑，先生能为燕得侵地乎？"苏秦大惭，曰："请为王取之。"

苏秦见齐王，再拜，俯而庆，仰而吊④。齐王曰："是何庆吊相随之速也？"苏秦曰："臣闻饥人所以饥而不食乌喙者⑤，为其愈充腹而与饿死同患也。今燕虽弱小，即秦王之少婿也。大王利其十城而长与强秦为仇。今使弱燕为雁行而强秦敝其后⑥，以招天下之精兵，是食乌喙之类也。"齐王愀然变色曰⑦："然则奈何？"苏秦曰："臣闻古之善制事者，转祸为福，因败为功。大王诚能听臣计，即归燕之十城。燕无故而得十城，必喜；秦王知以己之故而归燕之十城，亦必喜；此所谓弃仇雠而得石交者也⑧。夫燕、秦俱事齐，则大王号令天下，莫敢不听。是王以虚辞附秦，以十城取天下。此霸王之业也。"王曰："善。"于是乃归燕之十城。

【注释】

①秦惠王：嬴驷。公元前337年~公元前311年在位。②资：资助。③从：合纵。④吊：对受灾祸的人表示哀悼、慰问。⑤乌喙：一种有毒植物，即乌头。⑥雁行：大雁飞行有序，或成"一"字形，或成"人"字形，这里指在前面的行列。敝：通"蔽"，遮挡，掩蔽。⑦愀然：神情变得凄怆而严肃。⑧石交：比喻感情深厚牢不可破的友谊或友人。

【译文】

秦惠王将自己的女儿嫁给燕国太子为妻。这一年，燕文侯去世，太子即位，就是燕易王。易王刚刚登上王位，齐宣王便趁着燕国有丧事之机进攻燕国，获得了十个城池。易王对苏秦说："以前先生到燕国，先王资助先生去见赵王，约定六国合纵的大计。现在齐国先进攻赵国，继而进攻燕国，由于先生的缘故使燕国被天下耻笑,先生能为燕国收复失去的国土吗?"苏秦感到十分惭愧,说道:"请让我替大王收回失地。"

苏秦求见齐王,拜了两拜,俯身向他庆贺,又仰起头向他慰问。齐王说:"为什么庆贺和慰问交替这么快啊?"苏秦说:"我听说饥饿的人之所以忍受饥饿而不吃乌头,是因为吃这种植物带来的害处跟受饥饿而死相同。如今燕国虽然弱小,但是燕王终究是秦王的小女婿。大王您由于贪图燕国的十座城池而长久地与强秦为敌。倘若今天以弱小的燕国为先锋,而以强大的秦国殿后,从而招致天下的精兵(进攻齐国),这是跟吃乌头一样的道理。齐王听了这些话脸色变得严肃起来,说道:"这样我该怎么办呢?"苏秦说:"我听说古代那些善于处理事情的人,可以把祸患转换为福祉,利用失败而取得成功。大王若能听从我的计策,就应当立刻归还燕国的十个城池。燕国若是平白无故地得到十个城池,一定会高兴;秦王若是知道因为自己的缘故而使齐国归还燕国的十个城池,也必定高兴;这就是所说的抛弃仇怨而永结磐石般的友谊啊。燕国、秦国都依附齐国,那么大王您号令天下,就没有不敢不听从的了。也就是大王您用虚浮的言辞依附秦国,依靠十座城池而取得天下。这可是霸王之业啊。"齐王说:"说得好。"便归还了燕国的十座城池。

【原文】

人有毁苏秦者曰:"左右卖国反覆之臣也,将作乱。"苏秦恐得罪,归,而燕王不复官也。苏秦见燕王曰:"臣,东周之鄙人也①,无有分寸之功,而王亲拜之于庙而礼之于廷②。今臣为王却齐之兵而得十城③,宜以益亲。今来而王不官臣者④,人必有以不信伤臣于王者。臣之不信,王之福也。臣闻忠信者,所以自为也;进取者,所以为人也。且臣之说齐王,曾非欺之也⑤。臣弃老母于东周,固去自为而行进取也。今有孝如曾参⑥,廉如伯夷⑦,信如尾生⑧。得此三人者以事大王,何若?"王曰:"足矣。"苏秦曰:"孝如曾参,义不离其亲一宿于外,王又安能使之步行千里而事弱燕之危王哉?廉如伯夷,义不为孤竹君之嗣⑨,不肯为武王臣,不受封侯而饿死首阳山下。有廉如此,王又安能使之步行千里而行进取于齐哉?信如尾生,与女子期于梁下,女子不来,水至不去,抱柱而

苏秦劝谏燕易王

死。有信如此，王又安能使之步行千里却齐之强兵哉？臣所谓以忠信得罪于上者也。"燕王曰："若不忠信耳，岂有以忠信而得罪者乎？"苏秦曰："不然。臣闻客有远为吏而其妻私于人者⑩，其夫将来，其私者忧之，妻曰'勿忧，吾已作药酒待之矣'。居三日，其夫果至，妻使妾举药酒进之。妾欲言酒之有药，则恐其逐主母也；欲勿言乎，则恐其杀主父也。于是乎详僵而弃酒⑪。主父大怒，笞之五十⑫，故妾一僵而覆酒，上存主父，下存主母，然而不免于笞，恶在乎忠信之无罪也⑬？夫臣之过，不幸而类乎！"燕王曰："先生复就故官。"益厚遇之。

易王母，文侯夫人也，与苏秦私通。燕王知之，而事之加厚。苏秦恐诛，乃说燕王曰："臣居燕不能使燕重⑭，而在齐则燕必重。"燕王曰："唯先生之所为⑮。"于是苏秦详为得罪于燕而亡走齐⑯，齐宣王以为客卿⑰。

【注释】

①鄙人：鄙陋的人。自我谦辞。②庙：宗庙。古代帝王供祀祖宗的所在。③却：退却。④官：授官。⑤曾非：未尝。⑥曾参：孔子的学生。春秋末鲁国人。以孝著称。⑦伯夷：商末孤竹君长子，孤竹君死后，伯夷不受位，后不食周粟而死。⑧尾生：传说古代坚守信约的人。⑨嗣：继承人，接续人。⑩私：私通，指不正当的男女关系。⑪详僵：假装仆倒。详，通"佯"，假装。僵，仆倒。⑫笞：用竹板或荆条打人背脊或臀、腿的刑罚。⑬恶：哪里，怎么。⑭重：地位提高。⑮唯：听从的样子，任凭的意思。⑯亡：逃。⑰客卿：请别国人在本国做官，其位为卿而以客礼待之。

【译文】

有人诋毁苏秦道："（苏秦是个）左右摇摆、出卖国家、反复无常的人，将来必定会犯上作乱。"苏秦深怕获罪，就回到燕国，然而燕王不让他做官了。苏秦拜见燕王说道："我原本是东周的一个鄙薄之人，没有一分一寸的功劳，但是大王您亲自在宗庙授予我官职，还在朝堂之上对我礼遇有加。现在我为大王说退了齐国的大军，而且还得到了十座城池，按理说大王您应该对我更加亲近。但是现在我回来了大王却不让我做官，必定是有人以不诚信的罪名在大王面前中伤我。其实我的不诚信，正是大王您的福气啊。我听说凡是忠义诚信之人，都是为自己的名声谋划事情的；积极进取的人，做什么事都要为别人打算。况且我去游说齐王，并不是欺骗他。我把老母亲舍弃在东周的老家，本来就是打算抛弃替自己打算的念头而图谋进取的。倘若现在有人孝顺如曾参一般，廉洁如伯夷一般，诚信如尾生一般，那么找到这三个人来为大王做事，您觉得会怎么样呢？"燕王说："足够了。"苏秦说："如曾参一般孝顺的人，恪守孝道而不肯离开父母在外边住宿一晚，大王您又怎么能让他步行千里来侍奉处于危困中的燕王呢？如伯夷一般廉洁的人，恪守义气不肯做孤竹君的继位者，不肯做周武王的臣子，不接受封侯而饿死在首阳山下。如此廉洁，大王又怎么能使他步行千里到齐国做一番进取的事业呢？如尾生一般守信的人，与女子相约于桥下，女子没有前来，赶上洪水却不离开，抱着桥柱而被淹死。如此守信，大王又怎么能让他步行千里退却齐国的强兵呢？我就是因为忠信而得罪了大王的。"燕王说："只是因为你不忠信而已，怎么会有因为忠信而获罪的人呢？"苏秦说："并非如此。我听说有一个人在远方为官，他的妻子和外人私通，她的丈夫马上要回来了，和她私通的那人很担心，妻子说：'不必担心，我已经准备好毒酒等待他了。'三天以后，她的丈夫果然回来，妻子让小妾捧着毒酒进给丈夫喝。小妾想说酒里面有毒药，但她害怕丈夫把主母驱逐出家门；倘若不说的话，她又害怕主母害死丈夫。就假装跌倒而把毒酒洒在了地上。丈夫十分生气，把她鞭笞了五十下。小妾一跌倒就倒翻了酒，对上保全了丈夫，对下保全了主母，但是还免不了被鞭打的命运，怎么能说坚守忠信就没有罪呢？我的过错，很不幸地就跟这件事类似啊！"燕王说："先生再担任原先的官职吧！"更加优待苏秦。

燕易王的母亲，乃是文侯的夫人，她和苏秦私通。燕易王知道这件事以后，更加优待苏秦。苏秦担心自己被杀，就劝说燕王道："我在燕国不能使燕国受到重视，我若是去了齐国，燕国的地位必定会得到提升。"易王说："就按先生您说的做吧。"于是苏秦假装得罪燕王而逃往齐国，齐宣王让他做了客卿。

【原文】

齐宣王卒，湣王即位①，说湣王厚葬以明孝，高宫室大苑囿以明得意②，欲破敝齐而为燕③。燕易王卒，燕哙立为王。其后齐大夫多与苏秦争宠者，而使人刺苏秦，不死，殊而走④。齐王使人求贼⑤，不得。苏秦且死，乃谓齐王曰："臣即死，车裂臣以徇于市⑥，曰'苏秦为燕作乱于齐'，如此则臣之贼必得矣。"于是如其言，而杀苏秦者果自出，齐王因而诛之。燕闻之曰："甚矣，齐之为苏生报仇也！"

【注释】

①湣王：田地。公元前323年～公元前284年在位。②得意：得志。③破敝：使衰败。④殊：死。此指虽未即死，已是致命伤。⑤贼：此处指刺杀苏秦的人。⑥车裂：以车撕裂人体。俗称"五马分尸"。徇：示众。

【译文】

齐宣王去世，湣王即位，苏秦劝说湣王厚葬宣王以表明自己的孝道，还劝说湣王高筑宫室，扩大园囿，以显示自己的得意，他这样做其实是想使齐国民生凋敝而利于燕国。燕易王去世后，燕哙王即位。后来，齐国有很多大夫与苏秦争宠，还有的派人刺杀苏秦，苏秦受了重伤，刺客在他还没断气的时候就逃走了。齐湣王派人捉凶，但没能抓到。苏秦快要死了，对齐湣王说："我将要死了。请大王您在集市上车裂我的尸首，宣称'苏秦为了燕国而在齐国作乱'，这样杀害我的凶手就一定能被捉到。"齐王依照他所说的话行事，杀害苏秦的凶手果然自己露面了，齐王诛杀了凶手。燕王听说了这一消息，说道："太好了，齐国为苏先生报仇了！"

苏秦说齐湣王

⊙ 文史知识

战国的纵横家们

西汉刘向曾说："战国之时，君德浅薄，为之谋策者，不得不因势而为资，据时而为画。故其谋扶急持倾，为一切之权，虽不可以临教化，兵革救急之势也。"战国时代是春秋之后更激烈的大兼并时代，过去还勉强作为虚饰的仁义礼信之说，在这时已完全被打破。国与国之间讲求的是实力与权谋的对抗。纵横家的出现主要是因为各国需要在国力富强的基础上利用联合、排斥、危逼、利诱等手段不战而胜，以最少的成本获得最大的收益。纵横家的智谋、手段、策略基本上是当时处理国与国之间问题的最好办法。

纵横家驰骋于战国至秦汉之际，多为策辩之士，可称为中国五千年中最早也最特殊的外交政治家。杰出代表人物有苏代、姚贾、苏秦、张仪、公孙衍等。战国时南与北合为纵，苏秦力主燕、赵、韩、魏、齐、楚合纵以拒秦，张仪则力破合纵，连横六国分别事秦，纵横家由此而得名。他们的活动对于战国时政治、军事格局的变化都有重要的影响。

张仪列传

【导读】

张仪是战国时期的策士，与苏秦是同学。张仪主张连横，他雄心勃勃，常常为了追求功业而把生死置之度外。张仪在连横诸侯的过程中，除了极力暴露合纵的缺点，以此附会连横的主张外，还凭借秦国的强大力量，对诸侯威胁利诱，不但使自己名声大振，而且助长了秦国扩张的野心。

○受辱赴秦○

【原文】

张仪者，魏人也①。始尝与苏秦俱事鬼谷先生②，学术③，苏秦自以不及张仪。

张仪已学而游说诸侯。尝从楚相饮④，已而楚相亡璧⑤，门下意张仪，曰："仪贫无行⑥，必此盗相君之璧。"共执张仪⑦，掠笞数百⑧，不服，醳之⑨。其妻曰："嘻！子毋读书游说，安得此辱乎？"张仪谓其妻曰："视吾舌尚在不？"其妻笑曰："舌在也。"仪曰："足矣。"

【注释】

①魏：国名。战国七雄之一。②事：师事，侍奉。③术：此指游说之术。④楚相：楚国令尹昭阳。⑤亡：丢失。⑥无行：品行不端。⑦执：拘捕，捉拿。⑧掠：拷打。笞：用竹板或荆条拷打。⑨醳（shī）：通"释"，释放。

【译文】

张仪，魏国人。最初曾与苏秦一起跟随鬼谷先生学习游说之术。苏秦自认为才能不及张仪。

张仪学成之后便去游说诸侯。他曾跟随楚相一起饮酒，酒宴结束后楚相丢失了一块玉璧，门客怀疑是张仪偷的，说："张仪既贫穷又没有德行，一定是他偷了您的玉璧。"众人一起抓住张仪，鞭笞了数百下，张仪不肯屈服，对方只好将他释放了。张仪的妻子说："唉！你要是不去读书游说，怎么会受这样的侮辱呢？"张仪对妻子说："看我的舌头还有没有？"妻子笑着回答："舌头尚在。"张仪说："这样就足够了。"

【原文】

苏秦已说赵王而得相约从亲①，然恐秦之攻诸侯，败约后负，念莫可使用于秦者，乃使人微感张仪曰②："子始与苏秦善，今秦已当路③，子何不往游，以求通子之愿？"张仪于是之赵，上谒求见苏秦④。苏秦乃诫门下人不为通⑤，又使不得去者数日。已而见之，坐之堂下，赐仆妾之食。因而数让之曰⑥："以子之材能，乃自令困辱至此。吾宁不能言而富贵子⑦，子不足收也。"谢去之。张仪之来也，自以为故人，求益，反见辱，怒，念诸侯莫可事，独秦能苦赵⑧，乃遂入秦。

苏秦已而告其舍人曰⑨："张仪，天下贤士，吾殆弗如也⑩。今吾幸先用，而能用秦柄者⑪，独张仪可耳。然贫，无因以进⑫。吾恐其乐小利而不遂⑬，故召辱之，以激其意。子为我阴奉之⑭。"乃言赵王，发金币车马，使人微随张仪，与同宿舍，稍稍近就之，奉以车马金钱，所欲用，为取给，

255

张仪受辱

而弗告。张仪遂得以见秦惠王[15]。惠王以为客卿[16]，与谋伐诸侯。

苏秦之舍人乃辞去。张仪曰："赖子得显[17]，方且报德，何故去也？"舍人曰："臣非知君，知君乃苏君。苏君忧秦伐赵败从约，以为非君莫能得秦柄，故感怒君，使臣阴奉给君资，尽苏君之计谋。今君已用，请归报。"张仪曰："嗟乎，此在吾术中而不悟[18]，吾不及苏君明矣！吾又新用，安能谋赵乎？为吾谢苏君，苏君之时，仪何敢言。且苏君在，仪宁渠能乎[19]！"张仪既相秦，为文檄告楚相曰："始吾从若饮，我不盗而璧，若笞我。若善守汝国，我顾且盗而城[20]！"

【注释】

①赵王：赵肃侯，赵语。公元前349年～公元前326年在位。从亲：合纵相亲。②微感：暗中引导，劝说。微，隐匿，暗中。感，感染，感受。③当路：指当权。④谒：名帖。一般要写上姓名、籍贯、官爵和拜见事项。⑤诚：告诫。⑥让：责备，责怪。⑦宁：岂，难道。⑧苦：困苦。引申为困扰，侵，扰。⑨舍人：家臣。⑩殆：大概。⑪柄：权力。⑫进：引荐。⑬遂：成功、成就。⑭阴：暗中。⑮秦惠王：嬴驷。公元前333年～公元前311年在位。⑯客卿：在本国做官的外国人。⑰显：有地位有成就。⑱术：谋术。⑲宁渠：哪里，如何。⑳顾：但。

【译文】

苏秦此时已经说服赵王加入合纵同盟，但是他担心秦国攻打各国诸侯，从而导致合纵失败，考虑到没有能派到秦国为自己做事的人，就派人暗地里劝说张仪："您开始的时候和苏秦相好，如今苏秦业已执掌大权，您为何不去他那儿，以实现您的志愿呢？"张仪就去了赵国，递上名帖请求拜见苏秦。苏秦嘱咐手下不要替他通传，又设法让他好几天不能离开。不久苏秦召见张仪，让他坐在堂下，让他吃与仆人和丫鬟一样的饭菜，还一再数落他说："依靠你的才能，竟然让自己穷困到这般田地。我难道不能说句话让你实现荣华富贵吗，实在是你不值得收留。"说完就走了。张仪投奔苏秦，本以为两人是旧交，自己能得到好处，谁知反而受辱，他十分生气，考虑到诸侯中没有能够侍奉的，只有秦国才能对付赵国，就去了秦国。

苏秦过后对他的家臣说："张仪，天下的贤士，我是比不过他的。现在幸亏是我先得到重用，然而能执掌秦国大权的人，只有张仪了。但是他太穷，没有获得进用的机会。我担心他乐于小利而不知进取，所以把他叫来当面侮辱他，以此来激励他的意志。你帮我暗地里侍奉他。"苏秦把这事告知赵王，让赵王拿出车马和金钱，还派人偷偷地跟随张仪，与他一起吃住，慢慢与他接近，献给他车马和金钱。凡是张仪想要的，都取出来给他，但不告诉他实情。张仪最终得以会见秦惠王。秦惠王任用他为客卿，跟他图谋攻伐诸侯之事。

苏秦的门客这才向张仪辞行。张仪说："我仰仗您才能得到荣耀的地位，正准备报答您的恩德，为什么要离去呢？"门客说："我并不了解先生，了解先生的其实是苏君。苏君害怕秦国征伐赵国导致合纵失败，认为除了先生可以执掌秦国大权之外别无他人，故而激怒先生，让我暗中资助您，这些都是苏君的计谋。现在先生已经受到重用了，请让我回去复命禀报。"张仪说："唉，这些做法本来都是我所研习的，但我却没有领悟出来。我比不上苏君已经是很明显的了！我现在刚受重用，怎么可能打赵国的主意呢？请代我向苏君答谢，苏君在的时候，张仪又敢说什么呢。况且苏君当权，我张仪哪里有这个能力啊！"张仪做了秦相之后，写文书警告楚相说："当初我跟随你一起饮酒，我并没有偷窃你的玉璧，你却鞭笞我。你好好地守住你的国家，我回过头来就要盗取你的城池！"

游说楚国

【原文】

秦欲伐齐，齐、楚从亲，于是张仪往相楚。楚怀王闻张仪来①，虚上舍而自馆之②。曰："此僻陋之国，子何以教之？"仪说楚王曰："大王诚能听臣，闭关绝约于齐③，臣请献商於之地六百里④，使秦女得为大王箕帚之妾⑤，秦、楚娶妇嫁女，长为兄弟之国。此北弱齐而西益秦也，计无便於此者。"楚王大说而许之。群臣皆贺，陈轸独吊之⑥。楚王怒曰："寡人不兴师发兵得六百里地，群臣皆贺，子独吊，何也？"陈轸对曰："不然，以臣观之，商於之地不可得而齐秦合，齐秦合则患必至矣。"楚王曰："有说乎？"陈轸对曰："夫秦之所以重楚者，以其有齐也。今闭关绝约于齐，则楚孤。秦奚贪夫孤国⑦，而与之商於之地六百里？张仪至秦，必负王，是北绝齐交，西生患于秦也，而两国之兵必俱至。善为王计者，不若阴合而阳绝于齐⑧，使人随张仪。苟与吾地，绝齐未晚也；不与吾地，阴合谋计也。"楚王曰："愿陈子闭口毋复言，以待寡人得地。"乃以相印授张仪，厚赂之⑨。于是遂闭关绝约于齐，使一将军随张仪。

【注释】

①楚怀王：熊槐，公元前328年～公元前299年在位。②虚上舍：空出上等宾馆。③闭关：闭塞关门。引申为断绝往来。④商於之地：地名，在今河南省境内。⑤箕帚之妾：嫁女谦辞。箕帚，簸箕扫帚。指做洒扫清除之类的事。⑥吊：伤悼。⑦奚：何，为什么。⑧阴合而阳绝：暗中合作而表面上假装断绝关系。⑨赂：馈赠财物。

【译文】

秦国打算讨伐齐国，齐国、楚国当时合纵联盟，张仪就前往楚国担任楚相。楚怀王听说张仪前来，空出上等宾馆亲自送他到那里住下。说道："我们这里是偏僻寡闻的国家，您有什么指教呢？"张仪对楚怀王说："大王倘若真能听我的建议，关闭城关与齐国断交，我就请求秦王献给您商於周围方圆六百里的土地，使秦王的女儿成为大王的妻子，秦、楚两国娶妻嫁女，永久结为兄弟之国。这样的话就可以在北面削弱齐国而在西面有益于秦国，找不到比这更好的计策了。"楚王听了之后很高兴，就答应了张仪。大臣们都来向楚王祝贺，唯独陈轸向楚王表示慰问。楚王生气地说："我不必出动军队就可以获得六百里土地，大臣们都向我祝贺，唯独你向我慰问，这是为什么呢？"陈轸回答说："事情没那么简单。依我看，不仅商於周围的土地没法得到，而且齐国和秦国还会联合起来，一旦齐、秦联合，那么祸患就来到了。"楚王说："有什么根据吗？"陈轸说："秦国之所以这么看重楚国，是因为楚国后面还有个齐国。如果关闭城关与齐国废约断交，那样楚国就会被孤立。秦国怎么会重视一个孤立的国家，而献给它商於周围方圆六百里的土地呢？张仪回到秦国，一定会背叛大王，这是在北面与齐国绝交，在西面招致祸患啊，两国的军队一定会一起攻打楚国的。妥善地为大王考虑，不如暗中与齐国修好，而表面上与齐国断交，派人跟随张仪（前往秦国）。倘若秦国真给我们土地，到时候再跟齐国断交也不晚；倘若秦国不给我们土地，那就暗合了我们的计谋。"楚王说："但愿陈先生闭住嘴不要再发言了，你就等待我得到土地吧。"于是把楚相的大印授予张仪还赏赐给他丰厚的财物。接着关闭城关与齐国断交,派一个将军跟随张仪去了秦国。

【原文】

张仪至秦,详失绥堕车①,不朝三月。楚王闻之,曰:"仪以寡人绝齐未甚邪?"乃使勇士至宋②,借宋之符③,北骂齐王。齐王大怒,折节而下秦④。秦、齐之交合,张仪乃朝,谓楚使者曰:"臣有奉邑六里,愿以献大王左右。"楚使者曰:"臣受令于王。以商於之地六百里,不闻六里。"还报楚王,楚王大怒,发兵而攻秦。陈轸曰:"轸可发口言乎?攻之不如割地反以赂秦,与之并兵而攻齐,是我出地于秦,取偿于齐也,王国尚可存。"楚王不听,卒发兵而使将军屈匄击秦。秦、齐共攻楚,斩首八万,杀屈匄,遂取丹阳、汉中之地⑤。楚又复益发兵而袭秦,至蓝田⑥,大战,楚大败,于是楚割两城以与秦平⑦。

【注释】

①详:通"佯",假装。绥:登车时作拉手用的绳子。②宋:国名。建都商丘。③符:符节。古代使者所持凭证。④折节:折断符节。节,符节。这里指使者用来做凭证的东西。下:委屈自己,向别人表示退让。⑤丹阳:地名,在今丹江以北。汉中:郡名,在今陕西省南部和湖北省西北角。⑥蓝田:地名,在今陕西蓝田西。⑦平:媾和,讲和。

张仪佯装摔伤

【译文】

张仪回到秦国,假装上车时没能拉住绳索而从车上摔了下来,一连三个月没有上朝。楚王听说了这事儿,说:"张仪难道认为我与齐国断交的决心不够坚决吗?"立即派勇士到了宋国,借宋国的符节,往北进入齐国的国境大骂齐王。齐王很愤怒,折断符节而委屈自己亲近秦国。秦、齐两国交好后,张仪这才上朝,对楚使说:"我有封地六里,愿意献给你们大王。"楚使回答说:"我奉楚王之命,前来接受商於方圆六百里的土地,不曾听说有六里地。"楚使回国后报告楚王,楚王十分生气,出兵攻打秦国。陈轸说:"我现在可以说话了吧?攻打秦国不如割让土地以贿赂秦国,然后联合秦国一起攻打齐国,这样我们送给秦国的土地,可以从齐国那里得到补偿,楚国还可以保存下去。"楚王不听,派将军屈匄出兵进攻秦国。秦、齐联合攻打楚国,斩杀楚兵八万,并把屈匄杀死,获得了丹阳、汉中等地。楚国又增加兵力袭击秦国,在蓝田与秦军交战,结果楚军大败,楚国割让两个城邑与秦国议和。

【原文】

秦要楚欲得黔中地①,欲以武关外易之②。楚王曰:"不愿易地,愿得张仪而献黔中地。"秦王欲遣之,口弗忍言。张仪乃请行。惠王曰:"彼楚王怒子之负以商於之地,是且甘心于子。"张仪曰:"秦强楚弱,臣善靳尚,尚得事楚夫人郑袖,袖所言皆从。且臣奉王之节使楚,楚何敢加诛。假令诛臣而为秦得黔中之地,臣之上愿。"遂使楚。楚怀王至则囚张仪,将杀之。靳尚谓郑袖曰:"子亦知子之贱于王乎④?"郑袖曰:"何也?"靳尚曰:"秦王甚爱张仪而不欲出之⑤,今将以上庸之地六县赂楚⑥,以美人聘楚⑦,以宫中善歌讴者为媵⑧。楚王重地尊秦,秦女必贵而夫人斥矣⑨。

不若为言而出之。"于是郑袖日夜言怀王曰:"人臣各为其主用。今地未入秦,秦使张仪来,至重王。王未有礼而杀张仪,秦必大怒攻楚。妾请子母俱迁江南,毋为秦所鱼肉也⑩。"怀王后悔,赦张仪,厚礼之如故。

【注释】

①要:要挟、威胁。黔中:郡名。在今湖北省西南部。②武关:关隘名。武关外:指商於之地。③上愿:最高愿望。④贱:轻视,鄙弃。⑤不:《索引》谓:"'不'字当作'必'。时张仪为楚所囚,故必欲出之也。"⑥上庸之地六县:大概相当于今湖北省房县、竹山等地。⑦聘:古代用礼物订婚。⑧媵:随嫁侍女。⑨斥:被排斥,被废除。⑩鱼肉:比喻任人宰割,被人欺凌、屠戮。

【译文】

秦国要挟楚国想用武关以外的土地与楚国交换黔中之地。楚王说:"我不愿意交换土地,只想得到张仪后,献出黔中之地。"秦王想派张仪去楚国,但忍住没有开口。张仪自己请求愿意前去。惠王说:"楚王他怨恨你违背了献给他商於之地的诺言,对你是不会甘心的。"张仪说:"秦国强大而楚国弱小,我与靳尚交好,靳尚侍奉楚王的夫人郑袖,郑袖所说的话楚王都会听从。而且我手拿大王的符节出使楚国,楚王怎敢杀我呢。假若他杀了我而令秦国得到黔中之地,这也是我最大的愿望。"于是出使楚国。楚怀王等张仪到达后就将其囚禁起来,打算杀了他。靳尚对郑袖说:"您知道您也会被大王轻视吗?"郑袖说:"这是为什么呢?"靳尚说:"秦王十分宠爱张仪一定会把他救出来,他打算用上庸地区的六个县献给楚国,把美女献给楚王,以秦王宫中能歌善舞的女子作为陪嫁。大王看重土地,尊重秦国,秦国献来的女子一定会得到宠幸,而夫人您将遭到冷落。夫人您不如替张仪求情把他救出来。"郑袖就不分昼夜地对怀王说:"做臣子的各自为自己的君主效劳。现在土地还没有献给秦国,秦国就派张仪过来,足见秦国对大王的尊敬。大王不以礼相待,还打算杀了张仪,秦王一定会很生气而攻打楚国。我请求让我们母子都迁居到江南去,以免被秦人残害。"怀王听了这些话后悔了,赦免了张仪,还像以前那样优厚地对待他。

【原文】

张仪既出,未去,闻苏秦死,乃说楚王曰:"秦地半天下,兵敌四国,被险带河①,四塞以为固。虎贲之士百余万②,车千乘③,骑万匹,积粟如丘山。法令既明,士卒安难乐死④,主明以严,将智以武,虽无出甲,席卷常山之险⑤,必折天下之脊⑥,天下有后服者先亡。且夫为从者,无以异于驱群羊而攻猛虎,虎之与羊不格明矣⑦。今王不与猛虎而与群羊,臣窃以为大王之计过也。

"凡天下强国,非秦而楚,非楚而秦,两国交争,其势不两立。大王不与秦,秦下甲据宜阳,韩之上地不通⑧。下河东⑨,取成皋⑩,韩必入臣⑪,梁则从风而动。秦攻楚之西,韩、梁攻其北,社稷安得毋危?

"且夫从者聚群弱而攻至强,不料敌而轻战,国贫而数举兵,危亡之术也。臣闻之,兵不如者勿与挑战,粟不如者勿与持久。夫从人饰辩虚辞⑫,高主之节⑬,言其利不言其害,卒有秦祸,无及为己,是故愿大王之孰计之⑭。

"秦西有巴、蜀,大船积粟,起于汶山⑮,浮江已下⑯,至楚三千余里。舫船载卒⑰,一舫载五十人与三月之食,下水而浮,一日行三百余里,里数虽多,然而不费牛马之力,不至十日而距扞关⑱。扞关惊,则从境以东尽城守矣⑲,黔中、巫郡非王之有。秦举甲出武关,南面而伐,则北地绝⑳。秦兵之攻楚也,危难在三月之内,而楚待诸侯之救,在半岁之外,此其势下相及也。夫恃弱国之救,忘强秦之祸,此臣之所以为大王患也。

"大王尝与吴人战㉑，五战而三胜，阵卒尽矣；偏守新城㉒，存民苦矣。臣闻功大者易危，而民敝者怨上。夫守易危之功而逆强秦之心，臣窃为大王危之。

"且夫秦之所以不出兵函谷十五年以攻齐、赵者㉓，阴谋有合天下之心㉔。楚尝与秦构难㉕，战于汉中，楚人不胜，列侯执珪死者七十余人㉖，遂亡汉中。楚王大怒，兴兵袭秦，战于蓝田。此所谓两虎相搏者也。夫秦、楚相敝而韩魏以全制其后，计无危于此者矣。愿大王孰计之。

张仪说楚王

"秦下甲攻卫、阳晋，必大关天下之匈㉗，大王悉起兵以攻宋，不至数月而宋可举，举宋而东指㉘，则泗上十二诸侯尽王之有也㉙。

"凡天下而以信约从亲相坚者苏秦，封武安君，相燕，即阴与燕王谋伐破齐而分其地；乃详有罪出走入齐，齐王因受而相之；居二年而觉，齐王大怒，车裂苏秦于市㉚。夫以一诈伪之苏秦，而欲经营天下，混一诸侯㉛，其不可成亦明矣。

"今秦与楚接境壤界㉜，固形亲之国也。大王诚能听臣，臣请使秦太子入质于楚，楚太子入质于秦，请以秦女为大王箕帚之妾，效万室之都以为汤沐之邑㉝，长为昆弟之国，终身无相攻伐。臣以为计无便于此者。"

于是楚王已得张仪而重出黔中地与秦，欲许之。屈原曰："前大王见欺于张仪，张仪至，臣以为大王烹之㉞，今纵弗忍杀之㉟，又听其邪说，不可。"怀王曰："许仪而得黔中，美利也。后而倍之，不可。"故卒许张仪，与秦亲。

【注释】

①被险带河：谓秦国四周地势险要，中有黄河流经。②虎贲：勇武之士。贲，奔跑。③乘：古代一车四马为一乘。④安难乐死：不避艰苦危难，乐于牺牲。⑤席卷：有如卷席，全部占有。⑥折天下之脊：常山在天下之北，就像人的脊背。折，折断。⑦格：抵挡，抵御。⑧上地：上党郡。⑨河东：地区名，在今山西省西南部黄河东岸。⑩成皋：邑名，在今河南省荥阳市境内。⑪入臣：到本国称臣，指投降。⑫饰辩虚辞：粉饰巧辩，言辞铺张而空洞。⑬高：高傲。使动用法。⑭孰：通"熟"，仔细。⑮汶山：即岷山。⑯已：通"以"，而。⑰舫船：两船相并。⑱距：到。扞关：关名，即江关，在今重庆市奉节县东。⑲城守：据城守御。⑳北地：指楚国北部。㉑吴：国名，建都于吴（今江苏省苏州市）。㉒新城：新攻占的地方。㉓函谷：关名，在今河南省灵宝市东北。㉔合：并，吞并。㉕构难：造成祸患。㉖执珪：爵位名，楚国最高爵位。㉗匈：通"胸"。这里把卫、阳晋比喻为天下的胸脯。㉘指：朝目标前进。㉙泗上十二诸侯：指泗上宋、鲁等国。十二为虚指。泗，泗水。㉚车裂：古代一种酷刑，即五马分尸。把人的头和四肢绑在五辆车上，五辆车同时奔驰，撕裂身体。㉛混一：统一。㉜壤界：连界。㉝汤沐：即沐浴。㉞烹：古代煮杀人的一种酷刑。㉟纵：即使。

【译文】

张仪被释放出来，并没有离去，他听说苏秦死了，劝说楚王道："秦国占尽天下土地的一半，军队可以抵挡四周的敌人，背靠险要之地，又有黄河围绕，周围还有要塞可以固守。还有精兵百万，军车千辆，战马万匹，存储的粮食堆积如山。另外秦国法令严明，士兵临战不怕死，君主英明而且威严，将军智勇双全。纵使不出动军队，也足以席卷常山的险要之势，折断天下的脊梁，天下最后归降的国家必定最先灭亡。再说那些合纵之国，无异于驱赶羊群攻击老虎，虎和羊之间不能抵敌这是很明了的道理。如今大王您不亲近猛虎而和群羊在一起，我私下里认为大王的想法错了。

"大凡天下的强国，不是秦国就是楚国，不是楚国就是秦国，两国之间争夺，形势是不允许二国并立的。大王不亲近秦国，秦国就会出兵攻占宜阳，韩国的上郡就无法通行。秦国占领河东，攻取成皋，韩国一定会向秦国臣服，魏国也会伺机而动。秦国进攻楚国的西边，韩、魏进攻楚国的北边，国家怎能不危险呢？

"合纵之国聚集一群弱小国家攻打最强的国家，不考虑敌方的力量而轻率地交战，国家贫穷却要频繁地发动战事，这是导致国家灭亡的策略啊。我听说，军队没有对方强大就不要挑起战事，粮食没有对方充足就不要持久作战。提倡合纵的人粉饰巧言，说一些不合实际的言辞，使国君的志节高傲，只说合纵的好处，不说合纵的危害，一旦招致秦国带来的祸患，那就来不及了。所以我希望大王您能仔细考虑一下。

"秦国的西面有巴、蜀之地，用大船装载粮食，自岷山出发，沿着长江顺流而下，到楚国有三千多里的距离。两条船并列运载士兵，每两条船可以装载下五十名士兵和三个月的粮食，沿江而下，一天可以走三百多里的路程，距离虽然有些远，但是却不用费牛马的牵引之力，不用十天的工夫就可以抵达扞关。扞关受到惊扰，那么边境以东的城邑就要全部设防了，黔中、巫郡也将不再归大王所有了。秦国兴兵进攻武关，从南面攻伐，这样一来楚国的北面也危险了。秦军进攻楚国，危难就在三个月之内，而楚国若是等待各国诸侯援军的帮助，则需要半年以上的时间，这样势必是等不及的。依靠弱国解救，忘记强秦的祸患，这就是我为大王担心的事情。

"大王曾与吴国交战，打了五场胜了三场，阵中的将士已经死得差不多了；为了守住新占领的城池，活下来的百姓实在是够辛苦的。我听说功业大的人容易遭受危难，老百姓疲苦必然会埋怨君主。守着容易遭受危难的功业而违背强秦的心意，我私下里替大王感到担忧啊。

"秦国之所以在这十五年里不派兵出函谷关去攻打齐、赵两国，是因为秦国暗中计划想一举吞并天下。楚国曾与秦国产生摩擦，双方战于汉中，楚国不能取得胜利，列侯、执珪战死了七十多人，丢掉了汉中之地。楚王十分生气，出兵袭击秦国，双方交战于蓝田。这就是所说的两虎相搏啊。秦、楚相互消耗力量，韩、魏则以完整无损的力量从后面钳制楚国，情势没有比这更危险的了。但愿大王您能仔细谋划一下。

"秦国派兵攻打卫都和阳晋，这样势必会锁住天下的胸膛。大王调集所有军队攻打宋国，用不了几个月秦国就可以得到宋国，得到宋国后再向东方进发，那么泗水之畔的十二国诸侯就可以尽数归大王所有了。

"呼吁天下诸侯以合纵相互信守盟约的人是苏秦，他获封武安君的称号，做了燕相之后，就暗地里和燕王图谋讨伐齐国以瓜分它的土地。苏秦假装得罪燕王而逃到齐国，齐王收留他，还让他做齐相。两年之后苏秦的图谋被识破，齐王十分生气，以车裂之刑将苏秦处死在市集。倚仗一个狡诈虚伪的苏秦，想要经营天下，统一各国诸侯，这不可能成功已经是很明了的道理了。

"如今秦国与楚国边界相接，原本就是地缘亲近的国家。大王若是真能听取我的建议，我就请求秦国派秦国太子到楚国做人质，楚太子也要去秦国做人质，还请求秦王把女儿献给大王做妻子，奉献出拥有万户居民的大城邑作为汤沐邑，两国永久地结为兄弟之国，永远不要相互攻伐。我认为没有比这个更好的计策了。"

这时楚王已经得到了张仪，但是又对献出黔中之地给秦国这件事犯难，所以便想答应张仪的建议。屈原说："以前大王被张仪欺骗，这次张仪来到楚国，我本以为大王会把他煮了吃；现在不仅不杀他，还听信他的邪说，您不能再被他欺骗了。"怀王说："我答应张仪的建议而保留住黔中之地，这是大大的好事。（先答应他）现在又要背弃他，这是不可以的。"于是答应张仪的劝告，与秦国亲善。

【原文】

犀首者，魏之阴晋人也，名衍，姓公孙氏。与张仪不善。

张仪为秦之魏，魏王相张仪。犀首弗利，故令人谓韩公叔曰："张仪已合秦、魏矣，其言曰：'魏攻南阳，秦攻三川。'魏王所以贵张子者①，欲得韩地也。且韩之南阳已举矣，子何不少委焉以为衍功，则秦、魏之交可错矣②。然则魏必图秦而弃仪③，收韩而相衍。"公叔以为便，因委之犀首以为功。果相魏，张仪去。

义渠君朝于魏。犀首闻张仪复相秦，害之。犀首乃谓义渠君曰："道远不得复过④，请谒事情⑤。"曰："中国无事⑥，秦必烧掇焚杅君之国⑦；有事，秦将轻使重币事君之国。"其后五国伐秦。会陈轸谓秦王曰⑧："义渠君者，蛮夷之贤君也，不如赂之以抚其志。"秦王曰："善。"乃以文绣千纯⑨，妇女百人遗义渠君⑩。义渠君致群臣而谋曰："此公孙衍所谓邪？"乃起兵袭秦，大败秦人李伯之下。

张仪已卒之后，犀首入相秦。尝佩五国之相印，为约长。

【注释】

①贵：器重，重视。②错：中断，停止。③图：图谋，谋取。④过：访问，探望。⑤谒：陈述，告诉。⑥中国：中原各诸侯国（关东六国）。无事：指各国不攻打秦国。下文"有事"即攻打秦国。⑦烧掇：焚烧而侵掠。焚杅：焚烧蹂躏，从而牵制。⑧会：适逢，正赶上。⑨文绣：饰以彩色花纹的丝织物。纯（tún）：匹。⑩遗：赠予。

【译文】

犀首，是魏国阴晋人。名叫衍，姓公孙。和张仪关系不好。

张仪为了秦国到魏国去，魏王任用张仪做宰相。犀首认为对自己不利，所以他使人对韩国公叔说："张仪已经让秦、魏联合了，他扬言说：'魏国进攻南阳，秦国进攻三川。'魏王器重张仪的原因，是想获得韩国的土地。况且韩国的南阳已经被占领，先生为什么不稍微把一些政事委托给公孙衍，让他到魏王面前请功，那么秦、魏两国的交往就会停止了。既然如此，那么魏国一定谋取秦国而抛弃张仪，结交韩国而让公孙衍出任宰相。"公叔认为有利，因此就把政事委托给犀首，让他献功。犀首果然作了魏国宰相，张仪离开魏国。

义渠君前来朝拜魏王。犀首听说张仪又出任秦国宰相，迫害义渠君。犀首就对义渠君说："贵国道路遥远，今日分别，不容易再来访问，请允许我告诉你一件事情。"他继续说："中原各国不联合起来讨伐秦国，秦国才会焚烧掠夺您的国家，中原各国一致讨伐秦国，秦国就会派遣轻装的使臣带着贵重的礼物侍奉您的国家。"此后，楚、魏、齐、韩、赵五国共同讨伐秦国，正赶上陈轸对秦王说："义渠君是蛮夷各国中的贤明君主，不如赠送财物用来安抚他的心志。"秦王说："好。"就把一千匹锦绣和一百名美女赠送给义渠君，义渠君把群臣招来商量说："这就是公孙衍告诉我的情形吗？"于是就起兵袭击秦国，在李伯城下大败秦军。

张仪死了以后，犀首到秦国出任宰相。张仪曾经佩带过五个国家的相印，做了联盟的领袖。

【原文】

太史公曰：三晋多权变之士①，夫言从衡彊秦者大抵皆三晋之人也。夫张仪之行事甚于苏秦，然世恶苏秦者，以其先死，而仪振暴其短以扶其说②，成其衡道。要之，此两人真倾危之士哉！

【注释】

①三晋：由原晋国分化而立的韩、赵、魏三国。权变：权宜机变。②振暴：张扬暴露。扶：支持，附和。

【译文】

太史公说：三晋出了很多权宜机变的人物，那些主张合纵、连横使秦国强大的，大多是三晋人。张仪的作为比苏秦有过之，可是社会上厌恶苏秦的原因，是因为他先死了而张仪张扬暴露了他合纵政策的短处，用来附会自己的主张，促成连横政策。总而言之，这两个人是真正险诈的人。

白起王翦列传

【导读】

　　本篇是战国末期秦国将领白起和王翦的合传。白起和王翦在秦灭六国过程中起着很大作用：白起夺取韩、赵、魏、楚大片领土，攻克楚都郢，后来在长平之战中大败赵军，坑杀俘虏四十余万。王翦是秦始皇的一员宿将，他和儿子王贲先后灭掉六国。在这篇合传中，司马迁既肯定他们的赫赫战功，又指出他们各有所短：白起"不能救患于应侯"，死于非命；王翦则"不能辅秦建德"，殃及后代。

◎ "不能救患于应侯"的白起 ◎

【原文】

　　白起者，郿人也。善用兵，事秦昭王。昭王十三年①，而白起为左庶长，将而击韩之新城②。是岁，穰侯相秦③，举任鄙以为汉中守。其明年，白起为左更，攻韩、魏于伊阙，斩首二十四万，又虏其将公孙喜，拔五城。起迁为国尉。涉河取韩安邑以东，到乾河。明年，白起为大良造。攻魏，拔之，取城大小六十一。明年，起与客卿错攻垣城，拔之。后五年，白起攻赵，拔光狼城。后七年，白起攻楚，拔鄢、邓五城。其明年，攻楚，拔郢，烧夷陵④，遂东至竟陵。楚王亡去郢⑤，东走徙陈。秦以郢为南郡。白起迁为武安君。武安君因取楚，定巫、黔中郡。昭王三十四年⑥，白起攻魏，拔华阳，走芒卯⑦，而虏三晋将⑧，斩首十三万。与赵将贾偃战，沈其卒二万人于河中⑨。昭王四十三年⑩，白起攻韩陉城，拔五城，斩首五万。四十四年，白起攻南阳太行道，绝之⑪。

白起像

【注释】

①昭王十三年：即公元前294年。梁玉绳《史记志疑》谓"十三年"当为"十五年"。②将：带兵。③穰侯：秦相魏冉的称号。④夷陵：楚国先王的墓地。⑤亡：逃亡。去：离开。⑥昭王三十四年：即公元前273年。⑦走芒卯：使芒卯战败而逃。走，使败逃。⑧三晋将：这里指赵、魏两国的将领。三晋，春秋末晋国被韩、赵、魏三家瓜分并各立为国，故称"三晋"，有时也称其中的国家为"三晋"。⑨沈：同"沉"。⑩昭王四十三年：即前公元前264年。⑪绝：断绝，截断。

【译文】

　　白起，是郿地人。擅长用兵，侍奉秦昭王。昭王十三年，白起担任左庶长，率领秦兵攻打韩国的新城。这年，穰侯成了秦国的丞相，任命任鄙为汉中郡守。第二年，白起被任命为左更，在伊阙与韩、魏两国军队交战，斩杀韩、魏两军二十四万人，又俘虏了他们的将军公孙喜，夺取了五座城池。白起升为国尉。白起率兵渡过黄河，攻取了韩国安邑以东的地区，一直到达乾河。又过了一年，

263

白起升任大良造。攻打魏国,把魏军杀得大败,夺取大大小小的城池六十一座。又过一年,白起与一个名叫错的客卿进攻垣城,很快攻了下来。其后五年,白起攻打赵国,夺取光狼城。七年之后,白起攻伐楚国,夺得鄢、邓等五座城邑。第二年,再次攻打楚国,拿下了楚国都城郢,焚烧楚国祖先的坟墓——夷陵,一直向东打到竟陵。楚王逃离郢都,向东逃亡把都城迁到陈。秦国以郢为南郡。白起升为武安君,武安君趁势攻占了楚国,平定巫、黔中两郡。昭王三十四年,白起攻打魏国,夺得华阳,使芒卯败逃而去,俘获了三晋将领,斩杀士兵十三万人。白起与赵将贾偃激战,将赵军两万士兵沉到黄河之中。昭王四十三年,白起攻打韩国的陉城,占领五座城池,斩杀敌军五万之众。四十四年,白起进攻韩国的南阳太行道,断绝了这条通道。

【原文】

　　四十五年①,伐韩之野王。野王降秦,上党道绝。其守冯亭与民谋曰:"郑道已绝,韩必不可得为民②。秦兵日进,韩不能应,不如以上党归赵。赵若受我,秦怒,必攻赵。赵被兵③,必亲韩。韩、赵为一,则可以当秦④。"因使人报赵。赵孝成王与平阳君、平原君计之⑤。平阳君曰:"不如勿受。受之,祸大于所得。"平原君曰:"无故得一郡,受之便⑥。"赵受之,因封冯亭为华阳君。

　　四十六年,秦攻韩缑氏、蔺,拔之。

　　四十七年,秦使左庶长王龁攻韩,取上党。上党民走赵。赵军长平⑦,以按据上党民⑧。四月,龁因攻赵。赵使廉颇将。赵军士卒犯秦斥兵⑨,秦斥兵斩赵裨将茄⑩。六月,陷赵军,取二鄣四尉⑪。七月,赵军筑垒壁而守之。秦又攻其垒,取二尉,败其阵,夺西垒壁。廉颇坚壁以待秦,秦数挑战⑫,赵兵不出。赵王数以为让⑬。而秦相应侯又使人行千金于赵为反间⑭,曰:"秦之所恶⑮,独畏马服子赵括将耳⑯,廉颇易与⑰,且降矣⑱。"赵王既怒廉颇军多失亡,军数败,又反坚壁不敢战,而又闻秦反间之言,因使赵括代廉颇将以击秦。秦闻马服子将,乃阴使武安君白起为上将军⑲;而王龁为尉裨将,令军中有敢泄武安君将者斩。赵括至,则出兵击秦军。秦军详败而走⑳,张二奇兵以劫

白起率军攻韩

之㉑。赵军逐胜㉒，追造秦壁㉓。壁坚拒不得入，而秦奇兵二万五千人绝赵军后，又一军五千骑绝赵壁间，赵军分而为二，粮道绝。而秦出轻兵击之。赵战不利，因筑壁坚守，以待救至。秦王闻赵食道绝，王自之河内㉔，赐民爵各一级，发年十五以上悉诣长平㉕，遮绝赵救及粮食。

【注释】

① 四十五年：即秦昭王四十五年（公元前262年）。② "乾必不可"句：韩国必定不可能管我们臣民了。③ 被：遭受。④ 当：挡住。⑤ 平阳君：赵豹的封号。平原君：赵胜的封号。⑥ 便：有利。⑦ 军：屯兵。⑧ 按据：按兵据援。⑨ 斥兵：侦察兵。⑩ 裨将：副将。⑪ 鄣：城堡。⑫ 数：多次，屡次。⑬ 让：责备。⑭ 应侯：即范睢。反间：指在敌人内部制造矛盾、纠纷。⑮ 恶：忧患。⑯ 马服：指马服君赵奢。将：任为将军。⑰ 与：对付。⑱ 且：将要，就要。⑲ 阴：暗地里。⑳ 详：通"佯"，假装。㉑ 张：布置。㉒ 逐胜：乘胜追击。㉓ 造：到。㉔ 之：往，到。㉕ 发：征召。诣：到。

【译文】

昭王四十五年，攻打韩国的野王城。野王城投降秦军，韩国通往上党郡的道路被截断了。上党郡守冯亭与百姓商议说："通往都城郑的道路已经断绝，韩国肯定不能把我们看作臣民了。秦国军队一天天逼近，韩国不能救援，不如将上党归附赵国。赵国如果接受我们，秦国恼怒，必定攻打赵国。赵国遭受兵事，必定亲近韩国。韩、赵两国联合起来，就可以抵挡秦国。"于是便派人报告赵国。赵孝成王跟平阳君、平原君一起商讨这件事，平阳君说："不如不接受。接受它，带来的灾祸要远远大于得到的好处。"平原君说："平白无故得到一郡，接受它有利。"结果赵王接受了上党，就封冯亭为华阳君。

昭王四十六年，秦国攻打韩国的缑氏和蔺邑，占领了它们。

昭王四十七年，秦国派左庶长王龁攻打韩国，夺取了上党。上党的百姓纷纷逃往赵国。赵国驻兵长平，以接应上党的百姓。四月，王龁以此为借口进攻赵国。赵国派廉颇率军迎战。赵军士兵侵犯了秦军侦察兵，秦军侦察兵又杀害了赵军副将茄。六月，秦军攻陷赵军阵地，夺取了两个要塞，俘虏了四个尉官。七月，赵军高筑围墙进行防守。秦军又攻赵军营垒，俘虏了两个尉官，攻破赵军阵地，夺取了西边的营垒。廉颇固守营垒以待秦军，秦军多次挑战，赵兵坚守不出。赵王多次指责廉颇。秦国丞相应侯又派人花费千金到赵国施行反间计，大肆宣扬说："秦国所忧虑的，只是畏惧马服君赵奢的儿子赵括担任将领而已，廉颇容易对付，他就要投降了。"赵王早已恼怒廉颇军队伤亡太多，军队多次战败，却反而坚守营垒不敢出战，再加上听到秦国的反间之言，于是就派赵括代替廉颇率兵攻击秦军，秦国得知马服君的儿子担任将领，就暗地里派武安君白起任上将军，让王龁担任尉官副将，并命令军队中有敢泄露白起为军队最高将领的一律斩首。赵括一到，就发兵进攻秦军。秦军假装战败而逃，同时安排两支突袭部队攻击赵军。赵军乘胜追击，直追到秦军营垒。秦军营垒防守坚固，不能攻入，而秦军的一支突袭部队两万五千人已经切断了赵军的后路，另一支五千骑兵的部队切入赵军的营垒之间，把赵军分割为二，运粮通道也被堵住。这时秦军派出轻装精兵攻击赵军，赵军战事失利，于是构筑壁垒坚守，以等待援兵的到来。秦王闻知赵国运粮通道已绝断，便亲自到河内，赐给百姓爵位各一级，征调年纪十五岁以上的青壮年到了长平战场，拦截赵国的救兵，阻绝赵国的援兵和粮食。

【原文】

至九月，赵卒不得食四十六日，皆内阴相杀食①。来攻秦垒，欲出②。为四队，四五复之③，不能出。其将军赵括出锐卒自搏战，秦军射杀赵括。括军败，卒四十万人降武安君。武安君计曰："前秦已拔上党，上党民不乐为秦而归赵。赵卒反覆④，非尽杀之，恐为乱。"乃挟诈而尽坑杀之⑤，遗其小者二百四十人归赵。前后斩首虏四十五万人⑥。赵人大震。

四十八年十月，秦复定上党郡。秦分军为二：王龁攻皮牢，拔之；司马梗定太原。韩、赵恐，使苏代厚币说秦相应侯曰⑦："武安君禽马服子乎⑧？"曰："然。"又曰："即围邯郸乎？"曰："然。""赵亡则秦王王矣⑨，武安君为三公⑩。武安君所为秦战胜攻取者七十余城，南定鄢、郢、汉中，北禽赵括之军，虽周、召、吕望之功不益于此矣⑪。今赵亡⑫，秦王王，则武安君必为三公，君能为之下乎？虽无欲为之下，固不得已矣。秦尝攻韩，围邢丘，困上党，上党之民皆反为赵，天下不乐为秦民之日久矣。今亡赵，北地入燕，东地入齐，南地入韩、魏，则君之所得民亡几何人⑬。故不如因而割之⑭，无以为武安君功也⑮。"于是应侯言于秦王曰："秦兵劳，请许韩、赵之割地以和，且休士卒。"王听之，割韩垣雍、赵六城以和。正月，皆罢兵。武安君闻之，由是与应侯有隙⑯。

【注释】

①内：指内部。②出：指冲出敌围。③四五复之：连续四五次反复冲击。④反覆：变化无常。⑤挟诈：暗用欺骗诡计。坑杀：使人陷入坑中，将其杀掉，即活埋。⑥首：首级。虏：俘虏。⑦说（shuì）：劝说，说服。⑧禽：同"擒"，捕捉。⑨秦王王：后一"王"字意为称王，统治天下。⑩三公：指辅佐国君掌握军政大权的最高长官。周代三公，说法不一，或谓太师、太傅、太保，或谓"天子之相"。⑪周：指周公旦。召：指召公奭。⑫今：如果。⑬亡：通"无"。⑭因而割之：趁机让它们割让土地。⑮"无以为"句：不要拿（攻占韩、赵土地）给武安君去建立功勋。⑯隙：嫌隙，怨恨。

【译文】

到了九月，赵国士兵断粮已经四十六天了，军内士兵们暗中相互残杀以人肉充饥。赵军攻击秦军营垒，打算突围而逃。他们分编四队，轮番进攻了四、五次，依旧不能冲出去。他们的将领赵括派出精锐士兵亲自上阵与秦军搏杀，秦军射死了赵括。赵括的军队大败，士兵四十万人向武安君投降。武安君思量道："先前秦军攻下上党，上党的百姓不愿意臣服于秦而归附赵国。赵国士兵变化无常，不全部杀掉他们，恐怕要出乱子。"于是使用欺骗手段将赵兵全部活埋了。留下年纪还小的二百四十人放回赵国。此战前后杀掉赵兵四十五万人。赵人大为震惊。

昭王四十八年十月，秦军再次平定上党郡。之后，秦军兵分两路：王龁攻打皮牢，拿下了它；司马梗平定太原。韩、赵两国十分惊恐，就派苏代以丰厚的财物游说丞相应侯，苏代说："武安君擒杀马服君的儿子了吗？"应侯回答说："是的。"苏代又问："就要围攻邯郸了吗？"应侯回

坑杀赵军

答说："是的。""赵国灭亡，秦王就要称王于天下了，武安君当封为三公。武安君为秦国攻占夺取的城邑有七十多座，南边平定了鄢、郢及汉中地区，北边将赵括军队尽数俘获，即使历史上赫赫有名的周公、召公和吕望的功劳也不会超过这些了。如果赵国灭亡，秦王称王于天下，那么武安君必定位居三公，您能屈居于他的下位吗？即使不想屈居于武安君的下位，也不能不如此了。秦军曾攻打韩国，围攻邢丘，困住上党，上党的百姓都转而归附赵国，天下百姓不愿意做秦国臣民已经很久了。如果今天灭掉赵国，它的北边土地将归入燕国，东边土地将归入齐国，南边土地将归入韩国、魏国，那么您所得到的百姓就没有多少了。因此不如趁此机会割得韩、赵的土地，不要再让武安君建立更大的功勋了。"于是应侯向秦王进言道："秦兵已经很疲乏了，请您应允韩国、赵国割地讲和的请求，

暂且让士兵们休整一下。"秦王听从了应侯的意见,割取了韩国的垣雍和赵国的六座城邑便讲和了。正月,双方停止交战。武安君得知停战消息,从此与应侯有了嫌隙。

【原文】

其九月,秦复发兵,使五大夫王陵攻赵邯郸。是时武安君病,不任行①。四十九年正月,陵攻邯郸,少利,秦益发兵佐陵。陵兵亡五校②。武安君病愈,秦王欲使武安君代陵将。武安君言曰:"邯郸实未易攻也。且诸侯救日至③,彼诸侯怨秦之日久矣。今秦虽破长平军,而秦卒死者过半,国内空。远绝河山而争人国都④,赵应其内,诸侯攻其外,破秦军必矣。不可。"秦王自命,不行;乃使应侯请之,武安君终辞不肯行,遂称病。

秦王使王龁代陵将,八、九月围邯郸,不能拔。楚使春申君及魏公子将兵数十万攻秦军⑤,秦军多失亡。武安君言曰:"秦不听臣计,今如何矣!"秦王闻之,怒,强起武安君⑥,武安君遂称病笃⑦。应侯请之,不起。于是免武安君为士伍⑧,迁之阴密。武安君病,未能行。居三月,诸侯攻秦军急,秦军数却,使者日至。秦王乃使人遣白起,不得留咸阳中。武安君既行,出咸阳西门十里,至杜邮。秦昭王与应侯群臣议曰:"白起之迁,其意尚怏怏不服⑨,有余言⑩。"秦王乃使使者赐之剑,自裁⑪。武安君引剑将自刭,曰:"我何罪于天而至此哉?"良久,曰:"我固当死。长平之战,赵卒降者数十万人,我诈而尽坑之,是足以死。"遂自杀。武安君之死也,以秦昭王五十年十一月。死而非其罪,秦人怜之,乡邑皆祭祀焉。

【注释】

①任:堪,能够。②亡:损失。校:军营。③日:每天,天天地。④绝:渡过,越过。⑤春申君:即黄歇。魏公子:即信陵君魏无忌。⑥强起:强迫任职。⑦笃:重。⑧免武安君为士伍:免掉武安君的官爵,令其与士卒为伍。⑨怏怏:不满意,不服气。⑩余言:多余的话,指怨言。⑪自裁:自杀。

【译文】

同年九月,秦国再次出兵,命五大夫王陵攻打赵国邯郸。当时武安君有病,未能出征。昭王四十九年正月,王陵进攻邯郸,收获很少,秦国加派军队帮助王陵。结果王陵损失了五个军营。武安君病好了,秦王想派武安君代替王陵统率秦军。武安君进言道:"邯郸确实不容易攻下。而且诸侯国的救兵每天都有到达的,各诸侯国怨恨秦国已经很久了。现在秦国虽然攻破了长平的赵军,可是秦国士兵死亡的人数也超过了一半,国内兵力空虚。不远千里越过河山去争夺他人国都,赵军在城内应战,诸侯军在城外攻击,战败秦军是必定的。这个仗不能打。"秦王亲自任命,武安君不去赴任;于是就派应侯去请他,但武安君终于推辞不肯出发,并称病不起。

秦王只好改派王龁代替王陵统率军队,八、九月围攻邯郸,没能攻下。楚国派春申君同魏公子信陵君带兵数十万攻击秦军,秦军损失、伤亡很多。武安君说:"秦国不听我的计策,现在怎么样!"秦王听到这话,大怒,强令武安君就职,武安君就称病情严重。应侯请他,仍卧床不起。于是就免去武安君的官爵降为士兵,将他迁到阴密。武安君有病,未能动身。过了三个月,诸侯联军攻击秦军非常紧迫,秦军多次后退,使者每天都回来。秦王就派人驱逐白起,不准让他留在咸阳城里。武安君已经上路,走出咸阳西门十里路,到了杜邮。秦昭王与应侯以及群僚议论说:"白起遭到迁谪,他看上去还郁郁不乐,似有怨言。"秦王于是派遣使者赐给他一把剑,令他自杀。武安君拿着剑就要自刎时叹道:"我对上天有什么罪过竟落得这个结果?"过了好一会儿,说:"我本来就该死。长平之战,赵国士兵投降的有几十万人,我用欺诈之术把他们全都活埋了,这足够叫我死了。"随即自杀。武安君死于秦昭王五十年十一月。武安君无罪而死,秦国人都同情他,城乡的百姓都祭祀他。

"不能辅秦建德"的王翦

【原文】

王翦者，频阳东乡人也。少而好兵，事秦始皇。始皇十一年①，翦将攻赵阏与，破之，拔九城。十八年，翦将攻赵。岁余，遂拔赵，赵王降，尽定赵地为郡。明年，燕使荆轲为贼于秦②，秦王使王翦攻燕。燕王喜走辽东，翦遂定燕蓟而还。秦使翦子王贲击荆③，荆兵败。还击魏④，魏王降，遂定魏地。

【注释】

①始皇十一年：即公元前236年。②贼：谋杀，杀害。③荆：楚国的别称。秦始皇父庄襄王名子楚，为避讳"楚"字，所以称楚国为"荆"。④还：返回。

【译文】

王翦，是频阳东乡人。年少时就喜好军事，后来侍奉秦始皇。始皇十一年，王翦带兵攻打赵国的阏与，大破赵军，攻下九座城邑。始皇十八年，王翦率兵攻打赵国。一年多就攻下了赵国，赵王投降，全部平定了赵国的土地，并设赵为郡。第二年，燕国派荆轲到秦国谋杀秦王，秦王派王翦攻打燕国。燕王喜逃到辽东，王翦便平定了燕国都城蓟都胜利返回。秦王派王翦之子王贲攻打楚国，楚兵战败。转过头来又攻击魏国，魏王投降，于是平定了魏国。

【原文】

秦始皇既灭三晋，走燕王，而数破荆师。秦将李信者，年少壮勇，尝以兵数千逐燕太子丹至于衍水中，卒破得丹，始皇以为贤勇。于是始皇问李信："吾欲攻取荆，于将军度用几何人而足①？"李信曰："不过用二十万人。"始皇问王翦，王翦曰："非六十万人不可。"始皇曰："王将军老矣，何怯也！李将军果势壮勇②，其言是也。"遂使李信及蒙恬将二十万南伐荆。王翦言不用，因谢病③，归老于频阳。李信攻平与，蒙恬攻寝，大破荆军。信又攻鄢郢，破之，于是引兵而西，与蒙恬会城父。荆人因随之，三日三夜不顿舍④，大破李信军，入两壁⑤，杀七都尉，秦军走。

始皇闻之，大怒，自驰如频阳⑥，见谢王翦曰⑦："寡人以不用将军计，李信果辱秦军。今闻荆兵日进而西，将军虽病，独忍弃寡人乎！"王翦谢曰⑧："老臣罢病悖乱⑨，唯大王更择贤将⑩。"始皇谢曰："已矣，将军勿复言！"王翦曰："大王必不得已用臣，非六十万人不可。"始皇曰："为听将军计耳。"于是王翦将兵六十万人，始皇自送至灞上。王翦行，请美田宅园池甚众⑪。始皇曰："将军行矣，何忧贫乎？"王翦曰："为大王将，有功终不得封侯，故及大王之向臣⑫，臣亦及时以请园池为子孙业耳⑬。"始皇大笑。王翦既至关，使使还请善田者五辈⑭。或曰："将军之乞贷⑮，亦已甚矣。"王翦曰："不然。夫秦王怚而不信人⑯。今空秦国甲士而专委于我⑰，我不多请田宅为子孙业以自坚⑱，顾令秦王坐而疑我邪⑲？"

王翦征战

【注释】

① "于将军……而足"句：将军估计需要调用多少士兵才够用呢？度，估计，推测。② 果势：果断。③ 谢病：推脱有病。④ 顿舍：停留，止息。⑤ 壁：军营。⑥ 如：往，到。⑦ 谢：道歉。⑧ 谢：推辞。⑨ 罢（pí）：通"疲"，疲乏，软弱。悖乱：糊涂，昏乱。⑩ 唯：这里是表示希望的意思。⑪ 请：请求（赐予）。甚众：很多。⑫ 及：趁着。向：偏爱，器重。⑬ 业：置家业。⑭ 使使：前一"使"字意为派遣，后一"使"字意为使者。辈：次。⑮ 乞贷：请求借贷。这里指请求赐予家产。⑯ 怛：粗暴。⑰ 专：专门，特地。⑱ 自坚：自己表示坚定不移。⑲ 顾：反而，却。坐：凭空，徒然。

【译文】

  秦始皇灭掉了韩、赵、魏三国，赶跑了燕王喜，同时多次打败楚军。秦国将领李信，年轻力壮，曾带着士兵几千人追逐燕太子丹到衍水，最后打败燕军捉到太子丹，秦始皇认为李信贤能勇敢。一天，秦始皇问李信："我打算攻打楚国，将军估算调用多少士兵才够用呢？"李信说："不过用二十万人。"秦始皇又问王翦，王翦回答说："非得六十万人不可。"秦始皇说："王将军老啦，多么胆怯呀！李将军真是果敢壮勇，他的话是对的。"于是就派李信及蒙恬率领二十万军队向南讨伐楚国。王翦的话不被采纳，就推托有病，回到频阳家乡养老。李信攻打平与，蒙恬攻打寝邑，大败楚军。李信接着进攻鄢郢，又攻了下来，于是带领部队向西前进，要与蒙恬在城父会师。楚军趁此跟踪他们，三天三夜不停息，结果大败李信的军队，攻下两个军营，杀死七个都尉，秦军溃逃。
  秦始皇听到这个消息，大怒，亲自乘车奔往频阳，见到王翦道歉说："我由于没采纳您的计策，李信果然使秦军蒙受了耻辱。现在听说楚军一天天向西逼近，将军虽然有病，难道忍心抛弃我吗？"王翦推辞说："老臣病弱疲乏，昏聩无能，希望大王另选良将。"秦始皇又谢过说道："好啦，将军不要再说什么了！"王翦说："大王一定不得已而起用我，非得六十万人不可。"秦始皇答应道："就采纳将军的计策了。"于是王翦率领六十万大军出发了，秦始皇亲自送到霸上。王翦临出发时，请求赐予许多良田、美宅、园林、池苑等。秦始皇说："将军尽管上路好了，何必担忧家里日子不好过呢？"王翦说："作为大王的将领，即使有功劳也终究难以封侯，所以趁着大王亲近我的时候，就及时请求大王赐予园林池苑来给子孙后代置办产业。"秦始皇听了大笑。王翦到了函谷关，又连着五次派遣使者回去请求赐予良田。有人说："将军请求赐予田宅，也太过分了吧。"王翦说："这么说不对。那秦王性情粗暴而多疑。现在调集全国的武士专门委托给我，我不用多多请求赏赐田宅给子孙置办家产，以表示效忠秦王的决心，难道反而让秦王平白无故地怀疑我吗？"

【原文】

  王翦果代李信击荆。荆闻王翦益军而来^①，乃悉国中兵以拒秦^②。王翦至，坚壁而守之，不肯战。荆兵数出挑战，终不出。王翦日休士洗沐^③，而善饮食抚循之^④，亲与士卒同食。久之，王翦使人问："军中戏乎？"对曰："方投石超距^⑤。"于是王翦曰："士卒可用矣。"荆数挑战而秦不出，乃引而东。翦因举兵追之，令壮士击，大破荆军。至蕲南，杀其将军项燕，荆兵遂败走。秦因乘胜略定荆地城邑^⑥。岁余，虏荆王负刍，竟平荆地为郡县^⑦。因南征百越之君。而王翦子王贲，与李信破定燕、齐地。
  秦始皇二十六年^⑧，尽并天下，王氏、蒙氏功为多，名施于后世^⑨。

【注释】

① 益军：增兵。② 悉：竭尽。③ 休士洗沐：让士兵休整洗浴。洗，指洗脚；沐，指洗头。④ 抚循：安抚，安顿抚慰。⑤ 投石超距：指军事游戏。⑥ 略定：占领、平定。⑦ 竟：终于。⑧ 秦始皇二十六年：即公元前221年。⑨ 施（yì）：延续。

【译文】

  王翦果然代替李信攻击楚国。楚国听说王翦增加了兵士来作战，就发动全国军队抗拒秦兵。王翦一到达，秦军便构筑坚固的营垒采取守势，不肯出兵交战。楚军多次主动挑战，王翦始终不出来迎战。王翦让士兵们天天休息洗浴，供给丰盛的饭菜抚慰他们，亲自与士兵一同饮酒用餐。过了一段时间，王翦派人问："军中在玩游戏吗？"回报说："正在玩投石子和跳跃的游戏。"于是王翦说："士兵们可以用了。"楚军多次挑战，而秦军不肯应战，因此就率兵东去了。王翦趁机发兵追击他们，派健壮的士兵向前突击，大败楚军。追到蕲南，杀了他们的将军项燕，楚军最终战败而逃。秦军乘胜追击，占领并平定了楚国城邑。一年多以后，俘虏了楚王负刍，最后平定了楚国并在那里设置郡县。又乘势向南征伐百越。与此同时，王翦的儿子王贲，与李信平定了燕国和齐国。

秦始皇二十六年，完全兼并天下，王氏和蒙氏的功劳最多，名声流传于后世。

【原文】

秦二世之时，王翦及其子贲皆已死，而又灭蒙氏。陈胜之反秦，秦使王翦之孙王离击赵①，围赵王及张耳巨鹿城②。或曰："王离，秦之名将也。今将强秦之兵，攻新造之赵③，举之必矣。"客曰："不然。夫为将三世者必败。必败者何也？必其所杀伐多矣，其后受其不祥。今王离已三世将矣。"居无何，项羽救赵，击秦军，果虏王离，王离军遂降诸侯。

【注释】

①赵：秦汉之际的诸侯国。②赵王：指赵歇。③造：建立。

【译文】

秦二世的时候，王翦和他的儿子王贲都已死去，且二世又诛灭了蒙氏。陈胜反抗秦朝时，二世派王翦的孙子王离攻打赵国，将赵王和张耳围困在巨鹿城。当时有个人说："王离是秦朝的名将。现在他率领强大的秦军攻打刚刚建立的赵国，攻克巨鹿是必然的。"有门客说："不是这样的。做将军做到第三代必定要失败。为什么必败呢？一定是他家杀戮的人太多了，他家的后代就要承受他们的恶报。如今王离已是第三代将领了。"不久，项羽驰援赵国，攻打秦军，果然俘虏了王离，王离的军队就投降了诸侯军。

【原文】

太史公曰：鄙语云："尺有所短，寸有所长①。"白起料敌合变②，出奇无穷，声震天下，然不能救患于应侯③。王翦为秦将，夷六国④，当是时，翦为宿将⑤，始皇师之，然不能辅秦建德，固其根本，偷合取容⑥，以至殁身⑦。及孙王离为项羽所虏，不亦宜乎！彼各有所短也。

【注释】

①鄙语：俗话。尺有所短，寸有所长：语出屈原《卜居》："夫尺有所短，寸有所长。"意思是尺虽比寸长但度量长物也有短的时候，寸虽比尺短但度量短物也有长的时候。这里喻指白起、王翦各有其长处，也各有其短处。②料敌：算计敌人。合变：符合变化，随机应变。③然不能救患于诸侯：然而不能防止应侯制造的祸患。救：止。④夷：平定。⑤宿将：老将。⑥偷合：苟全迎合。取容：取悦于人主。⑦殁（mò）：同"殁"，死亡。

【译文】

太史公说：俗话说"尺有短的时候，寸有长的时候"。白起预料敌人能根据实际情况制定出作战方案，所以奇计不断，名震天下，然而却不能应对应侯给他留下的祸患。王翦作为秦国的将领，平定六国，在当时他是经验丰富的老将，秦始皇尊其为师，可是他不能辅佐秦始皇建立德政，巩固国家根基，却苟且迎合以取得容身之地，以至终老。后来他的孙子王离被项羽俘虏，不也是理所当然的吗？他们各有自己的短处啊。

孟子荀卿列传

【导读】

这篇列传重点介绍了四个人物：孟子、驺衍、淳于髡、荀卿，还简单介绍了驺忌、慎到、驺奭、公孙龙、墨翟等人。

孟子是战国时期驺人，曾拜子思为师。学成之后，游说诸侯。孟子的言论不切实情、远离实际，因此不能受到诸侯的重用。孟子就与弟子万章等人整理经典，著成《孟子》一书。在司马迁笔下，孟子"生于大自在者，无所牵挂，精于孔子之道，而又有其进也"，他遵守古代礼仪，有自己的主见，处事旷达，令人尊敬。

驺衍学术的核心是"五德终始"说。驺衍认为，人的世界是依照五德转移的次序进行循环的，而五德转移的依据是金、木、水、火、土相生相克的道理。这种学说后来在朝代更迭的时候得以借用，如《史记·封禅书》中记载说，秦始皇统一天下后，接受齐人的建议，以"五德终始"的学说治理国家。

淳于髡先后两次参见梁惠王，但梁惠王被声色犬马羁绊，没有理睬他。第三次拜见，淳于髡什么话都没说，惠王感到奇怪，忙质问淳于髡。淳于髡说明理由，惠王幡然醒悟。所以司马迁说"与淳于髡相处久了，可以常常听到有益的言论"。

荀子先是做齐国稷下学宫的领袖，后来到了楚国，做过兰陵令。后罢官，推究儒、墨、道三家的学术，写成一部儒家经典《荀子》。

○孟 子○

【原文】

太史公曰：余读《孟子》书①，至梁惠王问"何以利吾国②"，未尝不废书而叹也③。曰：嗟乎，利诚乱之始也！夫子罕言利者④，常防其原也⑤。故曰"放于利而行⑥，多怨"。自天子至于庶人，好利之弊何以异哉！

【注释】

①《孟子》：儒家经典之一。据说是孟子和他的学生所作。②梁惠王：即魏惠王，公元前370年～公元前335年在位。③废：放下。④夫子：孔子。⑤原：源头。⑥放：依据。

【译文】

太史公说：我读《孟子》一书，读到梁惠王问孟子"怎样有利于我国"一句，免不了要丢下书感慨一番了。我说：唉，功利的确是祸乱的开端啊！孔夫子之所以很少谈论功利，就是想从根本上去防止它。所以说："如果做什么事情都要把利益放在前面，那是一定会招致许多怨恨的。"从天子直至平民百姓，追求功利的弊病又有什么差别呢！

孟子像

【原文】

孟轲，驺人也①。受业子思之门人②。道既通，游事齐宣王③，宣王不能用。适梁④，梁惠王不果所言⑤，则见以为迂远而阔于事情⑥。当是之时，秦用商君⑦，富国强兵；楚、魏用吴起⑧，战胜弱敌；齐威王、宣王用孙子、田忌之徒⑨，而诸侯东面朝齐⑩。天下方务于合从连衡⑪，以攻伐为贤⑫，而孟轲乃述唐、虞、三代之德⑬，是以所如者不合⑭。退而与万章之徒序《诗》、《书》⑮，述仲尼之意，作《孟子》七篇。其后有驺子之属⑯。

【注释】

①孟轲：字子舆，儒家的重要代表人物。驺：国名。在今山东邹城一带。②受业：跟随老师学习。子思：孔子之孙。门人：弟子。③游事：游说服事。齐宣王：田辟疆，公元前342年~公元前324年在位。④适：到。⑤果：赞同，信。⑥阔：远。事情：事实。⑦秦：国名，战国七雄之一。商君：商鞅。⑧楚：国名，战国七雄之一。魏：国名，战国七雄之一。吴起：卫国人。曾任魏将，后任楚令尹。⑨齐威王：田因齐，公元前378年~公元前343年在位。孙子：孙膑，齐国人，曾任齐威王军师。田忌：齐国的将领。⑩东面：面向东方。朝齐：朝拜齐国国君。⑪合从：指六国联合抗秦的策略。连衡：指秦国联合几个国家共同攻打其他国家的策略。⑫贤：高明。⑬唐：陶唐氏，传说中的远古部落名，领袖为尧。虞：有虞氏，传说中的远古部落名，领袖为舜。三代：夏、商、周。⑭如：去，到。⑮万章：孟子的学生。序：依次整理。《诗》：《诗经》。《书》：《尚书》。⑯驺子：同"驺"，姓。属：辈，类。

【译文】

孟轲，驺国人，是子思弟子的学生。学问有成之后，孟子游说齐宣王，宣王没有重用他。又到了魏国，梁惠王也不赞成孟子的言论，反而认为他的话迂回曲折，不切实际。就在这时，秦国任用商鞅，实现了富国强兵；楚国和魏国任用吴起，战胜了弱敌；齐威王、宣王任用孙膑和田忌等人，各国诸侯都到东方的齐国来朝贡。在天下致力于合纵与连横的时候，各国都把战争作为至高无上的事情。而孟轲却称述尧、舜及三代的德政，自然不合时宜，不受重用。于是，孟子退回故国与弟子万章等人整理《诗经》和《书经》，阐述孔子的学说，写了《孟子》七篇。孟子之后又有驺子等人。

⊙ 文史知识

《孟子》中的譬喻

譬喻就是"借彼喻此"，是运用想象力和联想力，以具体而熟悉的物象事例，比方说明或形容描写抽象的谈话主题譬喻能化平淡为生动，化深奥为浅显，化抽象为具体，化冗长为简洁。

《孟子》一书气势磅礴，这与孟子善用譬喻有很大关系。如《寡人之于国也》一文，孟子没有直接回答梁惠王关于"民不加多"的疑问，而是以梁惠王"好战"为喻，引发对方的思考。然后以"五十步笑百步"的故事巧妙地指出梁惠王所谓"尽心"于国其实与邻国之政相差无几，这就生动有趣地陈说了事理，辨明了是非。《孟子》中还有许多结构完整、情节生动的寓言，如"齐人有一妻一妾"（《离娄下》），此文以齐人的事迹讽刺钻营富贵利达之徒，揭露他们的丑恶，具有很强的戏剧性。

齐有三驺

【原文】

齐有三驺子。其前驺忌①，以鼓琴干威王②，因及国政③，封为成侯而受相印，先孟子④。

其次驺衍⑤，后孟子。驺衍睹有国者益淫侈，不能尚德⑥，若大雅整之于身⑦，施及黎庶矣⑧。

乃深观阴阳消息而作怪迁之变⑨，《终始》、《大圣》之篇十余万言。其语闳大不经⑩，必先验小物，推而大之，至于无垠。先序今以上至黄帝⑪，学者所共术⑫，大并世盛衰⑬，因载其禨祥度制⑭，推而远之，至天地未生，窈冥不可考而原也⑮。先列中国名山大川，通谷禽兽⑯，水土所殖⑰，物类所珍⑱，因而推之及海外，人之所不能睹。称引天地剖判以来⑲，五德转移⑳，治各有宜，而符应若兹㉑。以为儒者所谓中国者㉒，于天下乃八十一分居其一分耳。中国名曰赤县神州。赤县神州内自有九州，禹之序九州是也㉓，不得为州数。中国外如赤县神州者九，乃所谓九州也。于是有裨海环之㉔，人民禽兽莫能相通者，如一区中者，乃为一州。如此者九，乃有大瀛海环其外㉕，天地之际焉。其术皆此类也。然要其归㉖，必止乎仁义节俭，君臣上下六亲之施㉗，始也滥耳㉘。王公大人初见其术，惧然顾化㉙，其后不能行之。

【注释】

①驺忌：曾任齐国相。②鼓：弹奏。干：求见。③及：参与。④先：先于，前于。⑤驺衍：齐国人。⑥尚：推崇。⑦若：如果。大雅：才德高尚。整之于身：约束自身。⑧施：推及。黎庶：百姓。⑨阴阳：原指日光的向背，向日为阳，背日为阴。后来有些古代哲学家用阴阳这个概念来解释自然界两种对立和相互消长的物质势力。消息：消亡和增长。息，滋生。怪迁：怪异迁远。⑩闳：宏大。不经：荒诞不合常理。⑪黄帝：传说之中中原各族的祖先。⑫术：叙述、述说。⑬并：通"傍"，依随。⑭禨祥：求神赐福去灾。度制：制度。⑮窈冥：深幽，奥妙。原：推究根源。⑯通谷：深谷。⑰殖：生殖繁衍。⑱珍：认为珍贵。⑲剖判：分开。⑳五德转移：驺衍的学说。指用金、木、水、火、土五种物质德性相生相克的循环变化，来解释王朝兴废的原因。㉑符应：把天降祥瑞与人事相应称为"符应"。兹：此。㉒儒者：即儒家。㉓禹：夏禹。夏后氏部落领袖，后被舜选为继承人。序：划。㉔裨：细小。㉕瀛海：大海。㉖要：探究。归：归旨。㉗六亲：说法不一，一般指父、母、兄、弟、夫、妇。㉘滥：泛滥。㉙惧然：惊异。顾化：内心思谋，用于教化。

【译文】

　　齐国有三个驺子，最早的那个是驺忌，他利用弹琴的机会求见齐威王，因而得以参与政事，被封为成侯还接受了相印，他活动的时代比孟子要早一些。

　　其次是驺衍，他活动的时代晚于孟子。驺衍目睹掌权者日趋荒淫，无法崇尚道德，他想如果能用大中至正的道德约束自己，就能将道德普及百姓之中。于是他深入观察阴阳之变化，记述各种迂阔怪异的变幻，《终始》、《大圣》诸篇有十余万字。他的学说言辞宽阔远大，不合常理，往往先验证细小的事物，然后再推而广之，引申到广大的事物之上，以至推及无边无际。这册书先从现在追溯到黄帝时代，叙述学者们共同称述的学术，大体上随着时代的盛衰变化，所以记载下了消灾求福、祈神求福的制度，由此推及很久远的时候，以至天地还没有形成的时代，可说是奥秘深远而无法考究追溯。这书先记述中国的名山大川，深谷里的飞禽野兽，水中地面所生长的，动物中珍贵的，进而推广到遥远的异域，人

驺衍著文

们所看不到的事物。又称述自开天辟地以来，金、木、水、火、土五行之德相生相克，周而复始地循环，这些对治理国家各有适合的次序，天命与人事互相感应就像这个样子。驺衍认为儒家所说的中国，只是全天下八十一分中的一分。中国名叫赤县神州。赤县神州之内有九州，也就是大禹划分的九州，但这种州还不是驺衍所说的"州"。除了中国以外，像赤县神州的还有九个，这才是所谓的九州。这九个州都有小海环绕着，各州的百姓以至飞禽野兽都不能彼此相通，像处在一个区域中似的，这就是一州。这样的州有九个，还有大海环绕在州的外面，那正是天地的边际。驺衍的学说都属于这一类。然而考究他学说的要旨，必定要归结于仁义节俭的德行，要在君臣上下以及六亲之间施行，只是在开始时引论过于空泛罢了。王公大臣最初看到他的理论，无不惊慌失措，予以重视，想要照着做，但之后却又不能施行。

【原文】

是以驺子重于齐①。适梁，惠王郊迎②，执宾主之礼③。适赵，平原君侧行撇席④。如燕⑤，昭王拥彗先驱⑥，请列弟子之座而受业，筑碣石宫⑦，身亲往师之。作《主运》。其游诸侯见尊礼如此⑧，岂与仲尼菜色陈、蔡⑨，孟轲困于齐、梁同乎哉！故武王以仁义伐纣而王⑩，伯夷饿不食周粟⑪；卫灵公问陈⑫，而孔子不答；梁惠王谋欲攻赵，孟轲称大王去邠⑬。此岂有意阿世俗苟合而已哉！持方枘欲内圜凿⑭，其能入乎？或曰，伊尹负鼎而勉汤以王⑮，百里奚饭牛车下而缪公用霸⑯，作先合⑰，然后引之大道。驺衍其言虽不轨⑱，傥亦有牛鼎之意乎⑲？

自驺衍与齐之稷下先生⑳，如淳于髡、慎到、环渊、接子、田骈、驺奭之徒，各著书言治乱之事，以干世主，岂可胜道哉㉑！

【注释】

①重：被看重。②郊迎：到郊外迎接。③执：行。④平原君：赵胜。侧行：侧着身子走。表示谦让。撇：拂，轻擦。⑤燕：燕国，战国七雄之一。⑥彗：扫帚。先驱：走到前面。⑦碣石宫：宫名。⑧见：被。⑨菜色：饥饿时的脸色。这里是挨饿的意思。陈、蔡：陈国和蔡国。⑩武王：周武王姬发。纣：商代最后一个君主。王：称王，统治天下。⑪伯夷：商末孤竹君长子。武王灭商后，伯夷逃避到首阳山，不食周粟而死。⑫卫灵公：姬元，公元前534年~公元前492年在位。陈：通"阵"。交战时的战斗队列。⑬大王：大，通"太"。指周文王的祖父古公亶父。去邠：离开邠地，出自《孟子·梁惠王下》。孟子回答滕文公"齐人将筑薛"的问题时说："昔者大王居邠，狄人侵之，去之岐山之下居焉。"⑭枘：榫头。内：通"纳"，放进。圜：通"圆"，圆形。凿：榫眼。⑮伊尹：商朝大臣，名伊，尹是官名。负：背。鼎：古代烹煮的器物。勉：勉励。汤：商汤，商朝开国之君。⑯饭牛：喂牛。缪公：秦缪公。用：因。霸：称霸。⑰作先合：行为先要投合人主的意愿。⑱不轨：越出常理。⑲傥：或者。⑳稷下：地名。稷下先生：指战国时齐宣王在国都临淄稷门一带设置学宫所招揽的诸多文学游说之士。㉑胜：尽。

【译文】

因此驺衍在齐国很受重视。驺衍到了魏国，梁惠王亲自到郊外欢迎，行宾主之礼。又到了赵国，平原君侧着身子陪同走路，并亲自为他拂拭坐席，以示尊敬。到了燕国，燕昭王拿着扫帚在前边清扫道路迎接他，为其引路，还请求自己坐在学生的座位上接受学业，还为他修建了碣石宫，亲自前去向他学习行拜师礼。驺衍此时写了一篇《主运》。他游说各国受到的尊敬到达如此程度，怎么可以跟孔子在陈国、蔡国遭受饥饿，孟轲受困于齐国、魏国同日而语呢！所以周武王凭借仁义讨伐商纣而成就王业，建立周朝，而伯夷却宁愿饿死也不食周朝粮食；卫灵公向孔子询问作战的阵势，而孔丘却拒不回答；梁惠王图谋攻打赵国，而孟轲却称颂周太王为避夷狄而离开邠地的事迹。这些人难道有为了讨好世俗而苟且求合的吗？手执方形的隼头而想把它放到圆形的卯眼里，这能放得进吗？有人说，伊尹背着烹饪用的鼎去勉励商汤成就王业，百里奚在车下喂牛而帮助秦缪公成就霸业，他们先是迎合君主，然后再引导君主走上正道。尽管驺衍的理论不合常轨，只怕也有百里奚喂牛、伊尹负鼎的用意吧!

自驺衍一直到齐国稷下学官的诸位学者,如淳于髡、慎到、环渊、接子、田骈、驺奭等人,他们各自写书论述治乱之事,以求得到君主的赏识,这些怎么能记述得完呢!

○淳于髡○

【原文】

淳于髡,齐人也。博闻强记①,学无所主。其谏说②,慕晏婴之为人也③,然而承意观色为务。客有见髡于梁惠王④,惠王屏左右⑤,独坐而再见之,终无言也。惠王怪之,以让客曰⑥:"子之称淳于先生,管、晏不及⑦,及见寡人,寡人未有得也。岂寡人不足为言邪?何故哉?"客以谓髡。髡曰:"固也。吾前见王,王志在驱逐⑧;后复见王,王志在音声⑨;吾是以默然。"客具以报王⑩,王大骇⑪,曰:"嗟乎,淳于先生诚圣人也!前淳于先生之来,人有献善马者,寡人未及视,会先生至。后先生之来,人有献讴者⑫,未及试,亦会先生来。寡人虽屏人,然私心在彼,有之。"后淳于髡见,壹语连三日三夜无倦⑬。惠王欲以卿相位待之,髡因谢去⑭。于是送以安车驾驷⑮,束帛加璧⑯,黄金百镒⑰。终身不仕。

淳于髡见梁惠王

慎到,赵人。田骈、接子,齐人。环渊,楚人。皆学黄老道德之术⑱,因发明序其指意⑲。故慎到著十二论,环渊著上、下篇,而田骈、接子皆有所论焉。

驺奭者,齐诸驺子⑳,亦颇采驺衍之术以纪文㉑。

于是齐王嘉之㉒,自如淳于髡以下㉓,皆命曰列大夫,为开第康庄之衢㉔,高门大屋,尊宠之。览天下诸侯宾客㉕,言齐能致天下贤士也㉖。

【注释】

①博闻强记:见闻广博,强于记忆。②谏说:规劝、说服君王。③慕:羡慕。晏婴:春秋时齐国大臣。④见:引见。⑤屏:使退避。⑥让:责备。⑦管:管仲,春秋时齐国大臣。晏:晏婴。⑧驱逐:指策马奔驰追逐。⑨音声:音乐女色。⑩具:通"俱",全。⑪骇:惊惧。⑫讴:歌唱。⑬壹:通"一"。⑭谢:辞让。⑮安车:古代一种可以坐乘的小车。驾驷:一辆车套着四匹马。⑯束帛:古代帛五匹为一束。⑰镒:古代重量单位,二十两为一镒,一说二十四两为一镒。⑱黄老道德之术:指道家学派的学术。黄:黄帝。老:老子。⑲序:阐发。指意:意旨。⑳诸驺子:指驺奭是诸驺子之一。㉑颇:大多。纪文:著文。㉒齐王:指齐宣王。㉓自如:这里是"从"、"由"的意思。㉔开第:建造住宅。第,大住宅。康庄:宽阔平坦。衢:四通八达的路。㉕览:通"揽",招揽。㉖致:招致。

【译文】

淳于髡,齐国人。学问广博,记忆力强,学术上并没有专注于哪一家。他向君王进谏,仰慕晏婴的为人，然而却致力于察言观色。有宾客把淳于髡引见到梁惠王的面前，惠王斥退两旁的侍从，单独接见了他，可是淳于髡一直没有说话。梁惠王觉得奇怪，责怪宾客道："你称赞这位淳于先生，说就连管仲、晏婴都比不上他，等他见到我后，我却一点收获都没有。难道我不足以跟他谈话吗？这是为什么呢？"客人把惠王所说的话告诉淳于髡。淳于髡说："的确如此。我前一次见到大王的时候，大王想骑马打猎；后来我又见到大王，他心里却想着声色。所以我沉默不言。"宾客将淳于髡的话转告惠王，惠王大惊，说道："唉，淳于先生真是圣人啊！前次淳于先生来的时候，刚好有人献来一匹好马，我还没顾得上看这匹马，正好淳于先生就来了。后一次先生来，适逢有人献给我歌伎，我还没来得及看一下，又正好赶上先生来。我虽然斥退了两旁的人，但心里依然想念着声色犬马的事，这事的确有。"后来淳于髡再去拜见梁惠王，一连聊了三天三夜也没有倦意。惠王想授予淳于髡卿相之位，淳于髡辞让而去。梁惠王又送给他一辆四匹马驾的坐车，一束配以玉璧的帛，黄金一百镒。淳于髡一生都没有做官。

慎到，赵国人。田骈、接子，齐国人。环渊，楚国人。他们都研究黄老之术，进而发挥阐释黄老之学的旨意。所以慎到写了十二论，环渊写了上、下两篇，田骈、接子也有一些论述。

驺奭，齐国诸驺子之一，他也较多地采纳了驺衍的学术理论来写文章。

齐宣王很赏识这些人，从淳于髡以下诸人，都任命为列大夫，给他们在宽阔平坦、交通发达的地方修建高门大屋的住宅，以示尊重和宠信。又招揽天下的宾客，以表明齐国能招徕天下的贤士。

荀 子

【原文】

荀卿，赵人。年五十始来游学于齐。驺衍之术迂大而闳辩；奭也文具难施[1]；淳于髡久与处，时有得善言。故齐人颂曰："谈天衍[2]，雕龙奭[3]，炙毂过髡[4]。"田骈之属皆已死。齐襄王时[5]，而荀卿最为老师[6]。齐尚修列大夫之缺[7]，而荀卿三为祭酒焉[8]。齐人或谗荀卿，荀卿乃适楚，而春申君以为兰陵令[9]。春申君死而荀卿废，因家兰陵。李斯尝为弟子[10]，已而相秦。荀卿嫉浊世之政，亡国乱君相属[11]，不遂大道而营于巫祝[12]，信机祥，鄙儒小拘[13]，如庄周等又猾稽乱俗[14]，于是推儒、墨、道德之行事兴坏[15]，序列著数万言而卒[16]，因葬兰陵。

【注释】

①具：完备。②谈天：善于谈论。③雕龙：修饰文字。④过：通"锅"。炙毂过：烘烤润车油的器皿。这里比喻智慧不尽，议论不绝。⑤齐襄王：田法章，公元前283年～前265年在位。⑥最为老师：最是年老资深的学者。⑦修：整备，补充。⑧祭酒：古代飨宴酬酒祭神的长者。后把位尊或年长者称为祭酒。⑨春申君：黄歇，楚国贵族。⑩李斯：楚国人，曾任秦始皇的丞相。⑪属：接连。⑫遂：遵循。大道：正大的道理。营：通"荧"，迷惑。巫祝：古代称事鬼神者为巫，祭主赞词者为祝。⑬鄙儒：见识浅陋的儒生。小拘：拘泥于小节。⑭猾稽乱俗：能言善辩，干乱时俗。⑮墨：墨家。创始人墨翟。⑯列：按次序整理。

【译文】

荀卿，赵国人。五十岁之时才到齐国游学。驺衍的理论迂回曲折，气势磅礴而富有雄辩色彩；驺奭的理论很完备但难以实施；(至于)淳于髡，如果跟他相处久了，可以时常听到一些有益的言论。所以齐国人称颂说："驺衍擅长谈天说地，驺奭擅长修饰文字，淳于髡有着无穷的智慧。"田骈等人都已故去。齐襄王时，荀卿已成为学问最高的老师。齐国仍在补充列大夫的空缺，荀卿前后三次担当列大夫们的领袖。齐国有人说荀卿的坏话，荀卿就去了楚国，春申君让他做了兰陵令。春申君死了之后荀卿被免职，于是就在兰陵安了家。李斯曾经是他的学生，后来成了秦相。荀卿痛恨乱世的政治，亡国的昏君一个又一个，不行正道反而受惑于装神弄鬼的污祝，迷信吉凶之事，鄙陋的儒者拘泥小节，像庄周等这样的人能言善辩却又不合世俗，故而荀卿推究儒、墨、道三家所做之事的成与败，写成数万文字，不久就去世了，最终葬于兰陵。

○其余诸子○

【原文】

　　而赵亦有公孙龙为坚白同异之辩①，剧子之言②；魏有李悝尽地力之教③；楚有尸子、长卢④；阿之吁子焉⑤。自如孟子至于吁子，世多有其书，故不论其传云⑥。

　　盖墨翟⑦，宋之大夫⑧，善守御⑨，为节用。或曰并孔子时⑩，或曰在其后。

【注释】

　　①赵：国名。公孙龙：名家的代表人物。坚白同异之辩：指战国时公孙龙学派的"离坚白"和惠施学派的"合同异"的名实论辩。②剧子：先秦学者。③李悝：曾任魏国丞相。尽地力之教：指李悝提倡耕作，鼓励开荒，以尽地力的经济改革主张。④尸子：尸佼，杂家。长卢：道家。⑤阿：齐国邑名。吁子：吁婴。⑥传：解说的文章。⑦墨翟：宋国人，墨家学派创始人。⑧宋：国名。⑨守御：守卫和防御。⑩并：同。

【译文】

　　赵国也有位公孙龙对"离坚白"与"合同异"进行了辩论，又有剧子的理论学说出现。魏国有个李悝对地尽其力、扩大生产的政策竭力宣传。楚国有尸佼、长卢；阿邑有吁子。自孟轲到吁子，世间多流传着他们的著作，所以就不论说他们的文章了。

　　墨翟，宋国的大夫，擅长战事防御，提倡节俭。有人说他与孔子处于同一时代，也有人说他所处的时代在孔子之后。

墨子破云梯

⊙文史知识

墨子破云梯

　　《墨子》中记载，楚惠王要去攻打宋国，高明的工匠公输盘为楚国制造云梯作为攻城之用。墨子听说了，从鲁国起身，行走了十天十夜到楚国劝阻公输盘。但公输盘骑虎难下，便带着墨子去见楚王。墨子劝说楚惠王取消进攻的计划，楚惠王不肯，墨子于是解下腰带，围作一座城的样子，用小木片作为守备的器械，让公输盘来攻。公输盘九次陈设攻城用的机巧多变的器械，墨子九次抵拒了他的进攻。公输盘攻战用的器械用尽了，墨子的守御战术还有余。公输盘说："我知道用什么办法对付你了，但我不说。"墨子说："我知道你有什么方法对付我，但我也不说。"楚王问原因，墨子回答说："公输盘的意思，不过是杀了我。杀了我，宋国没有人能防守了，就可以进攻。但是，我的弟子三百人已经手持我守御用的器械在宋国的都城上等待楚国侵略军呢。即使杀了我，守御的人却是杀不尽的。"楚王无奈之下取消了进攻计划。

277

孟尝君列传

【导读】

　　孟尝君，姓田名文，战国四公子之一（其余三个是：信陵君魏无忌、春申君黄歇、平原君赵胜）。袭其父田婴的封爵，封于薛，称薛公，号孟尝君。孟尝君在薛时，广泛招纳宾客，有宾客三千人。冯谖是孟尝君三千门客中较著名的一个。本文讲的就是冯谖辅佐孟尝君的事迹。

◎冯谖弹铗◎

【原文】

　　初，冯谖闻孟尝君好客①，蹑𫏋而见之②。孟尝君曰："先生远辱③，何以教文也？"冯谖曰："闻君好士，以贫身归于君。"孟尝君置传舍十日④，孟尝君问传舍长曰："客何所为？"答曰："冯先生甚贫，犹有一剑耳，又蒯缑⑤。弹其剑而歌曰：'长铗归来乎⑥，食无鱼。'"孟尝君迁之幸舍⑦，食有鱼矣。五日，又问传舍长。答曰："客复弹剑而歌曰：'长铗归来乎，出无舆⑧。'"孟尝君迁之代舍⑨，出入乘舆车矣。五日，孟尝君复问传舍长。舍长答曰："先生又尝弹剑而歌曰：'长铗归来乎，无以为家。'"孟尝君不悦。

【注释】

　　①冯谖（xuān）：也作"冯煖（xuān）"，孟尝君门客。②蹑（niè）𫏋（jué）：穿着草鞋。这里指远行。𫏋，通"屩（jué）"，指草鞋。③远辱：远道辱临；意同"惠临"。是谦敬之词。④传（zhuàn）舍：供宾客休息、住宿的处所。⑤蒯（kuǎi）缑（gōu）：用草绳缠着剑柄。蒯，草名。缑，缠在剑柄上的绳索。⑥铗（jiá）：剑或剑柄。⑦幸舍：中等客房的名称。⑧舆：本指车厢，引申指车。⑨代舍：上等客房的名称。

冯谖弹铗

【译文】

　　早先，冯谖听到孟尝君爱好宾客，穿着草鞋来见他。孟尝君说："先生远道惠临，有什么指教我呢？"冯谖说："听说您喜爱士人，我想把贫贱之身归附于您。"孟尝君把他安顿在招待所的普通客馆里，过了十天，孟尝君问招待所长："那个新客人干了些什么？"所长回答道："冯先生很穷，只有一把剑罢了，又用草绳缠着剑把。他弹着他的剑唱道：'长剑回去吧，吃饭没有鱼。'"孟尝君让他搬到中等客馆里，吃饭有鱼了。过了五天，孟尝君又问招待所长。所长回答道："那个客人又弹着剑唱道：'长剑回去吧，出门没有车子。'"孟尝君让他搬到上等客馆里，出出进进坐车子了。

又过了五天,孟尝君再问招待所长。所长回答道:"先生又曾经弹着剑唱道:'长剑回去吧,没有东西用来养家。'"孟尝君听了很不高兴。

◎薛地烧债券◎

【原文】

居期年①,冯谖无所言。孟尝君时相齐,封万户于薛②。其食客三千人,邑人不足以奉客,使人出钱于薛③。岁余不入④,贷钱者多不能与其息,客奉将不给⑤。孟尝君忧之,问左右⑥:"何人可使收债于薛者?"传舍长曰:"代舍客冯公形容状貌甚辩,长者⑦,无他伎能⑧,宜可令收债。"孟尝君乃进冯谖而请之曰⑨:"宾客不知文不肖,幸临文者三千余人,邑人不足以奉宾客,故出息钱于薛⑩。薛岁不入,民颇不与其息。今客食恐不给,愿先生责之。"冯谖曰:"诺⑪。"辞行,至薛,召取孟尝君钱者皆会,得息钱十万。乃多酿酒,买肥牛,召诸取钱者,能与息者皆来,不能与息者亦来,皆持取钱之券书合之⑫。齐为会⑬,日杀牛置酒⑭。酒酣,乃持券如前,合之,能与息者,与为期⑮;贫不能与息者,取其券而烧之。曰:"孟尝君所以贷钱者,为民之无者以为本业也⑯;所以求息者,为无以奉客也。今富给者以要期,贫穷者燔券书以捐之⑰。诸君强饮食。有君如此,岂可负哉!"坐者皆起,再拜。

【注释】

①期(jī)年:一周年。②封万户:赏赐一万户农民归他统治,主要是供他收租税。③出钱:放债。④岁余不入:年成不好,没有收入。岁,一年的农事收成。"余"字当是衍文,下文田文就是说的"薛岁不入",没用"余"字。⑤奉:指生活费用,名词。⑥左右:在身边侍候的人。⑦长(zhǎng)者:年纪大、辈分高的人,或是有德行、忠厚的人。⑧伎(jì):通"技"。⑨进:召进;请进。使动用法。请:告诉。⑩息钱:可以从它获得利息的钱,指放债的本钱。下文的"息钱"则是指放债所得的利钱。⑪诺(nuò):答应的声音,相当于"嗯"。⑫券书:契据,这里指借据。古代的券常分为左右两联,双方各执一联(行使权利的人执左联、履行义务的人执右联)作为凭证,类似现在的合同。⑬为会:举行或参加集会。⑭日:当日,此日。⑮为期:规定期限。⑯无者:穷乏的人;没有资金的人。本业:古代称农业为本业,称手工业为末业。⑰燔(fán):焚烧。

【译文】

过了整一年,冯谖没有再说什么。孟尝君当时担任齐国的宰相,在薛邑受封一万户。他的食客有三千人,封邑的收入不够用来供养食客,派人到薛邑放债。年岁没有收成,借钱的人多数不能偿付他们的利息,食客的供养将会难以维持。孟尝君忧虑这件事,问在跟前侍候的人道:"哪位可以差遣到薛邑去要账?"招待所长说:"上等客馆里的客人冯先生的形状相貌很像有口才,是个老成忠厚的人,年纪大没有别的技能,应当让他去要账。"孟尝君于是把冯谖请进来并请求他道:"宾客不知道我无德无能,荣幸地来到我这儿的有三千多人,封邑的收入不够用来供养宾客,所以在薛邑放了些债。薛邑年岁没有收成,人民很多不付利息。如今宾客的食用恐怕不够维持了,希望先生去讨账。"冯谖说:"行。"他告别孟尝君走了,到了薛邑,把借了孟尝君的钱的人都召来集会,收到十万息钱。他于是多酿些酒,购买肥牛,叫所有借了钱的和能够偿付利息的都来,不能够偿付利息的也来,都拿着借据的契约来核对。到了之后大家一起集会,这天,杀牛摆酒。酒正喝得畅快时,冯谖拿着契约到席前加以核对,能够偿付利息的,跟他们约定期限;贫穷不能够偿付利息的,收缴他们的契约,而后烧毁了它们。他说道:"孟尝君所以放债的目的,在于帮助没有资金的人去进行农业生产,其所以索取利息的缘故,是因为没有钱财去供养宾客。如今,对富裕的人约定期限;对贫穷的人烧毁契约，废除这些债务，各位先生努力加餐。你们有这样好的主人，大家能够对不起他吗？"在座的人都站起身来，一拜再拜。

【原文】

孟尝君闻冯谖烧券书，怒而使使召谖。谖至，孟尝君曰："文食客三千人，故贷钱于薛。文奉邑少①，而民尚多不以时与其息②，客食恐不足，故请先生收责之。闻先生得钱，即以多具牛酒而烧券书，何？"冯谖曰："然。不多具牛酒即不能毕会③，无以知其有余不足。有余者，为要期。不足者，虽守而责之十年，息愈多，急，即以逃亡自捐之。若急，终无以偿，上则为君好利不爱士民④，下则有离上抵负之名⑤，非所以厉士民、彰君声也⑥。焚无用虚债之券⑦，捐不可得之虚计⑧，令薛民亲君而彰君之善声也⑨，君有何疑焉！"孟尝君乃拊手而谢之⑩。

【注释】

①奉邑：也称"食邑"、"采（cài）邑"。古代帝王、诸侯赏赐卿、大夫作为俸禄而可以世代继承的田邑（包括土地和劳动者），封君在封邑内享有统治权力。这里指薛邑。②以时：按时。③毕：尽，全。④上：指齐湣王和朝廷大臣。为：谓，认为。⑤下：指薛邑人民，主要是无力偿还的债务人。抵负：触犯，背弃。⑥厉：通"励"，劝勉，勉励。⑦虚债：无法获得偿还的债权。⑧虚计：空头账目。⑨善声：仁爱的名声。⑩拊（fǔ）手：拍手，鼓掌。

【译文】

孟尝君听到冯谖烧毁了契约，生气地派使者把冯谖召回。冯谖来到了，孟尝君说："我的食客有三千人，所以在薛邑放债。我的俸禄田地少，而人民还有很多不按时偿付利息，宾客的食用恐怕不够，所以请先生去收讨那些债务。听说先生得了钱就用来多备办牛酒，又烧毁了契约，怎么回事？"冯谖说："是的。不多备办牛酒就不能把人全都集合起来，无从了解他们的有余或者不足。有余的人，给他们约定了期限。不足的人，即便坐守、催讨他们十年，利息越来越多，他们情急了，就会用逃亡的办法来摆脱这些债务。逼得再急，终究没有东西来偿还，上面会认为您贪财好利，不爱惜士人和人民，下面会落得背离和触犯长上的罪名，这不是勉励士人和人民、显扬您的仁德名声的做法。烧毁无用的空头债权，放弃不可能收到的空头账目，让薛邑人民拥护您，从而显扬您仁爱的名声，您对此还有什么怀疑呢！"孟尝君于是拊手向他道歉。

西游秦国，保全孟尝君

【原文】

齐王惑于秦、楚之毁①，以为孟尝君名高其主而擅齐国之权，遂废孟尝君。诸客见孟尝君废，皆去。冯谖曰："借臣车一乘可以入秦者②，必令君重于国而奉邑益广，可乎？"孟尝君乃约车币而遣之③。冯谖乃西说秦王曰④："天下之游士冯轼结靷西入秦者⑤，无不欲强秦而弱齐⑥；冯轼结靷东入齐者，无不欲强齐而弱秦。此雄雌之国也⑦，势不两立为雄，雄者得天下矣。"秦王跽而问之曰⑧："何以使秦无为雌而可⑨？"冯谖曰："王亦知齐之废孟尝君乎？"秦王曰："闻之。"冯谖曰："使齐重于天下者，孟尝君也。今齐王以毁废之，其心怨，必背齐；背齐入秦，则齐国之情⑩，人事之诚⑪，尽委之秦⑫，齐地可得也，岂直为雄也！君急使使载币阴迎孟尝君⑬，不可失时也。如有齐觉悟⑭，复用孟尝君，则雌雄之所在未可知也⑮。"秦王大悦，乃遣车十乘、黄金百镒以迎孟尝君。冯谖辞以先行，至齐，说齐王曰："天下之游士冯轼结靷东入齐者，无不欲强齐而弱秦者；冯轼结靷西入秦者，无不欲强秦而弱齐者。夫秦、齐雄雌之国，秦强则齐弱矣，此势不两雄。今臣窃闻秦遣使车十乘、载黄金百镒以迎孟尝君。孟尝君不西则已，西入相秦则天下归之，秦为雄而齐为雌，雌则临淄、即墨危矣⑯。王何不先秦使之未到⑰，复孟尝君，而益与之邑以谢之⑱？孟尝君必喜而受之。秦虽强国，岂可以请人相而迎之哉！折秦之谋，而绝其霸强之略。"齐王曰："善。"乃使人至境候秦使。秦使车适入齐境，使还驰告之，王召孟尝君而复其相位，而与其故邑之地，又益以千户。秦之使者闻孟尝君复相齐，还车而去矣。

冯谖西游秦国

【注释】

①惑：受骗，被蒙蔽。此处为被动用法。②借：暂时使用别人的东西，或把自己的东西暂时给别人使用。乘（shèng）：古时称一车四马为一乘，量词。③约：收集，准备。币：原指用作礼物的丝织品，后泛指礼物。④西：西行，动词。说（shuì）：用话说动别人。⑤游士：游说之士。冯（píng）轼结靷（yǐn）：驾着车马，往来奔走。冯，通"凭"，靠着。轼，设在车厢前面供人凭倚的横木，形状像半框。结，扎缚。靷，拉车的皮带，一端系在车轴上，一端系在马鞅上。⑥弱：削弱，使动用法。⑦雄雌：借喻胜败、高低、强弱等互相反对的情况。⑧跽（jì）：长跪。双膝着地，上身挺直。⑨无为雌而可：即"可无为雌"的倒装句式。⑩情：真实情况。⑪人事：人情事理，指君臣上下的关系等。诚：真实情况。⑫委：致送；交代。⑬阴迎：秘密迎接。⑭有齐：齐国。有，语首助词，常用在名词前面，特别多用在朝代名、国名前面。⑮雌雄：同"雄雌"。现代汉语只用"雌雄"。⑯临淄：齐都城，在今山东淄博市东北。即墨：齐邑名。当时为齐国重要城邑，在今山东省平度市东南。⑰先（xiān）：先于，前于。⑱益与：多给。

【译文】

　　齐湣王为秦国、楚国散布的流言蜚语所蒙蔽，认为孟尝君的声名盖过了自己而且独揽了齐国的政权，于是罢免了孟尝君。众宾客看见孟尝君被罢免，都离开了。冯谖说："给我一辆可以进入秦国的车子，一定使您受齐国重视而且更加增广您的封地，行吗？"孟尝君便准备车辆和礼物请他去活动。冯谖便西行游说秦昭王道："天下的游说之士驾着车马奔忙西行来到秦国的，没有谁不想加强秦国而削弱齐国；驾着车马奔忙东行去到齐国的，没有谁不想加强齐国而削弱秦国。这两个国家是必须一决雄雌胜负的国家，形势发展是不可能两国并列称雄的，谁是雄国就能统一天下。"秦昭王长跪着问他道："用什么办法才可以使秦国不做雌国呢？"冯谖说："大王也知道齐国罢免孟尝君的事吗？"秦昭王说："听到了。"冯谖说："使得齐国被各国重视的，是孟尝君。如今齐王由于听信毁谤罢免了他，他心里怨恨，一定背弃齐国。如果他背弃齐国，来到秦国，那么齐国的真实情况，君臣上下的内幕，会全部泄露给秦国，齐国的土地将为秦国所有，难道只是称雄吗？您可迅速派遣使者装着礼物去秘密迎接孟尝君，不可失去时机呀。如果齐国觉悟了，再任用孟尝君，那么谁是雄国谁是雌国，还不可预料呢！"秦昭王十分高兴，便派遣十辆车子带着百镒黄金去迎接孟尝君。冯谖告别秦昭王先走了，回到齐国，劝说齐湣王道："天下的游说之士驾着车马奔忙东行来到齐国的，没有不想加强齐国而削弱秦国的；驾着车马奔忙西行去到秦国的，没有不想加强秦国而削弱齐国的。秦国和齐国是必须一决雄雌胜负的国家，秦国强些那么齐国就弱些了，这种形势是不能并列称雄的。现在为臣私下听到秦国派遣十辆车子装着百镒黄金来迎接孟尝君。孟尝君不西行就罢了，如果西行去担任秦国的宰相，那么各国就会归附秦国，秦国成为了雄国而齐国成为了雌国，那么临淄和即墨就危险啦！大王何不抢在秦国使者没有到达的前头，恢复孟尝君的职位，并多给他封地去向他道歉。孟尝君一定会高兴地接受的。秦国虽然是个强国，难道可以请去人家的丞相吗！我们应当挫败秦国的阴谋，粉碎它称霸图强的策略。"齐湣王说："好。"便派人到边境伺察秦国的使者。秦国使者的车子刚好进入齐国边境,齐湣王的使者回转车马飞快地告诉他,齐湣王召回孟尝君并恢复他的丞相职位,并归还他原有的封邑田地,又增加了一千户。秦国的使者听到孟尝君又担任了齐国的丞相,只好掉转车子回去了。

【原文】

　　自齐王毁废孟尝君①,诸客皆去。后召而复之,冯谖迎之。未到②,孟尝君太息叹曰③:"文常好客,遇客无所敢失,食客三千有余人,先生所知也。客见文一日废④,皆背文而去,莫顾文者。今赖先生得复其位,客亦有何面目复见文乎⑤?如复见文者⑥,必唾其面而大辱之⑦。"冯谖结辔下拜⑧。孟尝君下车接之,曰:"先生为客谢乎?"冯谖曰:"非为客谢也,为君之言失。夫物有必至⑨,事有固然⑩,君知之乎?"孟尝君曰:"愚不知所谓也。"曰:"生者必有死,物之必至也;富贵多士,贫贱寡友,事之固然也。君独不见夫趣市朝者乎⑪?明旦⑫,侧肩争门而入⑬;日暮之后,过市朝者掉臂而不顾⑭。非好朝而恶暮,所期物忘其中⑮。今君失位,宾客皆去,不足以怨士而徒绝宾客之路。愿君遇客如故。"孟尝君再拜曰:"敬从命矣。闻先生之言,敢不奉教焉。"

【注释】

①毁废:因毁而废。毁,作状语用。②未到:还没有到齐都城。③太息:大声叹气,深深地叹气。④一日:一旦,一朝。表示所经历的时间还不长。⑤面目:颜面,脸面。⑥如:如有。⑦唾(tuò):吐唾沫。表示鄙弃的意思。辱:侮辱,羞侮。⑧结辔(pèi)下拜:冯谖驻马停车,郑重地行礼,是为了表示严肃地提出批评意见,以引起田文的重视。辔,缰绳。⑨物有必至:事物发展有它的必然结果。⑩事有固然:人情世态有它的本来面貌。⑪趣(qū):通"趋"。奔赴;赶往。市朝:市街,集市。⑫明旦:天亮,早晨。⑬侧肩争门:偏斜着肩膀争夺入口,努力往里挤。⑭掉臂:甩着胳膊走。形容不顾而去。⑮所期物忘其中:所希望得到的东西,其中已经没有了。期,期望,希望。忘,无。

【译文】

　　自从齐湣王由于听信毁谤而罢免了孟尝君,众宾客都离开了。后来齐湣王召回并恢复了孟尝君的官爵,冯谖去迎接他。还没有到达齐国京城,孟尝君深深地叹了一口气,说道:"我一直爱好宾客,对待宾客不敢有一点差错,食客有三千多人,这是先生所知道的。宾客看到我一旦被罢免,都背弃我离开了,没有怜惜我的。如今我凭仗着先生才能恢复自己的职位,宾客还有什么脸面再见我呢?如果有再来见我的,一定要对着他的面吐他一口唾沫,大大地侮辱他一顿。"冯谖驻马停车,向孟尝君跪拜行礼。孟尝君下车扶住他,说道:"先生是代替宾客道歉吗?"冯谖说:"不是代替宾客道歉,而是为着您的话说错了。事物发展有它的必然结果,人情世态有它的本来面貌,您懂得这些道理吗?"孟尝君说:"我不懂您的意思。"冯谖说:"有生命的东西一定会死亡,这是事物发展的必然结局;富贵者有很多门客,贫贱者很少有朋友,这是人情世态的本来面貌。您难道没有看见那些赶集市的人吗?早晨偏斜着肩膀争夺入口挤进去;太阳下落之后,经过集市的人们,甩着胳膊走过去,看也不看一眼。他们不是爱好早晨厌恶傍晚,而是所希望得到的东西在那里已经没有了。如今您失去了职位,宾客都离开,不值得因此埋怨士人,从而徒然断绝了宾客的来路。希望您照过去那样对待宾客。"孟尝君一拜再拜说道:"我恭敬地听从指教照办啦。听到先生的这些话,怎敢不接受教益?"

冯谖说齐王

平原君虞卿列传

【导读】

平原君是赵国公子，曾三次担任赵相。他善于养"士"，门下有数千名宾客。所选部分由两个故事构成：一个是杀美人留宾客，一个是毛遂自荐。平原君家的美人嘲笑"躄者"，躄者告诉平原君，平原君置之不顾，结果宾客散去一半。杀掉美人后，散去的宾客都返回了。此事为下面的毛遂自荐做铺垫。毛遂执意要跟着大伙去魏国，平原君只好带上他。司马迁在这里抓住毛遂与平原君的冲突，巧妙地安排对话，把二人的神态和心理的不同表现出来。毛遂见平原君游说楚王不成，就"按剑而前"，理直气壮地斥责楚王，楚王连声称"诺"，这就把毛遂大义凛然、智勇双全的特点刻画得形神毕肖。

第二个人物是虞卿。虞卿通过游说赵王而被任为上卿。长平之战前，他主张联合楚、魏迫使秦国与赵国议和。邯郸解围后，他斥责赵郝和楼缓的降秦政策，主张联合齐国和魏国共同抗击秦国，赵王终究听从了他的意见。后来，虞卿为了拯救魏相魏齐，离开赵国到了大梁，并在那里著书终老。

○毛遂自荐○

【原文】

平原君赵胜者，赵之诸公子也①。诸子中胜最贤，喜宾客，宾客盖至者数千人②。平原君相赵惠文王及孝成王，三去相，三复位，封于东武城。

平原君家楼临民家③。民家有躄者④，槃散行汲⑤。平原君美人居楼上，临见，大笑之。明日，躄者至平原君门，请曰："臣闻君之喜士，士不远千里而至者，以君能贵士而贱妾也。臣不幸有罢癃之病⑥，而君之后宫临而笑臣⑦，臣愿得笑臣者头。"平原君笑应曰："诺。"躄者去，平原君笑曰："观此竖子⑧，乃欲以一笑之故杀吾美人，不亦甚乎！"终不杀。居岁余，宾客门下舍人稍稍引去者过半⑨。平原君怪之，曰："胜所以待诸君者未尝敢失礼，而去者何多也？"门下一人前对曰："以君之不杀笑躄者，以君为爱色而贱士，士即去耳。"于是平原君乃斩笑躄者美人头，自造门进躄者⑩，因谢焉。其后门下乃复稍稍来。是时齐有孟尝⑪，魏有信陵⑫，楚有春申⑬，故争相倾以待士⑭。

【注释】

①诸公子：众公子。公子，古时称诸侯国君的儿女或兄弟叫"公子"。赵胜是赵武灵王之子，赵惠文王之弟，故称之。②盖：大概。③临：居于高处朝向低处。④躄者：两腿瘸的人，即跛子。⑤槃散：行走时一瘸一拐的样子，也作"蹒跚"。行汲：出外取水。⑥罢癃：身体残疾。罢，通"疲"，废置。癃，体弱多病。⑦后宫：宫中妃嫔居处，代指姬妾。⑧竖子：蔑称，即"小子"、"家伙"。⑨门下舍人：指寄食门下的食客。稍稍：逐渐地。引去：离去。⑩造门：登门。进：献。谢：谢罪，道歉。⑪孟尝：孟尝君田文。⑫信陵：信陵君魏无忌。⑬春申：春申君黄歇。⑭倾：超越。待：款待，礼遇。

【译文】

平原君赵胜，是赵国的诸公子。诸公子中以赵胜最贤，喜欢宾客，宾客有数千人之多。平原君在赵惠文王和孝成王时期担任相国,三次罢相,三次复位,封在东武城。

平原君家的高楼临近百姓的住宅。这里的民户有个瘸子,走路一瘸一拐地去打水。平原君家中有个美人住在楼上,向下看见那人,就大笑起来。第二天,瘸子来到平原君的家门口,申诉说:"我听说您爱惜士人,士人不远千里来投奔您,这是因为您能尊重士人而轻视妻妾啊。我不幸是个残废,而您的后宫中有在楼上讥笑我的人,我希望能得到讥笑我的人的脑袋。"平原君笑着回答说:"好的。"瘸子离去,平原君讥笑说:"看这个小子,竟然因为一笑,就想杀掉我的美人,这简直是过分!"终究没有杀掉。一年之后,门下的宾客和食客渐渐离去的过半。平原君觉得奇怪,说:"我招待诸位不曾失过礼数,为什么离去的这么多呢?"门下有一人回答说:"因为您没有斩掉嘲笑瘸子的美人的脑袋,他们都认为您看重美色而轻视士人,所以离开了。"于是平原君斩掉讥笑瘸子的那个美人的脑袋,亲自登门献给瘸子,顺便向他谢罪。之后门下宾客又渐渐回来了。当时齐国有孟尝君,魏国有信陵君,楚国有春申君,他们都竭尽全力延揽士人。

【原文】

秦之围邯郸,赵使平原君求救,合从于楚①,约与食客门下有勇力文武备具者二十人偕②。平原君曰:"使文能取胜③,则善矣。文不能取胜,则歃血于华屋之下④,必得定从而还⑤。士不外索⑥,取于食客门下足矣。"得十九人,余无可取者,无以满二十人。门下有毛遂者,前⑦,自赞于平原君曰⑧:"遂闻君将合从于楚,约与食客门下二十人偕,不外索。今少一人,愿君即以遂备员而行矣⑨。"平原君曰:"先生处胜之门下几年于此矣?"毛遂曰:"三年于此矣。"平原君曰:"夫贤士之处世也,譬若锥之处囊中,其末立见⑩。今先生处胜之门下三年于此矣,左右未有所称诵⑪,胜未有所闻,是先生无所有也。先生不能,先生留。"毛遂曰:"臣乃今日请处囊中耳。使遂蚤得处囊中⑫,乃颖脱而出⑬,非特其末见而已。"平原君竟与毛遂偕。十九人相与目笑之而未废也⑭。

毛遂比至楚⑮,与十九人论议,十九人皆服。平原君与楚合从,言其利害,日出而言之,日中不决。十九人谓毛遂曰:"先生上⑯。"毛遂按剑历阶而上⑰,谓平原君曰:"从之利害,两言而决耳。今日出而言从,日中不决,何也?"楚王谓平原君曰:"客何为者也?"平原君曰:"是胜之舍人也⑱。"楚王叱曰:"胡不下!吾乃与而君言⑲,汝何为者也!"毛遂按剑而前曰:"王之所以叱遂者,以楚国之众也。今十步之内,王不得恃楚国之众也⑳,王之命县于遂手㉑。吾君在前,叱者何也?且遂闻汤以七十里之地王天下㉒,文王以百里之壤而臣诸侯㉓,岂其士卒众多哉,诚能据其势而奋其威㉔。今楚地方五千里,持戟百万㉕,此霸王之资也㉖。以楚之强,天下弗能当㉗。白起,小竖子耳,率数万之众,兴师以与楚战,一战而举鄢郢㉘,再战而烧夷陵㉙,三战而辱王之先人㉚。此百世之怨而赵之所羞,而王弗知恶焉㉛。合从者为楚,非为赵也。吾君在前,叱者何也?"楚王曰:"唯唯㉜,诚若先生之言,谨奉社稷而以从㉝。"毛遂曰:"从定乎?"楚王曰:"定矣。"毛遂谓楚王之左右曰:"取鸡狗马之血来㉞。"毛遂奉铜槃而跪进之楚王曰㉟:"王当歃血而定从,次者吾君,次者遂。"遂定从于殿上。毛遂左手持槃血而右手招十九人曰:"公相与歃此血于堂下。公等录录㊱,所谓因人成事者也㊲。"

平原君已定从而归,归至于赵,曰:"胜不敢复相士㊳。胜相士多者千人,寡者百数,自以为不失天下之士,今乃于毛先生而失之也。毛先生一至楚,而使赵重于九鼎大吕㊴。毛先生以三寸之舌,强于百万之师。胜不敢复相士。"遂以为上客㊵。

【注释】

①合从:战国时期诸侯订合纵盟约以联兵抗秦。从,同"纵"。②约:约定。偕:一起。③使:假使。文:指客

气地谈判。胜：成功。④歃血：古代举行盟会时，以口微吸盘中牲畜之血，以表示诚意。华屋：豪华的厅堂，这里指盟会、议事的地方。⑤定从：确定合纵盟约。⑥士不外索：随从之士不必到外面去找。索，寻找，索求。⑦前：径自走到前面。⑧自赞：自我推荐。⑨备员：充数，凑数。⑩"譬若"二句：锥之处囊中，锥子放在口袋中。其末立见：锥子的锋尖立即就会露出来。末，锥尖；见，同"现"，显露。比喻有才能的人终会显露头角，不会长久被埋没。⑪称诵：称赞荐举。称，称赞；诵，述说、宣扬。⑫蚤：通"早"。⑬颖脱而出：指整个锥锋都脱露出来。颖，原指禾穗的芒，这里指锥锋。⑭目笑之：用眼光示意，暗笑毛遂。废：当作"发"，发声。⑮比：及，等到。⑯上：登堂。⑰按剑：握紧剑柄，做出刺杀的姿势。历阶：不停足地连续登阶，形容急速。⑱舍人：王公贵官的亲近侍从。⑲而：你的。⑳恃：倚仗。㉑县：同"悬"，系缚，控制。㉒王天下：称王于天下。

毛遂自荐

㉓臣诸侯：使诸侯宾服。㉔据：依据。奋：振作，发扬。方：纵横长度相等的面积。㉕持戟：指武装的士兵。戟，古代的一种兵器。㉖霸王之资：争霸称王所倚靠的资本。资，凭借。㉗当：挡住，抵挡。㉘一战而举鄢、郢：指公元前279年秦将白起攻下楚国鄢、邓五城以及公元前278年攻取郢都事。㉙夷陵：楚国先王的墓地。㉚辱王之先人：指楚国屡次被秦国打败，祖先陵庙被毁，又被迫迁都等。㉛恶：羞愧。㉜唯唯：表示应答的声音。相当于"是是"。㉝谨奉社稷而以从：一定倾尽全国的力量来履行合纵盟约。谨，严；奉，献出，倾尽全力。㉞鸡狗马之血：古代举行盟会歃血所用的牲畜之血。㉟奉：双手捧着。槃：通"盘"。㊱录录：通"碌碌"，指庸碌无为。㊲因人成事：依赖他人的力量来完成任务。㊳相士：观察、识别人才。㊴九鼎大吕：极贵重的宝物。九鼎，相传为禹所铸，象征九州，商、周把它作为传国之宝；大吕，《正义》谓："周庙大钟。"㊵上客：上等宾客。

【译文】

秦国围困邯郸，赵国派平原君去向诸侯求救，与楚国联合抗秦，打算带着门下食客之中有勇力、文武兼备者二十多人一起前去。平原君说："倘若能以和平方式完成任务，那就最好了。倘若用和平方式不能成功，那就只好在华丽宏伟的宫殿之上要挟魏王歃血为盟，一定要等缔结合纵之后才肯回来。士子不用在外面找，只从门下的食客中挑选就足够了。"找出十九个人，剩下的没有可用的了，无法凑齐二十个人。门下有个叫毛遂的，走上前去，在平原君面前自夸道："我听说您将要与楚国缔结合纵，准备召集二十个人一同前去，不去外面寻找了。现在少一个人，希望您让我凑足这个名额一同去魏国吧。"平原君说："先生在我的门下有多长时间了？"毛遂说："已经有三年了。"平原君说："圣贤之士活在世上，就好像锥子放到口袋里一样，它尖锐的地方立刻就能显露出来。现在先生在我的门下已经三年之久了，左右没有称赞你的，我也从来没听说过你，这说明先生没有什么才能。先生没有才能，还是留下来吧。"毛遂说："我是今日才请求放到口袋里的。倘若把我早早地放在口袋之中，早就脱颖而出了，不仅仅是锥子尖锐处显露出来而已。"平原君便答应毛遂一同前往。那十九个人相互对视着取笑毛遂，但没有排斥他。

后来毛遂到了楚国，与十九个人讨论，那十九个人都很佩服他。平原君与楚国缔结合纵，陈说合纵抗秦的利处以及不合纵的害处，从太阳刚出来就开始谈，一直到太阳当空还没有决定下来。这十九个人对毛遂说："先生上吧。"毛遂按着剑，一个台阶接着一个台阶快步走上去，对平原君说："合纵的利害关系，两句话就可以决定了。现在从太阳一出来就谈合纵，到太阳当空还无法决定，这是为何呢？"楚王对平原君说："此人是谁？"平原君说："这是我的舍人。"楚王呵斥道："还不下去，我正与你家主人商谈，你来做什么！"毛遂按着剑迎上前去说："大王之所以呵斥我，是凭着楚国的人多。现在于十步之内，大王不能倚仗楚国的人多，大王的生命悬在我的手里。我家主人在这里，您呵斥什么？况且我听说商汤凭借七十里土地而称霸天下，文王凭借百里土地使诸侯臣服，难道这是因为他们士卒多的关系吗？实在是他们能够依照当时的形势而振作威势啊。现在楚国方圆五千里，有士卒百万，这是称霸天下的资本。凭着楚国的强大，天下谁能抵挡呢？白起，不过是个小子罢了，率领数万军士，发兵与楚国交战，一战而攻下了鄢郢，再战纵火烧毁了夷陵，三战侮辱了楚国的先人。这是百世的仇怨，也是赵国所羞耻的啊，然而大王却不知道羞愧。合纵抗秦是为了楚国，并不是为了赵国。我家主人在这里，您又呵斥什么呢？"楚王说："是，是。的确如先生所说的那样，我愿意以整个楚国来合纵抗秦。"毛遂说："合纵之事就这样确定了吗？"楚王说："确定了。"毛遂对楚王左右侍从说："取来鸡、狗、马的鲜血。"毛遂举着铜盘，跪着进献给楚王说："大王应当率先歃血为盟，缔结盟约，接下来是我家主人，再接下来是我。"于是在宫殿之上缔结合纵，毛遂左手拿着盛有鲜血的铜盘，右手招呼十九位门客说："诸位一起在堂下歃血为盟。诸位庸碌无能。这就是所说的依靠别人而成就事业啊！"

平原君与楚王订立盟约后，回到赵国，说："我不敢再观察识别人才了。我观察人才多则千人，少则几百人，自以为没有漏掉天下的士人，现在却把毛先生遗漏掉了。毛先生一到楚国，就使赵国的地位比九鼎和大吕还要尊贵。毛先生凭借三寸不烂之舌，胜过楚国百万军队。我不敢再观察人才了。"便把毛遂奉为上客。

◎虞卿说赵王合纵◎

【原文】

虞卿者，游说之士也①，蹑屩檐簦说赵孝成王②。一见，赐黄金百镒，白璧一双；再见，为赵上卿，故号为虞卿。

秦、赵战于长平，赵不胜，亡一都尉。赵王召楼昌与虞卿曰："军战不胜，尉复死，寡人使束甲而趋之③，何如？"楼昌曰："无益也，不如发重使为媾④。"虞卿曰："昌言媾者，以为不媾军必破也。而制媾者在秦⑤。且王之论秦也⑥，欲破赵之军乎，不邪⑦？"王曰："秦不遗余力矣⑧，必且欲破赵军⑨。"虞卿曰："王听臣，发使出重宝以附楚、魏，楚、魏欲得王之重宝，必内吾使⑩。赵使入楚、魏，秦必疑天下之合从，且必恐。如此，则媾乃可为也。"赵王不听，与平阳君为媾⑪，发郑朱入秦。秦内之。赵王召虞卿曰："寡人使平阳君为媾于秦，秦已内郑朱矣，卿以为奚如？"虞卿对曰："王不得媾，军必破矣。天下贺战胜者皆在秦矣。郑朱，贵人也⑫，入秦，秦王与应侯必显重以示天下⑬。楚、魏以赵为媾，必不救王。秦知天下不救王，则媾不可得成也。"应侯果显郑朱以示天下贺战胜者，终不肯媾。长平大败，遂围邯郸，为天下笑。

【注释】

① 游说之士：战国时，周游列国、凭口才劝说君主接受其治国主张以取得官禄的策士。② 蹑屩(jué)檐簦：脚踏草鞋，肩搭雨伞。指远行。屩，通"屫"，草鞋。檐，通"担"，肩荷。簦，古代有柄的笠，即伞。③ 束甲：卷甲，以示决战。④ 重使：重要使臣。媾：求和，讲和。⑤ 制媾者：掌握讲和主动的一方。⑥ 论：推测，估计。⑦ 不：相当于"否"。⑧ 不遗余力：竭尽全力。⑨ 且：将。⑩ 内：通"纳"，接纳。⑪ 平阳君：即赵豹。⑫ 贵人：显贵之人。⑬ 应侯：即范雎。必显重以示天下：一定把赵国重臣在秦国这件事大肆宣扬而给天下诸侯看。显，显扬。

【译文】

虞卿是一位擅长游说的策士。穿着草鞋、撑着雨伞,去游说赵孝成王。第一次见面,孝成王就赏赐给他黄金百镒、白璧一双;第二次见面,又任命他为上卿,所以称他为虞卿。

秦国和赵国在长平交战,赵国不能取胜,阵亡了一名都尉。赵王召见楼昌和虞卿说:"这次打仗不胜,都尉战死,我打算派军队卷甲而奔袭敌军,怎么样?"楼昌说:"这没有好处,不如派遣重要的使者去议和。"虞卿说:"楼昌说应该议和,认为不议和我军必败。然而掌握议和主动的是秦国。况且大王您分析一下,秦国一直想灭掉赵国的军队,不是吗?"赵王说:"秦国不遗余力,势必要灭掉赵国的军队。"虞卿说:"大王不如听我的建议,派人携带贵重的礼物献给楚国和魏国,楚国、魏国想得到大王的珍贵礼物,一定会接纳我们的使臣。一旦赵国使臣进入楚国和魏国,秦国势必怀疑天下诸侯合纵抗秦,一定会恐慌的。这样一来,议和就可以进行了。"赵王不听,与平阳君决定议和,派郑朱到秦国,秦王接受了郑朱。赵王召见虞卿说:"我派平阳君到秦国去讲和,秦国已经接待郑朱了,您认为怎么样呢?"虞卿回答说:"大王的议和不会成功的,赵国的军队一定会被灭掉。天下诸侯祝贺胜利的都会在秦国。郑朱,那是个重要人物,入了秦国,秦王和应侯范雎一定会大肆宣扬,向天下炫耀自己的威势。楚国、魏国因为赵国求和,一定不会援救大王。秦国知道天下诸侯不救助大王,那么和平就不可能实现。"应侯果然炫耀郑朱,展示给各国派到秦国祝贺胜利的使者看,终究不肯讲和。赵国在长平大败,于是邯郸被围,被天下耻笑。

【原文】

秦既解邯郸围,而赵王入朝①,使赵郝约事于秦②,割六县而媾③。虞卿谓赵王曰:"秦之攻王也,倦而归乎④?王以其力尚能进,爱王而弗攻乎?"王曰:"秦之攻我也,不遗余力矣,必以倦而归也。"虞卿曰:"秦以其力攻其所不能取,倦而归,王又以其力之所不能取以送之,是助秦自攻也⑤。来年秦复攻王,王无救矣。"王以虞卿之言告赵郝。赵郝曰:"虞卿诚能尽秦力之所至乎⑥?诚知秦力之所不能进,此弹丸之地弗予,令秦来年复攻王,王得无割其内而媾乎⑦?"王曰:"请听子割矣,子能必使来年秦之不复攻我乎?"赵郝对曰:"此非臣之所敢任也⑧。他日三晋之交于秦⑨,相善也。今秦善韩、魏而攻王,王之所以事秦必不如韩、魏也。今臣为足下解负亲之攻⑩,开关通币⑪,齐交韩、魏⑫,至来年而王独取攻于秦,此王之所以事秦必在韩、魏之后也。此非臣之所敢任也。"

虞卿说赵王

王以告虞卿。虞卿对曰:"郝言'不媾,来年秦复攻王,王得无割其内而媾乎'。今媾,郝又以不能必秦之不复攻也。今虽割六城,何益!来年复攻,又割其力之所不能取而媾,此自尽之术也⑬,不如无媾。秦虽善攻,不能取六县;赵虽不能守,终不失六城。秦倦而归,兵必罢⑭。我以六城收天下以攻罢秦,是我失之于天下而取偿于秦也。吾国尚利，孰与坐而割地⑮，自弱以强秦哉？今郝曰'秦善韩、魏而攻赵者，必王之事秦不如韩、魏也'，是使王岁以六城事秦也⑯，即坐而城尽。来年秦复求割地，王将与之乎？弗与，是弃前功而挑秦祸也；与之，则无地而给之。语曰'强者益攻，弱者不能守'。今坐而听秦，秦兵不弊而多得地，是强秦而弱赵也。以益强之秦而割愈弱之赵，其计故不止矣⑰。且王之地有尽而秦之求无已⑱，以有尽之地而给无已之求，其势必无赵矣。"

【注释】

① 赵王入朝：指赵王惧怕强秦而去拜访秦王。入朝，拜访。② 约事于秦：到秦国订约结交。③ 媾：媾和，议和。④ 倦：疲顿。⑤ 助秦自攻：帮助秦国进攻自己。⑥ 虞卿诚能尽秦力之所至乎：虞卿真的能全部搞清秦国兵力的底细吗？⑦ 内：内地，腹地。⑧ 任：担当，承担。⑨ 他日：往昔。三晋：指韩、赵、魏三国。春秋末年，晋国被韩、赵、魏三卿瓜分，各立为国，故称"三晋"。⑩ 解负亲之攻：解除因背弃与秦的亲善关系而招致的进攻。⑪ 开关通币：开启关卡，互通贸易。币，财物，货币。⑫ 齐：相等。⑬ 自尽之术：自取灭亡的办法。⑭ 罢：通"疲"，疲惫。⑮ 孰与坐而割地：这与白白地割让土地相比如何？坐，空，白白地。⑯ 岁：每年。⑰ 计：算计，谋划。⑱ 无已：没有止境。

【译文】

秦国解除了对邯郸的包围，赵王去拜访秦王，派赵郝到秦国订约，割让六座县城给秦国来议和。虞卿对赵王说："秦国攻打大王，大王觉得秦国是因为疲倦而主动撤回呢？还是认为它的力量还能继续进兵，只是因为爱护大王才停止进攻呢？"赵王说："秦国攻击我国，一点剩余的力量也不留下，必定是因为疲倦才撤军的。"虞卿说："秦国倾尽它的全部力量进攻不能夺取的地方，疲倦了才撤军，大王却把秦国倾尽全力也不能得到的地方送给秦国，这是帮助秦国攻打自己啊。来年秦国再攻打大王，大王一定没法自救了。"赵王把虞卿的话说给赵郝听，赵郝说："虞卿果真了解秦国军队最大限度所能到达的地方吗？即便确实知道秦国军队所不能到达的地方，这块弹丸之地不送给它，假使秦国来年再次攻打大王，大王难道要割让腹地议和吗？"赵王说："我就听取您割地的建议，您能使来年秦国不再攻打我吗？"赵郝回答说："这不是我所能担保的事情。以往，三晋与秦国结交，彼此相处得很好。现在秦国与韩国、魏国友善，却唯独攻打大王，这是因为大王侍奉秦国一定不如韩国、魏国周到。现在我为您解除因为背弃与秦国的亲善关系而招致的进攻，开启关卡，互通贸易，与韩国、魏国平等往来。到来年的时候，如果大王单独遭到秦国的进攻，这一定是大王侍奉秦国落在韩国、魏国的后面了。这不是我所能承担的。"

赵王把赵郝的话告诉虞卿。虞卿说道："赵郝说'不议和，来年秦国再次攻打大王，大王难道要割让腹地的土地去议和吗'。现在讲和，赵郝又不能确定秦国不再攻打赵国。现在虽然割让六座县城，又有什么益处呢！来年再来进攻，又割让秦国力量不能得到的地方送给秦国来议和。这是自取灭亡的策略啊，还不如不讲和呢。秦国纵然擅长进攻，但也不能夺取六县；赵国纵然守不住，也终究不会丢掉六城。秦国疲倦而撤军，兵士必定是疲惫不堪了。我们用这六座县城拉拢天下诸侯，一起攻打疲惫的秦军，这样我们纵然在诸侯面前失掉六个城池，却能在秦国那里得到补偿。我国还能得到好处，这与平白无故地割让土地，削弱自己使秦国强大相比，哪一个更好呢？现在赵郝说'秦国与韩国、魏国交善却唯独攻打赵国，一定是大王侍奉秦国不如韩国、魏国周到'，这是让大王每年以六座城池侍奉秦国，也就是平白无故地使城池丧失殆尽啊。来年秦国再要求割地，大王还能献给它什么呢？不给它，则是舍弃前功而挑起秦国进攻赵国的祸患啊；给它的话，就没有地可以给了。俗语说'强者长于进攻，弱者不能守住'。现在白白地听秦国的话，秦兵不疲困还能多得土地，这是使秦国强大而削弱赵国啊，让日益强大的秦国来削弱日益衰弱的赵国，它的念头是不会停止下来的。况且大王的国土有限而秦国的欲望没有止境啊，以有限的土地供给无止境的欲望，形势必定是使赵国灭亡呀。"

【原文】

赵王计未定，楼缓从秦来，赵王与楼缓计之，曰："予秦地如毋予①，孰吉②？"缓辞让曰③："此非臣之所能知也。"王曰："虽然，试言公之私④。"楼缓对曰："王亦闻乎公甫文伯母乎⑤？公甫文伯仕于鲁，病死，女子为自杀于房中者二人⑥。其母闻之，弗哭也。其相室曰⑦：'焉有子死而弗哭者乎？'其母曰：'孔子，贤人也，逐于鲁，而是人不随也⑧。今死而妇人为之自杀者二人，若是者必其于长者薄而于妇人厚也⑨。'故从母言之⑩，是为贤母；从妻言之，是必不免为妒妻。故其言一也，言者异则人心变矣⑪。今臣新从秦来而言勿予，则非计也；言予之，恐王以臣为为秦也：故不敢对。使臣得为大王计，不如予之。"王曰："诺。"

虞卿闻之，入见王曰："此饰说也⑫，王眘勿予⑬！"楼缓闻之，往见王。王又以虞卿之言告楼缓。楼缓对曰："不然。虞卿得其一，不得其二。夫秦、赵构难而天下皆说，何也？曰'吾且因强而乘弱矣'⑭。

虞卿劝说赵王

今赵兵困于秦，天下之贺战胜者则必尽于秦矣。故不如亟割地为和⑮，以疑天下而慰秦之心。不然，天下将因秦之怒，乘赵之弊⑯，瓜分之。赵且亡，何秦之图乎⑰？故曰虞卿得其一，不得其二。愿王以此决之，勿复计也。"

【注释】

①予秦地如毋予：给秦国土地与不给。②孰吉：哪种做法好。③辞让：谦虚地推让。④私：个人看法。⑤公甫文伯母：指鲁定公时大夫公甫文伯的母亲。《礼记·檀弓》："文伯之丧，敬姜据其床而不哭，曰：'昔者吾有斯子也，吾以将为贤人也，吾未尝以就公室。今及其死也，朋友诸臣未有涕者，而内人皆行哭失声。斯子也，必多旷于礼矣夫！'"⑥女子：指妾。⑦相室：古代保育贵族子女的老年人。⑧是人：这个人，指公甫文伯。⑨薄：指情义淡薄。厚：指情义深厚。⑩从母言之：由母亲来说这样的话。⑪人心：指说话人的用心。⑫饰说：虚伪、粉饰的言辞。⑬眘（shèn）：通"慎"，表示告诫。相当于"千万"。⑭且：将。因强而乘弱：借助强国来欺侮弱国。乘，欺压、侵凌。⑮亟：急，赶快。⑯乘：趁着。⑰图：图谋，算计。

【译文】

赵王还没拿定主意，楼缓从秦国归来，赵王与楼缓商量说："给秦国土地和不给秦国土地，哪一个好呢？"楼缓推辞说："这不是我能知道的。"赵王说："纵然这样，也可以试着说说你的个人意见。"楼缓回答说："大王您听说过公甫文伯母亲的事迹吗？公甫文伯在鲁国做官，生病而死，婢妾为他在房中自杀的有两个人。他的母亲听说后，并没有哭。帮忙料理家务的人说：'怎么会有儿子死了却不哭泣的人呢？'他的母亲说：'孔子，是圣贤之人，被鲁国驱逐，他（公甫文伯）这个人却不追随。现在他死了却有两个妇人为他自杀，像这样他一定是对有德之人薄情而对妇人感情深厚了。'所以从他母亲的话里，可以看出他的母亲是位贤良的母亲；但如果是他妻子说这些话来看，这不免是个嫉妒的妻子。她们所说的话一样，但由于说话的人不同，那么说话人的用心也就变了。现在我刚从秦国回来而说不给秦国土地，这不是好的策略；如果我说给秦国土地，害怕大王认为我帮助秦国，所以不敢回答。倘若让我为大王盘算，不如把土地送给秦国。"赵王说："好的。"

虞卿听说之后，进来求见赵王说："这是虚伪、粉饰的言论，大王切莫采纳！"楼缓听说之后，前来求见赵王。赵王又把虞卿所说的话告诉楼缓。楼缓对赵王说："不是这样。虞卿只知其一，不知其二。秦国和赵国互为仇敌，这是天下诸侯都高兴的事情，为什么这么说呢？他们说'我将依靠强国来欺凌弱国'。现在赵军被秦军围困，诸侯祝贺战胜一方的一定都站在秦国那一方。所以不如立刻割地求和，以使天下怀疑秦、赵两国已经和好，而且还能讨秦国的欢心。不这样的话，天下诸侯将利用秦国对赵国的愤怒，趁着赵国受困，瓜分赵国。赵国将要灭亡，还怎么能算计秦国呢？所以说虞卿只知其一不知其二啊。希望大王就这样决定吧，不要再考虑了。"

【原文】

虞卿闻之，往见王曰："危哉，楼子之所以为秦者，是愈疑天下，而何慰秦之心哉？独不言其示天下弱乎①？且臣言勿予者，非固勿予而已也②。秦索六城于王，而王以六城赂齐③。齐，秦之深雠也④，得王之六城，并力西击秦，齐之听王，不待辞之毕也⑤。则是王失之于齐而取偿于秦也。而齐、赵之深雠可以报矣，而示天下有能为也⑥。王以此发声⑦，兵未窥于境⑧，臣见秦之重赂至赵而反媾于王也⑨。从秦为媾⑩，韩、魏闻之，必尽重王⑪；重王，必出重宝以先于王。则是王一举而结三国之亲⑫，而与秦易道也⑬。"赵王曰："善。"则使虞卿东见齐王，与之谋秦。虞卿未返，秦使者已在赵矣。楼缓闻之，亡去。赵于是封虞卿以一城。

居顷之，而魏请为从⑭。赵孝成王召虞卿谋。过平原君⑮，平原君曰："愿卿之论从也⑯。"虞卿入见王。王曰："魏请为从。"对曰："魏过⑰。"王曰："寡人固未之许⑱。"对曰："王过。"王曰："魏请从，卿曰魏过；寡人未之许，又曰寡人过，然则从终不可乎？"对曰："臣闻小国之与大国从事也⑲，有利则大国受其福，有败则小国受其祸。今魏以小国请其祸，而王以大国辞其福⑳，臣故曰王过，魏亦过。窃以为从便㉑。"王曰："善。"乃合魏为从。

虞卿往见赵王

【注释】

①独不言其示天下弱乎:偏偏不说这样做就是拿赵国的软弱给天下诸侯们看呢? ②固:坚决。③赂:奉送。④雠:仇敌。⑤不待辞之毕:不等把话说完。⑥有能为:有作为。⑦发声:发表。⑧窥:观察。⑨反媾于王:反而向大王求和。⑩从:顺从,听从。⑪重:尊重,敬重。⑫结三国之亲:与韩、魏、齐三国亲善。⑬易道:改换了处事的位置。⑭从:通"纵",指合纵。⑮过:拜访。⑯论从:论述合纵之道。⑰过:过错。⑱固:本来。未之许:没有答应请求。⑲从事:处理事情。⑳辞:辞却。㉑便:有利。

【译文】

　　虞卿听说之后,又前去参见赵王说:"危险了,楼缓一心想割让土地给秦国,他这样做是让天下诸侯更加怀疑秦、赵之间的关系,又怎能讨秦国的欢心呢?怎么唯独不说这样做将会把赵国的弱点暴露给天下诸侯呢?况且我所说的不给秦国土地,并不是仅仅不给就算了。秦国向大王索要六座城池,那么大王就把这六座城池奉送给齐国。齐国是秦国的大敌,得到大王的六座城池,联合起来向西进攻秦国,齐王听从大王的话,不等您开口就会答应的。这就是大王失掉送给齐国的土地,而从秦国那里得到补偿呀。而齐国和赵国的大仇也可以得报了,还能向天下诸侯展示赵国有能力、有作为。大王把齐赵联合的消息散布出去,齐赵两国的军队不必到秦国的边境上窥伺,秦国就会拿着贵重的礼物送给赵国,反过来向赵国讲和。答应秦国的求和,韩国和魏国听说以后,一定会尊重大王;尊重大王,必定会拿出贵重礼物争先朝见大王。这样大王一下子就与齐国、韩国、魏国三国亲善了,也就与秦国交换了主动与被动的地位。"赵王说:"很好。"于是派虞卿向东拜见齐王,与齐国共谋抗秦大计。虞卿还没有回来,秦国的使者就到了赵国。楼缓听说以后,逃离赵国。赵王于是封给虞卿一座城邑。

　　不久,魏国请求与赵国缔结合纵。赵孝成王召见虞卿,与他一起商量。拜访平原君,平原君说:"希望你论述一下合纵的好处。"虞卿入宫进见赵王。赵王说:"魏国请求合纵。"虞卿说:"魏国做错了。"赵王说:"我暂时还没答应它。"虞卿说:"大王也做错了。"赵王说:"魏国请求合纵,你说魏国做错了;我没答应魏国,你又说我做错了,这样的话,那么合纵终究不能实现了?"虞卿回答说:"我听说小国与大国交往,成功的话大国就会得到福祉,失败的话小国就会遭受祸殃。现在魏国以小国的身份愿意接受祸患,赵国以大国的身份推辞福祉,所以我说大王做错了,魏国也做错了。我私下里认为合纵对赵国是有益处的。"赵王说:"好。"便与魏国缔结合纵。

【原文】

　　虞卿即以魏齐之故①,不重万户侯卿相之印,与魏齐间行②,卒去赵,困于梁。魏齐已死,不得意,乃著书,上采《春秋》,下观近世,曰《节义》、《称号》、《揣摩》、《政谋》,凡八篇。以刺讥国家得失,世传之曰《虞氏春秋》③。

【注释】

①以魏齐之故:因为魏齐的缘故。《索隐》:"魏齐,魏相,与应侯(指秦相范雎)有仇,秦求之急,乃抵虞卿。卿弃相印,乃与(魏)齐间行亡归梁,以托信陵君。信陵君疑未决,(魏)齐自杀。"②间行:从小路走。③《虞氏春秋》:《汉书·艺文志》著录《虞氏春秋》十五篇,今佚,有清马国翰辑本。

【译文】

　　虞卿因为魏齐的缘故,不看重万户侯的封爵以及卿相的印信,与魏齐一起悄悄地从小路逃跑,终于离开赵国,受困于大梁。魏齐死了之后,虞卿不得志,就著书立说,上采《春秋》,下观近世,写成《节义》、《称号》、《揣摩》、《政谋》等篇,共有八篇。通过这种方式论述国家政事的得失,后世将它留传下来,称为《虞氏春秋》。

魏公子列传

【导读】

　　魏公子无忌是魏昭王的幼子，他礼贤下士、节行仁义，所以当平原君求助于魏国的时候，他能得到侯嬴、如姬和朱亥等人的帮助，偷走虎符，杀死晋鄙，率领军队解除了赵国之围。本篇分为两部分：一部分写信陵君的屈尊礼贤，一部分写信陵君的大义凛然。信陵君的节义与侯嬴、朱亥"士为知己者死"的精神相互烘托，相得益彰。

夷门求侯嬴

【原文】

　　魏公子无忌者，魏昭王少子而魏安釐王异母弟也。昭王薨，安釐王即位，封公子为信陵君。是时范雎亡魏相秦，以怨魏齐故①，秦兵围大梁，破魏华阳下军②，走芒卯。魏王及公子患之。

　　公子为人仁而下士③，士无贤不肖皆谦而礼交之，不敢以其富贵骄士。士以此方数千里争往归之，致食客三千人④。当是时，诸侯以公子贤，多客，不敢加兵谋魏十余年⑤。

【注释】

①以怨魏齐故：因为怨恨魏相魏齐的缘故。魏齐曾屈打范雎几乎致死。后来范雎逃到秦国，化名张禄，得到秦昭王的信任，做了相国。②华阳下军：指魏国驻扎在华阳的军队。华阳：山名，在今河南密县境内。③下：降低自己的身份，谦恭地与人交往。④致：招来，延揽。食客：宾客，因其依附贵族而生活，故称为食客。⑤加兵：用兵侵犯。谋：作侵犯的打算。

【译文】

　　魏公子无忌，是魏昭王的小儿子，也是魏安釐王的异母兄弟。魏昭王去世后，安釐王即位，封公子无忌为信陵君。此时范雎逃离魏国去秦国做了丞相，因为怨恨魏齐的缘故，让秦兵围困大梁，大败魏国华阳的驻军，赶走了芒卯。魏王和公子都很担心这件事。

　　公子为人仁厚而礼贤下士，士不论贤能与否，无忌都能谦卑而有礼地与他们结交，不敢因为自己身份显贵而对士有所骄慢。方圆几千里之内的士人都因为这个原因，争先恐后地归附他，招致的门客有三千多人。这个时候，诸侯都认为公子贤能，门客多，十几年的时间里不敢派兵侵略魏国。

【原文】

　　魏有隐士曰侯嬴，年七十，家贫，为大梁夷门监者①。公子闻之，往请，欲厚遗之②。不肯受，曰："臣修身洁行数十年，终不以监门困故而受公子财。"公子于是乃置酒大会宾客。坐定，公子从车骑，虚左③，自迎夷门侯生④。侯生摄敝衣冠⑤，直上载公子上坐，不让，欲以观公子。公子执辔愈恭⑥。侯生又谓公子曰："臣有客在市屠中，愿枉车骑过之⑦。"公子引车入市，侯生下见其客朱亥，俾倪故久立⑧，与其客语，微察公子⑨。公子颜色愈和。当是时，魏将相宗室宾客满堂，待公子举酒⑩。

公子无忌礼遇侯赢

市人皆观公子执辔。从骑皆窃骂侯生⑪。侯生视公子色终不变，乃谢客就车。至家，公子引侯生坐上坐，遍赞宾客⑫，宾客皆惊。酒酣，公子起，为寿侯生前。侯生因谓公子曰："今日赢之为公子亦足矣⑬。赢乃夷门抱关者也⑭，而公子亲枉车骑，自迎赢于众人广坐之中，不宜有所过⑮，今公子故过之⑯。然赢欲就公子之名，故久立公子车骑市中，过客以观公子，公子愈恭。市人皆以赢为小人，而以公子为长者能下士也。"于是罢酒，侯生遂为上客。

侯生谓公子曰："臣所过屠者朱亥，此子贤者，世莫能知，故隐屠间耳。"公子往数请之，朱亥故不复谢⑰，公子怪之。

【注释】

① 夷门：大梁城的东门名。监者：看守城门的人。② 厚：重多。遗（wèi）：赠送，送给。③ 虚左：空出左方的座位。古代乘车以左位为尊位。信陵君自己坐在右边赶车，而留出左边的客座，以示恭敬。④ 侯生：即侯赢。⑤ 摄：整理。敝：破旧。⑥ 执辔：握着驾车的马缰绳。⑦ 枉：委屈。过：拜访、探望。⑧ 俾倪：同"睥睨"，斜着眼睛看，含有高傲之意。⑨ 微：暗暗地。⑩ 举酒：即举酒开宴之意。⑪ 从骑：指随从人员。⑫ 遍赞宾客：向侯生周遍地介绍宾客。赞，引见，进见。⑬ 为：难为，使人为难。⑭ 抱关者：抱门插关的人。关，门闩。⑮ 有所过：有拜访朋友的事。指拜访朱亥。⑯ 故：乃，竟然。⑰ 复谢：答谢。

【译文】

魏国有个隐士名叫侯赢，年龄已经七十岁了，家境贫寒，担任大梁城东门的守门官。公子听说之后，前去问候他，打算重重地赠给他礼物。侯赢不肯接受，说："我修养身心、砥砺品行好几十年，终究不能因为守门贫困的缘故而接受公子的钱财。"公子于是置备酒席大宴宾客。客人都坐定之后，公子带着跟随的车马，空着左边的座位，亲自去迎接看守夷门的侯赢。侯赢整理了一下破旧的衣服和帽子，径自走上车子，在上首坐了下来，一点也不辞让，打算借此考验一下公子的诚意。公子握着驾车的缰绳，态度更加谦恭。侯赢又对公子说："我有个朋友在市井之中屠宰牲畜，希望委屈一下您的车马，允许我去拜访他。"公子引导车马去了市集，侯赢走下车子去拜访朋友朱亥，斜着眼睛看公子，故意站了很久，和他的朋友一起聊天，暗中观察公子。公子的脸色更加温和。在这个时候，魏国的将相、宗室以及宾客都坐满了，等待公子回来开宴。市集上的人都看见公子握着缰绳。跟随的人都暗地里骂侯赢。侯赢观察到公子的脸色始终没有改变，就辞别朋友上了车。到了公子府中，公子领着侯嬴坐在上座，把侯嬴周边的宾客一一介绍给他，宾客都十分吃惊。酒喝到畅快的时候，公子站起来，到侯嬴面前向他敬酒祝福。侯嬴于是对公子说："今天我侯嬴为难公子也够多了。侯嬴只不过是看守夷门的守城官，然而公子却委屈车马，亲自在大庭广众之下迎接我，我本不应该去拜访朋友，却让您特意陪我去访问他。但我打算成就公子的名声，所以长时间地使您的车马停在市集上，去拜访朋友以此暗中观察公子，而公子的态度更加谦恭。市集上的人都认为我是小人，而认为公子是有德行的人，能够礼贤下士。"于是宴会散了之后，侯嬴就成了公子无忌的上宾。

侯嬴对公子说："我所拜访的屠户朱亥，这人是个贤能的人，世上没有人能了解他，所以隐居在市井之中屠宰牲畜。"公子多次去拜访他，朱亥却故意不回拜，公子对此感到很奇怪。

窃符救赵

【原文】

魏安釐王二十年，秦昭王已破赵长平军①，又进兵围邯郸。公子姊为赵惠文王弟平原君夫人②，数遗魏王及公子书，请救于魏。魏王使将军晋鄙将十万众救赵。秦王使使者告魏王曰："吾攻赵旦暮且下，而诸侯敢救者，已拔赵，必移兵先击之。"魏王恐，使人止晋鄙，留军壁邺③，名为救赵，实持两端以观望④。平原君使者冠盖相属于魏⑤，让魏公子曰："胜所以自附为婚姻者⑥，以公子之高义，为能急人之困。今邯郸旦暮降秦而魏救不至，安在公子能急人之困也！且公子纵轻胜，弃之降秦，独不怜公子姊邪？"公子患之，数请魏王，及宾客辩士说王万端⑦。魏王畏秦，终不听公子。公子自度终不能得之于王，计不独生而令赵亡，乃请宾客，约车骑百余乘⑧，欲以客往赴秦军，与赵俱死。

【注释】

①破赵长平军：指公元前260年秦将白起在长平围攻赵军，射杀赵将赵括，赵兵四十万人投降，尽被坑杀。②平原君：即赵公子赵胜。③壁：扎营驻守。④持两端：采取动摇不定的两面倒的策略。⑤冠盖相属：形容使臣连续不断地到来。冠盖，古时官员的冠服和他们车乘的篷盖。属，连续。⑥自附：自愿依托。⑦万端：各个方面，各种办法。⑧约：凑集，备办。

【译文】

魏安釐王二十年，秦昭王在长平大败赵军之后，接着进兵围攻邯郸。公子的姐姐是赵惠文王弟弟平原君的夫人，多次给魏王和公子送来书信，请求魏国援救赵国。魏王派将军晋鄙率领十万军队去救赵国。秦王派使者对魏王说："我国攻打赵国，一早一晚的工夫就能把它拿下，诸侯有谁敢救助赵国的，秦国灭掉赵国后，必定调动军队先攻击它。"魏王十分害怕，派人去阻止晋鄙，把军队留驻在邺地，名义上是救赵，其实是左右摇摆、从旁观望。平原君的使者连续不断地来到魏国，责备魏公子说："我之所以高攀您，和您结为姻亲，是因为公子的行为高尚，能够及时解救别人于困境中。现在邯郸一早一晚的工夫就要投降秦国，而魏国的救兵一直没有赶来，公子及时解除别人困境的高义在哪里呢？况且公子就算是轻视我赵胜，抛弃我让我投降秦国，难道不可怜一下自己的姐姐吗？"公子很担心，多次请魏王营救赵国，并让自己的宾客和能言善辩之士不停地劝说魏王。魏王畏惧秦国，终究不听公子的话。公子自己思量终究不能得到魏王的允许，打算不独活在世上而使赵国灭亡，就请求宾客备办一百多辆车马，打算率领宾客一起去迎击秦军，和赵国共存亡。

【原文】

行过夷门，见侯生，具告所以欲死秦军状。辞决而行，侯生曰："公子勉之矣，老臣不能从。"

公子行数里，心不快，曰："吾所以待侯生者备矣，天下莫不闻，今吾且死而侯生曾无一言半辞送我①，我岂有所失哉？"复引车还，问侯生。侯生笑曰："臣固知公子之还也。"曰："公子喜士，名闻天下。今有难，无他端而欲赴秦军②，譬若以肉投馁虎③，何功之有哉？尚安事客④？然公子遇臣厚，公子往而臣不送，以是知公子恨之复返也。"公子再拜，因问。侯生乃屏人间语⑤，曰："嬴闻晋鄙之兵符常在王卧内⑥，而如姬最幸，出入王卧内，力能窃之。嬴闻如姬父为人所杀，如姬资之三年，自王以下欲求报其父仇，莫能得。如姬为公子泣⑦，公子使客斩其仇头，敬进如姬。如姬之欲为公子死，无所辞，顾未有路耳⑧。公子诚一开口请如姬，如姬必许诺，则得虎符夺晋鄙军，北救赵而西却秦，此五霸之伐也⑨。"公子从其计，请如姬。如姬果盗晋鄙兵符与公子。

公子行，侯生曰："将在外，主令有所不受，以便国家。公子即合符，而晋鄙不授公子兵而复请之⑩，事必危矣。臣客屠者朱亥可与俱，此人力士。晋鄙听，大善；不听，可使击之。"于是公子泣。侯生曰："公子畏死邪？何泣也？"公子曰："晋鄙嚄唶宿将⑪，往恐不听，必当杀之，是以泣耳，岂畏死哉？"于是公子请朱亥。朱亥笑曰："臣乃市井鼓刀屠者，而公子亲数存之，所以不报谢者，以为小礼无所用。今公子有急，此乃臣效命之秋也⑫。"遂与公子俱。公子过谢侯生⑬。侯生曰："臣宜从，老不能。请数公子行日，以至晋鄙军之日，北乡自刭⑭，以送公子。"公子遂行。

至邺，矫魏王令代晋鄙⑮。晋鄙合符，疑之，举手视公子曰："今吾拥十万之众，屯于境上，国之重任，今单车来代之⑯，何如哉？"欲无听。朱亥袖四十斤铁椎⑰，椎杀晋鄙，公子遂将晋鄙军。勒兵⑱，下令军中曰："父子俱在军中，父归；兄弟俱在军中，兄归；独子无兄弟，归养⑲。"得选兵八万人⑳，进兵击秦军。秦军解去，遂救邯郸，存赵。赵王及平原君自迎公子于界，平原君负韊矢为公子先引㉑。赵王再拜曰："自古贤人未有及公子者也。"当此之时，平原君不敢自比于人。公子与侯生决，至军，侯生果北乡自刭。

【注释】

①曾：竟，却。②他端：其他办法。③馁虎：饥饿的老虎。④尚安事客：还要宾客干什么用？⑤屏：使退避。间语：秘密地谈话。间，私。⑥兵符：古代调发军队的凭证。卧内：卧室。⑦为：对、向。⑧顾：只是。路：指行动的机会。⑨五霸：春秋时在诸侯中势力强大、称霸一时的五个诸侯盟主。其说不一，通行的说法是指齐桓公、晋文公、秦缪公、宋襄公、楚庄王。伐：功劳，功绩。⑩复请之：再向魏王请示。⑪嚄唶（zè）宿将：勇猛强悍、富有经验的老将。嚄唶，形容气概豪迈，无所顾忌。⑫效命之秋：贡献生命的时候。⑬过谢侯生：去向侯生告辞。⑭北乡自刭：面向北方刎颈自杀。乡，通"向"，面向。刭，用刀割脖子。⑮矫：假传（命令）。⑯单车：指只有所乘车辆而无随护的兵车。⑰袖：藏在袖中。⑱勒：约束、整顿。⑲归养：回家奉养父母。⑳选兵：选出的精兵。㉑负韊矢：背着盛满箭支的囊袋。韊，盛箭的囊袋。

【译文】

（公子）路过夷门，看见侯生（即侯嬴），将自己打算以死抵抗秦军的情况全都告诉了他。辞别要上路时，侯生说："公子好好努力吧，老臣不能跟随您了。"公子走了好几里路，

击杀晋鄙夺军权

心里不痛快，说："我对待侯生的礼数已经很周到了，天下没有人不知道，现在我将要死去，侯生竟然没有一言半语送给我，我难道有什么过失吗？"又调车回去，询问侯生。侯生笑着说："我本来就知道公子要回来的。"又说："公子喜欢士，名闻天下。现在遇上难事，没有其他的办法，就准备和秦军拼命，这就好比把肉扔给饥饿的老虎，又能有什么功效呢？还有什么地方用得着这些宾客呢？然而公子对待我很是优厚，公子前去而我没有送行，这是因为我知道您怨恨我，又会返回的。"公子接连向他拜了两拜，趁机请教。侯生于是屏退旁人，悄悄地对公子说："我听说晋鄙的兵符常常放在大王的卧房之内，而如姬最得魏王宠幸，经常出入大王的卧房，一定能够把它偷到手。我听说如姬的父亲被人杀害，如姬含恨了三年，从大王以下，都想替她报杀父之仇，没有人能办得到。如姬为此向公子哭泣，公子派门客斩掉仇人的脑袋，敬献给如姬。如姬正想以死报答您呢，没有什么可推脱的，只是还没有找到机会罢了。公子倘若开一次口请求如姬，如姬一定会答应您的，那么就能得到兵符，夺了晋鄙的兵权，向北解救赵国，向西击退秦国，这是五霸的功业啊！"公子听从他的计谋，请如姬帮忙。如姬果然偷到晋鄙的兵符交给公子。

公子将要出发，侯生说："将军在外，对于主上的命令有时可以不必接受，以求便利于国家。公子即便合了兵符，但晋鄙倘若不交给公子兵权而还要向魏王请示，那么事情就危险了。我的朋友朱亥可以和您一起去，他这个人是个大力士。晋鄙要是听从您，那最好不过；要是不听的话，可以让朱亥杀了他。"听了这话，公子流下泪。侯生说："公子怕死吗？为什么哭泣呢？"公子说："晋鄙威风凛凛，是魏国的老将，我怕去了之后他不听从，到那时一定要杀了他，所以哭泣呀，怎么会因为怕死而哭泣呢？"接着公子请来朱亥。朱亥笑着说："我只是市井之中操刀屠宰牲畜的屠户，然而公子您多次亲自前来体恤慰问，我之所以不向您答谢，是因为那只是小的礼数，没有什么实际用处。现在公子遇上危急的事情，这是到了我效命于您的时候了！"便与公子一同前去。公子向侯生辞行。侯生说："我应当跟随您同去，但是我老了，去不了了。我希望估计一下公子的行程，等公子到达晋鄙军中的那一天，我就面朝北引颈自杀，以此报答公子。"公子就出发了。

到达邺地，假传魏王的命令代替晋鄙。晋鄙合了兵符，有所怀疑，举起手来看看公子说："现在我拥有十万之众的军队，驻守在边境上，这是国家的重任，现在您带着少数随从来代替我，这是怎么一回事呢？"打算不听命令。朱亥从袖子中投掷出四十斤重的铁椎，击杀了晋鄙，公子便统率了晋鄙的军队，整饬兵士，向兵士下令说："父子二人都在军中的，父亲回去；兄和弟都在军中的，兄长回去；没有兄弟的独生子，可以回家奉养父母了。"从中选出八万精兵，进兵攻打秦军。秦军解围退去，于是解救了邯郸，保全了赵国。赵王和平原君亲自在边境迎接公子，平原君背着箭袋在前面为公子指引道路。赵王接连拜了两拜说："自古以来的圣贤之人，没有能比得上公子的。"在那个时候，平原君不敢把自己跟信陵君相比。公子与侯生诀别后，到达晋鄙军中之时，侯生果然朝北引颈自杀了。

> ⊙ **文史知识**
>
> ### 唐顺之《信陵君救赵论》
>
> 　　信陵君窃符救赵的故事向来被人们传颂，但明朝的唐顺之却持有不同看法，他写了一篇《信陵君窃符救赵论》对已有的评论予以反驳。此文先指出赵国在军事上乃魏国的屏障，赵国灭亡，则魏国亦凶多吉少，由此得出"救赵者，亦以救魏，救一国者，亦以救六国也"的论断，因之，信陵君窃符救赵并无不可。但是第二段笔锋一转，一句"余所诛者，信陵君之心也"，指出信陵君之所以救赵，并非为保魏国或其他几国，只是因为平原君是他的姻亲。接下来，作者又将矛头指向魏王，说明魏王的疏漏也是导致信陵君窃符的重要因素。文章末尾指出为人臣的信陵君之罪在于结党营私、目无君主；为人君的魏王之罪在于君权不明、君威不振，才使得臣子有犯罪的余地。

范雎蔡泽列传

【导读】

范雎（？~公元前255年），字叔，战国时魏国人，秦昭王宰相。因其封地在应城（在今河南鲁山以东），所以又称"应侯"。战国中后期，秦国为统一天下，招揽了不少名士，范雎就是其中之一。范雎本是魏国的大臣，魏王因误听谗言，把他抓了起来，以严刑折磨他。范雎逃出魏国，来到秦国，秦昭王听说他是个贤士，就亲自恭迎他，之后还任命他为秦相。本文节录的是范雎未到秦国之前遭受屈辱，以及担任秦相后与昔日仇人须贾相遇的故事。

○蒙难受辱○

【原文】

　　范雎者，魏人也，字叔。游说诸侯①，欲事魏王，家贫无以自资②，乃先事魏中大夫须贾。

　　须贾为魏昭王使于齐，范雎从。留数月，未得报③。齐襄王闻雎辩口④，乃使人赐雎金十斤及牛酒，雎辞谢不敢受。须贾知之，大怒，以为雎持魏国阴事告齐⑤，故得此馈⑥，令雎受其牛酒，还其金。既归，心怒雎，以告魏相。魏相，魏之诸公子，曰魏齐。魏齐大怒，使舍人笞击雎⑦，折胁摺齿⑧。雎详死，即卷以箦⑨，置厕中。宾客饮者醉，更溺雎⑩，故僇辱以惩后⑪，令无妄言者。雎从箦中谓守者曰："公能出我，我必厚谢公。"守者乃请出弃箦中死人。魏齐醉，曰："可矣。"范雎得出。后魏齐悔，复召求之。魏人郑安平闻之，乃遂操范雎亡⑫，伏匿，更名姓曰张禄。

【注释】

①游说：古时策士奔走各国，凭口才劝说君主接受其政治主张。说，劝说。②自资：自己筹集费用。③报：回报，结果。④辩口：有口才。⑤阴事：秘密的事情。⑥馈：赠送的礼物。⑦笞：用竹板、荆条抽打。⑧摺(lā)：折断，毁掉。⑨箦(zé)：

范雎遭毒打

竹席。⑩溺：通"尿"。⑪僇：羞辱。⑫操：携带。

【译文】

范雎，魏国人，字叔。到诸侯间去游说，打算侍奉魏王，家里贫穷没有办法自己筹集费用，就先去侍奉魏国的中大夫须贾。

须贾奉魏昭王之命出使齐国，范雎跟随。逗留了几个月，一直没有得到答复。齐襄王听说范雎口才好，就派人赐给他黄金十斤和牛酒，范雎推辞不敢接受。须贾知道了，很生气，认为范雎把魏国的秘密告诉了齐王，所以才得到这么多礼物，命令范雎接受牛酒，归还黄金。回去之后，须贾心里怨恨范雎，把这件事告诉了魏相。魏相，魏国的诸公子，名叫魏齐。魏齐很生气，派舍人用竹板抽打范雎，折断了他的肋骨，打落了他的牙齿。范雎假装死了，舍人就把他用竹席卷起来，扔到厕所之中。宾客喝酒喝醉了，接连把小便洒在他的身上，故意侮辱他，以警诫以后的人，让他们不要胡乱说话。范雎从席子中对看守的人说："您如果能放我走，我一定会重重地报答您。"看守就向魏齐请示，允许他把席子中的死人扔掉。魏齐喝醉了，说："可以。"范雎得以逃脱。后来魏齐后悔，又派人四处寻找。魏人郑安平听说了这件事，就带着范雎逃亡，藏匿起来，（范雎）改名叫作张禄。

【原文】

当此时，秦昭王使谒者王稽于魏。郑安平诈为卒①，侍王稽。王稽问："魏有贤人可与俱西游者乎？"郑安平曰："臣里中有张禄先生，欲见君，言天下事。其人有仇，不敢昼见。"王稽曰："夜与俱来。"郑安平夜与张禄见王稽。语未究②，王稽知范雎贤，谓曰："先生待我于三亭南③。"与私约而去。

【注释】

①诈：假装。卒：差役。②究：到底，完了。③三亭南：三亭冈的南边。一说"三亭南"当为"三亭冈"。三亭，冈名。

【译文】

这个时候，秦昭王派谒者王稽到了魏国。郑安平装成差役，侍奉王稽。王稽问道："魏国有贤明之人可以和我一同去西方游历的吗？"郑安平说："我的家中有张禄先生，想拜见您，和您交谈天下之事。他有仇家，不敢白天前来见您。"王稽说："晚上你和他一起来。"郑安平在晚上和张禄一起拜见王稽。话还没有交谈完毕，王稽知道范雎贤明，对他说："先生在三亭冈的南边等我。"跟他暗中约定好就离开了。

◎须贾请罪◎

【原文】

范雎既相秦，秦号曰张禄，而魏不知，以为范雎已死久矣。魏闻秦且东伐韩、魏，魏使须贾于秦。范雎闻之，为微行①，敝衣间步之邸②，见须贾。须贾见之而惊曰："范叔固无恙乎！"范雎曰："然。"须贾笑曰：范叔有说于秦邪？"曰："不也。雎前日得过于魏相，故亡逃至此，安敢说乎！"须贾曰："今叔何事？"范雎曰："臣为人庸赁。"须贾意哀之，留与坐饮食，曰："范叔一寒如此哉！"乃取其一绨袍以赐之④。须贾因问曰："秦相张君，公知之乎？吾闻幸于王，天下之事皆决于相君。今吾事之去留在张君⑤。孺子岂有习于相君者哉？"范雎曰："主人翁习知之，唯雎亦得谒，雎请为见君于张君。"须贾曰："吾马病，车轴折，非大车驷马，吾固不出。"范雎曰："愿为君借大车驷马于主人翁。"

【注释】

① 微行：隐蔽尊贵的身份改装出行。② 间步：从小路走。③ 庸赁：受雇用的差役。④ 绨袍：厚绸做的袍子。⑤ 去留：留下或离去，指成功或失败。

【译文】

范雎当上秦相之后，秦国称他为"张禄"，魏国不知道，认为范雎已经死了很长时间了。魏王听说秦国将要东征伐韩国和魏国，就派须贾出使秦国。范雎听说之后，就微服出行，穿着破旧的衣服从小路走到接待宾客的馆舍，拜见须贾。须贾见到他后，很吃惊地说："范叔您原来没有遭受灾祸啊！"范雎说："对。"须贾笑着说："范叔到秦国之后游说秦王了吗？"范雎回答说："没有。我以前得罪了魏相，所以逃亡到这里，怎么敢再游说呢！"须贾问："现在您从事什么工作？"范雎说："我现在受雇给别人做工。"须贾怜悯范雎，把他留下来坐下一起喝酒吃饭，还说道："范叔竟然贫困到这步田地了啊！"便取出一件厚绸做的袍子给他。须贾趁机问他道："秦相张君，您知道他吗？我听说他很受秦王宠幸，天下的大事都由这位相国决断。现在我是成功还是失败完全取决于张君。你小子的朋友中有跟张君熟悉的吗？"范雎说："我家主人和张君很熟悉，即使我范雎也能拜见他，我愿意把您介绍给张君。"须贾说："我的马病了，车轴也断了，不是四匹马驾的大车，我是不能出门的。"范雎说："我愿意为您向我的主人借四匹马驾的大车。"

【原文】

范雎归取大车驷马，为须贾御之，入秦相府。府中望见，有识者皆避匿。须贾怪之。至相舍门①，谓须贾曰："待我，我为君先入通于相君。"须贾待门下，持车良久，问门下曰："范叔不出，何也？"门下曰："无范叔。"须贾曰："乡者与我载而入者。"门下曰："乃吾相张君也。"须贾大惊，自知见卖，乃肉袒膝行，因门下人谢罪。于是范雎盛帷帐②，侍者甚众，见之。须贾顿首言死罪，曰："贾不意君能自致于青云之上③，贾不敢复读天下之书，不敢复与天下之事。贾有汤镬之罪④，请自屏于胡貉之地，唯君死生之！"范雎曰："汝罪有几？"曰："擢贾之发以续贾之罪，尚未足。"范雎曰："汝罪有三耳。昔者楚昭王时而申包胥为楚却吴军，楚王封之以荆五千户，包胥辞不受，为丘墓之寄于荆也。今雎之先人丘墓亦在魏，公前以雎为有外心于齐而恶雎于魏齐⑤，公之罪一也。当魏齐辱我于厕中，公不止，罪二也。更醉而溺我，公其何

范雎为须贾御车

忍乎？罪三矣。然公之所以得无死者，以绨袍恋恋⑥，有故人之意，故释公。"乃谢罢。入言之昭王，罢归须贾⑦。

须贾辞于范雎，范雎大供具⑧，尽请诸侯使，与坐堂上，食饮甚设⑨。而坐须贾于堂下，置莝豆其前⑩，令两黥徒夹而马食之⑪。数曰⑫："为我告魏王，急持魏齐头来！不然者，我且屠大梁。"须贾归，以告魏齐。魏齐恐，亡走赵，匿平原君所⑬。

【注释】

① 相舍门：相国办公地方的门口。② 盛帷帐：挂上盛大的帐幕。③ 自致：靠自己的能力达到。青云之上：比喻极高的官位。④ 汤镬：古代的酷刑，用以煮杀人。镬，大锅，用作刑具。⑤ 恶：说别人坏话。⑥ 恋恋：形容留恋之情。⑦ 罢归：指不接受来使，令其回国。⑧ 大供具：大摆宴席。供具：供设酒器食具，引申摆宴席。⑨ 甚设：摆设丰盛。⑩ 莝豆：铡碎的草和豆子拌在一起的饲料。⑪ 黥徒：受过墨刑的犯人。黥：古代一种肉刑，用刀刺面并涂上墨。⑫ 数：指责。⑬ 平原君：即赵胜。

【译文】

范雎回去之后，取来四匹马驾的大车，亲自为须贾驾车，进入秦国相府。府中有人看见范雎，有认识他的，都向旁边避开。须贾觉得奇怪。走到秦相办公之处的门口，范雎对须贾说："请在这里等我一下，我先进去替您向丞相通报一声。"须贾在门口等着，在车旁等了很久，问相府的下人说："范叔怎么还不出来？"下人说："这里没有范叔。"须贾说："就是刚才和我一块坐车进来的那个人啊。"下人说："他就是我们的相国张君啊。"须贾十分吃惊，知道自己被欺骗了，就裸露上身，跪着向前行走，通过下人向范雎请罪。范雎挂上华丽的帷帐，在旁侍奉的人很多，与须贾相见。须贾叩头直说自己犯了死罪，说："我须贾没有想到您靠着自己的能力达到青云之上，我不敢再读天下的书籍了，不敢再参与天下的大事了。我犯了应处以扔到滚汤中煮死的罪行，请您把我放逐到北方的胡貉之地，是死是活，任凭您的处置！"范雎说："你有多少罪呢？"须贾回答说："就算把我的头发全拔下来作为筹码，也不够计算我的罪过啊。"范雎又说："你的罪行有三个。当初楚昭王的时候，申包胥为楚国打败了吴国军队，楚王封给他荆地五千户，申包胥推辞不接受，因为他的祖宗埋葬在荆地。现在我祖先的坟墓也在魏国，你之前认为我把魏国出卖给齐国，就在魏齐的面前中伤我，这是你的第一条罪行。当魏齐把我抛弃到厕所中侮辱我的时候，你不制止，这是第二条罪行。等到喝醉后又在我的身上撒尿，你怎么忍心呢？这是第三条罪行。然而你今天之所以得以不死，是因为你赠给我一件粗绸袍子，算是还顾念以前的交情，所以释放你。"说完就让他离开相府。范雎进宫告诉了昭王，把须贾打发回去。

须贾向范雎告辞，范雎大摆筵席，请来所有诸侯的使节，和他们一起坐在大堂之上，准备了丰盛的酒肴。唯独让须贾坐在堂下，在他的面前放了一些干草拌豆子的马料，让两个受过黥刑的囚徒夹着饲料，像喂马一样喂给须贾吃。范雎指责须贾道："替我告诉魏王，赶快把魏齐的脑袋拿过来！不然的话，我就血洗大梁！"须贾回去，把这番话告诉魏齐。魏齐很害怕，逃到赵国，藏在平原君那里。

⊙文史知识

范雎的"远交近攻"之策

"远交近攻"之策，是范雎对秦国的伟大贡献。"远交近攻"是和远方的国家结盟，而与相邻的国家为敌。这样做既可以防止邻国有时腋之变，又使敌国两面受敌，无法与我方抗衡。"远交"实际上是为了避免树敌过多而采用的外交诱骗。远交近攻，重在分化瓦解敌方联盟，以图各个击破。范雎一计，灭六国，兴秦朝，足见这一计谋的神通。

乐毅列传

【导读】

燕国在战国中后期遭到齐国的侵略。燕昭王为报仇雪恨而招贤纳士,身在赵国的乐毅前来投奔,主张联合楚、赵、韩、魏四国一起讨伐齐国。昭王就任命乐毅为上将军,率领五国联军,大败齐军。司马迁在《太史公自序》中说:"率行其谋,连五国兵,为弱燕报强齐之仇,雪其先君之耻,作乐毅列传第二十。"可见司马迁为乐毅立传的目的,在于颂扬其军事才能。

○助燕伐齐○

【原文】

乐毅者,其先祖曰乐羊。乐羊为魏文侯将,伐取中山,魏文侯封乐羊以灵寿。乐羊死,葬于灵寿,其后子孙因家焉。中山复国,至赵武灵王时复灭中山,而乐氏后有乐毅。

乐毅贤,好兵,赵人举之。及武灵王有沙丘之乱①,乃去赵适魏。闻燕昭王以子之之乱而齐大败燕②,燕昭王怨齐,未尝一日而忘报齐也。燕国小,辟远③,力不能制④,于是屈身下士⑤,先礼郭隗以招贤者⑥。乐毅于是为魏昭王使于燕,燕王以客礼待之。乐毅辞让,遂委质为臣⑦,燕昭王以为亚卿,久之。

【注释】

① 沙丘之乱:公元前295年,赵武灵王与少子惠文王一同游沙丘,长子章乘机作乱,想杀死惠文王以自立,公子成等发兵平乱,长子章兵败,逃入武灵王行宫,公子成率兵围困,杀死长子章,武灵王被饿死。② 子之之乱:公元前315年,燕王哙将王位禅让给国相子之,子之为政三年燕国大乱。公元前314年,齐宣王侵袭燕国,杀死燕王哙和子之。③ 辟:同"僻",偏僻。④ 制:制胜。⑤ 屈身:降低身份。⑥ 先礼郭隗:指燕昭王听从郭隗建议,先礼尊郭隗本人,为其筑宫,拜其为师以招揽天下贤士。⑦ 委质:古代臣下向君主敬献礼物,以示献身。质,通"贽",初次拜见别人所带的礼物。

乐毅与燕昭王

【译文】

　　乐毅的先祖名叫乐羊。乐羊是魏文侯时期的将军，讨伐并攻占了中山国，魏文侯把灵寿封给乐羊。乐羊死后，埋葬在灵寿，之后他的子孙就居住在这里。后来中山复国，到赵武灵王时赵国再次灭掉中山国，乐氏的后代有乐毅。

　　乐毅贤能，喜欢军事，赵人推荐他。到赵武灵王时发生了沙丘之乱，乐毅就离开赵国投奔魏国。听说燕昭王因为子之之乱导致齐国大败燕国，燕昭王怨恨齐国，没有一天忘记向齐国报仇。燕国狭小，而且位置偏僻遥远，力量无法制服齐国，燕昭王就降低身份，对士人以礼相待，先对郭隗以礼相待以招揽贤者。乐毅为魏昭王出使燕国，燕王用招待宾客的礼节欢迎他。乐毅推辞谦让，于是向燕昭王献礼，请求做燕国的臣子，燕昭王任命他为亚卿，过了很久。

【原文】

　　当是时，齐湣王强，南败楚相唐眛于重丘①，西摧三晋于观津，遂与三晋击秦，助赵灭中山，破宋，广地千余里。与秦昭王争重为帝②，已而复归之③。诸侯皆欲背秦而服于齐。湣王自矜④，百姓弗堪。于是燕昭王问伐齐之事。乐毅对曰："齐，霸国之余业也⑤，地大人众，未易独攻也。王必欲伐之，莫如与赵及楚、魏⑥。"于是使乐毅约赵惠文王，别使连楚、魏，令赵啖说秦以伐齐之利⑦。诸侯害齐湣王之骄暴⑧，皆争合从与燕伐齐⑨。乐毅还报，燕昭王悉起兵，使乐毅为上将军，赵惠文王以相国印授乐毅。乐毅于是并护赵、楚、韩、魏、燕之兵以伐齐⑩，破之济西。诸侯兵罢归，而燕军乐毅独追，至于临菑。齐湣王之败济西，亡走，保于莒。乐毅独留徇齐⑪，齐皆城守⑫。乐毅攻入临菑，尽取齐宝财物祭器输之燕。燕昭王大说，亲至济上劳军，行赏飨士⑬，封乐毅于昌国，号为昌国君。于是燕昭王收齐卤获以归⑭，而使乐毅复以兵平齐城之不下者。

【注释】

①楚相：梁玉绳《史记志疑》："'楚相'乃'楚将'之误。"②争重为帝：争取尊为帝号。公元前288年，秦昭王自称西帝，尊齐湣王为东帝。③已而复归之：指齐湣王接受苏代的劝说，称帝后两个月就取消了帝号。④自矜：自傲自大。⑤余业：先人遗留的功业。⑥与：结交，联合。⑦啖（dàn）：凭着利益引诱人。⑧害：认为……是祸害。⑨合从：战国时期诸侯"合众弱以攻一强"的一种外交策略，主要针对秦国。从，通"纵"。⑩并护：统一指挥。⑪徇：带兵巡行占领的土地。⑫城守：据城固守。⑬飨：用酒食招待人。⑭卤获：夺取缴获的战利品。卤，通"掳"，掠夺。

【译文】

　　这个时候，齐湣王很强大，向南在重丘打败了楚相唐眛，向西在观津击败了三晋，又联合三晋攻打秦国，帮助赵国灭掉中山，占领宋国，扩展国土一千多里。与秦昭王争夺帝位的尊贵称号，不久又取消了帝号。天下的诸侯都想背离秦国而臣服齐国。齐湣王骄横自大，百姓不堪忍受。于是燕昭王询问讨伐齐国的事情。乐毅回答说："齐国有王霸之国留下的产业，地广人多，不可轻率地单独进攻，大王一定要征伐齐国，不如联合赵国、楚国和魏国。"于是派乐毅与赵惠文王立约结盟，又派其他的人去联合楚国和魏国，让赵国去引诱游说秦国，陈说讨伐齐国的好处。诸侯苦于齐湣王的骄横暴虐，都争着联合起来和燕国一起讨伐齐国。乐毅回燕国报告，燕昭王出动全部军队，任命乐毅为上将军，赵惠文王把相国的印信授予乐毅。乐毅统率赵国、楚国、韩国、魏国、燕国五国的军队讨伐齐国，在济西大败齐军。诸侯的军队都撤回，而乐毅独自率领燕军追击齐军，到达临淄。齐湣王在济西大败，逃走了，在莒邑困守。乐毅独自留下来带兵巡行所占的齐国领土，齐军据城而守。乐毅攻入临淄，把齐国的财物和祭祀用的礼器尽数取走运回燕国。燕昭王很高兴，亲自到济上犒劳军士，用酒食款待将士，把昌国封给乐毅，称为昌国君。事后燕昭王带着从齐国夺取的财物回到燕国，又让乐毅去平定齐国还没有攻下来的城邑。

廉颇蔺相如列传

【导读】

战国后期，秦国统一天下的趋势日趋明朗，不过六国之中仍有与秦国抗衡的强国，赵国就是其中的一个。赵国在经历武灵王"胡服骑射"之后，军事实力增强，扮演着阻击秦国的角色。秦国为了对付赵国，采取政治、外交和军事手段，以图削弱对方。而赵国在与秦国的斗争中，也涌现出一些英雄人物，这些人物中著名的有廉颇、蔺相如、李牧等。本文节录的就是廉颇、蔺相如及李牧的事迹。

○完璧归赵○

【原文】

廉颇者，赵之良将也。赵惠文王十六年，廉颇为赵将伐齐，大破之，取阳晋，拜为上卿①，以勇气闻于诸侯。蔺相如者，赵人也，为赵宦者令缪贤舍人。

赵惠文王时，得楚和氏璧②。秦昭王闻之，使人遗赵王书③，愿以十五城请易璧。赵王与大将军廉颇诸大臣谋：欲予秦，秦城恐不可得，徒见欺④；欲勿予，即患秦兵之来⑤。计未定，求人可使报秦者，未得。宦者令缪贤曰："臣舍人蔺相如可使。"王问："何以知之？"对曰："臣尝有罪，窃计欲亡走燕，臣舍人相如止臣，曰：'君何以知燕王？'臣语曰：'臣尝从大王与燕王会境上，燕王私握臣手，曰愿结友。以此知之，故欲往。'相如谓臣曰：'夫赵强而燕弱，而君幸于赵王，故燕王欲结于君。今君乃亡赵走燕，燕畏赵，其势必不敢留君，而束君归赵矣。君不如肉袒伏斧质请罪⑥，则幸得脱矣。'臣从其计，大王亦幸赦臣。臣窃以为其人勇士，有智谋，宜可使。"于是王召见，问蔺相如："秦王以十五城请易寡人之璧，可予不⑦？"相如曰："秦强而赵弱，不可不许。"王曰："取吾璧，不予我城，奈何？"相如曰："秦以城求璧而赵不许，曲在赵。赵予璧而秦不予赵城，曲在秦。均之二策⑧，宁许以负秦曲⑨。"王曰："谁可使者？"相如曰："王必无人，臣愿奉璧往使⑩。城入赵而璧留秦；城不入，臣请完璧归赵。"赵王于是遂遣相如奉璧西入秦。

【注释】

①拜：授予官职。②和氏璧：据《韩非子·和氏篇》记载，楚人卞和在山中得到璞，献给楚厉王，厉王派玉匠鉴别，说是石块。厉王下令砍断卞和左足。楚武王即位，卞和又献璞，玉匠仍说是石块。武王又砍断他的右足。楚文王即位，卞和抱

蔺相如对赵王

璞在山中大哭。文王令匠人把璞剖开，里边果然是一块宝玉，于是命名为和氏之璧。③遗：送。④徒：白白地。⑤患：担心，害怕。⑥肉袒：脱去上衣，露出上体。斧质：古代杀人刑具。质，同"锧"，铁砧板，人伏其上等待砍头。⑦不：通"否"。⑧均：衡量。⑨负秦曲：使秦国承担理屈的责任。⑩奉：恭敬地捧着。

【译文】

廉颇，赵国的良将。赵惠文王十六年，廉颇担任赵将讨伐齐国，大败齐军，夺取阳晋，被封为上卿，凭借勇气闻名于诸侯。蔺相如，赵国人，是赵国的宦官令缪贤的宾客。

赵惠文王的时候，得到楚地的和氏璧。秦昭王听说之后，派人给赵王送信，说愿意用十五座城池交换和氏璧。赵王与大将军廉颇以及诸位大臣商量说："倘若给秦国，秦国的城池恐怕得不到，白白被欺负；倘若不给，又担心秦国派兵前来。"对策还没有定下来，寻找能够答复秦王的使者，但没有找到。宦官令缪贤说："臣的宾客蔺相如可以出使。"赵王问道："你怎么知道他可以呢？"回答说："臣曾经有罪，私底下谋划想逃到燕国，宾客蔺相如阻止了臣，说：'您凭什么了解燕王呢？'我回答说：'我曾经跟随大王与燕王在边境上会盟，燕王私下里与我握手，说愿意跟我结交。我凭此知道燕王会收留我，所以想前往。'相如对我说：'赵国强大而燕国弱小，您受赵王的宠爱，所以燕王想与您结交。现在您逃离赵国前往燕国，燕国畏惧赵国，依照形势看来，他一定不敢收留你，会把你绑起来送回赵国。您不如裸露上身，露出肩膀，然后伏在刑具上，向大王请罪，或许能够免罪。'臣听从了他的办法，大王也赦免了臣的罪行。我私底下认为蔺相如是个勇士，有智谋，应当可以出使。"于是赵王召见相如，问蔺相如道："秦王用十五座城池与我交换和氏璧，可不可以给他呢？"蔺相如说："秦国强大而赵国弱小，不能不答应。"大王说："拿走我的和氏璧，不给我城池，那该怎么办？"相如说："秦国用城池求取和氏璧，如果赵国不答应，理亏的是赵国。赵献出和氏璧而秦国不送给赵国城池，理亏的是秦国。衡量这两种情况，宁愿答应秦国的要求而让秦国担理亏的罪名。"赵王说："谁有能力出使呢？"相如说："大王一定没有人可以，我愿意拿着和氏璧出使到秦国。倘若城池送给了赵国，那么和氏璧就留给秦国；倘若城池不送给赵国，我就负责把和氏璧完完整整地带回赵国。"赵王便派相如拿着和氏璧向西到了秦国。

【原文】

秦王坐章台见相如①，相如奉璧奏秦王②。秦王大喜，传以示美人及左右③，左右皆呼万岁。相如视秦王无意偿赵城，乃前曰："璧有瑕④，请指示王。"王授璧，相如因持璧却立⑤，倚柱，怒发上冲冠，谓秦王曰："大王欲得璧，使人发书至赵王，赵王悉召群臣议，皆曰'秦贪，负其强⑥，以空言求璧，偿城恐不可得'。议不欲予秦璧。臣以为布衣之交尚不相欺⑦，况大国乎！且以一璧之故逆强秦之欢⑧，不可。于是赵王乃斋戒五日⑨，使臣奉璧，拜送书于庭。何者？严大国之威以修敬也⑩。今臣至，大王见臣列观，礼节甚倨⑪；得璧，传之美人，以戏弄臣。臣观大王无意偿赵王城邑，故臣复取璧。大王必欲急臣⑫，臣头今与璧俱碎于柱矣！"相如持其璧睨柱⑬，欲以击柱。秦王恐其破璧，乃辞谢固请，召有司案图⑭，指从此以往十五都予赵。相如度秦王特以诈详为予赵城⑮，实不可得，乃谓秦王曰："和氏璧，天下所共传宝也⑯，赵王恐，不敢不献。赵王送璧时，斋戒五日，今大王亦宜斋戒五日，设九宾于廷，臣乃敢上璧。"秦王度之，终不可强夺，遂许斋五日，舍相如广成传⑰。相如度秦王虽斋，决负约不偿城，乃使其从者衣褐⑱，怀其璧，从径道亡⑲，归璧于赵。

【注释】

①章台：战国时秦国渭南离宫内的一座台观名。②奏：进献。③美人：指妃嫔、姬妾。左右：指秦王近侍。④瑕：玉上的赤色小斑点。⑤却：退。⑥负：倚仗。⑦布衣之交：平民交友。⑧逆：违背，触犯。⑨斋戒：古人在祭祀

之前几天要沐浴更衣，戒酒，戒荤，戒女色，以表示对神的虔诚。⑩严：尊重。修敬：致敬。⑪倨：傲慢。⑫急：逼迫。⑬睨：斜视。⑭有司：主管某方面事务的长官。⑮特：不过。详：通"佯"，假装。⑯共传：公认。⑰舍：安置住宿。传：传舍，宾馆。⑱褐：粗麻布短衣。⑲径道：小路。

蔺相如作势碎璧

【译文】

秦王坐在章台上召见相如，相如双手捧着和氏璧献给秦王。秦王十分高兴，传递给美人和左右的近臣欣赏，近臣们都高呼"万岁"。相如看秦王没有诚意把城池给赵国，就上前说道："这块璧有小斑点，请让我指给大王看。"秦王把璧交给他，相如拿着和氏璧，后退几步倚着柱子站立，怒发冲冠，他对秦王说："大王想得到和氏璧，派人送信给赵王，赵王召集所有大臣一起商量，都说'秦国贪婪，仰仗着强大的国力，用虚假的言语求取和氏璧，给我们的城池恐怕不能得到'。商量着不打算给秦国和氏璧。我认为布衣之间的交往尚且不能相互欺骗，更何况是大国之间呢！于是赵王斋戒五天，派我双手捧着和氏璧，在大殿之上拜呈国书，这是为什么呢？无非是为了尊重大国的威严，表示敬意啊！现在我到了秦国，大王只是在一般的馆舍接见我，待客的态度傲慢无礼；拿到玉璧后，传递给美人看，存心戏弄微臣。我看大王无意给赵国城池，所以我又取回和氏璧。大王一定要逼迫我，那么我的脑袋今天就跟这块璧一起撞碎在柱子上！"蔺相如拿着和氏璧，斜视殿内的柱子，将要向柱子上撞去。秦王担心他撞碎和氏璧，就向蔺相如道歉，请他千万不要撞碎这块璧，召来主事的官吏查看地图，指着从这里到那里的十五座城池都送给赵国。相如估量秦王这是假装送给赵国城池，实际上根本得不到，便对秦王说："和氏璧，那是名闻天下的瑰宝，赵王害怕，不敢不献出来。赵王送和氏璧的时候，斋戒了五天，现在大王也应该斋戒五天，在官廷之上以隆重的九宾大典迎接我，我才敢献上和氏璧。"秦王想了想，终究不能用强力夺取，所以答应斋戒五天，安置相如住进广成传舍。相如估量秦王即便斋戒，也一定会违背约定不补偿城池，就派他的随从穿上粗布衣，怀里藏着和氏璧，从小路逃走，把和氏璧送回赵国。

【原文】

秦王斋五日后，乃设九宾礼于廷，引赵使者蔺相如。相如至，谓秦王曰："秦自缪公以来二十余君①，未尝有坚明约束者也②。臣诚恐见欺于王而负赵，故令人持璧归，间至赵矣③。且秦强而赵弱，大王遣一介之使至赵，赵立奉璧来。今以秦之强而先割十五都予赵，赵岂敢留璧而得罪大王乎？臣知欺大王之罪当诛，臣请就汤镬④，唯大王与群臣孰计议之⑤。"秦王与群臣相视而嘻⑥。左右或欲引相如去，秦王因曰："今杀相如，终不能得璧也，而绝秦赵之欢，不如因而厚遇之⑦，使归赵，赵王岂以一璧之故欺秦邪！"卒廷见相如，毕礼而归之。

【注释】

①缪公：即秦缪公。缪，通"穆"。②坚明：坚决明确地遵守。约束：信约，盟约。③间：小路。④汤镬：开水锅。古代有一种酷刑为烹刑，即把人置入开水锅中煮死。⑤孰：同"熟"，仔细。⑥嘻：惊怪之声。⑦遇：款待。

【译文】

秦王斋戒五天之后，就在官廷之上设九宾之礼，引见赵国使者蔺相如。相如到了官殿，对秦王说："秦国自缪公以来的二十多位君主，不曾有切实遵守盟约的。我实在担心被大王欺骗而辜负赵王，所以派人拿着玉璧回去，这时候已经到赵国了。况且秦国强大而赵国弱小，大王差遣一个使臣到赵国，赵王将立刻派人捧着玉璧前来。现在凭借秦国的强大，先把十五座城池给赵国，赵国怎敢私留玉璧而得罪大王呢？我知道欺骗大王论罪当诛，我愿意接受烹刑，还是请大王和群臣们仔细斟酌一下。"秦王和群臣相互对视发出惊呼声。左右近臣有人想把相如拉下去杀掉，秦王阻止说："现在杀掉相如，终究不能得到玉璧，反而断绝了秦赵之间的交往，不如趁机好好款待他，让他回到赵国，赵王怎会因为一块玉璧的缘故而欺骗侮辱秦国呢！"秦王在宫廷之上召见相如，接见大礼完毕后，让他回了赵国。

【原文】

其后秦伐赵，拔石城①。明年，复攻赵，杀二万人。

秦王使使者告赵王，欲与王为好会于西河外渑池②。赵王畏秦，欲毋行。廉颇、蔺相如计曰："王不行，示赵弱且怯也。"赵王遂行，相如从。廉颇送至境，与王诀曰③："王行，度道里会遇之礼毕④，还，不过三十日。三十日不还，则请立太子为王，以绝秦望。"王许之，遂与秦王会渑池。秦王饮酒酣，曰："寡人窃闻赵王好音，请奏瑟。"赵王鼓瑟。秦御史前书曰"某年月日，秦王与赵王会饮，令赵王鼓瑟"。蔺相如前曰："赵王窃闻秦王善为秦声，请奏盆缻秦王⑤，以相娱乐。"秦王怒，不许。于是相如前进缻⑥，因跪请秦王。秦王不肯击缻。相如曰："五步之内，相如请得以颈血溅大王矣！"左右欲刃相如，相如张目叱之⑦，左右皆靡⑧。于是秦王不怿⑨，为一击缻。相如顾召赵御史书曰"某年月日，秦王为赵王击缻"。秦之群臣曰："请以赵十五城为秦王寿⑩。"蔺相如亦曰："请以秦之咸阳为赵王寿。"

【注释】

①拔：攻克。②西河：黄河以西。在今天的陕西省东南部黄河以西一带。③诀：将远离而互相告别。又解为死别，廉颇担心赵王遇险不能返赵，故而作诀别之语。④道里：路程。⑤奏：献。缻(fǒu)：盛酒浆的瓦器，同"缶"。⑥进：进献。⑦叱：喝骂。⑧靡：倒退，溃退。⑨怿：欢乐，兴奋。⑩寿：献礼祝寿。

【译文】

之后秦国讨伐赵国，攻下石城。第二年，再次攻打赵国，杀死两万人。

秦王派使者告诉赵王，想和赵王在黄河西边的渑池会盟和好。赵王害怕秦国，打算不前往。廉颇、蔺相如说："大王不去，就表示赵国弱小而且胆怯。"赵王去了，相如跟随前往。廉颇送到边境处，与赵王诀别说："大王此行，估计来回的路程加上会期，不会超过三十天。三十天回不来，就请立太子为王，以断绝秦国要挟您的企图。"赵王答应了，便和秦王在渑池相会。秦王喝酒喝得微醺的时候，说："寡人私下里听说赵王喜好音乐，请为我演奏一下瑟吧。"赵王为秦王弹瑟。秦国史官上前记下来："某年某月某日，秦王与赵王一起饮酒，让赵王弹瑟。"蔺相如上前说："赵王私底下听说秦王擅长演奏秦地乐曲，请秦王敲打瓦缶，以相互娱乐。"秦王大怒，不答应。相如就走上去奉献瓦缶，接着跪在秦王面前请秦王演奏。秦王不肯敲击瓦缶。相如说："我将在五步之内，以我脖颈里的鲜血溅到大王的身上！"秦王侍卫想杀掉相如，相如睁大眼睛大声呵斥，侍卫都退了下来。秦王感到很不高兴，为赵王敲击了一下瓦缶。相如回过头召唤赵国史官记下："某年某月某日，秦王为赵王敲击瓦缶。"秦国的群臣说："请赵王献出赵国十五座城池向秦王献礼。"蔺相如也说："请秦王献出秦国的咸阳向赵王献礼。"

将相和

【原文】

既罢归国，以相如功大，拜为上卿，位在廉颇之右①。廉颇曰："我为赵将，有攻城野战之大功，而蔺相如徒以口舌为劳，而位居我上，且相如素贱人，吾羞，不忍为之下。"宣言曰②："我见相如，必辱之。"相如闻，不肯与会。相如每朝时，常称病，不欲与廉颇争列。已而相如出，望见廉颇，相如引车避匿③。于是舍人相与谏曰："臣所以去亲戚而事君者，徒慕君之高义也。今君与廉颇同列，廉君宣恶言而君畏匿之，恐惧殊甚，且庸人尚羞之，况于将相乎！臣等不肖，请辞去。"蔺相如固止之，曰："公之视廉将军孰与秦王④？"曰："不若也。"相如曰："夫以秦王之威，而相如廷叱之，辱其群臣，相如虽驽⑤，独畏廉将军哉？顾吾念之，强秦之所以不敢加兵于赵者，徒以吾两人在也。今两虎共斗，其势不俱生。吾所以为此者，以先国家之急而后私仇也。"廉颇闻之，肉袒负荆，因宾客至蔺相如门谢罪。曰："鄙贱之人，不知将军宽之至此也。"卒相与欢，为刎颈之交。

廉颇负荆请罪

【注释】

①右：秦汉以前以右为上、以左为下。②宣言：扬言。③引车：把车掉转方向。引：退。④孰与：何如。⑤驽：劣马。

【译文】

　　宴会结束，回到赵国，赵王认为相如功劳很大，任命他为上卿，地位在廉颇之上。廉颇说："我身为赵国的大将，有攻城野战、保疆卫土的功劳，而蔺相如仅仅以口舌之功，地位居于我的上面；况且相如一直是个没有地位的人，我很羞愧，无法容忍位居他的下面。"扬言说："倘若我见到相如，一定当众侮辱他。"相如听说后，不肯跟廉颇碰头。相如每次上朝，都称病不去，不想与廉颇争列次。有一次相如出门，老远看见廉颇，相如把车子调转方向躲避。宾客争相向他进谏说："臣之所以离开亲人侍奉您，只是仰慕您的崇高行为罢了。现在您与廉颇地位平等，廉颇口出恶言而您却畏惧他躲避他，害怕极了，普通人尚且感到羞愧，更何况将相呢！臣等不肖，请让我们离开吧。"蔺相如再三劝阻他们，说："你们看廉将军比起秦王来哪一个厉害？"宾客说："廉将军不如秦王。"相如说："秦王那么威严，我相如都能在朝堂上呵斥他，侮辱他的群臣，相如虽然愚笨无能，难道单单畏惧廉将军吗？不过我想的是，强大的秦国之所以不敢出兵攻打赵国，只是因为赵国有我们二人啊。现在两虎相争，势必不会共存。我之所以这么做，是以国家之事为先，而以个人私怨为后啊。"廉颇听到这些话，赤裸上身背上荆棘，通过宾客的关系来到蔺相如家门口请罪。说："我是个粗鄙卑贱之人，不知道将军您的胸怀是如此宽广啊！"于是两人和好，成为同生死共患难的朋友。

◎良将李牧◎

【原文】

　　李牧者，赵之北边良将也。常居代雁门①，备匈奴。以便宜置吏②，市租皆输入莫府③，为士卒费。日击数牛飨士④，习射骑，谨烽火，多间谍，厚遇战士。为约曰："匈奴即入盗⑤，急入收保⑥，有敢捕虏者斩。"匈奴每入，烽火谨，辄入收保，不敢战。如是数岁，亦不亡失。然匈奴以李牧为怯，虽赵边兵亦以为吾将怯。赵王让李牧，李牧如故。赵王怒，召之，使他人代将。

　　岁余，匈奴每来，出战。出战，数不利，失亡多，边不得田畜⑦。复请李牧，牧杜门不出，固称疾。赵王乃复强起使将兵⑧。牧曰："王必用臣，臣如前，乃敢奉令。"王许之。

大破匈奴

【注释】

①代雁门：代地的雁门郡。②便宜：依照实际情况灵活掌握。③莫府：即幕府，"莫"通"幕"。古代将帅出征时，办公机构设在帐幕中，称为幕府。后世地方最高的文武官员的官署也称为幕府。④飨：用酒食招待。⑤入盗：入侵。⑥收保：收拢人马物资退入营垒。保，同"堡"。⑦田畜：种田和畜牧。⑧乃复：一再。强：勉强。起：起用。

【译文】

　　李牧，镇守赵国北部边境的良将。经常驻守于代地和雁门，防备匈奴。他根据需要设置官吏，城中征收的租税都输送到幕府之中，作为士兵的军饷。每天杀掉几头牛犒劳官兵，练习射箭骑马。谨慎地守卫烽火台，增加侦察人员的数量，优厚地对待战士。他订了一个规定："倘若匈奴入侵，应当快速地退守到壁垒之中，有胆敢捕捉俘虏的一律处斩。"匈奴每次入侵，兵士就点起烽火，立刻退到壁垒之内，不敢出战。这样接连几年，也没有什么伤亡损失。但匈奴却认为李牧胆怯，即是赵国守卫边境的兵士也认为他们的将军胆怯，赵王责备李牧，李牧却和往常一样，赵王很生气，把李牧召回来，派别人代替李牧出任边将。

　　一年多以来，匈奴每次前来，赵国都出战。每次出战，多不顺利，伤亡较多，边关无法按时种植和畜牧。赵王再次请李牧，李牧闭门不出，坚持说自己有病。赵王一再请他复出带兵。李牧说："倘若大王一定用臣的话，臣还跟从前一样，这样才敢接受任命。"赵王同意了。

【原文】

　　李牧至，如故约。匈奴数岁无所得。终以为怯。边士日得赏赐而不用，皆愿一战。于是乃具选车得千三百乘，选骑得万三千匹，百金之士五万人①，彀者十万人②，悉勒习战③。大纵畜牧，人民满野。匈奴小入，详北不胜，以数千人委之④。单于闻之⑤，大率众来入。李牧多为奇陈⑥，张左右翼击之，大破杀匈奴十余万骑。灭襜褴⑦，破东胡⑧，降林胡⑨，单于奔走。其后十余岁，匈奴不敢近赵边城。

【注释】

①百金之士：这里指能冲锋陷阵的勇士。②彀者：善于射箭的人。彀，把弓拉满。③勒：组织起来。④委：抛弃。

⑤单于：匈奴的君主称为单于。⑥陈：同"阵"。⑦襜褴：部族名，在代地的北面。⑧东胡：部族名，在匈奴的东面。⑨林胡：部族名，在今山西朔县以北至内蒙古一带。

【译文】

　　李牧到了边关，依照原先的规定行事。匈奴好几年没得到什么好处。他们终究认为是李牧胆怯。边关将士每天得到赏赐却不被使用，都希望能与匈奴一战。于是，李牧就做准备，挑选出战车一千三百辆，选出战马一万三千匹、能冲锋陷阵的勇士五万人以及善于射箭的射手十万人，全都组织起来训练。大肆在边关放牧，百姓遍布田野。匈奴派小股军队入侵，李牧假装败走，扔下几千人任匈奴活捉而去。单于听说后，率领大军入侵。李牧布置了很多奇阵，左右包抄进攻匈奴，大败匈奴，斩杀十几万人马。接着灭掉襜褴，大破东胡，招降林胡，单于逃走。之后十多年，匈奴不敢靠近赵国的边城。

【原文】

　　赵悼襄王元年，廉颇既亡入魏，赵使李牧攻燕，拔武遂、方城。居二年，庞煖破燕军，杀剧辛。后七年，秦破杀赵将扈辄于武遂，斩首十万。赵乃以李牧为大将军，击秦军于宜安，大破秦军，走秦将桓齮①。封李牧为武安君。居三年，秦攻番吾，李牧击破秦军，南距韩、魏。

　　赵王迁七年，秦使王翦攻赵，赵使李牧、司马尚御之。秦多与赵王宠臣郭开金，为反间，言李牧、司马尚欲反。赵王乃使赵葱及齐将颜聚代李牧。李牧不受命，赵使人微捕得李牧②，斩之。废司马尚③。后三月，王翦因急击赵，打破杀赵葱，虏赵王迁及其将颜聚，遂灭赵。

【注释】

①走：赶跑。②微捕：暗中查访。③废：撤职。

【译文】

　　赵悼襄王元年，廉颇逃亡到魏国，赵国派李牧攻打燕国，攻下了武遂、方城。两年后，庞煖大破燕军，杀死剧辛。其后七年，秦国大破赵军，于武遂杀死赵将扈辄，斩杀兵士十万。赵王委任李牧为大将军，在宜安大战秦军，结果大败秦军，赶跑了秦将桓齮。赵王封李牧为武安君。其后三年，秦军攻打番吾，李牧击败秦军，又在南面抵抗韩国和魏国。

　　赵王迁七年，秦国派王翦攻打赵国，赵国派李牧和司马尚抵御。秦国赠给赵王的宠臣郭开很多金钱，实施反间计，让他在赵王面前说李牧、司马尚密谋造反。赵王于是派赵葱和齐将颜聚替代李牧。李牧不接受命令，赵派人暗中捕捉了李牧，斩杀了他。撤换司马尚。三个月后，王翦趁机快速攻打赵国，大败赵军，杀死赵葱，俘虏赵王迁和将军颜聚，灭掉了赵国。

⊙文史知识

赵国的职官名号

　　战国时赵国继承了晋国的职官制度，借鉴了各国的职官名号，还首创了本国所特有的一些官职，并为后世所继承发展。如守相、假相国，《史记·廉颇蔺相如列传》中"赵以尉文封廉颇为信平君，为假相国"。守相即假相国，相当于副相的地位。这种守、假制度，为后世所效法。再如宦者令为宫廷近侍之长，蔺相如曾为赵宦者令缪贤的舍人。宦者令有接近国君的便利条件，能参与机密，招养门客，可见其地位比较显赫。这一官职，在汉代被纳入为君主服务的少府系统之中。有些赵国首创的官职名称，成为赵国官制的特色，如负责征收赋税的田部吏，作为低级军官名称的官帅将或官卒将，以及传舍吏等，战国时代只有赵国以其作为职官称号。有些赵国所首创的职官，后世名称虽经改易但实际上沿用下来。如博闻师，《史记·赵世家》：赵"武灵王年少，未能听政，立博闻师三"。博闻师系赵国首创，是国君的顾问，以备君主咨询。到了秦汉时代，博闻师发展成为博士官系统。

309

田单列传

【导读】

田单是齐国田氏的远族。最初只是个小吏，后来被拥立为齐将。田单的用兵之道在于一个"奇"字。齐国在即墨守城长官阵亡的情况下，田单被推为首领。他利用燕惠王与乐毅之间的矛盾，实施反间计，使乐毅丢了官职。田单又设计让燕军割了齐国降兵的鼻子，挖了齐人的祖坟，这些举动都使齐人愤怒不已，人人争着报仇雪恨。田单与士兵同甘共苦，亲自拿着工具修筑工事，把自己的妻妾也编进队伍之中，实现了军民一心。

同时，田单又让老弱妇孺守城，借以麻痹敌人；派遣富豪之家送去重金贿赂燕将，以示投降之心。田单趁着燕军放松警惕，练好火牛阵，出其不意地袭击燕军，场面辉煌壮丽。司马迁的这段描写，使人如临其境，如闻其声，表现出深厚的艺术功力。

○临危受命○

【原文】

田单者，齐诸田疏属也①。湣王时，单为临淄市掾，不见知②。及燕使乐毅伐破齐，齐湣王出奔，已而保莒城。燕师长驱平齐，而田单走安平，令其宗人尽断其车轴末而傅铁笼③。已而燕军攻安平，城坏，齐人走，争涂④，以轊折车败⑤，为燕所虏，唯田单宗人以铁笼故得脱，东保即墨。燕既尽降齐城，唯独莒、即墨不下。燕军闻齐王在莒，并兵攻之。淖齿既杀湣王于莒，因坚守，距燕军⑥，数年不下。燕引兵东围即墨，即墨大夫出与战，败死。城中相与推田单，曰："安平之战，田单宗人以铁笼得全，习兵。"立以为将军，以即墨距燕。

【注释】

① 诸田：指齐王田氏宗族的各个分支。疏属：血缘较远的宗族。② 见知：被人了解，即受重用。③ 傅铁笼：用铁箍紧紧套住。④ 争涂：争路而逃。涂，通"途"。⑤ 轊（wèi）：车轴末端，即套在车轴末端的金属筒状物。⑥ 距：通"拒"。抗拒，抵抗。

【译文】

田单，齐国田氏血缘关系较远的宗族。齐湣王的时候，田单担任临淄管理市政的小吏，但是不受重用。后来，燕国派乐毅讨伐齐国，齐湣王逃走，不久退守到莒城。燕国军队长驱直入攻伐齐国，田单逃奔安平，让同一家族的人把车轴两头的尖端部分锯断，再用铁箍包住。城池被攻破，齐国百姓互相争路逃亡，因为车子的车轴撞坏了，所以被燕军俘虏。只有田单的同族因为用铁箍包住了车轴，所以能够逃脱，向东退守到即墨。这个时候，燕国已经攻占了齐国所有的城池，只有莒城和即墨还没有被攻下。燕军听说齐湣王身在莒城，就调集军队攻打。大臣淖齿就在莒城杀死了齐湣王，依托城池坚守，抵御燕军，燕军攻打了几年也没能攻下。燕国便调集军队围攻即墨，即墨大夫出城与燕军交战，战败而死。即墨城中的军民争相推举田单，说："安平之战，田单一族依靠铁箍包住车轴才得以脱险，足见它善于用兵。"于是拥立田单为将军，在即墨抵御燕军。

田单固守城池

【原文】

顷之，燕昭王卒，惠王立，与乐毅有隙①。田单闻之，乃纵反间于燕②，宣言曰："齐王已死，城之不拔者二耳。乐毅畏诛而不敢归，以伐齐为名，实欲连兵南面而王齐③。齐人未附，故且缓攻即墨以待其事。齐人所惧，唯恐他将之来，即墨残矣。"燕王以为然，使骑劫代乐毅。

【注释】

① 有隙：不和。② 纵：发，行使。反间：利用间谍离间敌方内部。③ 南面：古以坐朝南为尊位，故天子诸侯见群臣，或卿大夫见僚属，皆南面而坐。王齐：在齐国称王。王，用作动词。

【译文】

不久，燕昭王去世，燕惠王即位，他与乐毅不和。田单听说后，就派人到燕国施行反间计，扬言说："齐王已经死了，仅仅有两座城池没有攻克。乐毅害怕被诛杀而不敢回来，乐毅以伐齐为名，实际是想联合南面的齐国在齐国称王。齐人还没有归顺，所以暂且延缓攻打即墨，等待时机成熟就称王。齐国所害怕的，唯恐其他将领来率领燕军，那么即墨城就必定被攻破了。"燕惠王觉得这些话有道理，就派大将骑劫去代替乐毅。

【原文】

乐毅因归赵，燕人士卒忿。而田单乃令城中人食必祭其先祖于庭，飞鸟悉翔舞城中下食。燕人怪之。田单因宣言曰："神来下教我。"乃令城中人曰："当有神人为我师。"有一卒曰："臣可以为师乎？"因反走①。田单乃起，引还，东乡坐②，师事之。卒曰："臣欺君，诚无能也。"田单曰："子勿言也！"因师之。每出约束③，必称神师。乃宣言曰："吾唯惧燕军之劓所得齐卒④，置之前行，与我战，即墨败矣。"燕人闻之，如其言。城中人见齐诸降者尽劓，皆怒，坚守，唯恐见得。单又纵反间曰："吾惧燕人掘吾城外冢墓，僇先人⑤，可为寒心。"燕军尽掘垄墓，烧死人。即墨人从城上望见，皆涕泣，俱欲出战，怒自十倍。

【注释】

① 反：同"返"。返回。② 乡：通"向"。③ 约束：规约。④ 劓：割去鼻子，古代五刑之一。⑤ 僇：羞辱。

311

【译文】

乐毅逃到赵国，燕军的士卒都感到愤懑不已。而田单命令城中军民在吃饭之前先祭祀祖先，飞鸟都飞过来争着吃祭祀的食物。燕军看到了，觉得很奇怪。田单又扬言说："神仙下来指导我们对付敌人了。"又对城里的人说："一定有神人来做我的老师。"有一个兵卒说："我可以做您的老师吗？"说完就返回原来的位置。田单忙站起身，把他请回来，让他面向东而坐，拜他为师。那个士卒说："我欺骗了您，我其实什么都不会做。"田单说："你不要多说了。"接着就拜他为师。每次指挥军队发号施令，都说是神师的主意。他又扬言说："我最怕燕军把俘虏的齐国士卒割去鼻子，放到军队的前列，再与我们交战，那么即墨就一定被攻克了。"燕军听到这话，就照此施行。城内的齐国军民见到齐国的降兵被割掉了鼻子，都很愤怒，竭力守住城池，担心被敌人抓住。田单施反间计说："我担心燕国人把城外的祖坟挖了，侮辱我们的先人，这就让人寒心了。"燕军听说之后，把齐人的坟墓全部挖掘了，还把尸体焚烧掉。即墨军民从城上看到这一情形，人人痛哭流涕，都请求出城与燕军交战，愤怒之情比以前高涨了十倍。

○齐襄王复国○

【原文】

田单乃收城中得千余牛，为绛缯衣①，画以五彩龙文，束兵刃于其角，而灌脂束苇于尾，烧其端。凿城数十穴，夜纵牛，壮士五千人随其后。牛尾热，怒而奔燕军，燕军夜大惊。牛尾炬火光明炫耀②，燕军视之皆龙文，所触尽死伤。五千人因衔枚击之③，而城中鼓噪从之，老弱皆击铜器为声，声动天地。燕军大骇，败走。齐人遂夷杀其将骑劫。燕军扰乱奔走，齐人追亡逐北④，所过城邑皆畔燕而归田单，兵日益多，乘胜，燕日败亡，卒至河上，而齐七十余城皆复为齐。乃迎襄王于莒，入临淄而听政。

襄王封田单，号曰安平君。

【注释】

①绛缯衣：大红色丝帛制成的被服。②炬火：火把。③衔枚：枚的形状如筷子，横衔口中，以禁止喧哗，古时军中常用。④追亡逐北：追击败逃的敌人。亡：逃跑。北：败逃。

【译文】

田单集中城中一千多头牛，给它们披上大红色丝帛制成的被服，在上面画上五彩缤纷的蛟龙图样，在犄角之上绑有锋利的刀子，把渍满油脂的芦苇捆绑到牛尾上，然后点燃它的末端。又在城墙上凿开几个洞，在夜里把牛赶出来，又派壮士五千人在后面跟随。牛的尾巴被燃烧了，牛发怒冲向燕军的军营，燕军在夜里惊慌失措。牛尾巴上的火把将黑夜照得光明耀眼，燕军士兵看到牛的身上有龙纹，只要是碰上牛身就会有死伤。五千壮士从后面悄悄地杀来，城中的军民紧紧跟随在后面擂鼓助阵，老幼妇孺

火牛阵

敲打铜器，声响震动天地。燕军很害怕，大败而逃。齐军趁乱杀死了燕军主将骑劫。燕军大乱，四处溃逃，齐军追击溃败的燕军，所到的城邑都背叛燕军而归顺田单。田单的军士数量逐渐增多，乘胜一路追击。燕军势力一天比一天衰弱，一直逃到黄河岸边，原先的齐国七十多座城池都收复回来了。于是田单到莒城迎接齐襄王，襄王就到临淄处理政事。

齐襄王赏赐田单，封他为安平君。

【原文】

太史公曰：兵以正合，以奇胜。善之者，出奇无穷。奇正还相生，如环之无端。夫始如处女，適人开户①；后如脱兔，适不及距：其田单之谓邪！

初，淖齿之杀湣王也，莒人求湣王子法章，得之太史嬓之家，为人灌园。嬓女怜而善遇之。后法章私以情告女，女遂与通②。及莒人共立法章为齐王，以莒距燕，而太史氏女遂为后，所谓"君王后"也。

燕之初入齐，闻画邑人王蠋贤，令军中曰"环画邑三十里无入"，以王蠋之故。已而使人谓蠋曰："齐人多高子之义，吾以子为将，封子万家。"蠋固谢。燕人曰："子不听，吾引三军而屠画邑。"王蠋曰："忠臣不事二君，贞女不更二夫。齐王不听吾谏，故退而耕于野。国既破亡，吾不能存；今又劫之以兵为君将，是助桀为暴也。与其生而无义，固不如烹③！"遂经其颈于树枝④，自奋绝脰而死⑤。齐亡大夫闻之，曰："王蠋，布衣也⑥，义不北面于燕⑦，况在位食禄者乎⑧！"乃相聚如莒⑨，求诸子，立为襄王。

【注释】

①適：通"敌"。敌人。②通：私通。③烹：用鼎锅把人煮死，古代的一种酷刑。④经：自缢。⑤脰：脖颈。⑥布衣：平民百姓。⑦北面：古时君见臣、尊长见卑幼，南面而坐，因以北面指向人称臣。⑧食禄者：指拿国家俸禄的人。⑨如：往……；到……。

【译文】

太史公说：用兵作战一方面要与敌人正面交锋，一方面又要出奇制胜。善于用兵的人，总是能够屡出奇兵而变化无穷。正面的交锋和背侧的奇袭都要发生作用，出奇制胜和正面交锋，就好像圆环没有起止一样，让人很难揣摩。最开始用兵的时候，就要像处女那样沉静和柔弱，诱使敌人大开门户；然后就像逃脱的兔子一样，使敌人来不及防御。田单用兵，就是这样啊！

当初，淖齿杀死了齐湣王，莒城人寻找齐湣王的儿子法章，在太史嬓的家里找到了他，正在帮人家浇田。太史嬓的女儿喜欢他并待他很好。法章就把自己的实情告诉了她，她就和法章私通了。后来莒城人一起拥立法章为王，以莒城抗击燕军，太史嬓的女儿就成了王后，这就是所说的"君王后"。

燕军当初入侵齐国的时候，听说画邑人王蠋很有贤德，就命令士卒说："在画邑周围三十里之内不得进入。"这是因为王蠋是画邑人的缘故。不久又派人对王蠋说："齐国有许多人称赞您的高尚德行，我们任用您为将军，还封给您十万户的食邑。"王蠋坚决推辞。燕国人说："您如果不听劝告，我们就率领军队屠平画邑！"王蠋说："忠义的臣子不能侍奉两个君主，贞烈的女子不能嫁给第二个丈夫。齐王没有听从我的劝谏，所以我隐居耕作于田间。齐国已经破亡，我不能保存它；现在你们又劫持我让我做燕国的将军，要是答应了，我就是助纣为虐。与其活着做不义之事，还不如接受烹刑呢！"说完就把自己的脖子挂在树枝上，奋力挣扎，扭断脖子而亡。齐国逃亡的士大夫听说之后，说："王蠋，一介平民，为人忠义，都不屈服于燕人，何况是我们这些吃国家俸禄的人呢！"于是聚集前往莒城，寻求齐湣王的儿子，拥立他为齐襄王。

屈原贾生列传

【导读】

　　屈原是楚国名臣，他正直敢谏，主张合纵抗秦。但因遭谗臣陷害，为楚王所疏远，且屡遭排挤，多次被流放到荒僻之地。最终，屈原投汨罗江自杀。

　　屈原同时也是一位浪漫主义诗人，他创立了"楚辞"这种文体，也开创了"香草美人"的传统。《离骚》《九章》《九歌》《天问》是屈原最主要的代表作，其中《离骚》是我国最长的抒情诗。后世所见屈原作品，皆出自西汉刘向辑集的《楚辞》。

○才德出众受谗害○

【原文】

　　屈原者①，名平，楚之同姓也②。为楚怀王左徒③。博闻强志，明于治乱④，娴于辞令。入则与王图议国事，以出号令；出则接遇宾客，应对诸侯。王甚任之。

　　上官大夫与之同列⑤，争宠而心害其能。怀王使屈原造为宪令，屈平属草稿未定⑥。上官大夫见而欲夺之，屈平不与，因谗之曰："王使屈平为令，众莫不知，每一令出，平伐其功⑦，以为'非我莫能为'也。"王怒而疏屈平。

【注释】

①屈原（约公元前340~前278年）：又名正则，字灵均。任左徒时，主张联齐抗秦。遭靳尚等人诬陷，被放逐。顷襄王时再遭贬谪，见楚国政治腐败，无力挽救，于五月五日投汨罗江而死。所写《离骚》《九歌》《天问》《九章》《远游》《卜居》《渔父》（后三篇后人多疑非屈原所作）等诗篇，对后世文学发展有巨大影响。②楚：古国名。芈（mǐ）姓。始祖鬻（yù）熊。西周时立国于荆山一带，建都丹阳（今湖北秭归东南）。周人称为荆蛮。熊渠为国君时，疆土扩大到长江中游。后迁都于郢（今湖北江陵）。春秋时期兼并周围小国，国势日强，楚庄王曾为五霸之一。战国时疆域又有扩大，就国土而言，为战国七雄之首。从楚怀王起，多次被秦国打败，公元前223年为秦所灭。③楚怀王：熊槐。公元前328年~公元前299年在位。左徒：楚官名。参预政事，起草诏令，职位相当重要。④治乱：指政治安定清明和动荡混乱，即国家的兴亡盛衰。⑤上官大夫：即靳（jìn）尚。一说上官是复姓，和靳尚不是一人。同列：同位，官阶相等。⑥属（zhǔ）：写作。⑦伐：自我夸耀。

【译文】

　　屈原，名平，是楚王的同族人。他担任楚怀王的左徒。见闻广博，记忆力强，通晓国家盛衰兴亡的道理，擅长应酬交际和谈判、奏对的辞令。在朝就和国王讨论国家大事，制定政令；对外就接待宾客，应对各国诸侯的事务。楚怀王对他十分信任。

　　上官大夫和屈原地位相等，为了在国王面前争宠，而妒忌屈原的才能。有一次，怀王让屈原制订法令，屈原写好了草稿，还没有最后定稿呈上。上官大夫想夺为己有，屈原不肯给他。他就向楚怀王进谗言说："大王让屈平制订法令，无人不知，每颁布一项法令，屈平就夸耀自己的功劳，说是除了我谁也写不出来呢。"怀王听了很生气，就和屈平疏远了。

【原文】

屈平疾王听之不聪也，谗谄之蔽明也①，邪曲之害公也②，方正之不容也，故忧愁幽思而作《离骚》③。离骚者④，犹离忧也。夫天者，人之始也⑤；父母者，人之本也⑥。人穷则反本⑦，故劳苦倦极⑧，未尝不呼天也；疾痛惨怛⑨，未尝不呼父母也。屈平正道直行，竭忠尽智以事其君，谗人间之，可谓穷矣。信而见疑，忠而被谤，能无怨乎？屈平之作《离骚》，盖自怨生也⑩。《国风》好色而不淫⑪，《小雅》怨诽而不乱⑫。若《离骚》者，可谓兼之矣。上称帝喾⑬，下道齐桓⑭，中述汤武⑮，以刺世事。明道德之广崇，治乱之条贯，靡不毕见。其文约⑯，其辞微⑰，其志洁，其行廉⑱，其称文小而其指极大⑲，举类迩而见义远。其志洁，故其称物芳⑳。其行廉，故死而不容自疏㉑。濯淖污泥之中㉒，蝉蜕于浊秽，以浮游尘埃之外，不获世之滋垢㉓，皭然泥而不滓者也㉔。推此志也，虽与日月争光可也。

【注释】

①谗谄：谗是说人坏话，谄是巴结奉承。②邪曲：邪和曲同义。这里指邪恶、不正直的人。幽思：内心苦闷深思。④离：通"罹（lí）"，遭受。骚，忧。⑤天者，人之始：古人认为天地是造物主，人类是天帝创造的，所以说天是人类的原始。⑥父母者、人之本：人由父母所生，所以说父母是人的根本。⑦穷：无路可走，遭遇艰苦。反本：追念根本。反，通"返"。⑧极：疲困。⑨惨怛（dá）：内心悲伤。⑩盖：推原之词。⑪《国风》：《诗经》的组成部分之一。采自各地民间歌谣，有十五国的民歌，一百六十篇。好色而不淫：《国风》里的篇章，多写男女爱情，但并不过分。淫，邪，过分。⑫《小雅》：《诗经》组成部分之一。大部分是西周后期及东周前期贵族宴会的乐歌，小部分是批评当时朝政过失抒发忧愤的诗篇。这里是指后者而言。诽（fěi）：诽谤。乱：越轨。⑬上：和下面提到的"中"、"下"，分指远古、中古、近古年代。称：和下面的"道"、"述"，都是谈到的意思。帝喾（kù）：传说中的古代部落首领。相传是皇帝的曾孙，号高辛氏。⑭齐桓：齐桓公，名姜小白。春秋初期齐国的君主，任用管仲为相，进行改革，使齐国富强起来，成为"五霸"之首。⑮汤：又称成汤。原为商族领袖，起兵伐桀，灭夏，建立商朝。建都亳（在今河南省商丘南）。武：周武王，名姬发。起兵伐纣，灭殷，建立周王朝，分封诸侯。建都镐（今陕西省西安市西）。⑯约：简要。⑰微：幽深，精妙。⑱廉：品行方正。⑲称文小：指《离骚》里的文词多称述花鸟草木的细小事物。指：通"旨"，意义。⑳称物芳：指《离骚》多用香草作比喻。㉑死而不容自疏：虽死去也不肯疏远楚国。㉒淖，秽浊。濯（zhuó）：洗涤。淖（nào），污，泥，三字同义，污秽。㉓滋：黑，浊。㉔皭（jiào）然：洁白的样子。泥而不滓（zǐ）：身处秽浊不受污染。滓，污秽。

屈原作《离骚》

【译文】

屈平痛心怀王听闻这样闭塞，谗谄人的蒙蔽使他见事不明，邪恶小人这样陷害好人，正直的人这样不能容身，所以忧愁沉思写成了《离骚》。离骚就是遭受忧患的意思。上天是人的起始；父母是人的根本。人们受苦受难达到尽头时就回返到根本，所以劳苦疲倦达到极点时，没有不呼喊上天的，极度伤痛时，没有不呼喊爹娘的。屈平坚持正确的原则，正直地处理问题，竭尽忠诚和智能侍奉君主，却遭到谗人的离间，可说是困窘到尽头了。诚信反受猜疑，忠直反遭毁谤，怎能没有怨恨呢？屈平所写的《离骚》，就是在这种怨恨的心情下产生的。《国风》里的诗歌虽有对美色的爱慕，可不涉及淫乱；《小雅》里的篇章虽流露怨恨讥讽，但不主张越轨乱政。像《离骚》这首长诗，可说是兼而有之。这诗对上古提到了帝喾，对近谈到了齐桓公，对中古说及了商汤、周武王，用历史事迹来批评时政。阐明道德内容的崇高博大，政治治乱的法则规律，无不详尽体现。它的文字精约，它的语辞含蓄，它的志向高尚，它的品行廉正，它的文句写的虽是花鸟草木等细小事物，而它的意旨极其恢宏博大；列举的比喻多是眼前近事，而体现的思想意义却很深远。他意志纯洁，所以提到的都是芳香的事物；他品行廉正，所以至死也不愿离开楚国。身处污泥浊水之中而能自加洗濯，像蝉脱壳于浊秽泥土中，而浮游于尘埃之外，不被世俗的污浊所玷辱，清白高洁出污泥而不染。若是把他的这种志趣加以推广，即使与日月争比光明，也是可以的。

【原文】

屈平既绌①，其后秦欲伐齐②，齐与楚从亲③，惠王患之④，乃令张仪详去秦⑤，厚币委质事楚⑥，曰："秦甚憎齐，齐与楚从亲，楚诚能绝齐，秦愿献商、於之地六百里⑦。"楚怀王贪而信张仪，遂绝齐，使使如秦受地⑧。张仪诈之曰："仪与王约六里，不闻六百里。"楚使怒去，归告怀王。怀王怒，大兴师伐秦。秦发兵击之，大败楚师于丹、淅⑨，斩首八万，虏楚将屈匄⑩，遂取楚之汉中地⑪。怀王乃悉发国中兵以深入击秦，战于蓝田⑫。魏闻之⑬，袭楚至邓⑭。楚兵惧，自秦归。而齐竟怒不救楚，楚大困。

明年，秦割汉中地与楚以和。楚王曰："不愿得地，愿得张仪而甘心焉⑮。"张仪闻，乃曰："以一仪而当汉中地，臣请往如楚。"如楚，又因厚币用事者臣靳尚⑯，而设诡辩于怀王之宠姬郑袖⑰。怀王竟听郑袖，复释去张仪。是时屈平既疏，不复在位，使于齐，顾反，谏怀王曰："何不杀张仪？"怀王悔，追张仪不及。

其后诸侯共击楚⑱，大破之，杀其将唐眜⑲。

时秦昭王与楚婚⑳，欲与怀王会。怀王欲行，屈平曰："秦虎狼之国，不可信，不如毋行。"怀王稚子子兰劝王行："奈何绝秦欢！"怀王卒行。入武关㉑，秦伏兵绝其后，因留怀王，以求割地。怀王怒，不听。亡走赵，赵不内㉒。复之秦，竟死于秦而归葬。

长子顷襄王立㉓，以其弟子兰为令尹㉔。楚人既咎子兰以劝怀王入秦而不反也。

【注释】

①绌（chù）：通"黜"。降职，贬退。②秦：古代国名。嬴（yíng）姓。齐：公元前11世纪周分封的诸侯国。姜姓。开国君主吕尚。后被大夫田氏取代。③从（zòng）亲：合从相亲。从：通"纵"。战国时，山东（崤山以东）诸侯国联合抗秦，称为"合纵"。④惠王：秦惠王。嬴驷。公元前337年~公元前311年在位。患之：以……为忧。以动用法。⑤张仪：魏国人。倡"连衡"之说，游说六国事奉秦国，得到秦王的信任。后死在魏国。⑥厚币：丰厚的财货。古时帛、皮、珠、璧玉、钱币等统称币。委质：古时臣子向君王献礼，表示献身。质，通"贽"，进见的礼物。⑦商、於（wū）：地名。今陕西省商县至河南省内乡一带地区。⑧使使：前使字，读（shǐ）派遣。后使字，读（shì），使臣。⑨丹、淅（xī）：二水名。丹水源出陕西省商县西北，淅水是它的支流。楚怀王十七年，秦、楚在丹水之北、淅水之南交战。⑩屈匄（gài）：楚将。屈为楚王族三大姓（屈、景、昭）之一。匄，通"丐。"⑪汉中：地区名。在今湖北省西北部、陕西省东南部地带。⑫蓝田：县名，在今陕西省蓝田县西。⑬魏：国名。开国君主魏斯，原是晋国的大夫，和韩虔、赵籍三家分晋。公元前403年被周威烈王承认为诸侯。⑭邓：邑名。在今河南郾城东南。⑮甘心：快意。⑯用事者：当权的人。⑰郑袖：亦名南后。楚怀王的爱妃。诡辩：诡计阴谋。⑱诸侯共击楚：事在楚怀王二十八年（公元前301年）。⑲唐眜（mò）：人名。⑳秦昭王：嬴稷。公元前306年~公元前251年在位。㉑武关：在今陕西商南西北，战国时秦国的南关。㉒内（nà）：通"纳"。㉓顷襄王：熊横。公元前298年~公元前263年在位。㉔令尹：楚国的最高官职，地位如他国的宰相。

【译文】

屈平遭贬黜后，秦国准备攻打齐国，当时齐国和楚国是订立了合纵联盟的关系，秦惠王很忧虑，就派张仪假装脱离秦国，备了大量礼物来投靠楚国，说道："秦国很憎恨齐国，齐国与楚国纵亲，楚国如果能和齐国绝交，秦国愿意献出商、於一带六百里的土地给楚国。"楚怀王很贪心而听信了张仪的话，就宣布和齐国断交，并派使者到秦国去接受土地。张仪欺骗楚使者道："我和楚王约的是六里，没听说过什么六百里。"楚国使者生气地离开秦国,回来禀报怀王。怀王大怒,就大规模起兵攻打秦国。秦派兵迎击,在丹水、淅水地带大败楚军,斩杀八万人,俘虏了楚将军屈匄,乘胜夺取了楚国的汉中一带地区。楚怀王于是动员了全国兵力,深入秦国境内,在蓝田大战秦军。魏国知道了,发兵偷袭楚国,一直打到邓地。楚军恐惧,就从秦国撤退。这时齐国恼恨怀王,特地不来援救楚国,楚国陷入困境。

第二年,秦国要割让出汉中地与楚媾和。楚怀王说:"不想得到土地,只要得到张仪就甘心了。"张仪听到这话,就说:"以我一个张仪而抵得上汉中之地,请让我去楚国。"他一到楚国,就用丰厚的礼物送给楚国当权大臣靳尚,继而施逞诡辩欺骗怀王的爱妾郑袖。怀王竟然听信了郑袖的话,放走了张仪。这时屈平已被疏远,不再担任官职,到齐国去做使者,等到回来的时候,他向怀王进谏说:"怎么不杀掉张仪?"怀王后悔,派人追赶张仪,没有赶上。

怀王听郑袖之言放走张仪

此后各诸侯国联合攻打楚国,大败楚军,杀死了楚国的将军唐眛。

这时秦昭王和楚怀王结为姻亲,要求和怀王会晤。怀王想要去,屈平说:"秦国是虎狼一样凶暴的国家,是不能信任的,不如不去。"怀王的小儿子子兰劝怀王前去:"为什么要断绝秦王的欢心!"怀王终于去了。入武关,秦国的伏兵截断其归路,因而扣留怀王,要求割让土地。怀王发怒,不肯答应。逃跑到赵国,赵国不肯收留。又回到秦国,终于死在秦国而遗体归葬楚国。

怀王长子顷襄王继位,用他的弟弟子兰担任令尹。楚人都责备子兰因劝怀王误入秦国而不得生还。

【原文】

屈平既嫉之,虽放流,眷顾楚国,系心怀王,不忘欲反,冀幸君之一悟、俗之一改也①。其存君兴国而欲反覆之,一篇之中三致志焉②。然终无可奈何,故不可以反,卒以此见怀王之终不悟也。人君无愚智贤不肖,莫不欲求忠以自为,举贤以自佐,然亡国破家相随属,而圣君治国累世而不见者,其所谓忠者不忠、而所谓贤者不贤也。怀王以不知忠臣之分③,故内惑于郑袖,外欺于张仪,疏屈平而信上官大夫、令尹子兰。兵挫地削,亡其六郡④,身客死于秦,为天下笑。此不知人之祸也。《易》曰⑤:"井泄不食⑥,为我心恻⑦,可以汲。王明,并受其福。"王之不明,岂足福哉!

令尹子兰闻之大怒,卒使上官大夫短屈原于顷襄王⑧,顷襄王怒而迁之。

【注释】

①冀幸:希望。②三:再三。致:表达。③分(fèn):本分,职分。④六郡:指汉中一带地区。⑤《易》:即《周易》,也叫《易经》。我国古代具有哲学思想的占卜书。下面几句,引自《易经·井卦》的爻辞。⑥泄(xiè):通"渫",淘去污泥。⑦为:使。恻:内心伤痛。⑧短:说人坏话。

【译文】

屈平既已痛恨这件事,虽然身遭放逐,但还是眷恋楚国,系念着楚怀王,总惦记着想回到他身边,希望怀王能悔悟过来,社会习俗也能得到改正。他渴望保全君主,振兴国家,想扭转楚国衰弱的局势,他的作品中再三流露出这种心情。然而终究无可奈何,所以不可能重回朝中。由此看出怀王是始终不能觉悟的。做国君的不管他是愚蠢的、明智的、贤能的还是不中用的,没有谁不想寻求忠臣来保卫自己,选拔贤才来辅佐自己,然而弄得国亡家破的相继出现,而那圣明的君主,大治的国家却好多世代都见不到，原因就在于他们所认为的忠臣并不是忠臣，所认为的贤才并不是贤才啊。怀王因为不识忠臣的本质，所以在内被郑袖迷惑，在外受到张仪的欺骗，疏远屈平，信任上官大夫、令尹子兰，结果军队吃败仗，国土被削割，丧失了六郡土地，自己也客死在秦国，为天下人所耻笑。这就是不识人的好坏所造成的祸害啊。《易经》上说："井已经淘治干净了，却不来喝，使我很难过，这是可以汲用的啊。君主如果贤明，大家都得到幸福。"怀王这样昏暗，哪能算得上有福呢？

令尹子兰听到这个情况后大怒，终于让上官大夫向顷襄王说屈原的坏话，顷襄王发怒，把屈原放逐到更远的江南。

○屈原投江○

【原文】

屈原至于江滨，被发行吟泽畔①。颜色憔悴，形容枯槁。渔父见而问之曰②："子非三闾大夫欤③？何故而至此？"屈原曰："举世混浊而我独清，众人皆醉而我独醒，是以见放。"渔父曰："夫圣人者不凝滞于物而能与世推移④。举世混浊，何不随其流而扬其波？众人皆醉，何不铺其糟而啜其醨⑤？何故怀瑾握瑜而自令见放为⑥？"屈原曰："吾闻之，新沐者必弹冠，新浴者必振衣，人又谁能以身之察察⑦，受物之汶汶者乎⑧！宁赴常流而葬乎江鱼腹中耳⑨，又安能以皓皓之白而蒙世俗之温蠖乎⑩！"

乃作《怀沙》之赋⑪。

于是怀石遂自沉汨罗以死⑫。

【注释】

①被：通"披"。②父（fǔ）：对老年人的尊称。③三闾（lú）大夫：楚国官职名。掌管楚王族昭、屈、景三姓事务的官。④凝滞：固执。推移：顺随世俗环境而变化。⑤铺（bǔ）：吃。糟：酒渣。啜（chuò）：喝。醨（lí）：薄酒。随流扬波，则清浊难分；铺糟啜醨，则醉醒莫辨。两句互文见义，意指随波逐流于世俗。⑥怀瑾握瑜：比喻坚持操守，具有纯洁的美德。瑾、瑜均为美玉。为：表疑问的语尾助词。⑦察察：洁白的样子。⑧汶汶（mén）：昏暗的样子。⑨常流：同"长流"。指流水。⑩皓皓（hào）：通"皜皜"。洁白，光明。温蠖（huò）：尘秽重积的样子。一释为情愤，昏聩貌。⑪《怀沙》：屈原写的《九章》里的一篇。怀沙，有二说：旧说是屈原写的绝命词，指怀抱沙石自沉。近人有人认为，"沙"指长沙。长沙是楚国祖先熊绎的封地。屈原自杀前曾到长沙。《怀沙》是他将到长沙时所作。⑫汨（mì）罗：即汨罗江。流经湖南省东北部入湘江。

【译文】

屈原来到江边，披头散发缓步吟诗于泽边。面容憔悴，形状枯槁。一位渔翁看见了，问道："您不就是三闾大夫吗？怎么落得这般地步？"屈原道："世人都是混浊的而唯独我是干净的；大家都是昏醉的而唯独我是清醒的，因此遭到放逐。"渔翁说："圣明的人不固执地对待事物而能与世推移。既然世人都是污浊的，何不也随其流而推其波？既然大家都昏醉了，何不也跟着吃糟喝酒呢？为什么怀抱着手握着美玉般的德操，而自己讨个被放逐呢？"屈原说："我听说过，刚洗了头的人一定要弹弹帽子，才洗了澡的人一定要抖抖衣服，人们又有谁肯让自己的清白之身，去受外物的污垢呢！我宁可投身常流的江水中，而葬身江鱼腹中了，又怎么能让洁白的身躯去接受世俗的昏暗呢？"

于是写了一篇《怀沙》赋。

最终怀抱石头就自沉于汨罗江而死。

屈原投江

列传

吕不韦列传

【导读】

　　吕不韦是韩国人，擅长经商，家里积累起千金私财。吕不韦游说秦国王室，拥立公子子楚为嫡嗣，又把自己的一个妾（赵姬）献给子楚，这都是"奇货可居"利益驱使的缘故。赵姬嫁给子楚后，产下一名男婴，取名为嬴政。嬴政做了秦王之后，不韦担任相国，太后"时时窃私通吕不韦"。吕不韦担心嬴政知道后杀了他，就找来嫪毐代替自己。这件事还是没有瞒过嬴政。吕不韦先是被罢免相位，接着又受逼迫而死。

　　这篇反映了秦朝内部的争权夺利以及宫廷中的淫乱生活。司马迁成功塑造了吕不韦唯利是图、深谋远虑的形象。

◎助子楚取得王位◎

【原文】

　　吕不韦者，阳翟大贾人也①。往来贩贱卖贵，家累千金②。

　　秦昭王四十年，太子死。其四十二年，以其次子安国君为太子。安国君有子二十余人。安国君有所甚爱姬，立以为正夫人，号曰华阳夫人。华阳夫人无子。安国君中男名子楚③，子楚母曰夏姬，毋爱④。子楚为秦质子于赵⑤。秦数攻赵，赵不甚礼子楚⑥。

【注释】

①贾人：商人。②累：积聚。③中男：次子。④毋：无。⑤质子：人质，古代被派往别国去作人质的人，多为王子、世子，所以称为质子。⑥礼：用如动词，指以礼相待。

【译文】

　　吕不韦，阳翟的大商人。他往返于各地，购买便宜的物品，然后高价卖出，所以积累起千金的家产。

　　秦昭王四十年，太子去世。四十二年，秦国立昭王次子安国君为太子。安国君的儿子有二十多个，安国君有一个特别受宠爱的姬妾，被立为正夫人，称为华阳夫人。华阳夫人没有儿子。安国君的儿子中有个叫子楚的，子楚的母亲名叫夏姬，不受宠爱。子楚作为人质去了赵国。秦国多次攻打赵国，赵国对子楚并不是很讲礼数。

【原文】

　　子楚，秦诸庶孽孙①，质于诸侯，车乘进用不饶②，居处困，不得意。吕不韦贾邯郸，见而怜之，曰："此奇货可居③"。乃往见子楚，说曰："吾能大子之门。"子楚笑曰："且自大君之门，而乃大吾门！"吕不韦曰："子不知也，吾门待子门而大。"子楚心知所谓，乃引与坐，深语④。吕不韦曰："秦王老矣，安国君得为太子。窃闻安国君爱幸华阳夫人，华阳夫人无子，能立適嗣者⑤，独华阳夫人耳。今子兄弟二十余人，子又居中，不甚见幸，久质诸侯。即大王薨⑥，安国君立为王，则子毋几得与长子及诸子旦暮在前者争为太子矣⑦。"子楚曰："然。为之奈何？"吕不韦曰："子贫，客于此，非有以

吕不韦说子楚

奉献于亲及结宾客也。不韦虽贫，请以千金为子西游，事安国君及华阳夫人，立子为適嗣。"子楚乃顿首曰："必如君策，请得分秦国与君共之。"

吕不韦乃以五百金与子楚，为进用，结宾客；而复以五百金买奇物玩好，自奉而西游秦，求见华阳夫人姊，而皆以其物献华阳夫人。因言子楚贤智，结诸侯宾客遍天下，常曰："楚也以夫人为天⑧，日夜泣思太子及夫人"。

夫人大喜。不韦因使其姊说夫人曰："吾闻之，以色事人者，色衰而爱弛。今夫人事太子，甚爱而无子，不以此时蚤自结于诸子中贤孝者⑨，举立以为適而子之，夫在则重尊，夫百岁之后，所子者为王，终不失势，此所谓一言而万世之利也。不以繁华时树本⑩，即色衰爱弛后，虽欲开一语，尚可得乎？今子楚贤，而自知中男也，次不得为適，其母又不得幸，自附夫人，夫人诚以此时拔以为適，夫人则竟世有宠于秦矣。"华阳夫人以为然，承太子间，从容言子楚质于赵者绝贤，来往者皆称誉之。乃因涕泣曰："妾幸得充后宫，不幸无子，愿得子楚立以为適嗣，以托妾身。"安国君许之，乃与夫人刻玉符⑪，约以为適嗣。安国君及夫人因厚馈遗子楚⑫，而请吕不韦傅之，子楚以此名誉益盛于诸侯。

【注释】

①庶孽孙：姬妾所生的子孙。②进用：财用。进，通"赆"，指收入的钱财。③奇货可居：指珍奇的货物可以屯积起来以待高价。④深语：推心置腹地深谈。⑤適嗣：正妻所生的长子。適，通"嫡"。⑥即：倘若，假使。⑦毋几：没有希望。旦暮：早晚。⑧天：仰赖以为生存者称之为天。⑨蚤：通"早"。⑩繁华：花盛，比喻人之盛年。⑪玉符：古代朝廷的一种凭证。⑫馈遗：赠送礼品、财物等。

【译文】

　　子楚，秦国的姬妾所生的子孙，送到诸侯那里去做人质，乘坐的车马、日常的财用都不够宽裕，生活窘困，很不得意。吕不韦到邯郸做生意，知道子楚的遭遇后，说："这是稀有的物品，值得囤积起来，以待高价售出。"就前去拜见子楚，说道："我能光大你的门庭。"子楚笑着说："你姑且先光大自己的门庭吧，然后再来光大我的门庭！"吕不韦说："您不知道，我的门庭依靠您的门庭而光大啊。"子楚明白吕不韦所说的意思，便与他坐下来交谈，所谈的话题十分深入。吕不韦说："秦王已经老了，安国君成为太子。我私底下听说安国君宠幸华阳夫人，华阳夫人没有儿子，能够选立嫡子的，就只有华阳夫人了。现在您的兄弟有二十多人，您又列在中间，并不是很受宠爱，长时间被留在诸侯国当人质。如果大王死了，安国君成为秦王，那么您也没有机会和长子或是其他的儿子早晚在大王面前争夺太子之位啊。"子楚说："是啊，那么该怎么办呢？"吕不韦说："您十分贫穷，在这里作客，没有什么可以奉献给亲戚或是用来结交宾客的。不韦虽然贫穷，但还是愿意拿出千金为您西去秦国游说，侍奉安国君和华阳夫人，立您为王位继承者。"子楚立即叩头拜谢说："如果您的策略成功了，甘愿将秦国的土地与您分享。"

吕不韦于是赠给子楚五百金，作为生活以及结交宾客的费用；又拿出五百金购买珍奇玩物，自己带着向西去游说秦国，求见华阳夫人的姐姐，把所有的珍奇玩物都进献给华阳夫人。趁机说子楚贤能且有才智，结交的诸侯和宾客遍及天下，还经常说："子楚把夫人当作终身唯一的依靠，日夜哭泣思念太子和夫人。"华阳夫人听了很高兴。吕不韦让华阳夫人的姐姐劝华阳夫人说道："我听说，依靠美色侍奉别人的人，美色衰退，宠爱也就跟着远离了。现在夫人侍奉太子，十分受宠爱，但没有生子，不在这个时候趁早结交诸位公子中贤能且孝顺的，推举并拥立为嫡嗣，认他作自己的儿子，那么丈夫在的时候你更加尊贵，丈夫死了之后，所认的儿子继位为王，你终究不会失势，这就是所说的一句话就能得到万世的好处啊。不在身份显贵时树立根本，等到容色衰退宠爱失去之后，即便想和太子说一句话，难道还有可能吗？现在子楚贤明，他知道自己排在诸公子的中间，按照惯例是不能立为嫡嗣的，他的母亲又不受宠幸，所以自己依附夫人，夫人实在应当在这个时候提拔他为嫡嗣，那样夫人就能终身在秦国受尊崇了。"华阳夫人认为有道理，趁着太子有空的时候，委婉地说起在赵国做人质的子楚很贤明，来来往往的人都称赞他。接着就哭哭啼啼地说："我庆幸能够列位后宫，但不幸没有生子，希望大王立子楚为嫡嗣，使我能够有所寄托。"安国君答应了，为华阳夫人刻了玉符以作凭证，约定立子楚为嫡嗣。安国君和夫人都送好多礼物给子楚，又请吕不韦做子楚的老师，子楚的名声在诸侯之间越来越大。

【原文】

　　吕不韦取邯郸诸姬绝好善舞者与居①，知有身②。子楚从不韦饮，见而说之③，因起为寿④，请之⑤。吕不韦怒，念业已破家为子楚，欲以钓奇⑥，乃遂献其姬。姬自匿有身，至大期时⑦，生子政。子楚遂立姬为夫人。

　　秦昭王五十年，使王齮围邯郸，急，赵欲杀子楚。子楚与吕不韦谋，行金六百斤予守者吏⑧，得脱，亡赴秦军，遂以得归。赵欲杀子楚妻子，子楚夫人赵豪家女也，得匿，以故母子竟得活。秦昭王五十六年，薨，太子安国君立为王，华阳夫人为王后，子楚为太子。赵亦奉子楚夫人及子政归秦。

　　秦王立一年，薨，谥为孝文王。太子子楚代立，是为庄襄王⑨。庄襄王所母华阳后为华阳太后⑩，真母夏姬尊以为夏太后。庄襄王元年，以吕不韦为丞相，封为文信侯，食河南雒阳十万户⑪。

【注释】

①绝好：特别漂亮。②有身：怀孕。③说：通"悦"。④寿：祝酒。⑤请：想得到。⑥钓奇：指想得到巨大利益。含有前"奇货可居"之意。⑦大期：十二个月。⑧予：给予。⑨是：代词，这。⑩所母：所拜认的母亲。真母：亲生母亲。⑪食：即食邑。

【译文】

　　吕不韦选出邯郸城中最擅长跳舞的女子，和她一起同居，知道她有了身孕。子楚在吕不韦家中饮酒，见到那名女子，十分喜欢，就起身向吕不韦敬酒，希望能得到她。吕不韦很生气，但又一想已经为子楚破费了不少家财，想钓到奇货，于是把那名姬妾献给子楚。姬妾隐瞒已经怀有身孕，到这年十二月的时候，生下儿子政。子楚就立她做了夫人。

　　秦昭王五十年，派王齮围攻邯郸，情势很危急，赵王想杀死子楚。子楚与吕不韦商量，送六百金给了看守城门的官吏，得以逃脱，逃到秦军之中，最终回到秦国。赵国想杀死子楚的妻子和儿子，子楚的夫人是赵国豪绅之家的女儿，躲藏起来，所以母子二人竟得以活命。秦昭王五十六年，昭王去世，太子安国君继位，华阳夫人为王后，子楚为太子。赵国也把子楚夫人和儿子嬴政送回秦国。

秦王继位一年就死了，谥号为孝文王。太子子楚继位，这就是庄襄王。庄襄王所认的母亲华阳夫人尊为华阳太后，亲生母亲夏姬尊为夏太后。庄襄王元年，任命吕不韦为丞相，封他为文信侯，以河南洛阳十万户作为他的食邑。

◎骄横恣肆，被逼自尽◎

【原文】

庄襄王即位三年，薨，太子政立为王，尊吕不韦为相国，号称"仲父"①。秦王年少②，太后时时窃私通吕不韦，吕不韦家僮万人。

当是时，魏有信陵君，楚有春申君，赵有平原君，齐有孟尝君，皆下士喜宾客以相倾③。吕不韦以秦之强，羞不如，亦招致士，厚遇之，至食客三千人。是时诸侯多辩士，如荀卿之徒，著书布天下。吕不韦乃使其客人人著所闻，集论以为八览、六论、十二纪、二十余万言。以为备天地万物古今之事，号曰《吕氏春秋》。布咸阳市门，悬千金其上，延诸侯游士宾客有能增损一字者予千金。

【注释】

①仲父：亚父，仅次于父。②秦王年少：始皇时年十三岁。③下士：谦恭有礼地对待士人。倾：超越，压倒。

【译文】

庄襄王继位三年就死了，太子嬴政继位，尊奉吕不韦为相国，号称"仲父"。秦王年纪尚小，太后经常偷偷地与吕不韦私通。吕不韦的家中有僮仆一万人。

这个时候，魏国有信陵君，楚国有春申君，赵国有平原君，齐国有孟尝君，都礼贤下士，喜欢结交宾客，凭此来相互竞争。吕不韦认为秦国很强大，羞愧比不上四公子，也招揽士子，厚重地对

编纂《吕氏春秋》

待他们，食客达到三千人。此时，诸侯身旁有众多能言善辩之士，例如荀卿等人，他们著书立说，遍布天下。吕不韦就让他的食客把各自的见闻记下来，汇集在一起，编成《八览》《六论》《十二纪》等，共有二十多万字。自认为囊括了天地万物以及古今所有的事理，名为《吕氏春秋》。把它张布到咸阳的城门上，还在上面悬挂千金，各国诸侯的游士和宾客有能增加或删减一个字的，赏赐千金。

【原文】

　　始皇帝益壮，太后淫不止。吕不韦恐觉祸及己，乃私求大阴人嫪毐以为舍人，时纵倡乐，使毐以其阴关桐轮而行①，令太后闻之，以啗太后②。太后闻，果欲私得之。吕不韦乃进嫪毐，诈令人以腐罪告之③。不韦又阴谓太后曰："可事诈腐，则得给事中。"太后乃阴厚赐主腐者吏，诈论之，拔其须眉为宦者，遂得侍太后。太后私与通，绝爱之。有身，太后恐人知之，诈卜当避时④，徙宫居雍。嫪毐常从，赏赐甚厚，事皆决于嫪毐。嫪毐家僮数千人，诸客求宦为嫪毐舍人者千余人⑤。

　　始皇七年，庄襄王母夏太后薨。孝文王后曰华阳太后，与孝文王会葬寿陵。夏太后子庄襄王葬芷阳，故夏太后独别葬杜东，曰："东望吾子，西望吾夫。后百年，旁当有万家邑。"

【注释】

　　①关：贯穿。桐轮：桐木车轮。②啗（dàn）：同"啖"。给……吃，引申义指引诱的意思。③腐罪：判处腐刑（即宫刑）的罪。④避时：改变一下住所，以避灾祸。⑤求宦：求为官。

【译文】

　　始皇帝越长越大，太后淫乱没有停止。吕不韦担心事情被发觉，灾祸降临到自己头上，便暗地里找到一个生殖器很大、名叫嫪毐的人作为自己的门客，时常让倡人取乐，让嫪毐用生殖器贯穿到桐木所做的车轮之中行走，以此引诱太后。太后听说之后，果然想得到他。吕不韦就把嫪毐进献给太后，假装让人告发嫪毐犯了应当接受宫刑的罪。吕不韦又暗中对太后说："可以让他假装接受腐刑，那就可以在宫中供职了。"太后偷偷地重赏执行腐刑的官吏，假装定嫪毐的罪，拔掉嫪毐的胡须变成宦官的样子，使嫪毐得以侍奉太后。太后与嫪毐私通，十分喜欢他。有了身孕，太后怕人发觉，假装卜了一卦，声称必须改变一下生活环境，才能避免祸患，就搬到雍宫之中居住。嫪毐常常跟随太后，获得的赏赐很厚重，很多事都交由嫪毐决定。嫪毐家中的僮仆有数千人之多，那些想到嫪毐家中谋求官职的人有一千多个。

　　秦始皇七年，庄襄王的母亲夏太后死去。孝文王的王后尊为华阳太后，与孝文王一起合葬在寿陵。夏太后的儿子庄襄王葬在芷阳，所以夏太后独自葬在杜邑的东面，她曾说过："我埋葬在此处，向东可以望见我的儿子，向西可以望见我的丈夫。一百年之后，旁边一定会有万户的城邑。"

【原文】

　　始皇九年，有告嫪毐实非宦者，常与太后私乱，生子二人，皆匿之。与太后谋曰"王即薨，以子为后"。于是秦王下吏治①，具得情实②，事连相国吕不韦。九月，夷嫪毐三族③，杀太后所生两子，而遂迁太后于雍。诸嫪毐舍人皆没其家而迁之蜀④。王欲诛相国，为其奉先王功大，及宾客辩士为游说者众，王不忍致法⑤。

　　秦王十年十月，免相国吕不韦。及齐人茅焦说秦王，秦王乃迎太后于雍，归复咸阳，而出文信侯就国河南。

　　岁余，诸侯宾客使者相望于道，请文信侯⑥。秦王恐其为变，乃赐文信侯书曰："君何功于秦？秦封君河南，食十万户。君何亲于秦？号称仲父。其与家属徙处蜀⑦！"吕不韦自度稍侵，恐诛，乃饮酖而死⑧。秦王所加怒吕不韦、嫪毐皆已死，乃皆复归嫪毐舍人迁蜀者。始皇十九年，太后薨，谥为帝太后，与庄襄王会葬茝阳⑨。

【注释】

①下吏：交法官去审讯。②具：通"俱"，全，都。③夷：诛灭。三族：指父族、母族和妻族。④没：没入，即没收其财产充官。家：指家产。⑤致法：予以法律制裁。⑥请：问候。⑦徙：迁，移。⑧酖（zhèn）：通"鸩"。毒酒。⑨茝阳：即"芷阳"。

嫪毐取悦太后

【译文】

秦始皇九年，有人告发嫪毐其实不是宦官，时常和太后私通淫乱，生了两个儿子，都藏了起来。嫪毐还和太后谋划说"大王假若死了，就立儿子为王"。秦王下令让法官处理此事，后来知道了事情的全部真相，这件事牵连到相国吕不韦。九月，灭掉嫪毐三族，杀了太后所生的两个儿子，还把太后迁移到雍。嫪毐的门客都被抄家，迁徙到蜀地，秦王还想杀掉相国，因为他侍奉先王有很大的功劳，以及很多宾客辩士为他说情游说，秦王没有忍心杀他。

秦王十年十月，罢免相国吕不韦的职位。后来齐国人茅焦游说秦王，秦王这才到雍地去迎接太后，把她接回咸阳，把文信侯吕不韦遣发到封国河南。

一年之后，诸侯的宾客使者络绎不绝，前来问候文信侯。秦王害怕吕不韦叛乱，就写了一封信给他，上面说："您对秦国有什么功劳呢？秦国封给您河南之地，食邑十万户。您跟秦国有什么亲属关系呢？竟然号称'仲父'。您和您的家属一起迁徙到蜀地吧！"吕不韦忖度自己的处境，已经逐渐地受到逼迫，便喝毒酒自杀而死。秦王所怨恨的吕不韦和嫪毐都已经死了，就把那些迁徙到蜀地的嫪毐的宾客召回。秦始皇十九年，太后死，谥号为帝太后，和庄襄王合葬在茝阳。

【原文】

太史公曰：不韦及嫪毐贵①，封号文信侯。人之告嫪毐，毐闻之。秦王验左右②，未发。上之雍郊③，毐恐祸起，乃与党谋，矫太后玺发卒以反蕲年宫④。发吏攻嫪毐，毐败亡走，追斩之好畤，遂灭其宗。而吕不韦由此绌矣⑤。孔子之所谓"闻"者⑥，其吕子乎。

【注释】

①及：连及。②验：验证。③郊：古代祭天的礼节。④矫：假托，诈称。⑤绌：通"黜"。罢黜。⑥孔子之所谓"闻"者：《论语·颜渊》云："夫闻也者，色取仁而行违，居之不疑，在邦必闻，在家必闻。"这里指言行表里不一的人的表现。闻，骗取名望。

【译文】

太史公说：吕不韦连带着嫪毐显贵起来，受封为文信侯。有人告发嫪毐，嫪毐知道了。秦王向左右的近臣验证，没有公开揭发此事。秦王到雍地的郊外祭祀，嫪毐害怕遭受灾祸，就与同党密谋造反，假造太后的印信征调士兵在蕲年宫反叛。秦王派遣军队攻击嫪毐，嫪毐失败逃走，一直追击到好畤这个地方才把他斩杀，继而灭掉他的亲族。而吕不韦也受牵连被罢黜。孔子所说的"骗取名望"，大概就是指吕不韦这类的人吧！

刺客列传

【导读】

《刺客列传》共写了曹沫、专诸、豫让、聂政、荆轲五位刺客的事迹，歌颂了他们重恩义、轻生死、扶弱拯危、不畏强暴的刚烈精神。太史公在本传的赞语中说："此其义或成或不成，然其立意较然，不欺其志，名垂后世，岂妄也哉！"这正是对本传传旨的集中概括。全篇次第井然，始于曹沫，终于荆轲，中间依次为专诸、豫让和聂政，俨然一部刺客故事集。

◎ 曹沫之盟 ◎

【原文】

曹沫者，鲁人也，以勇力事鲁庄公。庄公好力①。曹沫为鲁将，与齐战，三败北②。鲁庄公惧，乃献遂邑之地以和。犹复以为将。

【注释】

①好力：爱好勇武、力气。②败北：战败逃跑。北，打了败仗往回逃。

【译文】

曹沫，是鲁国人，凭勇敢和力气侍奉鲁庄公。庄公喜爱有力气的人。曹沫任鲁国的将军，和齐国作战，多次战败逃跑。鲁庄公害怕了，就献出遂邑地区求和。还继续让曹沫任将军。

【原文】

齐桓公许与鲁会于柯而盟。桓公与庄公既盟于坛上，曹沫执匕首劫齐桓公，桓公左右莫敢动，而问曰："子将何欲？"曹沫曰："齐强鲁弱，而大国侵鲁亦甚矣。今鲁城坏即压齐境①，君其图之。"桓公乃许尽归鲁之侵地。既已言，曹沫投其匕首，下坛，北面就群臣之位，颜色不变②，辞令如故③。桓公怒，欲倍其约④。管仲曰："不可。夫贪小利以自快，弃信于诸侯，失天下之援，不如与之。"于是桓公乃遂割鲁侵地，曹沫三战所亡地尽复予鲁⑤。

其后百六十有七年而吴有专诸之事⑥。

【注释】

①鲁城坏即压齐境：意思是说，你们侵略鲁国，已经深入到都城边缘、假如鲁国的都城倒塌，就会压到齐国的边境了。②颜色：脸色。③辞令如故：像平常一样谈吐从容。④倍：通"背"。背弃、违背。⑤所亡地：丢失的国土。亡，丢失，失去。⑥有：又。

【译文】

齐桓公答应和鲁庄公在柯地会见，订立盟约。桓公和庄公在盟坛上订立盟约以后，曹沫手拿匕首胁迫齐桓公，桓公的侍卫人员没有谁敢轻举妄动，桓公问："您打算干什么？"曹沫回答说："齐国强大，鲁国弱小，而大国侵略鲁国也太过分了。如今鲁国都城一倒塌就会压到齐国的边境了，您要考虑考虑这个问题。"于是齐桓公答应全部归还鲁国被侵占的土地。说完以后，曹沫扔下匕首，走下盟坛，回到面向北的臣子的位置上，面不改色，谈吐从容如常。桓公很生气，打算背弃盟约。管仲说："不可以。贪图小的利益用来求得一时的快意，就会在诸侯面前丧失信用，失去天下人对您的支持，不如归还他们的失地。"于是，齐桓公就归还占领的鲁国的土地，曹沫多次打仗所丢失的土地全部回归鲁国。

此后一百六十七年，吴国有专诸的事迹。

专诸刺王僚

【原文】

专诸者，吴堂邑人也。伍子胥之亡楚而如吴也①，知专诸之能。伍子胥既见吴王僚，说以伐楚之利②。吴公子光曰："彼伍员父兄皆死于楚而员言伐楚，欲自为报私仇也，非能为吴。"吴王乃止。伍子胥知公子光之欲杀吴王僚，乃曰："彼光将有内志③，未可说以外事。"乃进专诸于公子光④。

【注释】

①伍子胥亡楚去吴的故事详见《伍子胥列传》。②说（shuì）：劝说、说服。③内志：在国内夺取王位的意图。志，志向，意图。④进：推荐。

【译文】

专诸，是吴国堂邑人。伍子胥逃离楚国前往吴国时，知道专诸有本领。伍子胥进见吴王僚后，用攻打楚国的好处劝说他。吴公子光曰："那个伍员，父亲、哥哥都是被楚国杀死的，伍员才讲攻打楚国，他这是为了报自己的私仇，并不是替吴国打算。"吴王就不再议伐楚的事。伍子胥知道公子光打算杀掉吴王僚，就说："那个公子光有在国内夺取王位的企图，现在还不能劝说他向国外出兵。"于是就把专诸推荐给公子光。

【原文】

光之父曰吴王诸樊。诸樊弟三人：次曰余祭，次曰夷眛，次曰季子札。诸樊知季子札贤而不立太子，以次传三弟①，欲卒致国于季子札②。诸樊既死，传余祭。余祭死，传夷眛。夷眛死，当传季子札；季子札逃不肯立，吴人乃立夷眛之子僚为王。公子光曰："使以兄弟次邪，季子当立；必以子乎，则光真適嗣③，当立。"故尝阴养谋臣以求立④。

【注释】

①以次传之弟：依照兄弟次序把王位传递下去。②"欲卒致国"句：想最终把国君的位子传给季子札。③適（dí）嗣：正妻所生的长子。適，同"嫡"。旧时正妻为"嫡"。④尝：通"常"。阴养：秘密地供养。

【译文】

公子光的父亲是吴王诸樊。诸樊有三个弟弟：按兄弟次序排，大弟弟叫余祭，二弟弟叫夷眛，最小的弟弟叫季子札。诸樊知道季子札贤明，就不立太子，想依照兄弟的次序把王位传递下去，最后好把国君的位子传给季子札。诸樊死去以后王位传给了余祭。余祭死后，传给夷眛。夷眛死后本当传给季子札，季子札却逃避不肯立为国君，吴国人就拥立夷眛的儿子僚为国君。公子光说："如果按兄弟的次序，季子当立；如果一定要传给儿子的话，那么我才是真正的嫡子，应当立我为君。"

所以他常秘密地供养一些有智谋的人，以便靠他们的帮助取得王位。

【原文】

光既得专诸，善客待之。九年而楚平王死①。春，吴王僚欲因楚丧，使其二弟公子盖余、属庸将兵围楚之灊；使延陵季子于晋，以观诸侯之变②。楚发兵绝吴将盖余、属庸路，吴兵不得还。于是公子光谓专诸曰："此时不可失，不求何获③！且光真王嗣，当立，季子虽来，不吾废也。"专诸曰："王僚可杀也。母老子弱，而两弟将兵伐楚，楚绝其后。方今吴外困于楚，而内空无骨鲠之臣④，是无如我何。"公子光顿首曰⑤："光之身，子之身也。"

【注释】

①"九年"句：楚平王卒于其十三年，是年为吴王僚十一年，此谓"九年"，误。下文所记吴王僚因楚丧而伐之事迹，《左传》在昭公二十七年有记载，即吴王僚十二年。②变：动态。③不求何获：意谓不争取（时机）就不会有收获。④骨鲠之臣：正直敢言的忠臣。鲠，通"骾"。⑤顿首：以头叩地。

【译文】

公子光得到专诸以后，像对待宾客一样地好好待他。吴王僚九年，楚平王死了。这年春天，吴王僚想趁着楚国办丧事的时候，派他的两个弟弟公子盖余、属庸率领军队包围楚国的灊城，派延陵季子到晋国，用以观察各诸侯国的动静。楚国出动军队，断绝了吴将盖余、属庸的后路，吴国军队不能归还。这时公子光对专诸说："这个机会不能失掉，不去争取，哪会获得！况且我是真正的继承人，应当立为国君，季子即使回来，也不会废掉我呀。"专诸说："吴王僚是可以杀掉的。母老子弱，两个弟弟带着军队攻打楚国，楚国军队断绝了他们的后路。当前吴军在外被楚国围困，而国内没有正直敢言的忠臣。这样王僚还能把我们怎么样呢。"公子光以头叩地说："我公子光的身体，也就是您的身体，您身后的事都由我负责了。"

【原文】

四月丙子，光伏甲士于窟室中①，而具酒请王僚②。王僚使兵陈自宫至光之家，门户阶陛左右③，皆王僚之亲戚也④。夹立侍，皆持长铍⑤。酒既酣，公子光详为足疾⑥，入窟室中，使专诸置匕首鱼炙之腹中而进之⑦。既至王前，专诸擘鱼⑧，因以匕首刺王僚，王僚立死。左右亦杀专诸，王人扰乱。公子光出其伏甲以攻王僚之徒，尽灭之，遂自立为王，是为阖闾。阖闾乃封专诸之子以为上卿。

其后七十余年而晋有豫让之事。

【注释】

①甲士：身穿铠甲的武士。窟室：地下室。②具：备办。③阶陛：台阶。④亲戚：此指亲信。⑤铍（pī）：长矛。一说两刃刀。⑥详为足疾：假装脚有毛病。详，通"佯"，假装。⑦鱼炙：烤熟的整条鱼。进：献上。⑧擘：拆，掰开。

【译文】

这年四月丙子日，公子光在地下室埋伏下身穿铠甲

专诸刺吴王僚

的武士，备办酒席宴请吴王僚，吴王僚派出卫队，从王宫一直排列到公子光的家里，门户、台阶两旁，都是吴王僚的亲信。夹道站立的侍卫，都举着长矛。喝酒喝到畅快的时候，公子光假装脚有毛病，进入地下室，让专诸把匕首放到烤鱼的肚子里，然后把鱼进献上去。到吴王僚跟前，专诸掰开鱼，趁势用匕首刺杀吴王僚，吴王僚当时就死了。侍卫人员也杀死了专诸，吴王僚手下的人一时混乱不堪。公子光放出埋伏的武士攻击吴王僚的部下，全部消灭了他们，于是自立为国君，这就是吴王阖闾。阖闾于是封专诸的儿子为上卿。

此后七十多年，晋国有豫让的事迹。

○豫让为主报仇○

【原文】

豫让者，晋人也，故尝事范氏及中行氏，而无所知名。去而事智伯，智伯甚尊宠之。及智伯伐赵襄子，赵襄子与韩、魏合谋灭智伯，灭智伯之后而三分其地。赵襄子最怨智伯①，漆其头以为饮器②。豫让遁逃山中，曰："嗟乎！士为知己者死，女为说己者容③。今智伯知我，我必为报仇而死，以报智伯，则吾魂魄不愧矣！"乃变名姓为刑人④，入宫涂厕⑤，中挟匕首，欲以刺襄子。襄子如厕，心动，执问涂厕之刑人，则豫让，内持刀兵，曰："欲为智伯报仇！"左右欲诛之。襄子曰："彼义人也，吾谨避之耳。且智伯亡无后，而其臣欲为报仇，此天下之贤人也。"卒释去之⑥。

【注释】

①怨：恨，仇恨。②髤其头以为饮器：把他的头盖骨涂以髤做为饮具。③"士为知己"二句：此二句为古成语。说（yuè），同"悦"，喜欢、爱慕。容，梳妆打扮。④刑人：受刑的人。这里犹"刑余之人"，即宦者。⑤涂厕：修整厕所。涂，以泥抹墙。⑥卒释去之：最终还是把豫让放走了。释，放。去，离开。

【译文】

豫让，是晋国人，以前曾经侍奉范氏和中行氏两家大臣，没什么名声。他离开那里去侍奉智伯，智伯特别地尊重宠幸他。等到智伯攻打赵襄子时，赵襄子和韩、魏合谋灭了智伯；消灭智伯以后，三家分割了他的国土。赵襄子最恨智伯，就把他的头盖骨漆成饮具。豫让潜逃到山中，说："唉呀！好男儿可以为了解自己的人去死，好女子应该为爱慕自己的人梳妆打扮。现在智伯是我的知己，我一定替他报仇而献出生命，用以报答智伯，那么，我就是死了，魂魄也没有什么可惭愧的了。"于是更名改姓，伪装成被判刑而罚充苦役的人，进入赵襄子宫中修整厕所，身上藏着匕首，想要用它刺杀赵襄子。赵襄子到厕所去，心一悸动，拘问修整厕所的刑人，才知道是豫让，衣服里面还藏着利刃，豫让说："我要替智伯报仇！"侍卫要杀掉他。襄子说："他是义士，我谨慎小心地回避他就是了。况且智伯死后没有继承人，而他的家臣想替他报仇，这是天下的贤人啊。"最后还是把他放走了。

【原文】

居顷之，豫让又漆身为厉①，吞炭为哑②，使形状不可知，行乞于市。其妻不识也。行见其友，其友识之，曰："汝非豫让邪？"曰："我是也。"其友为泣曰："以子之才，委质而臣事襄子③，襄子必近幸子④。近幸子，乃为所欲，顾不易邪⑤？何乃残身苦形⑥，欲以求报襄子，不亦难乎！"豫让曰："既已委质臣事人，而求杀之，是怀二心以事其君也。且吾所为者极难耳！然所以为此者，将以愧天下后世之为人臣怀二心以事其君者也。"

【注释】

①漆身为厉（lài）：以漆涂身，使肌肤肿烂，像患癞病。厉，同"癞"，癞疮。②吞炭为哑：吞炭为了使声音变得嘶哑。③委质：初次拜见尊长时致送礼物。这里有托身的意思。④近幸：亲近宠爱。⑤顾不易邪：难道还不容易吗？⑥残身苦形：摧残身体，丑化形貌。

【译文】

  过了不久，豫让又把漆涂在身上，使肌肤肿烂，像得了癞疮，吞炭使声音变得嘶哑，使自己的形体相貌不可辨认，沿街讨饭。就连他的妻子也不认识他了。路上遇见他的朋友，辨认出来，说："你不是豫让吗？"回答说："是我。"朋友对他流着眼泪说："凭着您的才能，委身侍奉赵襄子，襄子一定会亲近宠爱您。亲近宠爱您，您再干您所想干的事，难道不是很容易吗？何苦自己摧残身体，丑化形貌，想要用这样的办法达到向赵襄子报仇的目的，不是更困难吗？"豫让说："托身侍奉人家以后，又要杀掉他，这是怀着异心侍奉他的君主啊。我知道选择这样的做法是非常困难的，可是我之所以选择这样的做法，就是要使天下后世的那些怀着异心侍奉国君的臣子感到惭愧！"

【原文】

  既去，顷之，襄子当出，豫让伏于所当过之桥下。襄子至桥，马惊，襄子曰："此必是豫让也。"使人问之，果豫让也。于是襄子乃数豫让曰①："子不尝事范、中行氏乎？智伯尽灭之，而子不为报仇，而反委质臣于智伯。智伯亦已死矣，而子独何以为之报仇之深也？"豫让曰："臣事范、中行氏，范、中行氏皆众人遇我②，我固众人报之③。至于智伯，国士遇我④，我故国士报之。"襄子喟然叹息而泣曰："嗟乎豫子！子之为智伯，名既成矣，而寡人赦子，亦已足矣。子其自为计，寡人不复释子！"使兵围之。豫让曰："臣闻明主不掩人之美，而忠臣有死名之义。前君已宽赦臣，天下莫不称君之贤，今日之事，臣固伏诛⑤，然愿请君之衣而击之，焉以致报仇之意，则虽死不恨。非所敢望也，敢布腹心⑥！"于是襄子大义之，乃使使持衣与豫让。豫让拔剑三跃而击之，曰："吾可以下报智伯矣！"遂伏剑自杀。死之日，赵国志士闻之，皆为涕泣。

  其后四十余年而轵有聂政之事。

【注释】

①数：列举罪过而责之。②众人遇我：把我当成一般人对待。③众人报之：像一般人那样报答。④国士：国内杰出人物。⑤伏诛：受到应得的死罪。诛，杀死。⑥敢布腹心：敢于披露心里话。

【译文】

  豫让说完就走了，不久，襄子正赶上外出，豫让潜藏在他必定经过的桥下。襄子来到桥上，马受惊，襄子说："这一定是豫让。"派人去查问，果然是豫让。于是襄子就列举罪过指责他说："您不是曾经侍奉过范氏、中行氏吗？智伯把他们都消灭了，而您不替他们报仇，反而托身为智伯的家臣。智伯已经死了，您为什么单单如此急切地为他报仇呢？"豫让说："我侍奉范氏、中行氏，他们都把我当作一般人看待，所以我像一般人那样报答他们。至于智伯，他把我当作国士看待，所以我

豫让举剑自杀

像国士那样报答他。"襄子喟然长叹,流着泪说:"唉呀,豫让先生!您为智伯报仇,已算成名了;而我宽恕你,也足够了。您该自己做个打算,我不能再放过您了!"命令士兵团团围住他。豫让说:"我听说贤明的君主不埋没别人的美名,而忠臣有为美名去死的道理。以前您宽恕了我,普天下没有谁不称道您的贤明。今天的事,我本当受死罪,但我希望能得到您的衣服刺它几下,这样也就达到我报仇的意愿了,那么,即使死了也没有遗恨了。我不敢指望您答应我的要求,我还是冒昧地说出我的心意!"于是襄子非常赞赏他的侠义,就派人拿着自己的衣裳给豫让。豫让拔出宝剑多次跳起来击刺它,说:"我可用以报答智伯于九泉之下了!"于是以剑自杀。自杀那天,赵国有志之士听到这个消息,都为他哭泣。

此后四十多年,轵邑有聂政的事迹。

○聂政刺韩相○

【原文】

聂政者,轵深井里人也。杀人避仇,与母、姊如齐,以屠为事。

久之,濮阳严仲子事韩哀侯,与韩相侠累有郤①。严仲子恐诛,亡去,游求人可以报侠累者。至齐,齐人或言聂政勇敢士也,避仇隐于屠者之间。严仲子至门请,数反②,然后具酒自畅聂政母前③。酒酣,严仲子奉黄金百溢,前为聂政母寿④。聂政惊怪其厚,固谢严仲子。严仲子固进,而聂政谢曰:"臣幸有老母,家贫,客游以为狗屠,可以旦夕得甘毳以养亲⑤。亲供养备,不敢当仲子之赐。"严仲子辟人,因为聂政言曰:"臣有仇,而行游诸侯众矣;然至齐,窃闻足下义甚高,故进百金者,将用为大人粗粝之费⑥,得以交足下之欢,岂敢以有求望邪!"聂政曰:"臣所以降志辱身居市井屠者⑦,徒幸以养老母;老母在,政身未敢以许人也。"严仲子固让,聂政竟不肯受也。然严仲子卒备宾主之礼而去。

【注释】

①有郤:有仇怨。郤,空隙,裂缝。喻感情上产生裂痕。②数反:多次往返拜访。反,同"返",返回。③畅:敬酒。《战国策》作"觞"。④寿:敬酒或用礼物赠人,表示祝人长寿。⑤甘毳(cuì):甜脆食物。毳,通"脆"。⑥大人:对别人父母的敬称。粗粝:粗糙的粮食。这里是谦词。⑦降志辱身:使心志卑下,屈辱身份。市井:市场。下文"市

聂政避祸以屠为业

井之人"指做买卖的人。

【译文】

聂政是轵邑深井里人。他为杀人躲避仇家,和母亲、姐姐逃往齐国,以屠宰牲畜为职业。

过了很久,濮阳严仲子侍奉韩哀侯,和韩国国相侠累结下仇怨。严仲子怕遭杀害,逃走了。他四处游历,寻访能替他向侠累报仇的人。到了齐国,齐国有人说聂政是个勇敢之士,因为回避仇人躲藏在屠夫中间。严仲子登门拜访,多次往返,然后备办了宴席,亲自捧杯给聂政的母亲敬酒。喝到畅快兴浓时,严仲子献上黄金一百镒,到聂政老母跟前祝寿。聂政面对厚礼感到奇怪,坚决谢绝严仲子。严仲子却执意要送,聂政辞谢说:"我幸有老母健在,家里虽贫穷,客居在此,以屠狗为业,早晚之间买些甘甜松脆的食物奉养老母,老母的供养还算齐备,可不敢接受仲子的赏赐。"严仲子避开别人,趁机对聂政说:"我有仇人,我周游好多诸侯国,都没找到为我报仇的人;但来到齐国,私下听说您很重义气,所以献上百金,将作为你母亲大人一点粗粮的费用,也能够跟您交个朋友,哪里敢有别的索求和指望!"聂政说:"我所以使心志卑下,屈辱身份,在这市场上做个屠夫,只是希望借此奉养老母;老母在世,我不敢对别人以身相许。"严仲子执意赠送,聂政却始终不肯接受。但是严仲子终于尽到了宾主相见的礼节,告辞离去。

【原文】

久之,聂政母死。既已葬,除服①,聂政曰:"嗟乎!政乃市井之人,鼓刀以屠;而严仲子乃诸侯之卿相也,不远千里,枉车骑而交臣②。臣之所以待之,至浅鲜矣③,未有大功可以称者④,而严仲子奉百金为亲寿,我虽不受,然是者徒深知政也。夫贤者以感忿睚眦之意而亲信穷僻之人⑤,而政独安得嘿然而已乎⑥!且前日要政⑦,政徒以老母!老母今以天年终,政将为知己者用。"乃遂西至濮阳,见严仲子曰:"前日所以不许仲子者,徒以亲在;今不幸而母以天年终。仲子所欲报仇者为谁?请得从事焉!"严仲子具告曰:"臣之仇韩相侠累,侠累又韩君之季父也,宗族盛多,居处兵卫甚设,臣欲使人刺之,终莫能就。今足下幸而不弃,请益其车骑壮士可为足下辅翼者⑧。"聂政曰:"韩之与卫,相去中间不甚远,今杀人之相,相又国君之亲,此其势不可以多人,多人不能无生得失,生得失则语泄,语泄是韩举国而与仲子为仇,岂不殆哉⑨!"遂谢车骑人徒,聂政乃辞独行。

【注释】

①除服:丧服期满。②枉:屈,委屈。③鲜:少,稀少。④称:相比,相抵。⑤睚(yá)眦(zì):发怒时瞪眼睛。借指小的仇恨。⑥嘿:通"默",沉默。⑦要:邀请。⑧辅翼:助手,辅助。⑨殆:危险。

【译文】

过了很久,聂政的母亲去世,安葬后,直到丧服期满,聂政说:"唉呀!我不过是平民百姓,拿着刀杀猪宰狗,而严仲子是诸侯的卿相,却不远千里,委屈身份和我结交。我待人家的情谊是太浅薄太微不足道了,没有什么大的功劳可以和他对我的恩情相抵,而严仲子献上百金为老母祝寿,我虽然没有接受,可是这件事说明他是特别了解我啊。贤德的人因感愤于一点小的仇恨,把我这个处于偏僻的穷困屠夫视为亲信,我怎么能一味地默不作声,就此完事了呢!况且以前来邀请我,我只是因为老母在世,才没有答应。而今老母享尽天年,我该要为了解我的人出力了。"于是就向西到濮阳,见到严仲子说:"以前之所以没答应仲子的邀请,仅仅是因为老母在世;如今不幸老母已享尽天年。仲子要报复的仇人是谁?请让我办这件事吧!"严仲子原原本本地告诉他说:"我的仇人是韩国宰相侠累,侠累又是韩国国君的叔父,宗族旺盛,人丁众多,居住的地方士兵防卫严密,我派人刺杀他,始终也没有得手。如今承蒙您不嫌弃我,应允下来,请增加车骑壮士作为您的助手。"聂政说:"韩国与卫国,中间距离不太远,如今刺杀人家的宰相,宰相又是国君的亲属,在这种情势下不能去很多人，人多了难免发生意外，发生意外就会走漏消息，走漏消息，那就等于整个韩国的人与您为仇，这难道不是太危险了吗！"于是谢绝车骑人众，辞别严仲子只身去了。

【原文】

　　杖剑至韩①，韩相侠累方坐府上，持兵戟而卫侍者甚众。聂政直入，上阶刺杀侠累，左右大乱。聂政大呼，所击杀者数十人，因自皮面决眼②，自屠出肠，遂以死。

【注释】

①杖：持，携带。②皮面决眼：割破面皮，挖出眼珠。

聂政刺韩相

【译文】

　　他带着宝剑到韩国都城，韩国宰相侠累正好坐在堂上，持刀荷戟的护卫很多。聂政径直而入，走上台阶刺杀侠累，侍从人员大乱。聂政高声大叫，被他击杀的有几十个人，又趁势毁坏自己的面容，挖出眼睛，剖开肚皮，流出肠子，就这样死了。

【原文】

　　政姊荣闻人有刺杀韩相者，贼不得①，国不知其名姓，暴其尸而悬之千金，乃於邑曰②："其是吾弟与？嗟乎，严仲子知吾弟！"立起，如韩，之市，而死者果政也，伏尸哭极哀，曰："是轵深井里所谓聂政者也。"市行者诸众人皆曰："此人暴虐吾国相，王悬购其名姓千金，夫人不闻与？何敢来识之也？"荣应之曰："闻之。然政所以蒙污辱自弃于市贩之间者③，为老母幸无恙④，妾未嫁也。亲既以天年下世，妾已嫁夫，严仲子乃察举吾弟困污之中而交之，泽厚矣，可奈何！士固为知己者死，今乃以妾尚在之故，重自刑以绝从⑤，妾其奈何畏殁身之诛⑥，终灭贤弟之名！"大惊韩市人。乃大呼天者三，卒于邑悲哀而死政之旁。

【注释】

①贼不得：指不知道凶手的姓名。②於（wū）邑（yè）：同"呜咽"，哭泣。③蒙污辱自弃于市贩：承受羞辱，不惜混在屠猪贩肉的人之间。④无恙：平安无事。恙，忧，病。⑤重自刑以绝从：狠狠地毁坏自己的面容肢体，使人不能辨认，以免牵连别人。从，连带治罪。一说通"踪"，踪迹线索。⑥殁：死。

【译文】

　　聂政的姐姐聂荣听说有人刺杀了韩国的宰相，却不知道凶手到底是谁，全韩国的人也不知他的姓名，陈列着他的尸体，悬赏千金，叫人们辨认，就抽泣着说："大概是我弟弟吧？唉呀，严仲子了解我弟弟！"于是马上动身，前往韩国的都城，来到街市，死者果然是聂政，就趴在尸体上痛哭，极为哀伤，说："这就是轵深井里人们所说的聂政啊。"街上的行人们都说："这个人残酷地杀害我国宰相，君王悬赏千金询查他的姓名，夫人没听说吗？怎么敢来认尸啊？"聂荣回答他们说："我听说了。可是聂政所以承受羞辱不惜混在屠猪贩肉的人中间，是因为老母健在，我还没有出嫁。老母享尽天年去世后，我已嫁人，严仲子从穷困低贱的处境中把我弟弟挑选出来结交他，恩情深厚，我弟弟还能怎么办呢！勇士本来应该为知己的人牺牲性命，如今因为我还活在世上的缘故，又自行毁坏面容躯体，使人不能辨认，以免牵连别人，我怎么能害怕杀身之祸，永远埋没弟弟的名声呢！"这整个街市上的人都大为震惊。聂荣于是高喊三声"天哪"，终于因为过度哀伤而死在聂政身旁。

【原文】

晋、楚、齐、卫闻之，皆曰："非独政能也，乃其姊亦烈女也。乡使政诚知其姊无濡忍之志①，不重暴骸之难②，必绝险千里以列其名③，姊弟俱僇于韩市者④，亦未必敢以身许严仲子也。严仲子亦可谓知人能得士矣！"

【注释】

①乡使：从前假使。乡，通"向"，从前，过去。濡忍：含忍，忍耐。②不重：不顾惜。暴骸：露尸于外。③绝险：度越艰难险阻。列：显露，布陈。④僇：通"戮"，杀戮。

【译文】

晋、楚、齐、卫等国的人听到这个消息，都说："不单是聂政有能力，就是他姐姐也是烈性女子。假使以前聂政果真知道他姐姐没有含忍的性格，不顾惜露尸于外的苦难，一定要越过千里的艰难险阻来公开他的姓名，以致姐弟二人一同死在韩国的街市，那他也未必敢对严仲子以身相许。严仲子也可以说是识人，才能够赢得贤士啊！"

◎荆轲刺秦王◎

【原文】

荆轲者，卫人也，其先乃齐人，徙于卫，卫人谓之庆卿。而之燕，燕人谓之荆卿。

荆轲好读书击剑，以术说卫元君①，卫元君不用。其后秦伐魏，置东郡，徙卫元君之支属于野王②。

荆轲尝游过榆次，与盖聂论剑③，盖聂怒而目之④。荆轲出，人或言复召荆卿。盖聂曰："曩者吾与论剑有不称者⑤，吾目之；试往，是宜去，不敢留。"使使往之主人，荆卿则已驾而去榆次矣。使者还报，盖聂曰："固去也，吾曩者目摄之⑥。"

荆轲游于邯郸，鲁勾践与荆轲博⑦，争道⑧，鲁勾践怒而叱之，荆轲嘿而逃去，遂不复会。

荆轲既至燕，爱燕之狗屠及善击筑者高渐离⑨。荆轲嗜酒，日与狗屠及高渐离饮于燕市，酒酣以往，高渐离击筑，荆轲和而歌于市中，相乐也，已而相泣，旁若无人者。

【注释】

①说：劝说，说服。②徙卫元君之支属：这次所徙者不只是支属，卫元君也包括在内。支属，旁支亲属。③论剑：谈论剑术，有较量的意思。④目：瞪眼逼视。⑤曩者：过去，这里指刚才。不称：不相宜，不合适。⑥摄：通"慑"，威慑，震慑。一说降服。⑦博：古代一种博戏。⑧争道：争执博局的着数。⑨筑：古代弦乐器，像琴，属于打击乐。

【译文】

荆轲，卫国人。他的祖先是齐国人，后来迁移到卫国，卫人称他为庆卿。之后又到燕国，燕人称他为荆卿。

荆卿喜欢读书耍剑，以剑术游说卫元君，卫元君不重用他。后来秦国讨伐魏国，设置东郡，迁徙卫元君和他的旁系亲属到野王。

荆轲曾游历经过赵国的榆次，和盖聂一起谈论剑术，盖聂对他怒目而视。荆轲离开了，有人劝盖聂把荆卿再请回来。盖聂说："过去我与他谈论剑术，意见不一致，我眼睛瞪了他；去看看吧，在这种情形下，他应该走了，不敢再留下了。"派人到荆轲所寄住的主人那里去寻找，荆卿已经驾车而去，离开榆次了。使者回来报告，盖聂说："他当然是要走的，我刚才瞪眼震慑了他。"

荆轲到邯郸游历，鲁勾践和荆轲博弈，在棋局上发生争执，鲁勾践发怒呵斥他，荆轲默默地逃走，再也没有见面。

荆轲到了燕国，与一个杀狗的屠户和善于击筑的高渐离交往。荆轲喜好喝酒，整日与杀狗的屠户及高渐离在燕国的街市上喝酒，酒喝得微醺以后，高渐离击筑，荆轲在街市上和着拍子唱歌，他们一起娱乐，随即又相互哭泣，好像旁边没有别人一样。

【原文】

居顷之，会燕太子丹质秦亡归燕。燕太子丹者，故尝质于赵，而秦王政生于赵，其少时与丹欢。及政立为秦王，而丹质于秦。秦王之遇燕太子丹不善，故丹怨而亡归。归而求为报秦王者，国小，力不能。其后秦日出兵山东以伐齐、楚、三晋①，稍蚕食诸侯②，且至于燕，燕君臣皆恐祸之至。太子丹患之，问其傅鞫武。武对曰："秦地遍天下，威胁韩、魏、赵氏，北有甘泉、谷口之固，南有泾、渭之沃，擅巴、汉之饶③，右陇、蜀之山，左关、殽之险，民众而士厉④，兵革有余。意有所出，则长城之南，易水以北，未有所定也。奈何以见陵之怨⑤，欲批其逆鳞哉⑥！"丹曰："然则何由？"对曰："请入图之。"

【注释】

①三晋：指韩、赵、魏三国。其国君原来都是晋国的执政大夫，后各自立国，将晋一分为三，故称。②蚕食：像蚕吃桑叶一样地逐渐侵吞。③擅：拥有，据有。④士厉：士兵训练有素。厉，锐气。⑤见陵：被欺凌。陵：侵犯，欺侮。⑥批：触动，触犯。逆鳞：传说中龙颈部生的倒鳞。触及倒鳞，龙即发怒。用以比喻暴君凶残。

【译文】

过了一段时间，适逢燕太子丹在秦国做人质逃回燕国。燕太子丹，以前曾经在赵国做人质，而秦王政生于赵国，年少时与太子丹交好。到了嬴政成为秦王后，太子丹到秦国做人质。秦王对太子丹不友好，所以太子丹怨恨而逃回燕国。回来后寻求报复秦国的方法，但是燕国是小国，国力有限。之后秦国渐渐向山东地区出兵，讨伐齐国、楚国和三晋，慢慢地蚕食诸侯各国，将要轮到燕国了，燕国的君臣都害怕祸患来到。太子丹很担忧，询问他的师傅鞫武。鞫武说："秦国的领土遍布天下，威胁韩国、魏国、赵国，北面有甘泉、谷口的险要地势，南面有泾、渭流域的肥沃土地，占据巴郡和汉中郡那样富饶的地区，右边有陇山和蜀山的崇山峻岭，左边有函谷关和崤山的天险，百姓众多，士兵奋勇，武器装备充足。倘若有意对外扩张，那么长城以南、易水以北的地区，都无法保全了。怎么能因为受了欺侮的怨恨，而想去触击秦王颈下的逆鳞呢！"太子丹说："那该怎么办呢？"鞫武回答说："希望从长计议。"

鞫武与太子言

【原文】

居有间，秦将樊於期得罪于秦王，亡之燕，太子丹受而舍之①。鞠武谏曰："不可。夫以秦王之暴而积怒于燕，足为寒心②，又况闻樊将军之所在乎？是谓'委肉当饿虎之蹊'也③，祸必不振矣④！虽有管、晏，不能为之谋也。愿太子疾遣樊将军入匈奴以灭口⑤。请西约三晋，南连齐、楚，北购于单于⑥，其后乃可图也。"太子曰："太傅之计，旷日弥久⑦，心惽然⑧，恐不能须臾。且非独于此也，夫樊将军穷困于天下，归身于丹，丹终不以迫于强秦而弃所哀怜之交，置之匈奴，是固丹命卒之时也。愿太傅更虑之。"鞠武曰："夫行危欲求安，造祸而求福，计浅而怨深，连结一人之后交⑨，不顾国家之大害，此所谓'资怨而助祸'矣⑩。夫以鸿毛燎于炉炭之上，必无事矣。且以雕鸷之秦⑪，行怨暴之怒，岂足道哉！燕有田光先生，其为人智深而勇沉⑫，可与谋。"太子曰："愿因太傅而得交于田先生，可乎？"鞠武曰："敬诺。"出见田先生，道"太子愿图国事于先生也"。田光曰："敬奉教。"乃造焉。

【注释】

①舍：使……住下来。②寒心：提心吊胆。③委肉当饿虎之蹊：古成语，意思是把肉放置在饿虎经过的小路上。委，抛给，抛弃。蹊，小路。④不振：不可挽救。振，救，挽救。⑤灭口：消除……借口。⑥购：通"媾"，媾和，讲和。⑦旷日弥久：时间长久。⑧惽然：忧闷，烦乱。惽，糊涂。⑨后交：新交，晚交。⑩资怨而助祸：助长怨恨而促使祸患的发展。⑪雕鸷：雕与鸷均为凶猛的禽鸟。比喻秦国的凶猛。⑫勇沉：勇敢沉着，勇气潜于内心。

【译文】

过了不久，秦国的将军樊於期得罪了秦王，逃到燕国，太子丹收留他并让他在燕国住下来。鞠武劝谏说："不能收留他。秦王本来就很暴虐，对燕国又有积怨，这足以让人害怕了，更何况听到樊将军在这个地方呢？这就是所谓的'把肉扔在饿虎经过的小路上'啊，一定逃脱不了灾祸了！纵然有管仲和晏婴，也不能替我们想出解救的方法了。希望太子能快速地派遣樊将军到匈奴去，以消除秦国侵略燕国的借口。请向西联系三晋，向南联合齐国和楚国，北面与匈奴和好，以后才可以想办法对付秦国。"太子说："太傅的计谋，旷日持久，那样我心里烦乱，恐怕连片刻的功夫都等不及了。况且不仅如此，樊将军穷途末路为天下所不容，这才来投奔我，我终究不会受秦的胁迫而丢弃我所哀怜的朋友，把他撑到匈奴，这是我生命结束的时刻，希望太傅能想个办法。"鞠武说："做了危险的事想求得安宁，惹下祸患而想求得福祉，计谋浅薄却结怨很深，为了结交一个新朋友而不顾国家的安危，这就是所说的'加深怨恨，扩大祸患'啊。把鸿毛放到炉炭之上，是一定会毁灭的。况且如雕鸷一般凶猛的秦国，一旦要对燕国发出怨恨暴虐的愤怒来，那后果还用得着说嘛！燕国有田光先生，他为人智谋远虑，勇敢沉着，您可以与他一起商量。"太子丹说："希望能通过太傅结交田先生，怎么样？"鞠武："好的。"于是鞠武去见田先生，说："太子希望与先生商量国家大事。"田光说："遵命。"于是就去拜见太子。

【原文】

太子逢迎，却行为导①，跪而蔽席②。田光坐定，左右无人，太子避席而请曰③："燕秦不两立，愿先生留意也。"田光曰："臣闻骐骥盛壮之时④，一日而驰千里；至其衰老，驽马先之。今太子闻光盛壮之时，不知臣精已消亡矣。虽然，光不敢以图国事，所善荆卿可使也。"太子曰："愿因先生得结交于荆卿，可乎？"田光曰："敬诺。"即起，趋出⑤。太子送至门，戒曰："丹所报，先生所言者，国之大事也，愿先生勿泄也！"田光俯而笑曰："诺。"偻行见荆卿，曰："光与子相善，燕国莫不知。今太子闻光壮盛之时，不知吾形已不逮也，幸而教之曰：'燕秦不两立，愿先生留意也'。光窃不自外，言足下于太子也，愿足下过太子于宫。"荆轲曰："谨奉教。"田光曰："吾闻之，长者为行，不使人疑之。今太子告光曰'所言者，国之大事也，愿先生勿泄'，是太子疑光也。夫为行而使人疑人，非节侠也⑥。"欲自杀以激荆卿,曰:"愿足下急过太子,言光已死,明不言也。"因遂自刎而死。

【注释】

①却行为导:倒退着走,为(田光)引路。②蔽席:拂拭座位让坐。蔽,拂拭。③避席而请:离开自己的座席向田光请教。避席,以示敬意。④骐骥:良马、骏马。⑤趋:小步快走,以示礼敬。⑥节侠:有节操、讲义气的人。

【译文】

　　太子向前迎接,慢慢地退着走为他引路,又跪下来拂去座席上的灰尘。田光坐下来,左右没有人,太子离开坐席向田光请教说:"燕国和秦国势不两立,希望先生多多注意。"田光说:"我听说良马强壮的时候,一天能奔驰千里;等到它衰老了,劣马都能跑在它的前头。现在太子听说我强壮时的作为,不知道我的精力已经衰竭了。虽然这么说,我不敢与您图谋国家大事,幸好我的好友荆卿可以供您差遣。"太子说:"希望通过先生结交荆卿,怎么样?"田光说:"可以。"立刻起身,快速地走出去。太子送他到门口,告诫他说:"我所陈述的,先生所说的,都是国家大事,希望先生千万不要泄露出去!"田光俯下身子笑道:"好的。"田光弯着腰去见荆卿,说:"我与你交好,燕国没有人不知道。现在太子听说我壮年时候的事,不知道我的身体已经不行了,承蒙他看得起我,对我说:'燕国和秦国势不两立,希望先生留意留意。'我私下里认为你不是外人,就把你推荐给太子,希望你到宫中去拜见太子。"荆轲说:"遵命。"田光又说:"我听说,年长之人所做的事情,是不该被人怀疑的。现在太子嘱咐我说'我们所说的话,都是国家大事,希望先生不要泄露',这是太子怀疑我田光啊。做了事却遭到别人怀疑,这不是有节操、讲义气的啊。"想以自杀的方式激励荆轲,说:"希望你立刻去拜见太子,说田光已经死了,以表明不会泄露秘密了。"于是自刎而死。

【原文】

　　荆轲遂见太子,言田光已死,致光之言。太子再拜而跪,膝行流涕①,有顷而后言曰:"丹所以诫田先生毋言者,欲以成大事之谋也。今田先生以死明不言,岂丹之心哉!"荆轲坐定,太子避

荆轲与太子丹密谋刺秦

席顿首曰："田先生不知丹之不肖，使得至前，敢有所道，此天之所以哀燕而不弃其孤也②。今秦有贪利之心，而欲不可足也。非尽天下之地，臣海内之王者，其意不厌。今秦已虏韩王，尽纳其地。又举兵南伐楚，北临赵；王翦将数十万之众距漳、邺，而李信出太原、云中。赵不能支秦，必入臣③，入臣则祸至燕。燕小弱，数困于兵，今计举国不足以当秦。诸侯服秦，莫敢合从④。丹之私计愚，以为诚得天下之勇士使于秦，窥以重利⑤；秦王贪，其势必得所愿矣。诚得劫秦王，使悉反诸侯侵地，若曹沫之与齐桓公，则大善矣；则不可，因而刺杀之。彼秦大将擅兵于外而内有乱⑥，则君臣相疑，以其间诸侯得合纵，其破秦必矣。此丹之上愿，而不知所委命，唯荆卿留意焉。"久之，荆轲曰："此国之大事也，臣驽下，恐不足任使。"太子前顿首，固请毋让，然后许诺。于是尊荆卿为上卿，舍上舍。太子日造门下，供太牢具⑦，异物间进，车骑美女恣荆轲所欲⑧，以顺适其意。

久之，荆轲未有行意。秦将王翦破赵，虏赵王，尽收入其地，进兵北略地至燕南界。太子丹恐惧，乃请荆轲曰："秦兵旦暮渡易水，则虽欲长侍足下，岂可得哉！"荆轲曰："微太子言⑨，臣愿谒之。今行而毋信，则秦未可亲也。夫樊将军，秦王购之金千斤，邑万家。诚得樊将军首与燕督亢之地图，奉献秦王，秦王必说见臣，臣乃得有以报。"太子曰："樊将军穷困来归丹，丹不忍以己之私而伤长者之意，愿足下更虑之！"

【注释】

①膝行：跪行，双膝着地向前。②孤：按当时燕王尚在，不该称孤。③入臣：前往秦国称臣。④合从：即"合纵"。东方六国南北联合，结成一体共同对抗秦国的政策。⑤窥：示，引诱。⑥擅：独揽，掌握。⑦太牢：牛、羊、猪三种牲畜各一头，是古代祭祀的重礼。借指贵重美食。⑧恣：听任，随其所欲。⑨微：无，没有。

【译文】

荆轲拜见太子，说田光已经死了，并转达了田光的话。太子跪下拜了又拜，屈膝前行，痛哭流涕，过了一会儿才说："我之所以告诫田先生不要泄露所说的话，是想确保完成国家大事的谋划。现在田先生以死来表明不会泄露秘密，这怎么会是我的初衷啊！"荆轲坐下来，太子离开坐席叩头说："田先生不知道我没有才能，使我能够到您的面前，敢有所商谈，这是上天垂怜燕国而不肯遗弃它的孤儿啊！现在秦国有贪图利益的心思，而欲望是无法满足的。不占尽全天下的土地，不使海内的诸侯臣服，秦国的心意是不会满足的。现在秦国已经俘虏了韩王，尽数收取了他的土地。又派兵向南讨伐楚国，向北逼近赵国；王翦率领数十万大军抵达漳县和邺县，而秦将李信又从太原和云中之地出兵。赵国不能招架秦国，一定向秦国称臣，称臣就会祸及燕国。燕国弱小，多次陷入战争的困境，现在估计就是倾全国之力也不能抵挡秦国。诸侯侍奉秦国，没有敢加入合纵抗击秦国的了。我的计谋很愚笨，认为如果能得到天下的勇士使之出使秦国，用厚重的利益去诱惑秦国；秦王贪婪，势必能达到我们的目的。挟持秦王，让他尽数将侵夺来的土地归还诸侯，像曹沫胁迫齐桓公一样，那就太好了；要是挟持不了，就趁机杀了他。那个时候的秦国，在外有众将们掌握重兵，在内朝廷陷入混乱，君臣之间相互猜忌，趁这个时机诸侯联合起来，一定能灭掉秦国。这是我最大的愿望，但不知道把这个任务委托给谁才能实施，希望荆卿能多多留意。"过了一会儿，荆轲说："这是国家大事，我才质低下，恐怕不能担当重任。"太子上前叩头，坚持让他不要推让，荆轲最终答应了。于是，燕太子任命荆卿为上卿，让他住在上等的公馆。太子每天都去拜访他，供给牛、羊、猪三牲齐备的酒席，不断地进献珍贵礼物和车马美女，尽量满足荆轲的欲望，以顺他的意。

过了一段时间，荆轲没有出发的意思。秦将王翦灭掉赵国，俘虏赵王，尽数兼并了赵国的领土，又向北进兵开拓土地，一直到达燕国南部的边界。太子丹十分恐惧，便对荆轲说："秦兵一早一晚的工夫就能渡过易水，那么就算我想长时间地侍奉您，又怎么能实现呢？"荆轲说："就算没有太子这番话，

易水送别

我也要向您请示了，现在出发到秦国，却没有能够使秦王相信的东西，那么秦王还是无法亲近的。那位樊将军，秦王用一千斤金、封邑万户求购他的性命。如果能得到樊将军的首级和燕国最肥美之地的地图，奉献给秦王，秦王必定高兴召见我，这样我才能有所斩获为您效命。"太子说："樊将军因为穷途末路才来投奔我，我不忍心因为一己之私而伤了这位长者的心，希望您考虑一下别的方法吧。"

【原文】

荆轲知太子不忍，乃遂私见樊於期曰："秦之遇将军可谓深矣①，父母宗族皆被戮没②。今闻购将军首金千斤，邑万家，将奈何？"於期仰天太息流涕曰："於期每念之，常痛于骨髓，顾计不知所出耳！"荆轲曰："今有一言可以解燕国之患，报将军之仇者，何如？"於期乃前曰："为之奈何？"荆轲曰："愿得将军之首以献秦王，秦王必喜而见臣，臣左手把其袖，右手揕其匈③，然则将军之仇报而燕见陵之愧除矣。将军岂有意乎？"樊於期偏袒搤捥而进曰④："此臣之日夜切齿腐心也⑤，乃今得闻教！"遂自刭。太子闻之，驰往，伏尸而哭，极哀。既已不可奈何，乃遂盛樊於期首函封之⑥。

于是太子豫求天下之利匕首，得赵人徐夫人匕首，取之百金，使工以药焠之⑦，以试人，血濡缕⑧，人无不立死者。乃装为遣荆卿。燕国有勇士秦舞阳，年十三，杀人，人不敢忤视⑨。乃令秦舞阳为副。荆轲有所待，欲与俱；其人居远未来，而为治行⑩。顷之，未发，太子迟之，疑其改悔，乃复请曰："日已尽矣！荆卿岂有意哉？丹请得先遣秦舞阳。"荆轲怒，叱太子曰："何太子之遣？往而不返者，竖子也⑪！且提一匕首入不测之强秦，仆所以留者，待吾客与俱。今太子迟之，请辞决矣！"遂发。

太子及宾客知其事者，皆白衣冠以送之。至易水之上，既祖⑫，取道，高渐离击筑，荆轲和而歌，为变徵之声⑬，士皆垂泪涕泣。又前而为歌曰："风萧萧兮易水寒，壮士一去兮不复还！"复为羽声忼慨⑭，士皆瞋目⑮，发尽上指冠⑯。于是荆轲就车而去，终已不顾。

【注释】

①深：残酷，刻毒。②没：没入官府为奴。③揕(zhèn)：直刺。匈：同"胸"，胸膛。④偏袒搤(è)捥：脱掉一边衣袖，露出一边臂膀，一只手紧握另一支手腕，以示激愤。搤，同"扼"，掐住，捉住。捥，同"腕"。⑤切齿腐心：上下牙齿咬紧挫动，愤恨得连心都粹了。⑥函封：装入匣子，封起来。⑦以药焠之：把烧红的匕首放到带有毒性液体里蘸。⑧血濡缕：只要渗出一点血丝。⑨忤视：用反抗的眼光看人。忤，逆，抵触。⑩治行：准备行装。⑪竖子：小子，对人的蔑称。⑫既祖：饯行之后。祖，古人出远门时祭祀路神的活动。这里指饯行的一种隆重仪式，即祭神后，在路上设宴为人送行。⑬为变徵(zhǐ)之声：发出变徵的音调。古代乐律，分宫、商、角、变徵、徵、羽、变宫七调。此调苍凉、凄惋，宜放悲声。⑭羽声：音调高亢，声音慷慨激昂。⑮瞋目：瞪大眼睛。⑯发尽上指冠：因怒而头发竖起，把帽子顶起来。此夸张说法。

【译文】

荆轲知道太子不忍心,就私下里拜见樊於期说:"秦国对待将军可谓十分恶毒,父母宗族都被杀戮或被收为奴婢。现在听说秦国用一千斤黄金和万户的封邑购买将军的首级,该怎么办呢?"樊於期仰天叹息痛哭流涕说:"我每次想到这个,常常痛入骨髓啊,只是想不出报仇的办法。"荆轲说:"现在我有一句话可以解除燕国的祸患,也能报将军的大仇,怎么样?"樊於期上前说:"那该怎么办呢?"荆轲说:"希望能拿将军的首级献给秦王,秦王见到后一定高兴,还会召见我,我左手拉住他的袖子,右手拿匕首刺进他的胸膛,那么将军的大仇可以得报,燕国被欺凌的耻辱也得以清除。将军意下如何?"樊於期脱下一边衣服,露出肩膀向荆轲说:"这是我日日夜夜恨得咬牙切齿、痛心疾首的事情,没想到今天才听到这个方法。"于是自刎而死。太子听说后,奔驰而来。伏在尸体上大哭,十分伤心。既然已经无可奈何了,便把樊於期的首级包裹起来,放在匣子里封藏。

当时太子已经预先寻求天下最锋利的匕首,得到了赵国徐夫人的匕首,花费了一百金,让工匠把烧红的匕首放到带有毒性的液体里淬,拿人试验一下,只要渗出一点血,受伤的人立刻就会死去。于是置办行装派荆卿前往秦国。燕国有个勇士名叫秦舞阳,十三岁的时候就敢杀人,人们不敢用敌视的眼光看他一眼。于是太子就让秦舞阳做荆轲的副手。荆轲等候另外一个朋友,想和他一起去;那人住得远,还没有来,荆轲就替那人准备好了行装。过了一段时间,荆轲还没出发,太子认为他拖得太久,疑心他反悔,再次督促他说:"日子不多了,荆卿还有其他想法吗?我请求先派遣秦舞阳去秦国。"荆轲大怒,呵斥太子说:"为什么太子要这样差遣?只想着冒失地前去,却不顾完成任务,那是傻子干的事!况且只拿一把匕首前往祸福难测的秦国,我之所以逗留不走,是想等我的朋友前来,和他一起去。现在太子嫌我逗留得太久,那我就辞别动身了!"说完就出发了。

太子和知道这件事的宾客,都穿着白衣戴着白帽子为荆轲送行。到了易水之畔,拜祭了路神,然后就上路了,高渐离击筑,荆轲和着筑声唱歌,唱的是变徵凄凉的调子,在场的人都落泪哭泣。荆轲又上前唱道:"风声萧萧易水凄寒,壮士一走不再归来!"又发出悲壮慷慨的羽声,在场的人都睁大眼睛,头发直立,把帽子都撑起来了。荆轲乘车而去,终究没再回头。

【原文】

遂至秦,持千金之资币物①,厚遗秦王宠臣中庶子蒙嘉②。嘉为先言于秦王曰:"燕王诚振怖大王之威③,不敢举兵以逆军吏,愿举国为内臣,比诸侯之列④,给贡职如郡县,而得奉守先王之宗庙⑤。恐惧不敢自陈,谨斩樊於期之头,及献燕督亢之地图,函封,燕王拜送于庭,使使以闻大王,唯大王命之。"秦王闻之,大喜,乃朝服,设九宾⑥,见燕使者咸阳宫。荆轲奉樊於期头函,而秦舞阳奉地图柙,以次进。至陛,秦舞阳色变振恐⑦,群臣怪之。荆轲顾笑舞阳⑧,前谢曰:"北蕃蛮夷之鄙人,未尝见天子,故振慴。愿大王少假借之⑨,使得毕使于前。"秦王谓轲曰:"取舞阳所持地图。"轲既取图奏之。秦王发图⑩,图穷而匕首见⑪。因左手把秦王之袖,而右手持匕首揕之。未至身,秦王惊,自引而起,袖绝。拔剑,剑长。操其室⑫。时惶急,剑坚,故不可立拔。荆轲逐秦王,秦王环柱而走。群臣皆愕,卒起不意⑬,尽失其度⑭。而秦法,群臣侍殿上者不得持尺寸之兵;诸郎中执兵皆陈殿下,非有诏召不得上。方急时,不及召下兵,以故荆轲乃逐秦王。而卒惶急,无以击轲,而以手共搏之。是时侍医夏无且以其所奉药囊提荆轲也⑮。秦王方环柱走,卒惶急,不知所为,左右乃曰:"王负剑!"负剑,遂拔以击荆轲,断其左股⑯。荆轲废,乃引其匕首以擿秦王⑰,不中,中桐柱。秦王复击轲,轲被八创。轲自知事不就,倚柱而笑,箕踞以骂曰⑱:"事所以不成者,以欲生劫之,必得约契以报太子也。"于是左右既前杀轲⑲,秦王不怡者良久。已而论功,赏群臣及当坐者各有差⑳,而赐夏无且黄金二百溢,曰:"无且爱我,乃以药囊提荆轲也。"

图解 史记

【注释】

①资：价值,资财。币：古代用作礼物的丝织品,泛指用作礼物的玉帛等物。②遗：赠送。③振怖：内心惊悸,害怕。怖,惊慌、害怕。④比：排列、比照。⑤宗庙：帝王或诸侯祭祀祖宗的地方。⑥九宾：外交上极其隆重的礼仪。说法不一。一说九个接待宾客的礼宾人员；一说九种规格不同的礼节；一说九种地位不同的礼宾人员。⑦色变：变了脸色。⑧顾笑：回头笑。⑨假借：宽容。⑩发图：展开地图。⑪穷：尽。见：同"现",出现。⑫室：指剑鞘。⑬卒：通"猝",突然。⑭度：常态。⑮提：打,投掷。⑯股：大腿。⑰摘：同"掷",投掷。⑱箕踞：两脚张开,蹲坐于地,如同簸箕。以示轻蔑对方。⑲"于是左右"句：此句末"轲"下似应有"舞阳"或及"秦舞阳"等字,不然,秦舞阳失交待。⑳坐：治罪、办罪。

【译文】

　　到了秦国,荆轲拿着价值千金的礼物赠给秦王的宠臣中庶子蒙嘉。蒙嘉提前为他向秦王禀告说："燕王果真畏惧大王的声威,不敢派兵抵挡秦国的军队,希望能使燕国上下成为秦国的臣子,排到朝见秦王的诸侯国的行列之中,像秦国的郡县一样供应赋税,以便能使燕国奉守先王的宗庙。燕王畏惧您,不敢亲自来陈说,故而特意斩下樊於期的头颅,并献上燕国督亢地区的地图,装进匣子里封起来,燕王亲自在宫廷上跪拜送行,派使臣前来禀告大王,请大王作出指示。"秦王听了之后,十分高兴,穿上朝服,设置九宾之礼,在咸阳宫召见燕国的使者。荆轲捧着装有樊於期首级的匣子,而秦舞阳捧着装有地图的匣子,两人按照一前一后的顺序走上大殿。到了阶前,秦舞阳吓得脸色大变,群臣都感到很奇怪。荆轲回过头来嘲笑秦舞阳,上前谢罪说："北蕃蛮夷的乡野之人,没有见过天子,所以感到恐惧。希望大王稍微宽容他一些,让他能在大王面前完成使节的任务。"秦王对荆轲说："把秦舞阳手里的地图拿过来。"荆轲取过地图呈给秦王看,秦王打开地图,地图打开到最后,匕首显现出来。接着,荆轲左手拽住秦王的衣袖,右手拿着匕首刺向秦王。还没刺到秦王的身子,秦王大惊,抽身奋力站了起来,袖子也被扯断了。秦王想拔剑,剑身太长,便先抓住剑鞘。这时他感到惶恐紧张,剑身又套得很牢固,所以不能立刻拔出来。荆轲追逐秦王,秦王围着柱子跑。群臣都很惊愕,失了常态,不知道该怎么办才好。而秦朝的法令规定,群臣到大殿的时候不能携带任何兵器,众多侍卫拿着兵器站在官殿之下,没有命令不得进入大殿。当时情势危急,没来得及召唤侍卫,所以荆轲才能追逐秦王。而群臣在仓促之际,都十分惶恐,没有可以用来击打荆轲的兵器,只好赤手空拳来迎击他。这个时候侍从医官夏无且用他所捧着的药囊扔向荆轲。秦王正围着柱子逃跑,仓促间惊慌失措,不知该怎么办才好,左右两旁的人喊道："大王把剑背起来!"秦王把剑放到背后,拔出剑来击打荆轲,斩下了他的左腿。荆轲身体残废,

图穷匕见

只能将匕首掷向秦王，没有击中，扔到铜柱之上。秦王再次刺向荆轲，荆轲身上有八处受伤。荆轲知道大事不能成功，倚靠到柱子上大笑，伸直两脚而坐，大骂道："大事之所以不能成功，只因为想挟持胁迫秦王，务必要得到你的承诺以回报太子。"说完侍卫上前杀死荆轲，秦王心里不舒服了很久。后来评论功过，赏赐群臣以及应该判罪的各有区别，赏赐夏无且黄金二百镒，说："夏无且爱护我，所以才拿药囊投向荆轲啊！"

【原文】

　　于是秦王大怒，益发兵诣赵①，诏王翦军以伐燕。十月而拔蓟城②。燕王喜、太子丹等尽率其精兵东保于辽东。秦将李信追击燕王急，代王嘉乃遗燕王喜书曰："秦所以尤追燕急者，以太子丹故也。今王诚杀丹献之秦王，秦王必解③，而社稷幸得血食④。"其后李信追丹，丹匿衍水中，燕王乃使使斩太子丹，欲献之秦。秦复进兵攻之。后五年，秦卒灭燕，虏燕王喜。

【注释】

①益：增加。诣：往，到……去。②拔：攻克，占领。③解：缓解、宽释。④社稷幸得血食：国家或许得到保存。社稷，土神和谷神，国家政权的象征。血食，享受祭祀。因为祭祀时要杀牛、羊、猪三牲，所以叫血食。

【译文】

　　秦王大怒，加派军队前往赵国，命令王翦率军讨伐燕国。十月攻下蓟城。燕王喜、太子丹等人率领精锐部队向东退守到辽东。秦将李信急迫地追击燕王，代王嘉就送信给燕王喜说："秦王之所以紧追燕王，都是太子丹的缘故。现在大王要是能杀死太子丹，把他的尸首献给秦王，秦王一定会原谅你，而燕国也会永享祭祀。"之后李信追击太子丹，太子丹藏匿到衍水之中，燕王派人斩杀太子丹，打算献给秦王。秦军又进兵攻击燕国。其后五年，秦国终于灭掉燕国，俘虏了燕王喜。

【原文】

　　其明年，秦并天下，立号为皇帝。于是秦逐太子丹、荆轲之客，皆亡。高渐离变名姓为人庸保①，匿作于宋子。久之，作苦，闻其家堂上客击筑，彷徨不能去。每出言曰："彼有善有不善。"从者以告其主，曰："彼庸乃知音，窃言是非。"家丈人召使前击筑②，一坐称善，赐酒。而高渐离念久隐畏约无穷时，乃退，出其装匣中筑与其善衣，更容貌而前。举坐客皆惊，下与抗礼③，以为上客。使击筑而歌，客无不流涕而去者。宋子传客之，闻于秦始皇。秦始皇召见，人有识者，乃曰："高渐离也。"秦皇帝惜其善击筑，重赦之，乃矐其目④。使击筑，未尝不称善。稍益近之，高渐离乃以铅置筑中，复进得近，举筑朴秦皇帝⑤，不中。于是遂诛高渐离，终身不复近诸侯之人⑥。

【注释】

①庸保：帮工，伙计。庸，同"佣"。被雇用的人。②家丈人：东家，主人。③抗礼：用平等的礼节接待。④矐其目：熏瞎他的眼睛。矐，熏瞎。⑤朴：撞击。⑥诸侯之人：此前东方六国的人。

【译文】

　　第二年，秦王兼并天下，立号为皇帝。秦王下令捉拿太子丹和荆轲的门客，（这些人）全部都四处逃亡。高渐离隐姓埋名做了伙计，隐藏在宋子县。时间一长，觉得工作辛苦，听见主人家的堂上有客人击筑，彷徨不肯离开。每次脱口说："他这里击得好，那里击得不好。"侍从将他所说的话告诉他的主人说："那个伙计倒是懂得音乐，私底下评论击筑的好坏。"酒家的主人派人把他叫来击筑，在座的人都说好，赏赐美酒给他喝。而高渐离想，长时间担惊受怕地隐居在这里，不知道什么时候是尽头，于是辞退下去，拿出行装中匣子里的筑，以及他的好衣服，恢复他原来的容貌走到堂前。

在座的人都很惊讶，走下堂来以平等的礼节对待他，把他奉为上宾。还让他击筑唱歌，在座的客人听了没有不流泪离开的。宋子县的人轮流款待他，这件事传到秦始皇的耳朵里。秦始皇召见他，有人认识他，禀告说："这人是高渐离。"秦始皇爱惜他精于击筑，特别饶恕了他的死罪，弄瞎了他的眼睛，让他击筑，没有一次不称赞他好的。秦始皇逐渐亲近他，于是高渐离把铅块放置到筑里面，等到再次进见，始皇靠近他的时候，举起筑向秦始皇扑打过来，没有击中。秦始皇就诛杀了高渐离，一辈子再也没有亲近六国的人。

高渐离击筑刺秦王

【原文】

　　鲁勾践已闻荆轲之刺秦王，私曰："嗟乎，惜哉其不讲于刺剑之术也①！甚矣吾不知人也！曩者吾叱之，彼乃以我为非人也②！"

【注释】

①讲：讲究，精通。②非人：不是同类人。

【译文】

　　鲁勾践听到荆轲行刺秦王的事，私下说："唉！太可惜啦，他不讲究刺剑的技术啊，我太不了解这个人了！过去我呵斥他，他就以为我不是同类人了。"

【原文】

　　太史公曰：世言荆轲，其称太子丹之命①，"天雨粟，马生角"也②，太过。又言荆轲伤秦王，皆非也。始公孙季功，董生与夏无且游，具知其事，为余道之如是。自曹沫至荆轲五人，此其义或成或不成③，然其立意较然④，不欺其志⑤，名垂后世，岂妄也哉⑥！

【注释】

①命：运气，命运。②天雨粟，马生角：据《燕丹子》记载，"丹求归，秦王曰：'乌头白，马生角，乃许耳。'丹乃仰天长叹，乌头即白，马亦生角。"王充《论衡·感虚》等亦有此说。这里比喻不可能之事。雨，下雨。③义：义举，指行刺活动。④较：清楚，明白。⑤欺：违背。⑥妄：虚妄，荒诞。

【译文】

　　太史公说：世人说到荆轲，都会说太子丹的命运，好像"天上降下粟米，马的脑袋上长出角来"那样，这有点过分了。又说荆轲刺杀秦王，这都是事实。最初公孙季功、董生和夏无且有交往，都知道这件事，他们对我说的与我上面描述的一样。从曹沫一直到荆轲这五个人，他们的义行有的成功，有的不成功，但是他们的宗旨都很明白，都没有辱没自己的志向，名声流传到后世，这难道是荒诞虚无的吗！

李斯列传

【导读】

李斯是秦始皇和秦二世时的丞相,是秦朝至关重要的政治人物。整个秦王朝的兴衰,都与李斯有着很大关系。他曾向始皇上了一篇《谏逐客书》,请求秦国尊重各国人才;他创造大篆,统一六国文字;他追随始皇巡游南北,刻石颂功……这些都是他的贡献。但是,李斯也参与了赵高、胡亥篡夺权位的阴谋,伪造诏书,害死公子扶苏和大将蒙恬。秦二世登基后,赵高为争夺相位,于是陷害李斯,并最终将其处死。

◎ 妥协求荣,假造遗诏 ◎

【原文】

始皇三十七年十月,行出游会稽,并海上,北抵琅邪。丞相斯、中车府令赵高兼行符玺令事①,皆从。始皇有二十余子,长子扶苏以数直谏上,上使监兵上郡,蒙恬为将。少子胡亥爱,请从,上许之。余子莫从。

其年七月②,始皇帝至沙丘,病甚,令赵高为书赐公子扶苏曰:"以兵属蒙恬,与丧会咸阳而葬。"书已封,未授使者,始皇崩。书及玺皆在赵高所,独子胡亥、丞相李斯、赵高及幸宦者五六人知始皇崩,余群臣皆莫知也。李斯以为上在外崩,无真太子③,故秘之。置始皇居辒辌车中④,百官奏事上食如故,宦者辄从辒辌可诸奏事。

【注释】

① 行:暂时代理。② 其年七月:由于当时以十月为岁首,所以十月在前,七月在后。③ 真太子:正式确立的太子。④ 辒辌车:古代一种既能保温又能通风的卧车。

【译文】

秦始皇三十七年十月,始皇巡游至会稽山,沿着海岸北上,抵达琅邪山。丞相李斯和兼代符玺令的中车府令赵高一起跟随。始皇有二十多个儿子,长子扶苏因为多次直言敢谏,所以始皇贬他到上郡任监军,蒙恬为将军。小儿子胡亥受到宠爱,请求跟随出游,始皇答应了。其余的儿子都没有跟随。

这年七月,始皇帝到达沙丘,病得很厉害,命令赵高写诏书给公子扶苏说:"把军队交托给蒙恬,赶快参与丧事,与灵柩到咸阳会合,然后安葬。"诏书封好以后,没有交给传信的人,始皇就驾崩了。诏书和御印都搁在赵高的住所,只有胡亥、丞相李斯、赵高以及受宠的五六个人知道始皇驾崩的消息,其他的大臣都不知道。李斯认为皇上在外面驾崩,没有正式确定的太子,所以才封锁消息,把始皇的尸体放到一辆既保暖又通风凉爽的卧车里,百官照常向车子里的始皇奏事并进献食物,宦官就在车中假托皇帝的命令批复百官报告的事情。

【原文】

赵高因留所赐扶苏玺书①,而谓公子胡亥曰:"上崩,无诏封王诸子而独赐长子书。长子至,即立为皇帝,而子无尺寸之地,为之奈何?"胡亥曰:"固也。吾闻之,明君知臣,明父知子。父捐命②，不封诸子，何可言者！"赵高曰："不然。方今天下之权，存亡在子与高及丞相耳，愿子图之。且夫臣人与见臣于人③，制人与见制于人，岂可同日道哉！"胡亥曰："废兄而立弟，是不义也；不奉父诏而畏死，是不孝也；能薄而材谫④，强因人之功，是不能也；三者逆德，天下不服，身殆倾危⑤，社稷不血食⑥。"高曰："臣闻汤、武杀其主，天下称义焉，不为不忠。卫君杀其父，而卫国载其德，孔子著之，不为不孝。夫大行不小谨，盛德不辞让，乡曲各有宜而百官不同功⑦。故顾小而忘大，后必有害；狐疑犹豫，后必有悔。断而敢行，鬼神避之，后有成功。愿子遂之！"胡亥喟然叹曰："今大行未发⑧，丧礼未终，岂宜以此事干丞相哉⑨！"赵高曰："时乎时乎，间不及谋⑩！赢粮跃马⑪，唯恐后时！"

【注释】

①玺书：盖过皇帝印玺的文书。②捐命：舍弃生命，临终。③臣人：驾驭群臣。④谫：浅陋。⑤殆：差不多。倾危：倒覆，即被杀。⑥社稷：土神和谷神，国家政权的象征。血食：享受祭祀。因为祭祀时要杀牛、羊、猪三牲，所以叫血食。⑦乡曲：乡下，后引申为乡里。⑧大行：一去不返。臣下因讳言皇帝死亡，所以用大行来作比喻。⑨干：求，麻烦。⑩间：空隙，形容时间之紧迫。⑪赢：携带，背负。

【译文】

赵高于是扣留了始皇写给扶苏的诏书，对公子胡亥说："皇上驾崩，没有下诏封诸子为王，而只是写给长子扶苏一封诏书。扶苏来了，就会被立为皇帝，而您连一尺一寸的土地都没有，这该怎么办呢？"胡亥说："本来就是这样。我听说，贤明的君主了解臣子，贤明的父亲了解儿子。做父亲的临终之时不封赏诸子，有什么话可说呢？"赵高说："不是这样的。现在全天下的权力，天下人的生死存亡都在您和我还有丞相的手里，希望您好好考虑一下。况且使别人向自己称臣和向别人称臣，控制别人和被别人控制，难道可以同日而语、相提并论吗？"胡亥说："废掉兄长而拥立弟弟，这是不义；不遵从父亲的诏书而害怕被杀，这是不孝；才能浅薄，勉强依靠别人的功劳而登上皇位，这是无能。这三种做法都是违背道德的，天下人不会心服的，而自身也将招致祸殃，社稷也不能永享祭祀了。"赵高说："我听说商汤、周武王杀了他们的君主，天下人称这是义行，不认为它是不忠的行为。卫君杀了自己的父亲，而卫国人却称颂他的功德，孔子还记录过这件事，这不是不守孝道。做大事的人可以不拘泥小节，道德高尚的人不必计较琐碎的礼让，穷乡僻壤有自己的风俗习惯，百官的职责也各有不同。所以顾念小节而忘记大体，一定会留下祸患；迟疑犹豫，一定会抱憾终生。果断而勇敢，连鬼神也会畏惧躲避，一定会取得成功。希望您就这样做！"胡亥感叹一声说："现在皇帝刚死，还没有发丧，丧事还没有结束，怎么能拿这件事去要求丞相呢！"赵高说："时间很紧迫啊，稍有迟疑就不允许谋算了。好像带着干粮骑马赶路一样，就怕耽误时机啊！"

【原文】

胡亥既然高之言①，高曰："不与丞相谋，恐事不能成，臣请为子与丞相谋之。"高乃谓丞相斯曰："上崩，赐长子书，与丧会咸阳而立为嗣②。书未行，今上崩，未有知者也。所赐长子书及符玺皆在胡亥所，定太子在君侯与高之口耳③。事将何如？"斯曰："安得亡国之言！此非人臣所当议论也！"高曰："君侯自料能孰与蒙恬④？功高孰与蒙恬？谋远不失孰与蒙恬？无怨于天下孰与蒙恬？长子旧而信之孰与蒙恬？"斯曰："此五者皆不及蒙恬，而君责之何深也？"高曰："高固内官之厮役也⑤，幸得以刀笔之文进入秦宫⑥，管事二十余年，未尝见秦免丞相功臣有封及二世者也，卒皆以诛亡。皇帝二十余子，皆君之所知。长子刚毅而武勇，信人而奋士⑦，即位必用蒙恬为丞相，君侯终不怀通侯之印归于乡里，明矣。高受诏教习胡亥，使学以法事数年矣⑧，未尝见过失。仁慈笃厚⑨，轻财重士，辩于心而诎于口⑩，

赵高说服李斯

尽礼敬士，秦之诸子未有及此者，可以为嗣。君计而定之。"斯曰："君其反位⑪！斯奉主之诏，听天之命，何虑之可定也？"高曰："安可危也，危可安也。安危不定，何以贵圣？"斯曰："斯，上蔡闾巷布衣也，上幸擢为丞相，封为通侯，子孙皆至尊位重禄者，故将以存亡安危属臣也。岂可负哉！夫忠臣不避死而庶几⑫，孝子不勤劳而见危，人臣各守其职而已矣。君其勿复言，将令斯得罪。"高曰："盖闻圣人迁徙无常⑬，就变而从时⑭，见末而知本，观指而睹归，物固有之，安得常法哉！方今天下之权命悬于胡亥，高能得志焉⑮。且夫从制中谓之惑，从下制上谓之贼。故秋霜降者草花落，水摇动者万物作⑯，此必然之效也。君何相见之晚？"斯曰："吾闻晋易太子⑰，三世不安；齐桓兄弟争位⑱，身死为戮；纣杀亲戚⑲，不听谏者，国为丘墟，遂危社稷：三者逆天，宗庙不血食。斯其犹人哉，安足为谋！"高曰："上下合同，可以长久；中外若一，事无表里。君听臣之计，即长有封侯，世世称孤，必有乔、松之寿⑳，孔、墨之智㉑。今释此而不从，祸及子孙，足以为寒心。善者因祸为福，君何处焉？"斯乃仰天而叹，垂泪太息曰㉒："嗟乎！独遭乱世，既以不能死㉓，安托命哉㉔！"于是斯乃听高。高乃报胡亥曰："臣请奉太子之明命以报丞相，丞相斯敢不奉令！"

【注释】

①然：同意，赞成。②嗣：继承人。③君侯：古时对列侯的称呼。④孰与：与……比怎么样。⑤内官：宦官。厮役：奴仆。⑥刀笔之文：刑法文书。⑦信人：待人真诚。奋士：激励部下，使之为自己效忠。⑧法事：有关法律之事。⑨笃厚：老实厚道。⑩辩：通"辨"，明辨是非。讪：言语迟顿。⑪反位：回到原来的职位上。反，通"返"。⑫庶几：差不多。这里指苟且从事。⑬迁徙：迁移。引申为善变。⑭就变：服从变化。从时：顺应潮流。⑮得志：揣测心思。⑯水摇动：春天冰雪消融。万物作：万物生长。⑰晋易太子：春秋时晋献公宠爱妃子骊姬，迫使太子申生自杀，改立骊姬子傒齐为太子。⑱齐桓兄弟争位：春秋时齐桓公和公子纠争位，桓公掌权后，迫使鲁国杀死公子纠。⑲纣杀亲戚：指商纣杀死其叔父比干。⑳乔、松：指王子乔、赤松子。二人都是古代传说中的仙人。㉑孔、墨：指孔丘、墨翟。㉒太息：叹息。㉓以：通"已"。㉔托命：委身，托付。

【译文】

　　胡亥同意赵高的意见之后，赵高说："不和丞相一起谋划，恐怕大事就不能取得成功，请让我为您和丞相一起谋划一下吧。"赵高于是与丞相李斯商量说："皇上驾崩，留给长子扶苏一份诏书，让他到咸阳与我们会合，办理丧事，而且还立他为继承人。诏书还没有送出去，现在皇上驾崩，没有知道这件事的了。写给长子扶苏的诏书和御玺都在胡亥那里，决定太子的归属就在于君侯和我赵高的一句话了。这件事该怎么办呢？"李斯说："你怎么能说出这种亡国的话呢！这不是臣子应该议论的事情！"赵高说："君侯自己想想：您的才能和蒙恬比起来如何？您和蒙恬谁的功劳大？在深谋远虑和不失算方面您和蒙恬谁更厉害？不与天下人结怨这一方面您比得上蒙恬吗？与长子有旧交情和深得信任这方面能比得上蒙恬吗？"李斯说："这五个方面我都比不上蒙恬，但是你怎么能够这么苛求责备呢？"赵高说："我赵高本来就是宦官之中的一个小仆役，幸亏能够凭着熟悉刑法文书而进入秦宫，在里面掌管事务二十多年，从来没有看到过秦王罢黜的丞相和功臣有连续两代封爵的，这些人最后都被诛杀。皇帝有二十多个儿子，这些您都知道。长子扶苏刚毅而勇武，肯信任人，又善于鼓励士人，他即位之后一定会任用蒙恬为丞相，君侯您终究不会带着通侯的印信回归乡里，这是很明白的事情。我赵高受命教胡亥学习，让他学习法令已经好几年了，从没见他犯过什么过失。胡亥仁慈宽厚，轻视财物而看重士子，内心很聪明但是不善于从口中表达出来，又礼贤下士，秦朝的诸位王子中没有能比得上他的，可以让他继承王位。希望您考虑一下，做出决定。"李斯说："你最好回到你的本位考虑自己的事情吧，我遵从主上的诏令，听从上天的安排，还有什么可以考虑决定的呢？"赵高说："您认为现在自己的处境很安全，但说不定还很危险呢！倘若您参与我的计划，或许您认为处境是危险的，但说不定是很安全的。如果一个人无法掌握自己命运的安危，怎么能称得上是聪明之人呢？"李斯说："我李斯，原本是上蔡闾巷里的一个老百姓，承蒙皇上宠幸而提拔为丞相，封为通侯，子孙都得到尊贵的地位和优厚的俸禄，所以把国家的生死安危托付给我，我怎能辜负呢？忠臣不因为怕死而存侥幸心理，孝子不因为过分勤劳而使自己身体受损，人臣各自守住自己的职责就可以了。您不要再对我说了，不然的话就会让我李斯获罪了。"赵高说："我听说圣人处事灵活多变，善于抓住时机变化以顺应潮流，看到事情发展的苗头就能知道它根本的方向，看到事物发展的动向就能知道它的结果，事物的发展规律本来就是这样，怎么会有永恒不变的准则呢？现在天下的权威和命运掌握在胡亥手中，我赵高能够揣摩出他的意向。况且由外部控制内部，这就是谋逆造反；由下面控制上面，这就是叛上作乱。所以秋天降下寒霜，花草树木就会凋落；春天冰水融化，万物就开始生长，这是必然的结果。您怎么不知道这个道理呢？"李斯说："我听说晋国更换太子，连续三代都不安宁；齐桓公兄弟两人争夺王位，公子纠最终被杀戮；殷纣王杀死自己的亲人，不听劝谏，国家变为废墟，社稷危亡。这三个故事都是违逆天理的，宗庙不能延续祭祀。他们逆天而行遭受灾祸，我怎能谋逆造反呢？"赵高说："上下如果同心协力，富贵就能保持得长久；内外相呼应和，事情就能自然顺手，不会参差不一致。您要是听我的计谋，就可以长久享受封爵，世世代代称王称侯，必定会像王子乔、赤松子那样长寿，也一定像孔子、墨翟那样聪慧。现在舍弃这些不听从我的建议，那你的子孙也不能免除灾祸，足以让我替你担惊受怕的了。聪明的人能够把祸患转化为福祉，您打算如何安置自己呢？"李斯于是仰天长叹，落泪叹息说："唉！我偏偏不幸生在这个乱世里，既然不能以死报答皇帝，怎么能够寄托自己的命运呢！"李斯听从了赵高的安排。赵高禀告胡亥说："我请求奉了太子（指胡亥）的公开命令去通知丞相，丞相敢不从命么！"

【原文】

于是乃相与谋，诈为受始皇诏丞相，立子胡亥为太子。更为书赐长子扶苏曰："朕巡天下①，祷祠名山诸神以延寿命②。今扶苏与将军蒙恬将师数十万以屯边③，十有余年矣，不能进而前，士卒多耗，无尺寸之功，乃反数上书直言诽谤我所为，以不得罢归为太子，日夜怨望④。扶苏为人子不孝，其

李斯假造诏书

赐剑以自裁！将军恬与扶苏居外，不匡正，宜知其谋。为人臣不忠，其赐死，以兵属裨将王离⑤。"封其书以皇帝玺，遣胡亥客奉书赐扶苏于上郡。

使者至，发书，扶苏泣，入内舍，欲自杀。蒙恬止扶苏曰："陛下居外，未立太子，使臣将三十万众守边，公子为监，此天下重任也。今一使者来，即自杀，安知其非诈？请复请，复请而后死，未暮也⑥。"使者数趣之⑦。扶苏为人仁，谓蒙恬曰："父而赐子死，尚安复请！"即自杀。

【注释】

①朕：古人的自称，从秦始皇起，专门用作皇帝自称。②祷祠：祈祷祭祠。③将师：率领军队。将，用作动词，率领。屯边：驻守在边关之上。④怨望：怨恨不满。⑤裨将：副将，偏将。⑥暮：晚。⑦趣：催促，督促。

【译文】

李斯和赵高一起谋划，伪造了始皇给丞相的诏书，立小儿子胡亥为太子。更改写给长子扶苏的诏书，上面说："我巡游天下，祈祷祭祀名山的神明，希望能够延长寿命。现在扶苏和将军蒙恬率领数十万军队驻守边关，已经有十多年了，没有能够扩展疆土，士兵损失惨重，功劳一点儿都没有，竟然反过来多次上书指责诽谤我的所作所为，只因为不能解除监军的职位回朝做太子，日夜不停地怨恨我。扶苏身为人子不守孝道，现在赐你一把剑自杀吧！将军蒙恬和扶苏在外面，不匡扶正义，应该知道扶苏的阴谋。身为人臣却不知效忠，现在赐你一死，把兵权交给副将王离。"在诏书的封口盖上皇帝玉玺大印，派胡亥的门客送到上郡交给扶苏。

使者到了上郡，扶苏打开诏书看，看完后哭泣着进入内宅，打算自杀。蒙恬制止扶苏说："陛下在外面，没有立太子，让我率领三十万军队驻守边关，公子出任监军，这是天下的重任啊。现在来了一个使者，您就自杀，怎么知道这不是诈术呢？请您重新请示一下，请示完了之后再死也不迟啊。"使者在旁多次催促他。扶苏为人仁厚，对蒙恬说："做父亲的让儿子死，怎么敢再请示呢！"于是自杀。

◎下狱灭族◎

【原文】

赵高案治李斯。李斯拘执束缚①，居囹圄中②，仰天而叹曰："嗟乎！悲夫！不道之君，何可为计哉！昔者桀杀关龙逢，纣杀王子比干，吴王夫差杀伍子胥。此三臣者，岂不忠哉！然而不免于死，身死而所忠者非也。今吾智不及三子，而二世之无道过于桀、纣、夫差，吾以忠死，宜矣。且二世之治岂不乱哉！日者夷其兄弟而自立也③，杀忠臣而贵贱人，作为阿房之宫，赋敛天下。吾非不谏也，而不吾听也④。凡古圣王，饮食有节，车器有数，宫室有度，出令造事，加费而无益于民利者禁，故能长治久安。今行逆于昆弟⑤，不顾其咎⑥；侵杀忠臣，不思其殃；大为宫室，厚赋天下，不爱其费。三者已行，天下不听。今反者已有天下之半矣，而心尚未寤也⑦，而以赵高为佐，吾必见寇至咸阳，麋鹿游于朝也。"

【注释】

①拘执束缚：被捕后戴上刑具。②囹圄：监狱。③日者：刚刚，不久以前。④不吾听：即"不听吾"。⑤行逆：倒行逆施。昆弟：兄弟。⑥咎：祸患，灾祸。⑦寤：通"悟"，觉悟，醒悟。

【译文】

赵高审讯李斯。李斯被抓起来，身上套上刑具，关押到监狱里，仰天长叹说："唉！真是悲哀啊！

无道的君主，怎么能为他谋虑打算呢！当初夏桀杀死关龙逄，纣王杀死王子比干，吴王夫差杀死伍子胥。这三个臣子，不都很忠诚吗！然而都不免一死，他们虽然尽忠而死，但是所效忠的人不是得道之君啊。现在我的聪明才智比不上这三个人，而二世的暴虐无道又比夏桀、商纣和夫差更加厉害，我因为尽忠而死，那是应当的。况且二世不是胡乱治理天下吗？往日他杀掉自己的兄弟，自立为皇帝，杀戮功臣而重用卑贱的人，营建阿房宫，在天下征收重税。我不是不劝谏，而是他听不进我的话。凡是古代的圣王，饮食都有一定节制，车子和器物的数量也有限制，宫室的规模也有一定的限度，颁布命令和兴办事业，只要是徒增浪费和不利于人民的，一律禁止，所以国家能长治久安。现在胡亥倒行逆施，对自己的兄弟施以暴行，不考虑灾祸；枉杀忠臣，不顾忌祸殃；广修宫殿，向天下横征暴敛，不爱惜钱财。这三种行为做出来以后，天下人都不服从。现在造反的人已经占据了天下的一半，然而二世还没有醒悟过来，还用赵高辅佐，我一定能看到反贼攻入咸阳，只剩下麋鹿在废墟上来来往往。"

【原文】

于是二世乃使高案丞相狱，治罪，责斯与子由谋反状，皆收捕宗族宾客。赵高治斯，榜掠千余①，不胜痛，自诬服②。斯所以不死者，自负其辩，有功、实无反心，幸得上书自陈，幸二世之寤而赦之。李斯乃从狱中上书曰："臣为丞相治民，三十余多矣。逮秦地之狭隘③。先王之时秦地不过千里，兵数十万。臣尽薄材，谨奉法令，阴行谋臣④，资之金玉，使游说诸侯，阴修甲兵，饰政教，官斗士⑤，尊功臣，盛其爵禄，故终以胁韩弱魏，破燕、赵，夷齐、楚，卒兼六国，虏其王，立秦为天子。罪一矣。地非不广，又北逐胡、貉⑥，南定百越，以见秦之强。罪二矣。尊大臣，盛其爵位，以固其亲。罪三矣。立社稷，修宗庙，以明主之贤。罪四矣。更克画⑦，平斗斛度量文章⑧，布之天下，以树秦之名。罪五矣。治驰道，兴游观，以见主之得意。罪六矣。缓刑罚，薄赋敛，以遂主得众之心，万民载主，死而不忘。罪七矣。若斯之为臣者，罪足以死固久矣。上幸尽其能力，乃得至今，愿陛下察之！"书上，赵高使吏弃去不奏，曰："囚安得上书！"

【注释】

①榜掠：严刑拷打。②诬服：因受虐待而冤屈地认罪。③逮：及，正赶上。④行：派遣，派出。⑤官：用作动词，

屈打成招

授予……官职。⑥貉：通"貊"，古代称东北方的民族。⑦克画：在尺度和衡器上刻下的标志。克，通"刻"。⑧平：统一。斛（hú）：量器，一斛为十斗。文章：即文字。

【译文】

二世派赵高审理李斯的案件，定了他的罪，责问李斯和儿子李由谋反的情形，逮捕了李斯所有的亲戚和宾客。赵高审讯李斯，笞打了他一千多下，李斯容忍不了疼痛，最终冤屈地招认了罪行。李斯之所以不自杀，是因为他自负口才好，有功劳，确实没有谋反之心，希望能够上书为自己辩解，又希望二世能够醒悟过来赦免自己。李斯在监狱中上书说："我身为丞相治理百姓，已经有三十多年了。我来到秦国的时候，秦国的土地还很狭小。先王在位之时，秦国的土地不过千里，士兵也只有几十万。我竭尽自己微薄的才能，谨慎地奉守法律，暗中派遣谋臣，带着金银珠宝去游说诸侯，暗中修缮武器装备，修明政令，重用勇敢善斗的战士，尊重有功之臣，提升他们的爵位，增加他们的俸禄，终于能够逼迫韩国，削弱魏国，打败燕国、赵国，灭掉齐国、赵国，最终兼并六国，俘虏他们的君王，立秦王为天子。这是我的第一桩罪行。这个时候，土地并非不广了，又向北驱逐匈奴，向南平定百越，以炫耀秦国的强大。这是我的第二桩罪行。尊重大臣，提高他们的爵位，以巩固君臣之间的关系。这是我的第三桩罪行。建立社稷，修缮宗庙，以彰显君主的贤明。这是我的第四桩罪行。更改书写符号，统一度量衡和文字，并颁布天下，以树立秦王的威名。这是我的第五桩罪行。治理驰道，建议周游天下，以显示君王的志得意满。这是我的第六桩罪行。减轻刑罚，减少赋税，使君主得到民心，让百姓拥戴君主，至死不忘君主的美德。这是我的第七桩罪行。像我李斯这样做臣子的，罪行足以致死本来就很久了。幸而皇上准许我竭尽所能，这才活到今天，希望陛下明察！"书信呈递上去，赵高让狱吏丢弃掉，说道："囚犯怎么能上书呢！"

【原文】

赵高使其客十余辈诈为御史、谒者、侍中，更往复讯斯①。斯更以其实对，辄使人复榜之。后二世使人验斯，斯以为如前，终不敢更言，辞服②。奏当上，二世喜曰："微赵君③，几为丞相所卖④。"及二世所使案三川之守至，则项梁已击杀之。使者来，会丞相下吏，赵高皆妄为反辞。

二世二年七月，具斯五刑⑤，论腰斩咸阳市。斯出狱，与其中子俱执，顾谓其中子曰⑥："吾欲与若复牵黄犬俱出上蔡东门逐狡兔，岂可得乎！"遂父子相哭，而夷三族⑦。

【注释】

①更：更替，轮流。②辞服：认罪。③微：没有。④几：近，几乎。⑤五刑：古代的五种轻重不等的刑罚，即墨刑（在脸上刺字涂墨）、劓刑（割鼻）、剕刑（剁脚）、宫刑（男子割除生殖器，女子幽闭）、大辟（砍头）。⑥中子：次子。⑦三族：指父族、母族及妻族。

【译文】

赵高派他的门客十余人伪装成御史、谒者和侍中，轮番审讯李斯。李斯更改口供，把实情告诉这些人，赵高就让这几个人再拷问他。后来二世派人去验证李斯的口供，李斯以为跟平时的审讯一样，终究没敢更改口供，招供认罪。供词呈上去，二世大喜道："没有赵君，我几乎就被丞相欺骗了。"等到二世所派遣的调查三川郡守的人到达三川时，项梁已经把他杀了。使者回来，正好赶上丞相被狱吏看管着，赵高就篡改了使者调查的真相，诬陷李由造反。

二世二年七月，李斯被判处五刑，在咸阳的市集上腰斩。李斯走出监狱，和他的次子一同押解，他回过头来对次子说："我想和你再次牵着黄狗一起出去到蔡东门追逐狡兔，现在还能做得到吗！"父子两人相互哭泣，胡亥诛灭了他的三族。

蒙恬列传

【导读】

　　这篇列传记述了蒙恬及其兄弟蒙毅的事迹。蒙恬是秦朝名将,他扫荡六国,并率领三十万大军北逐戎狄,收复黄河以南土地,修筑长城一万余里,驻守上郡十多年,深受始皇的推重和信任。蒙毅官拜上卿,亦深得始皇宠幸。后来,蒙毅审理中车府令赵高犯罪一案,因判决严厉而与赵高结下冤仇。秦二世登基后,赵高深得胡亥宠幸,于是趁机捏造罪名,日夜毁谤蒙氏,终于把蒙氏兄弟处死。此文笔法简练,蒙氏之"忠"与赵高之"奸",一正一反,相互映衬,人物形象十分鲜明。

○扫荡六国,北逐戎狄○

【原文】

　　蒙恬者,其先齐人也①。恬大父蒙骜②,自齐事秦昭王,官至上卿。秦庄襄王元年,蒙骜为秦将,伐韩,取成皋、荥阳,作置三川郡③。二年,蒙骜攻赵,取三十七城。始皇三年,蒙骜攻韩,取十三城。五年,蒙骜攻魏,取二十城,作置东郡。始皇七年,蒙骜卒。骜子曰武,武子曰恬。恬尝书狱典文学④。始皇二十三年,蒙武为秦裨将军⑤,与王翦攻楚,大破之,杀项燕。二十四年,蒙武攻楚,虏楚王。蒙恬弟毅。

蒙武拜将

【注释】

①先：祖先。②大父：祖父。③作置：设置。④书狱：指在审理案件时做记录工作,犹现在审理案件时的书记员工作。书,这里是做记录的意思。狱,官司,诉讼。典文学：指负责管理有关文件和狱讼档案等项工作。这种工作实际是文书工作。典,主管,执掌。文学,文献典籍。联系"书狱",这里的"文学"显然不是泛指,应该是指与法律、刑狱有关的文件和材料。⑤裨将军：副将,偏将。裨,辅助。

【译文】

蒙恬,他的祖先是齐国人。蒙恬的祖父蒙骜,从齐国来到秦国服侍秦昭王,做官做到上卿之职。秦庄襄王元年,蒙骜担任秦国的将领,攻打韩国,占领了成皋、荥阳,设置了三川郡。庄襄王二年,蒙骜攻打赵国,夺取了三十七座城池。秦始皇三年,蒙骜攻打韩国,攻占了十三座城池。始皇五年,蒙骜攻打魏国,夺取了二十座城池,设置了东郡。始皇七年,蒙骜去世。蒙骜的儿子叫蒙武,蒙武的儿子叫蒙恬。蒙恬曾学习过刑法,负责掌管狱讼档案。秦始皇二十三年,蒙武担任秦国的副将,和王翦一同攻打楚国,大败楚军,杀死了项燕。始皇二十四年,蒙武又攻打楚国,俘虏了楚王。蒙恬的弟弟叫蒙毅。

【原文】

始皇二十六年,蒙恬因家世得为秦将,攻齐,大破之,拜为内史①。秦已并天下,乃使蒙恬将三十万众北逐戎狄②,收河南。筑长城,因地形,用制险塞③,起临洮,至辽东,延袤万余里④。于是渡河,据阳山,逶蛇而北⑤。暴师于外十余年⑥,居上郡。是时蒙恬威振匈奴⑦。始皇甚尊宠蒙氏,信任贤之⑧。而亲近蒙毅,位至上卿,出则参乘⑨,入则御前。恬任外事而毅常为内谋,名为忠信,故虽诸将相莫敢与之争焉。

【注释】

①拜：授予官职。②戎狄：泛指我国西部、北部少数民族。③用：以。制：设立。险塞：犹"要塞",形势险要的设防要地。④延袤（mào）：绵延不断。袤,长,长度。⑤逶蛇（yí）：即"逶迤"。弯曲而延续不断的样子。⑥暴（pù）师：指军队遭受风雨日晒。暴,同"曝",日晒。⑦振：通"震",震动、威慑。⑧贤之：认为蒙氏贤良。⑨参乘：陪乘的人。

【译文】

秦始皇二十六年,蒙恬由于出身将门而做了秦国的将军,带兵攻打齐国,大败齐军,任命他为内史。秦国兼并天下后,就派蒙恬率领三十万大军,北上驱逐戎狄,收复黄河以南的土地。修筑长城,根据地理形势,设置要塞,西起临洮,东到辽东,绵延达一万余里。于是渡过黄河,凭靠阳山,曲曲折折向北延伸。在外屯军十余年,驻守上郡。这时,蒙恬的声名威震匈奴。秦始皇特别尊重宠信蒙氏,信任并认为他们很有才能。故而亲近蒙毅,蒙毅官位到了上卿,外出就陪同始皇同乘一辆车,回到朝廷就侍奉秦始皇左右。蒙恬在外担负军事重任而蒙毅经常在朝内出谋划策,他们被誉为忠信大臣。因此,即使是其他的将相也不敢与他们争宠。

○蒙氏遭诛○

【原文】

赵高者,诸赵疏远属也①。赵高昆弟数人②,皆生隐宫③,其母被刑僇④,世世卑贱。秦王闻高强力⑤,通于狱法,举以为中车府令⑥。高即私事公子胡亥,喻之决狱⑦。高有大罪,秦王令蒙毅法治之⑧。毅不敢阿法⑨,当高罪死⑩,除其宦籍。帝以高之敦于事也⑪,赦之,复其官爵。

【注释】

①诸赵：指赵氏王族的各支派。疏远属：远房的亲族。②昆弟：同母兄弟。③隐宫：即宫刑。因受宫刑而被阉割的人需一百日隐于荫室养伤，所以称隐宫。④刑僇(lù)：即"刑戮"，犯法受刑罚或处死。僇，通"戮"。⑤强力：指办事能力强。⑥举：提拔。⑦喻：教、教习。决狱：审理、判决狱讼。⑧法治：依法审理。⑨阿(ē)法：不按法律办理。阿，这里有歪曲、违背的意思。⑩当：依法判处。⑪敦：勉，尽力。

赵高教导胡亥审判诉讼案件

【译文】

赵高，是被赵国王族疏远的亲属。他们兄弟几人在出生时就被阉割了，他的母亲也受到过刑罚，世世代代地位卑贱。秦王听说赵高办事能力很强，精通刑狱法令，便提拔他担任了中车府令。赵高私下侍奉公子胡亥，教导胡亥审判诉讼案件。赵高犯了大罪，秦王让蒙毅依照法令惩处他。蒙毅不敢违背法令，依法应当判处赵高死刑，开除他的宦官官籍。始皇因为赵高办事认真努力，赦免了他。恢复了他原来的官职。

【原文】

始皇欲游天下，道九原①，直抵甘泉，乃使蒙恬通道，自九原抵甘泉，山堙谷②，千八百里。道未就③。

始皇三十七年冬，行出游会稽，并海上④，北走琅邪。道病，使蒙毅还祷山川⑤，未反⑥。

【注释】

①道：路经、经由。②堙：填、堵塞。③未就：没有完工。就，完成。④并(bàng)：依傍，沿着。⑤祷山川：祭祀山川之神，祈求保佑。祷，向神灵祝告祈福。⑥反：同"返"，返回。

【译文】

始皇打算巡游天下，经过九原郡，直达甘泉宫。于是派蒙恬为他开路，从九原到甘泉，挖掘山脉，填塞深谷，全长一千八百里。通道没能完成。

始皇三十七年冬天，起驾外出巡游会稽，依傍大海，向北直奔琅邪。半路上得了重病，派蒙毅转回祷告山川神灵，没有返回。

【原文】

始皇至沙丘崩，秘之，群臣莫知。是时丞相李斯、公子胡亥、中车府令赵高常从。高雅得幸于胡亥①，欲立之，又怨蒙毅法治之而不为已也，因有贼心②，乃与丞相李斯、公子胡亥阴谋③，立胡亥为太子。太子已立，遣使者以罪赐公子扶苏、蒙恬死。扶苏已死，蒙恬疑而复请之。使者以蒙恬属吏④，更置⑤。胡亥以李斯舍人为护军⑥。使者还报，胡亥已闻扶苏死，即欲释蒙恬。赵高恐蒙氏复贵而用事⑦，怨之。

【注释】

①雅：平素，一向。幸：宠爱。②贼心：杀害人的恶毒之心。③阴谋：暗中策划。④属吏：交给主管官吏处理。⑤更置：易换，代替。⑥舍人：任有职务的门客。⑦用事：当权，执政。

【译文】

始皇走到沙丘就病逝了。始皇逝世的消息没有公开，文武百官都不知道。这时丞相李斯、公子胡亥、中车府令赵高跟随在秦始皇身边。赵高平常就得到胡亥的宠幸，打算立胡亥为皇帝，又怨恨蒙毅依法惩处他而没有救助他，便对他起了杀害之心。于是和丞相李斯、公子胡亥暗中策划，拥立胡亥为太子。太子定立之后，派遣使者捏造罪名定公子扶苏和蒙恬死罪。扶苏自杀后，蒙恬心生怀疑再次请求申诉。使者就把蒙恬交付给执法官吏处理，并派人接替他的职务。胡亥用李斯的家臣担任护军。使者回来报告时，胡亥已经听到扶苏的死讯，就打算释放蒙恬。赵高害怕蒙氏再次显贵当权执政，更加怨恨他们。

【原文】

毅还至，赵高因为胡亥忠计，欲以灭蒙氏，乃言曰："臣闻先帝欲举贤立太子久矣①，而毅谏曰'不可'。若知贤而俞弗立②，则是不忠而惑主也③。以臣愚意，不若诛之。"胡亥听而系蒙毅于代④。前已囚蒙恬于阳周。丧至咸阳⑤，已葬，太子立为二世皇帝，而赵高亲近，日夜毁恶蒙氏，求其罪过⑥，举劾之⑦。

【注释】

①先帝：指始皇。②俞：通"愈"，越，更加。③惑：迷惑，蛊惑。④系：拘禁。⑤丧：丧车，灵柩。⑥求：搜罗，寻求。⑦举劾：列举罪过而弹劾之。劾，揭发罪状。

【译文】

蒙毅祈祷山川神灵后回来，赵高趁机装作替胡亥尽忠献策，想要铲除蒙氏兄弟，就对胡亥说："我听说先帝早就想选用贤能册立您为太子，而蒙毅劝阻说：'不可以。'若是知道您贤明有才能而久久拖延不让册立，就是不忠且蛊惑先帝了。依我愚见，不如杀掉他。"胡亥听信了赵高的话，将蒙毅囚禁在代郡。在此以前，已经将蒙恬囚禁于阳周。秦始皇的灵柩回到咸阳，安葬完毕，太子就被立为二世皇帝，而赵高最为亲近，日夜毁谤蒙氏，搜罗他们的罪过，检举弹劾他们。

【原文】

子婴进谏曰："臣闻故赵王迁杀其良臣李牧而用颜聚①，燕王喜阴用荆轲之谋而倍秦之约②，齐王建杀其故世忠臣而用后胜之议③。此三君者，皆各以变古者失其国而殃及其身④。今蒙氏，秦之大臣谋士也，而主欲一旦弃去之，臣窃以为不可。臣闻轻虑者不可以治国⑤，独智者不可以存君⑥。诛杀忠臣而立无节行之人⑦，是内使群臣不相信而外使斗士之意离也，臣窃以为不可。"

【注释】

①"臣闻故赵王迁"句：赵王迁中了秦国的反间之计，使赵葱、颜聚取代李牧，李牧不受命，被杀。②"燕王喜"句：此句指燕太子丹派荆轲以献秦王仇人樊於期人头和燕地督亢地图的名义刺杀秦王政事。阴，暗地里。倍，通"背"，背弃。秦之约,指燕与秦互不相欺之约。③"齐王建杀其故世忠臣"句：指公元前221年,秦伐齐,齐王建听信国相后胜的意见，向秦国投降。故世忠臣，指前代忠臣。④变古：改革陈规、旧制。殃及：遭受祸害。殃，祸害。⑤轻虑：草率地考

虑问题。⑥独智：刚愎自用，自以为是。⑦节行：节操、品行。

【译文】

子婴进言劝谏说："我听说过去赵王迁杀死他的贤臣李牧而起用颜聚，燕王喜暗中采用荆轲的计谋而违背和秦国订立的盟约，齐王建杀死他前代的忠臣而采纳后胜的建议。这三位国君，都是各自因为改变旧规导致国家灭亡并殃及他们自身的。如今蒙氏兄弟是秦国的大臣谋士，而国君打算一下子就抛弃他们，我私下认为这是不可以的，我听说考虑问题轻率的人不可以治理国家，独断专行、自以为是的人不可以用来保全国君之位。诛杀忠良臣子而起用没有品行节操的人，对内会使大臣们失去信任而对外使战士们斗志涣散，我私下认为是不可以的。"

【原文】

胡亥不听。而遣御史曲宫乘传之代①，令蒙毅曰："先生欲立太子而卿难之②。今丞相以卿为不忠，罪及其宗。朕不忍，乃赐卿死，亦甚幸矣。卿其图之③！"毅对曰："以臣不能得先主之意，则臣少宦，顺幸没世④，可谓知意矣。以臣不知太子之能，则太子独从，周旋天下，去诸公子绝远，臣无所疑矣。夫先主之举用太子，数年之积也，臣乃何言之敢谏，何虑之敢谋！非敢饰辞以避死也⑤，为羞累先主之名⑥，愿大夫为虑焉，使毅得死情实。且夫顺成全者，道之所贵也⑦；刑杀者，道之所卒也。昔者秦缪公杀三良而死⑧，罪百里傒而非其罪也⑨，故立号曰"缪"⑩。昭襄王杀武安君白起⑪。楚平王杀伍奢⑫。吴王夫差杀伍子胥⑬。此四君者，皆为大失，而天下非之，以其君为不明，以是籍于诸侯⑭。故曰'用道治者不杀无罪，而罚不加于无辜'。唯大夫留心！"使者知胡亥之意，不听蒙毅之言，遂杀之。

【注释】

①乘：乘坐。传：驿车，传达命令的马车。②难：责怪，非难。③图：考虑。④顺幸：遂顺心意，获得宠幸。没世：死，一直到死。⑤饰词：粉饰言辞。⑥羞累：以牵连先主的名誉为羞耻。⑦贵：推崇，崇尚。⑧杀三良：以三位良臣为秦缪公殉葬而死。三良，指子车奄息、仲行、针虎。⑨罪百里傒：百里傒原是秦缪公用五张黑公羊皮从捉住他的楚人那里赎回来并"授之国政"的，其获罪为秦缪公所杀事，不见于史，但《风俗通·皇霸篇》有载。⑩立号曰"缪"：谥号叫"缪"。"缪"作为谥号，有二音二义。一是音、义均同"穆"，为美谥；二是音、义均同"缪"，为恶谥，有缪误的意思。蒙毅认为是恶谥。⑪"昭襄王"句：因攻邯郸事，白起与秦王意见不合，被赐死。⑫"楚平王"句：太子少傅费无忌因为不受太子宠信，常逸恶太子，后又诬陷太子谋反，楚平王召太子太傅伍奢责问，伍奢劝楚平王不要听信逸言而疏远骨肉之亲。费无忌又进逸言，谓不杀伍奢父子终为国患，平王遂杀伍奢及其子伍尚。⑬"吴王"句：吴王夫差与伍子胥政见不合，太宰伯嚭日夜在吴王面前逸言蛊惑，伍子胥被赐死。⑭籍：通"藉"，狼藉。引申为名声很坏。

【译文】

胡亥不听。派遣御史曲宫乘坐驿车前往代县，命令蒙毅说："先主要册立太子而你却加以非难，如今丞相认为你不忠，罪过牵连到你的家族，我不忍心，就赐你一人自杀，也算是很幸运了。你好好考虑吧！"蒙毅回答说："要是说我不懂得先主的心意，那么，我年轻时做官，顺意得宠直到先主仙逝，可以说是能顺应先主的心意了吧。要认为我不了解太子的才能，那么只有太子能陪侍先主周游天下，与其他的公子相比超出很远了，我还有什么怀疑的。先主选立太子，是多年深思积虑的结果，我还有什么话敢进谏、还有什么计策敢谋划呢？不是我托辞粉饰来逃避死罪，只怕羞辱连累了先主的名誉，希望大夫对此加以考虑，让我死于应有的罪名。况且顺理成全，是道义所崇尚的；严刑杀戮，是道义所不容的。从前秦缪公杀死车氏三良为他殉葬，判处百里傒以不应得的罪名，因此，他死后给予评定为'缪'的谥号。昭襄王杀死武安君白起，楚平王杀死伍奢，吴王夫差杀了伍子胥。这四位国君，都犯了重大过失，而遭到天下人的非议，认为他们的国君不贤明。因此，在各诸侯国中声名狼藉。所以说：'用道义治理国家的人，不杀害没罪的臣民，而刑罚不施加于无辜之人。'希望大夫认真地考虑！"使者知道胡亥的意图，不听蒙毅的申诉，就把他杀了。

【原文】

　　二世又遣使者之阳周，令蒙恬曰："君之过多矣①，而卿弟毅有大罪，法及内史②。"恬曰："自吾先人，及至子孙，积功信于秦三世矣③。今臣将兵三十余万，身虽囚系，其势足以倍畔④，然自知必死而守义者⑤，不敢辱先人之教，以不忘先主也。昔周成王初立，未离襁褓⑥，周公旦负王以朝，卒定天下。及成王有病甚殆⑦，公旦自揃其爪以沉于河⑧，曰：'王未有识，是旦执事⑨。有罪殃，旦受其不祥⑩。'乃书而藏之记府⑪，可谓信矣。及王能治国，有贼臣言：'周公旦欲为乱久矣，王若不备，必有大事⑫。'王乃大怒，周公旦走而奔于楚⑬。成王观于记府，得周公旦沉书，乃流涕曰：'孰谓周公旦欲为乱乎！'杀言之者而反周公旦。故《周书》曰'必参而伍之'⑭。今恬之宗，世无二心，而事卒于此，是必孽臣逆乱⑮，内陵之道也⑯。夫成王失而复振则卒昌；桀杀关龙逢⑰，纣杀王子比干而不悔⑱，身死则国亡。臣故曰过可振而谏可觉也。察于参伍，上圣之法也。凡臣之言，非以求免于咎也⑲，将以谏而死，愿陛下为万民思从道也。"使者曰："臣受诏行法于将军⑳，不敢以将军言闻于上也。"蒙恬喟然太息曰㉑："我何罪于天，无过而死乎？"良久，徐曰："恬罪固当死矣。起临洮属之辽东㉒，城堑万余里㉓，此其中不能无绝地脉哉？此乃恬之罪也。"乃吞药自杀。

【注释】

①君：古代对男子敬称。②法及：按法律牵连到，株连。③功信：功劳，忠信。④倍畔：即背叛。倍，通"背"。畔，通"叛"。⑤义：此指君臣大义。⑥襁褓：包裹婴儿的小被。⑦殆：危险。⑧揃（jiǎn）：剪下，剪断。爪：手足的指甲。⑨执事：指掌管国家大事。⑩不祥：罪殃。⑪记府：收藏文书史册的地方。⑫大事：此指叛乱。⑬"周公旦"句：周公旦奔楚，《鲁周公世家》载有此事，而先秦典籍则无此记载。⑭《周书》：即《逸周书》，旧题《汲冢周书》。必参而伍之：一定要参错互交地多方询问、反复审察。⑮孽臣：作孽、谋乱之臣，暗指赵高。⑯内陵：内部自相残害。陵，欺侮，侵犯。⑰桀杀关龙逢：桀是夏末暴君，造酒池糟丘，通夜饮酒，关龙逢劝谏不听，被杀。⑱纣杀王子比干：殷纣王荒淫暴虐，比干屡谏，被纣王剖心而死。⑲咎：罪责。⑳诏：皇帝的命令文告。㉑喟然：叹息的样子。太息：

遣使赐蒙恬死

叹息。㉒属：连接。㉓城：护城壕沟。

【译文】

　　二世皇帝又派遣使者前往阳周，命令蒙恬说："您的罪过够多了，而您的弟弟蒙毅又犯有重罪，依法牵连了内史。"蒙恬说："从我的祖先，一直到后世子孙，为秦国累积大功，建立威信，已经三代了。如今我带兵三十多万，纵使现在身遭囚禁，我的势力也足够叛乱了。然而我知道自己必死却坚守节义，是不敢辱没祖先的教诲，不忘先主的恩宠。以前周成王刚刚即位时，还是个幼儿，周公姬旦背着成王上朝，终于平定了天下。到成王病危时，周公旦剪下自己的指甲沉入黄河，祈祷说：'国君年幼无知，是我掌管国事，若有罪过祸患，我愿意承担灾祸。'就把祷词记录下来，收藏在档案馆里，这可以说是竭忠尽力了。到了成王能亲自治理国家时，有奸臣说：'周公旦想要作乱已经很久了，大王若不戒备，一定要发生大的变故。'成王听了大怒，周公旦逃亡到楚国。成王到档案馆查阅档案，发现周公旦沉入黄河的祷告书副本，就流着眼泪说：'谁说周公旦想要作乱呢！'于是杀了造谣的那个大臣，迎回了周公旦。所以《周书》上说：'一定要多方询问，反复审察。'如今我蒙氏宗族，世世代代忠于朝廷没有二心，而事情最终落到了这步田地，一定是奸臣贼子忤逆捣乱、欺君罔上的缘故。周成王犯了过失而能重新振作改过，终于使周王朝兴旺昌盛；夏桀杀死关龙逄，商纣杀死王子比干而不知悔改，最终落个身死国亡。所以我说犯有过失可以改正振作，听人规劝可以察觉警醒，有事询问众臣百官，是圣君治国的原则。我所说的这些话，不是用以开脱罪责，而是准备为忠心规劝而牺牲，希望陛下替黎民百姓找到应遵循的正确道路。"使者说："我奉召对将军施以刑法，不敢把将军的话转报给皇上听。"蒙恬喟然长叹道："我怎么得罪了上天，没有罪而要被处死呢？"很久，才慢慢地说："我所犯下的罪过很大，本来就该死啊。从临洮起接连到辽东，筑长城、挖壕沟一万余里，这中间能没有截断大地脉络的地方吗？这就是我的罪过了。"于是吞下毒药自杀了。

【原文】

　　太史公曰：吾适北边，自直道归，行观蒙恬所为秦筑长城亭障①，堑山堙谷，通直道，固轻百姓力矣。夫秦之初灭诸侯，天下之心未定，痍伤者未瘳②，而恬为名将，不以此时强谏，振百姓之急，养老存孤③，务修众庶之和④，而阿意兴功⑤，此其兄弟遇诛，不亦宜乎！何乃罪地脉哉⑥？

【注释】

①亭障：边塞堡垒。②痍伤：创伤。未瘳：尚未痊愈。③存孤：慰问孤弱。④务修众庶之和：致力于百姓安居乐业。⑤阿意：迎合君主心意。阿：曲从，迎合。⑥"何乃"句：哪里是因为断绝地脉的罪过啊？

【译文】

　　太史公说：我去往北方边境，从直道返回，沿途看到蒙恬替秦修筑的长城和堡垒，挖山填谷，连通直道，本来就是滥用百姓的人力物力。秦国刚刚灭掉其他诸侯，天下人心未定，创伤还未痊愈，而蒙恬身为名将，不在这时候强力进谏，赈救百姓的急难，抚恤老人，养育孤儿，致力于维护百姓生活的和平，反而迎合始皇心意，大规模地修筑长城。由此看来，他们兄弟遭到杀身之祸，不也是应当的吗？为什么归罪到挖断地脉上呢？

蒙恬奉秦始皇之命征发百姓修筑长城

黥布列传

【导读】

　　这篇列传讲了黥布从一介布衣起家，通过参加秦末农民起义，最终封王拜侯的故事。此文重点突出一个"奇"字。黥布犯法黥面，他却"欣然笑曰：'人相我当刑而王，几是乎？'"当真是奇人奇语。后来，黥布在项羽军中屡建奇功，"常为军锋"，是勇冠三军的大将之才。汤谐曾评论此文"自始至终，一片奇气"（《史记半解·黥布列传》）。

◎反抗暴秦，因功封王◎

【原文】

　　黥布者，六人也，姓英氏。秦时为布衣①。少年，有客相之曰②："当刑而王。"及壮，坐法黥③。布欣然笑曰："人相我当刑而王，几是乎④？"人有闻者，共俳笑之⑤。布已论输丽山⑥，丽山之徒数十万人，布皆与其徒长、豪桀交通⑦，乃率其曹偶⑧，亡之江中为群盗。

【注释】

① 布衣：指麻布衣服，因为古代平民穿麻布衣服，所以指代平民百姓，这里即是指代义。② 相：看相，相面。用观察人的容貌等特征推算其命运的迷信活动。③ 坐法：犯法被判罪。坐，因犯⋯⋯罪。黥：墨刑的别称。用刀在额颊处刺字，再涂以墨。④ 几：近似，差不多。⑤ 俳笑：戏笑。俳：戏。⑥ 论：判罪。⑦ 徒长：罪犯的头目。桀：优秀，杰出的人物。交通：来往，交往。⑧ 曹偶：等辈，一伙人。曹，辈。偶，类。

【译文】

　　黥布，六县人，姓英。秦朝时是个平民。年少时，有位客人给他看相说："当在受刑之后称王。"到了壮年，犯了法，被判以黥刑。黥布高兴地笑道："有人给我看过相，说我在受刑后称王，大概就是如此吧？"有人听到他这么说，都嘲笑他。黥布定罪后被押到骊山服劳役，骊山服劳役的犯人有几十万，黥布与刑徒的头目、豪杰来往，终于带着这帮人逃到长江一带做了强盗。

【原文】

　　陈胜之起也，布乃见番君，与其众叛秦，聚兵数千人。番君以其女妻之①。章邯之灭陈胜，破吕臣军，布乃引兵北击秦左、右校，破之清波，引兵而东。闻项梁定江东会稽，涉江而西。陈婴以项氏世为楚将，乃以兵属项梁，渡淮南②，黥布、蒲将军亦以兵属项梁。

【注释】

① 妻：以女嫁人。② 渡淮南：据《史记会注考证》，"淮"下"南"字疑衍。

【译文】

　　陈胜起义时，黥布去见番县令吴芮，并跟他的部下一起反叛秦朝，聚集的兵士数量达几千人之多。番县令还把自己的女儿嫁给他。章邯消灭了陈胜，打败了吕臣的军队后，黥布就带兵北上进攻秦左、右校的部队，在清波打败了他们，然后就带兵向东挺进。黥布听说项梁平定了江东会稽，渡过长江朝西进发，陈婴因为项氏世世代代做楚国的将军，就带领自己的军队归属了项梁，渡过淮河，黥布、蒲将军也带着军队归属了项梁。

【原文】

项梁涉淮而西，击景驹、秦嘉等，布常冠军①。项梁至薛，闻陈王定死②，乃立楚怀王。项梁号为武信君，黥布为当阳君。项梁败死定陶，怀王徙都彭城，诸将黥布亦皆保聚彭城。当是时，秦急围赵，赵数使人请救。怀王使宋义为上将，范曾为末将，项籍为次将，黥布、蒲将军皆为将军，悉属宋义，北救赵。及项籍杀宋义于河上，怀王因立籍为上将军，诸将皆属项籍。项籍使布先渡河击秦，布数有利，籍乃悉引兵涉河从之，遂破秦军，降章邯等③。楚兵常胜，功冠诸侯。诸侯兵皆以服属楚者，以布数以少败众也④。

【注释】

①冠军：列于诸军之首。是说他骁勇善战为众军之最。②定死：确实已死。定：的确,确实。③降：使……投降。④数：屡次,多次。

【译文】

项梁带兵渡过淮河向西进发，攻打景驹、秦嘉等秦朝将领，黥布的部队总是最英勇的。项梁到达薛县，听说陈王的确死了，就拥立了楚怀王。项梁号称武信君，黥布为当阳君。项梁在定陶兵败而亡，楚怀王迁都彭城，将领们和黥布也都聚集在彭城戍守。这时，秦军加紧围攻赵国，赵国数次派人请求救援。楚怀王派宋义担任上将，范曾担任末将，项籍担任次将，黥布、蒲将军都担任将军，全部归宋义统帅，往北救助赵国。后来项籍在黄河之畔杀死宋义，怀王趁势改任项籍为上将，其他将领都归属项籍统领。项籍派黥布率先渡过黄河攻打秦军，黥布屡次占有优势，项籍于是率领着全部人马渡过黄河协同黥布作战，最终打败了秦军，迫使章邯等人投降。楚军常打胜仗，功盖各路诸侯。诸侯的军队之所以都归附楚国，就是因为黥布屡次以少胜多的缘故。

【原文】

项籍之引兵西至新安，又使布等夜击阬章邯秦卒二十余万人①。至关，不得入，又使布等先从间道破关下军②，遂得入，至咸阳。布常为军锋③。项王封诸将，立布为九江王，都六。

【注释】

①阬（kēng）：通"坑"。挖坑活埋。②间道：小道,隐蔽的路。③军锋：军队的前锋。

黥布率军破秦军

【译文】

项籍带领着军队向西抵达新安,又派黥布等人趁夜袭击并活埋章邯部下二十多万人。到达函谷关,不能入关,又派黥布等人先从隐蔽的小道攻破守关的军队,这才得以进关,一直到达咸阳。黥布常常担任军队的前锋。项王分封将领时,封黥布为九江王,建都六县。

◎投靠刘邦,合力抗楚◎

【原文】

汉元年四月,诸侯皆罢戏下①,各就国②。项氏立怀王为义帝,徙都长沙,乃阴令九江王布等行击之③。其八月,布使将击义帝,追杀之郴县④。

【注释】

①戏(huī)下:主将的大旗,即帅旗之下,引申为部下。戏,同"麾"。军中指挥的旗子。②国:诸侯封地。③阴:私下,暗中。④郴(chēn)县:县名,即今湖南省郴县。

【译文】

汉王元年四月,诸侯们都离开项王麾下,各自回到自己的封国。项氏立怀王为义帝,迁都长沙,却暗中命令九江王黥布等人,在半路上偷袭他。这年八月,黥布派将领袭击义帝,追到郴县把他杀死。

【原文】

汉二年,齐王田荣畔楚①,项王往击齐,征兵九江,九江王布称病不往,遣将将数千人行。汉之败楚彭城,布又称病不佐楚②。项王由此怨布,数使使者诮让③,召布。布愈恐,不敢往。项王方北忧齐、赵,西患汉,所与者独九江王④,又多布材⑤,欲亲用之,以故未击。

【注释】

①畔:通"叛"。背叛。②佐:辅佐,扶助。③诮让:责怪,遣责。④与:亲附,倚重。⑤多:推重,赞美。

【译文】

汉王二年,齐王田荣背叛楚国,项王前往攻击齐国,向九江国征调军队,九江王黥布自称病重不能前往,只派将领率几千人应征。汉王在彭城打败楚军,黥布又托辞病重不去辅佐楚国。项王因此怨恨黥布,多次派使者去谴责黥布,并召他前往,黥布越发地恐慌,不敢前往。项王在北面担心齐国、赵国,在西面又担忧汉王,所能亲附的只有九江王,又推重黥布的才能,想要亲近他、任用他,因而没有攻打他。

【原文】

汉三年,汉王击楚,大战彭城,不利,出梁地,至虞,谓左右曰:"如彼等者,无足与计天下事。"谒者随何进曰①:"不审陛下所谓②。"汉王曰:"孰能为我使淮南,令之发兵倍楚③,留项王于齐数月④,我之取天下可以百全。"随何曰:"臣请使之。"乃与二十人俱,使淮南。至,因太宰主之,三日不得见。随何因说太宰曰⑤:"王之不见何,必以楚为强,以汉为弱,此臣之所以为使。使何得见,言之而是邪,是大王所欲闻也;言之而非邪,使何等二十人伏斧质淮南市⑥,以明王倍汉而与楚也。"太宰乃言之王，王见之。随何曰："汉王使臣敬进书大王御者⑦，窃怪大王与楚何亲也⑧。"淮南王曰："寡人北乡而臣事之⑨。"随何曰："大王与项王俱列为诸侯，北乡而臣事之，必以楚为强，可以托国也。项王伐齐，身负板筑⑩，以为士卒先，大王宜悉淮南之众，身自将之，为楚军前锋，今乃发四千人以助楚。夫北面而臣事人者，固若是乎？夫汉王战于彭城，项王未出齐也，大王宜骚淮南之兵渡淮⑪，日夜会战彭城下，大王抚万人之众，无一人渡淮者，垂拱而观其孰胜⑫。夫托国于人者，固若是乎？大王提空名以乡楚，而欲厚自托，臣窃为大王不取也。然而大王不背楚者，以汉为弱也。夫楚兵虽强，天下负之以不义之名⑬，以其背盟约而杀义帝也⑭。然而楚王恃战胜自强，汉王收诸侯，还守城皋、荥阳、下蜀、汉之粟，深沟壁垒⑮，分卒守徼乘塞⑯，楚人还兵，间以梁地，深入敌国八九百里，欲战则不得，攻城则力不能，老弱转粮千里之外；楚兵至荥阳、成皋，汉坚守而不动，进则不得攻，退则不得解。故曰楚兵不足恃也⑰。使楚胜汉，则诸侯自危惧而相救。夫楚之强，适足以致天下之兵耳。故楚不如汉，其势易见也。今大王不与万全之汉而自托于危亡之楚，臣窃为大王惑之。臣非以淮南之兵足以亡楚也。夫大王发兵而倍楚，项王必留；留数月，汉之取天下可以万全。臣请与大王提剑而归汉，汉王必裂地而封大王⑱，又况淮南，淮南必大王有也。故汉王敬使使臣进愚计，愿大王之留意也。"淮南王曰："请奉命。"阴许畔楚与汉，未敢泄也。

【注释】

① 谒者：为国君掌管传达禀报的人。② 审：详知，明悉。陛下：此语本是臣子对帝王的尊称，刘邦尚未称帝，称陛下以讨欢心。③ 倍：背叛，反叛。④ 留项王于齐月余：项羽去齐而后有彭城之战，汉败彭城而后才有随何之说。⑤ 说：游说，劝说。⑥ 斧质：古刑罚，置人于砧板上，以斧砍之。质，砧板。⑦ 书：信。御者：君王的侍者。不敢直达于王，由侍者转呈，以表敬意。⑧ 窃怪：私下感到奇怪。⑨ 乡：通"向"，面向，面对着。⑩ 板筑：筑墙的用具。板：筑墙用的夹板。筑：夯土的杵。⑪ 骚：通"扫"。⑫ 垂拱：垂衣拱手，比喻毫不费力。⑬ 负：背，背负。⑭ 背盟约：指项羽违背楚怀王与诸侯"先入关中者王之"的约定。⑮ 深沟壁垒：深挖壕沟，高筑壁垒，指防御坚固。⑯ 守徼乘塞：防守边界和边塞险要的地方。徼：边界。乘：登上。⑰ 恃：依靠，凭借。⑱ 裂地：分割土地。

【译文】

　　汉王三年，汉王攻打楚国，大战于彭城，战事不利，逃亡到梁地，来到虞县，对身边的人说："像你们这些人，不足以共同谋划天下大事。"负责掌管传达的官吏随何上前说道："我不理解陛下说的是什么意思。"汉王说："谁能为我出使淮南，让他们发兵叛离楚国，在齐国把项王拖住几个月，我夺取天下就万无一失了。"随何说："我请求出使淮南。"汉王于是给了他二十人一同出使淮南。到达后，因为太宰主事，等了三天也没能见到淮南王。随何趁机劝说太宰道："大王不召见我，一定认为楚国强大，汉国弱小，这正是我出使的原因。假使我得以召见，我说的话要是对的，那正是大王想听的；我的话说得要是不对，就让我们二十人伏在砧板之上，在淮南市场用斧头剁死，以表明大王背叛汉国亲近楚国之心。"太宰于是把话转告淮南王，淮南王接见了他。随何说："汉王派臣下恭敬地上书大王驾前，我私下感到奇怪的是，大王为什么和楚国那么亲近。"淮南王说："我面向北以臣子的身份侍奉他。"随何说："大王和项王都列为诸侯，而大王以臣子的身份侍奉他，一定是认为楚国强大，可以把国家托付给他。项王攻打齐国时，他亲自背负着筑墙的工具，身先士卒，大王应当全部出动淮南人马，亲自率领着他们，做楚军的前锋，如今只发四千兵士去帮助楚国。向北而臣服于人的臣子，本来是这个样子的吗？汉王在彭城作战，项王还没有出兵齐国，大王就应当调动淮南所有的人马，渡过淮河，日夜兼程与项王会战于彭城之下。大王拥有万人之众，却没有一个人渡过淮河，垂衣拱手地观看他们谁胜谁败。把国家托付给人家的人，本来就是这个样子的吗？大王挂着归附楚国的空名，却想完全依靠自己，我私下认为大王这样做是不可取的。可是，大王不背弃

彭城之战

楚国,是认为汉国弱小。那楚国的军队即使强大,天下却加给他以不义之名,因为他背弃盟约而又杀害义帝。然而楚王凭借着战争的胜利自认为强大,汉王收拢诸侯,回师驻守城皋、荥阳,运来蜀、汉两地的粮食,深挖壕沟,高筑壁垒,分兵把守着边境要塞,楚国要想撤回军队,中间又隔着梁国,深入敌人国土八九百里,想打又打不赢,攻城又力量不足,老弱残兵从千里之外转运来粮食;楚国军队到达荥阳、成皋,汉王的军队却坚守不动,进攻又攻不破,撤退又脱不了身。所以说楚国的军队是不足以依靠的。假使楚军战胜了汉军,那么诸侯们就为自身而感到危惧,必然要相互救援。一旦楚国强大,恰好会招来天下军队的攻击。所以楚国比不上汉国,那形势是显而易见的。如今大王不和万无一失的汉国交好,却将自身托付于危在旦夕的楚国,我私下替大王感到疑惑。我不认为淮南的军队足够用来灭亡楚国。只要大王出兵叛离楚国,项王一定会被牵制,只要牵制几个月,汉王夺取天下就可以万无一失了。我请求为大王提着宝剑归附汉国,汉王一定会分割土地赏封大王,何况还有这淮南之地,淮南必定为大王所有啊。因此汉王恭敬地派出使臣,进献愚策,希望大王认真地考虑。"淮南王说:"遵从你的意见。"暗中答应叛楚归汉,没敢泄露这个秘密。

【原文】

  楚使者在,方急责黥布发兵,舍传舍①。随何直入,坐楚使者上坐,曰:"九江王已归汉,楚何以得发兵?"布愕然。楚使者起。何因说布曰:"事已构②,可遂杀楚使者,无使归,而疾走汉并力③。"布曰:"如使者教,因起兵而击之耳。"于是杀使者,因起兵而攻楚。楚使项声、龙且攻淮南,项王留而攻下邑。数月,龙且击淮南,破布军。布欲引兵走汉,恐楚王杀之,故间行与何俱归汉④。

【注释】

  ① 舍传舍:住在宾馆。前"舍"为住。传舍,旅馆,宾馆。② 构:结成,造成。③ 走:归向,同力。④ 间行:走小道,走隐蔽的路。

【译文】

  楚国的使者也在淮南,正急切地催促黥布出兵,住在客馆里。随何径直闯进去,坐在楚国使者的上席,说:"九江王已归附汉王,楚国凭什么让他出兵?"黥布非常吃惊。楚国使者站起身来要走。随何趁机劝说黥布道:"大事已成,可以杀死楚国的使者,不能让他回去,我们急速归向汉国,并力作战。"黥布说:"如同使者所指教的,出兵攻打楚国吧。"于是杀掉楚国使者,出兵攻打楚国。楚国派项声、龙且进攻淮南,项王留下来攻打下邑。几个月后,龙且在攻打淮南的战役中,攻破了黥布的军队。黥布想带兵撤退到汉国,又怕楚国的军队拦截杀掉他,所以从隐蔽的小道和随何一起逃归到汉国。

【原文】

　　淮南王至，上方踞床洗①，召布入见，布大怒，悔来，欲自杀。出就舍，帐御饮食从官如汉王居，布又大喜过望②。于是乃使人入九江。楚已使项伯收九江兵，尽杀布妻子③。布使者颇得故人幸臣④，将众数千人归汉。汉益分布兵而与俱北，收兵至城皋。四年七月，立布为淮南王，与击项籍。

【注释】

①踞床洗：蹲踞在床边洗脚。踞：蹲坐。洗：指洗脚。②过望：超出自己的希望。③妻子：妻子和子女。④幸臣：被宠爱的臣子。

【译文】

　　淮南王到时，汉王正坐在床上洗脚，立即召黥布入见。黥布见状非常愤怒，后悔前来，想要自杀。退

黥布封淮南王

出来之后，黥布来到为他准备的宾馆，见到帐幔、用器、饮食、侍从官员都如汉王享用的那样豪华，他又喜出望外。于是派人进入九江。这时楚王已经派项伯收编了九江的部队，杀尽了黥布的妻子儿女。黥布派去的人找到当时宠幸的臣子，带着几千人马回到汉国。汉王又给黥布增加兵力一起北上，一路招兵到成皋。汉王四年七月，汉王封黥布为淮南王，共同攻打项籍。

【原文】

　　汉五年，布使人入九江，得数县。六年，布与刘贾入九江，诱大司马周殷，周殷反楚，遂举九江兵与汉击楚，破之垓下。

　　项籍死，天下定，上置酒。上折随何之功①，谓何为腐儒②，为天下安用腐儒。随何跪曰："夫陛下引兵攻彭城，楚王未去齐也，陛下发步卒五万人，骑五千，能以取淮南乎？"上曰："不能。"随何曰："陛下使何与二十人使淮南，至，如陛下之意，是何之功贤于步卒五万人骑五千也。然而陛下谓何腐儒，为天下安用腐儒，何也？"上曰："吾方图子之功③。"乃以随何为护军中尉。布遂剖符为淮南王④，都六，九江、卢江、衡山、豫章郡皆属布。

【注释】

①折：折损，贬低。②腐儒：迂腐保守，不合时宜的读书人。③图：考虑，思改。④剖符：帝王授权或职务的凭证。

【译文】

　　汉王五年，黥布又派人进入九江，夺取了好几个县。汉王六年，黥布和刘贾进入九江，诱导大司马周殷降汉，周殷反叛楚国后，就调动九江的军队和汉军共同攻打楚国，大败楚军于垓下。

　　项籍一死，天下平定，皇上置酒设宴。皇上贬低随何的功劳，说随何是迂腐的书呆子，治理天下怎么能任用这样迂腐保守的人呢。随何跪着说："当陛下带兵攻打彭城时，楚王还没有出兵去齐国，陛下调动步兵五万、骑兵五千，能凭这点兵力夺取淮南吗？"皇上说："不能。"随何说："陛下派遣我和二十人出使淮南，一到那里就遂了陛下心愿，这是我的功劳，比步兵五万、骑兵五千的功劳还要大呀。可是陛下说我是迂腐的读书人，治理天下哪能用这样的人，这是为什么呢？"皇上说："我正考虑您的功劳。"于是就任命随何为护军中尉。于是黥布剖符做了淮南王，建都六县，九江、庐江、衡山、豫章郡都归属黥布。

淮阴侯列传

【导读】

韩信（？～公元前196年），淮阴人，历任大将军、左丞相、相国等职，封齐王、楚王、淮阴侯。西汉开国功臣，初属项羽，后归刘邦。韩信素有谋略，被后世奉为"兵仙"、"战神"。但他也因其军事才能引起汉高祖刘邦的猜忌。刘邦战胜主要对手项羽后，韩信的势力被一再削弱。最后，韩信由于被控谋反，被吕后及萧何诱入宫内，处死于长乐宫钟室。本传记载了韩信一生的事迹，突出了他的军事才能和累累战功。韩信功高于世，却落个夷灭宗族的下场，此篇倾注了司马迁对他无限的同情和感慨。

○胯下之辱○

【原文】

淮阴侯韩信者①，淮阴人也。始为布衣时，贫，无行②，不得推择为吏③，又不能治生商贾④，常从人寄食饮⑤，人多厌之者，常数从其下乡南昌亭长寄食⑥，数月，亭长妻患之⑦，乃晨炊蓐食⑧。食时信往，不为具食⑨。信亦知其意，怒，竟绝去。

【注释】

①淮阴：县名。在今江苏省淮阴市西南。淮阴侯：韩信最后的封爵。②无行：没有好的表现。③推择：推选。④治生：谋生。商贾（gǔ）：运货贩卖的叫"商"，囤积营利的叫"贾"。"商贾"本是商人的统称，这里用作动词，即做买卖。治生商贾，即"以商贾治生"。⑤从人：到人家那里去。寄：依附。⑥常：通"尝"，曾经。下乡：淮阴县的一个乡。南昌亭长：乡官。南昌，下乡的亭名，在淮阴东南，今淮安县西南。⑦患：嫌恶，讨厌。⑧蓐（rù）食：端到床上吃掉。蓐，草席。⑨具食：准备饭食。

【译文】

淮阴侯韩信，是淮阴人。当初还是平民的时候，贫穷，没有好的表现，不能被推选去做官；又不会做买卖谋生，经常投靠人家吃闲饭，人们大都讨厌他。他曾经多次投靠下乡南昌亭亭长，一连几个月寄食在他家，亭长的妻子厌烦他。一天大清早，她把饭做好，在床上吃掉。到了开饭的时候，韩信去了，没有给他准备饭食。韩信也懂得他们的用意，非常恼火，就跟他们断绝关系，离开了。

【原文】

信钓于城下，诸母漂①，有一母见信饥，饭信②，竟漂数十日。信喜，谓漂母曰："吾必有以重报母③。"母怒曰："大丈夫不能自食④，吾哀王孙而进食⑤，岂望报乎！"

【注释】

①母：古代对年老妇女的尊称，也称"大娘"。漂：在水里洗丝绵。②饭：用作动词，给……饭吃。③有以："有所以"的省略。以，用。④大丈夫：泛指有大志、有作为、有气节的男子。自食（sì）：自己养活自己。食，使动用法。⑤王孙：类似"公子"，是古代时贵族子弟的通称，也是对青年人的敬称。

【译文】

韩信在城下钓鱼,有几位老大娘在漂洗丝绵。有位老大娘看见韩信饿了,把饭分给他吃,一连几十天都是这样,直到漂洗完毕。韩信高兴,对那老大娘说:"我一定重重地报答您老人家。"老大娘生气地说:"男子汉不能养活自己,我是可怜你这位公子才给你饭吃,难道是希望报答吗!"

【原文】

淮阴屠中少年有侮信者①,曰:"若虽长大,好带刀剑,中情怯耳②。"众辱之曰③:"信能死④,刺我;不能死,出我袴下⑤。"于是信孰视之⑥,俯出袴下,蒲伏⑦。一市人皆笑信,以为怯。

漂母分食

【注释】

①屠:屠夫,指宰杀牲畜的人。②中情:内心。怯(qiè):怯懦,胆小。③众辱之:当众侮辱他(指韩信)。④信:有两解:一指韩信,为人名;一指诚然、果真,为副词。⑤袴:有两解:一是通"胯(kuà)",指两腿间,后文"召辱己之少年令出胯下者"正用"胯";一是同"裤"。⑥孰:通"熟",仔细。⑦蒲伏:同"匍匐",在地上用手脚爬行。

【译文】

淮阴屠户中有个侮辱韩信的年轻人,说:"你虽然个子高大,喜欢佩带刀剑,内心却是胆怯的。"当众侮辱他说:"你当真不怕死,就刺我;如果怕死,就从我胯下爬过去。"于是韩信仔细地打量那年轻人,就弯着身子,趴在地上,从他胯下爬过去。满街的人都嘲笑韩信,认为他胆小怕事。

【原文】

及项梁渡淮①,信杖剑从之②,居戏下③,无所知名。项梁败,又属项羽④,羽以为郎中⑤。数以策干项羽⑥,羽不用。汉王之入蜀⑦,信亡楚归汉⑧,未得知名,为连敖⑨。坐法当斩⑩,其辈十三人皆已斩⑪,次至信⑫,信乃仰视,适见滕公⑬,曰:"上不欲就天下乎⑭?何为斩壮士!"

> ◉ 文史知识
>
> ### 漂母祠
>
> "人间岂少真男子,千古无如此妇人",漂母被誉为"中国古代三母"之首。正是因为她可贵的品质,人们对这位光照千古的伟大女性甚为推崇,并建祠堂纪念。
>
> 河下古镇的漂母祠建于明成化年间,初建于淮城东门外。万历初年,移建于萧湖韩信钓台左侧,并与韩侯钓台共同组成韩信纪念建筑群雏形。漂母祠建成以后,文人才士只要来到这里,都会留下吟咏的诗篇。祝允明、靳应升、张鸿烈、翁照、邱象随、赵翼、程嗣立等人都留下了凭吊诗篇。同治九年(1870)再次修缮,增添了乾隆御碑一块,上面刻有乾隆壬午(1762)所作的《漂母祠》诗:"寄食淮阴未遇时,无端一饭获崇施。至今漂母犹歆报,钟室凄凉欲恨谁?"

滕公奇其言⑮，壮其貌，释而不斩。与语，大说之。言于上，上拜以为治粟都尉⑯，上未之奇也⑰。

【注释】

① 项梁（？～公元前208年）：秦末起义将领之一。下相人，楚将项燕的儿子。秦二世元年（前209），陈胜、吴广起义后，他和侄儿项羽杀了会稽郡守殷通，在吴（会稽郡治，今江苏省苏州市）起兵反秦，有精兵八千人。后任张楚上柱国，率兵渡江西进。陈胜失败后，他拥立楚怀王的孙子熊心为王，仍称楚怀王，自号武信君。后在定陶（今山东省定陶西北）战死。② 杖：用作动词，持，执。③ 戏（huī）下：即"麾下"。戏，通"麾"。④ 项羽（公元前232～前202年）：名籍，自立为西楚霸王。后被刘邦打败，从垓下（今安徽省灵璧东南）突围到乌江自杀。⑤ 郎：官名，负责警卫的武官。⑥ 干：求。⑦ 汉王：即汉高祖刘邦。汉元年（公元前206年）二月，项羽大封诸侯，封刘邦为汉王，领有巴、蜀、汉中三郡。蜀：郡名，辖境包括今四川省西部。⑧ 亡楚：即"亡于楚"，从楚军逃出。⑨ 连敖：即典客，指接待宾客的官员。⑩ 坐法：因犯法而获罪。坐，特指治罪的因由。⑪ 其辈：指韩信的同案犯人。⑫ 次：按次序。⑬ 滕公：即夏侯婴，刘邦的同乡好友。因他做过滕县（今山东省滕州西南）县令，楚人称令长为公，所以又称滕公。⑭ 上：秦、汉以来对皇帝的通称，这里指汉王。就：成就，得到。⑮ 奇：以动用法，以……为奇。⑯ 治粟都尉：管理粮饷的军官。⑰ 未之奇：即"未奇之"，意谓没有重视他。

【译文】

等到项梁渡淮北上，韩信带着宝剑投奔他，留在麾下，默默无闻。项梁失败后，韩信又归属项羽，项羽让他做了郎中。他多次向项羽献计献策，想求得重用，项羽没有理会。汉王入蜀时，韩信从楚军逃出来归顺了汉王，依然默默无闻，做了个接待宾客的小官。后来犯法判处斩刑，同案的十三个人都已被斩，轮到韩信，韩信就抬头仰视，恰好看见滕公，说："汉王不想成就天下的大业吗？为什么要斩好汉！"滕公认为他的话语不同凡响，又见他相貌堂堂，就放了他不斩。和韩信交谈，滕公十分高兴，便把韩信的情况报告汉王。汉王让他行治粟都尉，但还是没有重用他。

○韩信拜将○

【原文】

信数与萧何语①，何奇之。至南郑②，诸将行道亡者数十人③，信度何等已数言上，上不我用④，即亡。何闻信亡，不及以闻⑤，自追之。人有言上曰："丞相何亡。"上大怒，如失左右手。居一二日⑥，何来谒上，上且怒且喜，骂何曰："若亡，何也？"何曰："臣不敢亡也，臣追亡者。"上曰："若所追者谁？"何曰："韩信也。"上复骂曰："诸将亡者以十数，公无所追；追信，诈也。"何曰："诸将易得耳。至如信者，国士无双⑦。王必欲长王汉中⑧，无所事信⑨；必欲争天下，非信无所与计事者。顾王策安所决耳⑩。"王曰："吾亦欲东耳，安能郁郁久居此乎？"何曰："王计必欲东，能用信，信即留；不能用，信终亡耳。"王曰："吾为公以为将⑪。"何曰："虽为将，信必不留。"王曰："以为大将。"何曰："幸甚！"于是王欲召信拜之。何曰："王素慢无礼，今拜大将如呼小儿耳，此乃信所以去也。王必欲拜之，择良日，斋戒⑫；设坛场⑬，具礼⑭，乃可耳。"王许之。诸将皆喜，人人各自以为得大将。至拜大将，乃韩信也，一军皆惊。

【注释】

① 萧何（？～公元前183年）：刘邦的重要谋臣，西汉王朝第一任丞相，封酂（cuó）侯。② 南郑：县名。当时为汉的都城，位于今陕西省汉中市。③ 行（háng）：等，辈。道亡者：半路逃跑的人。刘邦被项羽封为汉王，建都南郑，诸将及士兵多思东归，所以中途逃跑的很多。④ 不我用：即"不用我"。⑤ 闻：让人闻知。使动用法。⑥ 居：停留，过。⑦ 国士：一国之中的杰出人物。⑧ 汉中：郡名，辖境在陕西秦岭以南一带及湖北西北部。⑨ 事：用。⑩ 顾：但。策：

指"长王汉中"和"争天下"两种计划。⑪为公：看在您的分上。⑫斋戒：古代在祭祀或举行典礼前，沐浴更衣、独宿、不饮酒、不吃荤，清心洁身，表示诚敬。⑬坛场：指拜将的场所。坛，土台。场，广场。⑭具礼：准备仪式。

【译文】

韩信多次和萧何谈话，萧何听后十分赏识他。到达南郑，将领们半路逃跑的有好几十人，韩信估计萧何等人已多次向汉王推荐过自己，但是汉王不重用自己，因此他也逃走了。萧何听说韩信逃走了，来不及将情况报告汉王，就亲自去追赶他。有人向汉王报告说："丞相萧何逃跑了。"汉王大怒，如同失去了左右手。过了一两天，萧何来晋见汉王，汉王又是生气又是高兴，骂萧何道："你逃跑，这是怎么回事？"萧何说："我不敢逃跑啊！我是去追逃跑的人。"汉王说："你追赶的人是谁？"萧何说："韩信呐！"汉王又骂道："将领们逃跑的多得要用十数来计算，你都没有去追；追韩信，那是扯谎。"萧何说："那些将领容易得到，至于像韩信这样的杰出人物，普天下找不出第二个。大王如果只想长期在汉中称王，那自然没有地方用得着韩信；如果一定要争夺天下，除了韩信，就再没有和您商量大事的人了。就看大王怎样决策罢了。"汉王说："我也想要向东方发展呢，怎么能够闷闷不乐地停留在这里呢？"萧何说："如果大王决计向东方发展，能够任用韩信，韩信就会留下来；如果不能任用，韩信终究要跑掉的。"汉王说："我看在您的分上，让他做将吧。"萧何说："即使做将，韩信也肯定不会留下来的。"汉王说："让他做大将。"萧何说："太好了！"于是汉王就想把韩信召来任命他。萧何说："大王向来傲慢不讲礼节，如今任命大将就像呼唤小孩子一样，这就是韩信要离开的原因啊。如果大王决心要任命他，就选个吉祥日子，亲自斋戒，设置拜将坛，举行任命大将的完备仪式，那才行啊。"汉王答应了萧何的请求。将领们听到要拜大将都高兴，人人都以为自己会被拜为大将了。等到任命大将时，竟是韩信，全军都十分惊讶。

萧何月下追韩信

【原文】

信拜礼毕，上坐①。王曰："丞相数言将军，将军何以教寡人计策？"信谢，因问王曰："今东乡争权天下②，岂非项王邪？"汉王曰："然。"曰："大王自料勇悍仁强孰与项王③？"汉王默然良久，曰："不如也。"信再拜贺曰④："惟信亦为大王不如也。然臣尝事之，请言项王之为人也。项王喑噁叱咤⑤，千人皆废⑥，然不能任属贤将⑦，此特匹夫之勇耳⑧。项王见人恭敬慈爱，言语呕呕⑨，人有疾病，涕泣分食饮，至使人有功当封爵者⑩，印刓敝⑪，忍不能予⑫，此所谓妇人之仁也⑬。项王虽霸天下而臣诸侯⑭，不居关中而都彭城⑮。有背义帝之约⑯，而以亲爱王，诸侯不平。诸侯之见项王迁逐义帝置江南⑰，亦皆归逐其主而自王善地。项王所过无不残灭者，天下多怨，百姓不亲附，特劫于威强耳。名虽为霸，实失天下心。故曰其强易弱。今大王诚能反其道：任天下武勇，何所不诛！

以天下城邑封功臣，何所不服！以义兵从思东归之士⑱，何所不散！且三秦王为秦将⑲，将秦子弟数岁矣，所杀亡不可胜计⑳，又欺其众降诸侯㉑，至新安㉒，项王诈阬秦降卒二十余万㉓，唯独邯、欣、翳得脱，秦父兄怨此三人，痛入骨髓。今楚强以威王此三人，秦民莫爱也。大王之入武关㉔，秋豪无所害㉕，除秦苛法，与秦民约，法三章耳㉖，秦民无不欲得大王王秦者。于诸侯之约㉗，大王当王关中，关中民咸知之。大王失职入汉中㉘，秦民无不恨者。今大王举而东，三秦可传檄而定也㉙。"于是汉王大喜，自以为得信晚。遂听信计，部署诸将所击。

八月，汉王举兵东出陈仓㉚，定三秦㉛。汉二年㉜，出关㉝，收魏、河南㉞，韩、殷王皆降㉟。合齐、赵共击楚㊱。四月，至彭城，汉兵败散而还。信复收兵与汉王会荥阳㊲，复击破楚京、索之间㊳。以故，楚兵卒不能西。

【注释】

①上：指汉王。②东乡（xiàng）：向东方。乡，通"向"。③仁强：威望高且实力强大。孰：谁。④贺：赞许。⑤喑（yìn）噁（wù）叱（chì）咤（zhà）：厉声怒喝。喑噁，怀怒气；叱咤，发怒声。⑥废：俯伏，不敢动弹，形容受惊吓的样子。⑦任属：委任。⑧匹夫之勇：指不用智谋，单凭个人的血气之勇。匹夫，本指一个男子，引申为极平常的人。⑨呕（xū）呕（xū）：温和的样子。⑩使人：所任用的人。爵：爵位，贵族、功臣的封位。⑪刓（wán）敝：亦作"利弊"，在手里磨损的意思。利，通"玩"。⑫忍：有舍不得的意思。⑬妇人之仁：意思是说，不能明大局、识大体，只懂得婆婆妈妈的小恩小惠。⑭臣：使之臣服。⑮关中：古地区名。一般指函谷关以西、散关以东为关中。都：建都。彭城：县名，即今江苏省徐州市。⑯有（yòu）：通"又"。义帝（？～公元前205年）：战国时楚怀王的孙子，名熊心。秦时，流落民间为人牧羊。陈胜战死后，项梁拥立他为楚怀王，项梁战死后，他乘机到彭城，夺取项羽、吕臣兵权，改用宋义为上将军。后来项羽杀死宋义，夺回兵权。公元前206年，项羽自立为西楚霸王，表面上尊他为义帝，却暗中命黥布等在途中追杀他。诸将入关前，楚怀王曾与他们约定："先入关中者王之。"后来刘邦先破关入咸阳，项羽却把关中一带分封给秦降将章邯等，所以说"有背义帝之约"。⑰江南：秦、汉时一般指今湖北省南部和湖南省、江西省一带。⑱思东归之士：指刘邦的将士。因刘邦的将士大多是东方人，都希望向东方发展。⑲三秦王：指章邯、司马欣、董翳。他们原来都是秦将，后投降项羽。项羽封刘邦为汉王时，害怕他夺取关中，因此将秦关中分为三部分，分别封章邯等三降将为王，所以称"三秦王"。⑳胜（shēng）：尽。㉑降诸侯：指向项羽投降。㉒新安：县名，在今河南省渑池东。㉓"项王"句：章邯等投降项羽时，手下有秦兵二十万。投降后，项羽等诸侯军虐待秦兵，秦兵有怨言。项羽担心他们不服，就把他们全部活埋在新安城南。阬，通"坑"，活埋。㉔武关：古代通往关中的重要关口，在今陕西商南东南的丹江上。㉕秋豪：通"秋毫"。鸟兽在秋天新长出来的细毛，比喻极细微的东西。㉖法三章：刘邦进驻咸阳后，废除秦朝的苛法，与关中父老约法三章，即"杀人者死，伤人及盗抵罪"。㉗于诸侯之约：指"先入关中者王之"的约言。㉘失职：失去应得的封地和爵位。按照楚怀王原先的约定，刘邦先入咸阳，应封为关中王，项羽却封他为汉王。㉙传檄（xí）而定：指不必用兵，只要下一道文书就可以平定。传，从驿站递送。檄，古代官府晓喻或声讨的文书。㉚陈仓：县名，在今陕西省宝鸡市东。㉛定三秦：公元前206年，刘邦采用韩信的计策，暗度陈仓，击败雍王章邯，进入咸阳，塞王司马欣、翟王董翳投降。㉜汉二年：公元前205年。公元前206年，刘邦被封为汉王，所以作为汉朝太史令的司马迁，从这年起就用汉的年代纪年。㉝关：指函谷关，在今河南灵宝东北。㉞魏：指魏王魏豹。河南：指河南王申阳。㉟韩、殷王：指韩王郑昌和殷王司马卬。㊱齐、赵：齐，指齐王田荣；赵，指赵王歇及赵相陈馀。这时者已叛楚从汉。㊲荥（xíng）阳：县名，在河南荥阳东北。㊳京：县名，在河南荥阳东南。索（sē）：索亭，古城名，又名大索城，即今河南荥阳城。

【译文】

韩信接受拜将的仪式结束之后，汉王坐了下来。汉王说："丞相多次谈起将军，将军拿什么谋略教我呢？"韩信谦让一番，接着问汉王道："如今向东去争夺天下，难道对手不就是项王吗？"汉王说："是的。"韩信说："大王自己认为，在勇敢、威望影响和兵力之强各方面，跟项王比如何？"汉王沉默了好久，说："不如项王。"韩信拜了两拜，赞同地说："我韩信也认为大王不如他。不过，我曾经侍奉过他，请让我谈谈项王的为人吧。项王厉声怒喝时，成百上千人都不敢动弹，但不能

约法三章

任用有才能的将领,这只不过是一般人的血气之勇罢了。项王待人仁慈有礼,言语温和,有人生了病,会同情流泪,把自己的饮食分给他,但到了所任用的人立了功,应当加封爵位时,却把刻好了的印信拿在手里,玩弄得磨损了还舍不得给人家,这就是所谓的妇人的仁慈啊。项王虽然称霸天下,使诸侯臣服,不占据关中却定都彭城。又违背义帝的约言,把自己亲信、喜爱的人分封在关中为王,诸侯愤愤不平。诸侯看见项王驱逐义帝,并把义帝放逐到江南,也都回去驱逐自己的国君,占据好地方自立为王了。项王所到之处,没有不遭受摧残毁灭的,天下的人都怨恨,老百姓也不愿归附,现在不过是逼于威势、勉强服从罢了。名义上虽然是霸主,实际上却失去了天下人的心。所以说他的强势很容易转化为劣势。如今大王果真能够反其道而行之:任用天下英武勇敢的人才,有什么敌人不能被诛灭!把天下的城邑封给有功的大臣,有什么人会不心服呢!凭借正义之师,顺从将士东归的心愿,有什么敌人打不跑呢!况且分封在秦地的三个王都是秦朝的将领,率领秦地的子弟作战好几年了,被杀死和逃跑的多得无法计算,又欺骗他们的部下向诸侯投降。到新安,项王用诈活埋了秦军已投降的士兵二十多万,唯独章邯、司马欣和董翳得以脱险。秦地的父老兄弟怨恨这三个人,恨入骨髓。如今项羽强凭着威势,封这三个人为王,秦地的百姓并不拥护。大王进入武关,没有丝毫侵犯,废除秦朝的苛刻法令,与秦地的百姓立约,颁布了三条法令,秦地的百姓没有不想要大王在秦地做王的。按照诸侯的约定,大王理当在关中做王,关中百姓都知道这件事。大王失掉应得的爵位进入汉中,秦地的百姓没有不怨恨的。如今大王起兵东进,三秦之地只要下一道文书就可以平定。"于是汉王大喜,认为与韩信相见恨晚。便听从韩信的计策,布置众将所攻击的目标。

八月,汉王起兵经过陈仓向东进军,平定了三秦。汉王二年,出函谷关,收服了魏王和河南王,韩王、殷王也都投降。于是联合齐国、赵国共同进攻楚军。四月,到彭城,汉军战败,溃散而回。韩信又收集溃散的士兵与汉王会合于荥阳,在京县、索亭之间打败楚军。因此,楚军始终不能西进。

⊙文史知识

约法三章

公元前207年,刘邦领兵抢先由中原进入秦川到达秦王朝的都城咸阳,秦王子婴出城献国玺投降,秦朝正式灭亡。刘邦入城后,秋毫无犯,将秦朝的宫廷重地及财宝物资府库保护封存起来,将十万大军撤驻城外霸上。又召集三秦之地各县有德望和名声的耆老豪杰说:"父老乡亲们遭受秦朝暴政苛法的苦害已经很久了,说一句对朝廷不满的话就被诛灭三族,聚众谈论就被斩头弃市,我曾与各路义军首领有约,首先入关进驻咸阳的人就在当地为王。现在我自然应该驻守咸阳关中之地。我与诸位父老订立简明扼要的法规,仅有二项条款:杀人者要偿命斩首,伤害人或抢劫盗窃者论罪惩办。除此之外,秦朝的繁律苛法全部废除。各级官吏都各自按原任职务坚守岗位,执行公务!"接着,刘邦立即派人和秦朝旧吏们到县乡村镇张贴告示,使约定的法令家喻户晓。

三秦之地民众十分高兴,人们纷纷送牛羊酒食慰问刘邦的军队将士,刘邦一再推辞不肯收下,说:"仓库里粮食很多,战士们并没有挨饿,我不想再给父老乡亲们添麻烦,使大家破费财物了!"当地民众更加欢喜,唯恐刘邦不在三秦之地为王。

韩信卢绾列传

【导读】

　　这篇列传是韩王信、卢绾、陈豨三人的合传。这三个人原本都是刘邦的亲信部下，和刘邦的关系亲密。但最后他们都举旗反叛，甚至和匈奴勾结，以对抗汉朝。司马迁通过这篇传记，告诉大家一个道理：世上没有永恒的敌人，也没有永恒的朋友。

　　本文节录了韩王信的事迹。韩王信早年曾追随刘邦进入汉中，后来受反臣谋士的挑拨，投靠了匈奴，成了威胁汉朝边陲的一大隐患。于是，汉高祖派柴将军征讨韩王信，在参合将其杀死。

◎反复无常的韩王信◎

【原文】

　　韩王信者，故韩襄王孽孙也①，长八尺五寸。及项梁之立楚后怀王也②，燕、齐、赵、魏皆已前王，唯韩无有后，故立韩诸公子横阳君成为韩王③，欲以抚定韩故地。项梁败死定陶，成奔怀王。沛公引兵击阳城，使张良以韩司徒降下韩故地，得信，以为韩将，将其兵从沛公入武关。

　　沛公立为汉王，韩信从入汉中，乃说汉王曰："项王王诸将近地④，而王独远居此，此左迁也⑤。士卒皆山东人，跂而望归⑥，及其锋东乡⑦，可以争天下。"汉王还定三秦，乃许信为韩王，先拜信为韩太尉，将兵略韩地。

【注释】

①孽孙：庶出的孙子。②楚后：楚王的后代、继承人。③诸公子：庶出的王子们。横阳君成：指韩成，以其曾被封为横阳君，故称。④王诸将：封诸将为王。⑤左迁：降职。⑥跂：通"企"，踮起脚尖。⑦东乡（xiàng）：向东进军。乡，通"向"。

【译文】

　　韩王信，原本是韩襄王的庶孙，身高八尺五寸。到项梁拥立楚王的后代怀王的时候，燕、赵、齐、魏等国之前都已经有了王，只有韩国没有立后嗣，所以拥立韩国的庶公子韩成为韩王，想借此安抚和平定韩国故地。项梁在定陶战败而死，韩成就投奔了楚怀王。沛公率兵攻击阳城，派张良以韩国司徒的身份降服了韩国故地的人，发现了韩王信，任命他为韩国将军，率领军队跟随沛公进入武关。

　　沛公被立为汉王，韩王信跟随他进入汉中，劝说汉王道："项王分封诸将的地方都靠近他们的家乡，却让大王独自居住在这个地方，这是降职啊。士卒都是崤山以东的人，踮着脚尖盼望着返回家乡，趁着他们有不可抵挡的锐气向东进军，可以一举夺得天下。"汉王回师灭掉三秦，打算将来立韩王信为韩王，先任命韩王信为韩太尉，率兵攻取韩国的故地。

【原文】

　　项籍之封诸王皆就国，韩王成以不从无功，不遣就国，更以为列侯。及闻汉遣韩信略韩地，乃令故项籍游吴时吴令郑昌为韩王以距汉。汉二年，韩信略定韩十余城。汉王至河南，韩信急击韩王昌阳城。昌降，汉王乃立韩信为韩王，常将韩兵从。三年，汉王出荥阳，韩王信、周苛等守荥阳。及楚败荥阳，信降楚，已而得亡，复归汉，汉复立以为韩王，竟从击破项籍，天下定。五年春，遂与剖符为韩王①，王颍川。

明年春，上以韩信材武②，所王北近巩、洛，南近宛、叶，东有淮阳，皆天下劲兵处③，乃诏徒韩王信王太原以北，备御胡，都晋阳。信上书曰："国被边，匈奴数人，晋阳去塞远，请治马邑。"上许之，信乃徒治马邑。秋，匈奴冒顿大围信，信数使使胡求和解。汉发兵救之，疑信数间使，有二心，使人责让信。信恐诛，因与匈奴约共攻汉，反，以马邑降胡，击太原。

【注释】

① 剖符：古时帝王授与诸侯和功臣的凭证。剖分为二，帝王和诸侯各执其一，故称剖符。② 材武：有雄才武略。③ 劲兵处：屯强兵的地方，即兵家必争的战略要地。

【译文】

项籍所封的各个诸侯王都到了封国，韩王成因为没有追随大军征战，未能立下战功，不让他到达封地，改封他为列侯。后来听说汉王差遣韩王信攻略韩国的故地，就任命以前项籍在吴县游历时的吴县县令郑昌为韩王，以抵御汉王的军队。汉王二年，韩王信攻取韩国十多座城池。汉王到达河南，韩王信急迫地在阳城攻击韩王郑昌的驻地。郑昌投降，汉王就立韩王信为韩王，让他率领韩军追随左右。三年，汉王离开荥阳，韩王信、周苛等人守卫荥阳。后来楚军攻下荥阳，韩信投降楚军，不久又得以逃走，再次归顺汉王，汉王又立他为韩王，终究跟着汉王击败了项籍，天下得以平定。五年的春天，与韩王信剖符立据，正式册封他为韩王，踞有颍川郡。

第二年春天，皇上认为韩王信有雄才伟略，而且勇武，所辖地区北边靠近巩义和洛阳，南边迫近宛邑和叶城，东边有淮阳，这都是天下可以驻扎强大军队的地方，所以下诏迁调韩王信到太原以北地区，防备并抵御胡人，定都晋阳。韩王信上书说："国土覆盖着辽阔的边界，匈奴多次入侵。晋阳距离边塞遥远，请求以马邑作为国都。"皇上答应，韩王信便迁都到了马邑。秋天，匈奴冒顿大举围攻韩王信，韩王信多次派使节与匈奴和解。汉朝发兵援救韩王信，怀疑韩王信多次私派使者，有二心，就派人去责问韩王信。韩王信害怕被诛杀，于是和匈奴联合攻打汉朝，叛变，带着马邑投靠匈奴，进攻太原。

【原文】

七年冬，上自往击，破信军铜鞮，斩其将王喜。信亡走匈奴。其将白土人曼丘臣、王黄等立赵苗裔赵利为王，复收信败散兵，而与信及冒顿谋攻汉。匈奴使左右贤王将万余骑与王黄等屯广武以南，至晋阳，与汉兵战，汉大破之，追至于离石，复破之。匈奴复聚兵楼烦西北，汉令车骑击破匈奴。匈奴常败走，汉乘胜追北，闻冒顿居代谷，高皇帝居晋阳，使人视冒顿，还报曰"可击"。上遂至平城。上出白登，匈奴骑围上，上乃使人厚遗阏氏①。阏氏乃说冒顿曰："今得汉地，犹不能居；且两主不相厄。"居七日，胡骑稍引去。时天大雾，汉使人往来，胡不觉。护军中尉陈平言上曰："胡者全兵②，请令强弩傅两矢外向③，徐行出围。"入平城，汉救兵亦到，胡骑遂解去、汉亦罢兵归。韩信为匈奴将兵往来击边。

汉十年，信令王黄等说误陈豨。十一年春，故韩王信复与胡骑入居参合，距汉。汉使柴将军击之，遗信书曰："陛下宽仁，诸侯虽有畔亡④，而复归，辄复故位号，不诛也。大王所知。今王以败亡走胡，非有大罪，急自归！"韩信报曰："陛下擢仆起闾巷⑤，南面称孤，此仆之幸也。荥阳之事⑥，仆不能死，囚于项籍，此一罪也。及寇攻马邑，仆不能坚守，以城降之，此二罪也。今反为寇将兵，与将军争一旦之命，此三罪也。夫种、蠡无一罪⑦，身死亡；今仆有三罪于陛下，而欲求活于世,此伍子胥所以偾于吴也⑧。今仆亡匿山谷间,旦暮乞贷蛮夷,仆之思归,如痿人不忘起⑨,盲者不忘视也,势不可耳。"遂战。柴将军屠参合,斩韩王信。

【注释】

①阏氏:单于的正妻,地位等于汉之王后。②全兵:指全用弓箭长矛等进攻性武器。③傅:通"附"。④畔亡:背叛逃亡。畔,通"叛"。⑤间巷:街巷,代指平民百姓。⑥荥阳之事:指荥阳之战,在此战中韩信被项籍俘获投降。⑦种、蠡:指文种、范蠡。⑧偾:倒覆,僵仆。⑨痿人:瘫痪的人。

【译文】

　　七年的冬天,皇上亲自率领军队,在铜鞮击败韩王信,斩杀了将军王喜。韩王信败走匈奴。他的将军白土人曼丘臣以及王黄等人拥立赵国的后裔赵利为王,又收编韩王信的残兵溃勇,然后与韩王信和冒顿图谋攻打汉朝。匈奴派左右贤王率领一万多骑兵和王黄一起驻扎在广武以南的地方,到达晋阳,与汉军交战,汉军把他们打败,一直追击到离石,又击败他们。匈奴再次在楼烦西北方向聚集军队,汉朝命令战车和骑兵攻击匈奴。匈奴一次又一次地败退,汉军乘胜向北追击,听说冒顿住在代谷,高皇帝住在晋阳,派人侦察冒顿,回来禀报说"可以攻击"。皇上便去了平城。皇上在白登,匈奴骑兵包围皇上,皇上便派人拿着厚礼贿赂阏氏。阏氏劝说冒顿道:"现在就算得到汉朝的土地,也不能住下来;况且两个君主不能相互危害。"七天之后,匈奴骑兵渐渐撤走。这时天有大雾,汉朝派人往来,匈奴没有察觉。护军中尉陈平对皇上说:"匈奴想保全兵力,请下令给每张强弩搭上两支锋利的箭,朝外射去,慢慢移动以脱出重围。"进入平城,汉军的援兵到了,匈奴骑兵就撤走了。汉军罢兵而回。韩王信为匈奴率领军队来来往往地袭扰边境。

　　汉王十年,韩王信命令王黄等人游说陈豨背叛汉朝,坑害了陈豨。十一年春天,原韩王信又和匈奴骑兵一起入侵参合,抵抗汉军。汉朝派柴将军迎击,写信给韩王信说:"陛下宽厚仁慈,诸侯纵然有叛逆逃亡的,只要能回来,就再恢复他原先的官位,不会诛杀的。这是大王所知道的。现在大王因为打败仗而逃到匈奴,并非犯了什么大罪,赶紧回来吧!"韩王信回复说:"陛下把我从间巷之中提拔起来,南面称王,这是我的荣幸。荥阳的事情,我没有奋战到死,被项籍囚禁起来,这是我犯下的第一桩罪行。后来匈奴攻打马邑,我没能坚守住,把城池献给他们,这是我犯下的第二桩罪行。现在反过来为匈奴率领军队,和将军交战,争一朝的性命,这是我犯下的第三桩罪行。况且文种、范蠡没有一点罪行,却死的死,逃的逃;现在我对陛下犯下三条罪行,还想苟活在世上,这是伍子胥之所以在吴国遭受诛杀的缘故啊。现在我逃亡藏匿到山谷之间,日夜向蛮夷

韩王信与匈奴相勾结

乞讨过活,我很想回去,就好像瘫痪的人不忘记起身,眼瞎的人不忘记睁眼观望一样,只是形势不容许我这么做罢了。"于是双方交战,柴将军在参合屠城,斩杀了韩王信。

后世子孙

【原文】

信之入匈奴,与太子俱①;及至颓当城,生子,因名颓当。韩太子亦生子,命曰婴。至孝文十四年,颓当及婴率其众降汉。汉封颓当为弓高侯,婴为襄城侯。吴楚军时②,弓高侯功冠诸将。传子至孙,孙无子,失侯。婴孙以不敬失侯。颓当孽孙韩嫣,贵幸,名富显于当世。其弟说,再封,数称将军,卒为案道侯。子代,岁余坐法死。后岁余,说孙曾拜为龙额侯,续说后。

【注释】

① 太子:指韩太子,即韩王信的儿子。俱:一道同行。
② 吴楚军时:指汉平定吴楚七国之乱的战争,事在景帝三年(公元前154年)。

【译文】

韩王信进入匈奴的时候,和太子一起;到了颓当城,生下一子,取名为颓当。韩国太子也生了个儿子,名叫婴。到孝文帝十四年,颓当和婴率领部众向汉朝归降。汉朝封颓当为弓高侯,封婴为襄城侯。吴、楚造反的时候,弓高侯的功劳冠于众位将领。侯爵传给儿子后又传给孙子,孙子没有后代,失去侯爵。婴的孙子因为犯了不敬之罪而失掉侯爵。颓当的庶孙韩嫣,地位尊贵,受到宠幸,名声和财富在当时十分显贵。他的弟弟韩说,再度封侯,多次被委命为将军,最终被封为案道侯。儿子接替他的侯爵,过了一年多因为犯法而被处死。又过了一年多,韩说的孙子韩曾被封为龙额侯,延续了韩说的香火。

韩王信后代归降汉朝

> ⊙ **文史知识**
>
> ### 汉朝爵位
>
> 《汉书·百官公卿表》:"爵:一级曰公士,二上造,三簪袅,四不更,五大夫,六官大夫,七公大夫,八公乘,九五大夫,十左庶长,十一右庶长,十二左更,十三中更,十四右更,十五少上造,十六大上造,十七驷车庶长,十八大庶长,十九关内侯,二十彻侯。"自一级至四级都是士卒。自五级至九级位比大夫,都是军吏,平民之爵不得过公乘,超过的要回授给同族的人。自十级左庶长至十八级大庶长,位比九卿,都是军将。十九级、二十级均为列侯。所谓"万户侯",实际上是食邑万户以上的彻侯。它是一种世袭的爵位,不是官职。
>
> ——钱穆《中国历代政治得失》

袁盎晁错列传

【导读】

　　袁盎是汉朝楚国人，性格刚直，被称为"无双国士"。汉文帝时因为多次直言敢谏，触犯了皇帝，故而被迁徙，先后做了陇西都尉和吴相。景帝时，发生"七国之乱"，袁盎奏请皇帝斩杀晁错，以消众怒。"七国之乱"平定后，袁盎被封为太常，荣耀备至。

　　晁错是汉景帝的老师，他身负才学，又有政治眼光，主张削减封国。"七国之乱"发生之后，汉景帝屈于七国和大臣们的压力，不得已杀了晁错。

○袁盎慷慨○

【原文】

　　袁盎常引大体慷慨①。宦者赵同以数幸②，常害袁盎，袁盎患之。盎兄子种为常侍骑，持节夹乘③，说盎曰④："君与斗，廷辱之，使其毁不用。"孝文帝出，赵同参乘⑤，袁盎伏车前曰："臣闻天子所与共六尺舆者，皆天下豪英。今汉虽乏人，陛下独奈何与刀锯余人载⑥！"于是上笑，下赵同。赵同泣下车。

　　文帝从霸陵上，欲西驰下峻阪⑦。袁盎骑，并车揽辔⑧。上曰："将军怯邪？"盎曰："臣闻千金之子坐不垂堂⑨，百金之子不骑衡⑩，圣主不乘危而徼幸⑪。今陛下骋六骓⑫，驰下峻山，如有马惊车败⑬，陛下纵自轻，奈高庙、太后何⑭？"上乃止。

　　上幸上林⑮，皇后、慎夫人从⑯。其在禁中⑰，常同席坐。及坐，郎署长布席，袁盎引却慎夫人坐⑱。慎夫人怒，不肯坐。上亦怒，起，入禁中。盎因前说曰："臣闻尊卑有序则上下和。今陛下既已立后，慎夫人乃妾，妾主岂可与同坐哉！适所以失尊卑矣⑲。且陛下幸之，即厚赐之。陛下所以为慎夫人，适所以祸之。陛下独不

袁盎却座图

见'人彘'乎[20]？"于是上乃说[21]，召语慎夫人[22]。慎夫人赐盎金五十斤。

【注释】

①大体：指有关大局的道理。②赵同：本名赵谈，司马迁为避父讳，改"谈"为"同"。以数幸：由于多次得宠。幸，宠爱。下文"幸之"之"幸"义同此。③节：符节。夹乘：皇帝左右的护卫。④说：劝说。⑤参乘：坐在车右的侍卫。⑥刀锯余人：指受过宫刑的人，即指宦官。⑦峻阪：陡坡。⑧揽辔：拉着马缰绳。⑨垂堂：靠近房檐。⑩骑衡：倚在楼台的栏杆上。⑪徼幸：同"侥幸"。⑫骖：驾在辕马旁边的马，也叫"骖"。⑬如：假如。败：毁坏。⑭高庙：汉高祖刘邦的庙。⑮幸：此指帝王驾临。上林：即上林苑，秦汉帝王的游猎场所，在今陕西西安西南。⑯皇后：指窦皇后。慎夫人：刘恒的妾。⑰禁中：宫中。⑱引却：向后拉退。⑲适：恰好。⑳独：难到。人彘：人猪，指戚夫人。戚夫人为高祖刘邦的宠妾，刘邦想立戚夫人所生的儿子赵王如意为太子。刘邦死后，吕后派人将戚夫人囚禁，并将其手足砍断，挖去双眼，熏烧耳朵，饮喑药哑嗓，然后抛弃在厕所中，称为"人彘"。见《吕太后本纪》。㉑说：同"悦"。㉒语：告诉。

【译文】

　　袁盎常常称引大义，意气慷慨，宦官赵同凭着屡次被宠幸，常常陷害袁盎，袁盎很担忧。袁盎兄长的儿子袁种担任常侍骑，手里拿着符节在皇帝的身旁护卫，对袁盎说："您和他争斗，在朝中侮辱他，让他不能诋毁您。"孝文帝外出，赵同陪同皇帝一起乘车，袁盎伏在车前，说道："我听说陪同天子一起乘车的，都是天下的英雄豪杰。现在汉朝虽然缺少人才，但是您为什么和遭受刀刑锯刑的人乘坐一辆车子呢？"皇上大笑，让赵同下去。赵同流着泪走下了车子。

　　文帝从霸陵上山，打算向西边的陡坡奔驰而下。袁盎骑着马，紧紧靠着皇帝的车子，挽住马的缰绳。皇上说："将军胆怯吗？"袁盎说："我听说家有千金的人不坐在靠近屋檐的地方，家有百金的人不靠着楼台边的栏杆，圣明的君主不在危难的时候心存侥幸。现在陛下放纵驾车的六匹马，从峻山之上奔驰下来，倘若有马匹受惊、车舆毁坏的事情发生，陛下纵然是看轻自己，但是对高庙和太后如何交待呢？"皇上这才停下来。

　　皇上幸临上林苑，皇后、慎夫人跟随。她们在宫中的时候，常常是同席而坐。坐下的时候，朗署长官布置座席，袁盎引退慎夫人的座席。慎夫人很生气，不肯就坐。皇上也很愤怒，站起来，回到宫中。袁盎趁机上前对皇上说："我听说，尊卑有次序的话上下才能平安和乐。现在陛下既然已经立了皇后，慎夫人乃是妾的身份，妾和主难道可以同席而坐吗？恰好失掉了尊卑的秩序。况且陛下宠幸慎夫人，就重重地赏赐她。陛下用来宠幸慎夫人的方法，恰好成了给她制造祸患的原因。陛下难道没有听说过'人彘'吗？"皇上听了就高兴了，召见慎夫人，把袁盎的话告诉了她。慎夫人赏赐给袁盎黄金五十斤。

【原文】

　　然袁盎亦以数直谏，不得久居中[①]，调为陇西都尉。仁爱士卒，士卒皆争为死。迁为齐相[②]。徙为吴相[③]，辞行，种谓盎曰："吴王骄日久[④]，国多奸。今苟欲劾治[⑤]，彼不上书告君，即利剑刺君矣。南方卑湿[⑥]，君能日饮[⑦]，毋何[⑧]，时说王曰毋反而已。如此幸得脱。"盎用种之计，吴王厚遇盎。

临别时袁种谏袁盎

【注释】

①中：指朝廷。②迁：此指提升。③徙：调动。④吴王：刘濞。⑤苟：如果。劾治：揭发惩治。⑥卑湿：指地势低下潮湿。卑：下。⑦饮：指喝酒。⑧毋何：不要管什么事。

【译文】

然而袁盎也因为多次直言敢谏，无法长时间地留在朝中，被调任为陇西都尉。袁盎爱护士卒，士卒都争相为他出死力。升为齐相。又转调为吴相，辞别的时候，袁种对袁盎说："吴王骄横已经很久了，国内有很多奸邪之人。现在倘若您想要揭发惩治他们的罪行，那些人不是上书状告您，就是拿着利剑刺杀您。南方低洼潮湿，您最好能每天喝酒，不要太管事了，只要经常劝说吴王不要谋反就行了。这样的话您可以侥幸脱险。"袁盎采纳了袁种的计策，吴王重重地赏赐了袁盎。

【原文】

盎告归，道逢丞相申屠嘉，下车拜谒，丞相从车上谢袁盎。袁盎还，愧其吏①，乃之丞相舍上谒②，求见丞相。丞相良久而见之。盎因跪曰："愿请间③。"丞相曰："使君所言公事④，之曹与长史掾议⑤，吾且奏之；即私邪⑥，吾不受私语。"袁盎即跪说曰："君为丞相，自度孰与陈平、绛侯⑦？"丞相曰："吾不如。"袁盎曰："善，君即自谓不如。夫陈平、绛侯辅翼高帝⑧，定天下，为将相，而诛诸吕，存刘氏；君乃为材官蹶张⑨，迁为队率⑩，积功至淮阳守，非有奇计攻城野战之功。且陛下从代来，每朝，郎官上书疏，未尝不止辇受其言⑪，言不可用置之，言可受采之，未尝不称善。何也？则欲以致天下贤士大夫。上日闻所不闻，明所不知，日益圣智；君今自闭钳天下之口而日益愚⑫。夫以圣主责愚相，君受祸不久矣。"丞相乃再拜曰："嘉鄙野人⑬，乃不知，将军幸教。"引入与坐，为上客。盎素不好晁错，晁错所居坐，盎去；盎坐，错亦去：两人未尝同堂语。及孝文帝崩，孝景帝即位，晁错为御史大夫，使吏案袁盎受吴王财物，抵罪，诏赦以为庶人。

【注释】

①愧其吏：在下属官吏面前觉得羞愧。②之：往……去。③请间：请求别人回避，单独会见。④使：假使。⑤曹：分科办事的官署。⑥即：如果。私：指私事。邪：同"耶"，语气词。⑦度：估计。孰与：与……比，哪一个……。⑧辅翼：辅佐保护。⑨材官：低级武士。蹶张：脚踏弓弩，使它张开。⑩队率：小军官。古代以百人为队。⑪辇：皇帝皇后乘的车子。⑫闭钳：封闭。⑬鄙野：粗鄙庸俗。

【译文】

袁盎告别回家，半路遇上丞相申屠嘉，他下车拜见丞相，丞相从车上答谢袁盎。袁盎回到家，对着自己的下属感到很惭愧，就到丞相的住所递上拜帖，请求进见丞相。丞相过了好一会儿才接见他。袁盎跪下来说："希望你能单独接见我。"丞相说："倘若你所说的是公事，那就去官署和长史掾吏商议，我会替你上奏给皇上；如果是私事，我不接受私下面谈的方式。"袁盎跪着对丞相说："您身为丞相，自己估量一下，比起陈平、绛侯来如何呢？"丞相说："我比不上他们。"袁盎说："好！连您都说自己比不上。陈平、绛侯辅佐高帝，平定天下，担任将相，后来诛杀诸吕，保全刘氏；您只不过是个脚踏强弩的武士，做了个小军官，积累军功才做了淮阳太守，并非献出奇谋立下攻城拔寨的战功。况且陛下从代地进京，每次朝会，郎官都上书陈情，从来没有不停下车来接受他们意见的时候，意见不能应用的就搁置，意见可以应用的就采纳，从来没有不称道赞美的。这是为何呢？这是想招揽全天下贤良的士大夫啊！皇上每天听到自己以前没有听到的东西，明白以前所不明白的道理，一天比一天更加圣明聪慧；您现在亲自关闭并钳制天下人的口，一天比一天愚蠢。以圣明的君主责备愚蠢的丞相，您遭受灾祸不远了。"丞相于是叩头说："我真是粗鄙之人啊，竟然不知道这个道理,幸亏将军教导我。"引袁盎进内屋一同坐下,把他奉为上客。袁盎一向不喜欢晁错,只要有晁错在的地方,袁盎就离去;只要有袁盎在的地方,晁错也就离开。两个人从未一起谈过话。后来孝文帝驾崩,孝景帝继位,任命晁错为御史大夫,派官吏调查袁盎收受吴王刘濞财物的事情,要按罪行的轻重给予惩罚。皇帝下诏赦免袁盎为平民。

○晁错苛刻○

【原文】

　　晁错者,颍川人也。学申商刑名于轵张恢先所①,与雒阳宋孟及刘礼同师。以文学为太常掌故②。错为人峭直刻深③。孝文帝时,天下无治《尚书》者④,独闻济南伏生故秦博士,治《尚书》,年九十余,老不可征,乃诏太常使人往受之。太常遣错受《尚书》伏生所。还,因上便宜事⑤,以《书》称说。诏以为太子舍人、门大夫、家令。以其辩得幸太子⑥,太子家号曰"智囊"。数上书孝文时,言削诸侯事,及法令可更定者。书数十上,孝文不听,然奇其材,迁为中大夫。当是时,太子善错计策,袁盎诸大功臣多不好错。

【注释】

① 申商:指先秦法家代表人物申不害和商鞅。刑名:指名和实的关系。是循名责实、明赏罚的统治法术。刑,同"形"。
② 文学:指文章。③ 峭直刻深:严峻刚直,苛刻严酷。④《尚书》:儒家经典之一,亦称《书》或《书经》。⑤ 便宜事:便国利民之事。⑥ 辩:指口才好。

【译文】

　　晁错,颍川人。在轵县的张恢先生那里学习申不害和商鞅的刑名之学,与洛阳的宋孟和刘礼拜的是同一个老师。凭借熟习文献古籍而担任太常掌故。

　　晁错为人严正刚直、苛刻严峻。孝文帝时,天下没有研习《尚书》的人,只听说济南的伏生以前是秦朝的博士,研习《尚书》,九十多岁了,年老不能征召,便下令太常派人前去学习。太常派晁错到伏生那里学习《尚书》。学成归来,趁机向皇上进献便国利民的计策,讲解《尚书》。下令任命他为太子舍人、门大夫、家令。凭借自己的能言善辩而得到太子宠幸,太子在家称他为"智囊"。孝文帝在位的时候,多次上书说削减诸侯的事情。上书几十次,孝文帝没有采纳,但认为他的才能很奇特,升为中大夫。当这个时候,太子称赞晁错的计策,袁盎等一些有大功的大臣多不喜欢晁错。

晁错向伏生求教《尚书》

【原文】

景帝即位，以错为内史。错常数请间言事，辄听，宠幸倾九卿①，法令多所更定。丞相申屠嘉心弗便，力未有以伤。内史府居太上庙壖中②，门东出，不便，错乃穿两门南出，凿庙壖垣。丞相嘉闻，大怒，欲因此过为奏请诛错。错闻之，即夜请间，具为上言③。丞相奏事，因言错擅凿庙垣为门，请下廷尉诛④。上曰："此非庙垣，乃壖中垣，不致于法。"丞相谢。罢朝，怒谓长史曰："吾当先斩以闻，乃先请，为儿所卖，固误。"丞相遂发病死。错以此愈贵。

【注释】

①倾：压倒。②太上庙：指高祖刘邦之父刘太公之庙。壖：城郭旁或河边的空地。这里指太上庙内外墙之间的空地。③具：通"俱"。④下：交给。

【译文】

景帝即位，任命晁错为内史。晁错好几次请求单独跟皇上商讨政事，皇上每次都听取，晁错受到的宠幸盖过九卿，法律和政令被修改的很多。丞相申屠嘉心中不服，但是能力又不足以伤害他。内史府处在太上庙围墙里的空地之中，门设在东面，出入很不方便，晁错就在南面凿开两门出入，凿开了太上庙的围墙。丞相申屠嘉听说后大怒，想趁着这个过失写篇奏章递给皇上请求诛杀晁错。晁错听到风声，就夜里赶着单独求见皇帝，把这事原原本本地告诉了皇上。丞相禀奏这件事，陈述晁错擅自凿穿太上庙的垣墙为门，请求皇上下令廷尉诛杀晁错。皇上说："这不是太上庙的垣墙，而是庙外空地的围墙，不至于触犯法律。"丞相谢罪。退下朝来，生气地对长史说："我应当先杀掉晁错再上报给皇上，（晁错）竟然先上奏了，反而被这个小子出卖了，实在是大错特错啊。"丞相不久就发病而死。晁错因此而更加显贵。

【原文】

迁为御史大夫，请诸侯之罪过，削其地，收其枝郡①。奏上，上令公卿列侯宗室集议，莫敢难，独窦婴争之，由此与错有郤②。错所更令三十章，诸侯皆喧哗疾晁错③。错父闻之，从颍川来，谓错曰："上初即位，公为政用事，侵削诸侯，别疏人骨肉，人口议多怨公者，何也？"晁错曰："固也。不如此，天子不尊，宗庙不安④。"错父曰："刘氏安矣，而晁氏危矣，吾去公归矣！"遂饮药死，曰："吾不忍见祸及吾身。"死十余日，吴楚七国果反，以诛错为名。及窦婴、袁盎进说，上令晁错衣朝衣斩东市。

【注释】

①枝郡：指诸侯国四周边缘上的郡。②郤（xì）：通"隙"，隔阂。③疾：痛恨。④宗庙：这里代指国家。

【译文】

（晁错）升为御史大夫，陈说诸侯的罪过，请求皇上削减封地，收回他们四周边缘上的郡。上奏给皇上，皇上命令公卿、列侯以及宗室一起商议，没有谁敢诘难晁错，只有窦婴与他争辩，因此和晁错产生嫌隙。晁错修改的政令有三十章，诸侯都喊着反对，痛恨晁错。晁错的父亲听说后，从颍川赶来，对晁错说："皇上刚刚即位，你主政当权，削弱诸侯，疏远别人的骨肉，人们议论你，有很多人怨恨你，这是什么缘故呢？"晁错说："本来就是这样。不这样的话，天子受不到尊敬，宗庙得不到安宁。"晁错的父亲说："刘氏安定了，晁氏也就危险了，我离开你回去吧！"于是吃药自杀，临死之前说道："我不忍心看到祸殃延及我的身上。"死后十多天，吴楚七国谋反，以诛杀晁错为口号。等到窦婴、袁盎等人向皇上进言，皇上命令晁错穿着朝服在东市受死。

扁鹊仓公列传

【导读】

扁鹊,姓秦,名越人,春秋时期勃海郡莫州(今河北任丘)人。他学医于长桑君,有丰富的医疗实践经验,反对巫术治病。他总结前人经验,创立望、闻、问、切的四诊法。他遍游各地行医,精于内、外、妇、儿、五官等科,应用砭刺、针灸、按摩、汤液、热熨等法治疗疾病,被尊为"医祖"。后因医治秦武王病,引起秦国太医令李醯的嫉妒,派人刺杀了扁鹊。

◎救治虢太子◎

【原文】

扁鹊者,勃海郡郑人也,姓秦氏,名越人。少时为人舍长[1],舍客长桑君过[2],扁鹊独奇之,常谨遇之[3]。长桑君亦知扁鹊非常人也。出入十余年,乃呼扁鹊私坐,间与语曰[4]:"我有禁方[5],年老,欲传与公,公毋泄。"扁鹊曰:"敬诺[6]。"乃出其怀中药予扁鹊:"饮是以上池之水[7],三十日当知物矣。"乃悉取其禁方书尽与扁鹊。忽然不见,殆非人也[8]。

【注释】

①为(wéi)人舍长(zhǎng):做人家客馆的主管人。舍,客馆,供客人食宿的地方。②长(cháng)桑:复姓。③常谨遇之:时常恭敬地接待他。谨,恭敬。④间(jiān)与语:秘密地同他谈话。间,秘密,私下。⑤禁方:秘方,不对外公开的方子。⑥敬诺:恭敬地应诺。⑦上池之水:未直接落地的水露,如草木上的水露等。⑧殆非人也:大概他不是凡人。

【译文】

扁鹊,是勃海郡郑邑的人,姓秦,名叫越人。他年少时做人家客馆的主管人。客人长桑君经过客馆,唯独扁鹊认为他奇特不凡,经常恭敬地接待他。长桑君也知道扁鹊不是平常人。长桑君进出客馆十多年,才叫扁鹊私下坐谈,秘密地跟扁鹊说:"我有秘方,现在我已经老了,想传授给您,您不要泄漏出去。"扁鹊恭敬地应诺:"是!"长桑君于是取出自己怀中的药物交给扁鹊说:"喝这个药要用未落地的雨露调引,三十天就会洞察事物啦。"于是长桑君拿出自己全部的秘方书都交给了扁鹊。忽然间长桑君不见了,大概他不是凡人。

【原文】

其后扁鹊过虢。虢太子死,扁鹊至虢宫门下,问中庶子喜方者曰[1]:"太子何病,国中治穰过于众事[2]?"中庶子曰:"太子病血气不时,交错而不得泄,暴发于外,则为中害[3]。精神不能止邪气,邪气畜积而不得泄,是以阳缓而阴急,故暴蹶而死[4]。"扁鹊曰:"其死何如时[5]?"曰:"鸡鸣至今。"曰:"收乎[6]?"曰:"未也,其死未能半日也。""言臣齐勃海秦越人也,家在于郑,未尝得望精光侍谒于前也[7]。闻太子不幸而死,臣能生之[8]。"中庶子曰:"先生得无诞之乎[9]?何以言太子可生也?臣闻上古之时,医有俞跗[10],治病不以汤液醴酒,镵石挢引[11],案扤毒熨[12],一拨见病之应,因五藏之输⑬，乃割皮解肌，诀脉结筋⑭，搦髓脑⑮，揲荒爪幕⑯，湔浣肠胃⑰，漱涤五藏，练精易形。先生之方能若是，则太子可生也；不能若是而欲生之，曾不可以告咳婴之儿。"终日，扁鹊仰天叹曰："夫子之为方也，若以管窥天，以郄视文⑱。越人之为方也，不待切脉、望色、听声、写形，言病之所在。闻病之阳，论得其阴；闻病之阴，论得其阳。病应见于大表，不出千里。决者至众，不可曲止也。子以吾言为不诚，试入诊太子，当闻其耳鸣而鼻张，循其两股以至于阴，当尚温也。"

中庶子闻扁鹊言，目眩然而不瞚⑲，舌挢然而不下⑳，乃以扁鹊言入报虢君。虢君闻之大惊，出见扁鹊于中阙㉑，曰："窃闻高义之日久矣，然未尝得拜谒于前也。先生过小国，幸而举之，偏国寡臣幸甚。有先生则活，无先生则弃捐填沟壑，长终而不得反。"言未卒，因嘘唏服臆㉒，魂精泄横，流涕长潸，忽忽承睫㉓，悲不能自止，容貌变更。扁鹊曰："若太子病，所谓'尸蹶'者也㉔。夫以阳入阴中㉕，动胃缠缘㉖，中经维络㉗，别下于三焦、膀胱㉘，是以阳脉下遂㉙，阴脉上争，会气闭而不通㉚，阴上而阳内行㉛，下内鼓而不起㉜，上外绝而不为使㉝，上有绝阳之络㉞，下有破阴之纽㉟，破阴绝阳，色废脉乱㊱，故形静如死状。太子未死也。夫以阳入阴支兰藏者生，以阴入阳支兰藏者死㊲。凡此数事㊳，皆五藏蹶中之时暴作也。良工取之㊴，拙者疑殆㊵。"

扁鹊乃使弟子子阳厉针砥石㊶，以取外三阳五会。有间，太子苏。乃使子豹为五分之熨㊷，以八减之齐和煮之㊸，以更熨两胁下。太子起坐。更适阴阳，但服汤二旬而复故。故天下尽以扁鹊为能生死人。扁鹊曰："越人非能生死人也，此自当生者，越人能使之起耳。"

【注释】

①中庶子：古代官名，为太子的属官，负责对太子进行教育以及管理等。喜方：爱好医方。②国：国都，京城。治禳：举办祈祷的事情。禳，通"攘"。向鬼神祈祷消灾免难。③则为中害：却是内脏受伤害引起。④蹶（jué）：忽然昏晕，不知人事，四肢厥冷。蹶，通"厥"。⑤何如时：在什么时候。⑥收：收殓。⑦精光：神采光泽，引申为尊容。侍谒：侍奉拜见。⑧臣能生之：我能使他复生。生，意为使……生，使动用法。⑨先生得无诞之乎：先生莫不是哄骗我吧？⑩俞跗：古代医家。⑪镵（chān）石：针和砭石。挢（jiǎo）引：即导引，古代的一种医疗体操。挢，举起，翘起，指举手活动身体。引，引伸身体。⑫案扤（wú）：按摩。案，通"按"。扤，撼动。毒熨（yùn）：用烈性药物在患处熨贴。⑬输：同"腧"，指五脏六腑的腧穴。⑭诀脉：疏导血脉和经脉。诀，同"决"。结筋，结扎筋腱。⑮搦（nuò）髓脑：按治髓脑。搦，按。髓脑，脊髓和脑。⑯揲（shé）：触动，取。荒，同"肓"，心脏与横隔膜之间的部位。中医认为这是药力达不到的部位。爪：同"抓"，用手指疏理。幕：同"膜"，指横隔膜。⑰湔（jiān）浣（huàn）：洗涤。⑱郄：同"隙"。⑲瞚：同"瞬"，眨眼。⑳舌挢（jiǎo）然而不下：舌头翘起来而且不能放下。形容说不出话的样子。挢：举手，此处指舌头抬起来。㉑阙：皇宫前面对称的楼台，中间有道路。㉒嘘（xū）唏（xī）服（bì）臆（yì）：嘘唏，指哭泣时抽咽的声音。服臆，指气满郁结而屏住了呼吸。㉓忽忽：泪珠流动很快的样子。承睫（jié）：泪珠挂在睫毛上。睫，同"睫"。㉔尸蹶：病名。昏迷假死，体态像死尸。㉕以阳入阴中：是由于阳气下陷入阴。㉖动胃缠缘：胃受绕动。缠，通"缠"。缘，绕。㉗中经维络：经脉受损伤，络脉被阻塞。中，伤害。经，经脉。维，结，阻塞。络，络脉，是由经脉分出来的呈网状的大小分支。㉘别下于三焦、膀胱：

扁鹊诊治虢国太子

身体的阳气下陷,分别下于三焦、膀胱。三焦,一般认为它是六腑之一,是上焦、中焦、下焦的总称。横膈以上为上焦,包括心、肺等脏器,主呼吸、血脉,输布精气,温养全身肌肤、筋骨等。脘腹部相当于中焦,包括脾、胃等脏器,主要功能是消化食物。肚脐以下为下焦,包括肝、肾、大肠、小肠、膀胱等脏器,主要功能是分别清浊,排泄糟粕、水液等。三焦总司人体的气化,主诸气。本文所指的三焦,看来不是指三焦的整个部位和所包括的脏器及其功能,而是指下焦,即第三焦。㉙遂:通"坠"。㉚会气闭而不通:指阴气与阳气交会的地方闭塞不通。会,俞会,广义指脏、腑、筋、髓、血、骨、脉、气等八会,本文主要指气会等。㉛阴上而阳内行:下、内为阴,阴气反而上逆;上、外为阳,阳气却向内运行。这都是气不通而出现的逆乱症状。㉜下内鼓而不起:阳气在身体的下部和内部鼓动,也不能够外达和上升。㉝上外绝而不为使:在上在外的阳气被隔绝,不能被阴所遣使。指阴阳失调,阳不能与阴平衡的情况。㉞上有绝阳之络:身体上部有隔绝阳气的络脉。㉟下有破阴之纽:身体下部有破坏阴气的筋纽。㊱色废脉乱:容颜失去正常气色,经脉和血脉发生紊乱。㊲以阴入阳支兰藏者死:因阴气侵入阳分而隔阻脏气的病人,是死症,难以救治。㊳凡此数者:凡是这几种情况。㊴良工:医术精良的医生。古人有时称医生为工。㊵拙者疑殆:医术拙劣的人疑惑不决。疑,怀疑,疑惑,犹豫不决。殆,与"疑"意思相同。㊶厉针砥石:磨利针石。厉,通"砺",磨。针,是金属针。石,石针,又称砭石或砭针。㊷五分之熨(yùn):五分剂量的熨药。㊸齐(jì):通"剂"。

【译文】

自那以后扁鹊行医到虢国。虢君的太子病死,扁鹊到虢国宫廷门前,问爱好方术的中庶子说:"太子得了什么病,都城里举办祈祷的活动超过其他所有的事情?"中庶子说:"太子的病是血气不按时运行,交错阻碍,而且不能通泄,突然发作、表现在体外,却是内脏受伤害所致。正气不能抵抗病邪,邪气聚积在体内而且不能发散,因此阳脉弛缓而阴脉拘急,所以突然昏厥不省人事。"扁鹊问:"太子在什么时辰死的?"中庶子回答说:"鸡鸣到现在。"扁鹊又问:"收殓了吗?"中庶子回答说:"没有,太子死后还不到半天。"扁鹊说:"请禀报说我是齐国勃海地方的秦越人,老家在郑邑,未曾得以仰望虢君的尊容,拜见并侍奉在他面前。听到太子不幸死去,我能使他活过来。"中庶子说:"先生该不是哄骗我吧?你凭什么说可以使太子复生呢?我听说上古的时候,有个叫俞跗的医生,治疗疾病不用汤药、酒剂、馋针、砭石、导引、按摩、药物熨贴,一进行诊察就知道疾病所在的部位,顺着人体五脏的腧穴,就切割皮肤,剖开肌肉,疏通经脉,结扎筋腱,按治髓脑,触动膏肓,疏理横膈膜,清洗肠胃,洗涤五脏,修炼精气,改变形体。先生的医术若是能像这样,那么太子可以由死复生;不能像这样,却想使太子活过来,简直不能用这样的话告诉刚会发笑的小孩。"好久,扁鹊仰头面向天感叹地说:"你的医疗方法,好像从管子中看天、从缝隙中观察斑纹。我秦越人的医疗方法,不需要等到给病人切脉、观察病人的气色神情、听病人的声音、审察病人的体态,就能说出疾病的所在部位。诊察到病人阳分的症状,就可以推知病人阴分的症状;诊察到病人阴分的症状,就可以推知病人阳分的症状。体内的病会反映在体表,据此可推断千里远的病人的吉凶。决断的方法极多,不能停止在一个角度上看问题。你觉得我的话是不真实的,请去试诊太子,会了解到他的耳朵有鸣响声而且鼻翼在搧动,顺着太子的两条腿抚摸到阴部,应当还有体温。"

中庶子听了扁鹊的话,(惊异得)两眼昏花而呆滞得不眨一下,舌头翘起来也不知道放下,于是回去把扁鹊的话向虢君报告。虢君听了以后大为惊讶,来到宫廷的中门口接见扁鹊,说:"我听说您崇高的道德行为已经很久了,可是没有去您跟前拜见。先生行医到我们这个小国,幸运地救助我,偏远小国的我感到很荣幸。现在有先生在此,我的儿子才能救活;碰不到先生,我的儿子就要被抛弃填埋在沟壑中,永远死去而不能复生。"虢君的话没有说完,就哭泣抽咽起来,气满屏息,神志恍惚,长时间流着眼泪,泪珠挂在睫毛上,悲伤不能自制,容貌都变了样。扁鹊说:"您太子的病,是所谓的'假死症'。是由于阳气下陷入阴,胃受绕动,经脉受损伤,络脉被阻塞,分别下于三焦、膀胱,而不能上升,因此阳脉下坠不升,阴脉上升不降,阴气阳气交会处闭塞不通,阴气上逆,阳气向内运行,阳气在下在内,鼓动不升,在上在外的阳气断绝,不为阴气所遣使,身体上部络脉的阳气已经断绝,下部枢纽的阴气已经破坏,阴气破坏,阳气断绝,容色衰败,血脉紊乱,所以身体安静像死人的形状。太子没有真死。

由于阳气入侵阴分而阻隔脏气的病人还可以救活,由于阴气侵入阳分而阻隔脏气的则是死症。凡是这几种情况,都在五脏厥逆的时候突然发作。医术精良的医生能够治愈这个病,医术拙劣的医生疑惑不决。"

扁鹊就叫弟子子阳磨利针和砭石,用来刺百会穴。一会儿,太子苏醒了。于是扁鹊叫弟子子豹准备原方一半剂量的熨药,用八减之方的药物混合煎煮,拿来交替熨贴两胁下面。太子能坐起来了。再进一步调适阴阳气血,仅仅服汤药二十天就康复了。所以天下人都认为扁鹊能使死人复生。扁鹊说:"越人不能起死回生,这是他本身有活过来的生机,越人不过是促使他恢复起来罢了。"

○拒治齐桓侯○

【原文】

扁鹊过齐,齐桓侯客之①。入朝见,曰:"君有疾在腠理②,不治将深。"桓侯曰:"寡人无疾。"扁鹊出,桓侯谓左右曰:"医之好利也,欲以不疾者为功。"后五日,扁鹊复见,曰:"君有疾在血脉,不治恐深。"桓侯曰:"寡人无疾。"扁鹊出,桓侯不悦。后五日,扁鹊复见,曰:"君有疾在肠胃间,不治将深。"桓侯不应。扁鹊出,桓侯不悦。后五日,扁鹊复见,望见桓侯而退走。桓侯使人问其故。扁鹊曰:"疾之在腠理也,汤熨之所及也;在血脉,针石之所及也;其在肠胃,酒醪之所及也③;其在骨髓,虽司命无奈之何④。今在骨髓,臣是以无请也⑤。"

【注释】

①客:把……当作客人接待。②腠(còu)理:指皮肤的纹理与皮下肌肉之间的空隙。③醪(láo):指药酒。④虽司命无奈之何:即使是掌管人命的神也不能对它怎么样。司命,古代传说中掌管人命的神。⑤臣是以无请:我因此不再请求给桓侯治病了。按:史记记载为齐桓侯,《韩非子·喻老》中记载为蔡桓公。

【译文】

扁鹊行医到齐国,齐桓侯把他当作客人招待。扁鹊进入朝廷拜见齐桓侯时说:"您有小病,在皮肤和肌肉之间,不治疗将会加深。"齐桓侯说:"我没有什么病。"扁鹊退出,齐桓侯对左右的人说:"医生爱好功利,想在没病的人身上显本领,作为自己的功劳。"此后第五天,扁鹊又去拜见齐桓侯说:"您有病在血脉中,不治疗恐怕会加深。"齐桓侯说:"我没有病!"扁鹊退出,齐桓侯感到不愉快。此后

扁鹊为齐桓侯分析病症

第五天，扁鹊又去拜见齐桓侯说："您有病在肠胃间，不治疗将会加深。"齐桓侯不理睬。扁鹊退出，齐桓侯不高兴。此后第五天，扁鹊又去拜见齐桓侯，远远望见齐桓侯就退出跑掉了。齐桓侯派人问扁鹊跑掉的原因，扁鹊说："发生在人腠理的小病，是汤药和熨药的效力所能达到的；病到了血脉，是针刺和砭法的效力所能达到的；病到了肠胃，是药酒的效力所能达到的；病到了骨髓，即使是掌管人死生的神灵也无可奈何了。现在桓侯的病到了骨髓，我因此不再请求给他治病。"

◎医术高而遭陷害◎

【原文】

　　使圣人预知微①，能使良医得蚤从事，则疾可已，身可活也。人之所病，病疾多；而医之所病，病道少。故病有六不治：骄恣不论于理，一不治也；轻身重财，二不治也；衣食不能适，三不治也；阴阳并，藏气不定，四不治也；形羸不能服药②，五不治也；信巫不信医，六不治也。有此一者，则重难治也③。

　　扁鹊名闻天下。过邯郸④，闻贵妇人，即为带下医⑤；过雒阳，闻周人爱老人⑥，即为耳目痹医⑦；来入咸阳，闻秦人爱小儿，即为小儿医，随俗为变。秦太医令李醯自知伎不如扁鹊也⑧，使人刺杀之。至今天下言脉者，由扁鹊也。

【注释】

①圣人：谓道德智能极高的人。微：这里指没有显露出症状的疾病。②形羸（léi）：形体极度消瘦虚弱。③重（zhòng）：甚，非常。④邯（hán）郸（dān）：春秋时卫邑，后属晋。⑤带下医：妇科医生的古称。⑥周人：指东周洛阳一带的人。⑦耳目痹医：治耳目痹病的医生，即专治老年人的耳聋、眼花、四肢痹痛等病。⑧太医令：主管医药行政的最高长官。李醯（xī）：秦武王（公元前310至公元前307年在位）时的太医令。伎：通"技"。

【译文】

　　假如是道德智能极高的人，预先知道还没有显露症状的疾病，能让医术高明的医生及早治疗，那么疾病可以治愈，身体可以存活。一般人所担忧的事情，是担忧疾病多；但医生所担忧的事情，是担忧治病的方法少。所以疾病有六种情况不好治疗：骄傲放纵不讲道理，是一不治；把身体价值看得很轻，把钱财看得很重要，是二不治；衣着饮食不能调节适当，是三不治；阴阳混乱，五脏失去正常的功能，是四不治；形体极度消瘦虚弱，不能承受方药或吃药，是五不治；迷信巫术，不相信医生，是六不治。有这其中的一种情况，就非常难治疗。

　　扁鹊的美名传遍天下。来到邯郸，听说那里的人重视妇女，就当妇科医生；到洛阳，听说当地人尊爱老人，就当治疗耳、目、痹病的医生；到咸阳，听说秦国人喜爱小儿，就当小儿科医生，随着各地不同的习俗而改变行医的科别。秦国的太医令李醯自知医术不如扁鹊，派人杀害了扁鹊。直到现在，社会上谈论脉学的人，都遵循扁鹊的理论和方法。

扁鹊行医

吴王濞列传

【导读】

　　汉朝初年,汉高祖为巩固统治,大封同姓诸侯。文帝、景帝时期,吴王刘濞势力强大,他在封国内私铸钱币,招收亡命之徒,最终率领几个诸侯发动叛乱,史称"七国之乱"。吴王刘濞凭借山海之利,苦心经营三十多年,后来打着"清君侧"的旗号发动叛乱,自以为登高一呼就会天下响应,却在短短三个月内就众叛亲离而身死国削。七国之乱之所以发生,诛杀晁错只是个借口,主要还是吴王刘濞等人包藏祸心。而景帝事前的姑息迁就,也极大地滋长了刘濞的野心。

◎ 刘濞封王 ◎

【原文】

　　吴王濞者,高帝兄刘仲之子也①。高帝已定天下七年②,立刘仲为代王。而匈奴攻代③,刘仲不能坚守,弃国亡④,间行走雒阳⑤,自归天子⑥。天子为骨肉故,不忍致法⑦,废以为郃阳侯⑧。高帝十一年秋⑨,淮南王黥布反,东并荆地⑩,劫其国兵⑪,西度淮⑫,击楚,高帝自将往诛之⑬。刘仲子沛侯濞年二十,有气力⑭,以骑将从破布军蕲西会甄⑮,布走。荆王刘贾为布所杀,无后。上患吴、会稽轻悍,无壮王以填之⑯,诸子少,乃立濞于沛,为吴王,王三郡五十三城⑰。已拜受印⑱,高帝召濞相之⑲,谓曰:"若状有反相。"心独悔,业已拜,因拊其背⑳,告曰:"汉后五十年东南有乱者,岂若邪?然天下同姓为一家也,慎无反㉑!"濞顿首曰:"不敢。"

【注释】

①高帝:汉高祖。②七年:《史记·汉兴以来诸侯王年表》和《汉书·高帝纪》等均写作"六年"。③匈代:古代生活在中国北方的一个游牧民族,他们强悍而善于骑射。④亡:逃跑。⑤间行:潜行,抄小路走。雒(luò):邑名,即今河南洛阳。⑥自归:自首。⑦致法:给予法律制裁。致,给。⑧废:废黜。⑨高帝十一年:公元前196年。⑩并:吞并,兼并。⑪劫:用强力夺取,挟持,胁迫。⑫度:通"渡"。⑬将:率领。⑭有气力:指强壮有力。⑮蕲(qí):县名,在今安徽宿州东南。会(guì)甄(chuí):乡名,在蕲县西。⑯填:通"镇"。⑰三郡:东阳郡、鄣郡、吴郡。⑱拜:按礼仪授予官职爵位。⑲相:迷信的人认为察看人的容貌可知人的命运,即相面。⑳拊:抚摩,轻轻拍打。㉑慎:千万。

【译文】

　　吴王刘濞,是汉高祖哥哥刘仲的儿子。高祖已经平定天下七年,册封刘仲为代王。后来,匈奴围攻代国,刘仲不能坚守,丢弃封国逃亡,抄小路逃跑到洛阳,向天子自首。天子因为是骨肉兄弟的缘故,不忍依法制裁,只是废黜王号贬他做郃阳侯。高祖十一年秋,淮南王黥布反叛,往东兼并了荆地,劫取了荆地的军队,西渡淮水,攻击楚国,高祖亲自率军前去讨伐他。刘仲的儿子沛侯刘濞这年二十岁,强壮有力,以骑将的身份跟随高祖在蕲县西边的会甄打败黥布的军队,黥布逃走。荆王刘贾被黥布杀死,没有后代。皇帝担心吴地、会稽的百姓轻浮强悍,没有勇壮有力的王来震慑

刘濞受封为吴王

他们，自己的儿子们年龄小，就封立刘濞在沛地做吴王，统辖三郡五十三个县。已经拜官并授予了印信，高祖召见刘濞为他相面，看后说："你的容貌有反叛之相。"内心于是后悔起来，但已经任命完了，就拍着他的后背，告诫他说："汉兴立后五十年东南地区将有叛乱发生，莫非就是你？然而天下同姓是一家人，你千万不要造反！"刘濞叩头说："不敢。"

【原文】

　　会孝惠、高后时①，天下初定，郡国诸侯各务自拊循其民②。吴有豫章郡铜山③，濞则招致天下亡命者盗铸钱④，煮海水为盐，以故无赋，国用富饶⑤。

【注释】

①孝惠：孝惠帝刘盈。高后：刘邦的皇后吕雉。②拊循：通"抚循"，安抚。③豫章郡：原文有误，应是"鄣郡"，鄣郡也称章郡。豫章郡先属长沙国，后属淮南国。④亡命：逃亡在外改换名姓的人。⑤用：用度，开支。

【译文】

　　到孝惠帝、吕后统治的时候，天下刚刚安定，郡国的诸侯们各自尽力安抚自己的百姓。吴国拥有章郡的铜矿山，刘濞就招募天下亡命之徒私下铸钱，煮海水制盐，因此免征赋税，国家费用富足。

【原文】

　　孝文时①，吴太子入见②，得侍皇太子饮博③。吴太子师傅皆楚人，轻悍，又素骄，博，争道④，不恭，皇太子引博局提吴太子⑤，杀之。于是遣其丧归葬。至吴，吴王愠曰⑥："天下同宗，死长安即葬长安，何必来葬为！"复遣丧之长安葬。吴王由此稍失藩臣之礼⑦，称病不朝⑧。京师知其以子故称病不朝，验问实不病⑨，诸吴使来，辄系责治之⑩。吴王恐，为谋滋甚。及后使人为秋请⑪，上复责问吴使者，使者对曰："王实不病，汉系治使者数辈⑫，以故遂称病。且夫'察见渊中鱼，不祥'⑬。今王始诈病，及觉，见责急，愈益闭⑭，恐上诛之，计乃无聊⑮。唯上弃之而与更始⑯。"于是天子乃赦吴使者归之，而赐吴王几杖⑰，老，不朝。吴得释其罪⑱，谋亦益解⑲。然其居国以铜盐故，百姓无赋。卒践更⑳，辄与平贾㉑。岁时存问茂才，赏赐闾里㉒。佗郡国吏欲来捕亡人者㉓，讼㉔，共禁弗予。如此者四十余年，以故能使其众㉕。

【注释】

①孝文：汉孝文帝，又称文帝，即刘恒。②吴太子：吴王刘濞的太子刘贤。③侍：陪伴。皇太子：文帝太子，即后来的汉景帝刘启。饮博：喝酒下棋。④争道：指为下棋争执起来。⑤引：拉，拿起。博局：棋盘。提（dǐ）：掷击。⑥愠：含怒，怨恨。⑦稍：逐渐。藩臣：藩国的王侯对所归属的国君称臣。藩，藩国，朝廷的属国或属地。⑧称病：假托生病。⑨验问：查问。⑩系：捆缚，拘禁。责：诘问。治：惩治，治罪。⑪秋请：古代诸侯到京

城朝见皇帝,春天称"朝",秋天称"请"。⑫数辈:好多人。辈,表示人的多数。⑬"察见"二句:意思是,皇帝察知臣下的隐私是不好的事,臣下心生恐惧会激成变乱。⑭闭:封闭,隐秘。⑮无聊:无可奈何,没有办法。⑯弃之:指捐弃前嫌。更始:重新开始。⑰赐几杖:古代表示对老年人尊敬的一种礼仪。几,依几,坐时可以依靠的几案。杖,手杖。⑱释:解脱、解除。⑲解:通"懈"。⑳践更:古代可以出钱雇人代服徭役,接受雇金代人服役的叫"践更"。㉑平贾:公平的价格。贾,通"价"。㉒闾里:乡里,指平民。㉓佗:通"他"。亡人:逃亡的人。㉔讼(róng):容留,庇护。㉕使:支使,驱使,支配。

【译文】

孝文帝时,吴国太子入京朝见,得以陪伴皇太子饮酒、博戏。吴太子的老师都是楚地人,轻躁强悍,又素来骄纵,博戏时,两人争夺博局上的通道,吴太子对皇太子很不恭敬,皇太子拿起博戏的台盘掷向吴太子,将他打死了,其后遣送他的灵柩回吴国埋葬。到了吴国,吴王含着怒气说:"天下同姓一家,死在长安就葬在长安,何必送来吴国下葬呢!"再遣送灵柩到长安下葬。吴王自此以后逐渐违逆藩臣所应遵守的礼节,托辞有病不肯入朝。朝廷知道他是因为儿子的缘故才称病不肯入朝的,经查问确实没有病,那些吴国的使者一来,汉朝就拘捕责问他们而治罪。吴王害怕了,策划谋反行动更加积极。及至后来吴王派人进京代行秋季朝见的礼节,皇帝又责问这个使者,使者对皇帝说:"吴王实际上没有病,朝廷拘留惩治了好几个使者,因此就称病不来。而且'看得清深水中的鱼,是不吉祥的'。现今吴王开始假称生病,等到被朝廷察觉,被责问得紧,就越发地隐瞒自己,害怕皇帝诛杀他,称病的计谋实在出于无奈。希望皇帝既往不咎给吴王重新开始的机会。"于是天子就赦免吴国的使者让他们回去,而且赏赐给吴王几案、拐杖,意为他老了,可以不入京朝见。吴王得以免除罪过,谋反的事情也就逐渐停止了。然而吴王治理国事因为有铜盐的缘故,百姓没有赋税。士兵轮流服兵役,且总是付给相当的代役金。每年时常去慰问优秀有才能的人,赏赐平民。其他郡国官吏想要追捕逃犯,吴王就将逃犯庇护起来,不把他们交出去。像这样做了四十多年,因而能够支使他的人民了。

【原文】

晁错为太子家令,得幸太子①,数从容言吴过可削②。数上书说孝文帝,文帝宽,不忍罚,以此吴日益横③。及孝景帝即位,错为御史大夫,说上曰:"昔高帝初定天下,昆弟少④,诸子弱,大封同姓,故王孽子悼惠王王齐七十余城⑤,庶弟元王王楚四十余城⑥,兄子濞王吴五十余城:封三庶孽,分天下半。今吴王前有太子之郄⑦,诈称病不朝,于古法当诛,文帝弗忍,因赐几杖。德至厚,当改过自新。乃益骄溢⑧,即山铸钱,煮海水为盐,诱天下亡人,谋作乱。今削之亦反,不削之亦反。削之,其反亟,祸小;不削,反迟,祸大。"三年冬⑨,楚王朝⑩,晁错因言楚王戊往年为薄太后服⑪,私奸服舍⑫,请诛之。诏赦,罚削东海郡。因削吴之豫章郡、会稽郡⑬。及前二年赵王有罪⑭,削其河间郡⑮。胶西王卬以卖爵有奸⑯,削其六县。

【注释】

①得幸:得到宠幸。②从容:通"怂恿"。削:削减封地。③横:骄。④昆弟:兄弟。⑤孽子:姬妾所生的儿子,又称庶子、庶孽。⑥庶弟:指同父异母弟。⑦郄:通"隙",嫌隙。⑧溢:指超过限度。⑨三年:景帝三年,公元前154年。⑩楚王:即刘戊。⑪往年:去年。薄太后:刘邦嫔妃,文帝生母。服:居丧。旧时,在一定的时间内为死者尽礼示哀叫居丧,也叫守丧。⑫服舍:居丧时住的房舍。⑬削吴:事发生在第二年春。⑭赵王:刘遂。⑮河间郡:《楚元王世家》记此事时,说是常山郡。⑯卬:即刘卬。卖爵:当朝实行卖爵增加财政收入的制度。

【译文】

晁错做太子家令,得到太子的宠幸,多次怂恿太子说吴王有罪应削减他的封地。还多次上书劝说文帝,文帝宽厚,不忍处罚吴王,因此吴王日渐骄横。及至景帝即位,晁错做御史大夫,劝皇帝说："从前高祖刚刚平定天下时，兄弟少，众皇子弱小，就大力赐封同姓的人，所以高祖的庶子悼惠王做了齐王，统治七十多座城池；异母弟刘交做楚元王，统治四十多座城池；哥哥的儿子刘濞做吴王，统治五十多座城池。分封了这三个庶出的人，就分去天下的一半。吴王先前有儿子被打死的嫌隙，谎称生病不肯入京朝见，依照古法当杀，文帝不忍，就赏他几案、拐杖。对他的恩德极其优厚，他应当改过自新。却更加盛气凌人，就着山铸造钱币，煮海水制盐，引诱天下亡命之徒，谋划叛乱。现在削减他也是造反，不削减他也是造反。削减他，反得急，灾祸小；不削减他，反得晚，灾祸大。"景帝三年冬天，楚王来朝见，晁错说楚王刘戊去年为薄太后服丧时，在服丧的住所偷偷淫乱，请求诛杀他。景帝下诏赦免了他的死罪，削减东海郡作为惩罚。趁此机会削减了吴的章郡、会稽郡。前两年赵王有罪，削减了他的河间郡。胶西王刘卬因为买卖爵位时舞弊，削减了他的六个县。

袁盎说景帝

【原文】

汉廷臣方议削吴。吴王濞恐削地无已①，因以此发谋，欲举事②。念诸侯无足与计谋者，闻胶西王勇，好气③，喜兵，诸齐皆惮畏④，于是乃使中大夫应高诮胶西王⑤。无文书，口报曰："吴王不肖，有宿夕之忧⑥，不敢自外，使喻其欢心⑦。"王曰："何以教之？"高曰："今者主上兴于奸，饰于邪臣⑧，好小善，听谗贼，擅变更律令，侵夺诸侯之地，征求滋多，诛罚良善，日以益甚。里语有之⑨，'舐糠及米'⑩。吴与胶西，知名诸侯也，一时见察⑪，恐不得安肆矣⑫。吴王身有内病⑬，不能朝请二十余年，常患见疑，无以自白，今胁肩累足⑭，犹惧不见释。窃闻大王以爵事有适⑮，所闻诸侯削地，罪不至此，此恐不恶削地而已。"王曰："然，有之。子将奈何？"高曰："同恶相助，同好相留⑯，同情相成，同欲相趋，同利相死。今吴王自以为与大王同忧，愿因时循理，弃躯以除患害于天下，亿亦可乎⑰？"王瞿然骇曰⑱："寡人何敢如是？今主上虽急，固有死耳⑲，安得不戴？"高曰："御史大夫晁错，荧惑天子⑳，侵夺诸侯，蔽忠塞贤，朝廷疾怨㉑，诸侯皆有倍畔之意㉒，人事极矣。彗星出㉓，蝗虫数起，此万世一时，而愁劳圣人之所以起也㉔。故吴王欲内以晁错为讨，外随大王后车，彷徉天下㉕，所乡者降㉖，所指者下，天下莫敢不服。大王诚幸而许之一言，则吴王率楚王略函谷关㉗，守荥阳敖仓之粟㉘，距汉兵㉙，治次舍㉚，须大王㉛。大王有幸而临之，则天下可并，两主分割，不亦可乎？"王曰："善。"高归报吴王，吴王犹恐其不与，乃身自为使，使于胶西，面结之㉜。

【注释】

①无已：不止。②举事：起事，发难。③好气：好勇斗狠。④诸齐：齐悼惠王刘肥死后，文帝把齐国分封给刘肥的七个儿子，即齐王刘将闾、济北王刘志、济南王刘辟光、菑川王刘贤、城阳王刘章、胶西王刘卬、胶东王刘雄渠，

人称诸齐。⑤诱：诱惑。⑥宿夕：一夜，比喻短时间内。⑦喻：晓喻，明白。欢心：指好意。⑧饰：称赞、夸奖。⑨里语：流行于民间的俚语、俗语。⑩舐糠及米：像狗舔吃食物一样，吃完了糠，就吃米。比喻朝廷不只削减封地还有要消灭封国的趋势。⑪察：仔细地看，此指被注意到。⑫肆：放纵，自由。⑬内病：内疾，不能被别人看到的病。⑭胁肩累足：缩敛肩膀小步走路的样子。形容小心畏惧。累足，迭足，并足。⑮適：通"谪"，罪责。⑯留：留连，依恋。⑰亿：通"臆"，预料，估计。⑱瞿然：惊骇的样子。⑲固：本该。⑳荧惑：惑乱。㉑疾怨：仇恨、怨恨。㉒倍畔：通"背叛"。㉓彗星：俗称扫帚星，古人认为彗星出现是灾祸的预兆。㉔愁劳：忧愁劳苦，指社会形势艰难。㉕彷佯：徘徊，游荡。此指自由驰骋。㉖乡：通"向"。㉗略：攻占。㉘敖仓：秦代在荥阳市北敖山上修建的粮仓，是中原地区重要的粮仓。㉙距：通"拒"。㉚次舍：军队驻扎的处所。㉛须：等待。㉜面结：当面结盟。

【译文】

汉朝的大臣正在讨论削减吴王的土地。吴王刘濞担心削地没有尽头，便趁此谋反，想要起事。又想到诸侯中没有足以能够与他共同谋划变乱的人，听说胶西王勇敢，好斗气，喜欢用兵，几个齐地的诸侯王都害怕他，于是派中大夫应高去诱惑胶西王。不带书信，只是口头通报说："吴王没有才能，有灾难很快降临的忧虑，不敢把自己当作外人，于是派我来使您明白他的好意。"胶西王说："有何指教？"应高说："现今皇帝提拔奸臣，称赞邪臣，热衷于眼前的利益，听信喜欢进谗言的贼人，擅自改变法令，侵夺诸侯的封地，对封国的征求越来越多，诛杀惩罚善良的人，情况一天比一天严重。俗话说：'由开头吃糠发展到之后吃米。'吴王和胶西王是有名的诸侯，一旦被注意到，恐怕不能安宁自由了。吴王身患内疾，未能入朝觐见皇帝二十多年了，曾经担心被怀疑，又没有办法为自己辩白，现在缩敛肩膀小步走路，仍然害怕不被谅解。我听说大王因为卖爵的事而被责罪，所听说的诸侯被削减封地，所犯罪过还不至于这么严重，这恐怕不是削地就能罢休的。"胶西王说："是的，有这样的事。你说该怎么办呢？"应高说："有共同憎恶的对象就互相帮助，有相同爱好的就互相留连，同心同气的就互相成全，有共同愿望的就共同追求，有共同利益的就死在一起。现在吴王自认为和大王有相同的忧患，愿顺应时事、遵循事理，希望能牺牲性命为天下除害，我揣测着应该可以吧？"胶西王吃惊地说："我哪里敢这样做呢？现在主上虽然逼迫得急，我只有一死而已，怎能不拥戴他呢？"应高说："御史大夫晁错，迷惑天子，侵夺诸侯，蒙蔽阻塞忠诚贤良的人，朝廷的大臣都憎恨怨恨他，诸侯都有背叛之意，人臣之事已做到极点了。现在彗星出现，蝗灾不断发生，这是万世难逢的机会，而且忧愁劳苦正是圣人之所以崛起的条件。所以吴王想对内以讨伐晁错为借口，在外追随大王车后，纵横驰骋天下，所指向的军队都投降，所指向的地方都陷落，天下没有敢不顺从的。大王您如果能够答应我一句话，那么吴王就率领楚王夺下函谷关，守住荥阳敖仓的粮食，堵截住汉兵，修筑行营，等待大王。大王若真的能够幸临那里，天下就可以并吞，吴王和大王分治天下，不也是可以的吗？"胶西王说："好。"应高回去报告吴王，吴王仍然担心胶西王不亲附自己，就亲自做使者，出使胶西，当面和胶西王订立盟约。

○平定七国之乱○

【原文】

七国反书闻天子，天子乃遣太尉条侯周亚夫将三十六将军，往击吴、楚；遣曲周侯郦寄击赵，将军栾布击齐，大将军窦婴屯荥阳，监齐、赵兵。

吴、楚反书闻，兵未发，窦婴未行，言故吴相袁盎。盎时家居①，诏召入见。上方与晁错调兵筭军食②，上问袁盎曰："君尝为吴相，知吴臣田禄伯为人乎？今吴、楚反，于公何如？"对曰："不足忧也，今破矣。"上曰："吴王即山铸钱，煮海水为盐，诱天下豪桀③，白头举事。若比，其计不百全，岂发乎？何以言其无能为也？"袁盎对曰："吴有铜盐利则有之，安得豪桀而诱之！诚令吴得豪桀，亦且辅王为义，不反矣。吴所诱皆无赖子弟，亡命铸钱奸人，故相率以反。"晁错曰："袁盎策之善。"上问曰："计安出？"盎对曰："愿屏左右④。"上屏人，独错在。盎曰："臣所言，人臣不得知也。"乃屏错。错趋避东厢，恨甚。上卒问盎，盎对曰："吴、楚相遗书，曰'高帝王子弟各有分地，今贼臣晁错擅适过诸侯，削夺之地'。故以反为名，西共诛晁错，复故地而罢⑤。方今计独斩晁错，发使赦吴、楚七国，复其故削地，则兵可无血刃而俱罢。"于是上嘿然良久⑥，曰："顾诚何如？吾不爱一人以谢天下⑦。"盎曰："臣愚计无出此，愿上孰计之⑧。"乃拜盎为太常，吴王弟子德侯为宗正。盎装治行⑨。后十余日，上使中尉召错，绐载行东市⑩。错衣朝衣斩东市⑪。则遣袁盎奉宗庙，宗正辅亲戚，使告吴如盎策。至吴，吴、楚兵已攻梁壁矣⑫。宗正以亲故，先入见，谕吴王使拜受诏⑬。吴王闻袁盎来，亦知其欲说己，笑而应曰："我已为东帝，尚何谁拜？"不肯见盎而留之军中⑭，欲劫使将。盎不肯，使人围守，且杀之，盎得夜出，步亡去，走梁军，遂归报。

【注释】
①家居：闲居。②调：计算。笇：通"算"，计算。③桀：通"杰"。④屏：屏退，使人退避。⑤罢：罢兵，收兵，结束战争。⑥嘿：通"默"，不说话。⑦谢：辞，拒绝。⑧孰计：仔细考虑。孰，通"熟"。⑨装：装饰，这里是隐秘、秘密的意思。⑩绐（dài）：欺骗。⑪朝衣：朝会时穿的礼服。⑫梁：此指汉代的封国，梁王刘武是文帝的少子。壁：营垒。⑬谕：谕告，宣告。⑭留：扣留。

【译文】
　　七国反叛的书信报知天子后，天子派太尉条侯周亚夫统率三十六个将军去攻击吴、楚，曲周侯郦寄攻击赵，将军栾布攻击齐，大将军窦婴驻扎在荥阳，监视齐、赵的军队。
　　吴、楚等国反叛的书信被得知后，汉朝的军队还未出动，窦婴也没出发，说到过去吴王的丞相袁盎。袁盎当时正闲居在家，皇帝下诏召他进见。皇帝正和晁错一起计算军队和军粮的事情，皇帝问袁盎说："你曾经是吴王的丞相，知道吴国臣子田禄伯的为人吗？现在吴、楚反叛，你的看法如何？"袁盎回答说："不值得忧虑，马上就能打败他们。"皇帝说："吴王就着山铸造铜钱，煮海水制盐，引诱天下豪杰，在年老的时候才兴兵作乱，像这样，如果没有周全的计谋，哪里会发动反叛呢？为什么说他不能有所作为呢？"袁盎回答说："吴国有铜矿煮盐之利那是确实的，哪里能得到豪杰并且诱惑他们呢？倘若吴王得到豪杰，也应该辅佐吴王做合乎道义的事，也就不会反叛了。吴王所诱惑的都是无赖子弟、逃亡铸钱的奸邪之徒，所以才互相串连反叛。"晁错说："袁盎分析得很对。"皇帝问："怎样才能拿出好的对策呢？"袁盎说："希望屏退左右的人。"皇帝让身边的人退下去，只有晁错在。袁盎说："我所说的，身为人臣的也不能知道。"于是又屏退晁错。晁错快步走到东厢回避，对此十分恼恨。皇帝又问袁盎，袁盎回答说："吴、楚相互往来的书信说'高祖封立刘氏子弟为王并有各自的分封土地，现在贼臣晁错擅自责备惩罚诸侯，削夺诸侯的土地'。因此他们用造反的名义，向西共同诛讨晁错，恢复了原来封地就会罢兵。现在的计策只有杀掉晁错，派使者赦免吴、楚七国的罪过，恢复他们原来被削减的封地，那么不必血染兵器战事就能全部结束。"于是皇帝沉默了很长一段时间，说："果真要这么做吗？我只能不惜一人而向天下谢罪。"袁盎说："我愚蠢的计策没有能超出这个的了，希望皇帝认真地考虑。"于是授命袁盎为太常，吴王弟弟的儿子德侯做了宗正。袁盎秘密准备行李。十多天后，皇帝派中尉召晁错，骗晁错乘车巡游东市。晁错穿着上朝的衣服被斩杀于东市。然后派袁盎以侍奉宗庙的太常身份，宗正以亲戚的身份，按照袁盎的计策出使告知吴王。到了吴国，吴、楚的军队已进攻梁国营垒了。宗正因有亲戚的关系，先进见吴王，谕告吴王跪拜接受诏令。吴王听说袁盎来了，也知道他要说服自己，笑着回答说："我已经成为东帝，还跪拜谁呢？"不肯见袁盎而把他扣留在军中，想胁迫袁盎做将军。袁盎不肯，（吴王）就派人包围着他，将要杀掉他，袁盎趁夜逃出，徒步离开，跑到梁王的军营，便回到朝廷报告。

【原文】

条侯将乘六乘传①，会兵荥阳。至雒阳，见剧孟，喜曰："七国反，吾乘传至此，不自意全②。又以为诸侯已得剧孟，剧孟今无动。吾据荥阳，以东无足忧者。"至淮阳，问父绛侯故客邓都尉曰："策安出？"客曰："吴兵锐甚③，难与争锋④。楚兵轻，不能久。方今为将军计，莫若引兵东北壁昌邑⑤，以梁委吴⑥，吴必尽锐攻之。将军深沟高垒，使轻兵绝淮泗口⑦，塞吴饷道⑧。彼梁相敝而粮食竭⑨，乃以全强制其罢极，破吴必矣。"条侯曰："善。"从其策，遂坚壁昌邑南⑩，轻兵绝吴饷道。

【注释】

①六乘传：六匹马拉的传车。传车是古代驿站准备的用来传递公文的专车。②不自意：自己没有料到。意，料想，意料。全：安全。③锐：锐气。④争锋：争胜。⑤壁：指筑垒防守。⑥委：丢弃，委弃。⑦轻兵：轻装的军队。淮泗口：淮河泗水的交汇处。⑧塞：堵塞，阻塞。饷道：运粮的道路。⑨相敝：指因互相攻战而共同疲敝。⑩坚壁：坚守营垒。

【译文】

条侯乘坐六匹马拉的传车，会师荥阳。到了洛阳，见到剧孟，高兴地说："七国叛乱，我坐着传车到达这里，没有想到自己会安全抵达。还以为诸侯们已经得到了剧孟，剧孟现在没有起兵的举动。我又占据荥阳，荥阳以东没有值得忧虑的事情了。"到达淮阳，询问曾做过父亲绛侯门客的邓都尉道："好的计策从哪来呢？"门客说："吴军锐气正盛，很难与它争胜。楚兵浮躁，锐气不能保持长久。现在为将军筹划，不如率军在东北的昌邑筑垒坚守，把梁国丢弃给吴军，吴军一定会用全部精锐军队攻打梁国。将军深挖壕沟高筑营垒，派轻装的军队断绝淮

条侯与门客言

河泗水交汇处，阻塞吴军的粮道。吴、梁之间因为相持疲敝而粮草耗尽，然后以全盛的军队对付那些疲弊至极的军队，攻破吴国是必然的。"条侯说："好。"按照他的计策，就坚守在昌邑南边，轻装的军队则去断绝吴军粮道。

【原文】

吴王之初发也①，吴臣田禄伯为大将军。田禄伯曰："兵屯聚而西②，无佗奇道，难以就功③。臣愿得五万人，别循江、淮而上④，收淮南、长沙，入武关，与大王会，此亦一奇也。"吴王太子谏曰："王以反为名，此兵难以借人⑤，借人亦且反王，奈何？且擅兵而别⑥，多佗利害，未可知也，徒自损耳。"吴王即不许田禄伯。

【注释】

①发：发难。②屯聚：屯集，聚集。③就功：成功。④别：分别，分头。⑤借：给予，委托。⑥擅兵：拥有军队，掌握兵权。

【译文】

吴王刚发兵的时候,吴国大臣田禄伯做大将军。田禄伯说:"军队集结在一起西进,没有其他巧妙的路线,难以成功。我希望率领五万人,另外沿着长江、淮水而上,收聚淮南、长沙的军队,进入武关,和大王相会,这也是一个奇计啊。"吴王太子规劝说:"父王是以造反为名起兵的,这样的军队是难以委托他人的,委托他人如果那人反叛吴王,该怎么办呢?而且专门率领军队单独行动,有许多其他的利害关系,不可能预先知道,只是徒然损害自己的兵力罢了。"吴王也就没有应许田禄伯。

【原文】

吴少将桓将军说王曰①:"吴多步兵,步兵利险②;汉多车骑③,车骑利平地。愿大王所过城邑不下,直弃去,疾西据雒阳武库,食敖仓粟,阻山河之险以令诸侯④,虽毋入关,天下固已定矣。即大王徐行⑤,留下城邑⑥,汉军车骑至,驰入梁、楚之郊,事败矣。"吴王问诸老将,老将曰:"此少年推锋之计可耳⑦,安知大虑乎!"于是王不用桓将军计。

【注释】

① 少将:年轻的将军。② 利险:指适宜在险要地形作战。③ 车骑:战车、骑兵。④ 阻:恃,依仗。⑤ 即:假如,如果。⑥ 留:滞留。⑦ 推锋:推进争先。

【译文】

吴国一位青年将领桓将军对吴王说:"吴国多是步兵,步兵适宜在地势艰难险要的地方作战;汉军多战车骑兵,战车骑兵适宜在平地作战。希望大王对途经的城邑不必攻下,径直放弃离开,迅速向西占领洛阳兵器库,食用敖仓的粮食,倚靠山河的险要来命令诸侯,即使不能进入函谷关,天下大局实际已经定了。倘若大王行军缓慢,滞留攻城,汉军的战车骑兵一到,冲入梁国、楚国的平原地区,事情也就失败了。"吴王询问诸位年老将军们的意见,他们说:"这作为青年人冲锋陷阵的计策还可以,他哪里知道深远的谋略呢?"于是吴王没有采纳桓将军的计策。

汉军凭借深沟高垒应对叛军进攻

【原文】

吴王专,并将其兵①。未度淮,诸宾客皆得为将、校尉、候、司马,独周丘不得用。周丘者,下邳人,亡命吴,酤酒无行②,吴王濞薄之③,弗任。周丘上谒④,说王曰:"臣以无能,不得待罪行间⑤。臣非敢求有所将,愿得王一汉节⑥,必有以报王。"王乃予之。周丘得节,夜驰入下邳。下邳时闻吴反,皆城守。至传舍⑦,召令。令入户,使从者以罪斩令。遂召昆弟所善豪吏告曰:"吴反兵且至,至,屠下邳不过食顷⑧。今先下⑨,家室必完,能者封侯矣。"出乃相告,下邳皆下。周丘一夜得三万人,使人报吴王,遂将其兵北略城邑。比至城阳⑩,兵十余万,破城阳中尉军。闻吴王败走,自度无与共成功⑪,即引兵归下邳。未至,疽发背死⑫。

【注释】

① 专:专断,独断专行。② 酤酒:卖酒。③ 薄:鄙薄,鄙视。④ 谒:进见。⑤ 待罪:古代做官任职时的谦称。行间:

行列中，军队中。⑥节：古代用竹、木制成的作为凭证的信物，又称符。⑦传舍：古代供往来行人住宿的屋舍。⑧食顷：吃顿饭的功夫，形容时间短。⑨下：指投降。⑩比：及，等到。⑪度（duó）：估计，推测。⑫疽（jū）：恶疮。

【译文】

  吴王专断，集中统领他的军队。还没渡过淮河，众多宾客都被授予将军、校尉、军候、司马等职务，唯有周丘没有得到任用。周丘是下邳人，逃亡到吴国，卖酒，品行不好，吴王刘濞鄙薄他，不加以任用。周丘拜见吴王，对吴王说："我因没有才能，不能在军队中任职。我不敢要求带兵，希望得到大王一枚汉朝的符节，一定能够有所收获来报答大王。"吴王就给了他符节。周丘得到符节，连夜驰车进入下邳。下邳当时听说吴王造反，都据城防守。周丘到了客舍，召来下邳县令。县令走进门来，（周丘）让随从捏造罪名斩杀了他。又召集与他的兄弟们要好的、有声望有权势的官吏，告诉他们说："吴王叛军将到，来了之后，杀光下邳城里的人不过是吃顿饭的工夫。如果先投降，家室一定能保全，有才能的人还可以封侯。"这些人出去后互相转告，下邳人全投降了。周丘一夜得了三万人，派人报告吴王，就率领他的军队向北攻取城邑。等到了城阳，军队已发展到十多万人，攻破了城阳中尉的军队。后来听说吴王兵败逃走，自己估摸着无法和吴王共同成就事业，就率领军队返回下邳。还没到达，后背的毒疮发作而死。

【原文】

  二月中，吴王兵既破，败走，于是天子制诏将军曰①："盖闻为善者，天报之以福；为非者，天报之以殃。高皇帝亲表功德②，建立诸侯，幽王、悼惠王绝无后③，孝文皇帝哀怜加惠，王幽王子遂、悼惠王子卬等，令奉其先王宗庙④，为汉藩国⑤，德配天地，明并日月。吴王濞倍德反义，诱受天下亡命罪人，乱天下币，称病不朝二十余年，有司数请濞罪⑥，孝文皇帝宽之，欲其改行为善。今乃与楚王戊、赵王遂、胶西王卬、济南王辟光、菑川王贤、胶东王雄渠约从反，为逆无道，起兵以危宗庙，贼杀大臣及汉使者，迫劫万民⑦，夭杀无罪⑧，烧残民家，掘其丘冢⑨，甚为暴虐。今卬等又重逆无道，烧宗庙，卤御物⑩，朕甚痛之。朕素服避正殿⑪，将军其劝士大夫击反虏⑫。击反虏者，深入多杀为功，斩首捕虏比三百石以上者皆杀之⑬，无有所置⑭。敢有议诏及不如诏者，皆要斩⑮。"

【注释】

  ①制：皇帝文书的一种。②表：表彰。③幽王：汉高帝六子刘友，初封淮阳王，后迁封赵王，被吕后幽禁饿死，谥为"幽王"。汉文帝续封他的长子刘遂做赵王。悼惠王绝无后：悼惠王刘肥死，传子刘襄，又传孙刘则，按规定刘则死后国除，汉文帝却续封他的后代。④先王：指齐悼惠王、赵幽王。⑤藩国：皇帝分封的各诸侯国。⑥有司：官吏。古代设官分职，事各有所专，故称有司。⑦迫劫：胁迫。⑧夭杀：滥杀。夭，少壮而死。⑨丘冢：坟墓。⑩卤：通"掳"，抄掠。御物：指皇室在各郡县的财物。⑪素服避殿：穿白色衣服避开正殿。古代帝王遇有非常事变穿素服到偏殿处理政事，以表示戒惧不忘之意。⑫士大夫：指将军的部属。⑬斩首：与下文"皆杀之"矛盾，疑为衍文。⑭置：指释放。⑮要斩：腰斩，古代刑法之一。要，通"腰"。

【译文】

  二月中旬，吴王军队被击垮，战败而逃，于是天子下诏对将军们说："听说行善的人，上天会把福祉回报给他；作恶多端的人，上天会把祸殃回报给他。高祖皇帝亲自表彰功德，分封诸侯，幽王、悼惠王的爵位后来断绝了，孝文皇帝哀怜他们，特意施加恩惠，分封幽王的儿子遂、悼惠王的儿子卬为王，让其奉祀他们先祖的宗庙，成为汉朝的藩属国，恩德匹配天地，光明与日月并列。吴王刘濞背德而失道义，引诱、收容天下逃亡的罪人，扰乱天下的钱币，称病不朝见天子二十多年，主管大臣多次请求治刘濞的罪，孝文皇帝宽恕他，希望他能改过。现在竟然与楚王刘戊、赵王刘遂、胶西王刘卬、济南王刘辟光、菑川王刘贤、胶东王刘雄渠盟约谋反，做大逆不道的事情，起兵以危害宗庙，残杀大臣和汉朝的使者，胁迫数以万计的平民百姓，滥杀无辜，烧毁房舍，挖掘坟冢，十分残暴。现在胶西王刘卬等更是大逆无道，烧毁宗庙，掠夺皇族器物，我十分痛恨他们。我穿着白色衣服回避正殿，将军们要勉励士大夫们讨伐叛逆。攻击叛逆的时候，深入敌军多杀敌人才是有功，俘虏到的俸禄在三百石以上的官员一律斩杀，不要释放他们。胆敢有议论诏书和不执行诏书的，都以腰斩之刑处置。"

【原文】

初，吴王之度淮，与楚王遂西败棘壁①，乘胜前，锐甚。梁孝王恐，遣六将军击吴，又败梁两将，士卒皆还走梁。梁数使使报条侯求救，条侯不许。又使使恶条侯于上②，上使人告条侯救梁，复守便宜不行③。梁使韩安国及楚死事相弟张羽为将军④，乃得颇败吴兵⑤。吴兵欲西，梁城守坚，不敢西，即走条侯军，会下邑。欲战，条侯壁，不肯战。吴粮绝，卒饥，数挑战，遂夜犇条侯壁⑥，惊东南。条侯使备西北，果从西北入。吴大败，士卒多饥死，乃畔散。于是吴王乃与其麾下壮士数千人夜亡去⑦，度江走丹徒，保东越。东越兵可万余人⑧，乃使人收聚亡卒。汉使人以利啖东越⑨，东越即绐吴王，吴王出劳军，即使人鈠杀吴王⑩，盛其头，驰传以闻。吴王子子华、子驹亡走闽越。吴王之弃其军亡也，军遂溃，往往稍降太尉、梁军⑪。楚王戊军败，自杀。

【注释】

①败：指打败汉军。②恶：诋毁，诽谤。③便宜：斟酌事务机宜，自行决断，不必请示即可执行命令，古代将军在统兵作战时常被授予这种特权。④死事：为国事而死。此指张羽的哥哥楚相张尚因劝阻刘戊叛乱被杀。⑤颇：稍微。⑥犇：同"奔"。⑦麾下：部下。⑧可：大约。⑨啖：原作"啗"，意为吃东西。此指利诱。⑩鈠（cōng）杀：用矛戟杀死。⑪稍：逐渐，陆续。

【译文】

当初，吴王渡过淮河，与楚王一起向西，在棘壁击败汉军，乘胜向前，锐气很盛。梁孝王害怕了，派六个将军攻打吴王，叛军又击败了梁王的两个将军，士卒都退回梁国。梁王多次派使者向条侯报告并求援，条侯没有答应。梁王又派使者在皇帝面前中伤条侯，皇上派人告诉条侯驰援梁国，条侯仍旧恪守便宜行事的原则而不肯出兵。梁王派韩安国和为国事而死的楚相的弟弟张羽为将军，这才在与吴军交战时稍微占得先机。吴国的军队想要向西进发，梁国据城坚守，吴军不敢西进，转而向条侯军队的方向进发，两军在下邑相遇。吴军想在此与条侯军交战，条侯固守营垒，不肯出来交战。吴军粮食断绝，士兵饥饿，多次向条侯挑战，

叛军覆灭

但条侯就是不应战,吴军便在夜里偷袭条侯的营垒,惊扰东南方向。条侯派人守备西北方向,吴军果然从西北方向侵入。吴军大败,士兵有很多饿死的,于是叛逃溃散。吴王就和他部下的壮士几千人连夜逃走,渡过长江逃到丹徒,得到东越的庇护。东越有军队万余人,于是派人收聚吴国的残兵溃勇。汉朝派人以厚利诱惑东越,东越就欺骗吴王,让吴王出去慰劳军队,就派人以矛戟杀死吴王,把他的脑袋砍下并装起来,快速地乘车报知汉朝皇帝。吴王的儿子子华、子驹逃到闽越。吴王丢下他的军队逃亡,军队于是溃散了,大多陆续投降了太尉、梁王的军队。楚王刘戊兵败,自杀身亡。

【原文】

三王之围齐临菑也①,三月不能下。汉兵至,胶西、胶东、菑川王各引兵归。胶西王乃袒跣②,席稿③,饮水,谢太后④。王太子德曰:"汉兵远⑤,臣观之已罢,可袭,愿收大王余兵击之,击之不胜,乃逃入海,未晚也。"王曰:"吾士卒皆已坏⑥,不可发用。"弗听。汉将弓高侯颓当遗王书曰⑦:"奉诏诛不义,降者赦其罪,复故⑧;不降者灭之。王何处⑨?须以从事⑩。"王肉袒叩头汉军壁,谒曰:"臣卬奉法不谨,惊骇百姓,乃苦将军远道至于穷国,敢请菹醢之罪⑪。"弓高侯执金鼓见之⑫,曰:"王苦军事,愿闻王发兵状。"王顿首膝行对曰⑬:"今者,晁错天子用事臣,变更高皇帝法令,侵夺诸侯地。卬等以为不义,恐其败乱天下,七国发兵,且以诛错。今闻错已诛,卬等谨以罢兵归。"将军曰:"王苟以错不善,何不以闻?乃未有诏虎符⑭,擅发兵击义国。以此观之,意非欲诛错也。"乃出诏书为王读之。读之讫,曰:"王其自图。"王曰:"如卬等死有余罪。"遂自杀。太后、太子皆死。胶东、菑川、济南王皆死,国除,纳于汉。郦将军围赵十月而下之,赵王自杀。济北王以劫故,得不诛,徙王菑川。

【注释】

① 三王:前文说是胶西王、胶东王、菑川王、济南王等四王围临菑。② 袒:裸露上体。跣:光着脚。③ 席稿:坐在禾杆编的草席上。稿,禾杆编的席子。袒跣、席稿和饮冷水,是古代的请罪方式。④ 太后:王太后,胶西王的母亲。⑤ 远:指远道而来。⑥ 坏:溃散。⑦ 颓当:即韩颓当。⑧ 复故:恢复原有的爵位、封土。⑨ 处:处置。⑩ 从事:采取相应的行动。⑪ 菹(zū)醢(hǎi):古代的酷刑,把人剁成肉酱。⑫ 金鼓:古代军中发布命令的乐器。手执金鼓是陈列仪仗以壮声威。⑬ 膝行:跪着行走,表示畏服。⑭ 虎符:古代皇帝授予朝廷官员兵权或调动军队的虎形信物。

【译文】

胶西王、胶东王、菑川王围攻齐国临菑,三个月不能攻下。汉军来到后,胶西王、胶东王、菑川王各自引兵而回。胶西王便赤膊光脚,坐在草席上,喝着冷水,向太后谢罪。王太子刘德说:"汉军远道而来,我看他们已十分疲乏了,可以袭击他们,希望聚集大王的剩余军队进攻汉军,倘若进攻不能取胜,就逃入大海,也不算晚啊。"胶西王说:"我的士兵早已溃散,无法再使用他们了。"没有听从。汉将弓高侯颓当送给胶西王的书信中说道:"奉诏前来诛杀不义之人,投降的可以赦免其罪行,恢复原有的爵位和封地;不投降的就把他们诛灭。大王如何处置这件事?我等待你的答复以采取相应行动。"胶西王袒露胳膊到汉军营中叩头谢罪说:"我刘卬没有谨慎地守法,惊骇百姓,这才劳烦将军远途来到我们这个穷困的小国,我请求以碎尸万段的刑罚惩治自己。"弓高侯手持金鼓来见他,说:"大王受苦于战事,我希望能知道大王起兵的情况。"胶西王叩头膝行对答道:"当初,晁错是皇帝重用的大臣,他变更高祖皇帝的法令,侵夺诸侯的封地。我们认为这是不合道义的,担心他败坏、扰乱天下,所以七国起兵,打算以这种方式来诛杀晁错。如今闻听晁错已被诛杀,我们就小心地收兵而归。"将军说:"大王如果觉得晁错不好,为何不禀报天子?没有得到皇帝的诏书虎符,擅自发兵攻打正义的侯国。如此看来,你们的本意不是诛杀晁错啊。"于是拿出诏书向胶西王宣读。

弓高侯平叛

读完后,说道:"大王您考虑一下该怎么做吧!"胶西王说:"像我这样的人是死有余辜啊。"于是自杀了。太后、太子也都跟着死了。胶东王、菑川王、济南王也先后死去,封国被汉朝废除,统归汉朝管辖。郦将军围攻赵都十个月才攻下来,赵王自杀。济北王因为被劫持的缘故,这才没有被诛杀,被徙为菑川王。

【原文】

太史公曰:吴王之王,由父省也①。能薄赋敛②,使其众,以擅山海利③。逆乱之萌,自其子兴。争技发难④,卒亡其本;亲越谋宗⑤,竟以夷陨⑥。晁错为国远虑,祸反近身。袁盎权说⑦,初宠后辱。故古者诸侯地不过百里,山海不以封。"毋亲夷狄,以疏其属"⑧,盖谓吴邪?"毋为权首,反受其咎"⑨,岂盎、错邪?

【注释】

①省:减,贬低爵位。高祖刘邦贬封吴王的父亲为郃阳侯后,才封刘濞为吴王。②薄:减轻、减少。③擅:专有,独有。④争技:指吴太子与皇太子因下棋发生争执。⑤越:越人。宗:同宗,同姓。⑥夷陨:消亡,毁灭。⑦权说:随机应变善于辩说。⑧"毋亲"二句:语出《逸周书》。夷,指古代东方的部族。狄,指古代北方的民族。夷狄,古代对少数民族各部族的轻蔑称呼。⑨"毋为"二句:语出《逸周书》。权首,指主谋或肇事者。咎,灾祸。

【译文】

太史公说:"吴王刘濞封王,是因为其父亲遭贬谪的缘故。他能够减轻赋税,支使民众,是因他专有铜矿、海盐的利源。叛逆作乱的念头萌生,是因为儿子被打死的缘故。由争斗技艺而发动兵变,最后国灭身亡;亲近越人而谋害同宗,最终导致毁灭。晁错为国家做了长远的打算,灾祸反而降临在自己身上。袁盎善于权变说辞,最初受到宠信,最后遭受羞辱。所以古时候诸侯的封地不超过百里,山海也不加以分封。"不亲近夷狄,以致疏远宗亲",大概是对吴王说的吧?"不要做主谋,最后反而会受到惩罚",难道不是说的袁盎、晁错吗?

李将军列传

【导读】

李广（？～公元前119年），陇西成纪人，西汉名将，做过骑郎将、骁骑都尉、未央卫尉、郡太守，镇守边境，匈奴畏服，称之为"飞将军"，数年不敢来犯。元狩四年（前119）漠北之战中，李广任前将军，因迷失道路，未能参战，愤愧自杀。

李广一生功名显赫，却时运不济，未得封侯，所以有"李广难封"的典故。他为人平易，忠信待人，虽然不善言谈，但很受军士拥戴，所以司马迁以"桃李不言，下自成蹊"来赞扬他。

◎飞将军李广◎

【原文】

李将军广者，陇西成纪人也①。其先曰李信②，秦时为将，逐得燕太子丹者也③。故槐里④，徙成纪。广家世世受射⑤。孝文帝十四年，匈奴大入萧关⑥，而广以良家子从军击胡⑦，用善骑射⑧，杀首虏多⑨，为汉中郎⑩。广从弟李蔡亦为郎⑪，皆为武骑常侍⑫，秩八百石⑬。尝从行⑭，有所冲陷折关及格猛兽，而文帝曰："惜乎，子不遇时！如令子当高帝世⑮，万户侯岂足道哉！"

及孝景初立⑯，广为陇西都尉⑰，徙为骑郎将⑱。吴楚军时⑲，广为骁骑都尉⑳，从太尉亚夫击吴楚军㉑，取旗㉒，显功名昌邑下㉓。以梁王授广将军印㉔，还，赏不行。徙为上谷太守㉕，匈奴日以合战。典属国公孙昆邪为上泣曰㉖："李广才气，天下无双，自负其能㉗，数与虏敌战，恐亡之。"于是乃徙为上郡太守㉘。后广转为边郡太守，徙上郡。尝为陇西、北地、雁门、代郡、云中太守㉙，皆以力战为名。

【注释】

①陇西：郡名，今甘肃省东部地区。成纪：县名，在今甘肃秦安北。②李信：战国末秦将，曾与王翦一同灭燕。③燕：古国名，战国七雄之一。太子丹：燕王喜的儿子。④槐里：县名，在今陕西兴平东南。⑤受：接受，这里有学习的意思。⑥萧关：当时长安通往塞外的关口，在今宁夏回族自治区固原市原州区东南。⑦良家子：指出身正当、家世清白人家的子弟。胡：古代称北方和西方的民族如匈奴等为胡。⑧用：因为，由于。⑨杀首虏：斩杀敌人首级和俘虏敌人。⑩中郎：官名。秦代始设，是皇帝的近侍武官，汉代沿设。⑪从弟：堂弟。⑫武骑（jì）常侍：郎官的加衔。⑬秩：俸禄的等级。汉代的中郎为六百石，任武骑常侍加秩二百石。⑭尝：通"常"。⑮高帝：汉高祖刘邦，西汉王朝的建立者。⑯孝景：即汉景帝刘启，文帝刘恒的儿子。⑰都尉：官名。原名郡尉，辅佐郡守并掌管全郡军事，位次于太守。景帝时改名都尉。⑱骑郎将：官名，统率骑郎（骑马护从皇帝车驾的郎官）的将领。⑲吴楚军：指西汉景帝时吴楚等七国的叛乱军队。⑳骁骑：轻捷矫健的骑兵，似今之轻骑兵。㉑太尉：官名，最高军事长官，掌管全国军事，与丞相、御史大夫并称三公。亚夫：周亚夫（？～公元前143年），沛县（今属江苏省）人，汉初大臣周勃（？～公元前169年）的儿子，西汉时期名将。初封条侯，做过车骑将军。文帝时，匈奴部族骚扰北郡，他以河内守为将军，驻军细柳（在今陕西省咸阳市西南），军令严整。吴楚七国叛乱时，以中尉代行太尉职务，是平定七国之乱的统帅。后任丞相，晚年被谗，下狱，绝食而死。㉒旗：指敌军的帅旗。㉓昌邑：县名，当时梁国的要邑，在今山东金乡西北。㉔梁王：梁孝王刘武，文帝次子，景帝的同母弟。㉕上谷：郡名，辖境约相当今于河北省西北部及中部一部分地区。㉖典属国：官名，掌管附属国及外族事务的官。公孙昆（hún）邪（yé）：姓公孙，名昆

邪。为：对。上：皇上。这里指汉景帝。㉗负：倚仗。㉘上郡：郡名，辖境约相当于今天陕西省北部及内蒙古自治区西部地区。㉙北地：郡名，地在今甘肃省东北部及宁夏回族自治区部分地区。雁门：郡名，在今山西省北部和内蒙古自治区南部地区。代郡：郡名，在今山西省东北部和河北省西北地区。云中：郡名，在今内蒙古自治区东南部。

【译文】

　　李将军名广，是陇西郡成纪县人。他的祖先叫李信，秦朝时担任过将军，曾追获过燕国太子丹。李家原来住在槐里县，后来迁移到成纪县。李广家世世代代学习射箭。孝文帝十四年，匈奴大举侵入萧关，李广以良家子弟的身份从军抗击匈奴，因为擅长骑马射箭，杀死、俘虏了很多敌人，当上了皇帝的近侍——中郎。李广的堂弟李蔡也当中郎，都担任武骑常侍，俸禄八百石。李广经常跟随文帝出行，有冲锋陷阵、突破险阻和格杀猛兽的表现，文帝说："可惜啊，你生不逢时！假使你生在高帝的时代，封个万户侯哪算什么呢！"

　　等到孝景帝刚即位，李广担任陇西都尉，调任骑郎将。吴、楚七国起兵叛乱时，李广担任骁骑都尉，跟随太尉周亚夫攻打吴、楚军，夺得了帅旗，在昌邑城下立功显名。由于他私下接受过梁王授给他的将军印，回朝后，没有得到封赏。调任上谷太守，匈奴每天都来交战。典属国公孙昆邪流着眼泪对皇上说："李广才气，天下无双。他自恃有本领，屡次和敌人迎面作战，我担心他会阵亡。"于是汉景帝就调任他为上郡太守。后来李广历任边境各郡太守，然后调任上郡太守。其间他曾做过陇西、北地、雁门、代郡、云中各郡太守，都因奋勇作战而出名。

【原文】

　　匈奴大入上郡，天子使中贵人从广勒习兵击匈奴①。中贵人将骑数十纵，见匈奴三人，与战。三人还射，伤中贵人，杀其骑且尽。中贵人走广②。广曰："是必射雕者也③。"广乃遂从百骑往驰三人。三人亡马步行④，行数十里。广令其骑张左右翼，而广身自射彼三人者，杀其二人，生得一人，果匈奴射雕者也。已缚之上马，望匈奴有数千骑，见广，以为诱骑⑤，皆惊，上山陈⑥。广之百骑皆大恐，欲驰还走。广曰："吾去大军数十里，今如此以百骑走，匈奴追射我立尽。今我留，匈奴必以我为大军之诱，必不敢击我。"广令诸骑曰："前！"前未到匈奴陈二里所⑦，止，令曰："皆下马解鞍！"其骑曰："虏多且近，即有急，奈何？"广曰："彼虏以我为走，今皆解鞍以示不走，用坚其意。"于是胡骑遂不敢击。有白马将出护其兵，李广上马与十余骑奔，射杀胡白马将，而复还至其骑中，解鞍，令士皆纵马卧⑧。是时会暮，胡兵终怪之，不敢击。夜半时，胡兵亦以为汉有伏军于旁，欲夜取之，胡皆引兵而去。平旦⑨，李广乃归其大军。大军不知广所之⑩，故弗从。

【注释】

①中贵人：宫中皇帝亲信的宦官。勒：部勒，节制。习兵：练习军事。②走：奔跑。③射雕者：射雕的能手。④亡（wú）：通"无"。⑤诱骑：诱敌的骑兵。⑥陈（zhèn）：同"阵"，摆列阵势。⑦所：通"许"，约计之辞。⑧纵：放开。⑨平旦：天明。⑩所之：所去的方向。之，往，动词。

【译文】

　　匈奴大举侵入上郡，皇帝派中贵人随李广统率亲兵抗击匈奴。中贵人带着几十名骑兵放马驰骋，遇见了三个匈奴人，就和他们打起来。三个匈奴人转身射箭，射伤了中贵人，把他带去的骑兵快要杀光了。中贵人逃到李广跟前。李广说："这一定是射雕手。"李广于是就带领一百名骑兵追了上去。那三个人没有骑马而是徒步而行，走了几十里。李广命令他的骑兵左右散开，李广亲自射那三个人，射死二人，活捉一人，果然是匈奴的射雕手。刚捆绑那个人上马，望见匈奴有几千名骑兵，他们看见了李广，以为是引诱他们的骑兵，都吃惊了，上山摆好阵势。李广的一百名骑兵都大为惊恐，想快马往回跑。李广说:"我们离开大军几十里,现在这样凭一百名骑兵逃跑,匈奴兵追赶射击我们,我们就会立即全完蛋。现在我们停下来,匈奴一定以为我们是大军派出的诱敌者,一定不敢来攻击我们。"李广命令骑兵说:"前进!"进到离匈奴阵地约二里的地方,停了下来,命令说:"都下马解下马鞍!"他的骑兵说:"敌人很多并且离得近,倘若有紧急情况,怎么办?"李广说:"那些敌人以为我们会逃跑,现在都解下马鞍,表示不走,用这办法让敌人更加相信我们是诱敌深入。"果然匈奴的骑兵不敢来攻击。有一个骑白马的将领出阵来监护他的士兵,李广上马,与十多个骑兵奔驰过去,射死了匈奴那个骑白马的将领,然后又回到他的骑兵当中,解下马鞍,命令士兵都把马放开,躺下。这时恰好天近黄昏,匈奴兵始终捉摸不定,不敢前来攻击。夜半时,匈奴兵也以为汉军在附近有埋伏的部队,要乘夜袭击他们,匈奴全部撤退了。第二天清晨,李广才带着骑兵回到大部队。大部队不知道李广去的地方,所以没有去接应。

智退追兵

【原文】

居久之,孝景崩,武帝立①,左右以为广名将也,于是广以上郡太守为未央卫尉②,而程不识亦为长乐卫尉③。程不识故与李广俱以边太守将军屯。及出击胡,而广行无部伍行陈④,就善水草屯,舍止,人人自便,不击刁斗以自卫⑤,幕府省约文书籍事⑥,然亦远斥候⑦,未尝遇害。程不识正部曲行伍营陈⑧,击刁斗,士吏治军簿至明,军不得休息,然亦未尝遇害。不识曰:"李广军极简易,然虏卒犯之⑨,无以禁也;而其士卒亦佚乐⑩,咸乐为之死。我军虽烦扰,虏亦不得犯我。"是时汉边郡李广、程不识皆为名将,然匈奴畏李广之略,士卒亦多乐从李广而苦程不识。程不识孝景时以数直谏为太中大夫⑪。为人廉,谨于文法。

【注释】

①武帝:即汉武帝刘彻,汉景帝子。②未央:汉宫名,皇帝所居。卫尉:武官名。掌管宫门警卫,统率南军(宫廷警卫部队)。③长乐:汉宫名,太后所居。④部伍:即部曲,部队的编制单位。行(háng)陈:行列阵势。⑤刁(diāo)斗:刁,通"刂",铜锅,能盛粮一斗。白天用来煮饭,夜间敲着巡逻。⑥幕府:将帅出征时驻扎的大帐幕,后来作为将帅官署的代称。⑦斥候:指侦察兵。⑧部曲:部队的编制位。汉制:将军领军皆有部曲,大将军营五部,部有校尉一人;部下有曲,曲有军候一人;曲下有屯,屯有屯长一人。⑨卒(cù):通"猝",急遽,突然。⑩佚(yì)乐:安逸快乐。佚,通"逸"。⑪太中大夫:官名。秦代始设,汉代沿设,掌管议论政事。

【译文】

过了好久,孝景帝逝世,武帝登位。近臣认为李广是名将,于是李广由上郡太守调任未央宫的卫尉,而程不识也担任长乐宫的卫尉。程不识从前和李广都以边郡太守的身份统率军队,兼管防务。等到出兵攻打匈奴时,李广行军没有严格的编制、队列和阵势,靠近良好的水源草地驻扎下来,住宿停留,人人自便,晚上不敲刁斗巡逻来自卫,军部的文书簿籍一概从简,但是也在远处布置了侦察岗哨,没有遭遇过危险。程不识严格要求编制、队列和阵势,晚上敲刁斗巡逻,军官军士处理军事文件到天亮,军队得不到休息,可是也没有遭遇过危险。程不识说:"李广的部队十分随便,然而敌人突然来袭击的时候，却无法招架；李广的士兵也安逸快乐，都乐于为他出死力。我的部队虽然紧张忙碌，但是敌人也不敢来侵犯我们。"当时，担任汉朝边郡太守的李广、程不识都是名将，但是匈奴畏惧李广的谋略，士兵们也多喜欢跟随李广而苦于跟随程不识。程不识在孝景帝时因为屡次直言劝谏做上了太中大夫。他为人廉洁，谨守法令。

【原文】

后汉以马邑城诱单于①，使大军伏马邑旁谷，而广为骁骑将军②，领属护军将军③。是时单于觉之④，去，汉军皆无功。其后四岁⑤，广以卫尉为将军，出雁门击匈奴⑥。匈奴兵多，破败广军，生得广。单于素闻广贤，令曰："得李广必生致之⑦。"胡骑得广，广时伤病，置广两马间，络而盛卧广⑧。行十余里，广详死⑨，睨其旁有一胡儿骑善马⑩，广暂腾而上胡儿马⑪，因推堕儿，取其弓，鞭马南驰数十里，复得其余军⑫，因引而入塞⑬。匈奴捕者骑数百追之，广行取胡儿弓⑭，射杀追骑，以故得脱。于是至汉⑮，汉下广吏⑯。吏当广所失亡多⑰，为虏所生得，当斩，赎为庶人⑱。

【注释】

①马邑：县名，在今山西省朔县。单（chán）于：匈奴的最高首领。②骁骑：当时将军的冠号。③领属：受节制、从属。此次战役护军韩安国为统帅，李广为骁骑将军受韩安国的节制。④之：代词，指诱敌之计。⑤其后四岁：指武帝元光六年（公元前129年）。⑥雁门：在山西省代县西北。⑦生：指活捉。⑧络：网络。盛（chéng）：放。⑨详（yáng）：通"佯"，假装。⑩睨（nì）：斜视。⑪暂：霎时，突然。腾：跳起。⑫复得：又遇到。⑬塞（sài）：边关要塞。⑭行取：且行且拿起。⑮至汉：指回到汉朝京城长安。⑯下广吏：把李广交给执法官吏审判。⑰当（dàng）：判决，判罪。⑱赎：汉时法律，被判死刑者可以纳金赎免（或减或免）罪刑。庶人：平民。

【译文】

后来，汉朝用马邑城引诱单于，派大军埋伏在马邑附近的山谷中，李广担任骁骑将军，受护军将军节制。当时单于发觉了这一情况，退去了，汉军都没有战功。过了四年，李广由卫尉升任将军，领兵从雁门郡出击匈奴。匈奴兵多，打败了李广的军队，活捉了李广。单于向来听说李广有才能，于是下命令说："捉得李广一定要把他活着解送来。"匈奴骑兵俘获了李广，李广当时受伤得病，他们把李广安置在两马之间，用绳索结成网兜让李广躺着。走了十多里，李广一路装死，偷眼见旁边

李广射杀匈奴追兵

> ⊙ 文史知识
>
> **谁是更好的将军**
>
> 　　李广与程不识均为汉初名将,二者齐名于世。但是正如前文所说,两人的治军风格和打仗方法相差甚远。李广的部队常获胜,即使军力比匈奴薄弱很多,也常能反败为胜,真是一世之才,在当时是汉代第一名将。程不识从未让匈奴人得逞,却也从未大胜,是个稳重的将领。程不识所到之处旌旗变色,而李广所到之处活力充沛,这两支部队都是汉朝戍守北边最坚固的屏障。
> 　　二人各有所长,也各有所短。李广一生虽未经历大的败仗,但是他的孙子李陵运用李广的战术时却经历了大败仗。程不识战功虽然不显赫,但是在战场上也没有吃过大亏,而且程不识指挥军队的风格在汉朝延续了很长的时间,因此汉朝有"军中只闻将军令,不问天子诏"的说法。
> 　　一般而言,和平时期重用程不识,非常时期重用李广,这样才能人尽其才,发挥最大功效。

　　有个匈奴少年骑着一匹好马,李广突然纵身一跃,跨上匈奴少年的马,趁势推他下马,夺了他的弓箭,赶着马向南奔驰了几十里,又会合了他的残余部队,带领他们进入边塞雁门。匈奴有几百名骑兵追赶他,李广一边跑一边拿起胡人的弓箭,射死了追来的骑兵,因此得以脱险。李广回到京师,朝廷把李广交给掌管刑狱的官吏审问。法官判决李广损失伤亡的人马众多,自己又被匈奴生俘,应当斩首,用钱赎罪成了平民。

【原文】

　　顷之①,家居数岁。广家与故颍阴侯孙屏野居蓝田南山中射猎②。尝夜从一骑出③,从人田间饮。还至霸陵亭④,霸陵尉醉,呵止广。广骑曰:"故李将军。"尉曰:"今将军尚不得夜行,何乃故也!"止广宿亭下。居无何⑤,匈奴入杀辽西太守⑥,败韩将军⑦,后韩将军徙右北平⑧。于是天子乃召拜广为右北平太守。广即请霸陵尉与俱,至军而斩之。

【注释】

①顷之:不久,转眼之间。②颍阴侯孙:颍阴侯灌婴的孙子灌强。颍阴,今河南许昌。屏野:退居田野,退隐回乡。蓝田:县名,在今陕西蓝田西。南山:即蓝田东南的蓝田山,是当时朝贵退休游乐之地。③从:带领。出:出外。④霸陵:汉文帝陵墓,在今陕西长安东。亭:驿亭。亭长由霸陵县尉兼任,专司守陵之职。⑤居无何:过了不久。⑥辽西:郡名,大概位于今河北东北部和辽宁西部一带。⑦韩将军:即韩安国。当时驻守渔阳,地在今北京市密云县西南。⑧右北平:郡名,郡治平刚(今辽宁省凌源西南)。

【译文】

　　转眼间,在家住了几年。李广经常和退隐在蓝田县的前颍阴侯孙子灌强一起到南山打猎。(李广)曾经在一天夜里,带着一个骑兵外出,跟别人在乡间饮酒。回来到达霸陵亭,霸陵亭尉喝醉了,呵斥阻止李广。李广的从骑说:"这是前任李将军。"亭尉说:"现任将军尚且不能夜间通过,何况是前任的呢!"扣留李广住宿在霸陵亭下。过了不久,匈奴入侵杀了辽西太守,打败了韩将军,后来韩将军调到右北平。于是天子就征调任命李广做右北平太守。李广便请求派霸陵尉跟他一起去,到达军中就杀了他。

【原文】

　　广居右北平,匈奴闻之,号曰"汉之飞将军",避之数岁,不敢入右北平。
　　广出猎,见草中石,以为虎而射之,中石没镞①,视之石也。因复更射之,终不能复入石矣。广所居郡闻有虎,尝自射之。及居右北平射虎,虎腾伤广,广亦竟射杀之。

【注释】

① 镞：箭头。

【译文】

　　李广守右北平，匈奴听到了，称他为"汉朝的飞将军"，躲避他几年，不敢侵入右北平。

　　有一次，李广出外打猎，看到草丛中的石头，以为是一只老虎而发箭射去，射中石头，箭头射进了石头里，走近一看，才知道是块石头。接着又连射几箭，却始终不能再射进去了。李广所在的郡，一听说有老虎，常常亲自去射它。到他驻守右北平时，一次射老虎，老虎跳跃起来，扑伤了李广，李广最终射死了老虎。

李广射石

【原文】

　　广廉，得赏赐辄分其麾下，饮食与士共之。终广之身，为二千石四十余年①，家无余财，终不言家产事。广为人长，猿臂②，其善射亦天性也，虽其子孙他人学者，莫能及广。广讷口少言，与人居则画地为军陈，射阔狭以饮③。专以射为戏，竟死④。广之将兵，乏绝之处⑤，见水，士卒不尽饮，广不近水；士卒不尽食，广不尝食。宽缓不苛⑥，士以此爱乐为用⑦。其射，见敌急，非在数十步之内，度不中不发，发即应弦而倒。用此⑧，其将兵数困辱，其射猛兽亦为所伤云。

【注释】

① 二千石：汉代官员俸禄的等级从二千石递减到百石，汉代郡守俸禄每月二千石。② 猿臂：比喻两臂像猿臂长而灵活。③ 射阔狭：比赛射箭远近。④ 竟死：到死。是说李广以射为乐，到死都是这样。⑤ 乏绝：指缺水断粮。⑥ 宽缓：指待人宽厚和缓。⑦ 爱乐为用：指爱戴李广，乐于为他效力。⑧ 用此：因此。

【译文】

　　李广为人廉洁，得到赏赐总是分给他的部下，吃喝跟士兵在一起。终李广一生，做了四十多年俸禄二千石的官，家里没有多余的财物，始终不谈购置家产的事。李广身材高大，两只胳膊像猿臂一样长而灵活，他擅长射箭也是有天赋的，虽然他的子孙还有外人都向他学习射箭，但是没有人能赶得上他。李广口才迟钝，不多说话，和别人在一起就在地上画军阵，射箭比远近，输了的罚喝酒。（李广）专以射箭作为游戏，一直到死。李广带兵行军，遇到缺水断粮的时候，一旦找到水源，士兵们没有全部喝到水，他就不靠近水边；士兵们没有全部吃饭，他就不尝饭食。他对待士兵宽厚和缓而不苛刻，士兵因此甘愿听他调用。他的射法，看见敌人逼近，不到几十步之内，估计射不中不发箭，一发箭弓弦一响敌人就应声而倒。因此，他带兵作战，屡次遭围困受辱，他射猛兽也被猛兽扑伤过。

【原文】

　　居顷之，石建卒①，于是上召广代建为郎中令②。元朔六年③，广复为后将军④，从大将军军出定襄⑤，击匈奴。诸将多中首虏率⑥，以功为侯者，而广军无功。后二岁⑦，广以郎中令将四千骑出右北平，博望侯张骞将万骑与广俱⑧，异道⑨。行可数百里，匈奴左贤王将四万骑围广⑩，广军士皆恐，广乃使其子敢往驰之⑪。敢独与数十骑驰，直贯胡骑，出其左右而还，告广曰："胡虏易与耳⑫。"军士乃安。广为圜陈外向⑬,胡急击之,矢下如雨。汉兵死者过半,汉矢且尽。广乃令士持满毋发⑭,而广身自以大黄射其裨将⑮,杀数人,胡虏益解⑯。会日暮,吏士皆无人色⑰,而广意气自如⑱,益治军。军中自是服其勇也。明日,复力战,而博望侯军亦至,匈奴军乃解去。汉军罢⑲,弗能追。是时广军几没,罢归。汉法,博望侯留迟后期⑳,当死,赎为庶人。广军功自如㉑,无赏。

【注释】

① 石建:石奋的长子,以孝谨著称,汉武帝时任郎中令。② 郎中令:官名,为皇帝左右亲近的官职,掌管守卫宫殿门户。汉武帝时改称光禄勋(九卿之一)。③ 元朔:汉武帝刘彻的年号。④ 后将军:官名,位次于上卿。当时有前、左、右将军称号。⑤ 大将军:指卫青(?~公元前106年)。他是武帝皇后卫子夫的同母弟,曾多次伐匈奴,封爵长平侯。大将军是当时最高的军衔,位比三公。定襄:郡名,在今山西右玉北。⑥ 中(zhòng):符合。首虏率(lǜ):达到规定的杀死和俘虏敌人的标准。⑦ 后二岁:即元狩二年(公元前121年)。⑧ 张骞(qiān):(?~公元前114年),汉中成固(今陕西城固)人。武帝时奉命出使西域诸国,沟通和加强了西域各国的关系,因功封博望侯。⑨ 异道:不同的路,即分路进兵。⑩ 左贤王:匈奴官名,单于手下的统帅。当时单于自领中部外,设有左、右贤王,分领东西两部,匈奴尚左,左贤王居领东方,右贤王居领西方。当时李广出右北平,恰在左贤王管辖境内。⑪ 敢:李广之子李敢。⑫ 易与:容易对付。⑬ 圜陈:圆形的阵势。圜:通"圆"。外向:即队伍面朝外对敌。⑭ 毋(wú):勿。⑮ 大黄:弩弓名,又名黄肩弩。因体大色黄,故名,是当时最能射远的弓弩。裨(pí)将:副将。⑯ 解:通"懈"。⑰ 无人色:指脸色不像活人。⑱ 意气自如:神气同平时一样自然。⑲ 罢(pí):通"疲"。⑳ 留迟后期:指行军迟缓,在预定的会合日期没有到达。㉑ 军功自如:功过相抵。如:相当,均等。

【译文】

过了不久,郎中令石建去世了,于是皇上征召李广接替石建做郎中令。元朔六年,李广又调任后将军,跟随大将军的军队从定襄郡出击匈奴。各将领多有杀敌俘虏达到标准因功封侯的,而李广部队没有功劳。过后二年,李广以郎中令的身份率领四千骑兵从右北平出发,博望侯张骞率领一万骑兵和李广同行,分两路走。走了大约几百里,匈奴左贤王带领四万骑兵包围李广,李广的士兵都感到恐惧,李广就派他的儿子李敢快马冲击敌人。李敢独自带了几十名骑兵飞奔而去,直穿匈奴骑兵的包围圈,抄出敌军的左右两翼而回,报告李广说:"匈奴容易对付呢。"士兵才安定下来。李广布成圆形阵势,向着四外,匈奴猛攻他们,箭下如雨。汉兵死亡的人数超过一半,汉军的箭也快用完了。李广便命令士兵把弓拉开,不要放箭,李广亲自用大黄弩弓射敌人的副将,射死了几个,匈奴士卒渐渐松懈。恰巧天色黑了下来,军官士兵都面无人色,可是李广的神气同平常一样,更加精神振奋地指挥军队。军中从此佩服他的勇气。第二天,继续奋力战斗,博望侯的军队也到了,匈奴军队才解围而去。汉军疲乏了,不能去追击。这时李广几乎全军覆没,只得收兵回去。按汉朝的法律,博望侯耽误了预定的日期,当处死刑,出钱赎罪,降为平民。李广的军功和罪责相当,没有封赏。

文史知识

李广射石

"林暗草惊风,将军夜引弓,平明寻白羽,没在石棱中。"这首名诗出自唐代边塞诗人卢纶的《塞下曲》。卢纶根据《史记》所记载的故事改编,描写了"飞将军"李广的高超箭术。身为"大历十才子"之一的卢纶写这首诗,是希望唐王朝的边塞将领能有李广那样的本事来靖乱平叛。在神勇的李广之前,中国历史上还有一位射石的英雄人物——养由基。据《吕氏春秋·精通》记载:"养由基射兕,中石,矢乃饮羽,诚乎先也。""兕"就是犀牛。这段话的意思是说,养由基看到一块大石,以为是犀牛,所以一箭射去,结果整个箭杆都射进石头里,只剩下箭羽露在外面。养由基是春秋时期楚国的神射手,"百步穿杨"的成语就是因他而来。

受辱自刎

【原文】

后二岁，大将军、骠骑将军大出击匈奴①，广数自请行。天子以为老，弗许，良久乃许之，以为前将军。是岁，元狩四年也。

广既从大将军青击匈奴，既出塞，青捕虏知单于所居，乃自以精兵走之②，而令广并于右将军军③，出东道。东道少回远④，而大军行水草少，其势不屯行。广自请曰："臣部为前将军，今大将军乃徙令臣出东道，且臣结发而与匈奴战⑤，今乃一得当单于⑥，臣愿居前，先死单于。"大将军青亦阴受上诫⑦，以为李广老，数奇⑧，毋令当单于，恐不得所欲。而是时公孙敖新失侯⑨，为中将军从大将军⑩，大将军亦欲使敖与俱当单于，故徙前将军广。广时知之，固自辞于大将军⑪。大将军不听，令长史封书与广之幕府⑫，曰："急诣部⑬，如书。"广不谢大将军而起行⑭，意甚愠怒而就部⑮，引兵与右将军食其合军出东道。军亡导⑯，或失道⑰，后大将军。大将军与单于接战，单于遁走，弗能得而还。南绝幕⑱，遇前将军、右将军。广已见大将军，还入军。大将军使长史持糒醪遗广⑲，因问广、食其失道状，青欲上书报天子军曲折⑳。广未对。大将军使长史急责广之幕府对簿㉑。广曰："诸校尉无罪，乃我自失道。吾今自上簿。"

至幕府，广谓其麾下曰："广结发与匈奴大小七十余战，今幸从大将军出接单于兵，而大将军又徙广部行回远，而又迷失道，岂非天哉！且广年六十余矣，终不能复对刀笔之吏㉒。"遂引刀自刭。广军士大夫一军皆哭㉓。百姓闻之，知与不知㉔，无老壮皆为垂涕。而右将军独下吏，当死，赎为庶人。

【注释】

①骠骑将军：官号，地位仅次于大将军，这里指霍去病。霍去病（公元前140～前117年），西汉名将，河东平阳（在今山西省临汾市西南）人，是卫青姐姐的儿子。武帝时多次征伐匈奴，保卫了与匈奴邻接诸郡的安定，解除了匈奴对汉王朝的威胁，有功，封冠军侯。②走（zǒu）：趋，追逐。③右将军：指赵食（yì）其（jī）。④少：通"稍"。回远：迂回、绕远。⑤结发：古代男子二十岁束发，始可戴冠，以表成年。⑥当：遇。⑦阴受上诫：暗中得到武帝的告诫。上：指武帝。⑧数奇（jī）：命运不好。数，命运的定数。奇，本指单数，与偶数相对称，古代占卜，偶为吉。⑨公孙敖：姓公孙，名敖，义渠人，与卫青友好，曾搭救过卫青的性命，随卫青出匈奴，封合骑侯。元狩二年，击匈奴，因行军失约，临阵怯战，当斩，赎为平民。⑩中将军：位与前后左右将军相当。⑪固：坚决。辞：辞免，指拒绝徙并右将军军。⑫长史：官名，即大将军秘书，协助大将军处理所属部门的事务。⑬诣（yì）：往。⑭谢：辞别。⑮愠（yùn）怒：愤怒。⑯亡导：没有向导。亡，通"无"。⑰或：通"惑"，迷惑。⑱绝：横渡。幕：通"漠"，沙漠。⑲糒（bèi）：干粮。醪（láo）：酒浆，浊酒。遗（wèi）：赠，给。⑳曲折：详细的经过。㉑责：责成，查问。对簿：对质，受审，即受审问时凭着文书对质。簿，文书，记载。㉒刀笔吏：管理文书的官员。古代在竹简上记事，笔是记事的工具，刀是削误的工具，文书官员经常使用这种东西，故称。以后引申为贬词，有舞文弄法之意。㉓士大夫：一般文武官吏的统称，这里指将士。一军：指军中的一切人。㉔知：犹"识"，认识。

【译文】

过后二年，大将军和骠骑将军大举出兵攻打匈奴，李广几次自动请求前去。天子认为他老了，没有允许；过了好久，才允许他的请求，派他担任前将军。这年是元狩四年。

李广决定跟随大将军卫青出击匈奴，出了边塞，卫青捉到俘虏，得知单于住的地方，就亲自率领精锐部队突击单于，而命令李广的部队跟右将军的部队合并，从东路出击。东路稍微迂回绕远，而大部队行经水草稀少的地方，其势不能聚集并进。李广亲自请求说："我是部队前将军，现在大将军却改让我从东路出兵，况且我从年轻时候起就和匈奴作战，今天才有一次机会得与单于敌对，我愿意担任前锋，先同单于决一死战。"大将军卫青曾暗中受到皇上嘱咐，认为李广年老了，多次遭受窘困，不要让他正面同单于对阵，恐怕不能实现他的愿望。这时候，公孙敖新近失掉侯爵，担任中将军跟随大将军出征，大将军也想要让公孙敖与自己一同与单于对阵，所以调开前将军李广。李广当时知道这种情况，坚决向大将军拒绝调动。大将军不听从，命令长史下一道文书给李广的幕府，说道："赶快到所在军部去，照文书所说的办。"李广没有向大将军告辞就动身出发了，心里很恼怒，到达军部，带领士兵和右将军赵食其合兵一处，从东路出发。部队没有向导，迷失了道路，落在大将军的后面。大将军与单于交战，单于逃跑了，没能取得战果而回。大军向南渡过沙漠，才遇到前将军和右将军。李广会见大将军之后，回到自己军中。大将军派长史拿着酒食送给李广，顺便问了李广、赵食其迷失道路的情况，卫青要上书报告天子军中的曲折情形。李广没有回答，大将军派长史迫令李广的幕府人员前去听候审问。李广说："各校尉无罪，是我自己迷失了道路，现在我亲自上供状，听候审问。"

李广自尽

回到自己的幕府，李广对他的部下说："我从年轻的时候起，与匈奴大大小小经历了七十多次战斗，这一次有幸跟随大将军迎战单于的直属部队，可是大将军又调我的部队走迂回遥远的路，偏又迷失了路，这难道不是天意吗！况且我年纪六十多了，毕竟不能再受办案人员的侮辱了。"便拔出刀来自刎了。李广所部的军士都哭了。老百姓听到这件事，不论是认识的还是不认识的，不论是年老的还是年轻的，都为他流泪。而右将军赵食其单独被送交执法官吏，判处死刑，出钱赎罪，降为平民。

【原文】

太史公曰：《传》曰"其身正，不令而行；其身不正，虽令不从"①。其李将军之谓也？余睹李将军悛悛如鄙人②，口不能道辞。及死之日，天下知与不知，皆为尽哀。彼其忠实心诚信于士大夫也③？谚曰"桃李不言，下自成蹊"。此言虽小，可以喻大也。

【注释】

①传：指《论语》。引语出于《论语·子路》篇。②悛（xún）悛（xún）：通"恂恂"，谦恭谨慎。鄙人：居住在郊野未见过世面的人。③其：那。

【译文】

太史公说：《论语》上说："在上位的人本身行为端正，即便不下命令，人们也会遵守奉行；在上位的人本身行为不端正，即便下了命令，人们也不会遵守奉行。"这是说的李将军吧？我看到李将军诚恳质朴像个乡下人，口不善于讲话。等到他死的时候，天下认识他的和不认识他的，都为他极尽哀痛。他那种忠实的品质确实得到士大夫们的信任啊！俗话说"桃树李树不会说话，可是树下自然地被人们踩出了一条小路"。这话虽然浅近，但是可以用来说明大道理啊。

司马相如列传

【导读】

　　司马相如是西汉辞赋家,原名司马长卿,因仰慕战国时蔺相如而改名"相如"。司马相如年少喜欢读书练剑,二十多岁时做了武骑常侍,但他对此并无兴趣,故而有知音难觅的感叹。相如后来前往梁地,与喜欢辞赋的文士结交,写了一篇著名的《子虚赋》。离开梁地后,来到临邛,在卓王孙家中参加宴会时,以一曲《凤求凰》赢得卓王孙之女卓文君的倾慕,两人私奔而走,成为一段佳话。后来相如又游历西南夷。司马迁将与这些事有关的文和赋全部收录到这篇列传之中。

　　本篇节录的是司马相如弹《凤求凰》和谏武帝狩猎的故事。

○凤求凰○

【原文】

　　司马相如者,蜀郡成都人也,字长卿。少时好读书,学击剑①,故其亲名之曰犬子②。相如既学③,慕蔺相如之为人,更名相如。以訾为郎④,事孝景帝,为武骑常侍,非其好也⑤。会景帝不好辞赋,是时梁孝王来朝,从游说之士齐人邹阳、淮阴枚乘、吴庄忌夫子之徒⑥,相如见而说之,因病免⑦,客游梁。梁孝王令与诸生同舍⑧,相如得与诸生游士居数岁,乃著《子虚之赋》。

【注释】

①击剑:投剑击物的技术。②犬子:司马相如最初的名字,饱含着父母对儿子的亲昵之情。③既学:完成学业。④以訾为郎:因为家中资财多而当上了郎官。以:因,凭借。訾:通"赀"、"资",钱财。郎:郎官,是汉代的宫廷宿卫侍从之官。按汉朝法律,功臣的子弟、二千石以上的显宦高官子弟,皆可凭恩荫为郎。另外家财超过四万的良家子弟,也可以被选为郎,称为"訾郎"。⑤好:喜爱。⑥夫子:先生,是一种尊称。⑦因:趁着。免:辞官。⑧诸生:指梁孝王的诸多门客。舍:住。

【译文】

　　司马相如,蜀郡成都人,字长卿。少年时代就喜欢读书,还学习击剑,所以他的双亲称他为"犬子"。相如学业完成之后,因为仰慕蔺相如的为人,所以改名为相如,凭着家中的资财做了郎官,侍奉孝景帝,出任武骑常侍,这不是他所喜好的。恰好景帝不喜欢辞赋,这个时候梁孝王前来朝见皇帝,

⊙文史知识

汉代的郎官与察举制

　　郎官属郎中令,员额不定,最多时达五千人,有议郎、中郎、侍郎、郎中四等。以守卫门户、出充车骑为主要职责。汉武帝时,朝廷经常诏令地方察举孝子廉吏。这些人到了朝廷,多数会被安插在皇宫里做郎官。等他们在郎署服务几年,再分发出去。于是,汉代逐渐形成了一种一年一举的郡国孝廉制度,这项制度规定,各郡每年至少要新进两百名孝子廉吏。自此以后二三十年间,郎官的数量急剧增多,而在皇宫里任职的郎官,几乎全都是郡国孝廉出身。

跟随前来的游说之士有齐人驺阳、淮阴人枚乘、吴人庄忌夫子等，相如看到他们很高兴，趁着有病就辞了官职，投奔到梁国客居。梁孝王让他和儒生们居住在一起，相如得以和这些读书人交往好几年，写下一篇《子虚赋》。

【原文】

　　会梁孝王卒，相如归，而家贫，无以自业①。素与临邛令王吉相善②，吉曰："长卿久宦游不遂③，而来过我。"于是相如往，舍都亭④。临邛令缪为恭敬，日往朝相如⑤。相如初尚见之，后称病，使从者谢吉⑥，吉愈益谨肃。临邛中多富人，而卓王孙家僮八百人⑦，程郑亦数百人，二人乃相谓曰："令有贵客，为具召之⑧。"并召令。令既至，

凤求凰

卓氏客以百数。至日中，谒司马长卿，长卿谢病不能往⑨，临邛令不敢尝食，自往迎相如。相如不得已，彊往⑩，一坐尽倾⑪。酒酣，临邛令前奏琴曰⑫："窃闻长卿好之，愿以自娱。"相如辞谢，为鼓一再行⑬。是时卓王孙有女文君新寡，好音，故相如缪与令相重⑭，而以琴心挑之⑮。相如之临邛⑯，从车骑⑰，雍容闲雅甚都⑱；及饮卓氏，弄琴，文君窃从户窥之⑲，心悦而好之，恐不得当也⑳。既罢，相如乃使人重赐文君侍者通殷勤㉑。文君夜亡奔相如㉒，相如乃与驰归成都。家居徒四壁立㉓。卓王孙大怒曰："女至不材㉔，我不忍杀，不分一钱也。"人或谓王孙，王孙终不听。文君久之不乐，曰："长卿第俱如临邛㉕，从昆弟假贷犹足为生㉖，何至自苦如此！"相如与俱之临邛，尽卖其车骑，买一酒舍酤酒㉗，而令文君当炉㉘。相如身自著犊鼻裈㉙，与保庸杂作㉚，涤器于市中。卓王孙闻而耻之，为杜门不出㉛。昆弟诸公更谓王孙曰㉜："有一男两女，所不足者非财也。今文君已失身于司马长卿，长卿故倦游㉝，虽贫，其人材足依也。且又令客，独奈何相辱如此！"卓王孙不得已，分予文君僮百人、钱百万，及其嫁时衣被财物。文君乃与相如归成都，买田宅，为富人。

【注释】

①自业：自谋生计。②素：向来。令：县令。相善：互相友好。③宦游：离乡在外，求官任职。遂：官运通达。④都亭：指临邛城内之亭。⑤缪：通"谬"，诈，佯装。朝：拜访。⑥谢：拒绝。⑦家僮：私家奴隶。⑧为具：备办酒席。具，指饭菜。⑨谢病：以病为借口推辞。⑩彊往：勉强前去。⑪一坐尽倾：在座的客人都惊羡司马相如的风采。⑫奏：进献。⑬鼓：弹奏。一再行：一两支曲子。再，第二。行，指乐曲。⑭相重：相互敬重。⑮琴心：指琴声中蕴含的感情。挑：通"誂（tiǎo）"。《说文》："誂，相呼诱也。"此指司马相如用琴声诱发卓文君的爱慕之情。⑯之：往；到……去。⑰从车骑：车马跟随在后边。从，随。⑱雍容闲雅：仪表堂堂，文静典雅。甚都：很大方。⑲窥：从缝隙中偷看。⑳不得当：不能相配。当，匹配。㉑通：传达。殷勤：殷切诚恳之情。㉒亡奔：逃出卓家与相如私奔。亡，逃跑。奔，男女私自结合。㉓家居：家中存放之物。徒四壁立：只有空空的四面墙壁竖立在那里，指家中穷乏无物。居，放置。徒，空。㉔至：极。不材：不成材。㉕第：但，只。俱如：一同前往。㉖从：向。昆弟：兄弟。假贷：借贷。为生：维持生活。㉗酒舍：酒店。酤（gū）酒：卖酒。㉘当炉：主事卖酒。炉，通"垆"，堆土成台，四面隆起，中置酒瓮以热酒。㉙著：穿。犊鼻裈（kūn）：形似牛犊之鼻的围裙。㉚保庸：雇工。杂作：共同操作。㉛杜门：闭门。㉜诸公：父辈们。更：交相。㉝故：本来。倦游：对宦游已厌倦。

【译文】

　　正好赶上梁孝王去世,相如返回故里,家里贫穷,没有可以用来谋生的职业。相如平素与临邛县令王吉交好,王吉对他说:"长卿你长时间在外宦游却不称心如意,不如过来投奔我吧。"相如就前往临邛,住在都亭之内。临邛令假装很恭敬的样子,天天去拜见相如。相如在刚开始的时候还接待他,后来就假托有病,让随从辞谢王吉,王吉更加谨慎肃敬了。临邛城中有很多富人,其中卓王孙的家中有僮仆八百人,程郑的家中也有好几百人,两个人于是相互商议说:"县令家中有位贵客,我们置备酒席招待他吧。"一块请来县令。县令到了之后,卓王孙的客人已经来了一百多人。到中午的时候,就派人去请司马相如,司马相如称病不来,临邛令竟然不敢进食,亲自前去迎接相如,相如没有办法,勉强答应前往,来了之后,在座的人都倾慕相如的风采。酒菜酣饱之时,临邛令拿着琴上前对司马相如说:"私底下听说长卿喜欢奏琴,希望弹奏一曲助兴。"相如推让了一下,就弹奏了一两首曲子。当时卓王孙有个女儿,名叫卓文君,才死了丈夫不久,喜欢音乐,所以相如假装和县令相互敬重,其实是用琴音博取她的芳心。相如到了临邛,侍从和车骑成群,态度雍容娴雅,仪容大方俊秀;到了卓家赴宴,拨弄琴弦,文君偷偷地从门缝里窥看,心里很高兴,喜欢上了相如,唯恐不能配上他。酒宴结束后,相如派人重赏文君的侍者,传达自己的爱慕之心。文君夜里逃出自己的家,去投奔相如,相如就和她赶着车马返回成都。进门一看,家中空无一物,只有四面墙壁竖立着。卓王孙十分生气地说道:"我女儿不成材到了极点,我不忍心杀死她,不分给她一个钱。"有的人劝说卓王孙,但他就是听不进去。文君过了很长时间感到不愉快,说:"长卿啊,你只要和我一同回到临邛,向弟弟借钱就足以维持生活,哪里至于让自己这样受苦呢!"相如和她一起回到临邛,将自己的车和马变卖了,买了一家酒店做起了卖酒的活计,他让卓文君亲自在酒垆面前酌酒,自己则穿上牛鼻围裙,和奴婢、佣役一起干杂活,在闹市之中洗涤酒器。卓王孙听说之后,认为这是耻辱,就闭门不出。兄弟和长辈都来劝卓王孙说:"你只有一个儿子、两个女儿,所缺少的不是钱财啊。现在文君既然已经失身给了司马长卿,长卿本来就厌倦宦游,虽然家贫,但确是个可以依靠的好人才,况且又是县令的客人,为什么这样看轻他呢?"卓王孙没有办法,分给文君僮仆一百人、钱一百万,还有她出嫁时的衣被和财物。文君就和相如回到成都,购买田宅,成为富人。

上书武帝

【原文】

　　相如口吃而善著书。常有消渴疾①。与卓氏婚,饶于财。其进仕宦,未尝肯与公卿国家之事②,称病闲居,不慕官爵。常从上至长杨猎③,是时天子方好自击熊彘,驰逐野兽,相如上疏谏之。其辞曰:

　　臣闻物有同类而殊能者,故力称乌获④,捷言庆忌⑤,勇期贲、育⑥。臣之愚,窃以为人诚有之,兽亦宜然。今陛下好陵阻险⑦,射猛兽,卒然遇轶材之兽⑧,骇不存之地⑨,犯属车之清尘⑩,舆不及还辕,人不暇施巧,虽有乌获、逢蒙之伎⑪,力不得用,枯木朽株尽为害矣。是胡、越起于毂下⑫,而羌、夷接轸也⑬,岂不殆哉!虽万全无患,然本非天子之所宜近也。

　　且夫清道而后行,中路而后驰⑭,犹时有衔橛之变⑮,而况涉乎蓬蒿,驰乎丘坟,前有利兽之乐而内无存变之意,其为祸也不亦难矣!夫轻万乘之重不以为安乐,出于万有一危之涂以为娱,臣窃为陛下不取也。

　　盖明者远见于未萌,而智者避危于无形。祸固多藏于隐微而发于人之所忽者也⑯。故鄙谚曰"家累千金,坐不垂堂"⑰。此言虽小,可以喻大。臣愿陛下之留意幸察。

【注释】

① 消渴疾：病名，即今之糖尿病。② 与：参与。③ 常：通"尝"，曾经。长杨：即长杨宫，在今陕西周至东南三十里。④ 乌获：战国时秦国大力士，能举千钧重物。⑤ 捷：敏捷。庆忌：春秋时吴王僚的儿子。⑥ 期：期望。贲：孟贲，古代勇士，颜师古《汉书注》说孟贲"水行不避蛟龙，陆行不避豺狼，发怒吐气，声响动天"。育：夏育，古代勇士。⑦ 陵：登。⑧ 卒：通"猝"。轶材：指特别强壮有力的野兽。⑨ 骇：马受惊。不存：毫无戒备。⑩ 属车：随从帝王出行的车队。清尘：尊称天子车驾所泛起的尘土，此指代天子的车驾。⑪ 逢蒙：夏代善于射箭者。伎：通"技"，技巧。⑫ 毂下：辇毂之下，旧指京城。⑬ 羌夷：羌人与夷人，喻野兽。轸：车后横木，此指车驾。⑭ 中路：道路中央。⑮ 衔：勒马口的铁具。橛：车轴钩心。⑯ 忽：忘记，忽视。⑰ 垂堂：指房前室靠近屋檐之处。

【译文】

相如口吃但善于写文章。经常患有消渴病。与卓文君成婚后，资财丰饶。所以他担任官职的时候，不肯与公卿一起处理国家大事，而是称病闲居起来，不贪慕官禄和爵位。曾经跟随皇上到长杨宫去打猎，这个时候皇上正好喜欢亲自击杀熊和野猪，赶着马追逐野兽，相如上疏劝谏皇上。上面写道：

我听说有的东西种类相同但才能却不相同，所以说到力气大的就数乌获，说到敏捷的就数庆忌，说到勇猛的就数孟贲和夏育。我愚昧，但是私底下认为人确实有这种情况，兽也应该是这样吧。现在陛下喜欢登临险要的地方，射击猛兽，若是突然遇上特别凶猛的野兽，在意料不到的地方使马受惊，触犯您的副车，趁着车子来不及回旋，人顾不上施展技巧，纵然有乌获的气力、逢蒙的技艺，能力不能得到施展，那么枯朽的树木都能成为祸患。这种情况就好像胡人和越人在京城起事，而羌人和夷人又跟随舆车而来，这难道不是危险吗？即使它是绝对安全的，这本来也不是天子应该接近的啊！

况且清除道路，然后再行走，选择在道路的中央奔驰，依然时常会发生马的衔口断裂、车轴的钩心脱落，更何况是在草丛之中跋涉，在丘墟之上奔驰，前面有猎取野兽的快乐，而内心却没有应变的准备，只怕灾难也不难发生。至于看轻帝王的重位，不以安居其上为乐事，而喜欢在那万一有危险的道路上娱乐，我私下里认为陛下不应该这样做。

大概明察事物的人，都能在事情还没有萌发的时候就能远远地看见；聪明的人也能在危害还没能形成之时便能躲避灾祸。灾祸多隐藏在难以察觉的地方，发生在人们疏忽大意的时刻。所以谚语说："家中积累千金，不坐在屋檐之下。"这话尽管说的是小事，但却可以晓喻大义。我请求陛下您能留意并细察我所说的话。

汉武帝迷恋游猎

儒林列传

【导读】

本篇记叙西汉前期几位儒学大师以及他们的传承弟子的事迹，旨在反映汉武帝时期儒学兴盛的局面。由于本篇合写众多儒学之士，是一篇专题性类传，所以"儒林"作为标题。

文章传前的序言是一篇出色的史论。司马迁对几百年来儒学的兴衰史发出极大的感叹，他从历史与现实两方面，揭示了汉代儒学在武帝朝勃然兴盛的原因，即统治者的权力之争。本传部分，司马迁依照五经《诗》、《书》、《礼》、《乐》、《易》、《春秋》的顺序逐一记人叙事。每个人的着墨多少不一，但是往往触及儒学内部的问题。如写董仲舒遭到主父偃和公孙弘的谗害，说明朝廷重用儒生的政策依然潜伏着一些弊病，颇有深意。

○源　流○

【原文】

太史公曰：余读功令①，至于广厉学官之路②，未尝不废书而叹也。曰：嗟乎！夫周室衰而《关雎》作③，幽、厉微而礼乐坏④，诸侯恣行，政由强国。故孔子闵王路废而邪道兴⑤，于是论次《诗》、《书》⑥，修起礼乐。适齐闻《韶》⑦，三月不知肉味。自卫返鲁，然后乐正，《雅》、《颂》各得其所⑧。世以混浊莫能用，是以仲尼干七十余君无所遇⑨，曰"苟有用我者，朞月而已矣⑩"。西狩获麟⑪，曰"吾道穷矣"。故因史记作《春秋》⑫，以当王法⑬，其辞微而指博⑭，后世学者多录焉。

【注释】

①功令：朝廷考核选用学官的法规。②厉：通"励"，勉励。学官：掌管教育的朝官，这里指经学博士官。③《关雎》：《诗经·周南》中的首篇，本为民间情歌，但汉初鲁地传授《诗》的学者认为这是反映时政衰颓的讽喻诗。④幽、厉：周幽王和周厉王，都是西周末期的昏君。⑤闵：忧虑。⑥论次：整理编定。《诗》、《书》：即《诗经》和《尚书》。⑦韶：相传为舜时的古乐曲名，又名《九韶》。乐曲赞颂舜的美德，孔子认为它尽善尽美。⑧《雅》、《颂》：《诗经》中的雅诗和颂诗。前者是王朝京畿地区的乐歌，后者是朝廷祭祀鬼神、颂扬祖先功德的乐歌。⑨干：求取。⑩朞月：一年。⑪获麟：麟是古代的祥瑞之物，鲁哀公十四年（公元前481年），有人在鲁国西郊猎获麒麟。孔子闻而震惊，认为他救治乱世的政治理想不能实现，因而叹息"吾道穷矣"。⑫《春秋》：指由孔子修订的鲁国编年史。⑬以当王法：此句是说孔子著《春秋》，有鲜明的政治倾向和是非评判，他在叙事中暗寓褒贬，因而孟子说《春秋》是一部使"乱臣贼子惧"的书。⑭其辞微而指博：这句是说《春秋》具有语义隐蔽而且丰富宏大的特点，即专意于探寻微言大义。指：大指，意图。

【译文】

太史公说：我阅读考核、选用学官的法规，读到广泛勉励学官成长的道路，没有不把书放下来叹息的。说：唉，周室衰微而《关雎》出现，幽王、厉王时期王道式微而礼乐崩坏，诸侯横行放纵，政令由强国把持操纵。所以孔子怜悯王道废弛、邪道兴起，便整理《诗》、《书》，修订礼乐。到齐国听到《韶》乐，几个月不知道吃肉是什么滋味。从卫国返回鲁国，然后音乐端正，《雅》、《颂》各得其所。世道混浊不堪，没人重用他，所以仲尼游说七十多位国君，没有碰到知遇之人。说"假如有重用我的，国家一年就可以治理好"。鲁国君主到西边打猎，有人捕获一只麒麟，孔子说"我的道无法实行了啊"。所以根据鲁国编修的历史整理成一部《春秋》，以作为寄托褒贬的义法，它的文章精微而意旨博大，后世的学者纷纷引录研究。

【原文】

自孔子卒后，七十子之徒散游诸侯①，大者为师傅卿相②，小者友教士大夫，或隐而不见。故子路居卫，子张居陈，澹台子羽居楚，子夏居西河，子贡终于齐。如田子方、段干木、吴起、禽滑釐之属，皆受业于子夏之伦③，为王者师。是时独魏文侯好学④。后陵迟以至于始皇⑤，天下并争于战国，儒术既绌焉⑥，然齐、鲁之间，学者独不废也。于威、宣之际⑦，孟子、荀卿之列，咸遵夫子之业而润色之⑧，以学显于当世。

【注释】

①七十子：孔子有高徒七十二人，这里是举其整数。②师傅：教导、辅佐君王及王子的人。③伦：类。④好学：指好儒学。⑤陵迟：衰颓。⑥绌：通"黜"，贬斥，废弃。⑦威、宣之际：齐威王和齐宣王当政的时期。威、宣二王在国都设稷下学宫，广泛延揽各家学者议论、讲学。⑧润色：修饰增色，即思想上的发扬出新。

【译文】

自从孔子去世之后，七十多位门徒分散在各地游说诸侯，成就大的担任师傅卿相，成就小的也能教导士大夫，有的徒弟隐居起来不出仕。所以子路住在卫国，子张住在陈国，澹台子羽住在楚国，子夏住在西河，子贡终老于齐国。像田子方、段干木、吴起、禽滑釐这些人，都受业于子夏等人，最终成为君王的老师。这个时候，只有魏文侯最为好学。后来逐渐衰微，一直延续到始皇，战国时天下诸侯并争，儒学受到贬斥，但是在齐国、鲁国之间，学者终究没有废弃它。在威王和宣王之际，孟子、荀卿等人，都能遵循孔子的学说并发扬光大，凭借才学扬名当世。

【原文】

及至秦之季世，焚《诗》、《书》，坑术士①，六艺从此缺焉②。陈涉之王也，而鲁诸儒持孔氏之礼器往归陈王③。于是孔甲为陈涉博士，卒与涉俱死。陈涉起匹夫，驱瓦合适戍④，旬月以王楚，不满半岁竟灭亡，其事至微浅，然而缙绅先生之徒负孔子礼器往委质为臣者⑤，何也？以秦焚其业，积怨而发愤于陈王也。

【注释】

①术士：经术之士，即儒生。②六艺：即《诗》《书》《礼》《乐》《易》《春秋》。③礼器：用青铜铸造的祭器，在祭祀、丧葬、聘礼等仪式中使用。④瓦合适戍：临时凑集的被遣发远方戍守的罪人。瓦合，如破瓦相合，表面聚拢，实际不能整齐一致。适，通"谪"，意为被流放或贬职。⑤缙绅：同"搢绅"，官宦的装束。搢，指把笏板插在带间；绅，束于

焚烧《诗》、《书》

衣外的大带。委质：下拜时屈膝而委身于地，以示恭敬，这里指向君主称臣归顺。

【译文】

到了秦朝末年，焚烧《诗》、《书》，坑杀术士，"六艺"从此有所缺失。陈涉起兵称王，鲁国的许多儒士拿着孔子的礼器去归顺陈王。孔甲成为陈涉的博士，最终和陈涉一起败亡。陈涉本是个寻常的人，率领着一帮被遣发远方戍守的乌合之众，一月之内就在楚地称王，不到半年就灭亡，他的事业十分微小，然而缙绅先生们却背着孔子的礼器向他归顺称臣，这是为什么呢？因为秦朝焚毁了儒学大业，积累下的怨愤都希望依靠陈王来发泄雪恨。

【原文】

及高皇帝诛项籍，举兵围鲁，鲁中诸儒尚讲诵习礼乐，弦歌之音不绝①，岂非圣人之遗化，好礼乐之国哉？故孔子在陈，曰："归与归与！吾党之小子狂简②，斐然成章③，不知所以裁之④"。夫齐、鲁之间于文学⑤，自古以来，其天性也。故汉兴，然后诸儒始得修其经艺⑥，讲习大射乡饮之礼⑦。叔孙通作汉礼仪，因为太常，诸生弟子共定者，咸为选首⑧，于是喟然叹兴于学。然尚有干戈，平定四海，亦未暇遑庠序之事也⑨。孝惠、吕后时，公卿皆武力有功之臣。孝文时颇征用，然孝文帝本好刑名之言。及至孝景，不任儒者，而窦太后又好黄老之术⑩，故诸博士具官待问⑪，未有进者。

【注释】

①弦歌：即以琴瑟伴奏歌唱。②党：乡党。古代的一种居民组织，五百家为一党，这里泛指乡里。小子：长辈称晚辈的称呼。狂简：志向远大而流于疏阔，行事不切实际。③斐然：有文采的样子。④裁：剪裁，喻指教导。⑤文学：当时对哲学、历史和文学的统称。⑥修：研究学习。经艺：经学。⑦大射：周代为祭祀而举行的射礼。乡饮：古代乡学，三年业成，经考核选取品德与才学兼优者举荐于君主，行前由乡大夫主持设宴饯行，此礼仪称"乡饮"。⑧选首：选用的对象。⑨未暇遑：没有时间顾及。暇遑，空闲。庠序：学校。⑩黄老之术：道家学说。道家以黄帝、老子为祖，故云。⑪具官待问：已备官员之职却得不到重用，有形同虚设的意思。

【译文】

后来高皇帝诛杀项籍，发兵围攻鲁国，鲁国的儒生们还在诵读经书、学习礼乐，所以弦歌之音没有断绝，这难道不是圣人遗留下来的教化，使鲁国成为崇尚礼乐的国度吗？所以孔子在陈国，说："回去吧，回去吧！我乡里的小子们急于进取而流于疏阔，因此做事情不切实际，文采斐然可观，只是不知道该怎么去教导他们。"齐国和鲁国之间，人们热爱文学，这是自古以来天生的。所以汉朝兴起，然后儒生们开始能够研究六艺，讲习"大射"、"乡饮"的礼仪。叔孙通创制了汉代的礼仪制度，所以官拜太常，儒生弟子们参与制定的，都成为朝廷优先录用的对象，所以他们都很感叹地说凭借儒学起家。然而这时还有战事，汉朝忙于平定四海，也没有空闲去关注兴学办教育的事情。孝惠帝和吕后的时候，公卿都是一些凭借武功而成为有功之臣的人。孝文帝的时候经常征用儒士，但是孝文帝在本质上喜欢刑名之术。孝景帝的时候，不重用儒者，而窦太后又喜欢黄老之术，所以诸位博士只不过是些配备的官员罢了，没有得到重用的。

【原文】

及今上即位，赵绾、王臧之属明儒学，而上亦乡之①，于是招方正贤良文学之士。自是之后，言《诗》于鲁则申培公，于齐则辕固生，于燕则韩太傅。言《尚书》自济南伏生。言《礼》自鲁高堂生②。言《易》自菑川田生③。言《春秋》于齐鲁自胡毋生，于赵自董仲舒。及窦太后崩，武安侯田蚡为丞相，绌黄老、刑名百家之言，延文学儒者数百人，而公孙弘以《春秋》白衣为天子三公④，封以平津侯。天下之学士靡然乡风矣⑤。

【注释】

① 乡：通"向"，倾向，趋向。②《礼》：即《仪礼》，又称《士礼》或《礼经》，是春秋战国时一部分礼制的汇编。③《易》：即《周易》，又称《易经》，古代占筮之书，相传为周人所作。④ 白衣：此代指平民。三公：朝中最高的三个官位，汉代指丞相、太尉和御史大夫。⑤ 靡然乡风：顺风倒下，喻指自然而然地向往、追求，成为一种普遍的时尚。

天下学士尽习《诗》、《书》

【译文】

等到当今皇上即位，赵绾、王臧等人深明儒学，而皇上也很向往，便招揽方正贤良的文学之士。从这以后，宣讲《诗》的在鲁国有申培公，在齐国有辕固生，在燕国有韩太傅。宣讲《尚书》的出自济南的伏生。宣讲《礼》的出自鲁国的高堂生。宣讲《易》的出自菑川的田生。宣讲《春秋》的在齐鲁之地出自胡毋生，在赵国出自董仲舒。到了窦太后去世后，武安侯田蚡出任丞相，罢黜黄老、刑名等百家之言，延揽文学儒士数百人之多，而公孙弘凭借《春秋》一书起家，从白衣平民最终做到三公，封为平津侯。天下的学士一边倒地倾向儒学。

◎公孙弘◎

【原文】

公孙弘为学官，悼道之郁滞①，乃请曰："丞相、御史言：制曰'盖闻导民以礼②，风之以乐③。婚姻者，居室之大伦也④。今礼废乐崩，朕甚愍焉⑤，故详延天下方正博闻之士，咸登诸朝。其令礼官劝学，讲议洽闻兴礼⑥，以为天下先。太常议，与博士弟子，崇乡里之化⑦，以广贤材焉'。谨与太常臧、博士平等议曰：闻三代之道，乡里有教，夏曰校，殷曰序，周曰庠。其劝善也，显之朝廷；其惩恶也，加之刑罚。故教化之行也，建首善自京师始⑧，由内及外。今陛下昭至德，开大明⑨，配天地，本人伦，劝学修礼，崇化厉贤，以风四方，太平之原也。古者政教未洽⑩，不备其礼，请因旧官而兴焉。为博士官置弟子五十人，复其身⑪。太常择民年十八已上⑫、仪状端正者，补博士弟子。郡国县道邑有好文学、敬长上、肃政教、顺乡里、出入不悖所闻者⑬，令相长丞上属所二千石⑭，二千石谨察可者，当与计偕⑮，诣太常，得受业如弟子。一岁皆辄试，能通一艺以上，补文学掌故缺；其高弟可以为郎中者⑯，太常籍奏⑰。即有秀才异等⑱，辄以名闻。其不事学若下材及不能通一艺，辄罢之，而请诸不称者罚。臣谨案诏书律令下者⑲，明天人分际⑳，通古今之义，文章尔雅㉑，训辞深厚㉒，恩施甚美。小吏浅闻，不能究宣㉓，无以明布谕下。治礼次治掌故，以文学礼义为官，迁留滞㉔。请选择其秩比二百石以上，及吏百石通一艺以上，补左右内史、大行卒史；比百石以下，补郡太守卒史：皆各二人，边郡一人。先用诵多者㉕，若不足，乃择掌故补中二千石属㉖，文学掌故补郡属㉗，备员。请著功令。佗如律令㉘。"制曰："可。"自此以来，则公卿大夫士吏斌斌多文学之士矣㉙。

【注释】

① 悼：恐惧。道：思想、学说，这里指儒学。郁滞：滞结不通畅，此指思想、学说不能被宣扬贯彻。② 制：帝王的命

令。③风：教化，感化。④居室：指夫妇关系。⑤憝：忧虑。⑥洽闻：见识广博。⑦崇乡里之化：重视发展地方教育。崇，尊崇。乡里，周制二十五家为里，一万二千五百家为乡。化，教化。⑧首善：首先实施教化并成为榜样。⑨大明：日、月。此以日月的光辉比喻赞美皇上的至德。⑩洽：协和融洽。⑪复：免除赋税徭役。⑫已：通"以"。⑬顺：和顺，友爱。悖：违背。所闻：所学。⑭上属：向上举荐。属，交付。所二千石：此指县令、侯国相、县长、县丞所隶属的上级郡守和诸侯王国相。⑮计：指郡守下属的上计吏。偕：偕同。⑯高弟：一作"高第"，才优而学业品第高。⑰籍奏：记入名籍上奏。⑱秀才：此指才能特别优秀。⑲案：通"按"，考察，这里指深入领会旨意。⑳天人分际：天道和人事的界限与相互关系。㉑尔雅：近于雅正。㉒训辞：教诲的话。㉓究宣：即透彻无误地讲解。㉔迁留滞：晋升缓慢造成了人才积压。㉕诵多者：熟知经书能大量诵讲的人。㉖中二千石属：左右内史和大行官的卒史。属，属官。㉗郡属：指郡太守卒史。㉘佗：同"他"，其他。㉙斌斌：同"彬彬"，文质兼备。

公孙弘像

【译文】

公孙弘身为学官，担心儒学闭结滞留不向前发展，于是请求说："丞相、御史说：皇上有令'朕听说应当以礼仪教导万民，以乐来感化他们。婚姻，是夫妻之间最重要的伦常。现在礼废乐坏，我感到十分担忧。所以想揽尽天下品行端正、学识渊博的士人，全都到朝中做官。应该命令礼官努力学习儒学，宣讲议论，应当见识广博，崇尚礼仪，为天下做出表率。太常提议，授予博士弟子，崇尚乡里的教化，以此增加贤能之士'。谨慎地与太常臧、博士平等人商议说：听说三代治民的方法，在乡里都有教育的场所，夏朝称为校，殷商称为序，周朝称为庠。劝勉民众向善，就让他的名声显赫于朝廷；惩戒邪恶之徒，就施加刑罚。所以政教风化的推行，树立榜样应当从京师开始，从内到外（推行）。现在陛下彰明至高的德行，显示日月的光辉，媲美天地，推本人伦，劝民求学，整饬礼仪，崇尚教化，奖励贤能，以此感化四方，这是谋求天下太平的根本。古代政令教化未能普及，礼仪制度尚不完备，请求借助旧的校馆进行修建。为博士官选收弟子五十人，免除他们的租税或徭役。太常选择十八岁以上、相貌端正的，补充为博士弟子。郡国县道邑中有喜欢文学、尊敬长辈、尊奉政教、和顺乡里、言行间不违背所学的人，县令、侯国相、县长、县丞就上报给所属郡太守和诸侯

⊙文史知识

公孙弘善于做官

公孙弘是齐国薛县人，汉武帝时候做了博士。他常说，皇帝的毛病是见解不广大，人臣的毛病是不肯节俭。他自己便盖着布被，饭菜不吃两样。每次朝廷开会，他总是开陈其端绪，让皇帝自己去决定，不肯当面争执。于是皇帝觉得他行为敦厚，辩论有才，懂得文法吏事，又能以儒家的学术来装点附会它们，便很喜欢他。两年之内，公孙弘就做到了左内吏，一天天地亲信贵重起来。他常和公卿约好，对皇帝说什么话。但是到了皇帝跟前，他便依顺皇帝的意思而违背了原约。汲黯当着皇帝的面诘问他道："齐人多诈，开头他和我们一同建议此事，现在却都违反了原议，他是个不忠心的人。"皇帝问公孙弘，弘谢罪道："知道我的人总以我为忠心，不知道我的人便以为我不忠心。"皇帝觉得他的话不差，益发待他好。元朔三年，公孙弘做了御史大夫。汲黯说道："公孙弘做了三公，俸禄很多，他却盖着布被，这是假诈的。"皇帝问公孙弘有无此事，他谢罪道："有这事。在九卿里和我相厚的人莫过汲黯。然而他今天在朝廷上当面诘责我，实在说中了我的毛病。我做了三公，还盖着布被，实在是虚饰假诈，想要沽名钓誉。况且没有汲黯的忠心耿耿，皇帝怎么会听到这种话呢？"皇帝觉得他很谦让，待他更厚了，终于以他为丞相，封平津侯。

公孙弘为人表面看来很厚道，其实城府很深，而且善妒。平常和他有不对的人，他虽然表面上与其虚以委蛇，显得要很好，暗地里却使计陷害对方。主父偃的被杀、董仲舒被徙于胶西，都是他搞的鬼。

相，郡太守和王国相谨慎考察认可的人，应当跟随计吏一起进京向太常报到，能够像弟子那样一起参加学习。一年后都参加考试，有能精通一门技艺以上的，可以补文学掌故的缺；名次高可以做郎中的，太常列一份名簿上奏。如果有才能特别优秀、名列特等的，就将名字上报。如果不认真学习、才能低下以及不能通晓一门学问的，就罢免他，举荐了许多不合格的官员也应受罚。我谨慎地推敲诏书律令下达的目的，在于明辨天人的分际，通晓古今的道理，诏书的文辞古朴雅正，训辞深沉醇厚，恩泽优厚。小官吏见识浅薄，不能透彻无误地宣讲，不能明白地传布下去，使民众知晓。首先选拔研究礼制的人才，然后再选拔研究掌故的人才，让礼仪及文学之士担任官职，提拔那些有文学礼仪修养但被压制的人才。请挑选俸禄在二百石以上，以及俸禄在一百石以上又精通一门技艺的官吏，补充左右内史、大行卒史；俸禄在一百石以下的官吏，补充为郡太守卒史；都是每郡两个人，边郡一个人。先任用记诵经书多的人，如果人数不够，就选择掌故之中成绩优秀的人补充为俸禄二千石的官员的属官，文学掌故补充为郡的属官，作为缺额充数。请把这些规定著录在教育法令之中。其他的按原有的法令执行。"诏书批示说："可以。"从这以后，公卿士大夫彬彬有礼，大多是文学之士了。

申　公

【原文】

申公者，鲁人也。高祖过鲁，申公以弟子从师入见高祖于鲁南宫。吕太后时，申公游学长安，与刘郢同师。已而郢为楚王，令申公傅其太子戊①。戊不好学，疾申公②。及王郢卒，戊立为楚王，胥靡申公③。申公耻之，归鲁，退居家教，终身不出门，复谢绝宾客，独王命召之乃往④。弟子自远方至受业者百余人⑤。申公独以《诗》经为训以教⑥，无传，疑者则阙不传⑦。

【注释】

①戊：刘戊，楚夷王子，西汉楚国第三位王。父死嗣位为王，立二十年，因参与汉初的"七国之乱"兵败后自杀。②疾：厌恶，憎恨。③胥靡：古代对一种奴隶的称谓，因被绳索牵连着劳动，故称。④王：指鲁恭王刘余。⑤百余人：《汉书·儒林传》作"千余人"。⑥训：解释词义。⑦传：讲解经义的文字。

【译文】

申公，鲁国人。高祖经过鲁国，申公以弟子的身份追随老师到鲁国的南宫进见高祖。吕太后的时候，申公到长安游学，与刘郢拜同一个老师。后来刘郢做了楚王，请申公做太子刘戊的老师。刘戊不喜欢学习，厌恶申公。后来楚王刘郢去世，刘戊做了楚王，强迫申公做苦工。申公认为很耻辱，回到鲁国，退到家中教书，终身不出家门，又谢绝宾客，只有鲁王召请他的时候才前往。弟子从远方到他这里求学的有一百多人。申公仅仅对《诗经》的正文作出解释，以此来教授学生，不阐述经义，其中有疑义的地方，就空着不予讲授。

【原文】

兰陵王臧既受《诗》，以事孝景帝为太子少傅，免去。今上初即位，臧乃上书宿卫上①，累迁，一岁中为郎中令。及代赵绾亦尝受《诗》申公，绾为御史大夫。绾、臧请天子，欲立明堂以朝诸侯②，不能就其事，乃言师申公。于是天子使使束帛加璧安车驷马迎申公③，弟子二人乘轺传从④。至，见天子。天子问治乱之事，申公时已八十余，老，对曰："为治者不在多言，顾力行何如耳⑤。"是时天子方好文词，见申公对，默然。然已招致，则以为太中大夫，舍鲁邸⑥，议明堂事。太皇窦太后好老子言，不说儒术，得赵绾、王臧之过以让上⑦，上因废明堂事，尽下赵绾、王臧吏，后皆自杀。

申公授《诗》

申公亦疾免以归，数年卒。

【注释】

①宿卫上：为皇上当宫禁中值宿警卫。②明堂：天子宣明政教的地方。③束帛：聘问的礼物，帛五匹为束。安车驷马：四马所拉可以安坐的车。这是高官衣锦还乡或是征召有重望的人时，皇上赐予的一种敬老尊贤的优待。④轺传：一马或二马拉的驿站之车，供使者乘用。⑤力行：努力实干。⑥邸：侯王或朝见皇帝的官员在京城的住所。⑦让：责备。

【译文】

　　兰陵王臧学习《诗经》之后，凭此辅佐孝景帝，担任太子少傅，后来被免职。当今圣上刚刚即位的时候，王臧上书请求担任宿卫，多次升迁，一年的工夫就做到郎中令。以及代郡的赵绾也曾经向申公学习《诗经》，赵绾担任御史大夫。赵绾、王臧奏请天子，打算设立明堂来朝见诸侯，但二人都不能完成这件事，就推荐了老师申公。天子派使臣带着束帛和玉璧，准备好驷马安车去迎接申公，弟子二人乘着小车在后面跟随申公到京城拜见皇帝。天子向他询问国家的政事，申公当时已经八十多岁了，太老了，回答说："治理国家的人不在多说话，只看努力实践些什么罢了。"这时天子正好喜欢文辞，听到申公的回答，沉默不说话。然而已经把他招来了，就任命他为太中大夫，住在鲁邸，商议设立明堂的事情。太皇窦太后喜欢黄老的学说，不喜欢儒术，找到赵绾和王臧的过错，用来责备皇上，皇上因此废止了设置明堂的事情，把赵绾和王臧抓来问罪，后来他们都自杀了。申公也很快遭到免职而回家，几年之后就死了。

⊙文史知识

汉武帝独尊儒术

　　汉初崇尚黄老无为，令社会得以休养生息，经济得到恢复发展。汉武帝时，为进一步加强中央集权，武帝采纳董仲舒的建议，以儒家的纲常名教来维护统治，罢黜百家，独尊儒术。以儒学经典作为选拔人才考试的内容。从此，生动的、实践的儒学逐渐变成了繁琐死板的经学，学子们为了官禄，寻章摘句、皓首穷经者大有人在。苏辙曾评价道："西汉自孝武之后，崇尚儒术，至于哀、平，百余年间，士之以儒生进用，功业志气可纪于世者，不过三四。"（《私试进士策问二十八首》）

【原文】

弟子为博士者十余人：孔安国至临淮太守，周霸至胶西内史，夏宽至城阳内史，砀鲁赐至东海太守，兰陵缪生至长沙内史，徐偃为胶西中尉，驺人阙门庆忌为胶东内史。其治官民皆有廉节，称其好学。学官弟子行虽不备，而至于大夫、郎中、掌故以百数。言《诗》虽殊，多本于申公。

【译文】

申公的弟子当博士的有十多人：孔安国官至临淮太守，周霸官至胶西内史，夏宽官至城阳内史，砀县的鲁赐官至东海太守，兰陵的缪生官至长沙内史，徐偃担任胶西中尉，驺人阙门庆忌担任胶东内史。他们治理官民都有清廉的节操，人们都称赞他们好学。学官弟子尽管品行还不够完美，但是官至大夫、郎中、掌故的也有百余人。讲解《诗经》的虽然有很多不同之处，但大多本源于申公。

○伏　生○

【原文】

伏生者，济南人也。故为秦博士。孝文帝时，欲求能治《尚书》者，天下无有，乃闻伏生能治，欲召之。是时伏生年九十余，老，不能行，于是乃诏太常使掌故朝错往受之①。秦时焚书，伏生壁藏之。其后兵大起，流亡，汉定，伏生求其书，亡数十篇，独得二十九篇，即以教于齐、鲁之间。学者由是颇能言《尚书》②，诸山东大师无不涉《尚书》以教矣③。

伏生像

【注释】

① 朝错：即晁错。朝，通"晁"。② 《尚书》：现存最早的上古典章文献汇编，也收有商和西周的一些史料，据说由孔子编选，是儒家经典之一。③ 山东：古时泛指崤山或华山以东的地区。

【译文】

伏生，济南人。以前是秦朝的博士。孝文帝时，想寻找能解说《尚书》的人，天下找不到，听说伏生能够讲授，打算征召他。这时伏生已经九十多岁了，太老，不能行走，便诏令太常派掌故晁错前往学习。秦朝时焚烧书经，伏生把《尚书》藏到墙壁之中。其后战乱四起，百姓到处流亡，汉朝平定天下后，伏生寻找到收藏在墙壁中的经书，亡佚了数十篇，只得到二十九篇，就在齐地和鲁地一带讲授。学者因此有很多能够解释《尚书》的，崤山以东的儒学大师没有不涉猎《尚书》去教授学生的。

【原文】

伏生教济南张生及欧阳生，欧阳生教千乘兒宽①。兒宽既通《尚书》，以文学应郡举，诣博士受业，受业孔安国。兒宽贫无资用，常为弟子都养②，及时时间行佣赁③，以给衣食。行常带经，止息则诵习之。以试第次④，补廷尉史。是时张汤方乡学，以为奏谳掾⑤，以古法议决疑大狱⑥，而爱幸宽。宽为人温良，有廉智，自持⑦，而善著书。书奏，敏于文，口不能发明也⑧。汤以为长者⑨，数称誉之。及汤为御史大夫，以兒宽为掾，荐之天子。天子见问，说之。张汤死后六年，兒宽位至御史大夫。九年而以官卒。宽在三公位，以和良承意从容得久⑩，然无有所匡谏⑪；于官，官属易之⑫，不为尽力。张生亦为博士。而伏生孙以治《尚书》征，不能明也。

自此之后，鲁周霸、孔安国、雒阳贾嘉，颇能言《尚书》事。孔氏有古文《尚书》⑬，而安国以今文读之，因以起其家⑭。逸《书》得十余篇⑮，盖《尚书》滋多于是矣。

【注释】

① 兒（ní）：姓，同"倪"。② 都养：为众人当炊事员。③ 间行：暗中行动。佣赁：受雇做工。④ 第次：等次，排列顺序。⑤ 奏谳掾：负责呈报罪案的属官。谳，审判定案。掾，古代属官的通称。⑥ 以古法议决疑大狱：此句是说以先秦儒学经义为法，依据它来判决疑难大案。狱，讼事。⑦ 自持：自我把握。⑧ 口不能发明：意思是说兒宽口拙，不善于把事理说清楚。发明，阐发明白。⑨ 长者：品行忠厚的人。⑩ 承意：奉迎他人的旨意。从容：指善于周旋调解纠纷。⑪ 匡谏：匡正诤谏。⑫ 官属：长官的属吏。易：轻视。⑬ 古文《尚书》：秦汉以前用古文字体写成的《尚书》。与伏生所传授的用汉代时兴的隶书体写成的今文《尚书》有很多出入。相传孔子旧宅墙壁中存留的古文《尚书》，是景帝之子鲁恭王刘余发现的，计四十五篇，比伏生讲授的二十九篇多出十六篇。⑭ 起其家：指从家中征召出来，授以官职。⑮ 逸：散失。

【译文】

伏生教授济南的张生和欧阳生，欧阳生教授千乘兒宽。兒宽精通《尚书》之后，以文学应郡国的推举，到博士那里学习，师从孔安国。兒宽家贫没有钱财可以资用，常常为学生们做饭，又常常悄悄地外出给人家做帮工，用这种方法供给自己吃和穿。外出时常常带上经书，休息的时候就学习。依据考试成绩的名次，补了廷尉史的官缺。这时张汤正对学术十分向往，就请兒宽做呈报案情的属官。兒宽依靠古法来判决疑难大案，因而张汤喜欢重用兒宽。兒宽为人温厚善良，清廉而有智谋，能够保持操守，善于著书。书写奏章，文思敏捷，但是嘴里却表达不出来。张汤把他看做长者，多次称赞他。等到张汤担任御史大夫，便任命兒宽为属官，推荐给天子。天子召见并询问他，十分高兴。张汤死后六年，兒宽官至御史大夫，做了九年官在任上去世了。兒宽位列三公的时候，因为谦和温良，能够奉承主上的意思，善于周旋调解纠纷，所以在位时间很久，但是对皇上没有过什么匡正和劝谏；在官位上，下属轻视他，不为他尽力效劳。张生也是博士。伏生的孙子也因为讲解《尚书》而被征召，但是对《尚书》的真义不能明白。

自此之后，鲁地周霸、孔安国、洛阳贾嘉，都能讲解《尚书》。孔氏有古文《尚书》，而孔安国用今文改写它，因此从家中被征召出来，授以官职。（孔安国）得到十多篇失传的古文《尚书》，《尚书》的篇数大概自此逐渐增加了。

〇董仲舒〇

【原文】

董仲舒，广川人也。以治《春秋》，孝景时为博士。下帷讲诵①，弟子传以久次相受业②，或莫见其面，盖三年董仲舒不观于舍园③，其精如此④。进退容止⑤，非礼不行，学士皆师尊之。今上即位，为江都相。以《春秋》灾异之变推阴阳所以错行⑥，故求雨闭诸阳，纵诸阴，其止雨反是。行之一国⑦，未尝不得所欲。中废为中大夫，居舍，著《灾异之记》⑧。是时辽东高庙灾⑨，主父偃疾之⑩，取其书奏之天子⑪。天子召诸生示其书，有刺讥⑫。董仲舒弟子吕步舒不知其师书，以为下愚⑬。于是下董仲舒吏，当死⑭，诏赦之。于是董仲舒竟不敢复言灾异。

董仲舒为人廉直。是时方外攘四夷⑮，公孙弘治《春秋》不如董仲舒，而弘希世用事⑯，位至公卿。董仲舒以弘为从谀⑰。弘疾之，乃言上曰："独董仲舒可使相胶西王⑱。"胶西王素闻董仲舒有行，亦善待之。董仲舒恐久获罪，疾免居家。至卒，终不治产业，以修学著书为事。故汉兴至于五世之间，唯董仲舒名为明于《春秋》，其传公羊氏也⑲。

【注释】

① 下帷：放下室内悬挂的帷幕，指居家教书。② 以久次：根据时间先后的次序。③ 舍园：屋舍旁的园圃。④ 精：专

心致志。⑤容止：形貌举动。⑥"以《春秋》灾异之变"句：根据《春秋》所记载的自然灾害和特异现象的变化来推求天道阴阳更替变化的规律。阴阳，中国古代哲学的一对范畴，表示天地万物间普遍存在的两种最基本的矛盾势力或属性。⑦一国：此指江都国。⑧《灾异之记》：《汉书·董仲舒传》记辽东高庙发生火灾后，董仲舒曾著书推求此事所显示的天意，但写出草稿后并未立即上奏。⑨高庙灾：《汉书·五行志》载此事在武帝建元六年（公元前135年）六月，辽东高帝庙失火。⑩疾：同"嫉"，嫉妒。⑪取：窃取。⑫刺讥：指责讥讽。⑬下愚：最愚蠢。⑭当：判罪。⑮攘：排除。四夷：指四方边境内外的少数民族。⑯希世：迎合世俗。⑰从谀：逢迎取容。⑱胶西王：胶西王刘端性情狠毒暴戾，屡犯国法，因此公孙弘举荐董仲舒去赴任胶西国相，这是蓄意谋害他。⑲公羊氏：战国齐人公羊高，他讲解《春秋》自成一家，即《春秋公羊传》。

董仲舒像

【译文】

　　董仲舒，广川人。因为研习《春秋》，孝景帝时曾拜为博士。他放下帷幕讲读《春秋》，弟子根据入门的先后依次轮流接受学业，有的学生甚至到最后都没有见过他的面，董仲舒三年不到家中的后园游玩，专心致志到如此地步。他的进退举止，不合礼仪的绝不去做，当时的在学之士都依照老师之礼尊敬他。当今皇上即位，他出任江都相，借助《春秋》记载的自然灾害和某些特定的自然现象的演变推究出自然界阴阳交替变化的规律，所以求雨的时候关闭各种阳气，放纵各种阴气，停止下雨的方法与此相反。这种方法在江都国得以实施，没有不获得他预想效果的。他在仕途上，曾经被降职为中大夫，住在家中，写下了《灾异之记》。这时辽东高帝庙发生火灾，主父偃嫉恨他，就偷了他的书，上奏给天子。天子召集儒生们出示这本书，书里面有讥讽指责的言论。董仲舒的弟子吕步舒不知道这是老师写的书，认为作者是愚蠢至极的人。便把董仲舒投进监狱，处以死刑，又下诏赦免。董仲舒从此不敢再谈论灾异的问题了。

　　董仲舒为人廉洁正直。这个时候国家正好要排除四方异族的袭扰，公孙弘讲解《春秋》不如董仲舒，而公孙弘迎合世俗行事，位列公卿。董仲舒认为公孙弘是阿谀逢迎的小人。公孙弘嫉恨他，就对皇上进言说："只有董仲舒可以做胶西王的国相。"胶西王平素就听说董仲舒有道德学问，也很好地对待他。董仲舒害怕时间久了会获罪，就称病辞职回家居住。直到去世，他始终不置办私产，以研究学问、著书立说作为终生的事业。所以从汉朝建立一直到第五世皇帝期间，只有董仲舒被认为深明《春秋》，最为著名，他师承传授的是《公羊春秋》。

⊙ **文史知识**

公孙弘与主父偃之死

　　公孙弘，齐地菑川人，历任博士、内史、御史大夫，直至丞相，封平津侯，显赫一时。公孙弘处事谨慎，为人低调，节俭自律，且奉事后母无微不至，深得武帝宠信。

　　尽管公孙弘不乏才干，但是却存在着一个致命弱点，即心胸十分狭窄，史称其"性意忌，外宽内深"、"多诈而无情"。这就是说，他大奸似忠，大恶如善，表面上一副谦恭和顺、彬彬有礼的正人君子形象，实际上城府极深。同僚中凡与他有隙怨者，他都会想方设法算计，主父偃之死便是一例。

　　主父偃是朝廷重臣，颇得汉武帝的信任，尤其是他提出"推恩"削弱诸侯王实力的建议，深得汉武帝的欢心，成为武帝身边的大红人，权倾朝野。主父偃的得势，引起了公孙弘的妒忌，便想着等待机会打击主父偃。一次，主父偃因为惩治齐王、燕王等诸侯过于严酷，激起了王公贵族们的强烈不满，加上他曾"受诸侯金"，激怒了武帝，武帝遂下令将主父偃下狱惩办。不过，汉武帝并不想取主父偃的性命。这时，公孙弘一改平时"不肯面折庭争"的做法，坚持要将主父偃处以极刑，他向武帝进言说："齐王自杀无后，国除为郡，入汉，偃本首恶，非诛偃无以谢天下。"（《汉书·主父偃传》）在公孙弘的坚持之下，武帝改变了"欲勿诛"的初衷，下令将主父偃处死并夷其九族。公孙弘的阴险和歹毒，由此可见一斑。

酷吏列传

【导读】

汉武帝时,刘彻任用一批酷吏治理天下,这些酷吏做事多严苛、残酷。《酷吏列传》通过介绍当时酷吏肆虐的情况,对武帝进行了委婉的批评。本篇节录了张汤的事迹。

张汤因为治陈皇后巫蛊案以及淮南、衡山二王谋反的案件,晋升为太中大夫、廷尉、御史大夫。张汤用法严峻,以春秋之义进行掩饰,还以武帝的意旨为审案的准绳,深得武帝宠信,权势超过丞相。后来,在御史中丞李文与丞相长史朱买臣的诬陷之下,张汤被逼自杀。张汤虽然用法严酷,为人严苛,但为官清廉,家产不足五百金,而且都是自己的俸禄和获得的赏赐。

○张汤严苛○

【原文】

张汤者,杜人也。其父为长安丞①,出,汤为儿守舍。还而鼠盗肉,其父怒,笞汤。汤掘窟得盗鼠及余肉,劾鼠掠治②,传爰书③,讯鞫论报④,并取鼠与肉,具狱磔堂下⑤。其父见之,视其文辞如老狱吏,大惊,遂使书狱⑥。父死后,汤为长安吏,久之。

周阳侯始为诸卿时⑦,尝系长安⑧,汤倾身为之。及出为侯,大与汤交,遍见汤贵人⑨。汤给事内史⑩,为宁成掾⑪,以汤为无害,言大府⑫,调为茂陵尉,治方中⑬。

武安侯为丞相⑭,征汤为史,时荐言之天子,补御史,使案事⑮。治陈皇后蛊狱⑯,深竟党与。于是上以为能,稍迁至太中大夫。与赵禹共定诸律令,务在深文,拘守职之吏。已而赵禹迁为中尉,徙为少府,而张汤为廷尉,两人交驩,而兄事禹⑰。禹为人廉倨,为吏以来,舍毋食客。公卿相造请禹,禹终不报谢,务在绝知友宾客之请,孤立行一意而已。见文法辄取⑱,亦不覆案⑲,求官属阴罪⑳。汤为人多诈,舞智以御人㉑。始为小吏,干没㉒,与长安富贾田甲、鱼翁叔之属交私。及列九卿,收接天下名士大夫,己心内虽不合,然阳浮慕之㉓。

【注释】

①丞:县丞。②掠治:拷打审问。③传:发出。爰书:记录罪犯供词的文书。④讯鞫(jū):反复审问,穷究罪行。论报:把判决的罪罚报告上级。⑤具狱:把应具备的审讯材料全部备齐,最后定案。磔:古代分尸的酷刑。⑥书狱:学习书写狱词。⑦周阳侯:指田胜,汉景帝王皇后的异父弟弟。诸卿:指九卿。⑧系:拘禁。⑨见:引见。⑩给事:供职。⑪掾:属官之称。⑫言大府:向丞相府推荐。⑬治:负责管理。方中:汉代称天子预修的墓穴叫方中。⑭武安侯:指田蚡。⑮案事:查验办理狱事。⑯陈皇后:汉武帝的原配妻子,深得武帝宠爱。后来,她失宠,便召女巫楚服用巫术诅咒武帝。事发后,武帝穷追此事,大兴巫蛊之狱。⑰兄事禹:以对待兄长的礼节对待赵禹。⑱文法:法令条文。辄:就。⑲覆案:再审案。⑳阴罪:尚未暴露的罪行。㉑舞智:玩弄聪明。㉒干没:白白吞没别人的财物。此处指利用职权与商人合谋取利。㉓阳:通"佯"。

【译文】

　　张汤是杜县人。他的父亲做过长安丞,外出,张汤身为儿子在家看守。回来时看到老鼠偷肉吃,他的父亲很生气,用鞭子笞打张汤。张汤挖掘鼠洞得到偷肉的老鼠和剩余的肉,揭发老鼠的罪状,并对其拷打审问,递送记录供词的文书,通过审讯报告上级,并提取盗鼠和剩余的肉,狱案已成,案卷齐备,在厅堂下面肢解了老鼠。他的父亲见此情景,看到他判决的文辞好像出自老练的狱吏之手,十分吃惊,就让他学习刑狱文书。父亲死后,张汤担任长安县吏,做了很长一段时间。

　　周阳侯田胜当初担任九卿,曾经被拘囚在长安,张汤竭力帮助他。等到他被释放出来获封侯爵,便和张汤结为至交,将张汤普遍地引见给权贵。张汤供职内史,做宁成的属吏,宁成认为张汤的才能无人能比,把他推荐到丞相府,调他担任茂陵尉,主持陵墓的土建工程。

　　武安侯田蚡担任丞相,征调张汤担任内史,常常把他推荐给天子,委任他为御史,派他审理案件。他主办陈皇后巫蛊案件时,深究朋党。皇上认为他贤能,逐渐升他做太中大夫。与赵禹一起制定各种律令,刻意追求严峻,以限制约束在职的官吏。后来赵禹升为中尉,又调任少府,而张汤为廷尉,两个人相好,张汤把赵禹当作兄长看待。赵禹为人廉洁而倨傲,自做官以来,家中一直没有食客。公侯卿相前来拜访,赵禹始终不肯答谢,目的在于断绝与知己和宾客的交往,以便独立实行自己的主张而已。他看到条文法令就采纳,也不复查,以求追究属吏隐秘的罪行。张汤为人多奸诈,善于玩弄手段以控制别人。最初担任小吏,假公济私,与长安的富商田甲、鱼翁书等人秘密交往。到位列九卿之后,便收罗接待天下有名的士大夫,自己的内心虽然跟他们不合,但表面上还是装成仰慕他们。

【原文】

　　是时上方乡文学①,汤决大狱,欲傅古义②,乃请博士弟子治《尚书》《春秋》补廷尉史,亭疑法③。奏谳疑事④,必豫先为上分别其原,上所是,受而著谳决法廷尉⑤,絜令扬主之明⑥。奏事即遣,汤应谢,乡上意所便,必引正、监、掾史贤者,曰:"固为臣议,如上责臣,臣弗用,愚抵于此。"罪常释。间即奏事,上善之,曰:"臣非知为此奏,乃正、监、掾史某为之。"其欲荐吏,扬人之善蔽人之过如此。所治即上意所欲罪⑦,予监史深祸者⑧;即上意所欲释,与监史轻平者⑨。所治即豪,必舞文巧诋⑩;即下户羸弱⑪,时口言⑫,虽文致法⑬,上财察⑭。于是往往释汤所言。汤至于大吏,内行修也⑮。通宾客饮食。于故人子弟为吏及贫昆弟,调护之尤厚。其造请诸公,不避寒暑。是以汤虽文深意忌不专平⑯,然得此声誉。而刻深吏多为爪牙用者。依于文学之士,丞相弘数称其美⑰。及治淮南、衡山、江都反狱⑱,皆穷根本。严助及伍被,上欲释之⑲。汤争曰:"伍被本画反谋⑳,而助亲幸出入禁闼爪牙臣㉑,乃交私诸侯如此,弗诛,后不可治。"于是上可论之㉒。其治狱所排大臣自为功,多此类。于是汤益尊任,迁为御史大夫。

【注释】

①乡:通"向",倾向。文学:指儒家学说。汉武帝崇尚孔子和孟子,罢黜百家,独尊儒术。②傅:附会。古义:指儒家经书上的说法。③亭:平判。此言遇到有疑问的法律条文,则请他们根据《尚书》和《春秋》的思想原则加以平断,使其合于儒家的思想。④奏:进奏。谳(yàn):审理定案。⑤决法:判案的法规。廷尉:此指以廷尉之名加以公布。⑥絜令:刻在木板上的法令。按《尚书》作"挈"。絜,通"契",用刀刻。⑦欲罪:想治罪。⑧深祸者:指执法严酷的

张汤决断狱讼

监史。⑨轻平：指执法轻而公平。⑩舞文：挥舞笔墨，玩弄法令条文。巧诋：用巧言诋毁，将人置于死地。⑪下户：指平民百姓。羸弱：瘦弱。⑫口言：口头上奏。⑬文致法：按法令衡量是否犯法。⑭财：通"裁"，判定。⑮内行修：自身品德的修养。⑯意忌：忌嫉。不专平：不纯正公平。⑰弘：公孙弘。⑱淮南：指淮南王刘安。⑲严助：即庄助，因与淮南王刘安有联系，被杀。伍被：任淮南中郎，与刘安共谋反叛中央之事，事发被杀。⑳画：策划。㉑禁闼：禁中，即皇帝居住之处。爪牙臣：护卫之臣。㉒可：赞成。论之：判庄助和伍被有罪。

【译文】

　　这时皇上正倾向儒学，张汤判决大的案件，想附会古代圣贤的道理和原则，就请博士弟子研究《尚书》和《春秋》，他出任廷尉史，遇到法律条文有疑问的地方，就请他们根据《尚书》和《春秋》的思想原则加以评判。遇到可疑的事情，便作成断词向皇上奏明，必定预先为皇上剖析其中的原由。只要是皇上认为正确的，就接受书写记录下来，由廷尉公布定为成文的法规，以颂扬皇上的英明睿智。如果奏事遭受谴责，张汤就随机应变，认错谢罪，依照皇上的心思，一定要举出贤能的佐理官员和办事属官，说："他们原本就对我有建议，就像皇上所要求我的那样，我没有采纳，愚昧不听到这种地步。"因此，罪行常常能得到宽恕。有时向皇上禀奏事情，皇上赞许所奏之事，张汤就说："臣不知道写这样的报告，这是正、监、掾史中某个人写的。"张汤想推荐自己的部下，称扬别人的长处而遮掩别人的短处就是这样。所要审理的案件只要是皇上有意想治罪的，就交给心狠手辣的监史办理；只要是皇上有意想宽恕的，就交给执法轻而公平的监史办理。所办的如果是豪绅，一定玩弄法律，巧妙地进行诬陷；如果是羸弱的平民，往往会口头陈述给皇上，说虽然按照法律应当治罪，但还是请皇上审查决定。所以往往赦免了张汤所说的这些人。张汤官职做得很大，但表现得很有修养。结交宾客，和他们应酬饮食。对于担任官吏的故人子弟以及贫穷的本族兄弟，对他们的调护照顾更加优厚。他拜访诸公，从不回避严寒酷暑。所以张汤虽然用法深刻、内心妒忌、不公平处事，但是仍然得到了很好的声誉。那些用法深刻的官吏最终成为他爪牙的人，多是些儒学之士。丞相公孙弘多次称赞他的优点。等到审理淮南、衡山、江都诸王反叛的案件时，都是追根究底。严助和伍被，皇上打算释放他们。张汤争辩说："伍被原本是策划谋反的人，而严助深得宠幸，是出入宫廷禁门的心腹臣子，而私自结交诸侯图谋造反，像这样的人不诛杀，以后就不能管理臣下了。"皇上表示许可，并对他们判罪处罚。张汤审理案件排挤大臣自己邀功，大多是这样。因此张汤更加受到宠爱信任，升为御史大夫。

○受谗而死○

【原文】

　　河东人李文尝与汤有郤①，已而为御史中丞②，恚③，数从中文书事有可以伤汤者④，不能为地⑤。汤有所爱史鲁谒居，知汤不平，使人上蜚变告文奸事⑥，事下汤⑦，汤治论杀文⑧，而汤心知谒居为之。上问曰："言变事踪迹安起⑨？"汤详惊曰⑩："此殆文故人怨之⑪。"谒居病卧闾里主人⑫，汤自往视疾，为谒居摩足⑬。赵国以冶铸为业，王数讼铁官事⑭，汤常排赵王⑮。赵王求汤阴事⑯。谒居尝案赵王⑰，赵王怨之，并上书告："汤，大臣也，史谒居有病，汤至为摩足，疑与为大奸。"事下廷尉，谒居病死，事连其弟，弟系导官⑱。汤亦治他囚导官⑲，见谒居弟，欲阴为之，而详不省⑳。谒居弟弗知，怨汤，使人上书告汤与谒居谋，共变告李文。事下减宣㉑。宣尝与汤有郤，及得此事，穷竟其事㉒，未奏也。会人有盗发孝文园瘗钱㉓，丞相青翟朝，与汤约俱谢㉔，至前，汤念独丞相以四时行园㉕，当谢，汤无与也㉖，不谢。丞相谢，上使御史案其事。汤欲致其文丞相见知㉗，丞相患之。三长史皆害汤㉘，欲陷之㉙。

　　始长史朱买臣，会稽人也。读《春秋》。庄助使人言买臣，买臣以《楚辞》与助俱幸㉚，侍中㉛，为太中大夫，用事㉜；而汤乃为小吏，跪伏使买臣等前㉝。已而汤为廷尉，治淮南狱，排挤庄助，买臣固心望㉞。及汤为御史大夫，买臣以会稽守为主爵都尉，列于九卿。数年，坐法废㉟，守长史㊱，见汤，汤坐床上㊲，丞史遇买臣弗为礼㊳。买臣楚士，深怨，常欲死之㊴。王朝，齐人也。以术至右内史㊵。边通，学长短㊶，刚暴强人也，官再至济南相㊷。故皆居汤右㊸，已而失官，守长史，诎体于汤㊹。汤数行丞相事㊺，知此三长史素贵，常凌折之㊻。以故三长史合谋曰："始汤约与君谢，已而卖君；今欲劾君以宗庙事㊼，此欲代君耳。吾知汤阴事。"使吏捕案汤左田信等㊽，曰汤且欲奏请，信辄先知之，居物致富㊾，与汤分之，及他奸事。事辞颇闻㊿。上问汤曰："吾所为，贾人辄先知之，益居其物�，是类有以吾谋告之者㊾。"汤不谢。汤又详惊曰："固宜有。"减宣亦奏谒居等事。天子果以汤怀诈面欺㊾，使使八辈簿责汤㊾。汤具自道无此，不服。于是上使赵禹责汤。禹至，让汤曰㊾："君何不知分也㊾。君所治夷灭者几何人矣㊾？今人言君皆有状㊾，天子重致君狱㊾，欲令君自为计㊾，何多以对簿为？"汤乃为书谢曰："汤无尺寸功，起刀笔吏，陛下幸致为三公，无以塞责㊾。然谋陷汤罪者，三长史也。"遂自杀。

张汤对武帝问

【注释】

①郤：通"隙"，间隙，引申为嫌隙。②已而：后来。③恚：怨恨。④中：禁宫之中。文书：官府的公文档案材料。伤：中伤。⑤不能为地：不留余地（加以利用）。⑥蜚：同"飞"，指飞语、流言。变告：因事紧急，不按常规，越级匿名上告。奸：坏事。⑦下汤：交给张汤办理。⑧论：论罪判决。⑨安起：从何而起。⑩详：通"佯"，假装。⑪殆：恐怕、大概。故人：以前的熟人。⑫闾里：乡里。⑬摩：按摩。⑭讼：打官司。⑮赵王：即景帝之子、武帝之兄刘彭祖，被封为赵王。⑯阴事：秘事。此指暗中犯法的事。⑰案：通"按"，检举。⑱系：拘禁。导官：汉代少府属下的粮谷加工之所，常常把待审罪犯暂时囚禁在这里。⑲治他囚：办理其他囚犯的案子。⑳省：察看，检查。㉑事下减宣：把此事交给减宣去查办。㉒穷竟：追查到底。㉓孝文园：即霸陵，汉文帝的陵墓。瘗（yì）钱：埋在陵墓四角的陪葬钱。瘗，埋。㉔约：商议、约定。俱谢：同去谢罪。㉕四时：四季。行：巡视。㉖与：参与。㉗致其文：呈上丞相四时巡视陵墓的法令条文。丞相见知：意思是丞相知道偷盗者而故意放纵，犯了见知故纵法，应当查办。㉘长史：掌管有关官署日常事务的官吏。由于当时三公都有长史之官，所以称为"三长史"。害：忌恨。㉙陷：陷害。㉚幸：受宠，被重用。㉛侍中：在宫中侍奉皇帝。㉜用事：管理此事。㉝使：听候差遣。㉞固：原本。望：怨恨。㉟坐法：违法，犯法。废：罢官。㊱守：暂时代理。㊲床：日常所坐的凳子，并不是现在所指的睡觉用的床。㊳丞史：丞与史。此指张汤的佐官和属官。遇：待。弗为礼：不礼貌。㊴死之：把……置于死地。㊵以：凭借。术：儒家经术。㊶短长：指战国纵横家的思想。㊷再：第二次。㊸居：在。㊹诎体：指跪伏于地，拜见长官。诎，通"屈"。㊺行：兼任职务，代理官职。㊻凌折：欺凌而使其折服。㊼劾：弹劾。㊽案：审理。左：通"佐"，这里指了解内情的证人。㊾居：囤积。㊿事辞：有关事情的供辞。�益：更多。㊾是：这。类：像。㊾怀诈：心怀奸诈。面欺：当面欺骗。㊾八辈：八批。簿责：按照记录在案的罪行对张汤进行责问。簿，记录本。㊾让：责备。㊾分：情况。㊾几何：多少。㊾状：具体的情况，证据。㊾重致：难以处理。㊾自为计：即自杀。㊾塞责：搪塞罪责。

【译文】

河东人李文曾经和张汤有嫌隙，做了御史中丞之后，更加怨恨他，多次从官廷文书中找寻可以用来中伤张汤的材料，不留一点余地。张汤有个喜爱的属吏名叫鲁谒居，知道张汤因为这件事而愤愤不平，指使人呈上紧急事变的文书告发李文做坏事，这件事交给张汤处理，张汤审理判决杀掉了李文，而张汤心知知道这件事是鲁谒居密告的。皇上问他道："上书告发紧急事件的踪迹是怎么发生的？"张汤假装很吃惊地说道："这事儿大概是李文的故人怨恨他而引起的吧。"鲁谒居生病躺在乡村房东的家中，张汤亲自前往探视他的病情，为鲁谒居按摩脚。赵国以冶炼铸造为本业，赵王多次为了朝廷设置铁官的事情打官司，张汤常常压制赵王。赵王就探求张汤暗地里做的私事。鲁谒居曾经弹劾过赵王,赵王怨恨他,便一并向皇上上书说:"张汤是大臣,部下鲁谒居有病,张汤甚至为他按摩脚,怀疑他们一起做了很大的坏事。"这件事交给廷尉办理。鲁谒居病死,这件事牵连到他的弟弟,他的弟弟被羁押在导官的官署。张汤也到导官署审理案件,见到鲁谒居的弟弟,想暗中帮他,而假装不理睬他。鲁谒居的弟弟不知道,怨恨张汤,让人上书揭发张汤与鲁谒居合谋、共同策划按紧急事变告发李文的事情。这件事交给减宣处理。减宣曾与张汤有嫌隙,等接受这个案件以后,就对这件事追根逐底,但没有上奏给皇上。适逢有人盗窃了孝文帝陵墓里的殉葬钱,丞相庄青翟上朝,与张汤约定一同向皇上请罪,到了皇帝面前,张汤想:唯有丞相一年四季巡视陵园,他应当谢罪,这和我张汤没有关系,所以没有谢罪。丞相谢罪,皇上命令御史审理这一案件。张汤想按照知情故纵的罪行处置丞相,丞相很担心此事。丞相手下三位长史都很忌恨张汤,想陷害他。

最初,会稽人长史朱买臣,曾攻读过《春秋》。庄助派人推荐朱买臣,朱买臣凭借熟习《楚辞》和庄助一起得到皇帝宠幸,侍候宫中,担任太中大夫,当权;而这时张汤只是个小吏,在朱买臣的面前跪拜受差遣。后来张汤做了廷尉,审理淮南王的案件,排挤庄助,朱买臣本来就心里充满怨恨了。等到张汤做了御史大夫,朱买臣由会稽太守调任为主爵都尉,位列九卿。几年后,因为犯法而遭罢黜,暂时代理长史的职位,拜见张汤,张汤坐在凳子上,像招待丞史一样接待朱买臣,没有行礼。朱买臣是楚地的士人,深深地怨恨张汤,常常想置他于死地。王朝,齐地人。凭借儒学而官至右内史。边通,学习纵横之术,个性刚强暴烈,两次任职济南相。所以他们原先的官职都高于张汤,后来丢了官位,代理长史,降低身份侍奉张汤。张汤多次代理丞相的职务,知道这三位长史素来骄贵,就常常欺侮压抑他们。因此这三位长史商量着对丞相说:"最初张汤说和您一起谢罪,后来却出卖了您;现在想借着宗庙的事情弹劾您,他这是想代替您啊。我们知道张汤的私密之事。"于是就派属吏抓捕张汤的同案犯田信等人,说张汤将要上奏皇上事情,田信能提前知道,然后囤积货物积累了财富,与张汤平分,还有其他一些奸邪违法的事情。关于这件事的言辞很快传播开来。皇上问张汤道:"我所做的事情,商人能预先知道,他们越发囤积起货物,这好像有人提前把我的打算告诉他们似的。"张汤不谢罪。又假装惊讶地说道:"应该是有人把消息泄露出去了。"这时,减宣也向皇上禀奏有关鲁谒居和张汤的事情。天子果然认为张汤心怀奸诈,当面欺君,先后派了八批使者依照卷宗审问张汤。张汤都说没做过这些事,不认罪。于是皇上便派赵禹审问张汤。赵禹来了,斥责张汤说:"你怎么还不知道自己的本分呢!你所审理的案件牵涉到灭门被诛杀的有多少人呢?现在有人告发你的罪状都有凭有据,天子难以处理你的案子,想让你为自己考虑一下,你辩答这么多有什么用处呢?"张汤就上书谢罪说:"我张汤对于国家没有立过尺寸的功劳,从文书小吏开始做起,陛下宠幸我,让我做到三公的职位,没有其他的途径可以补救罪责。然而对我罗织罪名的,是三位长史。"于是自杀了。

【原文】

汤死,家产直不过五百金①,皆所得奉赐,无他业。昆弟诸子欲厚葬汤,汤母曰:"汤为天子大臣,被污恶言而死,何厚葬乎!"载以牛车,有棺无椁②。天子闻之,曰:"非此母不能生此子。"乃尽案诛三长史③。丞相青翟自杀。出田信④。上惜汤,稍迁其子安世⑤。

【注释】

①直:通"值"。②椁:外棺。③案诛:审理、诛杀。④出:释放。⑤稍:渐渐。迁:升官。

【译文】

张汤死了以后,家产所值不超过五百金,都是所得的俸禄和赏赐,没有其他的产业。兄弟子侄想厚葬张汤,张汤的母亲说:"张汤身为天子的大臣,被恶言污蔑而死,怎么能厚葬呢!"于是用牛车载运他的尸体,有内棺却没有外椁。皇上听说了此事,说:"不是这样的母亲不能生出这样的儿子啊!"因此追究此案,诛杀了三位长史。丞相庄青翟自杀。释放了田信。皇上怜惜张汤,逐渐提拔他的儿子张安世。

大宛列传

【导读】

　　这篇列传重点写张骞通西域的事迹。张骞,字子文,西汉成固(今陕西成固)人,中国正史中记载的亲历西域的第一人。张骞两次出使西域,游踪之广,见闻之富,在当时是举世罕见的。所以,司马迁用了"凿空西域"四个字赞扬张骞的功绩。

○张骞通西域○

【原文】

　　大宛之迹①,见自张骞。张骞,汉中人②。建元中为郎③。是时,天子问匈奴降者,皆言匈奴破月氏王④,以其头为饮器⑤,月氏遁逃而常怨仇匈奴,无与共击之⑥。汉方欲事灭胡,闻此言,因欲通使。道必更匈奴中⑦,乃募能使者。骞以郎应募,使月氏,与堂邑氏胡奴甘父俱出陇西⑧。经匈奴,匈奴得之,传诣单于⑨。单于留之,曰:"月氏在吾北⑩,汉何以得往使?吾欲使越⑪,汉肯听我乎?"留骞十余岁,与妻⑫,有子,然骞持汉节不失⑬。

【注释】

①大宛(yuān):汉代西域国名。②汉中:汉代郡名,在今陕西省南部、湖北省西北部。③建元:汉武帝刘彻年号,公元前140年~公元前135年。郎:汉代官名,即皇帝的侍从,掌"守门户,出充车骑"。④月(yuè)氏(zhī):月氏,也写作月氐、月支,我国古代北方西部的民族。秦汉之际,游牧在今甘肃敦煌、祁连间。汉初,月氏为匈奴冒顿单于所破,接着月氏王被匈奴老上单于所杀,余下的人一部分西迁,一部分进入祁连山区,同羌族杂居,叫小月氏。⑤饮器:后人有多种解释,一说是盛酒之器;一说是饮酒之器;一说是便溺之器。⑥与(yú):同盟者。⑦更(gēng):经过。⑧堂邑氏胡奴甘父:堂邑氏,姓,汉人。堂邑氏的奴隶名甘父(fǔ),为胡人,下称堂邑父,是取主人的姓为氏,再加上奴名"父"。陇西:汉代郡名,西汉辖境相当于今甘肃东乡族自治县以东的洮河中游和西礼以北渭河上游地区。⑨传诣(yì):传,这里指递解。诣,前往。单于:为匈奴最高首领的称号。⑩北:当作"西"。⑪越:西汉南方的国名。⑫与:同"予",给予。⑬节:符节,古代使者手里用作凭证的东西,竿状物,上饰牦牛尾。

张骞通西域

【译文】

大宛那个地方，最初发现它的人是张骞。张骞是汉中人，汉武帝建元年间做过郎官。当时，天子询问从匈奴投降过来的人，都说匈奴打败了月氏王，拿月氏王的头骨做了饮酒的器皿。月氏人被赶跑了，对匈奴怀有仇恨，却没有同盟者同他们共同反击匈奴。那时，汉朝正想消灭匈奴，听了这话，就想去和月氏互通使者。到月氏去，路上一定要经过匈奴境内，于是，朝廷就招募能够出使月氏的人。张骞凭借郎官的资格应募，出使月氏。和堂邑氏的匈奴族奴隶甘父一同从陇西出去，经过匈奴，匈奴抓住他们，押解给单于。单于扣留他们，说："月氏在我匈奴的西边，汉朝怎么能越过匈奴往那儿派使者？我要是派使者经过汉朝到越国，汉朝会允许我吗？"扣留张骞十多年，给他配了个老婆，生了儿子，但是张骞始终保留着汉朝给予他的出使旌节没有丢失。

【原文】

居匈奴中，益宽，骞因与其属亡乡月氏①，西走数十日至大宛。大宛闻汉之饶财，欲通不得，见骞，喜，问曰："若欲何之？"骞曰："为汉使月氏，而为匈奴所闭道。今亡，唯王使人道送我②。诚得至，反汉，汉之赂遗王财物不可胜言③。"大宛以为然，遣骞，为发导绎④，抵康居⑤，康居传至大月氏⑥。大月氏王已为胡所杀，立其太子为王⑦。既臣大夏而居⑧，地肥饶，少寇，志安乐，又自以远汉⑨，殊无报胡之心⑩。骞从月氏至大夏，竟不能得月氏要领⑪。

留岁余，还，并南山⑫，欲从羌中归⑬，复为匈奴所得。留岁余，单于死，左谷蠡王攻其太子自立⑭，国内乱，骞与胡妻及堂邑父俱亡归汉⑮。汉拜骞为太中大夫⑯，堂邑父为奉使君⑰。

骞为人强力⑱，宽大信人，蛮夷爱之。堂邑父故胡人，善射，穷急射禽兽给食⑲。初，骞行时百余人，去十三岁，唯二人得还。

骞身所至者：大宛、大月氏、大夏、康居；而传闻其旁大国五六，具为天子言之。

【注释】

①属：随从。亡：逃跑。乡：通"向"，向着。②唯：句首语气词，表示希望。道：通"导"。③赂(lù)遗(wèi)：馈送。④发：派遣。导：向导。绎：通"译"，即翻译。⑤康居：古西域国名。为游牧族，活动范围在今咸海与巴尔喀什湖之间。⑥传：递送。大月氏：月氏的一支。汉文帝初，月氏为匈奴所迫，部分人西迁到今伊犁河上游，称大月氏；景帝中，再为乌孙所迫，王庭迁到妫水，即阿富汗北部阿姆河流域，曾一度臣服大夏，开始定居。⑦立其太子为王：《汉书·张骞传》作"立其夫人为王"。⑧夏：古国名，在今阿姆河以南至阿富汗境内。⑨远(yuàn)：疏远；避开。⑩殊：很，非常。⑪要领：在这里指事物的关键所在。要，通"腰"，指衣腰；领，指衣领。⑫并(bàng)：通"傍"，挨靠。南山：指天山、阿尔金山、祁连山。⑬羌(qiāng)：汉代西部的民族。⑭谷(lù)蠡(lí)王：按匈奴官制，单于下为左、右贤王，贤王下为左、右谷蠡王。⑮堂邑父：即上文堂邑氏胡奴甘父的省称。⑯太中大夫：郎中令的属官，掌管议论政事。⑰奉使君：赐封的官名。可能是给堂邑父特设的名号。⑱强力：坚强有毅力。⑲穷急：穷困急迫。

【译文】

张骞被扣留在匈奴久了，匈奴对他的看管渐渐放宽，他便乘机和他的部属向月氏方向逃去。往西奔走了几十天来到大宛国。大宛人早就听说汉朝十分富足，想通往来，却没有门路，见到张骞，很高兴，问道："你打算到哪儿去？"张骞说："我奉汉朝之命出使月氏，半路上却被匈奴阻扣住了。如今逃出来了，希望大王派人引路送我出去。果真到得月氏，回到汉朝后，汉朝赠送给大王的财物是数说不尽的。"大宛人认为张骞说得对，就放了他，还为他派了向导和翻译，一直送到康居国。康居又把张骞转送到了大月氏。这时，大月氏王早已被匈奴杀了，立了太子为王。臣服了大夏国，在那里住了下来。那里土地肥沃、宽广，很少外来的侵略，人们意在安居乐业，又自认为远离汉朝，没有联合汉朝去报复匈奴的意思。张骞从月氏来到大夏，终究得不到月氏的明确答复。

在月氏住了一年多，张骞起程回国，紧挨着南山脚下行走，想从羌族人居住的地方取道而归，又被匈奴抓得。扣留了一年多，单于死了，左谷蠡王攻打太子，自立为王，匈奴内乱，张骞同他那匈奴族妻子和堂邑父一道逃回汉朝。汉朝拜授张骞为太中大夫，堂邑父为奉使君。

张骞为人，坚强有毅力，宽宏大量，对人诚实，外族人都喜欢他。堂邑父本是匈奴人，擅长射箭，每当穷困紧迫时，就射取飞禽走兽来充饥。当初，张骞出使时有一百多人，在外十三年，只剩下他们两个人回来了。

张骞亲身所到的地方有：大宛、大月氏、大夏、康居，而听说在这些国家旁边的大国还有五六个。他把全部情况都一一向天子汇报了。

【原文】

骞以校尉从大将军击匈奴①，知水草处，军得以不乏，乃封骞为博望侯②。是岁，元朔六年也③。其明年，骞为卫尉④，与李将军俱出右北平击匈奴⑤。匈奴围李将军，军失亡多；而骞后期当斩⑥，赎为庶人⑦。是岁，汉遣骠骑破匈奴西域数万人⑧，至祁连山。其明年，浑邪王率其民降汉⑨，而金城、河西西并南山至盐泽⑩，空无匈奴。匈奴时有候者到⑪，而希矣⑫。其后二年⑬，汉击走单于于幕北⑭。

【注释】

①校尉：西汉时掌管屯兵的武官，位次于将军。大将军：官名，西汉时将军的最高称号，职掌统兵征战。这里指当时任大将军的卫青。②博望侯：解释有两说：一说是因地名而得此封号。博望，地名，汉属南阳郡，在今河南南阳东北。一说是因张骞知识广博、眼光远大而得此封号。③元朔：汉武帝刘彻年号，公元前128年至公元前123年。④卫尉：掌管门卫、屯兵的武官。⑤李将军：指将军李广。右北平：汉代郡名，辖今河北省东北部、辽宁省大凌河上游以南、六股河以西地区，郡治平刚。⑥后期：后于约定的时间，即迟到。⑦赎（shú）：献出财物，以抵消罪过。庶人：百姓，平民。⑧骠（piào）骑：汉代将军名号。这里指骠骑将军霍去病。⑨浑邪（yé）王：是匈奴单于派在河西走廊一带游牧的首领。⑩金城：汉代郡名，今甘肃省西南部至青海省西宁以东。治所允吾（在今甘肃省永靖西北）。河西：今甘肃省兰州以北、黄河以西一带。⑪候者：侦察兵。候，侦察。⑫希：同"稀"，稀少。⑬其后二年：根据王先谦《汉书补注》，应当为元狩四年，即公元前119年。⑭幕北：指大沙漠以北。幕，通"漠"，指沙漠。

【译文】

张骞以校尉官军职跟随大将军卫青抗击匈奴。由于张骞知道大沙漠中水草所在，军队因此而不乏，皇上于是封张骞为博望侯。这一年，是元朔六年。第二年，张骞担任卫尉，与李广将军一道出右北平抗击匈奴。李将军被匈奴包围了，军队损失死亡很多，而张骞晚于约定的时间应当斩首，用钱财赎罪从而沦为平民。这一年，汉朝派骠骑将军霍去病在西边大破匈奴几万人，一直追到祁连山。第二年，匈奴浑邪王带领他的臣民投降了汉朝，因而金城、河西以西沿着南山一直到盐泽，都没有匈奴人。匈奴间或也派侦察兵到来，不过，人数已经很少了。再过两年，汉朝把单于打到了大沙漠以北。

张骞随李广击匈奴

【原文】

是后，天子数问骞大夏之属。骞既失侯，因言曰："臣居匈奴中，闻乌孙王号昆莫，昆莫之父，匈奴西边小国也。匈奴攻杀其父，而昆莫生，弃于野。乌嗛肉蜚其上①，狼往乳之。单于怪以为神，而收长之②。及壮，使将兵，数有功，单于复以其父之民予昆莫③，令长守于西域④。昆莫收养其民，攻旁小邑，控弦数万，习攻战。单于死，昆莫乃率其众远徙，中立⑤，不肯朝会匈奴。匈奴遣奇兵击，不胜，以为神而远之，因羁属之⑥，不大攻⑦。今单于新困于汉，而故浑邪地空无人⑧。蛮夷俗贪汉财物⑨，今诚以此时而厚币赂乌孙，招以益东，居故浑邪之地，与汉结昆弟，其势宜听；听，则是断匈奴右臂也⑩。既连乌孙，自其西，大夏之属皆可招来而为外臣⑪。"天子以为然，拜骞为中郎将⑫，将三百人，马各二匹，牛羊以万数，赍金币帛直数千巨万⑬，多持节副使⑭，道可使⑮，使遗之他旁国⑯。

【注释】

①嗛：通"衔"，叼在嘴里。蜚：同"飞"。②收长（zhǎng）之：收养使之长大。③其父之民：指其父时"亡走匈奴"的乌孙人民。④西域：此处指匈奴西边。⑤中立：这里指独立。⑥羁属之：以他为羁属。羁属，遥相控制。⑦不大攻：不常常攻击。⑧故浑邪地：指河西走廊。⑨俗：习惯于。⑩断匈奴右臂：意为汉控制河西走廊，就斩断了匈奴右边（西边）的一只臂膀。⑪臣：这里指属国。⑫中郎将：汉代皇帝的警卫官，属郎中令，出充车骑，是仅次于将军的官号。⑬赍（jī）：携带送人的礼物。数千巨万：犹言数千万万，极言其多。巨万，亿。⑭持节副使：副使持节，准备分别到乌孙附近的各国去访问。节，符节。一般只有正使持节。⑮道可使：道路方便，没有阻拦。⑯旁国：指乌孙以外的其他国家。

【译文】

此后天子多次询问张骞有关大夏等国的情况。当时张骞已经失去侯爵封号，因而说道："臣被拘留在匈奴的时候，听说乌孙国王名叫昆莫，昆莫的父亲是匈奴西边一个小国的国王。匈奴攻打乌孙时把昆莫的父亲杀了，昆莫刚刚出生，被抛弃在野外。乌鸦衔着肉飞在他上面，狼跑了过来用奶喂他。单于感到惊奇，以为是神，就把他收养长大。等到昆莫成年了，叫他带兵，屡立战功。单于就把他父亲的民众交还给他，叫他长期驻守在匈奴的西边。昆莫收养他的民众，进攻他附近的一些小国。战士有好几万，会打仗。匈奴单于一死，昆莫就率领他的民众迁徙到了很远的地方，独立了，不肯再去朝拜匈奴。匈奴派突击部队去攻打他，没有打赢，认为昆莫是得到神助只好离他远一点，因而只是遥相牵制它，不再经常攻打了。如今单于新近为汉朝所困，而原来浑邪王居住的地方空了没有人居住。这些民族习惯于贪图汉朝的财物，如果在这个时候丰厚地馈赠乌孙一批财物，招引他们往东迁移，居住到原来浑邪王住的地方，和汉朝结为兄弟邦交，按大势来讲昆莫应当会听从。他听从了，就等于砍断了匈奴右臂。只要和乌孙联合，他的西边大夏等国都可招引而来成为属国。"天子认为他说得对，就封张骞做中郎将，率领三百人，每人两匹马，牛羊以万计算，带着金币丝绸等礼物，价值数千万，还配了很多持旌节的副使，如果道途能走，就派他们到乌孙以外的其他国家去。

【原文】

骞既至乌孙，乌孙王昆莫见汉使如单于礼①，骞大惭。知蛮夷贪，乃曰："天子致赐，王不拜则还赐。"昆莫起拜赐，其他如故。骞谕使指曰②："乌孙能东居浑邪地，则汉遣翁主为昆莫夫人③。"乌孙国分④，王老，而远汉，未知其大小，素服属匈奴日久矣，且又近之，其大臣皆畏胡，不欲移徙，王不能专制⑤。骞不得其要领。昆莫有十余子，其中子曰大禄⑥，强，善将众，将众别居万余骑。大禄兄为太子，太子有子曰岑娶，而太子蚤死。临死谓其父昆莫曰："必以岑娶为太子，无令他人代也⑦。"昆莫哀而许之，卒以岑娶为太子。大禄怒其不得代太子也，乃收其诸昆弟，将其众畔⑧，谋攻岑娶及昆莫。昆莫老，常恐大禄杀岑娶，予岑娶万余骑别居；而昆莫有万余骑自备。国众分为三，而其大总取羁属昆莫，昆莫亦以此不敢专约于骞。

【注释】

①如：像，按照。②谕：上级对下级的告知。指：旨，意图。③翁主：诸侯王女。④国分：即下文"国众分为三"，国家民众分为三个部分。⑤专制：作主。⑥中子：大小儿子中间的儿子。⑦无：通"毋"，不要。⑧畔：通"叛"，背叛。

【译文】

乌孙王昆莫起拜接受赏赐

张骞到了乌孙。乌孙国王昆莫接见汉朝使者，一切按照对待匈奴单于的礼仪，张骞感到很羞愧。他知道这些民族贪财，就说："接受天子赐给的东西时要起拜，大王接受时如果不起拜，就把赏赐的东西退回来！"昆莫就起拜接受赏赐，其他还是照老样子。张骞把这次出使的意图告诉昆莫说："倘若乌孙能东迁到浑邪的旧地，那汉朝将嫁一位翁主做昆莫的夫人。"此时乌孙国家已经分裂，国王昆莫年老，距离汉朝很远，而他又不知道这个国家的大小；平日附庸匈奴很久了，且又距离很近，大臣们都害怕匈奴，不愿迁徙，国王也不能作主。因此，张骞没有得到明确答复。昆莫有十几个儿子，中间的儿子叫大禄，最为强悍，很会带兵，率领着一万多人驻屯于别处。大禄的哥哥做太子，太子有个儿子叫岑娶。太子死得很早，临死时对他的父亲昆莫说："一定叫岑娶为太子，千万别让其他人代替他！"昆莫很是哀怜，便答应了他，终于立了岑娶做太子。大禄愤慨自己不得取代太子，就联合了其他兄弟，带着众人叛乱，图谋进攻岑娶和昆莫。昆莫老了，经常担心大禄会杀岑娶，就给了岑娶一万多人另处居屯。昆莫也有一万多人自卫。国家民众，一分为三，只是大体上归属于昆莫，昆莫因此不敢作主和张骞约定什么。

○汉朝与西域诸国的交流○

【原文】

乌孙使既见汉人众富厚，归报其国，其国乃益重汉。其后岁余，骞所遣使通大夏之属者，皆颇与其人俱来，于是西北国始通于汉矣。然张骞凿空①，其后使往者皆称"博望侯"，以为质于外国②，外国由此信之。

【注释】

①凿空：指张骞开辟了通西域的道路。凿，开凿。空，通"孔"，孔道。②为质：作为保证。质，抵押的人或物。

【译文】

乌孙的使者已经看到汉朝人口众多、国家富足，回国把这些情况做了汇报，他们的国家就更加重视汉朝了。在那以后一年多，张骞当初派去大夏那些国家的使者有很多都和所出使国家的人一道来到汉朝。从这个时候起，西北各国才开始和汉朝正式交通往来。然而由于张骞打开了汉与西域的通道，那些以后出国的使者，都自称是"博望侯"，用他的威望取信于外国，外国也因为这个缘故而信任他们。

427

文史知识

何谓"凿空"

《史记索隐》解释说:"案谓西域险,本无道路,今凿空而通之也。"其实,远在汉代以前,丝绸之路就已经出现。那么,为什么司马迁仍坚持认为丝绸之路是由张骞"凿空"开拓的呢?

这是因为:第一,最初出现的通西域的道路,由于种种原因并没有得到繁荣和畅通,比如这条通道常常因一些民族或国家的纠纷和战争而中断,尤其常被匈奴人阻塞;第二,即使它有时相通,也因山川阻隔、道路遥远,加之巨大的草原和茫茫的沙漠,缺乏食宿饮水和没有安全保障而通行艰难;第三,反映在我国古代文献中,对当时这条道路的行经地点和具体路线都是语焉不详,地理概念也相当模糊;第四,只有到了张骞通西域后,才使中国人的地理知识得以提高。而且由于汉朝廷在西域地区采取了各种有力措施,并与西域各国建立起友好关系,才使这条横贯亚洲的通道得以发展,中西交通空前繁荣和畅通。从这个意义上看,说张骞"凿空"丝毫不显夸张。

【原文】

自博望侯骞死后,匈奴闻汉通乌孙,怒,欲击之。及汉使乌孙,若出其南①,抵大宛、大月氏相属②,乌孙乃恐,使使献马,愿得尚汉女翁主为昆弟③。天子问群臣议计,皆曰:"必先纳聘④,然后乃遣女。"初,天子发书《易》⑤,云:"神马当从西北来。"得乌孙马好,名曰"天马"。及得大宛汗血马,益壮,更名乌孙马曰"西极",名大宛马曰"天马"云。而汉始筑令居以西⑥,初置酒泉郡⑦,以通西北国。因益发使抵安息、奄蔡、黎轩、条枝、身毒国。而天子好宛马,使者相望于道⑧。诸使外国,一辈大者数百,少者百余人,人所赍操⑨,大放博望侯时⑩。其后益习而衰少焉⑪。汉率一岁中使多者十余⑫,少者五、六辈;远者八、九岁,近者数岁而反。

【注释】

①若:指示代词,代汉使。②相属(zhǔ):互相接连。③尚:娶公主为妻。④聘:男女订婚时赠送的财礼。⑤发书:打开卜筮之书占卜。发,打开。书,这里指卜筮之书。《易》:《易经》。⑥筑令(lián)居以西:指从令居起西达酒泉,补筑长城亭障。令居,汉县名,故城在今甘肃永登西北。⑦酒泉郡:汉武帝元狩二年(公元前121年)以原浑邪王故地置,位于河西走廊,郡治酒泉,在今甘肃酒泉。⑧相望于道:形容前后距离很近,在路上彼此看见。⑨赍操:携带。⑩放(fǎng):通"仿",仿照。⑪益习而衰少:指使者的人数逐渐减少了。习,习惯。衰(cuī),减少。⑫率:通常,大略。

【译文】

自从博望侯张骞死后,匈奴听说汉朝和乌孙通了往来,十分恼火,要攻打它。后来汉朝派使者到达乌孙,并经过它的南面,接连到达大宛、大月氏等国。乌孙这才恐慌了,于是派使者向汉朝献马,表示愿意娶纳汉朝的翁主结为兄弟。天子询问群臣商议的计策,都说"一定要先纳聘礼,然后遣嫁翁主"。当初,天子打开《易经》占卜,说"神马当从西北来"。后来得到乌孙好马,就把它叫作"天马"。等到得到大宛的汗血马,那马显得更加健壮,于是把乌孙马改名为"西极马",把大宛马叫作"天马"。汉朝这时又开始加筑令居以西的长城,新增设酒泉郡以便和西北各国联络,因此加派使者到安息、奄蔡、黎轩、条枝、身毒国。天子喜欢大宛马,前后派去的一批批使者彼此都能望得见。出使外国的使者多的一批有好几百人,少的也有一百多人。人们每次所携带的钱财和拿的旌节,大体和博望侯所带的相仿。后来习以为常了,派的人数也就逐渐减少了。汉朝通常一年之中派出的使者多则十几批,少则五六批;远的地方一去就是八九年,近的地方几年就回来了。

【原文】

乌孙以千匹马聘汉女,汉遣宗室女江都翁主往妻乌孙①,乌孙王昆莫以为右夫人。匈奴亦遣女妻昆莫,昆莫以为左夫人。昆莫曰"我老",乃令其孙岑娶妻翁主。乌孙多马,其富人至有四五千匹马。

【注释】

① 宗室:皇族。江都:指江都王刘建。

【译文】

乌孙拿出一千匹马来聘娶汉朝女子。汉朝派遣皇室江都王的女儿嫁给乌孙,乌孙王昆莫把她作为右夫人;匈奴也派遣女儿嫁给昆莫,昆莫把她作为左夫人。昆莫说"我老了",就叫他的孙子岑娶娶了江都王的女儿。乌孙多产马,那里富有的人所拥有的马匹数量多达四五千。

汉翁主远嫁乌孙

【原文】

初,汉使至安息,安息王令将二万骑迎于东界。东界去王都数千里。行比至①,过数十城,人民相属甚多②。汉使还,而后发使随汉使来观汉广大,以大鸟卵及黎轩善眩人献于汉。及宛西小国驩潜、大益③,宛东姑师、扜罙、苏薤之属④,皆随汉使,献见天子。天子大悦。

而汉使穷河源,河源出于寘,其山多玉石,采来⑤,天子案古图书⑥,名河所出山曰昆仑云。

【注释】

① 行比至:从动身到达到。行,远行,动身。比(bì),等到。至,到达。② 相属:相连接。属,连接。③ 驩(huān)潜:汉代西域小国,属康居。大益:阿拉伯族游牧者。④ 苏薤:汉代西域小国,属康居。⑤ 采来:采取运来。⑥ 案:考据。

【译文】

当初,汉朝使者到达安息国,安息的国王派人率领两万骑兵在东边边界上迎接。东边边界离王都有好几千里。远行至此,一路上经过几十个城市,人民紧密相连,为数甚多。汉朝使者回国,他也派使者跟随汉使一道来观察汉朝究竟有多么广大,他们将鸵鸟蛋和黎轩魔术师献给汉朝。大宛以西的小国驩潜、大益,大宛以东的小国姑师、扜罙、苏薤这类国家,都跟着汉使前来纳献与朝见天子。天子大为高兴。

汉朝使者出使的时候,注意寻究黄河的源头。黄河源出于寘,那里的山上有很多玉石,汉使采取运来。天子根据古代的地图和经籍,就命名黄河源出的那座山为"昆仑"。

> ⊙ 文史知识
>
> **和 亲**
>
> "和亲"是指两个对立民族停止战争,捐弃仇怨,转而建立和平、友好、亲睦的关系。秦汉之际,居住在北方的匈奴族在冒顿单于的统治下,势力空前强大,拥有"控弦之士三十余万"(《史记·刘敬传》)。匈奴贵族为了掠夺财物和奴隶,不断向外扩地,骚扰汉边,给刚刚建立的西汉王朝带来严重的威胁。西汉为缓和汉、匈关系,嫁宗室女与匈奴单于。汉族和北方民族之间建立了和平交往的关系,客观上促进了各民族之间的经济文化交流。

游侠列传

【导读】

游侠是中国历史上的一个特殊群体,他们多出身闾巷,身份卑微,但做事重情义、轻生死,是伸张正义的侠士。但是,在司马迁所处的时代,游侠之风衰靡不振,这一方面是因为它不为法网所容,另一方面是因为学士的排斥。司马迁在此文中之所以对游侠赞赏有加,除了以上缘由外,还跟他的遭遇有关。司马迁因替李陵仗义执言,而遭致横祸,心中的痛楚难以抑制,所以这篇文章也流露了司马迁对游侠之风衰退的无奈和嗟叹。本篇节录的是郭解的事迹。

◎郭解任侠◎

【原文】

郭解,轵人也,字翁伯,善相人者许负外孙也①。解父以任侠,孝文时诛死②。解为人短小精悍,不饮酒。少时阴贼③,慨不快意④,身所杀甚众。以躯借交报仇⑤,藏命作奸剽攻⑥,休乃铸钱掘冢⑦,固不可胜数。适有天幸⑧,窘急常得脱,若遇赦⑨。及解年长,更折节为俭⑩,以德报怨,厚施而薄望⑪。然其自喜为侠益甚。既已振人之命⑫,不矜其功,其阴贼著于心⑬,卒发于睚眦如故云⑭。而少年慕其行,亦辄为报仇,不使知也。解姊子负解之势⑮,与人饮,使之嚼⑯。非其任⑰,强必灌之。人怒,拔刀刺杀解姊子,亡去。解姊怒曰:"以翁伯之义,人杀吾子,贼不得⑱。"弃其尸于道,弗葬,欲以辱解。解使人微知贼处⑲。贼窘自归,具以实告解。解曰:"公杀之固当,吾儿不直⑳。"遂去其贼㉑,罪其姊子,乃收而葬之。诸公闻之,皆多解之义㉒,益附焉。

【注释】

①相人:给人相面。②孝文:汉文帝。③阴贼:内心阴险毒辣。④慨:愤慨。不快意:不满意。⑤借:助。交:朋友。⑥命:亡命。作奸:做坏事。剽攻:抢劫。⑦休:停止。掘冢:盗掘坟墓。⑧适:遇到。天幸:上天保佑。⑨若:或。⑩更:改。折节:改变操行。俭:通"检",检点。⑪薄望:怨恨小。⑫振:救。⑬著:附着。⑭卒:通"猝",突然。睚眦(zì):怒目而视。⑮负:倚仗。⑯嚼:通"釂",干杯。⑰非其任:不胜任。这里指酒量不行。⑱贼不得:抓不到凶手。⑲微知:暗中探知。⑳不直:理曲。㉑去:放走。㉒多:称赞。

郭解义释仇人

【译文】

郭解,轵县人,字翁伯,是当时著名的相士许负的外孙。郭解的父亲以侠义自任，在孝文帝时被处死了。郭解的相貌矮小精悍，从不喝酒。少年时内心狠毒，（只要）感慨自己有不快意之处，亲手所杀的人很多。不惜牺牲生命为朋友报仇，藏匿亡命之徒犯法，掠夺财物，做完这些便私铸钱币，掘墓挖坟，这些事多得数不清。恰好他很幸运，只要遇上窘迫紧急的情况总是能够逃脱，或是遇上大赦。到郭解长大之后，开始改变行为收敛自己，以恩德报答怨恨，对别人施舍得多要求少。但是他喜欢行侠仗义的志向更加强烈了。他救了别人的性命，却不炫耀自己的功劳，但是他的狠毒却扎根于心中，遇到小事突然行凶的特点依旧和从前一样。少年们仰慕他的行为，也总是为他报仇，而不让他本人知道。郭解姐姐的儿子倚仗着郭解的威势，与别人一起饮酒，让人干杯。别人的酒量不行，他也一定要强灌下去。那人恼怒，拔出刀子刺死了郭解姐姐的儿子，就逃跑了。郭解的姐姐愤怒地说："以我弟弟翁伯的义气，别人杀了我的儿子，却连凶手都抓不到！"就把儿子的尸首抛弃在大路上，也不埋葬，想以此羞辱郭解，使他难堪。郭解派人暗中探访到凶手的住处。凶手被追捕得窘迫，故而回来向郭解自首，把整件事的实情告诉郭解。郭解说："你杀他是应该的，是我家的孩子理屈。"于是放走了凶手，将整件事归罪于姐姐的儿子，并为他收尸安葬。很多人听说了此事，都十分敬重郭解的侠义之风，也就更加追慕他了。

【原文】

解出入，人皆避之。有一人独箕倨视之①，解遣人问其名姓。客欲杀之。解曰："居邑屋至不见敬②，是吾德不修也，彼何罪！"乃阴属尉史曰③："是人，吾所急也④，至践更时脱之⑤。"每至践更，数过⑥，吏弗求。怪之，问其故，乃解使脱之。箕倨者乃肉袒谢罪⑦。少年闻之，愈益慕解之行。

【注释】

①箕倨：岔开两腿坐着，像簸箕一样。这是一种无礼的表现。倨，通"踞"。②居邑屋：在家乡居住。邑屋，乡里。见：被。③阴：暗中。属：通"嘱"。④急：关心。⑤践更：依照汉代法律，在籍男丁每年在地方服役一个月，叫作卒更。贫苦者想得到雇更钱的，可由当出丁者出钱，每月二千钱，称践更。脱：免除。⑥数过：多次轮到。⑦肉袒：脱去上衣，露出身体的一部分。

【译文】

郭解外出或回家的时候，路上的人都躲避他。只有一个人傲慢地蹲坐望着他，他派人询问这个人的姓名。郭解的门客想杀了这个人。郭解说："居住在家乡却不被家乡的人尊敬，这是我没有修好德行啊，那人又有什么过错呢！"便暗中嘱托掌管徭役的尉史说："这个人是我所看重的，轮到他服徭役的时候可以使他免除。"每到轮值服役的时候，有好几次轮到那个人，尉史都不去找他。那人觉得奇怪，就去询问缘故，这才知道是郭解使他免除徭役的。傲慢蹲坐的那人便赤裸上身向郭解请罪。少年们闻听此事，更加仰慕郭解的行为了。

【原文】

雒阳人有相仇者,邑中贤豪居间者以十数①,终不听。客乃见郭解②。解夜见仇家,仇家曲听解③。解乃谓仇家曰："吾闻雒阳诸公在此间，多不听者。今子幸而听解④，解奈何乃从他县夺人邑中贤大夫权乎⑤！"乃夜去，不使人知，曰："且无用⑥，待我去，令雒阳豪居其间，乃听之。"

【注释】

①居间：从中调解。②客：门客。③曲听：委屈心意而听从，表示对说话人的尊重。④幸：谦词，使我感到荣幸。⑤他：别的。权：权力，实指声望。⑥且：暂时。无用：不便听我的话。

【译文】

洛阳有一对相互仇恨的人，城里的贤豪之士从中调停的有好几十人，始终还是不能解决。门客

郭解调解仇家

○被迫迁徙，横遭祸殃○

【原文】

及徙豪富茂陵也①，解家贫，不中訾②，吏恐，不敢不徙。卫将军为言"郭解家贫不中徙"③。上曰："布衣权至使将军为言④，此其家不贫。"解家遂徙。诸公送者出千余万。轵人杨季主子为县掾，举徙解⑤。解兄子断杨掾头。由此杨氏与郭氏为仇。

解入关，关中贤豪知与不知，闻其声，争交欢解⑥。解为人短小，不饮酒，出未尝有骑。已又杀杨季主⑦。杨季主家上书，人又杀之阙下⑧。上闻，乃下吏捕解。解亡⑨，置其母家室夏阳，身至临晋。临晋籍少公素不知解⑩，解冒⑪，因求出关⑫。籍少公已出解，解转入太原，所过辄告主人家。吏逐之，迹至籍少公⑬。少公自杀，口绝⑭。久之，乃得解。穷治所犯⑮，为解所杀，皆在赦前。轵有儒生侍使者坐，客誉郭解，生曰："郭解专以奸犯公法，何谓贤！"解客闻，杀此生，断其舌。吏以此责解，解实不知杀者。杀者亦竟绝，莫知为谁。吏奏解无罪。御史大夫公孙弘议曰："解布衣为任侠行权，以睚眦杀人，解虽弗知，此罪甚于解杀之。当大逆无道⑯。"遂族郭解翁伯⑰。

【注释】

①徙：迁移。茂陵：汉武帝的陵墓。汉武帝建元二年（公元前139年），为扩充新修的茂陵的居民人数，"内实京师，外销奸滑"，迁移全国家财在三百万以上的人家到茂陵居住；至元朔二年（公元前127年），又迁郡国富豪人家到茂陵居住。郭解就在这时迁居茂陵。②訾：通"资"，钱财。③卫将军：指卫青。为言：替他谈话。④权：权力。⑤举：检举。⑥交欢：结为好友。⑦已：不久。⑧阙下：宫阙之下。⑨亡：逃跑。⑩籍少公：人名，姓籍，名少公。⑪冒：假称姓名。⑫因：顺便。⑬迹：追踪而来。⑭口绝：灭口。⑮穷治：深究其事，追问到底。⑯当：判处。⑰族：灭族。

【译文】

等到朝廷把富家豪绅迁徙到茂陵之地的时候，郭解家中贫穷，不够资财迁徙的等级，但是迁徙名单中有他的名字，县吏担心不能隐瞒，所以不敢不让他迁徙。卫将军替他在皇帝面前说："郭解家里贫穷，不用迁徙。"皇上说："一介布衣竟然能让将军为他说话，足见他家中并不贫穷。"所以郭解也被迁徙走了。乡里的诸公为他送行时赠送的钱财多达一千多万。轵县杨季主的儿子在县里做掾属，郭解被迁徙就是由他提的名。郭解的侄子斩掉了杨掾属的脑袋。从此杨家和郭家便结了仇。

郭解一入关，关中的贤豪之士不管是认识的还是不认识的，听到他的名声，争相与郭解交好。郭解身材短小，从不喝酒，出门没有跟随的车马。不久又有人杀死了杨季主。杨家于是向皇帝上书，有人又把告发郭解的人杀死在京城皇宫前的阙下。武帝听了之后，下令官吏逮捕郭解。郭解逃亡，并把自己的母亲和亲属安置在夏阳，自己逃到了临晋。临晋的籍少公素来不认识郭解，郭解就冒充别人，求他放自己出关。籍少公放走了郭解，郭解转而去了太原，他只要到某个地方就把名字告诉招待他的主人家。朝廷追捕郭解，追查到籍少公那里。少公被逼得自杀，追查的线索断掉了。过了很长时间，才抓住了郭解。彻底追查他所犯的罪行，发现他杀人那些事，都是发生在大赦之前。轵县有个儒生陪同朝廷派来的使者一起坐着，他听到郭解的门客夸赞郭解，便说："郭解这个人专用奸诈干坏事触犯国法，怎么能算得上贤明呢！"郭解的门客一听，立刻杀死了儒生，割掉他的舌头。审讯的官吏以此事责问郭解，郭解的确不知道杀人的是谁。杀害儒生的人也终究没能追查到，没有人知道是谁。官吏奏请皇帝判郭解无罪。御史大夫公孙弘在皇帝面前议论说："郭解一介布衣却以侠义自任，行使权势，因为小事而杀人，郭解虽然自己不知道，但他的罪过比亲自杀人还要严重。应当判他大逆不道之罪。"便将郭解满门灭族。

【原文】

太史公曰：吾视郭解，状貌不及中人，言语不足采者①。然天下无贤与不肖，知与不知，皆慕其声，言侠者皆引以为名。谚曰："人貌荣名，岂有既乎！"於戏②，惜哉！

【注释】

① 不足采：不值得采取。② 於戏：通"呜呼"。表感叹。

【译文】

太史公说：我看郭解，相貌不如中等人材，语言也没有可取之处。但是天下的人们，不管是贤才还是不肖之辈，不管认识他还是不认识他，都仰慕他的名声，谈论游侠的都标榜郭解以抬高自己的名声。谚语说："人可用荣耀的名声作为容貌，难道会有穷尽的时候吗？"唉，可惜呀！

> ⊙ **文史知识**
>
> ### 汉代的陪陵制度
>
> "陪陵"是我国历史上的政治制度，公卿大臣列将有功者得葬于帝王陵墓附近，此附配之陵称"陪陵"。西汉时期从高祖开始，出于政治目的，各陵都安置了很多陪葬墓，形成规模宏大的陪葬墓地。陪葬者大都是当时的朝廷重臣和皇亲国戚。据记载，陪葬长陵的有萧何、曹参、张良等一些开国元勋；陪葬茂陵的有卫青、霍去病等名将。陪葬者的墓地多是皇帝所赐，各自建有陵园、园邑和祠堂。有的还把子孙附葬在父祖墓旁，形成宗族墓地。陪葬者地位越高，离帝陵越近，封土也越高大。
>
> 除了死去的人葬在帝王陵墓周围陪陵以外，汉代帝王还常常将各地居民迁往陵墓周边居住立业，规模以汉武帝时为最盛。汉武帝时大臣主父偃建议汉武帝将各地豪强迁居茂陵。建议说：茂陵初具规模，不如把那些横行一方的豪强和影响治安的无业游民都迁徙到茂陵，这样既繁荣了京师，又杜绝了他们继续在地方上为非作歹，就算不杀他们也能除去祸害。为了繁华茂陵附近的经济，汉武帝不断迁徙"郡国豪杰，及资三百万以上"者于邑中，由于人口逐年增加，后改邑为县，户数多达六万零八十六，人口有二十六万。

滑稽列传

【导读】

"滑稽"在这里指才思敏锐,善用反语。《滑稽列传》是《史记》中专门叙述滑稽人物的类传,里面的滑稽人物不流于世俗,常常说一些隐语讽谏君王,这些人往往聪明伶俐、机智过人、能言巧辩,擅长在不知不觉中讲明大道理、解释大问题。本篇节选了三个人物——优孟、西门豹、东方朔的事迹。

◎优 孟◎

【原文】

优孟,故楚之乐人也①。长八尺,多辩,常以谈笑讽谏②。楚庄王之时,有所爱马,衣以文绣③,置之华屋之下④,席以露床⑤,啖以枣脯⑥。马病肥死,使群臣丧之⑦,欲以棺椁大夫礼葬之⑧。左右争之,以为不可。王下令曰:"有敢以马谏者,罪至死。"优孟闻之,入殿门,仰天大哭。王惊而问其故。优孟曰:"马者王之所爱也,以楚国堂堂之大,何求不得,而以大夫礼葬之,薄,请以人君礼葬之。"王曰:"何如?"对曰:"臣请以雕玉为棺,文梓为椁⑨,楩、枫、豫、章为题凑⑩,发甲卒为穿圹⑪,老弱负土⑫,齐、赵陪位于前⑬,韩、魏翼卫其后⑭,庙食太牢⑮,奉以万户之邑⑯。诸侯闻之,皆知大王贱人而贵马也。"王曰:"寡人之过一至此乎⑰!为之奈何?"优孟曰:"请为大王六畜葬之⑱。以垄灶为椁⑲,铜历为棺⑳,赍以姜枣㉑,荐以木兰㉒,祭以粮稻,衣以火光,葬之于人腹肠。"于是王乃使以马属太官㉓,无令天下久闻也。

【注释】

①故:以前。乐人:古代能歌善舞的艺人的统称。②讽谏:以委婉或隐晦的言语进行劝谏。③文绣:锦绣。④华屋:华丽的屋宇。⑤席:垫着。露床:没有帐幔的床。⑥啖:喂。脯:蜜渍的果干。⑦丧:为……治丧。⑧椁:古时的棺木分层,内层称为棺,套在外面的一层称为椁。⑨文梓:纹理细致的梓木。⑩楩、枫、豫、章:均为名贵的木材。章,通"樟"。题凑:下葬时把木材累积在棺材的外面,木头都朝着内侧,名为题凑。题,头;凑,聚。⑪穿圹:挖掘墓穴。⑫负土:背土筑坟。⑬陪位:列在从祭的位置。⑭翼卫:护卫。⑮庙食太牢:为死马建立祠庙,并用太牢之礼祭祀。太牢,最高的祭礼,指牛、羊、猪各一头。⑯奉:供奉祭祀。⑰一:乃,竟然。⑱六畜葬:当作畜生来埋葬它。六畜,指羊、牛、马、犬、猪、鸡。⑲垄灶:用土堆成的灶。⑳铜历:大铜锅。历,通"鬲",鼎一类的物件。㉑赍:通"剂",调配。㉒荐:托付。木兰:香料。㉓属:交付,交给。太官:指掌管帝王膳食的官员。

【译文】

优孟,原本是楚国的艺人。他身高八尺,长于辩论,经常通过谈笑的方式起到劝谏的效果。楚庄王的时候,他有一匹心爱的马,给它披着锦绣,把它放置在画栋雕梁的屋宇之内,还为它提供没有帷帐的床作为卧席,喂它蜜渍的枣脯吃。马因为肥胖病死了,楚王让大臣们为它治丧,还想用安葬大夫的棺椁殡殓之礼安葬它。左右近臣劝阻他,认为不能这样做。庄王下令说:"有谁胆敢因为马的事而劝谏我,一律判死罪。"优孟听说此事以后,走进殿门,仰天大哭起来。楚王很吃惊,问他因何而哭。优孟说："马是大王您所钟爱的，以楚国这么一个堂堂大国，有什么做不到的呢，然而现在却仅仅以安葬大夫的礼仪埋葬它，实在是太微薄了，我请求大王您用君王的礼仪安葬它。"庄王说："这是为什么呢？"优孟回答说："我请求您用雕琢好的美玉作为内棺，用纹理细致的梓木作为外椁，用梗、枫、豫、樟这些上等木材作为护棺的木块，然后再派士兵挖掘墓穴，让年老体弱的人背土建坟，让齐国、赵国的使节在前面为这匹马陪祭，让韩国、魏国的使节在后面为这匹马做护卫，然后盖一座庙为它行太牢之礼，再用一个万户的大邑为它供奉。各国诸侯听说这件事，都会知道大王您轻视人而珍惜马了。"庄王说："我的过错竟然到了这个程度了吗！那我应当怎么办呢？"优孟说："请让我为大王以安葬六畜的礼节安葬它吧。以土灶为外椁，以铜锅作为棺材，然后调配姜和枣，加进一些木兰，以稻米作为祭品，以火光作为衣服，将它安葬在人的肚肠里面。"于是庄王派人把这匹马交给太官处置，不要让天下人长久传扬这件事。

优孟像

【原文】

楚相孙叔敖知其贤人也，善待之。病且死①，属其子曰②："我死，汝必贫困。若往见优孟③，言我孙叔敖之子也。"居数年④，其子穷困负薪⑤，逢优孟，与言曰："我，孙叔敖子也。父且死时，属我贫困往见优孟。"优孟曰："若无远有所之⑥。"即为孙叔敖衣冠，抵掌谈语⑦。岁余，像孙叔敖，楚王及左右不能别也。庄王置酒，优孟前为寿⑧。庄王大惊，以为孙叔敖复生也，欲以为相。优孟曰："请归与妇计之⑨，三日而为相。"

庄王许之。三日后，优孟复来。王曰："妇言谓何？"孟曰："妇言慎无为⑩，楚相不足为也。如孙叔敖之为楚相，尽忠为廉以治楚，楚王得以霸。今死，其子无立锥之地⑪，贫困负薪以自饮食。必如孙叔敖，不如自杀。"因歌曰："山居耕田苦，难以得食。起而为吏，身贪鄙者余财，不顾耻辱。身死家室富，又恐受赇枉法⑫，为奸触大罪，身死而家灭。贪吏安可为也！念为廉史，奉法守职，竟死不敢为非⑬，廉吏安可为也！楚相孙叔敖持廉至死⑭，方今妻子穷困负薪而食，不足为也⑮！"于是庄王谢优孟⑯，乃召孙叔敖子，封之寝丘四百户，以奉其祀。后十世不绝。此知可以言时矣⑰。

【注释】

①且死：将死。②属：通"嘱"。叮嘱。③若：你。④居：一般用在"久之"、"有顷"或是"顷之"的前面，意指相隔一段时间。⑤负薪：背负干柴贩卖。⑥无远有所之：不要远往他处。无，通"毋"，不要。⑦抵掌：击掌。抵，击，拍。本句的意思是优孟摹仿孙叔敖的言谈举止。⑧为寿：敬酒祝福。⑨计：商议；盘算。⑩慎：千万。为：做。⑪立锥之地：插一个铁锥尖端那么大的地方。⑫赇（qiú）：贿赂。⑬竟死：到死。竟：从头至尾。⑭持廉：坚持廉洁的品行。⑮不足为：不值得做。⑯谢：认错。⑰知：通"智"，智慧。言时：正合时宜。

【译文】

楚相孙叔敖知道优孟是个有贤才的人，所以待他很好。孙叔敖患了重病将要死去，嘱咐他的儿子说："我死了之后，你的生活一定很贫穷。那时你可以去找优孟，说自己是孙叔敖的儿子。"过了几年，孙叔敖的儿子生活很穷困，身上背着干柴出卖，遇到优孟，对优孟说："我是孙叔敖的儿子。父亲临死前，嘱咐我若是贫困了就去见优孟。"优孟说："你不要远往他处了。"回到家里，优孟马上缝制了孙叔敖往常穿戴的衣冠，模仿孙叔敖的言谈及举止。过了一年多，（优孟的言行举止）跟孙叔敖像极了，楚王及左右的近臣都不能分辨他是优孟还是孙叔敖了。楚庄王置备酒宴，优孟上前为楚庄王敬酒。楚庄王十分惊讶，还以为是孙叔敖复活了呢，打算任他为宰相。优孟说："请大王让我回去与妻子商量一下，（若是商量好了）三天之后就来当宰相。"

楚庄王同意了优孟的请求。三天之后，优孟又来见庄王。庄王说："你妻子怎么说的？"优孟说："妻子说千万不要做楚相，楚相这个位子不值得去做。就像孙叔敖，做过楚相，忠贞廉洁治理楚国，最终楚王得以称霸。现在孙叔敖死了，他的儿子却没有立锥之地，穷得只能靠背柴出卖为生。假如你真要像孙叔敖那样去做楚相，还不如自杀呢。"接着又唱道："在山里居住耕作很辛苦，很难获得食物。出仕做官，贪污卑鄙的人有多余的家财，不考虑耻辱。自己死了后家里虽然富裕，却又怕因为贪赃枉法、作奸犯科而犯了大罪，不但自己被处死，整个家室也被诛灭。贪官怎么能做呢！想做个清官吧，遵守法律恪尽职守，到死不敢做非法之事。清官又怎么能做呢！楚相孙叔敖坚持廉洁至死不变，现在妻子和孩子穷困到背柴出卖才能生活，所以清官也不能当啊！"庄王向优孟谢过，并召见孙叔敖的儿子，封给他拥有四百户的寝丘，用以供奉孙叔敖的祭祀。后来传到十代也不曾断绝。优孟的这种智慧，可以说是懂得讲话、善于抓住劝谏时机的啊！

○东方朔○

【原文】

武帝时，齐人有东方生名朔①，以好古传书，爱经术，多所博观外家之语②。朔初入长安，至公车上书，凡用三千奏牍③。公车令两人共持举其书④，仅然能胜之⑤。人主从上方读之⑥，止，辄乙其处⑦，读之二月乃尽。诏拜以为郎，常在侧侍中⑧。数召至前谈语，人主未尝不说也。时诏赐之食于前⑨。饭已，尽怀其余肉持去，衣尽污。数赐缣帛⑩，檐揭而去⑪。徒用所赐钱帛⑫，取少妇于长安中好女⑬。率取妇一岁所者即弃去⑭，更取妇。所赐钱财尽索之于女子。人主左右诸郎半呼之"狂人"⑮。人主闻之，曰："令朔在事无为是行者⑯，若等安能及之哉⑰！"

东方朔像

【注释】

①生：先生。东方，复姓。②外家之语：即外家传语。③奏牍：上奏言事的简牍。牍，写字用的木片。④持举：扛抬。⑤仅然：刚刚，恰好。⑥上方：指宫禁、内廷。⑦乙：做划断的记号。⑧侍中：指在内廷听候支使。⑨时：时常。⑩缣帛：绸绢的通称。⑪檐：通"担"。揭，高举。⑫徒：单，独。⑬取：同"娶"。⑭所：通"许"，表示约计之词。⑮半：指半数人。⑯令：假使，倘若。无为是行：没有这种行为。⑰若等：你们这些人。

【译文】

汉武帝时，齐地有位姓东方名叫朔的先生，喜欢古代流传的书籍，爱好儒家经术，广泛地看了许多诸子百家的书。东方朔初到长安城，到公车府给皇帝上书，一共用了三千枚木片。公车府派两个人去抬这些奏牍，刚好能够举起来。皇上从藏书的官署里阅读这些奏牍，停止阅读时，便在看到的地方划上一个勾号（以做标记），这样读了两个月才读完。武帝下诏任命东方朔为郎官，让他经常在宫中陪在皇帝身边侍奉。屡次把他召到跟前谈话，皇上没有感到不高兴。有一次皇上专门赏赐他在面前吃饭。吃完饭之后，东方朔把剩余的肉全部放在怀里带走，衣服上沾满了油污。皇帝还多次赏给他绸绢，他都是肩担手提地拿去。东方朔专门用皇帝赏赐的钱财和绢帛，娶长安城中的年轻漂亮女子为妻。大都娶了一年就抛弃不要了，另外再娶。皇帝所赏赐的钱财都用在这些女子身上了。皇帝身边的侍从有半数人都喊他"狂人"。皇帝听说以后，说道："倘若东方朔行事不这样的话，你们这些人哪里能比得上他！"

【原文】

时会聚宫下博士诸先生与论议①，共难之曰②："苏秦、张仪一当万乘之主③，而都卿相之位④，泽及后世。今子大夫修先王之术⑤，慕圣人之义，讽诵《诗》、《书》百家之言⑥，不可胜数。著于竹帛⑦，自以为海内无双，即可谓博闻辩智矣⑧。然悉力尽忠以事圣帝⑨，旷日持久⑩，积数十年，官不过侍郎，位不过执戟⑪，意者尚有遗行邪⑫？其故何也？"东方生曰："是固非子所能备也⑬。彼一时也，此一时也，岂可同哉⑭！夫张仪、苏秦之时，周室大坏⑮，诸侯不朝，力政争权⑯，相禽以兵⑰，并为十二国⑱，未有雌雄⑲，得士者强，失士者亡，故说听行通⑳，身处尊位，泽及后世，子孙长荣。今非然也。圣帝在上，德流天下，诸侯宾服㉑，威振四夷㉒，连四海之外以为席㉓，安于覆盂㉔，天下平均，合为一家，动发举事，犹如运之掌中。贤与不肖，何以异哉？方今以天下之大，士民之众，竭精驰说，并进辐凑者㉕，不可胜数。悉力慕义，困于衣食，或失门户㉖。使张仪、苏秦与仆并生于今之世，曾不能得掌故㉗，安敢望常侍侍郎乎！传曰㉘：'天下无害灾，虽有圣人，无所施其才；上下和同，虽有贤者，无所立功。'故曰'时异则事异'。虽然，安可以不务修身乎？《诗》曰：'鼓钟于宫，声闻于外。'㉙'鹤鸣九皋，声闻于天。'㉚苟能修身，何患不荣！太公躬行仁义七十二年，逢文王㉛，得行其说，封于齐，七百岁而不绝。此士之所以日夜孜孜㉜，修学行道，不敢止也。今世之处士㉝，时虽不用，崛然独立㉞，块然独处㉟，上观许由，下察接舆，策同范蠡，忠合子胥，天下和平，与义相扶㊱，寡偶少徒㊲，固其常也。子何疑于余哉！"于是诸先生默然无以应也。

东方朔偷桃图

【注释】

①博士诸先生：在官的学者们。②难：诘难，责难。③当：遇，碰到。④都：居。⑤子：敬称，您，您们。⑥讽诵：背诵，熟习。⑦竹帛：指竹简与白绢，是古代的书写用具。⑧即：则。⑨悉力：竭力。圣帝：圣明的帝王。⑩旷日：经历很多时日。⑪执戟：属郎官，执戟侍卫是其职责。⑫遗行：有失检点的行为。⑬备：完备，齐全。意指完全了解。⑭岂可同哉：怎能同日而语呢？⑮大坏：衰败得十分严重。⑯力政：凭借武力征伐。政，通"征"。⑰禽：通"擒"，捕捉。⑱十二国：指秦、楚、燕、韩、魏、赵、齐、宋、郑、鲁、卫、中山。⑲雌雄：喻指胜负。⑳说听行通：指意见被采纳。㉑宾服：指诸侯按时进贡，以示臣服。㉒四夷：指东夷、西戎、南蛮、北狄，这是古代中原对华夏族以外各族的称呼。这里泛指异族。㉓连四海之外以为席：国家疆域广阔，像坐席那样与四境之外的诸侯国相连环绕。席，坐垫。㉔覆盂：倒置的盂。由于盂上口大、下脚小，倒覆过来不容易倾倒。此喻稳固。㉕辐凑：车轮上每根辐子凑集到中心的车毂上面。喻指从四面八方集中到一处。㉖门户：指进身做官的途径。㉗掌故：指掌管礼乐制度的官吏。㉘传：泛指古书。㉙鼓钟于宫，声闻于外：出自《诗·小雅·白华》。㉚鹤鸣九皋，声闻于天：出自《诗·小雅·鹤鸣》。九皋，指幽深遥远的沼泽淤地。㉛文王：指周文王姬昌。㉜孜孜：勤奋不倦的样子。㉝处士：隐士。㉞崛然：高起、突出的样子。㉟块然：孤独、静止的样子。㊱与义相扶：意指修身自持。义，修身。扶，持。㊲偶：伴侣。徒：徒众。此句的意思是没有情趣相投、志同道合的人。

【译文】

当时正好赶上朝廷聚集在官的学者们参与议论国事，他们一起责难东方朔道："苏秦和张仪一遇上万乘之国的君主，就能获得卿相的位子，恩泽延续至他们的后世子孙。如今您研究先王的治国之术，追慕圣贤的道义，精熟《诗经》《尚书》等百家之说，贤能之处数不胜数。您将自己的文字写在竹帛之上，自以为天下无双，那么可以说博闻强识、善辩聪明了。然而您竭尽全力尽忠侍奉圣明的皇帝，可谓旷日持久，积攒了数十年，所得到的官衔也不过是个侍郎而已，职位不过是个执戟的侍卫罢了，想来您的

东方朔与博士诸先生辩论

行为必定有什么不检点吧？这是为什么呢？"东方先生回答说："这个原本就不是你们所能完全领会到的。那是一个时代，这又是一个时代，怎么可能相同呢！张仪、苏秦所处的时代，周王室已经十分衰败，诸侯不去朝拜周天子，依靠武力相互征伐，相互用兵，后来天下兼并成十二个国家，依然没有分出胜负，这个时候，得到士的国家就会强大，而失掉士的国家就会灭亡。所以只要他们说出的意见，都会被采纳，自己也能身居尊贵之位，恩泽也能延续给后世，子孙们则能保持长久的荣耀。如今的情况不同了。现在圣明的天子在位，恩德流布天下，诸侯都按时朝贡，表示服从，名声威震四方的夷狄，与四海之外的土地连在一起，比覆置的盂还要安稳。天下太平，合成一家，只要行动办事，就好像手掌转动那么容易。贤或是不贤的人，他们之间能有什么不同呢？现在凭借着天下的广大、士民的众多，竭尽全力地四处游说，像辐条凑集到车毂轴上那样竞相为朝廷献计的人，实在是多得数不清。尽管竭力追慕道义，但是常常受困于衣食，有的人失去了进身做官的机会。倘若让张仪、苏秦和我一同生在当今之世，他们只怕连个掌管礼仪制度的官都当不了，怎么敢奢望做常侍郎的官职呢？古书里曾说：'天下没有灾害，即便有圣人出现，也没有机会施展他们的才能；上下和睦同心，即便有贤人出现，也没有机会建功立业。'所以说'时代改变了，事情也随着发生改变'。即使这样，又怎么可以不致力于修身呢？《诗经》上说：'在官内敲钟，在外面能听到声响。''鹤在水泽深处鸣叫，声音能传到天上去。'如果一个人懂得修身，还用担心不够荣耀么！姜太公亲身施行仁义七十二年，遇上周文王，这才得以实行自己的主张，封在齐国，子孙享国七百余年而不断绝。这就是士人为什么要日夜勤恳研究学问、推行大道而不敢停止的缘故。如今世间的隐士，尽管当时不被任用，但他们傲然独立，孑然独处，远观许由，近看接舆，他们的谋略与范蠡相当，忠诚之心与伍子胥相合，天下太平，修身自持，缺少同伴，鲜有徒众，这本来就很寻常。你们为什么质疑我呢！"于是诸位先生沉默不言，无以应答。

【原文】

建章宫后阁重栎中有物出焉①，其状似麋。以闻，武帝往临视之。问左右群臣习事通经术者，莫能知。诏东方朔视之。朔曰："臣知之，愿赐美酒粱饭大飱臣②，臣乃言。"诏曰："可。"已③，又曰："某所有公田鱼池蒲苇数顷，陛下以赐臣，臣朔乃言。"诏曰："可。"于是朔乃肯言，曰："所谓驺牙者也④。远方当来归义，而驺牙先见⑤。其齿前后若一，齐等无牙，故谓之驺牙⑥。"其后一岁所，匈奴混邪王果将十万众来降汉⑦。乃复赐东方生钱财甚多。

【注释】

①建章宫：武帝太初元年（公元前104年）建。旧址在今陕西西安。重栎：双重栏杆。②粱饭：好米饭。大飱臣：丰盛地宴请我。飱，给……吃，动词。③已：止，完毕。④驺牙：兽名。也名驺吾或驺虞，古代传说中的义兽，据说它的出现象征统治者有信义。⑤"远方"句：意为远方当前来投诚的事，因而驺牙先出现了。见，通"现"。⑥"其齿"句：它前后都一样生的是门牙，而无臼齿。⑦混邪（yé）王：即浑邪王。匈奴右地的王，居河西走廊一带。

【译文】

建章宫后阁的双重栏杆中有一只动物跑出来，它的形状与麋鹿相似。这件事传到武帝那里，武帝便亲自过来看，他询问左右群臣中熟知各种事物精通经术的人，没有一个人知道这是什么动物。

武帝便下诏让东方朔过来看这只动物。东方朔说："我知道这个东西，希望大王您能赏赐美酒好饭给我好好地吃一顿，这样我才说。"武帝下诏说："可以。"吃完之后，东方朔又说："某个地方有公田、鱼池、蒲苇好几顷，如果陛下能把它赏赐给我，我才说。"武帝下诏说："可以。"东方朔这才肯说，他说道："这就是所说的驺牙呀。应当有远处的国家前来归顺，驺牙才会预先出现（以作征兆）。驺牙的牙齿前后都是一样的，大小相等且没有白齿，所以称它为驺牙。"之后一年左右的时间，匈奴浑邪王果然率领十万人前来归顺汉朝。于是武帝又赏赐给东方朔很多钱财。

【原文】

至老，朔且死时，谏曰："《诗》云：'营营青蝇①，止于藩②。恺悌君子③，无信谗言。''谗言罔极④，交乱四国⑤。'愿陛下远巧佞，退谗言。"帝曰："今顾东方朔多善言⑥？"怪之。居无几何，朔果病死。传曰："鸟之将死⑦，其鸣也哀；人之将死，其言也善。"此之谓也⑧。

【注释】

①营营青蝇：此句与下面的诗句出自《诗·小雅·青蝇》。其中前四句见于首章；后两句见于第二章，为后二句。营营，蝇飞之声。②藩：通"藩"，篱笆。③恺悌：和乐简易。④罔极：没有止境。⑤交乱四国：使四方邻国与本国构成战乱。⑥"今顾"句：现在东方朔反而说很多正经话了吗？顾，反而。⑦"鸟之将死"四句：语出《论语·泰伯篇》。⑧此之谓也：说的就是这种情况吧。

【译文】

到年纪老了，东方朔临死之时，他劝谏武帝说："《诗经》中说：'往来乱飞的苍蝇，停留在藩篱之上。和易近人的君子，不要听信谗言。''谗言没有止境，就会扰乱天下的安宁。'希望陛下远离奸佞之臣，斥退谗言。"武帝说："现在东方朔反而开始说正经话了吗？"对此感到十分奇怪。过了没多长时间，东方朔果真病死了。古书里说："鸟快死的时候，它的鸣叫声也很悲哀；人快死的时候，他所说的话也善良。"这大概就是这种情况吧。

○西门豹○

【原文】

魏文侯时，西门豹为邺令。豹往到邺，会长老，问之民所疾苦①。长老曰："苦为河伯娶妇②，以故贫。"豹问其故，对曰："邺三老、廷掾常岁赋敛百姓③，收取其钱得数百万，用其二三十万为河伯娶妇，与祝巫共分其余钱持归④。当其时，巫行视小家女好者⑤，云是当为河伯妇，即娉取⑥。洗沐之，为治新缯绮縠衣⑦，闲居斋戒⑧；为治斋宫河上⑨，张缇绛帷⑩，女居其中。为具牛酒饭食⑪，十余日。共粉饰之⑫，如嫁女床席⑬，令女居其上，浮之河中。始浮，行数十里乃没。其人家有好女者，恐大巫祝为河伯取之，以故多持女远逃亡。以故城中益空无人⑭，又困贫⑮，所以来久远矣。民人俗语曰'即不为河伯娶妇⑯，水来漂没，溺其人民'云⑰。"西门豹曰："至为河伯娶妇时，愿三老、巫祝、父老送女河上，幸来告语之⑱，吾亦往送女。"皆曰："诺。"

【注释】

①所疾苦：所痛苦的事。②河伯：河神。③三老：古代掌管教化的乡官。常岁：每年。赋敛：定额收费。④祝巫：古代专管祭祀神鬼、消解灾祸的人。祝，庙祝。巫，女巫。⑤行视：巡视。小家女：贫苦人家的女儿。⑥娉取：下聘迎娶。娉，通"聘"，下聘。取，通"娶"。⑦缯（zēng）：丝织品的统称。绮：有花纹的丝织品。縠（hú）：有绉纹的纱。⑧闲居：单独居住。斋戒：祭祀前，沐浴更衣，素食，以示诚敬，称为斋戒。⑨治：建造。斋宫：斋戒的住屋。⑩缇（tí）：橘红色的丝织品。绛：深红色。帷：帐子。⑪具：备办。⑫粉饰：打扮，装饰。⑬床席：床帐

枕席之类。⑭ 益：更加。⑮ 又：更。⑯ 即：倘若。⑰ 溺：淹死。⑱ 幸：希望。

【译文】

魏文侯的时候，西门豹任邺令之职。西门豹到了邺县，召集当地德高望重的人，询问百姓有什么感到痛苦的事。这些人回答说："我们苦于为河神娶媳妇，正因为这件事导致（这里）很贫穷。"西门豹询问其中的缘故，回答说："邺地的三老、廷掾经常每年向百姓征收赋税，收到的钱有几百万那么多，用其中的二三十万为河神娶媳妇，然后与巫婆平分剩余的钱财拿回家去。每当这个时候，巫婆出来探视，看到贫苦人家的女子长得漂亮，就说应该让她当河神的媳妇儿，接着下聘把人娶过来，为女子洗澡洗头，替她缝制新的绸绢衣服，让她独居斋戒；在河岸营造斋戒的房屋，张挂红色的帷幔，使女子居住在里面。杀牛造酒为女子准备十多天的酒食。到给河伯娶亲那天，人们再对婚嫁场面加以粉饰，像出嫁女儿用的床帐枕席，让女子坐在上面，使它漂浮在水面上。最初的时候还在水面上漂浮，漂行几十里后就沉没下去了。家里有漂亮女子的，害怕大巫婆为河神娶媳妇挑到自己头上，所以大多都带着女儿远逃他乡了。所以城里更加空旷无人，越来越穷，这种情形出现已经很久了。民间的俗语说'若是不为河伯娶亲，大水来了会淹没这里，淹死这里的百姓'。"西门豹说："等到为河伯娶媳妇时，希望三老、巫婆、父老送新娘到河边的时候，希望告诉我一声，我也去送新娘。"大家说："好的。"

【原文】

至其时，西门豹往会之河上。三老、官属、豪长者、里父老皆会①，以人民往观之者三二千人②。其巫，老女子也，已年七十。从弟子女十人所③，皆衣缯单衣④，立大巫后。西门豹曰："呼河伯妇来，视其好丑。"即将女出帷中，来至前。豹视之，顾谓三老、巫祝、父老曰："是女子不好⑤，烦大巫妪为入报河伯⑥，得更求好女，后日送之。"即使吏卒共抱大巫妪投之河中。有顷，曰："巫妪何久也？弟子趣之⑦！"复以弟子一人投河中。有顷⑧，曰："弟子何久也？复使一人趣之！"复投一弟子河中。凡投三弟子。西门豹曰："巫妪弟子是女子也，不能白事⑨，烦三老为入白之。"复投三老河中。西门豹簪笔磬折⑩，向河立待良久。长老、吏、傍观者皆惊恐。西门豹顾曰："巫妪、三老不来还，奈之何？"欲复使廷掾与豪长者一人入趣之。皆叩头，叩头且破，额血流地，色如死灰。西门豹曰："诺，且留待之须臾⑪。"须臾，豹曰："廷掾起矣。状河伯留客之久⑫，若皆罢去归矣⑬。"邺吏民大惊恐，从是以后，不敢复言为河伯娶妇。

【注释】

① 官属：指廷掾。豪长者：豪绅，当地有势力的人。里父老：被选中女子的同里父老们。② 以：与，及。③ 从：随从，跟随。所：许。④ 衣：穿（衣服）。缯单衣：绢制的单衣。⑤ 是：此，这。⑥ 妪：年老的女人。⑦ 趣：通"促"，催促。⑧ 有顷：过了片刻。⑨ 不能白事：不能把事情传达清楚。⑩ 簪笔磬折：帽子上插着类似毛笔的簪子，像石磬那样弯着腰，做出毕恭毕敬的样子。⑪ 且：姑且。须臾：片刻、一会儿。⑫ 状：推测之辞，相当于"看情况"、"看样子"。⑬ 若：汝，你，你们。

【译文】

到了为河伯娶亲那天，西门豹到河边与大家会合。三老、廷掾、豪绅、乡里父老都到了，以及来参观的百姓总共有两三千人。那个大巫婆，是个老太婆，年已七十。后面跟随着十多个女弟子，都穿着缯衣，站立在大巫婆后面。西门豹说："叫河伯的媳妇过来，让我瞧瞧她的美丑。"于是把新娘从帷帐中扶出，领到西门豹面前。西门豹看了看，转过头对三老、巫婆、父老们说："这个女子长得不漂亮，劳烦大巫婆到河里告诉河伯，应该再找美丽的女子，后天把人送来。"说完让手下士卒一同抱起大巫婆扔到水里。过了一会儿，西门豹说道："巫婆怎这么久了还不回来？弟子快去催

西门豹拆穿"河伯娶亲"的阴谋

她!"又抱起一个弟子扔到水中。又过了一会儿,说道:"这个弟子怎地去了这么长时间?再派一个去催她们!"又把一个弟子扔到河里。一共把三个弟子扔到了河里。西门豹说:"巫婆和她的弟子都是女人,不会禀告事情,劳烦三老帮我进去禀告一下。"接着又把三老投入河中。西门豹头上插着毛笔一样的簪子,腰弯得如磐石一般,毕恭毕敬地作揖,面向河水等了很长时间。长老、廷掾和旁观者都十分惊恐。西门豹回过头对他们说:"巫婆、三老到现在还不回来,怎么办呢?"想再派廷掾和豪绅一人到河中去催促他们。他们连忙跪下磕头,头皮都磕破了,额头上流出的血淌了一地,脸色如死灰一般。西门豹说:"好吧,那就姑且再等一会儿吧。"又过了一会儿,西门豹说:"廷掾你请起吧,大概是河伯把客人留得太久了,你们都先回去吧。"邺县的官吏和百姓都很害怕,自此之后,没有人再敢为河伯娶媳妇了。

【原文】

　　西门豹即发民凿十二渠①,引河水灌民田,田皆溉②。当其时,民治渠少烦苦③,不欲也。豹曰:"民可以乐成④,不可与虑始⑤。今父老子弟虽患苦我⑥,然百岁后期令父老子孙思我言⑦。"至今皆得水利,民人以给足富⑧。十二渠经绝驰道⑨,到汉之立,而长吏以为十二渠桥绝驰道⑩,相比近⑪,不可。欲合渠水,且至驰道合三渠为一桥。邺民人父老不肯听长吏,以为西门君所为也,贤君之法式不可更也⑫。长吏终听置之⑬。故西门豹为邺令,名闻天下,泽流后世,无绝已时⑭,几可谓非贤大夫哉⑮!

【注释】

①发民:征发百姓。②溉:灌溉。③少:稍微。④以:与。乐成:共享成果。⑤虑始:谋划新事物的开创。⑥患苦:厌恶、憎恨。⑦期:必定,一定。⑧给足:供给丰足。⑨经绝:横断,截断。⑩长吏:指县里的主要官吏。⑪比近:靠近,挨近。⑫法式:法度,规范。更:变革,改动。⑬置:搁置,放弃。⑭无绝已时:没有终了的时候。已,终了。⑮几:通"岂",难道。

【译文】

　　西门豹立即征发老百姓开凿了十二条沟渠,引黄河水灌溉农田,所有的田地均得到了灌溉。在西门豹开渠的时候,百姓对凿渠稍嫌烦扰辛苦,所以都不愿做。西门豹说:"对于百姓可以与他们共享成果,却不能在一件事开始时与他们一同谋划。现在父老子弟虽然埋怨我,但是百年以后一定要使他们的子孙想起我的话。"一直到现在,那里都能够得到河水灌溉带来的利处,百姓由于丰收而富足。十二条沟渠横穿断绝了驰道,到汉朝建立的时候,当地官吏认为十二条沟渠横穿断绝了驰道,彼此相距太近,这样不可以。就想合并沟渠,而且还想把流经驰道的沟渠,三条合并成一条,只架一座桥。邺县百姓不愿听从当地官吏的建议,认为那是西门豹开凿的沟渠,贤人制定的制度是不能更改的。最终那里的官吏听从了百姓的意见,把合并沟渠的计划搁置了。所以西门豹担任邺令时的事迹,名扬天下,恩泽流传后世,没有终了的时候,难道能够说他不是贤良的大夫吗!

货殖列传

【导读】

　　货殖就是通过贸易追求利润的意思。司马迁所说的"货殖"，包括各种手工业，以及农、牧、渔、矿山、冶炼等行业。在《货殖列传》中，司马迁先是介绍了货殖的重要性；接着叙述了汉武帝以前工商业的发展情况，包括商贾的致富之路、各地的物品特产，以及经济对百姓生活的影响，等等。本传是关于古代社会经济的重要文献，也反映了司马迁的经济思想。司马迁在《太史公自序》中说："布衣匹夫之人，不害于政，不妨百姓，取之于时而息财富，智者有采焉。作《货殖列传》。"道出了写本传的动机与主旨，即认为经济情况与政治的兴衰关系密切，主张发展工商业，反对人为干涉。

○陶朱公范蠡○

【原文】

　　昔者越王勾践困于会稽之上，乃用范蠡、计然。计然曰："知斗则修备①，时用则知物②，二者形则万货之情可得而观已③。故岁在金，穰④；水，毁⑤；木，饥；火，旱。旱则资舟⑥，水则资车，物之理也。六岁穰⑦，六岁旱，十二岁一大饥。夫粜⑧，二十病农⑨，九十病末⑩。末病则财不出⑪，农病则草不辟矣⑫。上不过八十，下不减三十，则农末俱利。平粜齐物⑬，关市不乏⑭，治国之道也。积著之理⑮，务完物⑯，无息币⑰。以物相贸易，腐败而食之货勿留⑱，无敢居贵⑲。论其有余不足⑳，则知贵贱。贵上极则反贱㉑，贱下极则反贵㉒。贵出如粪土，贱取如珠玉㉓。财币欲其行如流水㉔。"

修之十年㉕，国富，厚赂战士㉖，士赴矢石㉗，如渴得饮，遂报强吴㉘，观兵中国㉙，称号"五霸"㉚。

范蠡既雪会稽之耻㉛，乃喟然而叹曰㉜："计然之策七，越用其五而得意㉝。既已施于国，吾欲用之家。"乃乘扁舟浮于江湖㉞，变名易姓，适齐为鸱夷子皮㉟，之陶为朱公㊱。朱公以为陶天下之

范蠡功成身退

中㊲,诸侯四通,货物所交易也㊳。乃治产积居,与时逐而不责于人㊴。故善治生者㊵,能择人而任时㊶。十九年之中三致千金㊷,再分散与贫交疏昆弟㊸。此所谓富好行其德者也。后年衰老而听子孙㊹,子孙修业而息之㊺,遂至巨万。故言富者皆称陶朱公㊻。

【注释】

①斗:打仗。修备:做好准备。②时用则知物:知道货物何时为人需求购用。时,时间、季节。用,用途,使用。③形:对照。④穰:丰收。⑤毁:歉收。饥:饥荒。旱:干旱。⑥资舟:积蓄船只。⑦六岁穰:六年丰收。⑧粜(tiào):出售粮食。⑨二十病农:每斗价格二十钱,则农人受损害。病,损害。⑩九十病末:每斗价格九十钱,则商人受损害。末:指工商业,与本(农)相对。⑪出:流通。⑫草不辟:田地荒芜。辟,开垦,开辟。⑬平粜:平价售粮。齐物:同等货物。⑭关市:关卡税收与市场供应。乏:缺乏。⑮积著:囤积货物。著,同"贮"。⑯务:务必,务求。完物:完好的物品。⑰无息币:没有滞留的货币。息,滞留、停息。⑱腐败而食:腐败而易蚀。食,同"蚀"。⑲无敢居贵:不敢囤积以求高价。⑳论:研究、论断。㉑贵上极:货物贵到极点。反:返。㉒贱下极:货物贱到极点。㉓贵出如粪土,贱取如珠玉:当货物贵到极点时,就及时卖出,视如粪土;当货物贱到极点时,就及时购进,视如珠宝。㉔欲:想使。㉕修:整治,治理。㉖厚赂:重金收买。㉗赴矢石:奔赴战场。赴,奔赴危险境地。矢,箭。㉘报:报复,报仇。㉙观兵:炫耀兵力。观,显示。中国:中原。㉚五霸:春秋时先后称霸的五个诸侯。一说指齐桓公、晋文公、楚庄公、吴王阖闾、越王勾践。一说指齐桓公、宋襄公、晋文公、秦缪公、楚庄王。㉛既:已经。㉜喟然:叹息的样子。㉝得意:满足意愿。㉞扁舟:小船。浮:漂泊。㉟适:到……去。鸱夷:皮制的口袋,用来盛酒。㊱之:到。㊲中:中心。㊳交:交流。易:容易、方便。㊴与时逐:随时逐利。责:责求。㊵治生:经营产业。㊶择人:择用贤人。任时:把握时效。㊷致:取得、得到。㊸再:两次。与:给予。贫交:贫穷的朋友。疏昆弟:远房的兄弟。㊹听:听任,任凭。㊺息:增长,增利。㊻称:称颂,赞扬。

【译文】

　　当初越王勾践被围困在会稽山上,重用范蠡和计然。计然说:"知道将要打仗就提前做好准备,了解货物何时为人需求购用就懂得了什么是货物,这两种规律掌握了,那么各种货物的流通情况就能看得清清楚楚。所以,岁在金,就会丰收;岁在水,就会歉收;岁在木,就会饥荒;岁在火,就会干旱。干旱就要备好船只以防洪涝,有洪涝灾害的时候就要备车等待干旱,这是合乎事物发展的道理。逢六年就会遇上一次丰收,逢六年就会遇上一次干旱,每十二年都会赶上一场大饥荒。出卖粮食,每斗的价格二十钱,农民的利益就会受损;每斗的价格九十钱,从事工商业的人的利益就会受损。从事工商业的人利益受损,那么财富就不会流通;农民利益受损,那么田地就会荒芜。粮食每斗不能高于八十钱,不能低于三十钱,那么农民和商人都能受益。谷物以平均价格出售,调整物价,关卡税收和市场供应都不缺乏,这是治理国家的原则。囤积货物的原理,务求完好的物品,不要有停滞不流通的货币。以货物相互贸易,容易腐败的货物不要存留,不敢积聚起来等待涨价。讨论货物剩余或充足的情况,就能知道它贵还是贱。商品昂贵到极点就会反过来趋于廉价,廉价到极点就会反过来趋于昂贵。昂贵的时候,要趁机卖出,就像扔弃粪土一样;低廉的时候,要趁机买进,就像爱惜珠玉一般。要让财物和货币的周转如流水一样。"治国十年,国家富裕,用丰厚的钱财去收买兵士们为自己效死力,使战士们不避箭石奔赴战场,就像口渴时想喝水一样迫切,终于报仇雪恨灭掉了强大的吴国,接着挥师北进,向中原诸侯炫耀兵力,成为"五霸"之一。

　　范蠡已经帮助越王勾践一雪会稽之耻,喟然长叹说:"计然的计策有七条,越国用其中的五条就能如愿。既然已经施用于治国了,我想把它施用于治家。"便乘着一叶扁舟浮游于江湖之上,改名换姓,到达齐国改名为鸱夷子皮,到达陶邑改名为朱公。朱公认为陶邑处在天下的中心,与各诸侯国的交通便利,位置四通八达,货物流通交易十分便利。因此在这里经营产业,屯聚货物,垄断居奇,随时追逐利益,而且随机应变,而不必苛求于他人。所以,擅长经营生产和贸易的人,能够择用贤人，又能把握时效，十九年的时间里，三次赚取到了千金之财，两次分发给贫贱之交和远房的兄弟。这就是所说的君子富有而喜欢施行恩德啊。后来范蠡年老力衰而听任于子孙，子孙们继承他的产业，并不断发展，最终累积了巨万家产。所以谈论富有的人时都称颂陶朱公。

人弃我取，人取我与

【原文】

白圭，周人也①。当魏文侯时，李克务尽地力②，而白圭乐观时变，故人弃我取，人取我与③。夫岁孰取谷④，予之丝漆；茧出取帛絮，予之食⑤。太阴在卯⑥，穰；明岁衰恶⑦。至午⑧，旱；明岁美。至酉，穰；明岁衰恶。至子，大旱；明岁美，有水。至卯⑨，积著率岁倍⑩。欲长钱，取下谷；长石斗，取上种⑪。能薄饮食⑫，忍嗜欲，节衣服，与用事僮仆同苦乐，趋时若猛兽挚鸟之发⑬。故曰："吾治生产⑭，犹伊尹、吕尚之谋，孙、吴用兵，商鞅行法是也。是故其智不足与权变⑮，勇不足以决断，仁不能以取予，强不能有所守，虽欲学吾术，终不告之矣。"盖天下言治生祖白圭⑯。白圭其有所试矣，能试有所长，非苟而已也⑰。

【注释】

①周：指战国初期的小诸侯国西周国。②务：致力于。尽地力：竭力开发土地。③与（yǔ）：给予，这里指出售。④岁孰：每年谷物成熟，这里指一年的农事收成。⑤食：粮食。⑥太阴：指木星。卯：地支的第四位。⑦衰恶：年景不好。⑧至午：木星在午宫（方位）时。午，地支的第七位。下文"至酉"、"至子"，均指木星所在的方位。⑨至卯：此指木星复至卯宫（方位）时。⑩积著：积贮。率：大概，大约。岁倍：每年增长一倍。⑪上种：上等谷物。⑫薄饮食：不讲究吃喝。薄，轻视，不讲究。⑬趋时：争取时机。若：好像。挚：通"鸷"，凶猛。发：奋发，指动作迅捷。⑭生产：经商致富之事。⑮不足与权变：不足以随机应变。⑯祖：效法。⑰非苟而已也：并不是马虎随便行事。苟，不严肃。

人弃我取，人取我与

> ⊙ **文史知识**
>
> **白圭弃政从商**
>
> 战国中期,白圭曾做过魏国的相。那时,魏国都城大梁靠近黄河,经常遭受洪水的侵害,白圭于是派人加固黄河大堤,消除了水患。后来,魏惠王日益昏庸,白圭看到这一情形,就毅然离开了魏国,先后到中山、齐、秦三国游历。白圭游历秦国时,商鞅正在秦国变法,并极力提倡重农抑商的政策,所以白圭就没有在秦国做官。此后,白圭放弃从政的想法,转而走上了经商之路。

【译文】

白圭,周国人。魏文侯时,李克致力于开发土地,而白圭却喜欢观察市场行情及年成丰收、歉收的变化,所以别人低价抛售的东西他就收购,别人高价收购的东西他就出售。年岁丰收时,就买进谷物,抛售丝和漆;蚕茧结成时,买进帛絮,抛售粮食。太岁在卯,五谷丰登;明年收成将会很糟糕。太岁在午,发生旱灾;明年收成将会很好。太岁在酉,五谷丰登;明年收成将会变坏。太岁在子,发生大旱灾;明年收成将会很好,雨水充足。太岁行到卯位的时候,囤积起来的货物大概要比普通年份多一倍。想让价钱上涨,就收买质量差的谷物;想提高谷物的份量,就买进成色好、虚耗少的上等谷物。能够做到不在乎吃喝的好坏,节制嗜好和欲望,节省穿戴,与做事的僮仆同甘共苦,抓住发财的时机就像是猛兽猛禽搏取猎物时那么迅捷。所以他说:"我从事经商,就好像伊尹、吕尚出谋划策,孙子、吴起用兵作战,商鞅实行新法一样。所以说智不足以随机应变,勇不足以做出决断,仁不能够合理取舍,强不能够有所坚守,即使想学习我的经营之术,我终究也不会教给他的。"因此天下人都说经商之道要学习白圭。白圭或许是有所尝试吧,尝试而能超群出众,并不是马虎随便就能行的。

◎ 各地货殖大概 ◎

【原文】

汉兴①,海内为一,开关梁②,弛山泽之禁③,是以富商大贾周流天下④,交易之物莫不通,得其所欲,而徙豪杰、诸侯、强族于京师⑤。

关中自汧、雍以东至河、华⑥,膏壤沃野千里。自虞夏之贡以为上田⑦,而公刘适邠⑧,大王、王季在岐⑨,文王作丰⑩,武王治镐⑪,故其民犹有先王之遗风,好稼穑⑫,殖五谷⑬,地重⑭,重为邪⑮。及秦文、德、缪居雍⑯,隙陇蜀之货物而多贾⑰。献公徙栎邑⑱,栎邑北却戎翟⑲,东通三晋,亦多大贾。孝、昭治咸阳⑳,因以汉都㉑,长安诸陵㉒,四方辐凑并至而会㉓,地小人众,故其民益玩巧而事末也㉔。南则巴蜀㉕。巴蜀亦沃野,地饶卮、姜、丹沙、石、铜、铁、竹、木之器㉖。南御滇僰㉗,僰僮㉘。西近邛笮㉙,笮马、旄牛㉚。然四塞㉛,栈道千里㉜,无所不通,唯褒斜绾毂其口㉝,以所多易所鲜㉞。天水、陇西、北地、上郡与关中同俗,然西有羌中之利,北有戎翟之畜,畜牧为天下饶。然地亦穷险㉟,唯京师要其道㊱。故关中之地,于天下三分之一㊲,而人众不过什三㊳;然量其富,什居其六㊴。

【注释】

①汉兴:即汉朝建立。②关梁:水陆交通要地。关:关口。梁:桥梁。③驰:放松,开放。山泽之禁:山泽中的出产为国家专利,严禁百姓开采。禁:禁令。④贾:商人。周流:通行。⑤豪杰:豪强。诸侯:指战国时旧诸侯。京师:都城。⑥河:黄河。华:华山。⑦贡:赋税,传说中夏代的租赋制度。上田:上等田地。⑧适:到⋯⋯去。

邠：同"豳"。⑨大王：即周太王，古公亶父。⑩作丰：兴建丰邑。丰，丰京。⑪治镐：治理镐京。⑫好稼穑（sè）：喜好农事。稼：种谷。穑：收谷。⑬殖：种植。⑭地重：以地为重，即重视土地的价值。⑮重为邪：把做坏事看得很严重。⑯及：等到。文：指秦文公。德：指秦德公。缪：同"穆"，指秦缪公。⑰隙陇蜀之货物：地居陇蜀货物交流的要道。隙，要道。⑱献公：指秦献公。⑲却：退，御。翟：同"狄"。⑳孝：指秦孝公。昭：指秦昭王。㉑因以汉都：凭此而作为汉朝的都城。因，凭藉、沿袭。㉒长安诸陵：指长安附近诸皇陵所在地。㉓会：会聚，会合。㉔益：更加。事：做，从事。末：末业。指商业。㉕南：指关中平原以南。㉖卮：栀子，可以入药或制颜料。㉗御：抵御。㉘僰僮：僰地多出僮仆。汉代僰人常被贩卖为奴。㉙邛（qióng）筰（zuó）：古族名，国名。㉚筰马、旄牛：筰地出产的马和旄牛。㉛四塞：四周闭塞。㉜栈道：在地势险绝的山上用竹木架成的道路。㉝褒斜：即褒斜道，古道路名。因取道褒水、斜水两河谷名。绾毂：勾联，比喻处于中枢地位，对各方面起联络作用。㉞所多：多余之物。易：交换。所鲜：缺少之物。鲜，少。㉟穷险：阻塞不通，地势险要。㊱要：约束。㊲于天下三分之一：占天下的三分之一。㊳人众：人口。什三：十分之三。㊴什居其六：十份中占有六份，即占十分之六。

【译文】

汉朝兴起，天下统一，开放水陆交通的要道，解除开采山林的禁令，所以富商大贾通行天下，所有交易的货物，没有不在天下流通的，既满足了商人们的要求，又把豪杰、诸侯和强宗大族迁徙到京城一带。

关中自汧县和雍县以东的地区，直到黄河和华山，肥沃的田野有千里之广。自从虞、夏征收赋税，这里就已经作为上等的田地了。后来公刘迁徙到邠，周太王、王季居住在岐，文王建造丰京，武王治理镐京，所以他们的臣民仍旧有先王遗留下来的风尚，喜欢农耕，种植五谷，重视土地，不容易做坏事。等到秦文公、德公、缪公居住在雍地，处在陇地和蜀地货物流通的要道，有很多商人出入。献公迁徙到栎邑，栎邑北边可以抵御戎翟，东边通三晋，也有很多大商人。孝公和昭公治理咸阳，汉朝据此建立都城，还在长安附近建了很多供奉皇陵的县城，四方的人和物像车辐集中于车毂一样一同过来会合，地方很小，人却很多，所以此地的百姓越来越喜欢玩弄花巧的事和从事工商业。关中平原南面有巴蜀。巴蜀也是沃野，土地盛产栀子、姜、丹沙、石材、矿铜、铁、竹、木之器。南面抵达滇僰，僰地有很多僮仆。西边靠近邛筰，筰地出产马和旄牛。但是巴蜀地区四面堵塞，栈道长达千里，与关中之地无处不通，只有褒斜处于中枢地位，连接巴蜀与外部，输出量多的物品，交换量少的货物。天水、陇西、北地、上郡与关中的风俗相近，但是西边有羌中的便利，北边有戎翟的牲畜，畜牧业居天下首位。但是土地贫瘠、形势危险，只有京师控制着它的通道。所以关中之地，占尽天下的三分之一，人口却不足十分之三，但是估量这里的财富，却占尽天下的十分之六。

【原文】

昔唐人都河东①，殷人都河内②，周人都河南③。夫三河在天下之中④，若鼎足⑤，王者所更居也⑥，建国各数百千岁⑦，土地小狭，民人众，都国诸侯所聚会⑧，故其俗纤俭习事⑨。杨、平阳陈西贾秦、翟，北贾种、代。种、代，石北也，地边胡⑩，数被寇⑪。人民矜懻忮⑫，好气⑬，任侠为奸⑭，不事农商。然迫近北夷，师旅亟往⑮，中国委输时有奇羡⑯。其民羯羠不均⑰，自全晋之时固已患其僄悍⑱，而武灵王益厉之⑲，其谣俗犹有赵之风也。故杨、平阳陈掾其间⑳，得所欲。温、轵西贾上党，北贾赵、中山。中山地薄人众，犹有沙丘纣淫地余民㉑，民俗懁急㉒，仰机利而食。丈夫相聚游戏，悲歌忼慨㉓，起则相随椎剽㉔，休则掘冢作巧奸冶㉕，多美物，为倡优。女子则鼓鸣瑟，跕屣㉖，游媚贵富㉗，入后宫，遍诸侯。

【注释】

①唐：陶唐氏。②殷：指盘庚迁殷后的商氏。③周：指平王东迁后的东周。④三河：指河东、河内、河南。⑤若：好像。⑥更：更迭。居：建都居住。⑦岁：年。⑧都：都市。国：京城。⑨纤俭：小气省俭。习事：熟悉世故。⑩边：靠近。

中山民风

⑪ 数：屡次，多次。寇：掠夺。⑫ 矜：夸耀。懻（jì）忮（zhì）：强直凶狠。⑬ 好气：好使性子。⑭ 任侠：以锄强扶弱为己任。⑮ 师旅：军队。亟：屡次。⑯ 委输：运送。奇羡：剩余，赢余。⑰ 羯羠不均：指居民混杂，种类不一。⑱ 全晋：指韩、赵、魏三家分晋以前的晋国。患：忧虑。僄悍：同"剽悍"，轻捷勇猛。⑲ 武灵王益厉之：赵武灵王实行胡服骑射的政策，使崇尚强悍的风气进一步加强。⑳ 陈掾（yuán）其间：因缘经营其间。陈，因。掾，即缘。㉑ 沙丘纣淫地：相传殷纣于沙丘扩筑苑台，恣意胡为，荒淫无度。淫地，荒淫之地。㉒ 懁急：同"狷急"，急躁。懁，性急。㉓ 忼慨：同"慷慨"，情绪激昂。㉔ 椎：用槌打。剽：抢劫财物。㉕ 掘冢：盗墓，挖坟。作巧：造假冒充真品。奸冶：淫邪秽乱之事。㉖ 跕屣：拖着鞋走路。㉗ 游媚贵富：到处向权贵富豪献媚。

【译文】

　　当初夏人在河东建都，殷人在河内建都，周人在河南建都。河东、河内和河南处在天下的正中，好比是鼎的三个足，是帝王更迭建都的地方，各自立国数百年甚至千年，土地狭小，人口众多，都城内的诸侯分布密集，所以这里的民俗吝啬节俭，熟悉世故。杨、平阳两座城邑的百姓向西到达秦国和戎翟做生意，向北到达种地和代地做买卖。种地和代地处在石邑的北面，这个地方靠近匈奴，多次遭到劫掠。当地的百姓争强好胜，好斗气，自命侠义，任意做坏事，不从事农商。但是由于当地靠近北夷，军队常常往返于这里，从中原运输来的物品，如有剩余，常常为当地百姓所得。这里的百姓混杂，晋国在被三家瓜分之前就对他们的彪悍感到头痛，而赵武灵王的胡服骑射更是加重了彪悍之气，当地的风俗依旧带有赵国的风尚。因此，杨、平阳这两个地方的百姓因这个缘故在其间经商买卖，以实现他们的愿望。温、轵两地的百姓向西到达上党经商，向北到达赵、中山等地经商。中山地少人多，在殷纣王淫乐之地的沙丘还有殷商遗民，这里的百姓性格暴躁，仰赖投机取巧以谋利生活。男子们相聚游戏，意气慷慨，悲愤地唱着歌曲。白天则聚在一起劫掠人和财货，晚上则挖坟盗墓，从事奇巧、奸邪的勾当；其中多有男子长得美好，成为倡优。女子则弹着琴瑟，拖拉着鞋子，到处献媚于富豪权贵之家，有些人被纳入后宫，遍布在各个诸侯国。

【原文】

　　然邯郸亦漳、河之间一都会也①。北通燕、涿，南有郑、卫。郑、卫俗与赵相类，然近梁、鲁，微重而矜节②。濮上之邑徙野王③，野王好气任侠，卫之风也。

　　夫燕亦勃、碣之间一都会也④。南通齐、赵，东北边胡。上谷至辽东，地踔远⑤，人民希⑥，数被寇，大与赵、代俗相类，而民雕捍少虑⑦，有鱼盐枣栗之饶。北邻乌桓、夫余，东绾秽貉、朝鲜、真番之利⑧。

　　洛阳东贾齐、鲁，南贾梁、楚。故泰山之阳则鲁⑨，其阴则齐⑩。

　　齐带山海⑪，膏壤千里，宜桑麻，人民多文彩布帛鱼盐⑫。临菑亦海、岱之间一都会也。其俗宽缓阔达，而足智，好议论，地重⑬，难动摇⑭，怯于众斗，勇于持刺⑮，故多劫人者，大国之风也。其中具五民⑯。

　　而邹、鲁滨洙、泗⑰，犹有周公遗风⑱，俗好儒⑲，备于礼⑳，故其民龊龊㉑。颇有桑麻之业，无林泽之饶。地小人众，俭啬，畏罪远邪。及其衰，好贾趋利，甚于周人㉒。

　　夫自鸿沟以东㉓，芒、砀以北㉔，属巨野㉕，此梁、宋也。陶、睢阳亦一都会也。昔尧作于成阳㉖，舜渔于雷泽㉗，汤止于亳。其俗犹有先王遗风，重厚多君子，好稼穑，虽无山川之饶，能恶衣食㉘，致其蓄藏㉙。

　　越、楚则有三俗㉚。夫自淮北沛、陈、汝南、南郡，此西楚也。其俗剽轻，易发怒，地薄，寡于积聚。江陵故郢都，西通巫、巴，东有云梦之饶㉛。陈在楚夏之交㉜，通鱼盐之货，其民多贾。徐、僮、取虑则清刻㉝，矜己诺㉞。

　　彭城以东，东海、吴、广陵，此东楚也。其俗类徐、僮。朐、缯以北，俗则齐㉟。浙江南则越㊱。夫吴自阖庐、春申、王濞三人招致天下之喜游子弟㊲，东有海盐之饶、章山之铜，三江、五湖之利，亦江东一都会也。

　　衡山、九江、江南、豫章、长沙，是南楚也，其俗大类西楚。郢之后徙寿春，亦一都会也。而合肥受南北潮㊳，皮革、鲍、木输会也㊴。与闽中、于越杂俗，故南楚好辞，巧说少信。江南卑湿㊵，丈夫早夭㊶。多竹木。豫章出黄金，长沙出连、锡。然堇堇物之所有㊷，取之不足以更费㊸。九疑、苍梧以南至儋耳者㊹，与江南大同俗㊺，而杨越多焉。番禺亦其一都会也，珠玑、犀、玳瑁、果、布之凑㊻。

　　颍川、南阳，夏人之居也㊼。夏人政尚忠朴，犹有先王之遗风。颍川敦愿㊽。秦末世，迁不轨之民于南阳㊾。南阳西通武关、郧关，东南受汉、江、淮㊿。宛亦一都会也。俗杂好事，业多贾。其任侠，交通颍川，故至今谓之"夏人"。

【注释】

①漳：漳河。河：黄河。都会：都市。②微：稍显。重：庄重。矜：顾惜、注重。③濮上之邑：指帝丘，战国时改名濮阳。④勃：渤海。碣：碣石山。⑤踔远：遥远。踔，超越。⑥希：通"稀"，少。⑦雕捍：像大雕那样迅捷凶猛。捍，通"悍"。少虑：缺乏考虑。⑧绾：系，集结。⑨阳：即山的南面。⑩阴：即山的北面。⑪带山海：被山海环绕。带，腰带，比喻围绕着。⑫文彩：彩色丝绸。布帛：麻布和丝织品。布，亦指钱币。⑬地重：以地为重，即重视乡土。⑭难动摇：不易浮动外流。⑮持刺：行刺。⑯具：具备。五民：即士、农、工、商、贾。⑰滨：临近。洙：水名。⑱遗风：遗留的风俗。⑲儒：儒家学说，儒术。⑳备：完备、齐全。㉑龊龊：小心拘谨，注意细节。㉒甚：厉害，严重。周人：周地之人。㉓鸿沟：古运河名。㉔芒：指芒山。砀：指砀山。㉕属（zhǔ）：连接。㉖作：兴起。㉗雷泽：古泽名。㉘恶衣食：指不择衣食，意为省吃俭用。㉙致：达到。蓄藏：积蓄。㉚三俗：指下文西楚、东楚、南楚三地的不同风俗。㉛云梦：古泽薮名。㉜陈在楚夏之交：由于陈地的南面是楚地，北面是夏地(古国名)，故云。交，会合、交接之处。㉝清刻：清廉苛严，意为严格要求自己。㉞矜：注重。己诺：自己应诺的事情。㉟俗则齐：风俗与齐地相同。㊱浙江：钱塘江。㊲王濞：即吴王刘濞，西汉刘姓的同姓王，在汉景帝三年联合赵国、楚国等七国叛乱，史称"七国之乱"。后来被周亚夫击败，刘濞兵败被杀。㊳南北潮：指南面长江、北面淮河之潮。㊴输会：集散地。㊵卑湿：地低潮湿。㊶丈夫早夭：当时江南男子一般寿命不长。㊷堇堇：仅仅。堇，通"仅"。㊸更费：抵偿支出。㊹九疑：即九嶷山，又名苍梧山。疑；又作"嶷"。㊺大：大体。同俗：风俗相同。㊻果：指龙眼、荔枝一类的水果。布：葛布。凑：会合，会集。㊼夏人之居：夏人居住过的地区。㊽敦愿：敦厚老实。㊾不轨之民：不法之民。

不轨：违法叛乱。㊿受：承受。汉、江、淮：指汉水、长江、淮河。

【译文】

　　然而邯郸也是漳水和黄河之间的一个大都会，北边沟通燕郡和涿郡，南面有郑地和卫地。郑地和卫地的风俗与赵地相近，但是靠近梁地和鲁地，所以百姓稍稍庄重并崇尚节操。卫元君从濮上迁徙到野王，野王地区的百姓好气任侠，有卫国的遗风。

　　燕的故都蓟也是渤海和碣石山之间的一个都会。南面沟通齐地和赵地，东北和胡人相邻。从上谷郡一直到辽东郡，地广而遥远，百姓稀少，多次遭到侵略，大体上与赵地和代地的风俗相近，这里的百姓像大雕一样凶悍，盛产鱼、盐、枣、粟。北面临近乌桓、夫余，东边处于连结秽貉、朝鲜和真番的有利地形。

　　洛阳向东可到齐地和鲁地做买卖，向南可到梁地和楚地做买卖。泰山的南面是鲁国的故地，北面是齐国的故地。

　　齐地被山海环绕着，膏壤千里，适合种植桑麻，百姓多有装饰着彩色花纹的布帛和鱼盐。临菑也是渤海和泰山之间的一大都会。这里的民俗宽容阔达，足智多谋，喜欢议论，重视土地田产，民心稳定，害怕群斗，勇于行刺，所以多劫夺别人财物的人，这是大国的风尚。在这里，士、农、工、商、贾五种百姓都齐备。

　　而驺、鲁两地靠近洙水和泗水，尚且还有周公遗留下来的风尚，民俗喜好儒学，礼仪齐备，所以这里的百姓小心谨慎。颇有桑麻之业，没有林泽的富饶。地小人多，百姓节俭而吝啬，担心犯罪，躲避邪恶的事情。到了衰微之时，喜欢经商，追逐利益，比周地的人还厉害。

　　自鸿沟地区向东，芒、砀地区向北，直到巨野，这里是梁地和宋地。陶和睢阳也是都会。当初尧在成阳兴起，舜在雷泽打渔，商汤在亳居住。这里的民俗还有先王的风尚，宽厚庄重，有很多君子，喜欢耕作，虽然没有山川的富饶，但是能节衣缩食，所以能积累财富。

　　越地和楚地有三种民俗。从淮北直到沛县、陈县、汝南、南郡，这是西楚。这里的民风剽悍轻捷，容易发怒动气，田地贫瘠，很少有财富的积蓄。江陵是以前的郢都，西面沟通巫山和巴山，东面有云梦的富饶物产。陈地处在楚、夏相交的地方，鱼盐之货可以流通，这里的百姓多善于经商。徐、僮、取虑一带的百姓多清白严苛，诚实守信。

　　彭城以东的地区，东海、吴、广陵，这是东楚。这里的民俗与徐、僮之地相近。朐、缯地区以北的地方，民俗与齐地相近。浙江的南面是越地。吴国自阖庐、春申、吴王濞三人大力招揽天下喜

夏民任侠多商

欢游历的子弟，东面有海盐的富饶、章山的铜矿，三江、五湖的便利，也是江东的一大都会。

衡山、九江、江南、豫章、长沙，这是南楚，民俗与西楚大体相近。楚国都城后来从郢都迁到寿春，这也是一个都会。而合肥南有长江，北有淮河，皮革、鲍鱼、木材都聚集在这里。此地与闽中、于越的民俗混杂，所以南楚之民喜好言辞，巧言善辩，缺少诚信。江南地势低洼，气候潮湿，男子寿命短。盛产竹木。豫章出黄金，长沙盛产铅矿和锡。但是这些物产仅仅有很小的出产量，开采的费用大，所得不足抵偿支出的费用。九嶷、苍梧以南直到儋耳，与江南的民俗大体相同，但是还杂有南越的民俗。番禺也是此地的一大都会，有很多珠玑、犀角、玳瑁、水果、葛布在这里会集。

颖川、南阳是以前夏朝人的居住地。夏人处理政事崇尚忠厚朴实，仍旧传承着先王遗留下的风尚。颖川的百姓敦实厚道。秦朝末年，迁徙不法的民众到达南阳。南阳西面与武关和郧关沟通，东南临近汉水、长江、淮河。宛城也是这里的一大都会。民俗混杂好事，主业是经商。百姓好行侠义，与颖川地区的百姓交往，所以直到现在还称他们为"夏民"。

【原文】

夫天下物所鲜所多，人民谣俗：山东食海盐，山西食盐卤①，领南、沙北固往往出盐②，大体如此矣。

总之：楚越之地，地广人希，饭稻羹鱼③，或火耕而水耨④，果隋蠃蛤⑤，不待贾而足，地埶饶食⑥，无饥馑之患，以故呰窳偷生⑦，无积聚而多贫。是故江淮以南，无冻饿之人，亦无千金之家。沂、泗水以北，宜五谷桑麻六畜，地少人众，数被水旱之害⑧，民好畜藏⑨，故秦、夏、梁、鲁好农而重民。三河、宛、陈亦然，加以商贾。齐、赵设智巧，仰机利。燕、代田畜而事蚕⑩。

【注释】

①盐卤：指岩盐、池盐。山西、陕西、甘肃等省皆产池盐。②领南：即岭南。沙北：沙漠以北。③饭稻羹鱼：以稻米为饭，以鱼类为菜。羹：用肉或菜调和五味做成带汤的食物。④火耕：一种原始耕作方法。烧去杂草，种植杂粮或引水种稻。水耨：一种利用灌水除草的方法。据《集解》引应劭曰："烧草下水种稻，草与稻并生，高七八寸，因悉芟去，复下水灌之，草死独稻长，所谓火耕水耨也。"⑤果隋：即果蓏（luǒ），指瓜果。蠃（luó）：通"螺"。蛤：蛤蜊。⑥地埶：即地势，地理形势。饶食：丰足。⑦呰窳（yǔ）：苟且，偷懒。⑧数被：屡次遭受。⑨畜藏：积蓄储藏。⑩田畜而事蚕：指种田、畜牧和养蚕。

【译文】

天下的物产，各个地方有多有少，百姓的习俗各有差异；山东地区吃海盐，山西地区吃池盐，岭南和漠北的地区往往也出产盐，情况大体是这样。

总之：楚越地区，地广人稀，以稻米为饭，以鱼类为菜，有的地方刀耕火种，以水淹灭杂草，瓜果螺蛤，不用通过买卖就能自给自足，土质好，食物丰足，没有饥馑的祸患，所以百姓苟且懒惰过活，没有财富积聚而多数贫穷。所以长江、淮河以南的地方，没有因为挨冻而受饿而死的人，也没有家产千金的人家。沂水和泗水以北的地方，适合种植五谷桑麻以及饲养六畜，这里地少人多，多次遭受洪涝和干旱的灾害，百姓喜欢积蓄储藏，所以秦、夏、梁、鲁等地喜欢农事并重视百姓。三河以及宛、陈等地也是这样，另外还有从事经商的商贾。齐地和赵地

山东地区有鱼盐之利

的人民玩弄智巧，仰赖投机谋利过活，燕地和代地的百姓种田、养牲畜，而且还养蚕。

【原文】

由此观之，贤人深谋于廊庙①，论议朝廷，守信死节、隐居岩穴之士设为名高者安归乎②？归于富厚也。是以廉吏久，久更富；廉贾归富③。富者，人之情性，所不学而俱欲者也。故壮士在军，攻城先登，陷阵却敌，斩将搴旗④，前蒙矢石，不避汤火之难者，为重赏使也。其在闾巷少年，攻剽椎埋⑤，劫人作奸⑥，掘冢铸币，任侠并兼，借交报仇，篡逐幽隐⑦，不避法禁，走死地如骛者⑧，其实皆为财用耳。今夫赵女郑姬⑨，设形容⑩，揳鸣琴⑪，揄长袂⑫，蹑利屣⑬，目挑心招⑭，出不远千里，不择老少者，奔富厚也。游闲公子，饰冠剑，连车骑，亦为富贵容也。弋射渔猎⑮，犯晨夜⑯，冒霜雪，驰阬谷⑰，不避猛兽之害，为得味也⑱。博戏驰逐⑲，斗鸡走狗，作色相矜⑳，必争胜者，重失负也㉑。医方诸食技术之人㉒，焦神极能㉓，为重糈也㉔。吏士舞文弄法，刻章伪书㉕，不避刀锯之诛者，没于赂遗也㉖。农、工、商、贾畜长㉗，固求富益货也。此有知尽能索耳㉘，终不余力而让财矣㉙。

【注释】

①廊庙：古代帝王和大臣议论国事的地方。后世也称朝廷为廊庙。②设为：设使成为。安归：归于何处。③廉贾归富：不贪一时之利、讲信用的商人，能多赚钱而终久致富。归，趋向。④搴旗：拔取敌方旗帜。⑤攻剽：抢劫财物。椎埋：杀人埋尸。⑥劫人作奸：胁迫别人干坏事。⑦篡逐幽隐：在昏暗隐蔽之处追逐强夺。篡，非法夺取。幽：昏暗、深暗。⑧骛：马乱奔驰。此处意为追求财利而不惧死。⑨姬：古时对妇女的美称，也称美女。⑩设：化妆、打扮。形容：身段容貌。⑪揳：打击，弹奏，击响乐器。⑫揄（yú）：拉，引，提起。袂：衣袖。⑬蹑：踩、踏。利屣：轻便的舞鞋。⑭目挑心招：用眼神挑逗，用心招引。⑮弋射：用绳系在箭上射。⑯犯晨夜：指起早贪黑。犯，干犯，违反。⑰阬：同"坑"。⑱味：野味。指弋射渔猎所得的鸟兽鱼类。⑲博戏：古代一种赌胜负的游戏。驰逐：指赛马一类的游戏。⑳作色：装模作样；变换脸色，面红耳赤。相矜：争相夸耀。㉑失负：即败输，失败损失。㉒方：方士，指从事求仙、炼丹之人。食技术：依靠技艺谋生的人。㉓焦神：过度劳神。极能：极尽其能。㉔糈：粮食。此指收入。㉕刻章：私刻公章官印。伪书：假造文书材料。㉖没：陷入，沉没。赂遗：别人的贿赂赠礼。㉗畜长（zhǎng）：储积增加各种财物。㉘知（zhì）：智慧，智能。索：求取。㉙让财：争夺财物。让，通"攘"，窃取，侵夺。

【译文】

由此看来，贤人在朝堂上深谋远虑，议论朝廷；守信尽节以及隐居深山的隐士设法使自己成为拥有好名声的人，最后都是归于何处呢？都是归于财富。因此，为官廉洁就能做得长久，时间长了就会更加富有；商人公平买卖，就能发家致富。追求财富，这是人们的本性，用不着学习，就都会去追求。因此，壮士在军队中，打仗攻城时争先攀登城池，冲锋陷阵打退敌人，斩将夺旗，冒着箭射石击，不避赴汤蹈火这样的艰难险阻，这是因为有重赏的驱使。住在里巷的少年，拦路抢劫，杀人埋尸，胁迫别人作奸犯科，盗掘坟墓，私铸钱币，假托侠义，强取豪夺，结交同类报复私仇，在昏暗隐蔽之处追逐强夺，不避朝廷的法律禁令，在死路上行走如同快马奔驰一样，这其实都是为了钱财的缘故。如今赵国、郑国的女子，打扮得美丽动人，弹着琴瑟，提起长袖，踩着轻便的舞鞋，用眼神挑逗，用心招引，出门不远千里，不管年老年少，这都是为财利奔波。游手好闲的贵族公子，帽子和佩剑都装饰得很漂亮，外出时车马成排结队，也是为显示富贵的架子。猎人渔夫，起早贪黑，冒着霜雪，在坑谷中奔跑，不避猛兽的伤害，是为了得到各种野味。赌博竞逐，斗鸡走狗，人人争得面红耳赤，竞相夸耀自己，务必争取胜利，这是因为他们重视输赢。医生方士以及各种依靠技艺谋生的人，劳神费力，极尽其能，这是为了获得更多的收入。官府吏士舞文弄法，私刻公章，伪造文书，不避杀头的危险，这是因为他们陷入了别人的贿赂之中。至于农、工、商、贾储蓄增殖，原本就是为了追求财富和增加财货。这样绞尽脑汁，用尽智谋索取，终究是为了不遗余力地争夺财富罢了。